Riga
pp. 142-165

Oeste da Letônia
pp. 166-185

Vilna
pp. 220-251

Leste da Letônia
pp. 186-203

GUIA VISUAL - FOLHA DE S.PAULO

ESTÔNIA, LETÔNIA E LITUÂNIA

GUIA VISUAL - FOLHA DE S.PAULO

ESTÔNIA, LETÔNIA E LITUÂNIA

DK

PubliFolha

Penguin Random House

Título original: *Eyewitness Travel Guide – Estonia, Latvia & Lithuania*

Publicado originalmente na Grã-Bretanha em 2009 pela Dorling Kindersley Limited, 80 Strand, WC2R 0RL, Londres, Inglaterra, uma empresa da Penguin Random House.

Copyright © 2009, 2015 Dorling Kindersley Limited
Copyright © 2015 Publifolha Editora Ltda.

ISBN 978-85-7914-266-6
2ª edição brasileira: 2015

Todos os direitos reservados. Nenhuma parte desta obra pode ser reproduzida, arquivada ou transmitida de nenhuma forma ou por nenhum meio sem a permissão expressa e por escrito da Publifolha Editora Ltda.

Proibida a comercialização fora do território brasileiro.

COORDENAÇÃO DO PROJETO: PUBLIFOLHA
Editora-assistente: Thais Rimkus
Coordenação de Produção Gráfica: Soraia Pauli Scarpa
Produção Gráfica: Mariana Metidieri

PRODUÇÃO EDITORIAL: PÁGINA VIVA
Edição: Rosi Ribeiro
Tradução: Vera Caputo
Revisão: Beatriz C. Nunes de Sousa e Pedro Ribeiro
Editoração eletrônica: Priscylla Cabral, Bianca Galante

DORLING KINDERSLEY
Gerente do projeto: Aruna Ghose
Gerentes de arte: Sunita Gahir, Priyanka Thakur
Editora do projeto: Alka Thakur
Designer do projeto: Rajnish Kashyap
Edição de texto: Jyoti Kumari, Ipshita Nandi
Design: Namrata Adhwaryu, Anchal Kaushal
Gerente de cartografia: Uma Bhattacharya
Cartografia: Mohammad Hassan, Jasneet Kaur
Pesquisa iconográfica: Shweta Andrews, Taiyaba Khatoon, Sumita Khatwani
Diagramação: Vinod Harish, Azeem Siddiqui
Colaboradores: Howard Jarvis, John Oates, Tim Ochser, Neil Taylor
Fotografia: Demetrio Carrasco, Nigel Hicks, Linda Whitwam
Ilustrações: Chapel Design & Marketing Ltd, Chinglemba Chingtham, Sanjeev Kumar, Surat Kumar Mantoo, Arun Pottirayil, Suman Saha, Gautam Trivedi, Mark Warner

Esse livro segue as regras do Acordo Ortográfico da Língua Portuguesa (1990), em vigor desde 1º de janeiro de 2009.

Impresso na China.

Foi feito o possível para garantir que as informações desse guia fossem as mais atualizadas até o momento da impressão. No entanto, alguns dados, como telefones, preços, horários de funcionamento e informações de viagem, estão sujeitos a mudanças. Os editores não podem se responsabilizar por qualquer consequência do uso desse guia, nem garantir a validade das informações contidas nos sites indicados.

Os leitores interessados em fazer sugestões ou comunicar eventuais correções podem escrever para atendimento@publifolha.com.br.

PUBLIFOLHA
Divisão de Publicações do Grupo Folha
Al. Barão de Limeira, 401, 6º andar
CEP 01202-900, São Paulo, SP
Tel.: (11) 3224-2186/2187/2197
www.publifolha.com.br

UM MUNDO DE IDEIAS
www.dk.com

Imagem principal da capa: Casa dos Cabeças Pretas, na Praça da Prefeitura, Riga

◄ As incríveis cúpulas em forma de cebola da Catedral Ortodoxa de São Nicolau, na Letônia

Sumário

Como Usar Este Guia **6**

Introdução à Estônia, à Letônia e à Lituânia

Aldraba, Tallinn

Descubra a Estônia, a Letônia e a Lituânia **10**

Estônia, Letônia e Lituânia Dentro do Mapa **18**

Retrato da Estônia, da Letônia e da Lituânia **20**

O Clima da Estônia, da Letônia e da Lituânia **32**

A História da Estônia, da Letônia e da Lituânia **34**

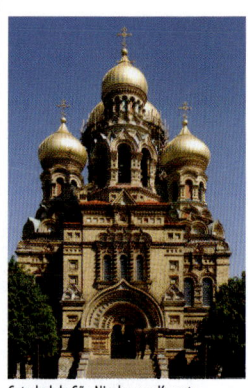

Catedral de São Nicolau em Karosta, perto de Liepāja, Letônia

Estônia Região por Região

Estônia em Destaque **46**

Retrato da Estônia **48**

Estônia Mês a Mês **52**

A História da Estônia **54**

Tallinn **58**

Oeste da Estônia **88**

Leste da Estônia **106**

Estátua do rei Gustavo Adolfo da Suécia, Tartu, Estônia

Letônia Região por Região

Letônia em Destaque **130**

Retrato da Letônia **132**

Letônia Mês a Mês **136**

A História da Letônia **138**

Riga **142**

Oeste da Letônia **166**

Leste da Letônia **186**

A pitoresca ilha do castelo, Trakai, Lituânia

Lituânia Região por Região

Lituânia em Destaque **206**

Retrato da Lituânia **208**

Lituânia Mês a Mês **212**

A História da Lituânia **214**

Vilna **220**

Centro da Lituânia **252**

Oeste da Lituânia **272**

Indicações ao Turista

Onde Ficar **292**

Onde Comer e Beber **308**

Compras **332**

Diversão **344**

Atividades ao Ar Livre e Interesses Especiais **356**

Joias de âmbar, vendidas em lojas de suvenir do Báltico

Manual de Sobrevivência

Informações Úteis **364**

Informação de Viagem **376**

Índice Geral **394**

Agradecimentos **408**

Frases **411**

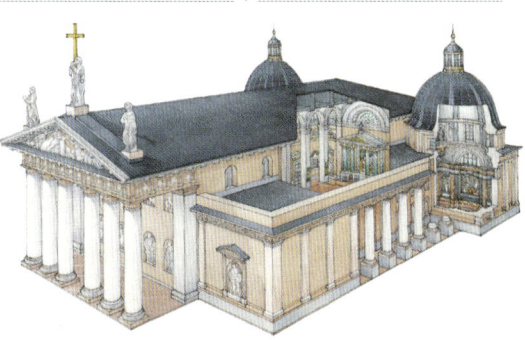

A espetacular Catedral de Vilna, Lituânia

COMO USAR ESTE GUIA

Este guia vai ajudá-lo a aproveitar ao máximo sua viagem aos países bálticos, com informações detalhadas e dicas de especialistas. A primeira parte, *Introdução: Estônia, Letônia e Lituânia*, localiza os três países no mapa, insere-os nos respectivos contextos históricos e culturais e descreve os eventos mês a mês. Cada país tem seu próprio capítulo, com retrato, história e descrição das atrações por meio de mapas e fotos. Os hotéis, restaurantes, lojas e mercados, diversão e eventos esportivos estão em *Indicações ao Turista*. O *Manual de Sobrevivência* orienta sobre o uso de meios de transporte, telefone, hospitais etc.

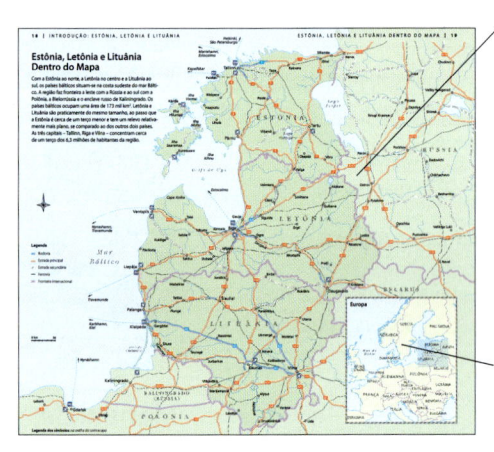

Estônia, Letônia e Lituânia Dentro do Mapa

O mapa mostra a localização dos países bálticos em relação aos países vizinhos. Neste guia, cada país está dividido em três grandes áreas de interesse, que são cobertas por um capítulo inteiro, como *Estônia Área por Área*, e assim por diante. Essas áreas estão em destaque nos mapas localizadores ao longo de todo o guia.

Localize-se mostra onde a região está em relação a outros países da Europa.

Estônia, Letônia e Lituânia Área por Área

Cada país está dividido em três regiões, com os respectivos mapas no início de cada seção. A legenda dos símbolos está no final do guia.

1 Introdução
O relevo, a história e as características de cada região são descritos aqui e mostram a evolução do lugar ao longo de séculos e o que ele oferece hoje ao turista.

Principais atrações traz os destaques do capítulo por categoria, como igrejas e catedrais, cidades, balneários, vilarejos e ilhas, e parques nacionais.

2 Mapa Regional
O mapa mostra as principais estradas e dá uma visão geral da topografia da região. Além das atrações turísticas numeradas, traz informações úteis sobre viagens de carro, ônibus e trem.

COMO USAR ESTE GUIA | 7

3 Mapa Rua a Rua Este mapa fornece uma vista aérea dos pontos mais interessantes e importantes de cada área turística. As atrações numeradas localizam-se no mapa da área e são descritas nas páginas seguintes.

O percurso sugerido cobre as ruas mais interessantes da área.

Os números indicam a posição da atração na área do mapa e sua localização no capítulo.

As marcas coloridas indicam as regiões. A mesma cor está nas páginas de cada região.

Pontos altos indicam os locais que você não deve perder.

4 Informação Detalhada As principais cidades e atrações turísticas são descritas individualmente. Elas aparecem segundo a ordem em que estão no mapa da região, que fica no início da seção.

Prepare-se traz as informações necessárias para planejar a viagem.

Os quadros dão detalhes sobre aspectos históricos e culturais de cada região.

Informações úteis traz o que você precisa saber ao visitar cada atração. As referências nos mapas correspondem à localização no mapa rodoviário. As referências para as três capitais estão nos mapas *Localizador de Ruas*.

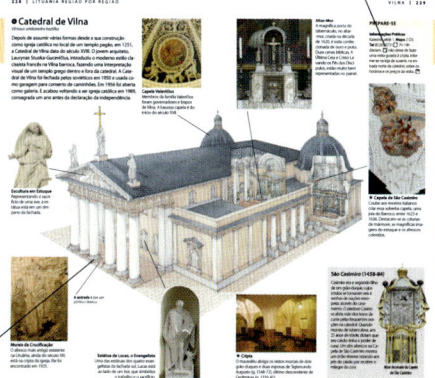

5 Principais Atrações As construções históricas são mostradas por dentro e por fora.

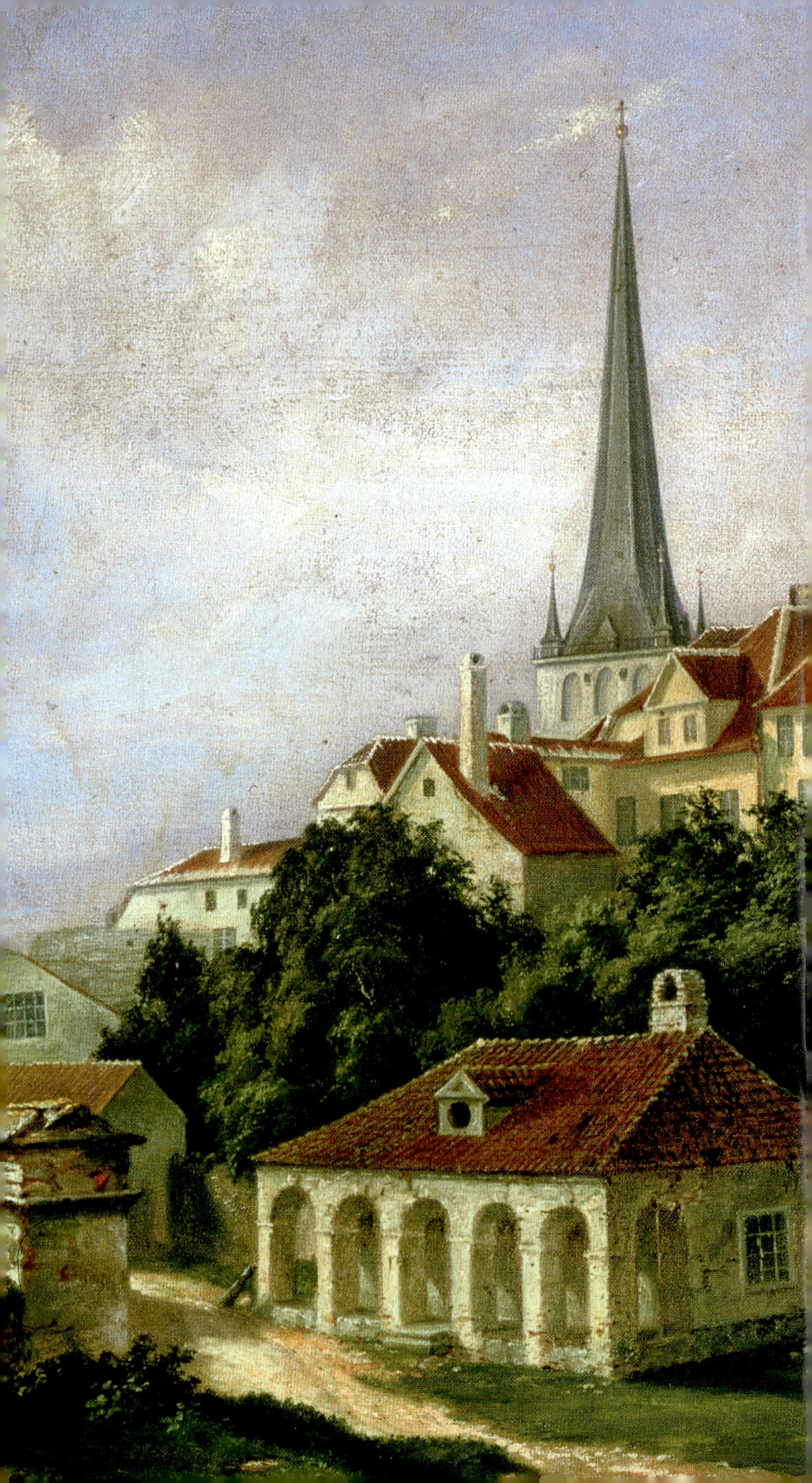

INTRODUÇÃO À ESTÔNIA, À LETÔNIA E À LITUÂNIA

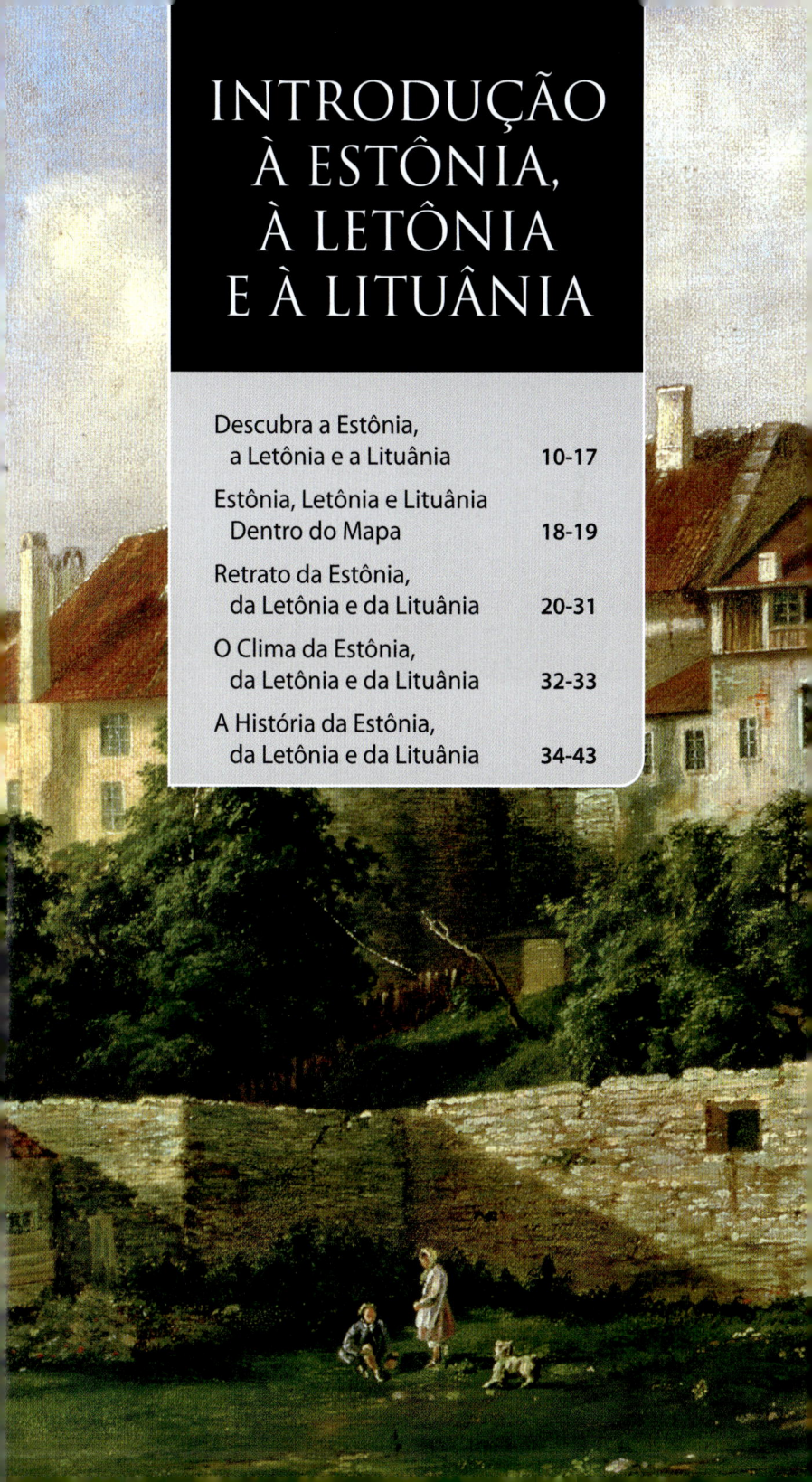

Descubra a Estônia, a Letônia e a Lituânia	10-17
Estônia, Letônia e Lituânia Dentro do Mapa	18-19
Retrato da Estônia, da Letônia e da Lituânia	20-31
O Clima da Estônia, da Letônia e da Lituânia	32-33
A História da Estônia, da Letônia e da Lituânia	34-43

DESCUBRA A ESTÔNIA, A LETÔNIA E A LITUÂNIA

Os roteiros a seguir foram elaborados de modo a incluir o maior número possível de atrações dos países bálticos, abrangendo as mais belas e diversificadas paisagens, mas sem implicar em viagens muitos longas. Cada itinerário se inicia com uma estada de dois dias na capital do país em questão, seguida por doze dias para explorar o restante do território. Escolha, combine e faça as viagens que mais lhe aprouverem ou simplesmente chegue à região do Báltico e siga sua inspiração.

Farol Kõpu, Estônia
Um dos mais antigos do mundo ainda em funcionamento, esse farol de 1531 foi restaurado nos anos 1980 e fica na ponta oeste da bela ilha Hiiumaa.

14 Dias na Estônia

- Admire os edifícios bem restaurados da **Cidade Velha** de **Tallinn**.
- Visite moinhos de vento, celeiros e estalagens no **Museu ao Ar Livre Estoniano**.
- Aprecie a natureza intocada da **ilha Hiiumaa**, que é pouco habitada.
- Confira o impacto do meteoro na **cratera de Kaali**, na **ilha Saaremaa**.
- Passe um dia navegando no **lago Võrtsjäv**.
- Ponha um capacete e entre no **Museu Subterrâneo da Mina de Kohtla**.

Legenda
— 14 Dias na Estônia
— 14 Dias na Letônia
— 14 Dias na Lituânia

◀ *Vista de Tallinn com a Torre Hattorpe*, de Alexander Georg Schlater (1834-79)

DESCUBRA A ESTÔNIA, A LETÔNIA E A LITUÂNIA | 11

14 Dias na Letônia

- Encante-se com as ruelas emaranhadas da **Cidade Velha** de **Riga**.
- Aprecie a arquitetura art nouveau do **Centro Silencioso** de **Riga**.
- Relaxe nas praias ventosas da **costa oeste** da **Letônia**.
- Veja ursos e alces no **Parque Nacional Gauja**.
- Explore os pitorescos **lagos da Latgália**.
- Visite o estupendo **Palácio Rundāle**, do século XVIII, um dos mais belos de toda a região do Báltico.

Arquitetura art nouveau em Riga, Letônia
O melhor conjunto de edifícios art nouveau da Europa inclui esse exemplar projetado por Mikhail Eisenstein em 1905.

14 Dias na Lituânia

- Perca-se no labirinto de ruas da **Cidade Velha** de **Vilna**.
- Vá aos cafés e às galerias do bairro de artistas **Užupis**, em Vilna.
- Viaje no tempo com uma visita ao **Castelo de Trakai** e dê uma volta de pedalinho.
- Reserve um dia para relaxar na cidade balneária de **Druskininkai**.
- Admire a natureza intocada do **Parque Nacional Aukštaitija**.
- Suba até o topo das gigantescas dunas de areia no **istmo da Curlândia**.

Castelo de Trakai, Lituânia
Durante o século XV, esse castelo foi a fortaleza impenetrável do Grão-Ducado da Lituânia. Hoje, sua reconstrução pitoresca é a maior atração turística do país.

12 | INTRODUÇÃO À ESTÔNIA

14 Dias na Estônia

- **Aeroporto** Chegue e saia pelo aeroporto de Tallinn.
- **Transporte** Essa viagem pelo país pode ser feita de ônibus e trem, mas alugar um carro proporciona mais autonomia.

1º Dia: Tallinn

Manhã O melhor ponto de partida para uma primeira visita a Tallinn é a pitoresca Cidade Velha. Conheça o **Museu da Cidade** (p. 67), que oferece um panorama fascinante da história local. Caminhe pela agitada rua Viru, observando as fachadas coloridas de edifícios históricos, rumo à impressionante **Prefeitura** (p. 64), em estilo gótico. A **Igreja Niguliste** (p. 66) é outra obra-prima gótica nas proximidades.

Tarde Os muros fortificados de **Toompea** (pp. 72-3) cercam um conjunto de construções interessantes do século XIII. Faça uma visita ao **Castelo Toompea** (p. 74), atual sede do Parlamento da Estônia, e à impressionante catedral ortodoxa russa **Alexander Nevsky** (p. 74). Siga até o **Mirante Patkuli** (p. 73) para admirar as vistas esplêndidas que abrangem a Cidade Velha e o porto.

2º Dia: Tallinn

Manhã Passeie pelo **Parque Kadriorg** (pp. 78-9), principal área verde da cidade. Foi projetado para Pedro, o Grande, cuja residência de verão, o **Palácio Kadriorg** (p. 80), situa-se no coração do terreno. Entre no diminuto **Museu Casa de Pedro, o Grande** (p. 81), onde o tzar morou até a conclusão do palácio. Na sequência, conheça a coleção principal do Museu de Arte Estoniano, que fica dentro do futurista **Museu de Arte Kumu** (p. 80).

Tarde Opte por visitar o **Museu ao Ar Livre Estoniano** (p. 85), que abriga um conjunto de edifícios rurais históricos de todo o país, ou o lindo **Jardim Botânico** (p. 84), no nordeste de Tallinn. Pegue o elevador até o topo da **Torre de TV** (p. 84) e aprecie vistas imbatíveis da cidade.

O Portão de Viru marca a entrada da Cidade Velha de Tallinn

3º Dia: Haapsalu

Dominada pelas ruínas imponentes de um castelo do século XIII, **Haapsalu** (p. 92) é um agradável balneário litorâneo. Entre suas atrações estão o **Museu do Castelo**, instalado nas ruínas da torre de vigia, a adjacente **Catedral do Domo** e o **Museu Ferroviário Estoniano**, cuja plataforma ferroviária de 216m, construída para receber o tzar Nicolau II em 1904, está preservada.

4º Dia: Ilha Hiiumaa

No porto de Rohuküla, 9km a leste de Haapsalu, pegue a balsa para a segunda maior ilha do país. Pouco habitada, **Hiiumaa** (pp. 94-5) é o paraíso de quem gosta de natureza, pois tem florestas de pinheiros e praias desertas. A cidadezinha de **Kärdla** funciona como uma boa base para explorar a ilha. Não deixe de ir a **Kõpu**, que abriga um dos faróis ativos mais antigos do mundo, aberto para visitação do público.

> **Para esticar a viagem...**
> Passe mais um dia na **ilha Hiiumaa** para visitar o **Solar Suuremõisa** (p. 94) e a ilhota de **Kassari** (p. 95).

5º Dia: Ilha Saaremaa

Para chegar à pitoresca **ilha Saaremaa** (pp. 96-9), pegue uma balsa em Sõru, na ponta sul da ilha Hiiumaa. Visite os cinco icônicos moinhos de vento de madeira em **Angla** (p. 98), perto do porto de Leisi, e entre na pequena **Igreja Karja** (p. 99) para admirar seus elaborados entalhes em pedra. Depois, viaje pela costa para o oeste, até o maravilhoso **Parque Nacional Vilsandi** (p. 99).

6º Dia: Kuressaare, na Ilha Saaremaa

Desfrute um dia agradável em **Kuressaare** (p. 98), principal cidade de Saaremaa. O espetacular **Castelo do Bispo**, do século XIV, é atração imperdível, assim como a rua principal, que exibe belos edifícios antigos. À tarde, viaje para a **península Sõrve** (p. 96) e admire a magnífica ponta sul de Saaremaa, açoitada por

O bem preservado Castelo do Bispo em Kuressaare na ilha Saaremaa

Veja informações úteis para a viagem pela Estônia nas pp. 376-81

ventos fortes, ou visite a interessante **cratera meteórica de Kaali** *(p. 98)*, 15km a nordeste da cidade.

7º Dia: Pärnu

Passe pela ilha Muhu no caminho de volta ao continente e rume para o conhecido balneário litorâneo de **Pärnu** *(pp. 102-3)*, a capital do país durante o verão. Entre suas atrações estão uma ótima praia de areia de 7km, edifícios históricos na Cidade Velha e diversos parques tranquilos.

8º Dia: Tartu

Há muito para se ver na vibrante cidade estoniana de Tartu *(pp. 118-21)*, sede da respeitada **Universidade de Tartu**, com cerca de 20 mil estudantes. O interior da **Igreja de São João**, do século XIV, é fascinante e apresenta imagens de terracota. O **Museu de Arte de Tartu** abriga um admirável acervo de arte estoniana, em um edifício inclinado. O **Museu Celas da KGB** revela as atividades sombrias da agência soviética e o sofrimento de inúmeros estonianos oprimidos pelo regime. **Toomemägi** (Morro da Catedral) *(pp. 120-1)* apresenta belos edifícios históricos em meio a árvores e um emaranhado de ruas estreitas.

Penedos ao longo da costa da península de Käsmu, no Parque Nacional Lahemaa

Reformada, a catedral medieval se tornou uma biblioteca, em Toomemägi, Tartu

9º Dia: Área Recreativa de Kiidjärve-Taevaskoja

Localizada na região de Põlva, 50km ao sul de Tartu, a pitoresca **Área Recreativa de Kiidjärve-Taevaskoja** é perfeita para passar o dia caminhando e fazendo piquenique. O local abriga também o **Moinho Kiidjärve** *(p. 126)* e os estupendos **rochedos de arenito de Taevaskoja** *(p. 126)*, que se projetam sobre o rio Ahja.

10º Dia: Lago Võrtsjärv

Para um passeio de barco com muito sol e mergulho, vá ao **lago Võrtsjärv** *(p. 122)*, o segundo maior do país. No centro de visitantes de Rannu, é possível alugar um barco ou agendar um passeio no lago a bordo de um veleiro histórico de madeira *(kalepurjekas)*.

11º Dia: Narva, no Norte

De Tartu, siga para o norte até a cidade fronteiriça de **Narva** *(p. 116)*. Como a viagem dura três horas, faça uma pausa às margens do **lago Peipsi** *(p. 127)*, que se estende pela fronteira com a Rússia. Com mais de 3.500km², esse lago é o quinto maior da Europa. Continue rumo aos vilarejos de **Mustvee** e **Raja** *(p. 127)*, à beira do lago, onde velhos-crentes mantêm costumes tradicionais. O pequeno museu de Mustvee enfoca a história e o cotidiano dessa comunidade.

12º Dia: Narva e Sillamäe

O castelo sobranceiro, o museu em sua alta torre branca e o parque vizinho junto ao rio são os destaques da cidade fronteiriça de **Narva** *(p. 116)*, onde 96% da população fala russo. Nas proximidades, **Sillamäe** *(p. 115)* foi construída durante a era soviética ao longo de uma mina de urânio (fechada em 1991), parte do programa nuclear soviético. Hoje, os edifícios ornamentados da época stalinista são uma curiosidade.

13º Dia: Costa Norte

Os rochedos de calcário da **Costa Ontika** *(p. 115)*, a oeste de Sillamäe, são magníficos e merecem uma visita devido às vistas que se estendem até o golfo da Finlândia. À tarde, faça uma fascinante visita guiada à mina que extraía xisto betuminoso no **Museu Subterrâneo da Mina de Kohtla** *(p. 115)*. Depois, siga para **Palmse**, dentro do **Parque Nacional Lahemaa** *(pp. 110-4)*.

14º Dia: Parque Nacional Lahemaa

Os solares grandiosos de **Palmse** *(p. 112)* e **Sagadi** *(p. 113)* refletem a vida da aristocracia no século XVIII. Cogite dar uma escapada de Palmse até a aldeia costeira de **Võsu** *(p. 112)* ou ao belo vilarejo de **Käsmu** *(p. 112)*. Se sobrar tempo, visite o vilarejo pesqueiro de **Altja** *(p. 113)* para ver as casas tradicionais cobertas de palha. Por fim, retorne a Tallinn.

> **Para esticar a viagem...**
> Reserve um dia para percorrer a **península Käsmu** *(p. 114)* a pé ou de bicicleta. Admire os penedos enormes e conheça o vilarejo histórico de **Käsmu** *(p. 112)*.

14 Dias na Letônia

- **Aeroporto** Chegue e saia pelo aeroporto de Riga.
- **Transporte** Essa viagem pode ser feita de ônibus e trem, mas alugar um carro dá mais liberdade.

1º Dia: Riga
Manhã Comece o dia com uma visita à **Cidade Velha**, que constitui o centro histórico de Riga. A cidade perdeu muitos edifícios esplêndidos durante a Segunda Guerra Mundial, mas, por outro lado, vários foram meticulosamente restaurados nos últimos anos. A área ao redor da **Praça da Prefeitura** (pp. 150-1) é dominada pela imponente **Igreja de São Pedro** (p. 153) e apresenta outras construções magníficas que recuperaram sua glória original, entre elas a **Casa Mentzendorff** (p. 152) e a **Prefeitura**. O imenso prédio de concreto modernista da era soviética que abriga o **Museu da Ocupação da Letônia** (p. 152) é depreciado pela maioria dos moradores da cidade; encontra-se fechado para reforma.

Tarde Após almoçar em algum dos restaurantes ao ar livre da Cidade Velha, conheça o interior do maior polo de fé católica da região do Báltico, a **Catedral do Domo** (p. 146), do século XIII (p. 146). A seguir, visite o **Museu de História e Navegação de Riga** (p. 146), atrás da catedral. Para uma imersão histórica em um evento mais recente, dirija-se ao **Museu das Barricadas de 1991** (p. 146), nos arredores; o local conta como o povo letão se libertou do jugo comunista.

Os charmosos edifícios reconstruídos na Praça da Prefeitura de Riga

2º Dia: Riga
Manhã Explore a maravilhosa arquitetura art nouveau protegida pela Unesco do **Centro Silencioso** de Riga (pp. 156-7) ou dirija-se à **Dauderi** (p. 160), uma imponente mansão neogótica que servia de residência presidencial no verão e hoje abriga um museu um tanto eclético sobre a história local. Perto dali situa-se o bairro residencial **Mežaparks** (p. 160), com belas casas modernistas e art nouveau pertencentes a letões abastados.

Tarde Não perca o interessante **Museu Etnográfico ao Ar Livre Letão** (p. 163), uma área vasta com matas às margens do lago Jugla. Casas cobertas de palha, igrejas, moinhos de vento e outras estruturas tradicionais de todo o país oferecem uma visão fascinante sobre as raízes rurais da Letônia.

3º Dia: Parque Nacional Gauja e Arredores de Sigulda
A cidade de **Sigulda** (p. 192) situa-se 50km a nordeste de Riga e representa uma ótima base para explorar as vastidões florestais do **Parque Nacional Gauja** (pp. 190-3), cujo nome se refere ao rio que atravessa suas colinas de arenito. O parque é maravilhoso para caminhadas e tem trilhas bem sinalizadas. Os edifícios históricos e o parque de esculturas na **Reserva e Museu de Turaida** (p. 192) também merecem sua atenção e ficam a poucos quilômetros de Sigulda.

4º Dia: Parque Nacional Gauja – Līgatne e Cēsis
De Sigulda, siga para o nordeste rumo ao **Centro de Educação e Recreação de Līgatne** (p. 193). Esse parque ecológico encantador tem ursos-pardos, castores, alces, linces e bisões-europeus, e pode ser explorado a pé ou de carro. Continue para o nordeste até **Cēsis** (p. 192), uma das cidades mais antigas do país, cujas ruas estreitas são ladeadas por casas de madeira e pedra dos séculos XVIII e XIX.

Para esticar a viagem...
Alugue uma canoa e aproveite o rio Gauja por um ou dois dias. É possível contratar barcos e outros transportes com um especialista em passeios fluviais (p. 359 e p. 361).

5º Dia: Rumo a Ventspils
Volte a Riga, depois siga para o oeste até a histórica cidade costeira de **Ventspils** (pp. 180-1), que oferece cafés e parques agradáveis, além de uma praia com areias brancas.

6º Dia: Ventspils
Apesar de sua longa tradição como centro de comércio e membro da Liga Hanseática, Ventspils ficou na obscuridade por grande parte da era soviética e apenas recentemente se

Castelo do século XIV que pertencia à Ordem Livoniana, na cidade de Ventspil

tornou o principal destino litorâneo do país. Entre suas atrações estão o **Castelo de Ventspils**, do século XIII, as belas igrejas russas e luteranas, e a encantadora praia com certificação Bandeira Azul. O **Museu à Beira-Mar ao Ar Livre**, com casas de pescadores, defumadouros e até uma ferrovia de bitola estreita, também merece a visita.

7º Dia: Pavilosta

Com acesso por uma estrada costeira que sai de Ventspils, marcada por muito vento e vistas ocasionais do mar, **Pavilosta** *(p. 183)* é uma cidade portuária descontraída. Tem uma linda marina e quilômetros de praias de areia que, no verão, atraem muitos praticantes de esportes aquáticos.

> **Para esticar a viagem…**
> Participe de uma pescaria ou faça aulas de navegação a vela na **Marina Pavilosta** *(p. 183)*.

8º Dia: Liepāja

A estrada costeira cruza matas conforme avança rumo à vibrante **Liepāja** *(pp. 184-5)*, terceira maior cidade do país. Com atrações culturais e um trecho fantástico de praia, ela seduz os visitantes. A rua principal, Lielā iela, é dominada pela **Igreja da Santíssima Trindade**, do século XVIII; de sua torre há vistas fabulosas. No sudoeste, o bem-cuidado **Parque à Beira-Mar** corre paralelo à praia, que apresenta certificação Bandeira Azul.

O pitoresco Castelo Jaunpils, erguido no século XIV e posteriormente reconstruído

9º Dia: Jelgava

Em Liepāja, pegue a rodovia para o nordeste rumo a **Jelgava** *(p. 170)*, fazendo uma pausa no caminho para ver o impressionante **Castelo Jaunpils** *(p. 174)*, que data do século XIV e abriga torres, um pequeno museu e até um hotel *(p. 301)*. Embora tenha perdido grande parte de seu legado arquitetônico durante a Primeira e a Segunda Guerra Mundial, Jelgava ainda oferece algumas atrações, entre elas o elegante **Palácio Jelgava**, do século XVIII, e a **Catedral Ortodoxa de São Simeão e Santa Ana**, na Cidade Velha.

10º Dia: Palácio Rundāle

Tire o dia para conhecer o fantástico **Palácio Rundāle** *(pp. 172-3)*, em estilo barroco e com interiores rococós; trata-se de um dos palácios mais belos da região báltica. Se preferir não voltar a Jelgava, siga viagem para Daugavpils, a quatro horas de distância. Para alcançar esse destino usando o transporte público é preciso passar por Riga.

11º Dia: Daugavpils

Fundada no sudeste da Letônia por Ivan, o Terrível, no século XVI, **Daugavpils** *(pp. 200-1)* é a segunda maior cidade do país. Como 90% da população fala russo, ainda tem uma atmosfera soviética. Uma de suas atrações é a **Catedral de São Bóris e São Glebe**, a maior da fé ortodoxa russa no país, com cúpulas em forma de cebola. Também vale a pena explorar a extensa **Fortaleza de Daugavpils**, principal-

Ruínas de castelo na cidade de Rēzekne, o centro da Latgália

mente para conferir o **Centro de Arte Mark Rothko**, instalado no arsenal.

12º Dia: Aglona

Saia de Daugavpils rumo ao nordeste com o objetivo de chegar a **Rēzekne** *(p. 199)*, mas no caminho pare em **Aglona** *(p. 199)*. Embora não seja notável, essa cidade tem como atração a altaneira **Basílica de Aglona**, o principal templo católico da Letônia, que também atrai fiéis de toda a Rússia e dos demais países bálticos.

13º Dia: Rēzekne e Lagos da Latgália

Como foi reduzida a escombros durante a Segunda Guerra Mundial, Rēzekne apresenta poucos edifícios de valor histórico, mas constitui uma boa base para explorar as mais de 800 porções de água que formam os pitorescos **lagos da Latgália** *(p. 202)*. O maior deles, o **lago Lubāns**, é ótimo para ver pássaros e pescar. No sudeste de Rēzekne, o **lago Ežezers** é considerado um dos mais belos da região e tem muitas ilhas para explorar de barco. No leste de Rēzekne, a encantadora cidade de **Ludza** *(p. 203)* situa-se entre dois lagos e abriga muitas casas de madeira.

14º Dia: De Rēzekne para Riga

Na viagem de quatro horas de volta para Riga, pare em **Jēkabpils** *(p. 198)*, onde há uma bela igreja ortodoxa e um museu etnográfico ao ar livre.

14 Dias na Lituânia

- **Aeroporto** Chegue e saia pelo aeroporto de Vilna.
- **Transporte** A viagem pela Lituânia pode ser feita de ônibus e trem, mas alugar um carro garante mais autonomia.

1º Dia: Cidade Velha de Vilna

Manhã Os edifícios e as ruas sinuosas da maravilhosa **Cidade Velha** de Vilna pouco mudaram ao longo de vários séculos. Embora a cidade tenha sido fundada no século XI, grande parte de seu legado arquitetônico data do fim do século XVIII, quando incêndios consumiram muitas estruturas de madeira, que então foram substituídas por casas de pedra. Inicie o passeio na Cidade Velha pelo ponto focal, a estupenda **Catedral de Vilna** (pp. 228-9), que ocupa o lugar de um antigo santuário pagão. Atrás dela encontra-se o **Palácio Real**, parte do Castelo de Baixo (p. 230) e morada dos grãos-duques da Lituânia durante quatro séculos. O palácio renascentista original foi demolido em 1801 – o edifício atual é uma reconstrução inaugurada em 2009. Em uma colina próxima está a única torre que restou do **Castelo de Cima** (p. 230), com vistas fantásticas da cidade. O interessante **Museu Nacional Lituano** (p. 230) fica perto do Castelo de Cima.

Tarde Explore os edifícios grandiosos e os pátios amplos da **Universidade de Vilna** (p. 226) e, depois, caminhe pela **Pilies** – com igrejas e casas históricas, essa é a principal rua da Cidade Velha. Admire a **Igreja de São João** (p. 226) e a **Igreja de São Paraskeva** (p. 227), então siga para a imponente **Igreja de São Casimiro** (p. 236), a igreja barroca mais antiga de Vilna. Saia da Cidade Velha pelos **Portões da Alvorada** (p. 239), cuja capela guarda o ícone *Madona da misericórdia*, que, tido como milagroso, atrai peregrinos de toda a Lituânia e da Polônia.

2º Dia: Vilna

Manhã A Cidade Velha abriga alguns museus excelentes, entre os dois que cobrem detalhadamente eventos trágicos da história. O **Museu da KGB** (p. 242) revela o reinado de terror soviético e apresenta as celas de prisioneiros no porão do edifício. O **Museu do Holocausto** (p. 242) enfoca a vida nos guetos judeus e os sofrimentos impostos a essa comunidade durante a Segunda Guerra Mundial.

Tarde Visite o bairro de **Užupis** (p. 244), fundado por artistas. Essa área fascinante acomoda cafés e galerias independentes. Outra opção é ir para o oeste até o agradável bairro de **Žverynas** (p. 245), com mansões de madeira, um belo parque e vistas maravilhosas da **Torre de TV** (p. 245), nas proximidades.

A Prefeitura de Kaunas, conhecida localmente como Cisne Branco

3º Dia: Castelo de Trakai

Passe um dia fora de Vilna viajando 25km para o oeste rumo ao **Castelo de Trakai** (pp. 256-7), onde também se pode pernoitar. Construído em uma das várias ilhas no lago Galvè, esse castelo medieval bem fortificado é o monumento mais conhecido da Lituânia e chegou a disputar o poder com Vilna. No verão, é possível alugar iates e barcos a remo.

4º Dia: Kaunas

Com sua Cidade Velha bem preservada, parques arborizados e cafés descontraídos nas calçadas, **Kaunas** (pp. 262-5) proporciona uma estada muito agradável. Entre os destaques da Cidade Velha estão a bela **Antiga Prefeitura** (p. 262), do século XVI, as ruínas do **Castelo de Kaunas** (p. 262) e a **Catedral de São Pedro e São Paulo** (p. 263), em estilo gótico. Para conhecer melhor o passado da cidade, visite o **Museu da Guerra Vytautas, o Grande** (p. 264). Vá também ao vizinho **Museu do Diabo** (p. 264) para ver o acervo extravagante de esculturas e entalhes de demônios e bruxas do mundo inteiro.

5º Dia: Arredores de Kaunas

Com acesso fácil a partir de Kaunas, o barroco **Mosteiro Pažaislis** (p. 265), fundado no século XVII, pode ser visitado a caminho do **Museu Rumšiškės a Céu Aberto** (p. 265), um conjunto maravilhoso de

Os vestígios do Castelo de Cima de Vilna, com a simbólica torre oeste à direita

Veja informações úteis para a viagem pela Lituânia nas pp. 388-93

DESCUBRA A ESTÔNIA, A LETÔNIA E A LITUÂNIA | 17

Lago sereno cercado por florestas e charcos no Parque Nacional Aukštaitija

edifícios tradicionais de todo o país que foram meticulosamente reunidos em um cenário pitoresco.

6º Dia: Druskininkai
Viaje para o sul até **Druskininkai** (p. 259) e passe o restante do dia relaxando nesse balneário. A cidade reúne inúmeros spas, que oferecem massagem, banhos de lama, tratamentos de beleza e curas com água mineral.

Para esticar a viagem...
As florestas em torno de **Druskininkai** merecem um dia destinado a caminhadas e trilhas de bicicleta.

7º Dia: Parque Nacional Aukštaitija
Em Druskininkai, pegue a estrada para o nordeste via Vilna até **Ignalina**, uma cidadezinha rural nas cercanias do Parque Nacional Aukštaitija.

8º Dia: Parque Nacional Aukštaitija
Com lagos glaciais, formações rochosas e antigas florestas de pinheiros, abetos e bétulas, o **Parque Nacional Aukštaitija** (pp. 270-1) constitui uma área encantadora para explorar. Entre as atrações estão a **Reserva Cultural Salos II**, que expõe casas tradicionais cobertas de palha, e o **morro Ladakalnis**, com uma vista panorâmica de todo o território do parque.

Para esticar a viagem...
Alugue um barco a remo em Palušė e siga a **trilha de água** formada pelos lagos.

9º Dia: Siauliai
Viaje 240km para o oeste até **Siauliai** (pp. 276-7), palco da histórica Batalha do Sol de 1236, na qual a Ordem Livoniana foi derrotada pelos samogicianos pagãos. Hoje, ela é uma cidade moderna florescente, com uma Cidade Velha bem preservada e diversos museus. No entanto, provavelmente Siauliai é mais conhecida pelo comovente **Morro das Cruzes** (p. 277), a curta distância rumo ao norte, em Jurgaičių. A pequena colina é coberta por milhares de cruzes e esculturas sacras do mundo inteiro; trata-se de um símbolo eloquente

A animada praia de 18km no balneário de Palanga

tanto de determinação política, pois foi desmantelada várias vezes pelos soviéticos, quanto de fé religiosa profunda.

10º Dia: Palanga
De Siauliai, siga para o oeste até a cidade costeira de **Palanga** (p. 286) e passe uma tarde tranquila na praia de areia. Depois, junte-se ao pessoal local e aos turistas no píer para ver o pôr do sol.

11º Dia: Klaipėda
Único porto marítimo da Lituânia, **Klaipėda** (pp. 284-5) se destaca pela Cidade Velha charmosa e pela vida noturna vibrante. Faça uma visita ao **Museu do Relógio** e maravilhe-se com o acervo incrível de relógios do mundo inteiro. Caso ainda tenha energia, vá à **Galeria de Pintura** e ao grande Parque de Esculturas, logo atrás.

12º Dia: Istmo da Curlândia
Com acesso por uma balsa que sai de Klaipėda para Smiltyne, o **istmo da Curlândia** (pp. 288-9) é uma das maravilhas naturais da Lituânia. Com no máximo 4km de largura e trechos estreitos de apenas 400m, essa esguia língua de terra é composta por dunas de areia, praias e matas que se estendem de Klaipėda até a península Sambiana, em Kaliningrado. Usufrua uma estada relaxante em alguma das pequenas hospedarias em **Nida** (p. 306) e em seus arredores, aos quais se pode chegar com o micro-ônibus local.

13º Dia: Istmo da Curlândia
Passe o dia explorando o istmo da Curlândia a pé ou de bicicleta. Entre os pontos interessantes estão o **Morro das Bruxas** (p. 289), criado por escultores locais perto de Juodkrante, e a **Duna Parnidis** (p. 288), que, com 52m de altura, oferece vistas maravilhosas da área.

14º Dia: Do Istmo da Curlândia para Vilna
Não importa o meio de transporte – carro, ônibus ou trem –, a viagem de volta a Vilna dura cerca de cinco horas.

18 | INTRODUÇÃO À ESTÔNIA, À LETÔNIA E À LITUÂNIA

Estônia, Letônia e Lituânia Dentro do Mapa

Com a Estônia ao norte, a Letônia no centro e a Lituânia ao sul, os países bálticos situam-se na costa sudeste do mar Báltico. A região faz fronteira a leste com a Rússia e ao sul com a Polônia, a Belarus e o enclave russo de Kaliningrado. Os países bálticos ocupam uma área de 173 mil km². Letônia e Lituânia são praticamente do mesmo tamanho, ao passo que a Estônia é cerca de um terço menor e tem um relevo relativamente mais plano, se comparado ao dos outros dois países. As três capitais – Tallinn, Riga e Vilna – concentram cerca de um terço dos 6,3 milhões de habitantes da região.

Legenda
- Rodovia
- Estrada principal
- Estrada secundária
- Ferrovia
- Fronteira internacional

Legenda dos símbolos *na orelha da contracapa*

ESTÔNIA, LETÔNIA E LITUÂNIA DENTRO DO MAPA | 19

Estilos Arquitetônicos

Desde que as fortificações de madeira das tribos bálticas foram substituídas por castelos de pedra nos séculos XIII e XIV, as influências estrangeiras passaram a dominar a arquitetura da Estônia, Letônia e Lituânia. Hoje, as capitais bálticas são verdadeiros tesouros: Tallinn por suas construções medievais, Vilna por seu Barroco Italiano e Riga pelo Art Nouveau. Do período soviético restam as baratas habitações coletivas. Desde a independência, investimentos privados financiam ambiciosos projetos.

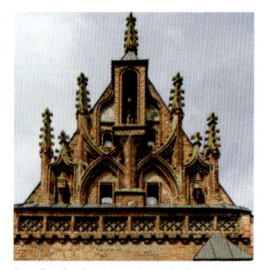

Detalhe da alvenaria gótica da Casa de Perkūnas, Kaunas

Românico e Gótico

Trazido para Tallinn e Riga pelos invasores germânicos, o estilo românico, com pesadas abóbadas, arcos arredondados e poucos ornamentos, não durou muito na região. As abóbadas góticas, os arcos em ponta e as fachadas decoradas agradaram mais. Em Tallinn estão os melhores exemplos; em Riga, a maior parte foi destruída durante a reconstrução da cidade, no século XIX.

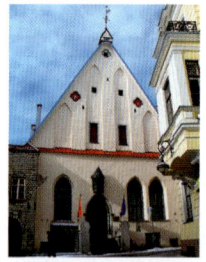

O Museu de História da Estônia foi erguido em Tallinn para a Grande Guilda, poderosa organização de mercadores de língua alemã. Do início do século XV, o prédio tem fachada gótica e corredores abobadados.

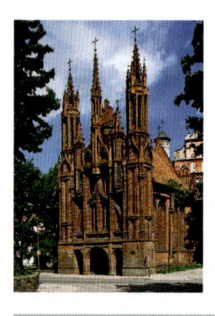

Igreja de Santa Ana
Essa célebre igreja gótica de Vilna foi construída com 33 tipos de tijolo. Dizem que Napoleão Bonaparte ficou tão impressionado que queria levá-la consigo para Paris.

O Castelo Kuressaare, na ilha Saaremaa, é o único em estilo gótico medieval ainda intacto nos países bálticos. Foi construído com dolomita local.

Renascentista e Barroco

A retomada do ensino clássico nos séculos XV e XVI, que favoreceu características arquitetônicas como regularidade, simetria e um eixo central, teve pouca expressão na Lituânia. Na Letônia e na Estônia foi acrescentado às fachadas de prédios já existentes. O rebuscado estilo barroco dos séculos XVII e XVIII, endossado pela Igreja Católica, foi mais bem aceito pelo clima religioso de Vilna.

O Mosteiro de Pažaislis, em Kaunas, é um dos monumentos barrocos de maior destaque no Leste Europeu. Projetado no século XVII por arquitetos italianos, a fachada da igreja exibe torres gêmeas e uma cúpula com 52m de altura entre elas. O interior é um verdadeiro tesouro de mármore.

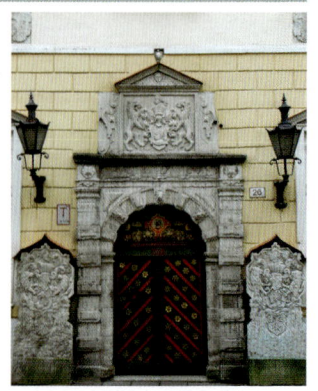

A Casa dos Cabeças Pretas, em Tallinn, era usada pela irmandade de mesmo nome. O prédio que existia desde o século XIV foi reformado em estilo renascentista em 1597. O interior ganhou um estilo neoclássico em 1908.

Neoclassicismo e Historicismo

O estilo neoclássico só chegou aos países bálticos na década de 1780, exercendo forte influência em Tartu e em alguns dos mais belos palacetes da Estônia. Hoje, porém, a maioria dos exemplos está em Tallinn, em geral nas fachadas de antigas construções. Alguns palácios da Lituânia e da Letônia também adotam o estilo. Por volta de 1820, o movimento historicista se popularizou, buscando inspiração em estilos variados, como o gótico, o renascentista e o neobarroco.

A Prefeitura de Tartu ocupa um elegante edifício neoclássico, lilás e alaranjado. Foi projetado no século XVIII por J. H. B. Walter para a família Pistohlkors.

A Prefeitura de Kaunas, chamada de "Cisne Branco" pelos moradores, foi reformada em 1870 em estilo neoclássico. Exibe também alguns detalhes barrocos, mais visíveis na torre de 53m de altura.

O Teatro Nacional Letão, em Riga, foi projetado em estilo neobarroco. Concluído em 1902 pelo arquiteto Augusts Reinbergs, foi influenciado pela estética historicista.

Art Nouveau, Modernista e Contemporâneo

Riga adotou o Art Nouveau no fim do século XIX. Após a Primeira Guerra Mundial, houve uma reação aos estilos mais rebuscados: os modernistas passaram a enfatizar a função, e os soviéticos, a favorecer o funcionalismo radical. Com a independência, as obras que surgiram nas capitais nem sempre se harmonizaram com os antigos estilos arquitetônicos.

Alberta iela 13, em Riga, é um bom exemplo do Art Nouveau eclético, que mescla imagens clássicas e simbolistas e detalhes estilísticos neobarrocos.

Torre Europa, em Vilna, é um dos muitos e novos arranha-céus das capitais bálticas e marca o retorno do setor privado.

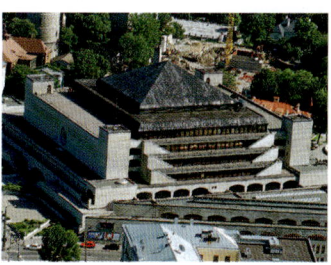

Biblioteca Nacional, em Tallinn, é um dos triunfos arquitetônicos do fim da era soviética. Raine Karp, o arquiteto estoniano que a projetou, usou o arenito dolomítico local na obra.

Natureza e Vida Selvagem

Os três países bálticos abrigam densas florestas de pinheiros, abetos e bétulas e terrenos predominantemente planos, embora existam áreas montanhosas como o planalto de Vidzeme, na Letônia. O ponto mais alto da região é o pico Suur Munamägi, na Estônia, que fica 318m acima do nível do mar. Os países bálticos são reconhecidos por seu belo litoral, pelos muitos lagos e rios e pelas grandes extensões de áreas inundadas, nas quais, junto com as matas, vive grande variedade de animais. Os países também são importantes rotas de aves migratórias, o que atrai ornitólogos do mundo todo. E os três países também têm grandes extensões de turfeiras, charcos e lagos.

As pedras flutuantes, algumas muito grandes, são comuns na costa da península de Käsmu, na Estônia *(p. 114)*. Elas foram arrastadas pelos glaciares na última Era do Gelo.

Florestas
Cerca de 40% da natureza da Estônia, da Letônia e da Lituânia é composta de florestas. Pinheiros, abetos e bétulas são as mais comuns, além de carvalhos, freixos, olmeiros e bordos. As árvores eram cultuadas pelas religiões pré-cristãs da região.

Áreas Alagadas
As extensas áreas alagadas são o ambiente ideal para aves migratórias e plantas parasitas como as orquídeas. Na Estônia são comuns os brejos, nos quais se desenvolvem espessas camadas de turfa. Muitos deles são protegidos por parques nacionais.

A Fauna
Os países bálticos são o hábitat natural de mamíferos como lince, alce, veado, lobo e urso-pardo. Por estarem nas principais rotas migratórias, abrigam muitas espécies de aves como cegonha-branca, andorinha-de-bando e tetraz. Nos rios e lagos há trutas, percas, carpas e outros peixes.

As abelhas são muito valorizadas; a apicultura é uma atividade importante e faz parte da herança cultural da região.

As cegonhas-brancas são emblemáticas da região e costumam fazer seus ninhos no alto das chaminés e dos postes. Já as cegonhas-negras são bem mais raras.

Os lobos vivem nas florestas, principalmente nas da Lituânia. Porém, é raro vê-los, pois a caça diminuiu consideravelmente o número desses predadores.

Flora

As matas e os alagados dos países bálticos são ambientes propícios para uma variedade de plantas. Lá crescem muitas espécies comestíveis de cogumelos e frutas silvestres. Há orquídeas perto do lago Engure, na Letônia, e crista-de-galo e azevinho em Saaremaa e no istmo da Curlândia.

Líquen do Ártico é um fungo encontrado na Reserva Natural da ilha Hiiumaa. Como outros líquens, esse cresce em duas camadas e tem algas entre uma e outra.

Os cogumelos são, em geral, madeira em decomposição e parasitas. Com a diminuição das matas, eles se tornaram mais raros.

As orquídeas surgem em matas e alagados. As encontradas nos países bálticos são espécies raras do norte europeu em processo de extinção.

Os frutos silvestres, como cranberry, são usados para fazer vinho.

Lagos e Rios

Na região há muitos lagos, entre os quais o maior é o lago Peipsi, na Estônia, e também pequenos rios. A baixa salinidade do mar Báltico limita a quantidade de espécies de plantas e de animais, por isso predominam as espécies de água doce.

A Costa

A Estônia possui um extenso litoral. Nele está incluído o Klint Báltico, um longo escarpamento erodido que vai da Suécia até a Rússia. Outro acidente impressionante é o istmo de Curlândia, um longo istmo que se estende da Lituânia a Kaliningrado.

A andorinha-de-bando, ave nacional da Estônia, constrói seus ninhos em estruturas feitas pelo homem.

A foca-anelada é protegida e pode ser vista na costa de Saaremaa e em outras ilhas da Estônia.

O urso-pardo é um animal onívoro que pode ser visto nas florestas da Estônia e da Letônia, porém sempre com a ajuda de guias especializados.

O alce é um cervídeo que habita as florestas e áreas pantanosas. Também está presente nos cardápios dos países bálticos.

Religião

Embora os países bálticos fossem oficialmente cristãos já no final do século XIV, as crenças pagãs persistiram e se misturaram à nova religião. O protestantismo deixou sua marca no século XVI, mas a Lituânia logo retornou ao catolicismo. Hoje, é o único dos países bálticos onde a Igreja Católica tem papel público importante. Na Estônia e na Letônia, a participação religiosa após a independência, em 1991, diminuiu muito. A grande maioria de etnias russas pertence à Igreja Ortodoxa Russa, e judeus e muçulmanos são grupos religiosos minoritários.

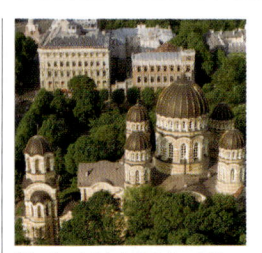

Vista aérea da Catedral Ortodoxa de Riga, Letônia

Sacerdote realiza *romuvan*, ritual baseado em crenças pagãs antigas

Paganismo

O cristianismo demorou a chegar à região báltica; a grã-duquesa da Lituânia resistiu até 1387, um ano após o batismo do grão-duque Jogaila. Os vestígios de crenças pagãs estão dispersos, e os estudiosos se baseiam nas tradições e nas canções folclóricas. A crença prevalecente era o animismo, segundo o qual plantas e animais são dotados de alma. As árvores eram cultuadas e as orações feitas nos bosques, considerados sagrados.

Os xamãs se comunicavam com os deuses, mas não formavam um clero organizado. Para letões e lituanos, as principais divindades eram Dievs ou Dievas (Deus do Céu), Saule (Sol), Pērkons ou Perkūnas (Trovão), Velns ou Velnias (Trapaceiro), Mēness ou Menulis (Lua) e Laima (Destino). Estonianos e livonianos (p. 176) adoravam Taara (Guerra), Uku (Trovão e Raio), Vanetooni (Morte), Maaema (Terra), Ahti (Água) e Vanejumi (Fertilidade). Para alguns, as várias divindades são aspectos de um único ser divino. Nuanças do paganismo ainda são percebidas em vários rituais cristãos.

Com a independência no século XX, tentou-se retomar as antigas tradições, quando surgiram as organizações de cunho mais nacionalista como a letã Dievturība. Após anos de marginalização sob o regime soviético, a Dievturība renasceu, mas o grupo pagão Romuva, da Lituânia, é o que reúne mais seguidores.

Cristianismo Ortodoxo

Os missionários ortodoxos chegaram à região já no século 10º, mas tiveram pouca aceitação e, assim, o cristianismo ortodoxo foi logo obscurecido pelo catolicismo, exceto entre os setus *(p. 124)*. Isso mudou sob o domínio russo no século XIX, quando foram construídas várias igrejas ortodoxas.

Hoje, os devotos ortodoxos da região são maioria entre os grupos étnicos russos. As igrejas são repletas de ícones – imagens de Cristo, da Virgem Maria e de vários santos –, geralmente expostos nos biombos chamados iconóstases. Também há na região comunidades de velhos-crentes *(p. 126)*, que são os descendentes dos crentes que romperam com a Igreja Ortodoxa Russa em protesto contra as reformas introduzidas pelo patriarca Nikon, em 1652. O patriarca submeteu os ritos ortodoxos russos aos gregos, não só por motivos religiosos, mas também políticos. Os beatos que passaram a ser chamados de velhos-crentes preferiram man-

Fila de devotos na Igreja Alexandre Nevsky, Tallinn, Estônia

ter sua fé na forma original, o que resultou no cisma russo, ou *raksol*, e na subsequente perseguição desses devotos. Muitos deles fugiram da Rússia, e hoje as principais comunidades nos países bálticos ficam em torno do lago Peipsi *(p. 127)*, na Estônia, e na região de Latgália, na Letônia. Entre as diferenças ritualísticas estão fazer o sinal da cruz com dois dedos (a atual Igreja Ortodoxa usa três) e algumas palavras do Credo, que foram mudadas. Os velhos-crentes condenam raspar a barba e estão proibidos de fumar tabaco. Seus membros costumam usar a tradicional túnica russa.

Igreja Católica do Espírito Santo, Vilna, Lituânia

Igreja de madeira dos velhos-crentes, perto do Lago Peipsi

Catolicismo

O catolicismo foi introduzido à força na região, quando o papa Inocêncio III autorizou uma cruzada contra os pagãos do norte em 1198. As áreas que hoje são conhecidas como Estônia e Letônia foram as primeiras a sucumbir; a Lituânia conseguiu resistir até 1387.

A nova religião foi considerada estrangeira pela população local, sentimento que se exacerbou quando as cerimônias passaram a ser conduzidas em latim. O catolicismo criou raízes mais profundas no leste da Letônia e na Lituânia, ambas sob influência da Polônia. Essas bases se fortaleceram na Contrarreforma, reação da Igreja Católica à ameaça do luteranismo. A ordem recém-fundada dos jesuítas construiu escolas, reforçou o idioma nativo e enfatizou a importância da Virgem Maria para trazer de volta os fiéis. Hoje a Lituânia é o único país do Báltico em que a religião é um aspecto central da identidade nacional.

Protestantismo

A Reforma foi rapidamente sentida na Estônia e no oeste da Letônia ao serem introduzidas as ideias revolucionárias do luteranismo, o principal ramo do cristianismo protestante. Essa ramificação enfatizava o merecimento da graça divina somente pela fé, e não por boas ações. Os primeiros centros urbanos surgiram na Estônia na década de 1520. A princípio, os proprietários de terra resistiram às mudanças, mas logo reconheceram que era uma forma eficaz de resistir à influência do papa. Os camponeses, por sua vez, deveriam seguir a fé dos patrões. Mais tarde, no século XVII, os novos crentes foram apoiados pelo governo sueco, formaram-se novos pastores e os idiomas locais passaram a ser usados nas atividades religiosas. A primeira Bíblia em letão foi publicada em 1689 pelo teólogo luterano Ernst Glück (1654-1705).

Houve uma breve retomada da atividade religiosa após a independência do opressivo regime soviético, quando as igrejas eram usadas para outros fins. Embora a Estônia e a Letônia ainda sejam oficialmente protestantes, a participação diminuiu nos últimos anos e hoje já há mais católicos que protestantes na Letônia.

Igreja Luterana da Virgem Maria, Otepää

Pessoas Famosas

A história de dominação cultural por outras nações explica por que só algumas personalidades dos países bálticos são conhecidas internacionalmente. Foram os movimentos para um despertar nacional no século XIX que popularizaram o conceito de culturas bálticas distintas. Após uma breve confiança durante a primeira independência, as restrições da era soviética impunham que os famosos da região ou fossem de origem russa ou vivessem fora de seu país. Após a independência, em 1991, as artes foram prejudicadas pelo reduzido investimento oficial.

Pintura de Michael Sittow, artista nascido em Tallinn

Artes Visuais

O pintor mais conhecido da Estônia foi Eduard Wiiralt (1898-1954), e no século XX os diretores de animação Elbert Tuganov (1920-2007) e Priit Pärn (n. 1946) ganharam fama internacional. Na Letônia, o pintor Janis Rozentāls (1866-1916) é o mais apreciado, embora Mark Rothko *(p. 200)* seja mais conhecido no exterior. A Lituânia tem fotógrafos notáveis, como Antanas Sutkus (n. 1939).

Sergei Eisenstein (1898-1948), um dos mais influentes diretores e teóricos do cinema de todos os tempos, nasceu em Riga. Suas montagens revolucionárias podem ser vistas em seus filmes marxistas *A greve!* (1924) e *O encouraçado Potemkin* (1925).

Mikalojus Konstantinas Čiurlionis (1875-1911), ilustre compositor lituano, era um artista completo. Seus trabalhos tendiam fortemente para o simbolismo e a influência da música pode ser vista na ênfase dada ao humor, no interesse pela harmonia e no desenvolvimento de temas em uma série de pinturas. A têmpera sobre tela mostrada acima intitula-se *A oferenda*.

Literatura

A preservação e a criação de histórias por autores como o letão Andrejs Pumpurs (1841-1902), o estoniano Friedrich Kreutzwald (1803-82) e o lituano Jonas Mačiulis (1862-1932) foram a chave para o despertar nacional no século XIX. A literatura moderna é igualmente notável; entre os contemporâneos destacam-se os poetas estonianos Jaan Kaplinski (n. 1941) e Jaan Kross (1920-2007) e o romancista lituano Ričardas Gavelis (1950-2002) e Jurga Ivanauskaitė (1961-2007).

Anton Hansen Tammsaare (1878-1940) é considerado o maior escritor da Estônia. Sua obra *Verdade e justiça* é um romance em cinco volumes sobre temas que incluem a Estônia rural e a Revolução Russa de 1905.

Czesław Miłosz (1911-2004) nasceu em uma família aristocrática polonesa e estudou em Vilna. Poeta e intelectual, Miłosz ganhou o Prêmio Nobel de literatura em 1980. Talvez seja mais conhecido por *Mente cativa*, uma crítica em prosa à ideologia comunista.

RETRATO DA ESTÔNIA, DA LETÔNIA E DA LITUÂNIA

Música

A Estônia tem forte tradição na composição clássica. Veljo Tormis (n. 1930) é influenciado pela música folclórica estoniana, enquanto Erkki-Sven Tüür (n. 1959) mistura técnicas de vanguarda com música antiga e rock progressivo. O pai da música clássica letã é Jāzeps Vītols (1863-1948), e o país também tem grupos de pop e rock, como a banda Brainstorm. A Lituânia é famosa pelos músicos de jazz como o Ganelin Trio, e seu melhor compositor clássico foi M. K. Čiurlionis.

Arvo Pärt (n. 1935), compositor estoniano, foi o primeiro a experimentar a técnica de Schoenberg dos doze tons e a usar o acaso. É conhecido pelo "minimalismo sagrado", baseado em tradições medievais e no cristianismo ortodoxo. Pärt descreve sua música como *tintinnabuli* (como os sinos).

Teatro e Dança

No século XIX, o teatro profissional, antes restrito às classes dominantes, teve peças escritas por autores como Eduard Vilde (1865-1933), da Estônia, e Rūdolfs Blaumanis (1863-1908), da Letônia. No prolífico cenário teatral lituano destaca-se o diretor Eimuntas Nekrošius (n. 1952). O balé ganhou força na era soviética, quando o Balé de Riga promoveu Alexander Godunov (1949-95).

Mikhail Baryshnikov (n. 1948) nasceu em Riga, mas descende de russos. Baryshnikov estudou balé na cidade letã até ir para Leningrado (hoje São Petersburgo). Durante uma turnê no Canadá em 1974, ele desertou. Depois tornou-se cidadão norte-americano e fundou um centro de dança em Nova York.

Voldemar Panso (1920-77) é o diretor teatral que trocou a ideologia soviética por personagens complexos e pela ambiguidade do simbolismo. Fundou o Teatro da Juventude Estoniana (futuro Teatro da Cidade de Tallinn).

Esportes

Durante anos o talento dos atletas bálticos foi obscurecido por serem considerados cidadãos soviéticos. O lutador peso-pesado Kristjan Palusalu (1908-87) foi um famoso atleta olímpico da Estônia; e a medalha de prata na marcha olímpica de 1932 foi conquistada pelo letão Jānis Daliņš (1904-78). O maior atleta olímpico lituano é o atirador de disco Virgilijus Alekna (n. 1972). A região tem excelentes jogadores de basquete, como Arvydas Sabonis (n. 1964) da Lituânia, Uljana Semjonova (n. 1952) da Letônia e Tiit Sokk (n. 1964) da Estônia.

Erki Nool (n. 1970) ganhou medalha de ouro no decathlon das Olimpíadas de Sydney, em 2000. Um resultado polêmico, pois um juiz rejeitou todos os seus três arremessos de disco antes que o árbitro da prova os anulasse. Em 2007, ele foi eleito para o Parlamento Estoniano.

Uljana Semjonova (n. 1952), jogadora de basquete de origem russo-letã, conquistou duas medalhas de ouro nas Olimpíadas de 1976 e 1980. Ela dominou o cenário do basquete mundial nos anos 1970 e 1980 sem perder nenhum jogo oficial internacional.

Canções Folclóricas e Música

As canções tradicionais da Estônia, da Letônia e da Lituânia tratam de fatos cotidianos, dos calendários rituais e ritos de passagem e contam histórias heroicas e de grandeza épica. Cantadas por mulheres, essas canções começaram a ser compiladas no final do século XIX e definiram uma faceta importante da consciência nacional na região. Mais tarde, entre 1987 e 1990, a luta pela libertação da União Soviética passou a ser chamada de Revolução Cantada, em parte pela importância que tiveram os concertos ao ar livre.

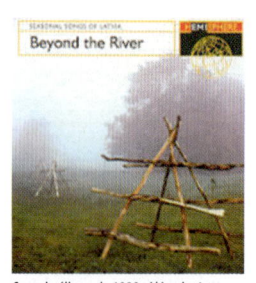

Capa do álbum de 1998, *Além do rio: canções sazonais da Letônia*

As canções tradicionais da Lituânia, ou *dainos*, falam da vida diária. São soladas, cantadas em uníssono ou várias vozes. Uma das formas mais comuns é a dupla *sutartinė*, típica do nordeste.

As canções monofônicas da Estônia, ou *runo*, têm relação com a música da Finlândia e raízes muito mais antigas que as da Letônia ou da Lituânia. O povo setu do leste da Estônia tem tradições polifônicas distintas.

Festival Báltico

O primeiro festival anual do folclore internacional da Estônia foi em 1987, e hoje acontece ciclicamente nos três países bálticos. As três bandeiras bálticas foram hasteadas pela primeira fez no segundo festival, em 1987. Hoje, o evento reúne 3 mil participantes e inclui concertos, desfiles e oficinas variadas.

As canções folclóricas da Letônia, ou *dainas*, consistem de uma ou duas estrofes com dois pares de versos não rimados. Essa tradição cantada é lírica e inspirada na mitologia pagã ou na vida diária. As canções eram tradicionalmente acompanhadas por gaita de foles e saltério; o acordeão e o violino foram acrescentados no século XVII.

Veljo Tormis

(n. 1930) é um respeitado compositor de música coral baseada em canções típicas da sua nativa Estônia. Suas peças mais políticas dos anos 1970 e 1980 foram censuradas pelo governo soviético.

Cantoras Folclóricas Bálticas

O governo soviético incentivava os artistas a refinar as canções folclóricas com harmonias e acompanhamentos clássicos, mas os admiradores preferem preservar as tradições genuínas. Hoje, acontecem vários festivais na região.

Iļģi, a famosa banda folclórica letã, formou-se em 1981. Como todos os músicos folclóricos do país, eles desenvolveram uma banda que usa o folclore para criar a própria música e resgatar tradições já esquecidas.

Veronika Povilionienė

(n. 1946) faz sucesso desde os anos 1960 divulgando as canções folclóricas como forma de protesto antissoviético. Recentemente gravou música pop e jazz.

O Saltério Báltico

O instrumento típico usado pelos cantores folclóricos da região é o saltério báltico. Ele tem inúmeras variações e é chamado de *kokle* na Letônia, *kanklės* na Lituânia e *kannel* na Estônia. No fim do século XIX, surgiram híbridos que foram influenciados por cítaras alemãs e austríacas.

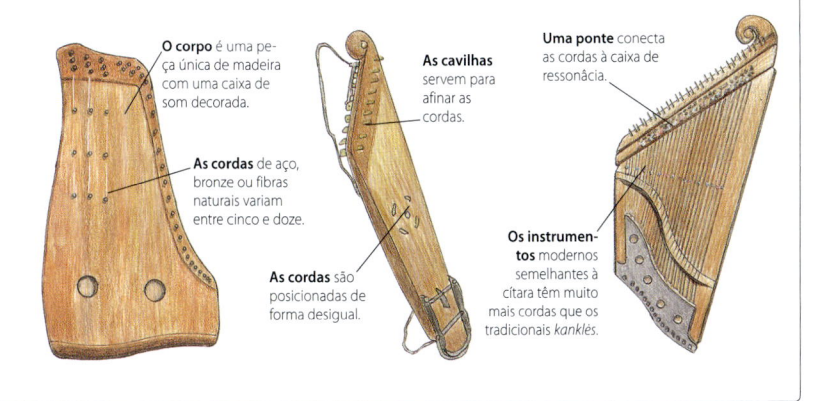

O corpo é uma peça única de madeira com uma caixa de som decorada.

As cordas de aço, bronze ou fibras naturais variam entre cinco e doze.

As cavilhas servem para afinar as cordas.

As cordas são posicionadas de forma desigual.

Uma ponte conecta as cordas à caixa de ressonácia.

Os instrumentos modernos semelhantes à cítara têm muito mais cordas que os tradicionais *kanklės*.

O Âmbar do Báltico

O âmbar é valorizado há tanto tempo que existem joias datando do início do período Neolítico (cerca de 7000 a.C.). Muitas autoridades médicas do mundo antigo, como Hipócrates, acreditavam nas propriedades curativas do âmbar. No auge do Império Romano existiu uma rede de comércio, hoje conhecida como a Rota do Âmbar. No período medieval, o âmbar era usado para fazer terços. Ainda é retirado das praias da Letônia e da Lituânia, mas 90% é extraído de minas no istmo da Curlândia, na região de Kaliningrado.

Uma das muitas bancas de âmbar vendido nas áreas turísticas

Identificação do Âmbar

Há muita goma-copal e plástico vendidos como âmbar genuíno. Esse flutua na água salgada e exala cheiro de pinho quando tocado com agulha aquecida; mas só os testes de laboratório são conclusivos.

Os coletores de âmbar do mar Báltico são representados nessa litogravura dos anos 1850. No século XIII, essa prática foi proibida pelos Cavaleiros Teutônicos, cujo monopólio só terminou no século XIX, quando a tradição pode ser retomada.

Âmbar não polido de vários formatos e cores

Peças de âmbar aparecem com frequência na praia de Pāvilosta (p. 183), uma cidade portuária da Letônia. Existem alguns coletores de âmbar profissionais que levam turistas para assistir à coleta.

Formação do Âmbar

Até ser levado pelas ondas para as praias do mar Báltico, principalmente depois de tempestades, o âmbar leva milhões de anos para transformar resina de pinho em pedra preciosa. A pedra clara pode ter agulhas de pinho ou insetos presos na resina antes de se solidificar.

A Resina Perfumada
Certas árvores soltam uma resina viscosa que tem funções defensivas. Suas qualidades antissépticas eliminam bactérias e fungos, e a viscosidade inibe as picadas de insetos.

Insetos Presos no Âmbar
Os insetos presos na resina não deterioram porque a substância é antisséptica e tem pouca água. Os componentes voláteis evaporam lentamente, deixando apenas a resina.

Formação do Copal
O copal, ou resina solidificada, é absorvido pelo solo quando a árvore morre. O processo de solidificação leva anos, até que a substância inerte se transforme em âmbar.

Usos do Âmbar

Além do valor decorativo, acreditava-se que o âmbar tivesse poderes curativos; ainda hoje alguns lituanos creem que cure bócio. Sabe-se que os astecas e os maias queimavam âmbar como incenso.

Faca decorada com âmbar

Joias artesanais de âmbar

Típica caixa de âmbar

Broche feito de âmbar

O Museu do Âmbar em Palanga
(p. 286) exibe uma magnífica coleção de peças de âmbar com insetos pré-históricos presos em seu interior, além de joias. Há ainda uma exibição sobre a história natural do âmbar.

Oficinas de polimento do âmbar
oferece aos visitantes a oportunidade de criar a própria peça, orientados por especialistas. Alguns museus do âmbar dos países bálticos oferecem essas oficinas.

A Rota do Âmbar

Um projeto custeado pela UE criou uma nova Rota do Âmbar que atravessa várias cidades ao longo do mar Báltico. Ela começa em Ventspils (pp. 180-1) e passa por Palanga (p. 286), Liepāja (pp. 184-5) e Klaipėda (pp. 284-5). Em algumas dessas cidades há um museu do âmbar; em Palanga há também oficinas de processamento. Nida, na Lituânia, abriga um museu do âmbar. A rota passa também por Karklė e Pāvilosta e seus coletores profissionais. Em Juodkrantė, que já foi o maior centro de mineração de âmbar, há uma coleção de artefatos pré-históricos. Mais ao sul está Kaliningrado, cidade russa de fronteira que concentra a maior parte do âmbar mundial.

Legenda
— Rota do Âmbar

O Âmbar no Folclore

Um conto lituano muito popular relata o amor entre o pescador Kastytis e a deusa Jūratė, que vivia em um palácio de âmbar no fundo do mar. Zangado porque um mortal ousara tocar em uma deusa, o deus Perkūnas enviou raios para destruir o palácio e afogar Kastytis. Acredita-se que desde então pedaços do palácio sejam levados à praia pelas ondas. A história, antes transmitida oralmente, foi escrita pela primeira vez por Liudvikas Adomas Jucevičius em 1842 e chegou a ser adaptada para uma ópera-rock.

Jūratė kaj Kastytis, por Nijolė Ona Gaigalaitė

O Clima da Estônia, da Letônia e da Lituânia

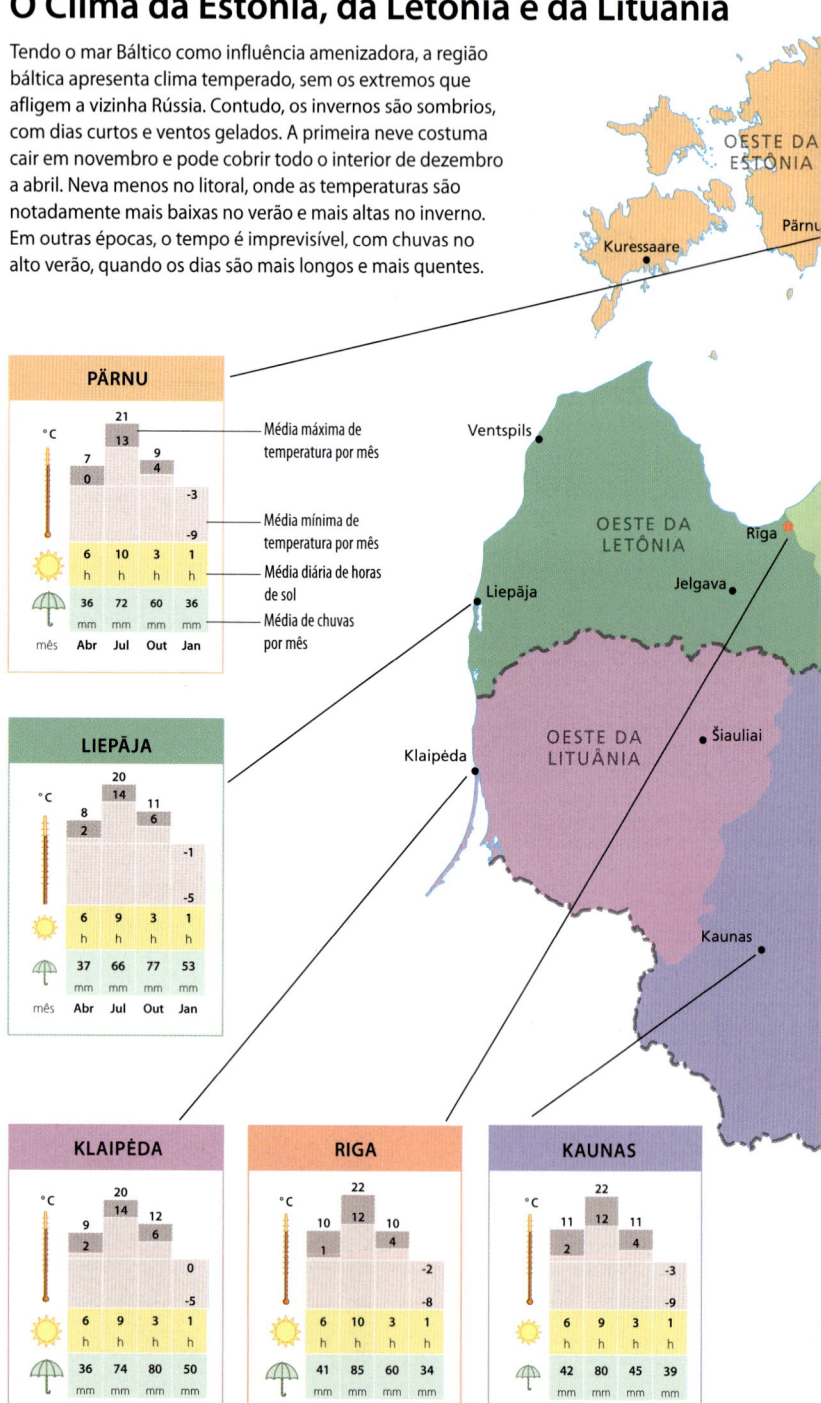

Tendo o mar Báltico como influência amenizadora, a região báltica apresenta clima temperado, sem os extremos que afligem a vizinha Rússia. Contudo, os invernos são sombrios, com dias curtos e ventos gelados. A primeira neve costuma cair em novembro e pode cobrir todo o interior de dezembro a abril. Neva menos no litoral, onde as temperaturas são notadamente mais baixas no verão e mais altas no inverno. Em outras épocas, o tempo é imprevisível, com chuvas no alto verão, quando os dias são mais longos e mais quentes.

PÄRNU

mês	Abr	Jul	Out	Jan
Média máxima (°C)	7	21	9	0
Média mínima (°C)	0	13	4	-9
				-3
Horas de sol	6h	10h	3h	1h
Chuvas (mm)	36	72	60	36

LIEPĀJA

mês	Abr	Jul	Out	Jan
Média máxima (°C)	8	20	11	2
Média mínima (°C)	2	14	6	-5
				-1
Horas de sol	6h	9h	3h	1h
Chuvas (mm)	37	66	77	53

KLAIPĖDA

mês	Abr	Jul	Out	Jan
Média máxima (°C)	9	20	12	2
Média mínima (°C)	2	14	6	-5
				0
Horas de sol	6h	9h	3h	1h
Chuvas (mm)	36	74	80	50

RIGA

mês	Abr	Jul	Out	Jan
Média máxima (°C)	10	22	10	1
Média mínima (°C)	1	12	4	-8
				-2
Horas de sol	6h	10h	3h	1h
Chuvas (mm)	41	85	60	34

KAUNAS

mês	Abr	Jul	Out	Jan
Média máxima (°C)	11	22	11	2
Média mínima (°C)	2	12	4	-9
				-3
Horas de sol	6h	9h	3h	1h
Chuvas (mm)	42	80	45	39

OESTE DA ESTÔNIA — Kuressaare, Pärnu

OESTE DA LETÔNIA — Ventspils, Liepāja, Rīga, Jelgava

OESTE DA LITUÂNIA — Klaipėda, Šiauliai, Kaunas

ESTÔNIA, LETÔNIA E LITUÂNIA MÊS A MÊS | 33

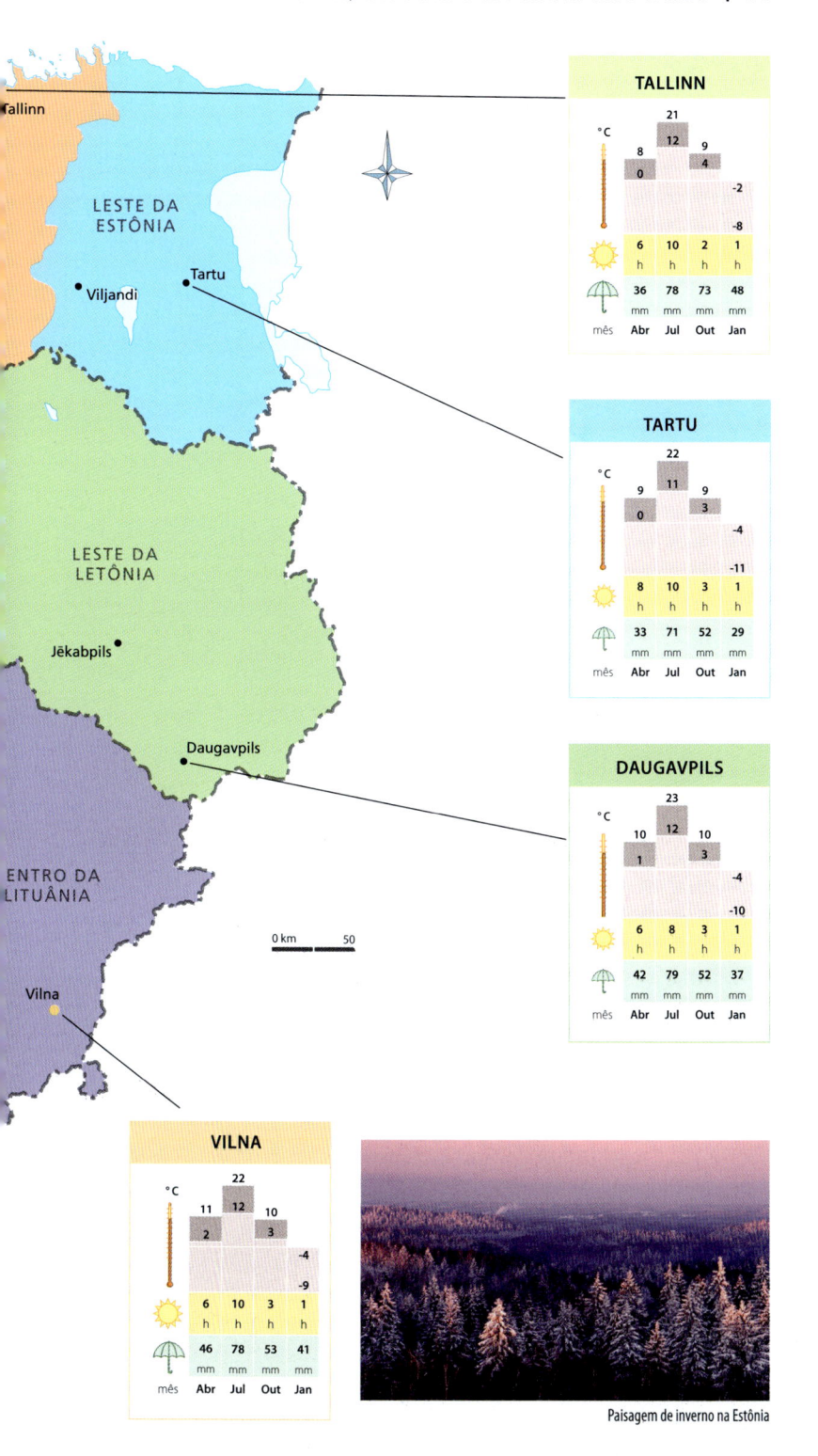

Mapa

- Tallinn
- LESTE DA ESTÔNIA
  - Viljandi
  - Tartu
- LESTE DA LETÔNIA
  - Jēkabpils
  - Daugavpils
- CENTRO DA LITUÂNIA
  - Vilna

0 km — 50

TALLINN

°C	Abr	Jul	Out	Jan
máx	8	21	9	-2
méd	—	12	4	—
mín	0	—	—	-8
☀	6 h	10 h	2 h	1 h
☂	36 mm	78 mm	73 mm	48 mm

TARTU

°C	Abr	Jul	Out	Jan
máx	9	22	9	-4
méd	—	11	3	—
mín	0	—	—	-11
☀	8 h	10 h	3 h	1 h
☂	33 mm	71 mm	52 mm	29 mm

DAUGAVPILS

°C	Abr	Jul	Out	Jan
máx	10	23	10	-4
méd	—	12	3	—
mín	1	—	—	-10
☀	6 h	8 h	3 h	1 h
☂	42 mm	79 mm	52 mm	37 mm

VILNA

°C	Abr	Jul	Out	Jan
máx	11	22	10	-4
méd	—	12	3	—
mín	2	—	—	-9
☀	6 h	10 h	3 h	1 h
☂	46 mm	78 mm	53 mm	41 mm

Paisagem de inverno na Estônia

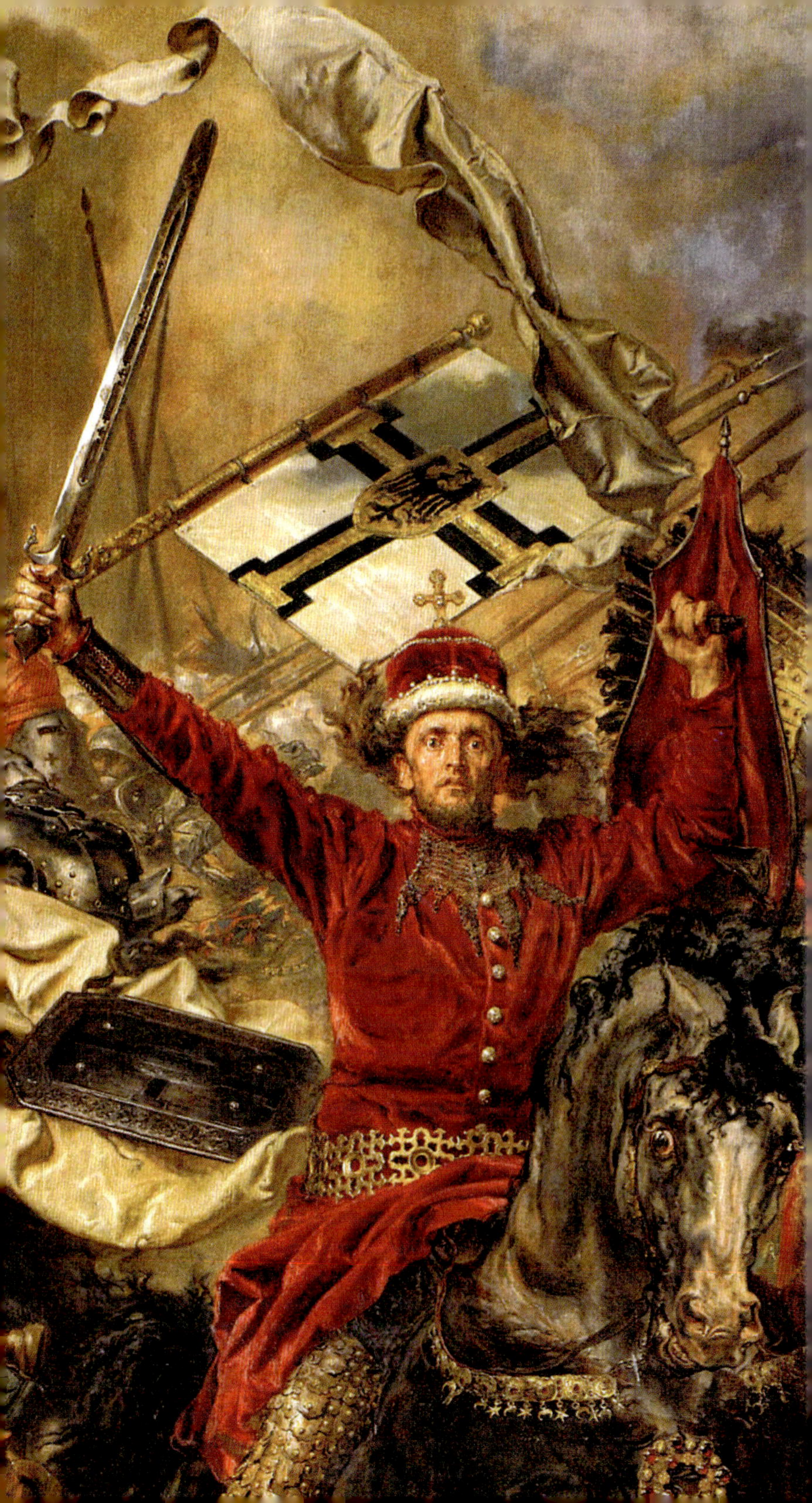

A HISTÓRIA DA ESTÔNIA, DA LETÔNIA E DA LITUÂNIA

A história desses países tem início em 3000 a.C., com a presença das primeiras tribos bálticas, os ancestrais dos atuais estonianos, letões e lituanos. Apesar de experiências comuns de conquistas, de ocupações estrangeiras e de lutas pela independência, os países preservaram sua identidade cultural e emergiram como estados soberanos em 1991.

Evidências arqueológicas sugerem que a região báltica já era habitada em 10000 a.C., no fim da Era do Gelo. A ocupação mais antiga, em Kernavè, na Lituânia, data de 9000 a.C. Esse povo da Idade da Pedra usava arcos, flechas e lanças para caçar e pescar. Mas foi somente em 3000 a.C. que os ancestrais dos atuais habitantes começaram a se instalar na região. Sobrevivendo da caça e da pesca, os fino-ugrianos – os atuais finlandeses e estonianos – foram uns dos primeiros a cruzar da Ásia para a Europa, mas foram expulsos pelos grupos indo-europeus que lá chegaram em 2000 a.C. Os indo-europeus, que introduziram a agricultura e a criação de animais aos meios de subsistência tradicionais, misturaram-se aos grupos já existentes e formaram as raças que hoje são chamadas coletivamente de bálticas.

Nos primeiros séculos da era cristã começaram a se formar outras tribos regionais: os samogicianos e aukštaitijanos no oeste e leste da Lituânia, os curonianos ao longo da costa, os prussianos além do rio Nemunas, os semigalianos na Letônia central e os selonianos e latigalianos mais a leste. Por vários séculos, os bálticos se mantiveram rurais, vivendo apenas do que a terra lhes fornecia. Já no início do século XIII, existiam colônias similares, mas sem ligação entre si, em toda a costa, da atual Klaipėda até São Petersburgo. Há vários registros de vida nessa época, porque as comunidades usavam madeira em vez de pedra para construir suas casas e fortificações. Pesquisas arqueológicas recentes indicam a existência de extensas redes de comércio ao longo da costa, dessa área até a Suécia e Alemanha, e pelo interior, até a Rússia. O pouco material escrito que se tem cita os bálticos como bons construtores de barcos e piratas terríveis.

Quando toda a Europa já adotava o cristianismo, os bálticos continuavam praticando o paganismo. Diante das tentativas frustradas de pequenos grupos de missionários de converter a área ao cristianismo, foi sancionada a primeira cruzada báltica pelo papa Inocêncio III, em 1198.

10000 Primeiros sinais de vida humana no Báltico

3000 Fino-ugrianos chegam à região

98 O escritor romano Tácito descreve o povo "aestii"

700 Rios da Letônia levam vikings à Pérsia e à Turquia

Papa Inocêncio III (1160-1216)

1198 A primeira cruzada báltica é sancionada por Inocêncio III

10000 a.C. — **5000 a.C.** — **1º d.C.** — **600 d.C.** — **1190 d.C.**

9000 Grupos de pescadores e caçadores fixam-se em Kernavè

2000 Chegam os grupos indo-europeus

100 Romanos comercializam âmbar na costa báltica

1009 Pela primeira vez aparece escrito o nome Lituânia

Objetos de osso neolítico, Narva, Estônia

◀ Detalhe da *Batalha de Grünwald* (1878), de Jan Matejko: o grão-duque Vytautas enfrenta os Cavaleiros Teutônicos

Os Alemães na Estônia e na Letônia

Após a instituição da Cruzada pelo papa, os Cavaleiros Teutônicos, ou monges-guerreiros germânicos autodenominados Irmandade da Espada, chegaram à costa báltica. Vem daí a frase *"Drang nach Osten"* ("forçar para o leste"), que se tornaria famosa na Segunda Guerra Mundial. Movidos pela religião e pelo comércio, os cruzados fundaram colônias ao longo da costa. Em 1201, criaram o bispado de Riga, que serviria de base para a conquista da região. Avançando para a Estônia a partir do sul, em 1207, os Cavaleiros Teutônicos fundaram a Livônia, que abrangia Letônia e Estônia. Reconhecida como parte do Sacro Império Romano, a Livônia tinha Riga como sua capital. A maior ilha da Estônia, Saaremaa, rendeu-se em 1227. A fortaleza de Kuressaare, construída em 1260, é a única da região báltica que se preserva tal como os Cavaleiros Teutônicos a fizeram. A Livônia prosperou nas mãos dos cruzados, que ergueram cidades por toda a região. Depois que aderiram à Liga Hanseática, a confederação germânica das cidades portuárias e associações de mercadores, Tallinn e Riga também prosperaram. A nova ordem social criada pelos alemães excluía os habitantes locais não somente das atividades mercantis, mas também das agrícolas, as quais eles só podiam exercer como servos.

O Domínio Polonês na Lituânia

A história da Lituânia é bem diferente das outras áreas ao norte. Enquanto o cristianismo dominava a maior parte da região báltica, a Lituânia se manteve pagã até 1385, quando o duque Jogaila casou-se com uma princesa polonesa, converteu-se ao cristianismo e assumiu as coroas da Polônia e da Lituânia. Antes dele, em 1251, Mindaugas converteu-se por curto período só para ser coroado pelo papa. Em 1410, Jogaila e seu primo Vytautas (g. 1410-30), o grão-príncipe da Lituânia, derrotaram os Cavaleiros Teutônicos na Batalha de Žalgiris, ou Grünwald. Com Vytautas, o grão-ducado da Lituânia *(pp. 216-7)* despontou como uma das maiores nações da Europa. Por fim, quando já estava quase totalmente nas mãos dos poloneses, as relações culminaram na criação da Comunidade Polaco-Lituana, em 1569. Com a ascensão da Polônia, o direito de propriedade foi perdido, os privilégios da classe camponesa foram restringidos e o regime

Litogravura do século XIX da Batalha de Grünwald (1410)

1201 Cruzados germânicos criam bispado em Riga

1207 Livônia é anexada ao Sacro Império Romano

1230 Mindaugas une-se ao grão-ducado da Lituânia

1237 A Irmandade da Espada torna-se a Ordem Livoniana

1260 Começa a construção do Castelo Kuressaare

1282 Riga adere à Liga Hanseática, e Tallinn, três anos depois

Castelo Kuressaare

1372 Alemão substitui o latim como idioma oficial em Riga e Tallinn

1385 Lituânia e Polônia se unem sob Jogaila

1410 Lituanos e poloneses vencem os cruzados na Batalha de Žalgiris (Grünwald)

1430 O grão-ducado alcança o mar Negro

O cerco de Narva pelos russos em 1558, nas Guerras Livonianas

de servidão estabeleceu-se definitivamente na Lituânia.

Os Suecos e os Russos

Suécia e Rússia se enfrentaram em duas grandes guerras pelo controle do mar Báltico e das terras ao redor. Nas Guerras Livonianas (1558-83), Polônia e Lituânia uniram-se para enfrentar os exércitos de Ivã, o Terrível, da Rússia (g. 1533-84), em vista da grande devastação que ele causara na Livônia. Como consequência imediata da guerra, grande parte da Estônia passou para o domínio sueco, enquanto a Letônia resistia à ocupação polonesa e Lituânia e Polônia formalizavam uma união. O sul e o leste da Letônia, conhecidos como Curlândia e Semigália, respectivamente, eram ducados fiéis à Polônia.

Uma nova guerra logo voltou a eclodir, dessa vez entre poloneses e suecos, e em 1621 os suecos ocuparam Riga e o norte da Letônia. O ducado da Curlândia permaneceu em mãos polonesas, embora os duques fossem os verdadeiros governantes por direito. Entre eles, quem mais se destacou foi o duque Jakob Kettler (g. 1642-82), quando o ducado atingiu o auge da riqueza e do poder, chegando a estabelecer colônias na África e no Caribe. A ocupação sueca da Livônia foi marcada por um período benéfico. Paralelamente, os alemães detinham o controle social e cultural da Livônia. Quando se tornou necessária nas igrejas uma alternativa para o latim, o idioma alemão foi a escolha mais óbvia. As universidades de Riga e Tartu só ensinavam em alemão. Os governantes suecos Carlos XI (g. 1660-97) e Carlos XII (g. 1697-1718) concederam direitos especiais aos mercadores alemães para que o comércio não cessasse.

Quando os barões germânicos tiveram suas propriedades tomadas pela coroa sueca, eles buscaram ajuda na Rússia. Em 1700, Carlos XII derrotou Pedro, o Grande, da Rússia, em Narva, marcando o início da Grande Guerra Nórdica (1700-1). A derrota em Narva inspirou o tsar a criar um exército e, em 1709, usando o inverno rigoroso a seu favor, derrotou os suecos na Batalha de Poltava. Em 1710, Tallinn e Riga foram ocupadas, e a Estônia e a Letônia passaram ao controle dos russos.

Batalha de Poltava, tela de M. Lomonosov (1711-65)

1520 Luteranismo chega à Estônia e um ano depois à Letônia

1536 Primeiro registro de mercadores judeus em Riga

1572 Primeira menção a uma sinagoga em Vilna

1558-83 Guerras Livonianas entre Suécia e Rússia

1600-29 Guerra Polaco-Sueca

1642-82 Curlândia prospera sob domínio do duque Jakob Kettler

1700-21 Grande Guerra Nórdica entre Suécia e Rússia

1500 — 1550 — 1600 — 1650 — 1700

Rei Carlos XII da Suécia (1682-1718)

Tsar Alexandre I e um soldado empunhando o estandarte imperial

Sob o Governo Tsarista

Pedro, o Grande, tratou os conquistados com respeito, tal como os suecos haviam feito antes dele. Manteve a autonomia da comunidade alemã, fosse para exercer suas relações comerciais nas cidades ou para construir seus palacetes no campo. Após sua morte, em 1725, seguiu-se um século de paz, sem invasões nem revoltas locais. Os judeus *(pp. 40-1)*, que tinham prosperado no ducado da Lituânia e aos poucos se espalhavam pela Letônia e partes da Estônia, não foram prejudicados. Por volta do século XVIII, Vilna tornou-se a capital judaica no Leste Europeu e era chamada de Vilna. Com Catarina, a Grande (g. 1762-96), o Império Russo expandiu-se e incluiu o grão-ducado da Lituânia, que resultara da terceira, e última, divisão da Polônia em 1795.

O tsar Alexandre I (g. 1801-25) viu-se forçado a abandonar seus sonhos de reconstituir o grão-ducado quando, em 1812, os exércitos de Napoleão marcharam sobre Vilna a caminho de Moscou e foram recebidos pelo povo como libertadores. Napoleão retornou a Vilna no mesmo ano, mas recuou humilhado, não porque os russos o venceram, mas sim porque lhe negaram suprimentos. Como tática de ocupação, os russos incendiaram as casas de madeira nos subúrbios de Riga para ter uma linha de ataque sem obstáculos e defender a cidade. Com isso, o exército francês foi obrigado a recuar.

Um Século de Paz Instável

Sob o comando de Alexandre I, muitas leis agrárias foram aprovadas. A servidão foi abolida entre 1816 e 1819, e os camponeses puderam comprar e vender suas terras. A agitação civil, porém, deu-se entre os intelectuais das cidades, insatisfeitos com o domínio religioso da Igreja Ortodoxa e a expansão do idioma russo. Entre 1830 e 1831, o movimento ganhou força na Lituânia, e uma das medidas tomadas pelas autoridades russas foi fechar a Universidade de Vilna em 1832 para aplacar a agitação. Em 1864, proibiu-se a publicação de livros em lituano em favor do alfabeto latino; os livros, então, eram transcritos em cirílico. Com isso, os editores da Prússia passaram a produzir livros em latim e a contrabandeá-los nas fronteiras. Por volta de 1860, os movimentos nacionalistas estavam igualmente ativos na Letônia e Estônia. Em 1869 aconteceu o primeiro Festival da Canção Estoniana, e, no

Um impresso lituano em latim, de 1864

1721 Suécia conquista Estônia e Letônia para Rússia

Napoleão Bonaparte (1769-1821)

1812 A derrota de Napoleão na conquista da Rússia

1725 — **1750** — **1775** — **1800**

Catarina, a Grande (1729-96)

1767 É concluído o Palácio Rundāle na Letônia sob Catarina, a Grande

1795 Lituânia passa a pertencer ao Império Russo

ano seguinte, a escritora Lydia Koidula, que só escrevia em alemão, criou sua primeira peça teatral em estoniano. Vale lembrar que ambos os eventos aconteceram em Tartu, e não em Tallinn, onde a influência alemã e russa ainda era muito forte. O escritor letão Krišjānis Valdemārs também causou agitação em Tartu quando imprimiu seu nome no cartão de visitas em letão. Mas só em 1900 estonianos, letões e lituanos puderam proclamar livremente suas nacionalidades nas respectivas capitais.

No século XIX, assim como no anterior, os russos delegaram a administração local aos alemães. Foram, portanto, eles, e não os russos, que reconheceram o potencial comercial da produção em massa, das ferrovias e das máquinas a vapor. Tanto Riga como Tallinn prosperaram como portos e centros manufatureiros. A perspectiva de trabalho nas fábricas atraiu muita gente das áreas rurais para as grandes cidades.

O escritor letão Krišjānis Valdemārs

O Retorno da Guerra

No ano de 1905, em muitas cidades da Rússia explodiam greves e manifestações para que o regime tsarista garantisse os direitos civis e melhorasse as condições sociais. Dada a quantidade de mão de obra industrial na época, Riga era um agente ativo dessa inquietação. No campo, os protestos eram dirigidos contra a nobreza rural alemã, cujos palacetes foram todos atacados. Esses movimentos eram mais sociais que nacionalistas, em parte porque os bálticos podiam agora usar seu próprio idioma abertamente e participar da administração local. Contudo, as aspirações nacionais foram forçosamente sufocadas com a deflagração da Primeira Guerra Mundial (1914-18). A Revolução Russa de 1917, que resultou no colapso da Rússia tsarista e levou os bolcheviques ao poder, teve importante papel na mudança de curso na história da região. A Guerra Civil que foi deflagrada logo em seguida era vista como a oportunidade que os países bálticos esperavam de tomar seu destino nas próprias mãos.

Cartão-postal de Riga na virada do século XIX, uma das cidades mais vibrantes do Leste Europeu

1854 Guerra da Crimeia; britânicos bloqueiam portos russos no Báltico

1870 Inaugurada a ferrovia Tallinn--São Petersburgo

1917 Revolução Russa e Guerra Civil estimulam movimentos de independência bálticos

1832 Russos fecham a Universidade de Vilna para reprimir ideais nacionalistas

1899 Surge a primeira linha báltica de bonde elétrico em Liepāja

Bonde Liepāja 1 em Liela iela, Letônia

1905 Ataques urbanos e rurais a propriedades alemãs e russas

1916 Eleito o primeiro prefeito letão de Riga

A História dos Judeus

A história das colônias judaicas na região báltica teve início no século XIV, quando o grão-duque Gediminas recebeu mercadores e artesãos no grão-ducado da Lituânia. A Estônia já abrigava uma pequena minoria; os judeus chegaram à Letônia no século XV, instalaram-se em Riga só muito mais tarde. Na Segunda Guerra Mundial, os judeus que não fugiram foram quase todos mortos. Embora alguns tenham retornado, as atuais comunidades permanecem pequenas devido à emigração para Israel.

Mercadores judeus ambulantes, de Vilna, fotografados em 1915

O Gaon de Vilna *(1720-97)* era um sábio judeu muito famoso da Lituânia, cujos escritos e pesquisas continuam orientando muitos fiéis das comunidades judaicas atuais. Em 1997, a celebração do bicentenário de sua morte reuniu em Vilna os litvaks – antigos judeus lituanos – de todo o mundo.

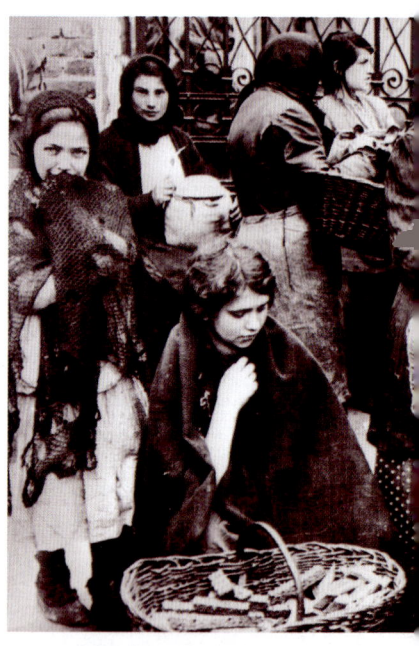

Os Judeus nos Países Bálticos

Proibidos de adquirir propriedades e exercer uma profissão até o final do século XIX, a maioria dos judeus sobrevivia do comércio itinerante e das bancas em mercados. Após a Primeira Guerra Mundial, passaram a ter plenos direitos como cidadãos. Até serem perseguidos pelos nazistas, em 1941, quando foram mortos em grande número, os judeus eram ativos profissionais, comerciantes e políticos.

A Grande Sinagoga Coral de Riga foi construída em 1869 por judeus que enriqueceram após a revogação das leis que restringiam a residência deles, em 1840. Erguida no local de um massacre de judeus pelos nazistas em 1941, a sinagoga não existe mais.

Crianças celebrando o Purim foram fotografadas em 1933 em Vilna. O Purim, uma festa alegre do calendário judaico, é comemorado até hoje pela comunidade de judeus dos países bálticos.

Kenesa, uma sinagoga do século XX em Trakai, é onde se reúnem os karaim *(p. 257)*. É uma comunidade de etnia turca do litoral norte do mar Negro que se instalou primeiro em Trakai, no século XIV.

A Associação Esportiva Makkabi foi uma das organizações judaicas que prosperaram na Letônia independente entre 1920 e 1940, quando o governo se esforçou para acabar com o antissemitismo.

Memorial do Holocausto em Ponar *(p. 248)*, perto de Vilna, homenageia os 70 mil judeus mortos na cidade durante a ocupação nazista (1941-44). Na Letônia foram massacrados 66 mil judeus; a Estônia, onde viviam 4.300 judeus antes da guerra, foi declarada "livre de judeus".

O Museu dos Judeus da Letônia, em Riga, documenta 500 anos de história judaica na região e inclui esse pôster usado por antissemitas.

A Sinagoga Beit Bella de Tallinn foi inaugurada em 16 de maio de 2007. A cidade não tinha sinagoga desde a destruição da anterior na Segunda Guerra Mundial. Hoje, a Estônia abriga uma forte comunidade judaica com 3 mil membros, e na Letônia e Lituânia os judeus já são mais de 9 mil e 4 mil, respectivamente.

Sessão da Assembleia Constituinte da Estônia, 1919

Declaração da Independência

Enquanto a Europa ocidental celebrava a paz em novembro de 1918, os países bálticos eram um enorme campo de batalha. Os antibolcheviques tentavam derrubar o novo regime soviético, e os alemães queriam compensar as perdas no oeste com vitórias no leste. Os poloneses ansiavam formar uma nação com a Lituânia, por isso não mostraram interesse em apoiar as declarações de independência feitas pelos três países bálticos no início daquele ano. Somente a frota britânica, estacionada na costa estoniana, se dispôs a fornecer armas à Estônia e à Letônia e assim contribuir para a conquista da independência.

No início de 1920, Estônia e Lituânia conseguiram vencer os inimigos e obrigá-los a aceitar as novas fronteiras, que seriam mantidas até 1940. A Lituânia abriu mão de Vilna, ocupada pelos poloneses no final daquele mesmo ano. Em seguida, Kaunas tornou-se a capital temporária. Os lituanos tentaram compensar essa perda tomando Memel (Klaipėda) em 1923 das tropas francesas.

Nos vinte anos seguintes, os três países se comportaram de maneira muito similar. Os governos fracos e instáveis dos anos 1920 deram lugar em 1930 a estadistas fortes, que conduziram o Estado nos moldes corporativistas de Mussolini. Embora nos países bálticos ninguém tivesse ocupado altos cargos antes da independência, é notável o que se conseguiu fazer em tão pouco tempo. Na Estônia e Letônia, as propriedades dos alemães foram confiscadas, mas muitos dos comércios urbanos bem-sucedidos do século anterior continuaram a funcionar.

A Ocupação Soviética

Em 17 de junho de 1940, os países bálticos passaram para os russos pelo Pacto Molotov-Ribbentrop, um tratado de não agressão assinado entre Alemanha e URSS em 1939. Todos os vestígios dos vinte anos de independência foram suprimidos. Os governantes dos três países foram executados, e bandeiras, insígnias nacionais e Bíblias, banidas. A União Soviética não queria ser lembrada pela derrota sofrida para os países bálticos na Primeira Guerra Mundial. Em junho de 1941, houve uma deportação em massa para a Sibéria de cerca de 10 mil estonianos, 15 mil letões e 30 mil lituanos. A maioria morreu. Uma semana depois, a Alemanha violou o Pacto Molotov-Ribbentrop e invadiu a região. As forças soviéticas, autodenominadas

URSS e Alemanha assinam o Pacto Molotov-Ribbentrop de 1939

1918 Os três países bálticos declaram independência
1922 A Rússia torna-se União Soviética
1920 Rússia reconhece independência dos três países bálticos
1939 Pacto Molotov-Ribbentrop assinado entre URSS e Alemanha
1940 Os três países bálticos são incorporados à URSS
1941 Começa a ocupação alemã nos países bálticos
1945 Reocupação soviética
1956 Deportados retornam da Sibéria
1960 Turistas estrangeiros começam a voltar às capitais bálticas

Tanques soviéticos em Riga

Pessoas de mãos dadas formam a "Corrente Báltica" através dos três países bálticos

"libertadoras", aos poucos reconquistaram boa parte da região e no outono de 1944 expulsaram os alemães para o oeste. Antecipando-se à volta dos russos, muitos moradores fugiram para a Suécia e Alemanha. Outros se juntaram aos resistentes no interior. Conhecidos como Irmãos da Floresta, formaram uma força de guerrilha muito eficiente, até meados dos anos 1950, que rachou a administração soviética em toda a região. Todos os vínculos com o exterior foram rompidos, inclusive as rotas de comércio.

Ciente de que contava com pouco apoio popular, o governo soviético sabia que a incorporação dos países bálticos só aconteceria e seria mantida pela força. O exército russo ocupou grande parte de cada país, e o acesso era estritamente controlado e toda a papelada a ser preenchida era em russo. A política de russificação seguida pelos tsares foi novamente imposta a fim de eliminar a identidade nacional da Estônia, da Letônia e da Lituânia. A uniformização foi tal que era um desafio para qualquer estrangeiro distinguir um país báltico do outro. Em 1989, formou-se uma corrente humana, chamada "Corrente Báltica", através dos três países bálticos, para chamar a atenção do mundo para uma história comum de sofrimento.

A Volta da Independência

Perestroika (reforma) e *glasnost* (abertura), as duas palavras cunhadas pelo governo de Mikhail Gorbachev (1985-91), tiveram um efeito marcante na região báltica. A independência podia ser discutida abertamente, e as bandeiras nacionais reapareceram. Por volta de 1990, a independência da Estônia, da Letônia e da Lituânia já eram previstas, mas não a curto prazo. Ela aconteceu inesperadamente em 21 de agosto de 1991, quando uma tentativa de golpe em Moscou contra Gorbachev fracassou. Em 48 horas, em meio à total incerteza, os três países bálticos aproveitaram a chance e declararam independência. A Rússia de Boris Yeltsin fez o mesmo, dissolvendo a URSS. De repente, o que antes eram províncias se tornaram países europeus sérios, com companhias aéreas, moeda, embaixada e, sobretudo, reconhecimento mundial. Em 2004, os países bálticos ingressaram na UE e na Otan e, em 2015, os três já têm o euro como moeda.

O presidente Mikhail Gorbachev

- **1980** Regata das Olimpíadas de Moscou em Tallinn
- **1989** Dois milhões de pessoas dão as mãos de Tallinn a Vilna: é a "Corrente Báltica"
- **1991** Independência restaurada nos três países bálticos
- **1994** Últimas tropas deixam os países bálticos
- **2002** Concurso de Canções em Tallinn; um ano depois em Riga
- **2004** Países bálticos ingressam na UE e na Otan e assinam Acordo de Schengen três anos depois
- **2011** Estônia adere à Zona do Euro
- **2014** Letônia adere à Zona do Euro
- **2015** Lituânia adere à Zona do Euro

Moeda comemorativa do 10º aniversário da "Corrente Báltica"

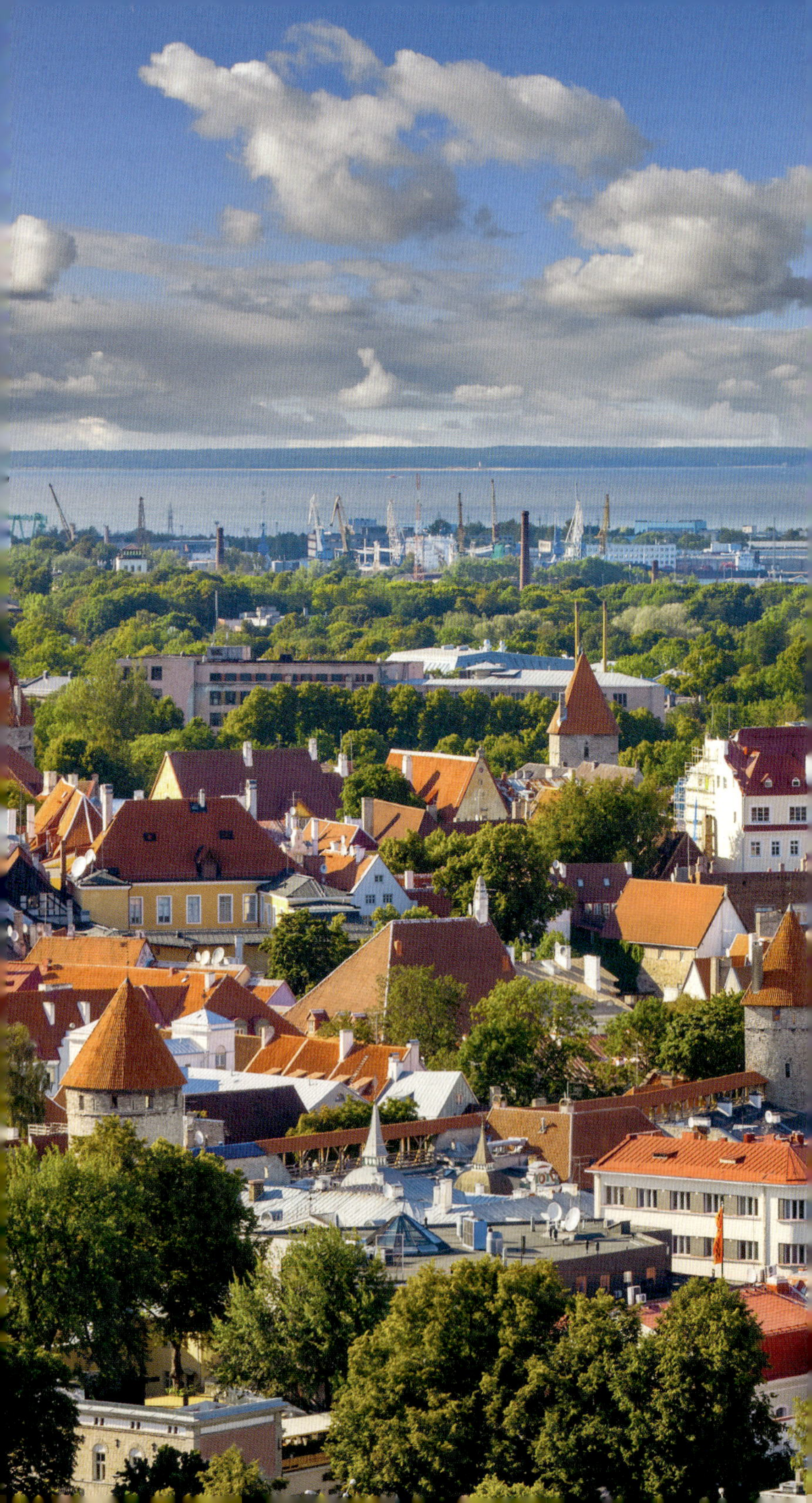

ESTÔNIA

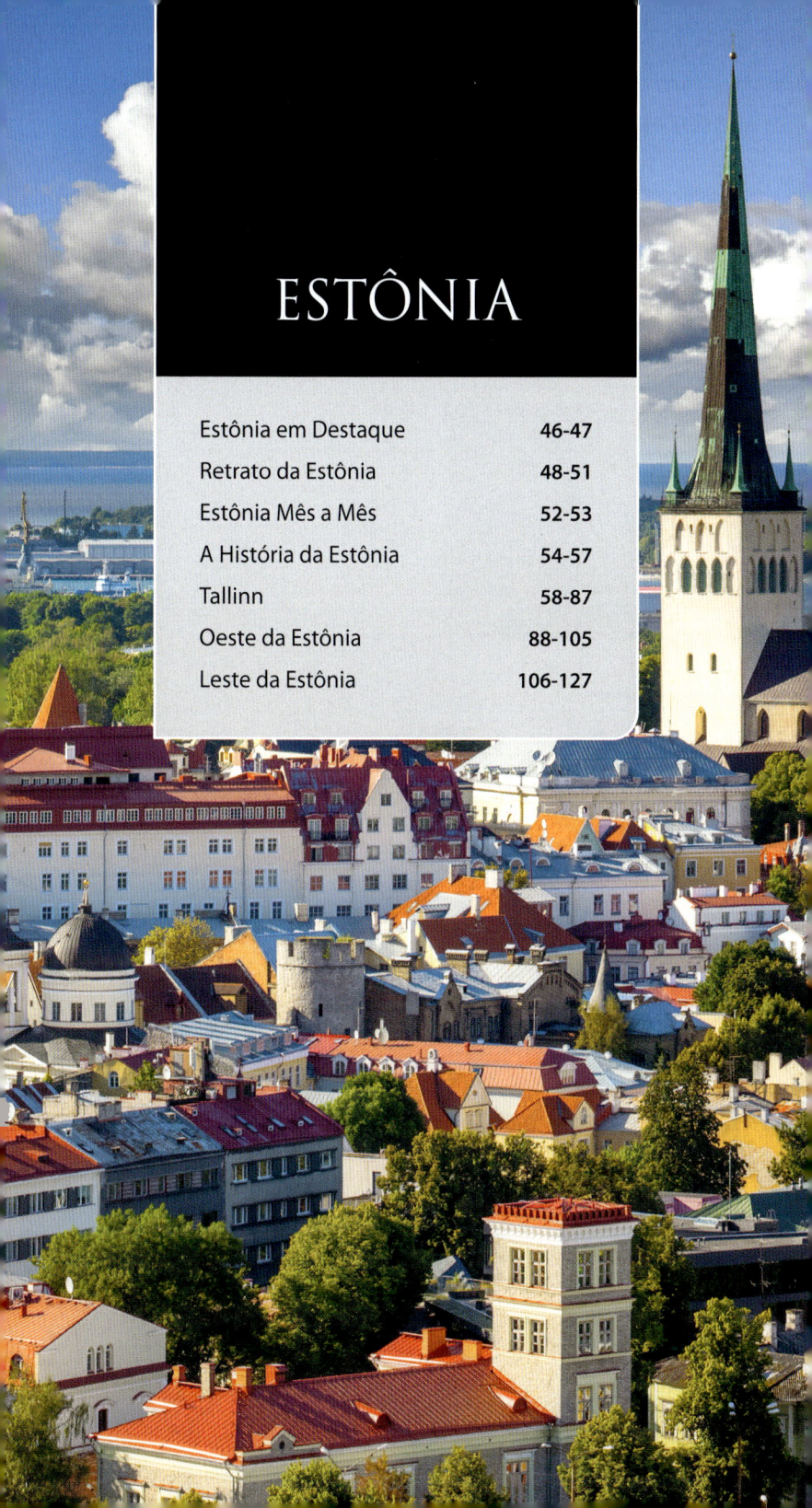

Estônia em Destaque	46-47
Retrato da Estônia	48-51
Estônia Mês a Mês	52-53
A História da Estônia	54-57
Tallinn	58-87
Oeste da Estônia	88-105
Leste da Estônia	106-127

Estônia em Destaque

A Estônia é o menor dos países bálticos e está dividida geograficamente em duas regiões, leste e oeste. Apesar da região montanhosa a sudeste, o país é formado, em sua maior parte, por terras baixas e cortado por muitos rios e lagos. A costa extremamente recortada e o arquipélago de muitas ilhas formam uma bela paisagem. O país tem população esparsa, florestas, pântanos e turfeiras com farta vida animal.

Tallinn (pp. 58-87), a capital da Estônia, é uma das cidades mais bem preservadas do norte europeu. Pequena e harmoniosa, mistura arquiteturas medieval e moderna.

Pärnu (pp. 102-3) é a capital de veraneio da Estônia, com praias preservadas e descontraídas. Oferece muita coisa para ver e fazer, além da bela arquitetura. Fica perto da ilha Kihnu e de dois parques nacionais.

◀ Os telhados vermelhos da Cidade Velha de Tallinn, com o porto ao fundo

ESTÔNIA EM DESTAQUE | **47**

O Parque Nacional Lahemaa *(pp. 110-13)* é o maior da Estônia, com terrenos variados cortados por trilhas para caminhada. Entre os muitos vilarejos, está Palmse, cujo palacete abriga o centro de informações do parque.

Narva *(p. 116)* abriga um castelo medieval fortificado que mostra que por muitos séculos essa cidade de fala russa foi linha de frente nas lutas pelo poder.

Golfo da Finlândia

Narva

Jõhvi

Rakvere

Tapa

LESTE DA ESTÔNIA
(pp. 106-127)

Lago Peipsi

Jõgeva

Põltsamaa

Tartu

iljandi *Lago Võrtsjärv* Elva

Karksi-Nuia

Põlva

Võru

Vastseliina

Valga

O Lago Peipsi *(p. 127)* é uma enorme porção de água na fronteira da Rússia. Várias colônias com casas de madeira se espalham pelas margens. Os velhos-crentes *(p. 126)* habitam os vilarejos do norte, e os setus *(p. 124)*, as regiões ao sul.

Tartu *(pp. 118-9)* é a segunda maior cidade da Estônia, famosa pela universidade e pela vibrante vida cultural e noturna. Uma de suas esculturas mais notáveis retrata um encontro imaginário entre o inglês Oscar Wilde e o estoniano Eduard Vilde, ambos escritores (na imagem). A cidade rivaliza com Tallinn em charme e esplendor e também pela importância histórica.

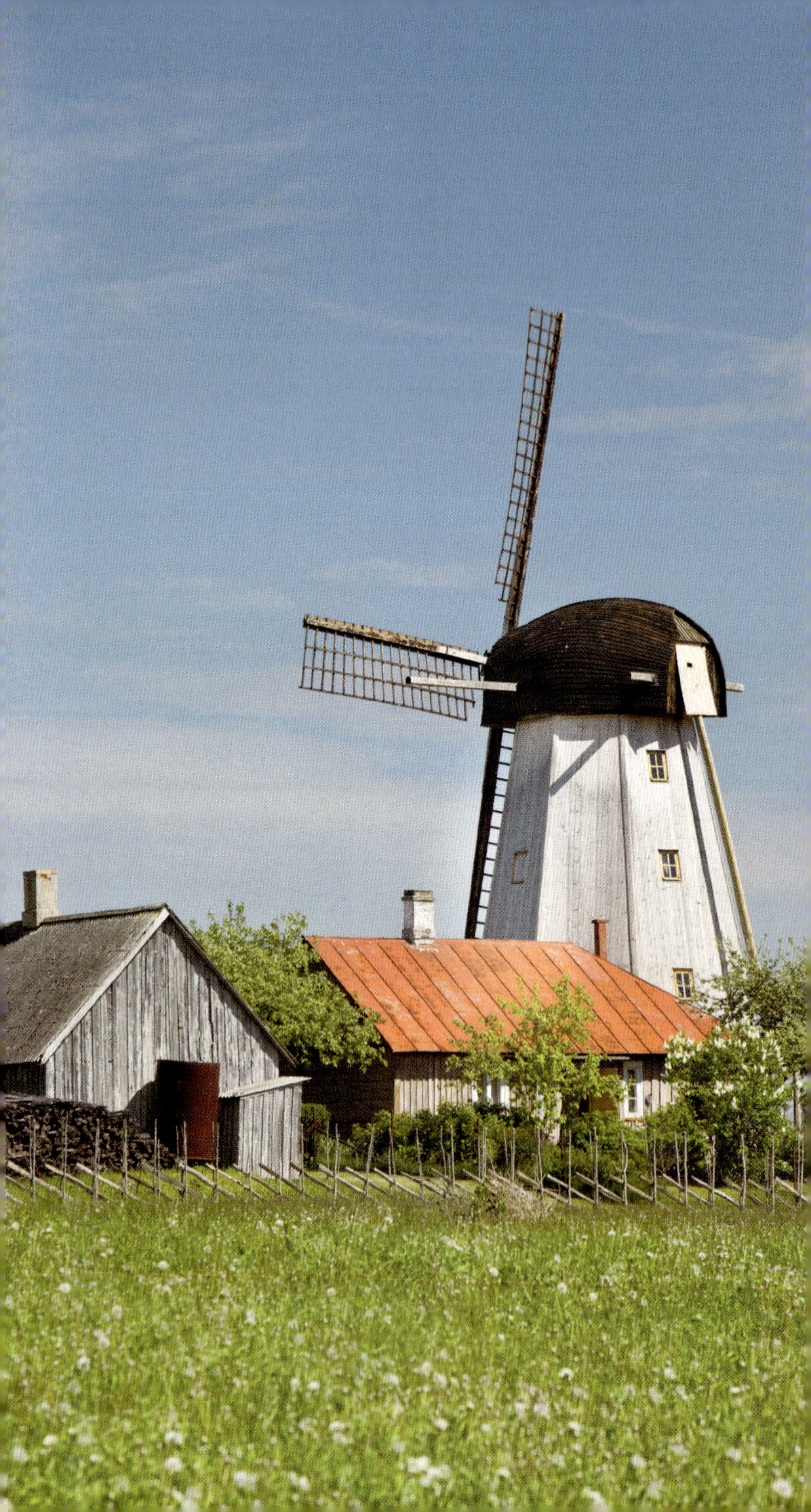

RETRATO DA ESTÔNIA

Com uma interessante mistura de herança medieval e tecnologia moderna, a Estônia reconstruiu a si própria na era pós-soviética, adaptando-se ao mundo de hoje, mas sem perder sua clara identidade cultural. Com rica arquitetura histórica, paisagens naturais e cultura dinâmica, o país impressiona o número cada vez maior de visitantes.

A tumultuada história da Estônia se deve sobretudo a sua posição geográfica, no encontro entre a Europa Oriental e Ocidental. Com a Rússia na fronteira leste, a Escandinávia contornando o norte e o oeste, e os outros dois países bálticos ao sul, por muitos séculos a Estônia foi considerada um prêmio estratégico pelos poderes regionais.

Após reconquistar sua independência da União Soviética, em 1991, a Estônia ficou gravemente dilapidada. Depois de longa batalha por sua aceitação na Otan e na UE nos anos 1990, o país foi muitas vezes citado como exemplo de modernização rápida sem perder a herança nacional e melhorando as condições de vida da população. Alguns se referem à Estônia como e-Estônia por suas inovações tecnológicas. O país sedia muitas empresas de TI, foi pioneiro no voto eletrônico e conta com acesso à internet Wi-Fi em quase todo seu território. Embora as áreas rurais ainda estejam atrás das cidades quanto ao padrão de vida, a Estônia é hoje um importante destino de viagens. Suas ilhas, florestas, pântanos e vilarejos tradicionais são tão atraentes quanto a capital Tallinn, uma cidade vibrante com um centro velho medieval.

Sociedade e Cultura

De maneira geral, os estonianos são mais influenciados pela cultura escandinava do que por seus vizinhos bálticos. Os fortes laços entre finlandeses e estonianos são mantidos através da mesma família linguística fino-úgrica. A significativa minoria

Típica cena rural estoniana, com as cores vivas do outono

◀ Um dos cinco Moinhos de Angla na ilha Saaremaa

Grupo espera para se apresentar no Festival da Canção Estoniana

de falantes russos que permaneceu na Estônia após a retirada soviética já criou muitos conflitos diplomáticos entre Estônia e Rússia, mas hoje os desentendimentos são bem mais raros.

Os estonianos se orgulham muito de sua herança. Seu passado medieval é evidente não só em parte de sua arquitetura como também nos festivais cujas raízes remontam àquele período. A cultura folclórica é fundamental na identidade nacional, desde que os estonianos foram relegados à servidão, sem direito à terra ou à propriedade, até os primeiros anseios pela independência em 1918. O Festival da Canção Estoniana, que aconteceu pela primeira vez em 1869 e desde então se repete a cada cinco anos, continua sendo um ícone para a nação, por reafirmar a identidade estoniana.

A religião não desempenha papel particularmente importante na vida estoniana, embora centenas de anos de ocupação estrangeira tenham convertido muita gente ao cristianismo, incluídos aí o luteranismo e a ortodoxia russa. Os aspectos mais importantes da cultura estoniana têm origem claramente pagã, como o superpopular festival de verão Jaanipäev (Dia de São João), comemorado da noite de 23 de junho até o dia 24 de junho, com bebida, dança e folia.

Vida Política

A Estônia passou por uma grande transição política na década de 1990, adotando uma democracia parlamentarista que introduziu políticas econômicas neoliberais.

Nos primeiros anos após a independência havia um persistente ceticismo em relação à política, uma vez que diversos ex-dirigentes comunistas continuavam a ocupar altos postos e a corrupção permeava o processo político. Isso começou a mudar em 2000, quando a nação se preparava para aderir à União Europeia, e hoje as decisões de Bruxelas têm tanto efeito quanto as que são tomadas no país.

A Estônia é governada por uma coalização de partidos. Os maiores são o Partido Reformista, de centro-direita, e o Partido Central, mais de esquerda, e há ainda diversas outras agremiações menores que influenciam no equilíbrio do poder.

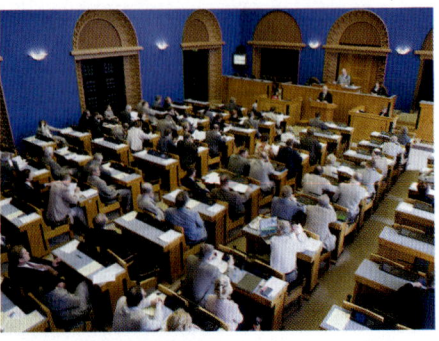

Sessão parlamentar em andamento

O moderno centro de Tallinn, com os prédios do Radisson Blu Hotel *(esquerda)* e do banco SEB *(direita)*

Economia

Até meados da década de 2000 a Estônia conjugava grande crescimento do PIB com baixo desemprego. A capital, Tallinn, mudou radicalmente em meio ao boom econômico, assistindo ao surgimento de prédios de escritórios e de lojas e restaurantes caros. O mercado imobiliário cresceu rapidamente, assim como o de carros novos, financiado em grande parte por empréstimos contraídos junto a bancos suecos.

O cenário mudou durante a crise financeira global, que fez despencar o crescimento e elevou o índice de desemprego para mais de 10%. O governo cortou despesas ao mesmo tempo que tentava se adequar aos critérios da Zona do Euro. A União Europeia aprovou a adesão em julho de 2010, e a moeda única foi adotada em janeiro de 2011.

Os níveis salariais são inferiores aos da média da UE, embora os preços ao consumidor sejam relativamente similares aos encontrados nos países europeus ocidentais mais prósperos. Além do turístico, os principais setores econômicos estonianos são os de imóveis, indústria, varejo, transportes e comunicações. Também há grande foco em tecnologia da informação.

Turismo

O turismo está transformando a Estônia de um insípido país pós-soviético em rica nação, e o setor privado se adaptou para aproveitar as oportunidades de negócios que surgiam. Tallinn foi a primeira cidade a beneficiar-se com o incremento dessa atividade, que nos últimos anos estimulou um renascimento social em partes do país que antes viviam na pobreza, e pequenas cidades em toda a Estônia registraram um consistente aumento do investimento no setor. Apesar de muitos estonianos voarem para o sul da Europa nas férias, o turismo doméstico tem força e lota cidades balneárias nos fins de semana.

Turistas apreciam a vista de Tallinn a partir do monte Toompea

ESTÔNIA MÊS A MÊS

Os estonianos realizam muitos festivais sazonais ao longo do ano. Eles celebram tudo, de religião, cultura e artesanato populares a arte, música, dança e teatro, compondo um colorido e animado calendário de festas. A maior parte desse espírito animado se manifesta durante o verão, quando as celebrações têm seu ponto alto na véspera de São João, em meados de junho. Nessa estação há concertos por todo o país, mas o destaque é o Festival de Folclore Báltico *(p. 136)*, festa em que é exaltada toda a cultura tradicional. Além desses festivais anuais, há os feriados nacionais, que são respeitados em toda a Estônia.

Primavera

Como é de esperar em um país tão ligado às estações do ano, é uma época alegre, marcada por uma série de festivais.

Março
Festival de Música Estoniana *(mar)*. Música clássica e contemporânea em Tallinn e em outras cidades.

Abril
Festival Internacional de Corais *(uma semana no fim de abr)*, Tallinn. Além do concurso de corais, são realizados concertos em igrejas por toda a cidade.
Jazzkaar *(fim abr)*. Grande festival de jazz da Estônia, com músicos locais e internacionais.
Festival dos Estudantes de Tartu *(fim abr-início mai)*. Nesse festival, os estudantes de Tartu organizam concertos, shows e festas bizarros, abertos para todo o público.

Cavaleiros em trajes medievais no Festival da Antiga Tallinn

Maio
Dias de Fazenda da Primavera *(meados mai)*, Tallinn. O Museu ao Ar Livre demonstra as tradicionais tarefas agrícolas de primavera, como o plantio e a criação de animais.
Festival de Literatura de Tallinn *(fim mai)*, Tallinn. Autores nacionais e estrangeiros se reúnem na Cidade Velha.
Dias da Cidade Velha de Tallinn *(fim mai-início jun)*. O passado medieval de Tallinn é celebrado com encenações tradicionais, como as justas. A Cidade Velha fica repleta de barracas de rua e pessoas com trajes de época.

Verão

Depois dos meses gelados e escuros de inverno, os estonianos aproveitam o verão curto, mas resplandecente, com uma abundância de festivais.

Saxofonista toca em show durante o Jazzkaar

Junho
Véspera de São João (Jaanipäev) *(23 jun)*. Festa com muita bebida, comida e antigos rituais ao redor da fogueira.
Festival Hanseático de Pärnu *(fim jun)*. São dois dias de desfiles, feira de artesanato e torneio de cavaleiros.
Festival de Música de Juu Jääb Muhu *(fim jun)*, ilha Muhu. Um fim de semana agradável de música local e estrangeira, com apresentações ao ar livre de grupos de jazz e world music.

Julho
Festival de Música de Haapsalu *(início jul)*. Situado nos arredores do bonito Castelo de Haapsalu, celebra a música clássica.
Festival Õllesummer *(início jul)*, Tallinn. Enorme festa da cerveja com concertos de jazz e rock e muitas apresentações paralelas.

Artistas se apresentam no Festival Folclórico de Viljandi

Feira Medieval na Cidade Velha *(início jul)*, Tallinn. Concertos, oficinas, artistas em trajes típicos e feira com barracas tradicionais.
Festival Folclórico de Viljandi *(fim jul)*. Conjuntos folclóricos de toda a Estônia se apresentam ao redor do castelo.

Agosto
Birgitta Festival *(meados ago)*, Tallinn. Óperas, concertos e recitais nas ruínas do Convento de Pirita. A comida é servida no terraço.
Festival de Dança de Agosto *(fim ago)*, Tallinn. O melhor da dança contemporânea, com artistas convidados e grupos internacionais.

Outono
Os festivais são mais raros no outono, mas em muitas cidades há vários eventos o ano todo.

Setembro
Festival Credo de Música Sacra Ortodoxa Internacional *(início-fim set)*, Tallinn. Concertos de música sacra ortodoxa em igrejas e salas de concerto.
Festival de Filmes sobre a Natureza de Matsalu *(fim set)*. Exibe filmes de vários cineastas sobre a história natural.

Outubro
NYYD *(meados out)*, Tallinn. Apresentação das melhores composições experimentais da Estônia e do mundo nesse festival de música nova.

Novembro
Festival de Cinema Noites Escuras *(nov-dez)*, Tallinn. Uma seleção abrangente do melhor cinema independente de todo o mundo. A maior parte dos filmes é legendada em inglês. Os ingressos podem ser comprados nas lojas da Piletilevi. Há eventos menores em outras cidades.

Inverno
Apesar das noites longas e geladas, o inverno também proporciona belíssimas paisagens de neve e eventos típicos da estação.

Dezembro
Festival de Jazz de Natal *(início dez)*. Vários concertos de jazz são apresentados em Tallinn e outras cidades até o Natal.
Mercado de Natal da Cidade Velha *(dez-início jan)*, Tallinn. Muito procurado tanto pelos turistas como pelos moradores da cidade, o mercado vende produtos variados, dos tradicionais às novidades.

Janeiro
Dias de Música Contemporânea em Pärnu *(meados-fim jan)*. Importante festival de música erudita, com palestras, oficinas e apresentações teatrais.

Esquiadores participam do popular Festival de Esqui de Tartu

Fevereiro
Festival de Música Barroca *(início-meados fev)*, Tallinn. Um dos melhores festivais, com muitos concertos de música barroca em vários locais da Cidade Velha.
Maratona de Esqui de Tartu *(início fev)*. Evento muito popular, com competições e apresentações, mas o destaque é a maratona de 63km sobre esqui.

Feriados
Ano-Novo (1º jan)
Dia da Independência (24 fev)
Sexta-Feira Santa (mar/abr)
Dia do Trabalho (1º mai)
Dia da Vitória de Võidupüha (23 jun)
Véspera de São João (23 jun)
Restauração da Independência (20 ago)
Natal (24-26 dez)

Árvore iluminada no Mercado de Natal da Cidade Velha, em Tallinn

A HISTÓRIA DA ESTÔNIA

As referências históricas da Estônia datam do início do século XIII, quando chegaram os cavaleiros cruzados teutônicos e introduziram uma nova ordem social que predominou por vários séculos. Ao breve e tolerante governo sueco no século XVII seguiu-se uma fase de opressão russa e alemã, que continuou após um período de independência que durou muito pouco. A Estônia tornou-se República somente em 1991.

A ordem de cavaleiros germânicos Irmandade da Espada deu início a uma dura batalha pelo controle da Estônia em 1208, quando tomaram Otepää, que durou até 1211. Os dinamarqueses também estavam lutando pelo controle da Estônia. Em 1206, eles tentaram em vão subjugar Saaremaa, a maior e mais próspera ilha do país. O rei Valdemar II da Dinamarca (g. 1202-41) ocupou Tallinn em 1219, mas suas tentativas de expandir o território dinamarquês foram frustradas.

Fragmento de selo do rei Valdemar II

A Conquista Germânica

Em 1227, a Estônia foi totalmente conquistada. Em 1237, a Irmandade da Espada foi absorvida por outra ordem de cruzados, os Cavaleiros Teutônicos, que controlaram Tallinn até 1238, quando a cidade voltou para os dinamarqueses. No mesmo ano, os cavaleiros tomaram um castelo dos dinamarqueses e sobre ele construíram o Castelo de Toompea. Estavam criadas as bases para o estabelecimento de uma nova ordem social, em que nobres, mercadores e artesãos eram todos germânicos. Os estonianos foram obrigados a se converter ao cristianismo, e suas terras foram dadas aos cavaleiros e aos bispos. Um sistema feudal em que os germânicos eram os senhores e os habitantes locais trabalhavam como servos perdurou até o século XIX.

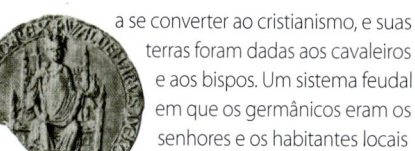

Tallinn foi retomada pelos germânicos em 1346, quando revoltas contra os exageros feudais forçaram os dinamarqueses a abandonar suas posses na Estônia. Nessa época, surgiram muitas guildas e associações de mercadores, e cidades como Tallinn, Tartu, Viljandi e Pärnu prosperaram como membros da Liga Hanseática. Tallinn se tornou uma das maiores cidades do norte europeu.

Gravura do Castelo de Toompea, Tallinn, em 1227

- **1208** Alemães tomam Otepää, no sul da Estônia
- **1219** Tomada de Tallinn
- **1227** Alemães tomam a Estônia
- **1343** Revolta no campo (Noite de São Jorge) contra a Dinamarca
- **1346** Dinamarca vende Tallinn aos alemães
- **1372** Alemão substitui o latim como língua escrita original
- **1422** Abre a Farmácia da Prefeitura de Tallinn, que existe até hoje — *Detalhe na porta da farmácia*
- **1574** Primeiro serviço luterano na Estônia, Igreja de Santo Olavo

1200 | 1300 | 1400 | 1500

Igreja de Santo Olavo, Cidade Velha, Tallinn

A prestigiosa Universidade de Tartu, Estônia

O Governo Sueco

No século XVI, a Estônia era o campo de batalha entre Rússia e Suécia nas Guerras Livonianas *(p. 37)*. Por volta de 1629, o país pertencia aos suecos. Nos 50 anos que lá permaneceram, muita coisa foi feita, como a fundação da Universidade de Tartu, a introdução de escolas em todo o país, a impressão de livros em estoniano e a construção de vários edifícios, principalmente em Narva e Tartu. Narva foi construída como a segunda capital sueca. Mesmo assim, o sistema social dos germânicos permaneceu intocado. Só mais tarde, os monarcas suecos tomaram as propriedades dos germânicos, que, enfurecidos, foram pedir ajuda a Pedro, o Grande, da Rússia.

Batalhas Contra os Russos

No início a Suécia conseguiu resistir aos russos, mas em 1709 uma última batalha entre o rei Carlos XII da Suécia e Pedro, o Grande, selou o destino da Estônia pelos vinte anos seguintes, período sem grandes ameaças ao governo tsarista. Tanto os russos quanto os alemães da região mantiveram os estonianos distantes de qualquer posição de responsabilidade e reprimiram o idioma. Intelectuais descontentes encontraram expressão na rebelião liderada pelos alunos da Universidade de Tartu, no final do século XIX.

Em 1905, assim como em muitas partes da Rússia, a Estônia testemunhou manifestações generalizadas. Enquanto nas cidades os operários das fábricas apoiavam o nascente movimento bolchevique, os palacetes alemães eram incendiados nos campos. Na Primeira Guerra Mundial (1914-8), a perspectiva de uma independência estoniana ainda era um sonho bem distante. Contudo, a Revolução de 1917, que pôs fim ao regime tsarista na Rússia e instalou o caos em Moscou, encorajou a Estônia a declarar independência em fevereiro de 1918, em Pärnu. O Tratado de Tartu, assinado com a Rússia em fevereiro de 1920, confirmou formalmente a Estônia como um país independente.

Cartaz de recrutamento, 1918

Declaração da independência em fevereiro de 1918

- **1632** É inaugurada a Universidade de Tartu por suecos luteranos
- **1629** Estônia passa às mãos suecas
- **1710** Tratado de Nystadt inclui Estônia no império tsarista
- **1869** Primeiro Festival de Canção Estoniana em Tartu
- **1872** Primeira greve das mulheres de Narva
- **1886** É lançado o primeiro jornal estoniano, *Postimees*
- **1885** Começa a russificação dos países bálticos
- **1918** Assinada a independência estoniana
- **1920** Tratado de Tartu confirma a independência da Estônia
- **1905** Levantes em Tallinn

Ordem do diamante de Pedro, o Grande

O presidente Konstantin Päts *(centro)* em 1939

Liberdade e Segunda Guerra Mundial

Apesar dos vinte governos de coalizão existentes entre 1919 e 1933, todos concordaram em distribuir as propriedades báltico-germânicas entre a comunidade local. Foram introduzidos sistemas educacionais e de previdência social em todo o país. Quem havia participado do movimento nacional antes da Primeira Guerra Mundial ocupou cargos importantes no governo. O político Konstantin Päts comandou um golpe em fevereiro de 1934 e dissolveu o Parlamento, mas em 1938 as instituições democráticas começaram a ser restauradas. A vida cotidiana dos estonianos foi duramente afetada pelos acontecimentos. Mas a indústria, a agricultura e o comércio internacional nada sofreram. Päts governou até a invasão soviética, em 16 de junho de 1940, que pôs fim à Estônia independente. Os russos executaram pessoas importantes, Päts inclusive, e muitas foram deportadas para a Sibéria. A invasão alemã um ano depois foi vista como uma libertação por muitos estonianos. Alfred Rosenberg, natural de Tallinn, indicado pela Alemanha nazista para governar os países bálticos, tratou a população com menos rigor que outros países subjugados pela ocupação nazista. Em setembro de 1944, o Exército Vermelho avançou sobre a Estônia, forçando a rendição dos nazistas, e a Estônia voltou a pertencer à União Soviética.

A Estônia Soviética

Os dez anos posteriores à reocupação soviética foram traumáticos para a Estônia. O programa de deportação, retomado em 1944, atingiu o clímax em março de 1949 com a prisão de 20 mil estonianos. A intenção dos soviéticos era sufocar quem se opusesse à criação das fazendas coletivas. As deportações também visavam sabotar a bem-sucedida campanha de guerrilha dos Irmãos da Floresta, grupo de resistência que permaneceu ativo até início dos anos 1950. Com a morte de Stalin, em 1953, o regime ficou menos opressivo na Estônia e em toda a URSS. A partir dos anos 1960, o vínculo da Estônia com o mundo não soviético se fortaleceu. Um ferryboat entre Tallinn e Helsinque passou a circular duas vezes por semana. As Olimpíadas de 1980 em Moscou foram preciosas para a Estônia, que sediou as provas náuticas, por levar a Tallinn milhares de visitantes estrangeiros. Em consequência

Tanques soviéticos barram o desembarque de alemães na Estônia em setembro de 1941

1921 Começam as fugas de Tallinn para Estocolmo

1939 Pacto Molotov-Ribbentrop passa Estônia para URSS

1934 Golpe comandado por Konstantin Päts

1941 Nazistas ocupam a Estônia

Ferryboat Tallink entre Tallinn e Helsinque

1965 Começa a circular ferryboat entre Tallinn e Helsinque

1925 — **1935** — **1945** — **1955** — **1965**

1924 Tentativa de golpe dos comunistas estonianos

1937 Compra do primeiro submarino britânico

1940 Começa a ocupação soviética

1944 Voltam as forças soviéticas; era stalinista inicia

1964 Presidente finlandês vai à Estônia

1953 Stalin morre; opressão soviética diminui

A tocha olímpica abre os esportes náuticos em 1980, Tallinn

disso, foram introduzidos jornais estrangeiros, ligações telefônicas internacionais diretas e bens de consumo que não eram vistos em Tallinn desde 1940. Terminados os jogos, tudo isso desapareceu, mas as lembranças não. O desencanto com a Rússia transformou-se em desilusão nos anos 1980, quando a TV finlandesa mostrou um estilo de vida muito diferente apenas 50km distantes de Tallinn.

Quando Mikhail Gorbachev assumiu, em 1985, como secretário-geral do Partido Comunista da União Soviética, os estonianos aproveitaram suas políticas liberais para revitalizar o cenário cultural e reestruturar fábricas e pequenos negócios. Os planos para reformar a economia tinham como elemento-chave a introdução de uma moeda estável. Com o colapso da URSS em 1991, os estonianos estavam mais preparados, pelo menos teoricamente, para uma economia capitalista do que todas as outras repúblicas soviéticas.

Independência

Os anos de 1992 e 1993 foram de grandes desafios para a Estônia. A reintrodução do kroon como moeda nacional dilapidou as economias acumuladas em rublos soviéticos e a inflação demorou a ser controlada. O primeiro-ministro Mart Laar, que cumpriu o primeiro mandato de 1992 a 1994, cunhou a frase "o pequeno país que pode"; e pôde mesmo, rapidamente. Muitos sofreram por algum tempo com o fechamento das fábricas e o abandono das fazendas coletivas, mas poucos foram prejudicados por muito tempo graças ao turismo, às montadoras finlandesas e aos call-centers internacionais que logo absorveram a mão de obra disponível. Laar retornou ao poder em 1999 e tirou o país da crise financeira provocada pelo colapso da economia russa em 1998.

Na década de 2000 a Estônia viveu um crescimento recorde e um aumento de prosperidade. Muitas obras públicas foram financiadas com recursos da UE, e bancos estrangeiros disponibilizaram grandes empréstimos. A crise financeira global de 2008 pôs fim à bonança, e, embora a Estônia não tenha sido tão duramente castigada quanto outras nações bálticas, a economia decresceu bastante. Em julho de 2010 o país obteve aprovação para ingressar na Zona do Euro a partir de janeiro de 2011. As relações com a Rússia melhoraram, mas ainda há desacordos diplomáticos, culturais e comerciais.

O ex-primeiro-ministro Mart Laar

1980 As provas olímpicas náuticas começam em Tallinn

1992 Lennart Meri é eleito presidente

Presidente Lennart Meri (1929-2006)

2004 Estônia ingressa na Otan e na UE

2011 O euro substitui a coroa como moeda da Estônia; Toomas Hendrik Ilves é reeleito presidente para um segundo mandato

| 1975 | 1985 | 1995 | 2005 | 2015 |

1991 Estônia declara independência

1994 Tropas russas recuam; o MS *Estonia* afunda e 850 morrem

2007 A 1ª eleição pela internet no mundo

Centro Náutico de Pirita abriga as provas náuticas em 1980

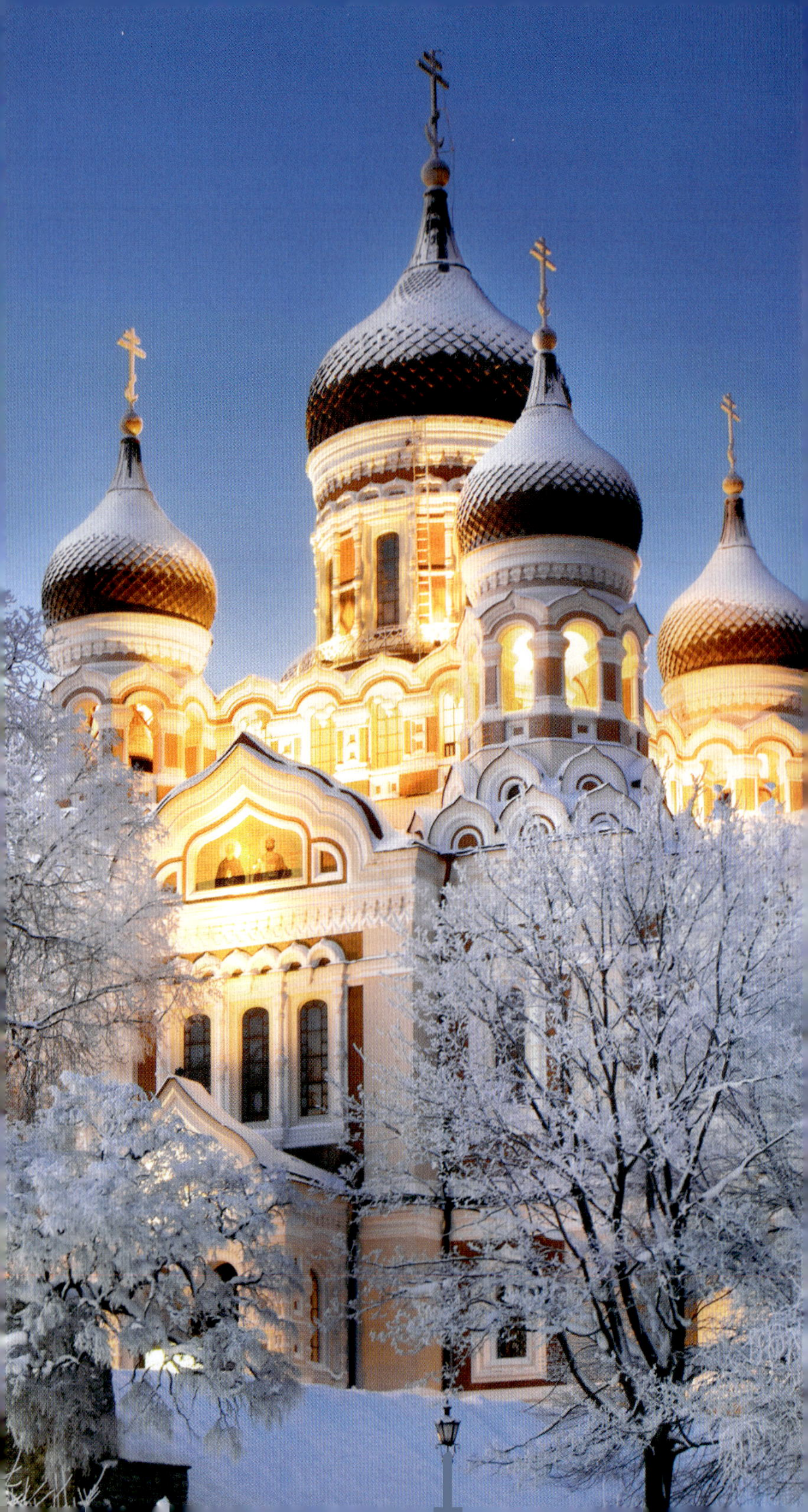

TALLINN

Em pouco mais de vinte anos, a capital da Estônia tornou-se uma cidade dinâmica, chique e empolgante. Tallinn abriga excelentes exemplos de arquitetura moderna que refletem a confiança recém-adquirida de seu povo. Além de preservar a arquitetura medieval de sua Cidade Velha, a cidade passou por uma grande expansão imobiliária.

A vista de Tallinn do alto do monte Toompea mostra como a cidade extraiu o máximo de suas raízes históricas. Tallinn surge pela primeira vez no mapa da Europa Ocidental em 1154, mas só foi conhecida como tal depois da conquista dos dinamarqueses, em 1219, e da construção de uma fortaleza no monte Toompea. "Tallinn" é uma abreviatura de *Taani Linnus*, que significa "fortaleza dinamarquesa" no idioma estoniano. Mas Tallinn adotou oficialmente o nome teutônico Reval até o primeiro período de independência, em 1918. Foram os mercadores germânicos que chegaram em 1230 que a dividiram em Cidade Alta (Toompea) e Cidade Baixa.

Em 1346, o rei dinamarquês vendeu Tallinn aos alemães. A cidade prosperou nos séculos XIV e XV como importante membro da poderosa Liga Hanseática. A Cidade Velha, hoje restaurada e Patrimônio Mundial da Unesco desde 1991, é um monumento vivo a esse período áureo de sua história.

Tallinn ficou relativamente estagnada no período tsarista, que começou em 1710, no reinado de Pedro, o Grande. Durante a maior parte do século XIX, era apenas um balneário de veraneio para os russos ricos. Porém, a construção da ferrovia Tallinn-São Petersburgo, em 1870, devolveu o prestígio da cidade como importante centro de comércio. Durante a ocupação soviética, o grande influxo de operários de língua russa engoliu a população local.

Desde a independência, em 1991, os meios de transporte aéreo e marítimo melhoraram o acesso a Tallinn da Europa Ocidental. A cidade estreitou vínculos com a Finlândia, e a linha de ferryboat Tallinn-Helsinque é hoje uma das melhores do mundo.

Jovens bailarinas dançam em uma rua de Tallinn nas festividades de verão durante o mês de junho

◀ Os impressionantes domos em forma de cebola da Catedral Alexandre Nevsky

Como Explorar Tallinn

A maior parte das atrações de Tallinn se concentra na Praça da Prefeitura e em seu entorno em Toompea, na Cidade Velha medieval. Relativamente fáceis de ser exploradas a pé, as sinuosas ruas de pedra têm elegantes vielas, pátios e igrejas, além de museus interessantes que exibem as tradições históricas e culturais da cidade. Os edifícios mais notáveis estão no perímetro da Cidade Velha e podem ser percorridos a pé. No setor leste das muralhas está o Portão de Viru, que é um dos principais acessos para a Cidade Velha.

O Portão de Viru é uma das referências de Tallinn

Principais Atrações

Igrejas e Mosteiros
③ Igreja do Espírito Santo
⑥ *Igreja Niguliste (São Nicolau) pp. 68-9*
⑩ Mosteiro Dominicano
⑭ Igreja da Transfiguração de Nosso Senhor
⑮ Igreja de Santo Olavo
⑲ Catedral Alexander Nevsk
⑳ Catedral de Santa Maria Virgem

Museus
④ Salão da Grande Guilda
⑤ Museu de Fotografia Estoniana
⑦ Museu do Teatro e da Música
⑪ Museu da Cidade de Tallinn
⑬ Museu Estoniano de Desenho e Arte Aplicada
㉑ Museu das Ocupações
㉔ Museu Adamson-Eric

Edifícios Históricos e Locais de Interesse
① Prefeitura
② Farmácia da Prefeitura
⑧ Portão de Viru
⑨ Passagem de Santa Catarina
⑫ Casa das Cabeças Pretas
⑯ Três Irmãs
⑰ Torre Margarete Gorda
⑱ Castelo Toompea
㉒ Casa dos Cavaleiros
㉓ Kiek-in-de-Kök

Veja hotéis e restaurantes dessa região nas pp. 296-7 e 314-6

TALLINN | **61**

Legenda

▢ Local de interesse
― Rua para pedestres

A Torre Margarete Gorda, imensa fortificação do século XVI, que hoje abriga o Museu Marítimo Estoniano

Como Circular

Em Tallinn, a melhor maneira de explorar a Cidade Velha é a pé. Mas é preciso usar o transporte público para ver outras atrações, como o Parque Kadriorg, a leste da Cidade Velha, a Torre de TV e o Jardim Botânico, que estão a nordeste do parque. O sistema de transporte público integra ônibus, ônibus elétricos e bondes. Os ônibus normais e elétricos saem da Praça Vabaduse ou do terminal Viru Keskus, e a maioria dos bondes passa pela Cidade Velha. Tallinn está interligada com todas as cidades da Estônia.

Do monte Toompea avista-se o horizonte da cidade

Legenda dos símbolos *na orelha da contracapa*

Rua a Rua: Arredores da Praça da Prefeitura

A Praça da Prefeitura, no coração da Cidade Velha, abriga o mercado há muitos séculos. Levemente inclinada, a praça de pedras é contornada por elegantes prédios medievais. A Prefeitura, do século XIV, é o único edifício em estilo gótico que restou no norte da Europa. Ponto de encontro de moradores locais e visitantes, a praça é a própria essência da Cidade Velha e, no verão, fica tomada por mesas de cafés e restaurantes.

Localize-se
Guia de Ruas, pp. 86-7

Casa dos Cabeças Pretas

⓫ Museu da Cidade de Tallinn
Instalado na casa de um mercador medieval, o museu conta a história de Tallinn através de exibições e artefatos interessantes.

❷ ★ Farmácia da Prefeitura
A farmácia merece ser visitada não só pelo interior, mas também pelo pequeno e curioso museu de antiguidades.

Legenda
— Percurso sugerido

0 m   100

❸ Igreja do Espírito Santo
Considerada uma das mais belas de Tallinn, essa igreja bem preservada abriga um tesouro de detalhes e artefatos medievais e renascentistas.

Veja hotéis e restaurantes dessa região nas pp. 296-7 e 314-6

TALLINN | 63

❿ Mosteiro Dominicano
Uma das construções mais antigas de Tallinn, o complexo do mosteiro possui um interessante museu e belas esculturas de pedra.

Rua Viru
É uma das ruas mais conhecidas de Tallinn e a de maior movimento na Cidade Velha pelos muitos restaurantes, bares, cafés e lojas.

❶ ★ Prefeitura
Esse imponente prédio gótico com torre octogonal ocupa lugar de honra na Praça da Prefeitura e concentra a vida urbana desde a Idade Média.

❺ O Museu da Fotografia abriga uma extensa coleção de fotos da Estônia em dois prédios.

❻ Igreja Niguliste
Visita obrigatória em Tallinn, nessa igreja gótica funciona um excelente museu de arte sacra. Oferece concertos de órgão nos fins de semana.

❶ Prefeitura

Tallinna raekoda

Raekoja plats 1. **Mapa** 1 C2. **Tel** 645 7900. 🚌 5, 40. 📅 1, 2, 3, 4. 🕐 jul-ago: 10h-16h seg-sáb; set-mai: com hora marcada. Torre: mai-ago: 11h-18h diariam. 📷 🎫 💻 **w** tallinn.ee/raekoda

O mais respeitado símbolo de Tallinn é o prédio da Prefeitura, que foi construído em 1404. O telhado de duas águas apoia-se sobre altos frontões, e a esguia torre octogonal renascentista é coroada por uma flecha de torre. A fachada se completa com as janelas estreitas e os parapeitos crenados. Voltadas para a Praça da Prefeitura, as arcadas da fachada norte possuem um pequeno café com mesas ao ar livre. E, embora a Sala do Cidadão e a Sala do Conselho possam ser visitadas, os visitantes preferem ir diretamente para a torre e subir os 115 degraus até o topo.

❷ Farmácia da Prefeitura

Raeapteek

Raekoja plats 11. **Mapa** 1 C2. **Tel** 631 4860. 🚌 5, 40. 📅 1, 2, 3, 4. 🕐 10h-18h ter-sáb. 📷 **w** raeapteek.ee

A Farmácia da Prefeitura é considerada uma das mais antigas da Europa. Sua construção remonta ao século XVII, mas há indícios de que já existisse uma farmácia nesse mesmo lugar desde 1422. No interior da loja há um discreto museu que expõe uma pequena seleção de objetos históricos, entre eles alguns instrumentos médicos e tratamentos curativos. Não deixe de provar o vinho condimentado, que era muito consumido nos tempos medievais. Segundo uma lenda local, o marzipã foi inventado nesse local acidentalmente, e se chamava então Pão de Martin.

A graciosa torre barroca da Igreja do Espírito Santo

❸ Igreja do Espírito Santo

Pühavaimu kirik

Pühavaimu 2. **Mapa** 1 C2. **Tel** 646 4430. 🚌 5, 40. 📅 1, 2, 3, 4. 🕐 out-abr: 10h-14h seg-sex; mai-set: 9h-17h seg-sáb. 📷 🕐 15h dom (em inglês). **w** eelk.ee/tallinna.puhavaimu

Essa igreja do século XIII é considerada uma das mais bonitas de Tallinn. O edifício gótico era originalmente a capela da Prefeitura que foi transformada em igreja. Em sua fachada pintada de branco está o relógio público mais antigo de Tallinn, cujos entalhes decorativos datam de 1684. Sobre o frontão em degraus ergue-se uma bonita torre barroca, cuja flecha da torre foi praticamente destruída por um incêndio em 2002, mas restaurada em menos de um ano. A igreja guarda um verdadeiro tesouro arquitetônico e de artefatos religiosos, como os bancos esculpidos e o púlpito renascentista. O tríptico do altar, *A vinda do Espírito Santo* (1483), do artista Berndt Notke, de Lübeck, é o maior destaque. A igreja tem lugar especial na história do país porque nela foi feito o primeiro sermão em idioma estoniano, em 1535, logo depois da Reforma.

❹ Salão da Grande Guilda

Suurgildi hoone

Pikk jalg 17. **Mapa** 1 C2. **Tel** 696 8690. 🚌 5, 40. 📅 1, 2, 3, 4. 🕐 mai-set: 10h-18h diariam; out-abr: 10h-18h qui-ter. 📷 **w** ajaloomuuseum.ee

O salão foi construído em 1417 e é um dos edifícios de maior destaque na Tallinn medieval. Ele pertencia a uma poderosa associação de ricos mercadores que muito fez pela história da cidade. Além de ser o local de reunião de seus membros, era alugado para festas de casamento e sessões da corte. Era também o ponto de partida e de chegada das muitas procissões festivas que aconteciam em Tallinn. O prédio do Gótico tardio preserva a aparência original, mas suas janelas foram refeitas na década de 1890.

No majestoso interior do Salão da Grande Guilda fica parte do **Museu de História Estoniano** *(p. 78)*. A coleção de artefatos conta nos mínimos detalhes a história local desde a Idade da Pedra até meados do século XIX. As exposições, que vão desde joias até armas, são acompanhadas de textos explicativos em estoniano, russo e inglês.

Vista do interior da Farmácia da Prefeitura, com as prateleiras lotadas

Veja hotéis e restaurantes dessa região nas pp. 296-7 e 314-6

Arquitetura Medieval

A Cidade Velha de Tallinn é um dos exemplos mais bem preservados de arquitetura medieval no norte europeu. Com suas sinuosas ruas de pedra e elegantes fachadas com frontões, a Cidade Velha conserva autênticos detalhes de um centro medieval. O intrincado labirinto de ruas foi construído por causa do Castelo Toompea no alto e do cais embaixo, com a importante Praça da Prefeitura e o mercado no centro. Embora Tallinn tenha sido um agitado centro de comércio na Idade Média, ficou relativamente estagnada no século XIX, e talvez por isso mesmo a Cidade Velha tenha sido poupada da destruição. Suas fortalezas estão bem conservadas e cerca de 2km de muralhas e metade das suas 46 torres originais permanecem intactas até hoje.

O andar superior com frontão servia para armazenar a mercadoria erguida por um guindaste.

A maquete de uma casa de mercador medieval do século XIV pode ser vista no Museu da Cidade de Tallinn (p. 67). O sótão era usado para armazenar mercadoria, e os moradores viviam e recebiam convidados no térreo.

As torres medievais são símbolo da história da cidade. Hoje, Kiek-in-de-Kök (p. 75) e a Torre Margarete Gorda (p. 71) são museus. O visitante tem uma bonita vista do alto das torres Nunna, Sauna e Kuldjala.

A Vieta Saiakang, que sai da Praça da Prefeitura, é uma das muitas ruelas e passagens medievais da Cidade Velha.

Lühike jalg, ou "perna curta", é um corredor íngreme e impregnado de história que foi aberto no século XIII para estabelecer uma ligação entre a fortaleza de Toompea, ou Cidade Alta, com o resto da cidade de Tallinn. Na Idade Média, os caldeireiros e os serralheiros tinham oficinas em Lühike jalg.

A bica com cabeça de dragão está logo abaixo do telhado da Prefeitura. As divertidas bicas da Prefeitura são exemplos das muitas figuras malignas que adornam os edifícios medievais de Tallinn.

Foto de 1898, Museu da Fotografia Estoniana

❺ Museu da Fotografia Estoniana

Fotomuuseum

Raekoja tänav 4/6. **Mapa** 1 C3. **Tel** 644 8767. 5, 40. 1, 2, 3, 4. mar-out: 10h30-18h qui-ter; nov-fev: 10h-17h30 qui-ter.
linnamuuseum.ee

Localizado logo atrás da Prefeitura, o Museu da Fotografia Estoniana consiste de dois prédios, um deles construído no século XIV e o outro no século XVIII. Ambos já serviram como prisão, mas também abrigaram as sessões da corte. Hoje, os dois prédios exibem uma vasta coleção de fotografias que cobre o período de 1840 a 1940. A coleção, que inclui raros daguerreótipos, ambrótipos e ferrótipos, inclui alguns dos melhores trabalhos dos primeiros fotógrafos estonianos mais reconhecidos, entre eles H. Tiidermann, B. Lais e N. Nyländer. O principal destaque do museu é uma pequenina câmera Minox, reconhecidamente inventada na Estônia em 1936. A galeria também faz exposições temporárias de trabalhos realizados por fotógrafos contemporâneos do mundo todo.

❻ Igreja Niguliste

Niguliste kirik

pp. 68-9.

❼ Museu do Teatro e da Música

Teatri-ja muusikamuuseum

Müürivahe 12. **Mapa** 1 C3. **Tel** 644 6407. 5, 40. 3, 4. 10h-18h ter-sáb. ligar antes.
tmm.ee

Localizado na imponente Torre Assauwe, nas muralhas da cidade, esse museu enfoca uma parte muito cultuada da herança cultural do país, além de ser também um centro acadêmico. O museu da música foi fundado em 1924, e em 1941 foi anexado o museu do teatro. Há muita coisa ali para os apaixonados por música e teatro, como uma interessante coleção de instrumentos típicos e outra de programas originais de montagens teatrais. As obras manuscritas e os instrumentos do respeitado compositor estoniano Peeter Süda (1883-1920) também fazem parte da coleção do museu. Os funcionários não se negam a tocar os instrumentos em troca de uma pequena gorjeta. O museu detém os direitos autorais dos trabalhos do compositor Heino Eller (1887-1970), e desde 1998 patrocina o prestigiado Prêmio Heino Eller de Música.

❽ Portão de Viru

Viru tänav. **Mapa** 2 D3. 5, 40. 1, 2, 3, 4.

No setor leste das muralhas da cidade, o Portão de Viru é um dos principais acessos para a Cidade Velha. Sua aparência pitoresca e as torres de pedra ligeiramente inclinadas são uma das imagens mais conhecidas de Tallinn. As duas torres que compõem a porta são do século XIV e faziam parte de um sistema de portas maior. O prolongamento circular de muralhas data do século XVI. O fosso e o moinho de água que antes existiam entre a anteporta e a porta principal foram destruídos em 1843. No início do século XX, a rua Viru era uma das mais elegantes da cidade e hoje é um de seus principais pontos turísticos.

As torres de pedra do Portão de Viru, um dos mais icônicos lugares de Tallinn

Veja hotéis e restaurantes dessa região nas pp. 296-7 e 314-6

❾ Passagem de Santa Catarina

Katariina käik

Katariina käik. **Mapa** 2 D2. 🚌 5, 40. 🚋 1, 2, 3, 4.

Um fascinante corredor medieval, com paredes feitas de pedras irregulares e teto em abóbada, a Passagem de Santa Catarina liga a rua Vene à rua Müürivahe. Em toda a extensão da passagem há muitas oficinas de arte e artesanato, nas quais é possível assistir aos artistas trabalhando com pedras, cerâmicas e vidro ou encadernando livros. O estreito corredor acompanha a única parede que ainda resta da Igreja de Santa Catarina, de 1246, na época a maior igreja de Tallinn. Várias sepulturas, algumas do século XIV, podem ser vistas ainda hoje ao longo da antiga parede.

A medieval Passagem de Santa Catarina, onde há lojas de artes e artesanato

❿ Mosteiro Dominicano

Dominiiklaste klooster

Vene 16/18. **Mapa** 2 D2. **Tel** 515 5489 ou 511 2536. 🚌 5, 40. 🚋 1, 2, 3, 4. ⏰ Não abre regularmente. Ligue para agendar uma visita. 📷 🎫 visita às celas internas do claustro do mosteiro. 🌐 **kloostri.ee** ou 🌐 **claustrum.eu**

Fundado por monges dominicanos em 1246, o mosteiro, que já era um renomado centro de aprendizagem, assim permaneceu até irromperem os motins

Um corredor do Mosteiro Dominicano, na Cidade Velha

provocados pela Reforma em 1524. Os luteranos destruíram o mosteiro e expulsaram os monges. Em 1531, o fogo devastou grande parte da Igreja de Santa Catarina, na ala sul do mosteiro.

Abandonado durante cinco séculos, o mosteiro em ruínas foi reformado em 1954. Hoje um claustro sereno, os corredores sombrios e o bonito jardim interno atraem visitantes. A principal atração, porém, é o **Museu do Mosteiro Dominicano**, que abriga a maior coleção do país de esculturas medievais e renascentistas feitas na pedra por artistas locais. Um desses trabalhos é o notável baixo-relevo de um anjo esculpido na pedra triangular, que é atribuído a Hans von Aken, pintor maneirista alemão do século XVI.

🏛 Museu do Mosteiro Dominicano
⏰ meados mai-meados set: 10h-18h diariam. 📷

⓫ Museu da Cidade de Tallinn

Tallinna linnamuuseum

Vene 17. **Mapa** 1 C2. **Tel** 675 5195. 🚌 5, 40. 🚋 1, 2, 3, 4. ⏰ mar-out: 10h30-18h qua-dom; nov-fev: 10h30-17h qua-seg. 📷 📱
🌐 **linnamuuseum.ee**

Localizado na casa de um mercador do século XIV, o Museu da Cidade de Tallinn foi inaugurado em 1937 para que os moradores pudessem conhecer a rica herança cultural da cidade. Hoje, sua vasta coleção, distribuída por três andares, dá uma visão geral da história de Tallinn. Um dos destaques é uma maquete em corte da casa do mercador, do século XVI; outra reproduz um interior doméstico do século XIX. Há também uma réplica bastante fiel do Velho Tomás, o famoso cata-vento que está no alto da Torre da Prefeitura. Entre um andar e outro há bonecos de cera em tamanho natural vestidos com roupas de época. Além disso, pode-se ver uma coleção de prataria, porcelana e estanho e farta tapeçaria.

Entre as exposições do século XX estão fotografias da multidão reunida na Cidade Velha quando a Estônia reconquistou sua independência da União Soviética, em 1991. Outro destaque importante é a intrigante exposição intitulada *A cidade que jamais estará terminada*, inspirada em uma lenda local segundo a qual Tallinn desaparecerá do mapa se alguém declarar oficialmente que a cidade está terminada.

Maquete de Tallinn nos anos 1820 exibida no Museu da Cidade de Tallinn

❻ Igreja Niguliste
Niguliste kirik

Dedicada a São Nicolau, a Igreja Niguliste foi construída no século XIII, mas a que existe hoje é do século XV. A maior parte das obras artísticas da Tallinn medieval foi destruída nos conflitos provocados pela Reforma, em 1524. Consta, porém, que a igreja escapou de ser saqueada graças ao porteiro, que não hesitou em lacrar a porta com chumbo derretido. Hoje, ela ainda abriga uma impressionante coleção de arte sacra medieval. O prédio passou a ser usado como museu depois de um longo processo de reconstrução, após ser gravemente danificado por ataques aéreos soviéticos na Segunda Guerra Mundial. Frequentemente tem programação de concertos de órgão e apresentação de corais.

A fachada da Igreja Niguliste, um verdadeiro tesouro medieval

★ **Retábulo Representando São Nicolau**
Pintado em 1482 por Hermen Rode de Lübeck, esse retábulo representa nos mínimos detalhes cenas da vida de São Nicolau e a decapitação de São Jorge.

Tríptico do Altar da Virgem Maria e a Irmandade dos Cabeças Pretas
No painel central vê-se São Jorge e São Maurício em pé, ladeando a Virgem, e São Francisco e Santa Gertrudes nas folhas laterais.

LEGENDA

① **A Câmara de Prata** está no canto mais afastado da igreja.

② **Uma coleção de sinos** de todas as igrejas da Estônia é mostrada no interior da igreja.

③ **A flecha**, de torre original de 1696, foi restaurada em 1984.

④ **O friso de Bernt Notke** A *Dança macabra*, no interior da igreja, mostra a universalidade da morte.

Imagem de Pedra
Essa escultura de pedra é uma das evocativas imagens que fazem parte do projeto original da Igreja Niguliste.

Entrada

Veja hotéis e restaurantes dessa região nas pp. 296-7 e 314-6

TALLINN | **69**

Escultura de Pedra
A caveira e os ossos cruzados esculpidos em pedra estão na entrada de uma capela próximo da porta principal da igreja. Na arquitetura estoniana, as pedras mais usadas para esse fim eram a dolomita e o arenito.

PREPARE-SE

Informações Práticas
Niguliste 3. **Mapa** 1 C3.
Tel 631 4330. 10h-17h qua-dom. ingressos à venda até 16h30 (reservas pelo tel 644 9903). reserva antecipada; taxas extras para visitas guiadas (acima de 35 pessoas) em língua estrangeira. Câmara de Prata: 10h-17h qua-dom. taxas extras. Música de Órgão: sáb e dom às 16h.

★ A Dança Macabra, de Bernt Notke
O friso do século XV de Bernt Notke (1440-1509) é considerado a *pièce de résistance* da igreja, embora seja apenas um fragmento de 30m da obra original.

Peça da Câmara de Prata
Uma pequena câmara lateral abriga uma fascinante coleção de objetos de prata que pertenceram a várias guildas e organizações, entre elas a poderosa e influente Irmandade dos Cabeças Pretas.

Dançando com a Morte

Parte de um friso do século XV de Bernt Notke, a *Dança macabra* é considerada a maior obra de arte da Estônia, por ser o único exemplar do gênero sobre tela que sobrevive. Nele, veem-se os esqueletos da morte convidando o rei e seus nobres para dançar. Ninguém sabe ao certo como essa pintura chegou a Tallinn, mas é possível que Notke tenha reproduzido um friso similar de sua autoria, feito em 1461 em Lübeck, na Alemanha.

Detalhe do rei

Ornamentos da época renascentista ao redor da porta da Casa dos Cabeças Pretas

⓬ Casa dos Cabeças Pretas

Mustpeade maja

Pikk 26. **Mapa** 1 C2. **Tel** 631 3199. 5, 40. 1, 2, 3, 4. para os concertos de música de câmara (ligue para saber os horários).
🌐 mustpeademaja.ee

Nessa casa renascentista do século XV reunia-se a Irmandade dos Cabeças Pretas, uma associação de solteiros mercadores e proprietários de navios. Uma vez casados, eles ingressavam na poderosa Grande Guilda. O nome curioso da irmandade se deve a São Maurício, norte-africano e santo padroeiro da organização. Sua imagem compõe a decoração da porta de entrada da casa.

Diferente dos de Riga *(p. 152)*, os Cabeças Pretas de Tallinn tinham o dever de defender a cidade em períodos de luta e provaram ser valentes adversários nas Guerras Livonianas (1558-83). Mas, em períodos de paz, os jovens e ricos Cabeças Pretas levavam uma vida ociosa, entregues aos prazeres mundanos. A associação perdurou até a cidade ser invadida pelos soviéticos, em 1940. Hoje, a Casa dos Cabeças Pretas apresenta concertos de música de câmara, e seu interior revestido com painéis de madeira é simplesmente deslumbrante.

⓭ Museu Estoniano de Desenho e Arte Aplicada

Eesti tarbekunsti ja disainimuuseum

Lai 17. **Mapa** 1 C2. **Tel** 627 4600. 3. 1, 2. 11h-18h qua-dom.
🌐 etdm.ee

Instalado em um silo do século XVII adaptado, o museu exibe o que há de melhor em desenho estoniano desde o início do século XX até hoje. A vasta coleção de peças, que inclui joalheria, cerâmica, vidro, móveis e tecidos, exemplifica da melhor maneira o talento estoniano para as artes aplicadas.

Muito do que se vê ali é uma fusão entre o refinamento escandinavo e a sutil ironia báltica, com resultados excelentes. As peças de mobiliário são excepcionais e agradam a apreciadores de todo o mundo. Os objetos de porcelana abrangem criações desde os anos 1930 até a década de 1960 do legendário artista local Adamson-Eric *(p. 75)*.

Desde a inauguração em 1980, o museu vem se dedicando a promover o desenho estoniano em casa e no exterior. Não deixe de pegar um mapa com a localização dos melhores exemplos de arte pública em Tallinn.

⓮ Igreja da Transfiguração de Nosso Senhor

Issandamuutmise kirik

Suur-Kloostri 14-1. **Mapa** 1 C2. **Tel** 56 1090. 3. 1, 2. 9h-14h dom. 10h dom. 🌐 teelistekirikud.ekn.ee

Localizada perto de um trecho da muralha medieval de Tallinn, a Igreja da Transfiguração de Nosso Senhor tem uma bela torre barroca e um interior ricamente decorado. Originalmente, a igreja fazia parte do Convento de São Miguel da Ordem Cisterciense, mas foi fechada durante a Reforma. Por pouco tempo foi frequentada pela guarnição sueca e, mais tarde, em 1716, passou para a Igreja Ortodoxa no reinado de Pedro, o Grande, o doador da extraordinária iconóstase feita pelo arquiteto russo Ivan Zarudny. A igreja exibe um sino de 1575, que é considerado o mais antigo de Tallinn.

A torre barroca da Igreja da Transfiguração de Nosso Senhor

Vista de Tallinn e do mar Báltico do alto da Igreja de Santo Olavo

⓯ Igreja de Santo Olavo

Oleviste kirik

Lai 50. **Mapa** 1 C1. **Tel** 641 2241. 🚌 3. 🚋 1, 2. ⏰ abr-out: 10h-18h diariam. oleviste.ee

Situada em local histórico, a torre de Santo Olavo tem 124m de altura e é o principal marco de Tallinn. Diz a lenda que os talinenses queriam ter a torre mais alta do mundo para atrair os navios mercantes, e um estrangeiro desconhecido prometeu ajudá-los. Como forma de pagamento, queria que os moradores adivinhassem seu nome. Quando a igreja estava quase pronta, os dirigentes da cidade enviaram espiões para descobrir como o homem se chamava. Os espiões chamaram-no de "Olev", e o homem, que fixava a cruz, perdeu o equilíbrio e caiu. O fato é que o nome da igreja é uma homenagem ao rei Olavo II da Noruega. Com sua torre original de 159m, a igreja tornou-se realmente a mais alta do mundo, mas só até ser derrubada por um raio em 1625. Depois disso, foi atingida por mais seis raios, e até 1820 pegou fogo duas vezes.

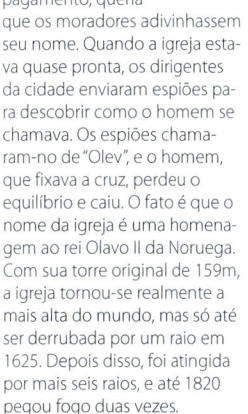

Sua estrutura original do século XVI foi refeita quase completamente no século XIX. O interior da Santo Olavo nada tem de especial, com exceção de um impressionante teto com abóbadas e de oferecer uma bela vista da cidade do alto de sua torre. Atrás da igreja, na parede externa, há uma lápide do século XV de Johann Ballivi, que morreu vítima da praga.

Detalhe de escultura em pedra na Santo Olavo

⓰ Três Irmãs

Kolm õde

Pikk 71. **Mapa** 2 D1. 🚌 3. 🚋 1, 2.

Situadas no extremo norte da rua Pikk, as Três Irmãs são três casas geminadas de mercadores medievais que foram convertidas em hotel de luxo *(p. 297)*. As casas construídas em 1362 eram espaços comerciais funcionais, com alçapões de carga e guinchos para erguer e baixar a mercadoria. Os donos dessas casas, principalmente membros de guilda, conselheiros municipais e burgomestres, usavam as dependências para entreter os estrangeiros que conheciam em suas viagens de negócios no exterior. As casas com elegantes frontões triangulares estão entre os edifícios do século XIV mais bem preservados e se somam ao valioso acervo do entorno da rua Pikk. O Hotel Três Irmãs orgulha-se de contar com a rainha Elizabeth II e o cantor Sting entre as muitas personalidades famosas que já estiveram hospedadas em suas dependências.

⓱ Torre Margarete Gorda

Paks Margareeta

Pikk 70. **Mapa** 2 D1. **Tel** 641 1408. 🚌 3. 🚋 1, 2. ⏰ 10h-18h qua-dom. 🅿 ligar antes. meremuuseum.ee

O sugestivo nome dessa torre do século XVI se deve ao fato de ser a parte mais larga das muralhas da cidade, cujas paredes têm 4m de espessura. Originalmente foi construída para defender o porto, mas também para impressionar quem chegasse pelo mar. Mais tarde, a torre se transformou em prisão e foi cenário de um violento tumulto na Revolução de 1917, quando uma multidão de trabalhadores, soldados e marinheiros assassinou os guardas.

Hoje, a Torre Margarete Gorda tem a pacífica função de abrigar o **Museu Marítimo Estoniano** (Eesti meremuuseum), cuja parafernália náutica está distribuída por quatro andares. As exposições mostram como os navios são construídos e a importância histórica dos portos da Estônia. Há também uma maquete em escala do *Estonia*, o ferryboat de carros e passageiros que afundou entre Tallinn e Estocolmo em 1994. Do alto da torre tem-se uma vista maravilhosa da Cidade Velha, do porto e da baía de Tallinn.

🏛 Museu Marítimo Estoniano
Pikk 70. **Tel** 641 1408.
⏰ 10h-18h qua-dom.

Réplica de metal de um navio, na parede externa do Museu Marítimo

Rua a Rua: Toompea

Situada no monte Toompea, 50m acima do nível do mar, Toompea fica a sudoeste da Cidade Velha. Data do século XIII, quando os dinamarqueses ergueram um castelo no local. A montanha mudou de mãos muitas vezes ao longo dos séculos, mas sempre protegida pelas impressionantes fortificações de pedra calcárea construídas nas Guerras Livonianas (1558-83). O ecléctico complexo do Castelo Toompea hoje abriga o Riigikogu, o Parlamento da Estônia, na Praça do Castelo. A praça é dominada pela imponente Catedral Alexandre Nevsky. O monte Toompea oferece uma vista espetacular da Cidade Velha e é o melhor ponto de partida para um passeio por Tallinn.

Localize-se
Guia de Ruas, pp. 86-7

Torre Pikk Hermann

⓲ ★ **Castelo Toompea**
O castelo no alto da montanha exibe vários estilos arquitetônicos, das torres medievais à vibrante fachada barroca cor-de-rosa.

⓳ ★ **Catedral Alexandre Nevsky**
A grandiosa catedral ortodoxa russa tem o nome do herói de guerra que conduziu os soldados russos à vitória na batalha do lago Peipsi, em 1242.

Entrada do museu Kiek-in-de-Kök

㉓ ★ **Kiek-in-de-Kök**
Na bem preservada torre do canhão medieval funciona hoje um grande museu sobre a história de Tallinn.

Veja hotéis e restaurantes dessa região nas pp. 296-7 e 314-6

TALLINN | **73**

⑳ Catedral da Santa Maria Virgem
Originalmente uma igreja de madeira construída pelos dinamarqueses em 1240, a Santa Maria é a mais antiga catedral do interior da Estônia. Mas a austera fachada gótica data do século XIV.

Mirante Patkuli
Um dos esconderijos de Toompea, esse ponto pitoresco oferece vista panorâmica dos telhados da Cidade Velha e também do porto.

Legenda
— Percurso sugerido

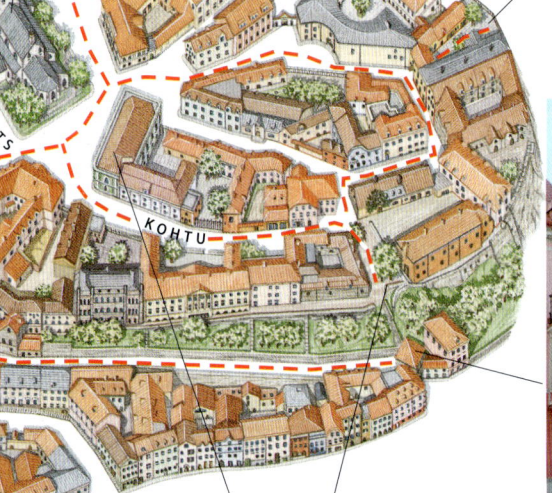

Do Mirante de Kohtuotsa, com os vendedores de cartão-postal e grupos de turistas, tem-se vista da Cidade Velha.

Torre da Porta Pikk Jalg
Com seu bonito telhado vermelho, a torre que fica no final da Pikk Jalg data do século XIV.

0 m 100

❿ Casa dos Cavaleiros
O edifício neorrenascentista de 1848 era o quartel-general dos Cavaleiros, na época, a aristocracia local. Seu interior é uma fusão de vários estilos.

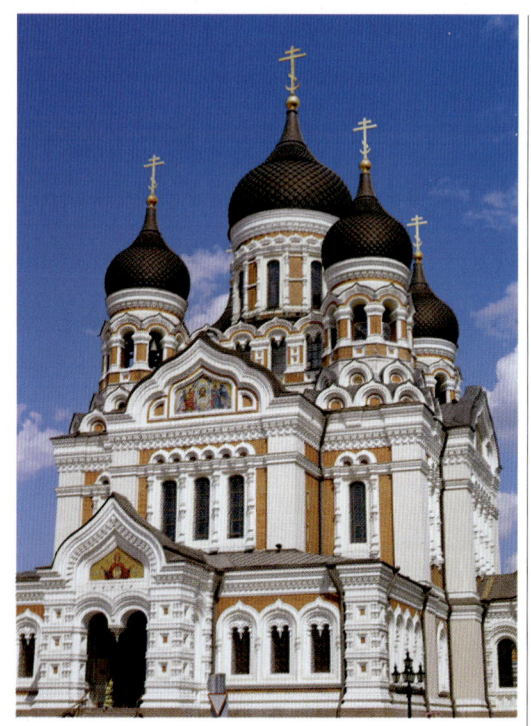

A catedral neobizantina Alexandre Nevsky

⑱ Castelo Toompea

Toompea loss

Lossi plats 1a. **Mapa** 1 B3. **Tel** 631 6345. 3, 4. 10h-16h seg.-sex. ligar antes. **w** riigikogu.ee

A elegante e despretensiosa fachada clássica rosa desse vital centro de poder dá uma falsa ideia da história. Hoje, o castelo abriga o Riigikogu (Parlamento da Estônia), mas durante 700 anos foi ocupado por vários poderes estrangeiros. No século IX, havia no local um forte de madeira que foi tomado pelos dinamarqueses em 1219. Esses ergueram as fortificações de pedra ao redor da montanha, e boa parte delas ainda existe.

A multiforme arquitetura do castelo inclui a Torre Pikk Hermann, com 50m de altura, sobre a qual tremula a bandeira estoniana. O Riigikogu, que data de 1920-2, fica no pátio do castelo. Toompea é um complexo que desfrutou de direitos e privilégios exclusivos até 1878, quando foi oficialmente anexado ao restante da cidade que está embaixo.

⑲ Catedral Alexandre Nevsky

Aleksander Nevski katedraal

Lossi plats 10. **Mapa** 1 B3. **Tel** 644 3484. 3, 4. 8h-20h sáb, 8h-19h dom.-sex. 8h30 seg.-sáb, 10h dom. **w** teelistekirikud.ekn.ee

A Catedral Alexandre Nevsky foi construída entre 1894 e 1900 por ordem do tsar Alexandre III, que mandou erguer na Praça do Castelo um edifício neobizantino com cúpulas e crucifixos dourados.

Diz a lenda que a catedral está sobre o túmulo do herói popular estoniano Kalev. Seu nome se deve ao duque russo canonizado Alexandre Nevsky (1219-63), que lutou ao lado dos Cavaleiros Livonianos nas margens do lago Peipsi em 1242. Considerada por muitos estonianos um símbolo das políticas de russificação impostas por Alexandre III, quase foi demolida em 1924, mas esse plano polêmico nunca foi efetivado.

O altar extravagante se constitui de uma confusa coleção de ícones, e as dimensões internas da catedral impressionam tanto quanto seu exterior.

⑳ Catedral de Santa Maria Virgem

Toomkirik

Toomkooli 6. **Mapa** 1 B2. **Tel** 644 4140. 3, 4. jun-ago: 9h-17h diariam; set-mai: 9h-17h ter.-dom. 17h qua, 12h sáb, 11h dom. **w** eelk.ee/tallinna.toom

Popularmente conhecida como Igreja do Domo, a Santa Maria Virgem é considerada a igreja mais antiga da Estônia. Foi construída em 1240 pelos dinamarqueses e ao longo dos anos tem passado por extensas reformas. Seu exterior gótico relativamente simples data do século XIV, mas dentro dela há um elaborado púlpito barroco e um órgão admirável de 1878. Outros detalhes importantes são os 107 brasões de armas e o túmulo renascentista do mercenário francês Pontus de la Gardie, que ajudou os suecos a tomarem Narva dos russos em 1581, na Grande Guerra Nórdica (1558-82). Em 1684, a igreja foi

O púlpito barroco da Catedral de Santa Maria Virgem

Veja hotéis e restaurantes dessa região nas pp. 296-7 e 314-5

seriamente danificada por um incêndio que atingiu Toompea e teve que ser quase toda reconstruída. Hoje é o coração do protestantismo luterano na Estônia.

㉑ Museu das Ocupações

Okupatsioonide muuseum

Toompea 8. **Mapa** 1 B3. **Tel** 668 0250. 3, 4. 11h-18h ter-dom. ligar antes.
w okupatsioon.ee

Esse museu mostra o cotidiano da Estônia tanto sob as ocupações nazistas quanto sob as soviéticas. As exposições incluem exemplos do serviço burocrático, relatos das terríveis deportações e execuções em massa, bem como os cartazes de propaganda, que foram uma arma essencial das forças de ocupação.

O espaço aberto do museu lembra as incontáveis vítimas das ocupações, e a sua localização simbólica ao pé do Toompea soma em dramaticidade. Foi em parte fundado por Kistler-Ritso, um estoniano refugiado nos Estados Unidos na Segunda Guerra Mundial. Os 2 milhões de dólares que ele doou ao museu é a maior doação particular de que se tem notícia na história da Estônia.

㉒ Casa dos Cavaleiros

Rüütelkonna hoone

Kiriku plats 1. **Mapa** 1 B2. 3, 4.

Erguida em 1848, na Casa dos Cavaleiros reuniam-se os cavaleiros, importante segmento da nobreza de Toompea. Foi também o Ministério do Exterior na primeira República independente, de 1920 a 1940. No período soviético funcionou a Biblioteca Nacional da Estônia.

Também acomodou temporariamente a principal coleção do Museu de Arte da Estônia, até que ela fosse transferida definitivamente para o Museu

Fachada da Casa dos Cavaleiros do século XIX, hoje local de concertos

de Arte Kumu *(p. 80)*. O prédio exibia concertos, mas no momento está fechado ao público.

㉓ Kiek-in-de-Kök

Komandandi 2. **Mapa** 1 B3. **Tel** 644 6686. 3, 4. mar-out: 10h30-18h ter-dom; nov-fev: 10h-17h30 ter-dom. ligar 644 6686 para marcar visitas em grupo guiadas pelos túneis secretos do bastião.
w linnamuuseum.ee

Uma das torres de canhão mais resistentes do norte da Europa no século XVI, Kiek-in-de-Kök foi construída em 1475 para defender Toompea. Tem 38m de altura e paredes com 4m de espessura. O curioso nome em baixo-alemão quer dizer "de olho na cozinha", sugerindo que os soldados tinham da cozinha uma boa visão do inimigo. Porém, alguns acreditam que na verdade eles espiavam as cozinheiras. A torre deixou de ser usada em meados do século XVIII e

Prato de porcelana, Museu Adamson-Eric

hoje é um museu de cinco andares dedicado à história de Tallinn. Os destaques são a artilharia medieval e a roupa de proteção que os médicos usavam nas epidemias.

㉔ Museu Adamson-Eric

Lühike jalg 3. **Mapa** 1 C3. **Tel** 644 5838. 3, 4. 11h-18h qua-dom. grupos de 10-35; ligar antes. é proibido o uso de flash.
w adamson-eric.ee

Instalado em uma casa medieval localizada numa estreita escadaria que liga a Cidade Velha a Toompea, o Museu Adamson-Eric é um anexo do Museu de Arte da Estônia. Adamson-Eric (1902-68) é uma das figuras-chave da arte estoniana no século XX. Sua idiossincrasia e suas obras diferenciadas se estendem por várias décadas e influenciaram muitos artistas que vieram depois dele.

Nascido em Tartu, Adamson-Eric era principalmente pintor, mas também trabalhou com cerâmica, metal, pedras e couro. Embora tenha ocupado vários cargos importantes nos comitês de arte soviéticos na segunda metade de sua vida, foi expulso do Partido Comunista em 1949 e obrigado a trabalhar em fábricas por quatro anos. Após sofrer um AVC em 1955 e perder os movimentos da mão direita, ele aprendeu a pintar com a mão esquerda. A coleção foi doada ao Museu de Arte Estoniano pela viúva do artista.

Morte cruel é a réplica de um canhão exposta em Kiek-in-de-Kök

Como Explorar Além da Cidade Velha

Há muito para se ver em Tallinn além da turística Cidade Velha. Um pouco mais a leste fica o Parque Kadriorg, com um majestoso palácio, o Museu de Arte Kumu e a vizinha Área do Festival da Canção. Mais a leste está o Palácio de Maarjamäe, que abriga o Museu de História Estoniano. Um pouco mais ao norte fica o Convento Pirita. E a uma curta distância a oeste da Cidade Velha fica o Museu ao Ar Livre, com as construções rurais mais antigas da Estônia. É fácil o acesso para o bairro Nõmme, ao sul. Muitos desses lugares são servidos por transporte público.

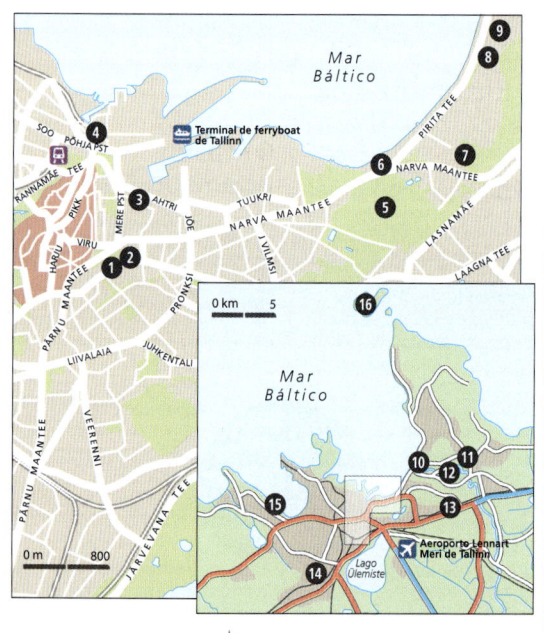

Legenda

- Centro de Tallinn
- Rodovia
- Estrada principal
- Estrada secundária

Principais Atrações

Teatros, Salas de Concerto e Museus
1. Teatro do Drama Estoniano
2. Ópera Nacional Estoniana
4. Central de Energia
7. Área do Festival da Canção

8. Palácio Maarjamäe
15. Museu ao Ar Livre Estoniano

Edifícios Históricos
3. Bairro Rotermanni e Armazém do Sal
6. Memorial Russalka
9. Memorial de Guerra Soviético
10. Convento Pirita
11. Torre de TV

Parques e Jardins
5. *Parque Kadriorg pp. 78-81*
12. Jardim Botânico de Tallinn

Ilhas e Subúrbio
13. Lasnamäe
14. Nõmme
16. Ilha Aegna

Legenda dos símbolos na orelha da contracapa

❶ Teatro do Drama Estoniano
Eesti draamateater

Pärnu mnt 5. **Tel** 680 5555. 5, 36, 40. 3, 4. 10h-17h seg-sex. **w** draamateater.ee

Teatro popular que ocupa um bonito prédio nos limites da Cidade Velha. Construído em 1910 para exibir montagens em alemão, foi adquirido pelo Teatro do Drama Estoniano em 1939.

A elegante fachada Art Nouveau inclui os detalhes em estilo rústico de uma maneira que é característica dos países bálticos. Durante a ocupação soviética, o teatro passou a se chamar Teatro do Drama de Tallinn, para tentar afastar as afinidades nacionalistas a ele associadas. Em 1989, retomou o nome original.

É o maior teatro da Estônia, com uma companhia de 40 membros e, em geral, uma média de 500 apresentações por temporada. As produções são todas estonianas, com raras exceções durante os festivais de teatro.

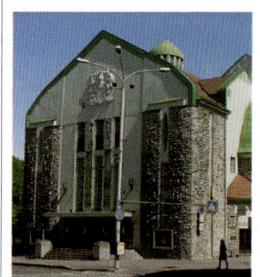

Entrada do Teatro do Drama Estoniano

❷ Ópera Nacional Estoniana
Rahvusooper Estonia

Estonia pst 4. **Tel** 683 1215. 5, 36, 40. 3, 4. 11h-19h diariam (bilheteria). **w** opera.ee

A volumosa e imponente Ópera Nacional Estoniana margeia a Cidade Velha a leste da avenida Estônia e domina a vista em toda a sua extensão. Esse espaçoso edifício abriga a Ópera Nacional Es-

A majestosa fachada da Ópera Nacional Estoniana

toniana e sua companhia de balé em uma ala, e a Orquestra Filarmônica Nacional Estoniana na outra; o Jardim de Inverno é usado regularmente para hospedar cerimônias oficiais de Estado.

A construção da Ópera Nacional foi concluída em 1913 graças a doações públicas, e sua função era ser uma vitrine da cultura estoniana que ofuscasse instituições similares alemãs e russas em Tallinn. Nos últimos anos, a companhia de ópera conquistou reputação internacional por suas produções de vanguarda, que podem ser assistidas por um preço muito inferior ao que costuma ser cobrado nas demais capitais europeias.

❸ Bairro Rotermanni e Armazém do Sal
Eesti arhitektuurimuuseum

Ahtri 2. **Tel** 625 7007. 🚌 todos os ônibus que vão para o Terminal Viru. 1, 2, 3, 4. Museu da Arquitetura Estoniana: **Tel** 625 7007 ⏰ 11h-18h qua-dom.
W arhitektuurimuuseum.ee

O Bairro Rotermanni fica a leste da avenida Mere, nos limites da área portuária de Tallinn, e a uma confortável distância a pé da Cidade Velha. O bairro tem o nome do industrial Charles Abraham Rotermann, do século XIX. Foi um importante polo industrial até a maioria das fábricas e armazéns ser abandonada e dilapidada durante todo o período soviético. Em 2007 o bairro passou por uma grande repaginação. Foram construídos diversos prédios de vistosas linhas arquitetônicas para abrigar lojas, escritórios e restaurantes.

O impressionante edifício de pedra calcárea do Armazém do Sal, localizado nas imediações, abriga hoje o **Museu da Arquitetura Estoniana**. Antigamente, era um armazém usado para estocar o sal da cidade. Hoje, seu interior reserva muitas exposições relacionadas à arquitetura, distribuídas pelos três andares de seu amplo espaço.

Charles Abraham Rotermann

❹ Central de Energia
Tehnika-ja teaduskeskus

Põhja pst 29. **Tel** 620 9020. 3. 1, 2. ⏰ 10h-19h seg-sex, 11h-19h sáb-dom.
W energiakeskus.ee

Situada em uma antiga usina de força, a Central de Energia é um museu enorme que faz parte do Centro de Ciência e Tecnologia de Tallinn. Em seu interior há muitas exposições interativas que demonstram os primórdios da ciência e despertam o interesse por ela.

A Central exibe um charme antiquado e acredita que a aprendizagem pelo entretenimento é mais eficaz e agradável que a apresentação fria e a parafernália tecnológica que se vê nos modernos de ciência. Ela oferece também seminários e exposições científicas sérias, além das mostras interativas no andar inferior.

O Armazém do Sal, onde funciona o Museu da Arquitetura Estoniana

Veja hotéis e restaurantes dessa região nas pp. 296-7 e 314-16

❺ Parque Kadriorg

O Parque Kadriorg é um dos lugares mais interessantes de Tallinn fora da Cidade Velha. Ele está no entorno de um magnífico palácio barroco do século XVIII, que foi a residência de verão de Pedro, o Grande, e abriga pequenos museus, monumentos históricos e galerias de arte. O parque tem 1,5km de extensão, do sudoeste ao nordeste, e é um lugar popular e agradável para passear. Suas elegantes ruas residenciais perto da entrada sul merecem ser visitadas, principalmente pelos museus dedicados a Eduard Vilde e Anton Hansen Tammsaare, duas importantes personalidades da literatura estoniana do século XX.

Estátua de Friedrich Reinhold Kreutzwald
Essa estátua homenageia o autor de *Kalevipoeg*, obra fundamental da literatura estoniana.

Lago dos Cisnes
O Lago dos Cisnes é um dos pontos de atração do parque, embora só os cisnes utilizem o pavilhão da pequena ilha.

Museu Anton Hansen Tammsaare
Esse museu conta como vivia e escrevia Tammsaare (1878-1940) e também exibe seus trabalhos literários e itens pessoais.

0 m   200

Memorial e Museu Eduard Vilde
Essa bela casa de veraneio é um memorial ao mais reverenciado escritor da Estônia. Vilde morou e trabalhou nela até morrer, em 1933.

Veja hotéis e restaurantes dessa região nas pp. 296-7 e 314-5

TALLINN | **79**

PREPARE-SE

Informações Práticas
2km a L da Cidade Velha.

Transporte
1a, 5, 8, 19, 34a, 35, 38.
1, 3.

★ **Palácio Kadriorg Palace**
O palácio barroco de Pedro, o Grande, guarda a coleção estrangeira do Museu de Arte Estoniano, mas as principais obras estão expostas no Museu de Arte Kumu.

Memorial Russalka
Esse monumento *(p. 82)* homenageia o naufrágio do Russalka perto da Finlândia, em 1893.

Palácio Presidencial

Museu Casa de Pedro, o Grande
O tsar russo usava esse chalé como residência temporária.

Museu Mikkel
Esse pequeno museu é famoso pelas peças de porcelana e pelas belas estatuetas.

★ **Museu de Arte Kumu**
Com o projeto arquitetônico mais elogiado dos países bálticos, esse magnífico museu expõe as principais coleções do Museu de Arte Estoniano.

Como Explorar o Parque Kadriorg

Com caminhos por entre a vegetação, as estátuas e os lagos, o Parque Kadriorg é um agradável passeio. A área em torno possui belas casas e jardins bem cuidados e está associada à arte pelos museus, como o Museu de Arte Kumu e o Museu Mikkel. Praticamente todas as atrações do parque estão em Weizenbergi ou muito próximas. Esse parque não é muito grande, portanto é fácil percorrê-lo a pé. Por estar próximo da Cidade Velha, numa área muito tranquila, uma agradável caminhada de 30 minutos o trará até o parque. Mas há linhas de ônibus e bondes regulares que ligam o Parque Kadriorg à Cidade Velha.

Os encantadores jardins do Palácio Kadriorg

Palácio Kadriorg
Weizenbergi 37. **Tel** 606 6400.
mai-set: 10h-17h ter-dom; out-abr: 10h-17h qua-dom.
ekm.ee

O Palácio Kradiorg foi construído em 1718 por ordem do tsar russo Pedro, o Grande, que pretendia fazer dele a residência de verão da família real. Mais tarde, batizou-o com o nome de sua esposa, Catarina. O Palácio Kadriorg foi criado em estilo barroco nórdico pelo famoso mestre arquiteto italiano Nicola Michetti. O imperador russo queria que o palácio de três alas se assemelhasse às *villas* italianas e não mediu os gastos para erguer o luxuoso edifício em estilo barroco italiano do qual ele tanto se orgulhava.

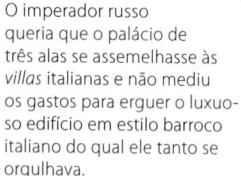

Após passar por uma longa reforma, o palácio exibe hoje a coleção estrangeira do Museu de Arte Estoniano. Johannes Mikkel (1907-2006), cujas coleções estão no Museu Mikkel, doou 600 trabalhos de artistas estrangeiros ao Museu de Arte Estoniana, em 1994. Graças a ele o museu possui uma excelente seleção de pinturas europeias. Contudo, a principal atração do palácio é o rebuscado Grande Salão, que, apesar da decoração exagerada, é considerado um dos melhores exemplos da exuberância barroca do norte da Europa. Tanto os jardins ornamentais como as fontes que ficam atrás do palácio estão abertos à visitação pública.

Retrato de Thomas Chaloner, de Van Dyck

Museu Mikkel
Weizenbergi 28. **Tel** 601 5844.
10h-17h qua-dom.
ekm.ee

Instalado onde eram as antigas cozinhas do Palácio Kadriorg, o Museu Mikkel exibe a coleção particular de Johannes Mikkel. Ele começou a colecionar arte no período entreguerras e ao longo de anos reuniu uma valiosa coleção, que hoje é considerada uma das melhores coleções particulares da Estônia.

As coleções abrangem do século XVI ao século XX e incluem uma excelente seleção de vasos e estatuetas de porcelana. Há alguns exemplos de arte clássica europeia, como o *Retrato de Thomas Chaloner* (1620), atribuído ao pintor flamengo Anthony Van Dyck.

Museu de Arte Kumu
Weizenbergi 34. **Tel** 602 6000.
mai-set: 11h-18h ter, qui-dom, 11h-20h qua; out-abr: 11h-20h qua, 11h-18h qui-dom.
kumu.ee

O Museu de Arte Kumu foi o primeiro prédio construído especialmente para o Museu de Arte Estoniano; foi projetado para oferecer um espaço adequado para a principal coleção do museu. A estrutura foi erguida em um banco de calcáreo no limite do Parque Kadriorg e é, por si só, uma obra de arte.

O interior enorme e bem desenhado é um labirinto de descobertas artísticas com uma sala de exposição atrás da outra, nas quais as obras estão organizadas em ordem cronológica. Entre as muitas preciosidades, destacam-se as telas coloridas de Konrad Mägi como um excelente exemplo de arte estoniana do início do século XX. *O sermão da montanha* (1904) de Eduard von Gebhardt é outra tela elogiada tanto pela excelência épica quanto pela sutil ironia. No

Bustos exibidos em uma das salas do Museu de Arte Kumu

Veja hotéis e restaurantes dessa região nas pp. 296-7 e 314-6

quarto andar está a coleção intitulada "Escolhas difíceis", que explora a complexa relação entre arte e Estado soviéticos, enquanto o quinto andar está reservado ao que há de melhor na arte contemporânea. A exposição mais curiosa, porém, é uma sala repleta de bustos que olham vagamente para lugar nenhum.

O quarto de Catarina I, Museu da Casa de Pedro, o Grande

Eduard Vilde (1865-1933)

Autor de clássicos estonianos como *A guerra em Mahtra* e *O leiteiro de Mäeküla*, Eduard Vilde é um dos autores mais respeitados da literatura estoniana e é considerado o primeiro escritor profissional do país.

Vilde passou grande parte de sua vida viajando pelo exterior e morou por algum tempo em Berlim nos anos 1890, onde sofreu influência do materialismo e do socialismo. Seus escritos também foram conduzidos pelo naturalismo do escritor francês Émile Zola (1840-1902). Além de escrever, Vilde era um crítico severo do regime tsarista e dos proprietários de terras alemães. Com a instituição da primeira República estoniana, em 1919, Vilde tornou-se diplomata em Berlim durante muito tempo. Ele passou os últimos anos de vida editando e revisando um volume enorme de suas obras reunidas.

Eduard Vilde, escritor e diplomata

Museu da Casa de Pedro, o Grande
Mäekalda 2. **Tel** 601 3136.
mai-ago: 10h-18h ter-dom; set-abr: 10h-17h qua-dom.
linnamuuseum.ee

Esse museu, que ocupa um chalé do século XVII, foi usado pelo imperador russo como residência de verão durante a construção do Palácio Kadriorg. O chalé foi adquirido em 1713 com as terras ao redor e ganhou uma ala adicional que acrescentou um saguão, uma cozinha e quatro quartos.

Após a morte de Pedro, o Grande, em 1725, seus sucessores preferiam hospedar-se no Palácio Kadriorg, mais luxuoso. O chalé ficou abandonado até que Alexandre I mandou restaurá-lo após uma visita a Tallinn em 1804. A casa conserva pouca coisa da época de Pedro, o Grande, mas ainda nos dá alguma ideia dos hábitos de vida do enigmático imperador. No quarto está a cama de quatro postes e um par de chinelos que pertenceria ao próprio tsar. No porão há uma mostra sobre sua vida e realizações.

Museu Memorial Anton Hansen Tammsaare
Koidula 12a. **Tel** 601 3232.
10h-17h qua-seg.
linnamuuseum.ee

Anton Hansen Tammsaare (1878-1940) é a personalidade literária mais importante da Estônia. Seu épico em cinco volumes, *Verdade e justiça*, passa os olhos pela sociedade estoniana desde os anos 1870 até a década de 1930.

O museu está situado em uma cativante casa de madeira em Kadriorg, onde o romancista e sua mulher moraram desde 1932 até a morte dele, em 1940. Ela foi transformada em museu em 1978. No primeiro andar fica um pavimento de cinco cômodos com a mobília do casal, e

Fachada do modesto Museu Memorial A. H. Tammsaare

numa ala separada há um museu dedicado à vida e à obra de Tammsaare. Entre a coleção de 6 mil peças estão fotos, cartas, manuscritos e até a máscara mortuária do escritor.

Museu Memorial Eduard Vilde
Roheline aas 3. **Tel** 601 3181.
11h-17h qua-dom.
linnamuuseum.ee

O museu ocupa uma casa de veraneio neobarroca vizinha ao Parque Kadriorg, que foi presenteada ao escritor pelo governo estoniano em seu 60º aniversário.

Vilde foi um dos autores mais prolíficos da Estônia, cuja obra soma inacreditáveis 33 volumes. O museu exibe o apartamento de seis cômodos em que Vilde morou com sua mulher de 1927 a 1933. A mobília autêntica, que vem acompanhada de peças artísticas do período, consegue nos dar uma boa noção de como era a vida literária em Tallinn nos anos 1920. Dizem que Vilde era visto com frequência em animadas conversas com seu vizinho, o escritor A. H. Tammsaare, em um parque próximo. O museu existe desde 1946 e é um monumento bastante interessante. Os balaústres da escada de madeira, que data da virada do século XIX para o século XX, ainda estão preservados.

❻ Memorial Russalka

Perto da junção de Pirita tee com Narva mnt. 🚌 1a, 34, 38. ♿

Esse memorial foi erguido em homenagem aos 177 soldados que morreram no naufrágio do navio *Russalka*, ou "Sereia", que seguia para a Finlândia em 1893. Projetado pelo renomado escultor estoniano Amandus Adamson (1855-1929), o monumento foi erguido em 1902. Ele é composto de um anjo de bronze na ponta dos pés erguendo uma cruz ortodoxa. O pedestal em que ele se apoia são blocos de granito grosseiramente desbastados que sugerem um mar revolto. Esse é mais um dos vários locais em Tallinn preferidos pelos jovens casais para tirar fotos de casamento.

Vista aérea da impressionante concha acústica na Área do Festival da Canção

O anjo ergue a cruz ortodoxa sobre o Memorial Russalka

❼ Área do Festival da Canção

Lauluväljak

Narva mnt 95. **Tel** 611 2102. 🚌 1a, 5, 8, 34a, 38 (para Lauluväljak); 19, 29, 35, 44, 51, 60, 63 (para Lasnamägi). 🕐 diariam. ♿ 🌐 lauluvaljak.ee

No centro da Área do Festival da Canção está o **Anfiteatro do Festival da Canção** com uma grande concha acústica construída nos anos 1960. No Festival da Canção nacional, a cada quatro anos, sobem ao palco cerca de 15 mil corais e muitos outros se apresentam em outros palcos. Esse local é um símbolo para os estonianos desde que milhares de pessoas se reuniram no local no Festival da Canção de 1988, em protesto contra a ocupação soviética.

No verão há concertos de rock e música erudita, além da Festa da Cerveja. Do alto da Torre de Luz, de 42m, ao lado da concha acústica, vê-se a Cidade Velha. Durante a semana, à noite, a torre torna-se um local de escalada.

❽ Palácio Maarjamäe

Pirita tee 56. **Tel** 622 8600. 🚌 5, 34, 38. 🕐 10h-17h qua-dom. 📷 💻 ligar antes. 🌐 ajaloomuuseum.ee

Elegante residência de verão neogótica, o palácio Maarjamäe foi construído em 1874 pelo conde russo Orlov-Davydov. Desde então a casa já foi consulado, hotel e restaurante e serviu de base para os pilotos em treinamento e o exército soviético. Hoje, abriga um anexo do **Museu de História Estoniano** *(p. 64)*.

O museu, inaugurado em 1987, parte do período em que o seu correlato na Cidade Velha para, em meados do século XIX, para cobrir as revoltas políticas e sociais do século XX. Entre as exposições estão manequins vestidos e ambientes domésticos recriados. Os anos 1940 e 1950 são representados por uniformes do exército, fotos e armas. Há também uma cabana original usada pelos Irmãos da Floresta *(p. 122)*, os resistentes que lutaram contra a ocupação soviética, e a réplica de uma mesa usada em uma secretaria do Partido Comunista.

Os visitantes podem ir até os fundos do palácio ver os enormes monumentos de bronze soviéticos amontoados.

🏛 **Museu de História Estoniano**
🕐 10h-17h qua-dom. Pesquisas: 9h-17h seg-sex.

O Palácio Maarjamäe é um anexo do Museu de História Estoniano

Veja hotéis e restaurantes dessa região nas pp. 296-7 e 314-6

Pedro, o Grande (1672-1725)

Há muito tempo a Rússia cobiçava a Estônia como uma porta necessária para a Europa ocidental, mas foi Pedro, o Grande, quem a conquistou. Quando o Tratado de Nystad colocou fim à Grande Guerra Nórdica entre Rússia e Suécia, em 1721, a Estônia finalmente passou para as mãos dos russos. O tsar esteve em Tallinn onze vezes durante seu reinado e deixou um grande legado. Do Palácio Kadriorg *(p. 80)*, residência de verão da família real, à reforma dos portos de Tallinn e Paldiski, a imensa influência de Pedro, o Grande, ainda pode ser vista. O tsar amava tanto a Estônia que chegou a comentar: "Se Tallinn e Rogewiek [Paldiski] me pertencessem em 1702, eu não teria fixado a minha residência nem a capital da Rússia europeia no baixo Neva, e sim aqui".

Pedro, o Grande, é representado como um estadista nesse quadro de Hippolyte Delaroche, pintado em 1838. A política de inteligência do tsar e suas proezas militares transformaram a Rússia em uma grande potência europeia.

A épica batalha de Narva entre Rússia e Suécia foi em 1700, na Grande Guerra Nórdica. Terminou com graves perdas para Pedro, o Grande. Em 1721, a Rússia derrotou os suecos e se tornou a potência regional dominante.

O chalé do Parque Kadriorg *(p. 81)* era a residência de verão de Pedro, o Grande, e Catarina enquanto o Palácio Kadriorg era construído. Hoje, o chalé abriga um museu.

Catarina I (1684-1727)

Marta Skavronskaya, mais tarde Catarina I, era filha de um camponês lituano e teria nascido onde hoje é a atual Estônia. Bonita, Marta fazia parte da criadagem do príncipe Aleksandr Menschikov, que a apresentou a Pedro, o Grande, em 1703. Em seguida eles se tornaram amantes. Em 1705, ela se converteu à Igreja Ortodoxa, quando então passou a se chamar Catarina. O casal viveu modestamente em uma cabana de madeira de apenas dois cômodos durante a construção de São Petersburgo e se casou em segredo em 1707. Em 1709, Catarina deu à luz Elizabeth, que governou a Rússia de 1741 a 1762. Em 1724, Catarina foi declarada oficialmente imperatriz da Rússia ao lado do marido. Kadriorg *(pp. 78-81)*, ou Vale Catarina, é uma homenagem a ela.

Quadro de Catarina I, pintado por Jean-Marc Nattier em 1717

9 Memorial de Guerra Soviético

Maarjamäe

Pirita tee. 1a, 8, 5, 34a, 38.

Esse é um típico monumento de guerra soviético, tanto pelas proporções gigantescas quanto pela aparência kitsch. O obelisco de 35m no centro do complexo foi erguido em 1960 para prestar homenagem aos marinheiros russos mortos em 1918, na Primeira Guerra Mundial. Os componentes que o cercam foram construídos nos anos 1970, em memória dos soldados soviéticos mortos em 1941 sob ataques nazistas. Hoje, em estado de total abandono, vê-se um anfiteatro fantasmagórico e grandes estátuas de ferro e concreto.

Atrás do memorial existe um cemitério alemão com cruzes feitas de pedra, outra lembrança das lutas mortais pelo domínio da região.

10 Convento Pirita

Pirita klooster

Merivälja Tee 18. **Tel** 605 5044. 1a, 5, 8, 34a. nov-mar: 12h-16h diariam; abr-mai e set-out: 10h-18h diariam; jun-ago: 9h-19h diariam.
piritaklooster.ee

O Convento Pirita encoberto pelas árvores e o cemitério nos fundos

Fundado em 1407 pela Ordem de Santa Brígida, esse convento só foi consagrado em 1436. Era o maior convento da então Livônia (atual Estônia e norte da Letônia), até ser quase destruído por Ivan, o Terrível, em 1577. Nas décadas que se seguiram, o convento ficou reduzido ao esqueleto, pois os moradores roubaram todos os materiais de construção. No século XVI, foi criado um cemitério na área do mosteiro.

Apesar dos séculos de abandono, as magníficas ruínas não perderam o esplendor. O detalhe mais incrível é o alto frontão de 35m, perfeitamente preservado, e as paredes do salão principal. O sítio é administrado pelas freiras de Santa Brígida, que vivem em um moderno prédio de arquitetura premiada nas imediações. As freiras oferecem hospedagem na nova casa, preservando assim uma tradição de centenas de anos.

11 Torre de TV

Teletorn

Kloostrimetsa 58a. 34a, 38. 10h-19h diariam.
teletorn.ee

Inaugurada em 1980, a Torre de TV com 314m de altura, ou Torre de Tallinn, é uma evidente demonstração da superioridade da engenharia soviética. Foi cenário de um tenso confronto entre estonianos e tropas soviéticas em 1991, que terminou pacificamente quando essas recuaram. Apesar do péssimo estado de conservação, a torre é um espetáculo que realmente impressiona.

A Torre de TV é um bom exemplo da engenharia russa

12 Jardim Botânico de Tallinn

Tallinna botaanikaaed

Kloostrimetsa tee 52, 10km a NE do centro. **Tel** 606 2666. 34a, 38. abr-set: 11h-18h; out-mai: 11h-16h.
botaanikaaed.ee

Localizado em um belo trecho de vegetação, o Jardim Botânico de Tallinn tem como principal atração uma exótica estufa de plantas tropicais. Ao lado dessa estufa, há várias outras com uma fantástica seleção de orquídeas raras e cactus curiosos. Entre as coleções ao ar livre há um jardim de rosas, um viveiro de plantas, um jardim de pedras calcáreas e uma exposição permanente de plantas medicinais.

Tudo isso está distribuído na área protegida no Vale do rio Pi-

Veja hotéis e restaurantes dessa região nas pp. 296-7 e 314-6

rita, que tem uma trilha natural de 4km atravessando vários ambientes, de campos secos a bosques de pinheiros.

⓭ Lasnamäe

5km a NE de Tallinn.

É um grande subúrbio construído sobre um planalto de pedra calcárea no período soviético, em 1977, onde hoje mora quase um terço da população da cidade. A parte industrial do bairro está centralizada em torno da rua Peterburi. Fileiras aparentemente infinitas de casas sucedem-se dos dois lados da rua Laagna, que é uma rua menor que passa pelo chamado "Cânion", cortado diretamente sobre calcáreo.

Os planos ambiciosos para Lasnamäe nunca foram postos em prática, e ainda podem ser vistas várias construções que foram bruscamente interrompidas quando a Estônia se separou da União Soviética. Embora haja pouco interesse, a área como um todo é uma visão intrigante e dá uma ideia de um lado da cidade que o visitante raramente vê.

⓮ Nõmme

8km ao S de Tallinn. 🚆 de Tallinn. 🚌 14, 18, 33.

O agradável bairro residencial de Nõmme desenvolveu-se como subúrbio com a inauguração de uma estação de trem em 1872. Logo em seguida, os talineses ricos começaram a construir suas vilas de veraneio com jardins espaçosos, e, por volta de 1926, a área já era grande o suficiente para ser considerada cidade. Só mais tarde, em 1940, os soviéticos a incorporaram a Tallinn.

Hoje, Nõmme é uma das áreas mais bonitas da cidade, com um mercado ao ar livre, centro histórico, cafés e restaurantes, além de alguns bons museus. O Museu Kristjan Raud é dedicado ao artista que ilustrou o poema épico *Kalevipoeg*, enquanto o **Castelo do Barão von Glehn**, construído pelo proprietário de terras germano-báltico que fundou gran-

O bonito entorno do Castelo do Barão von Glehn, Nõmme

de parte da área, é uma visão impressionante. O castelo abre somente para eventos especiais, mas o parque ao redor, com belas estátuas, pode ser visitado.

🏰 Castelo do Barão von Glehn
Vana-Mustimäe tee 48. **Tel** 652 5076. 🕐 com hora marcada.

⓯ Museu ao Ar Livre Estoniano

Eesti vabaõhumuuseum

Vabaõhumuuseumi tee 12. **Tel** 654 9100. 🚌 21, 21b. 🕐 mai-set: 10h-20h diariam; out-abr: 10h-17h diariam. 🎫 📞 ligar antes. ♿ 🅿️ 🍴 🛍️ W evm.ee

Uma das raras atrações interessantes fora do centro, esse museu ocupa uma área muito ampla da antiga propriedade de veraneio Rocco al Mare, que tem ao fundo a magnífica baía Kopli. O museu é um vilarejo de construções rurais históricas de todas as regiões do país. As ex-

posições começam no século XVIII e criam um quadro fascinante do desenvolvimento da arquitetura rural na Estônia ao longo dos anos. Há moinhos de madeira, celeiros cobertos de palha, uma hospedaria de vila e uma igreja de madeira com 300 anos, além das casas de fazenda e construções externas.

São oferecidas várias atividades, entre elas trilhas naturais e passeios a cavalo e em carruagem, além de frequentes montagens teatrais e concertos de música. As atrações anuais são as festividades da Véspera de São João *(p. 52)* e a Feira de Outono.

⓰ Ilha Aegna

Aegna saar

14km a NE de Tallinn. 🚢 do Porto de Pirita.

Essa ilhota com 3km² de área situa-se a nordeste da baía de Tallinn. Suas praias intocadas e sua natureza preservada talvez sejam alvos de um futuro desenvolvimento.

Os raros vestígios de atividade humana encontrados são quase todos militares. Nesse lugar ficava uma bateria de canhões no governo tsarista, e após ser brevemente usada pelo exército estoniano no primeiro período de independência Aegna se tornou uma zona militar soviética fechada.

Hoje a ilha pertence à cidade de Tallinn, e as linhas de ferryboat garantem a presença constante de visitantes. É muito comum ver barracas montadas no verão.

Antiga casa de madeira à beira-mar, Museu ao Ar Livre Estoniano

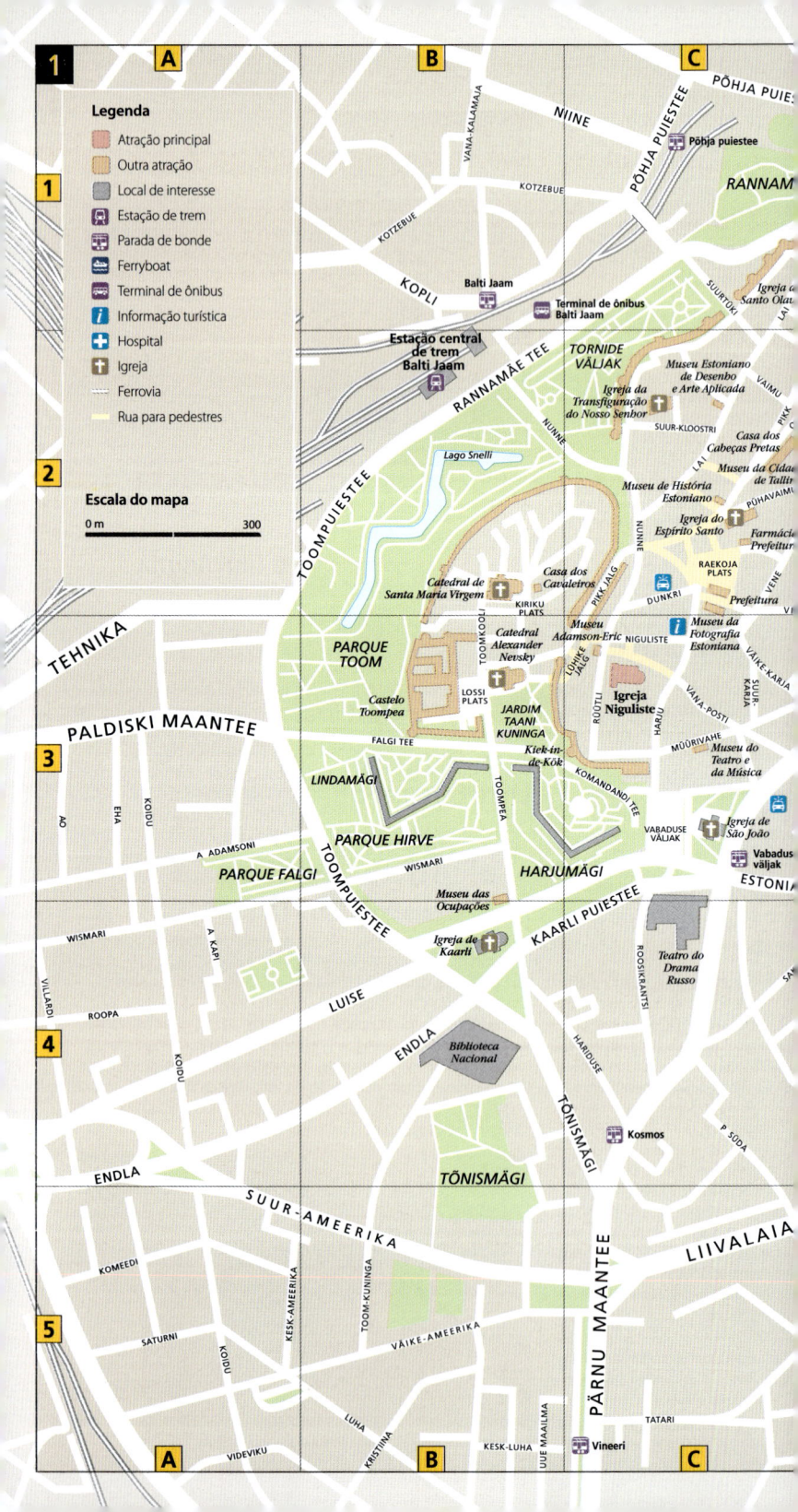

Legenda

- Atração principal
- Outra atração
- Local de interesse
- Estação de trem
- Parada de bonde
- Ferryboat
- Terminal de ônibus
- Informação turística
- Hospital
- Igreja
- Ferrovia
- Rua para pedestres

Escala do mapa
0 m — 300

2

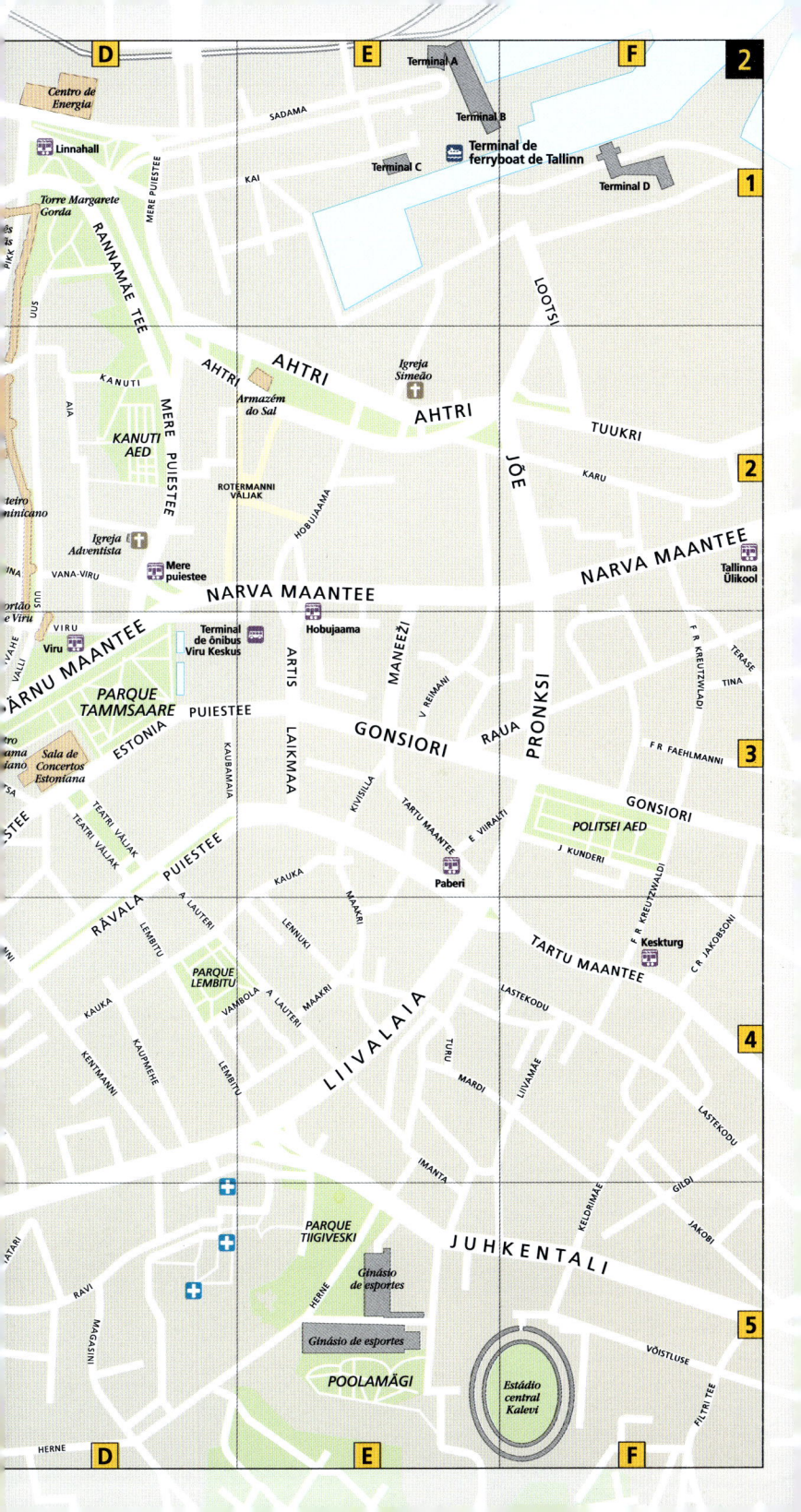

D **E** **F**

Centro de Energia

Terminal A
Terminal B
Terminal C
Terminal de ferryboat de Tallinn
Terminal D

Linnahall

SADAMA

1

Torre Margarete Gorda

KAI

RANNAMÄE TEE
MERE PUIESTEE
UUS
PIIKK

LOOTSI

AHTRI
KANUTI
AIA
MERE PUIESTEE
KANUTI AED

AHTRI
Armazém do Sal

AHTRI
Igreja Simeão

JÕE

TUUKRI

2

steiro minicano

ROTERMANNI VÄLJAK
HOBUJAAMA

KARU

ortão e Viru

Igreja Adventista
Mere puiestee
VANA-VIRU

NARVA MAANTEE

NARVA MAANTEE

Tallinna Ülikool

VIRU
Viru
ÄRNU MAANTEE
PARQUE TAMMSAARE

Terminal de ônibus Viru Keskus
Hobujaama

ARTIS

MANEEŽI
V. REIMANI

PRONKSI

RAUA

F.R. KREUTZVALDI
TERASE
TINA

3

ESTONIA
PUIESTEE
Sala de Concertos Estoniana
TEATRI VÄLJAK
TEATRI VÄLJAK

KAUBAMAJA
LAIKMAA

KIVISILLA
TARTU MAANTEE
E. VIIRALTI
Paberi

GONSIORI

GONSIORI
POLITSEI AED
J. KUNDERI

F.R. FAEHLMANNI

RÄVALA PUIESTEE
LEMBITU
KAUKA
A. LAUTERI
LEMBITU
PARQUE LEMBITU
VAMBOLA A. LAUTERI

KAUBAMAJA
LENNUKI
MAAKRI
MAAKRI

TARTU MAANTEE

F. KREUTZWALDI
Kesturg
C.R. JAKOBSONI

4

KAUKA
KAUPMEHE
KENTMANNI
LEMBITU

LIIVALAIA

LASTEKODU
TURU
MARDI
LIIVAMÄE

LASTEKODU

IMANTA

KELDRIMÄE
GILDI
JAKOBI

ATARI
RAVI
MAGASINI

PARQUE TIIGIVESKI
HERNE

JUHKENTALI

Ginásio de esportes

Ginásio de esportes
POOLAMÄGI

Estádio central Kalevi

VÕISTLUSE
FILTRI TEE

5

HERNE

D **E** **F**

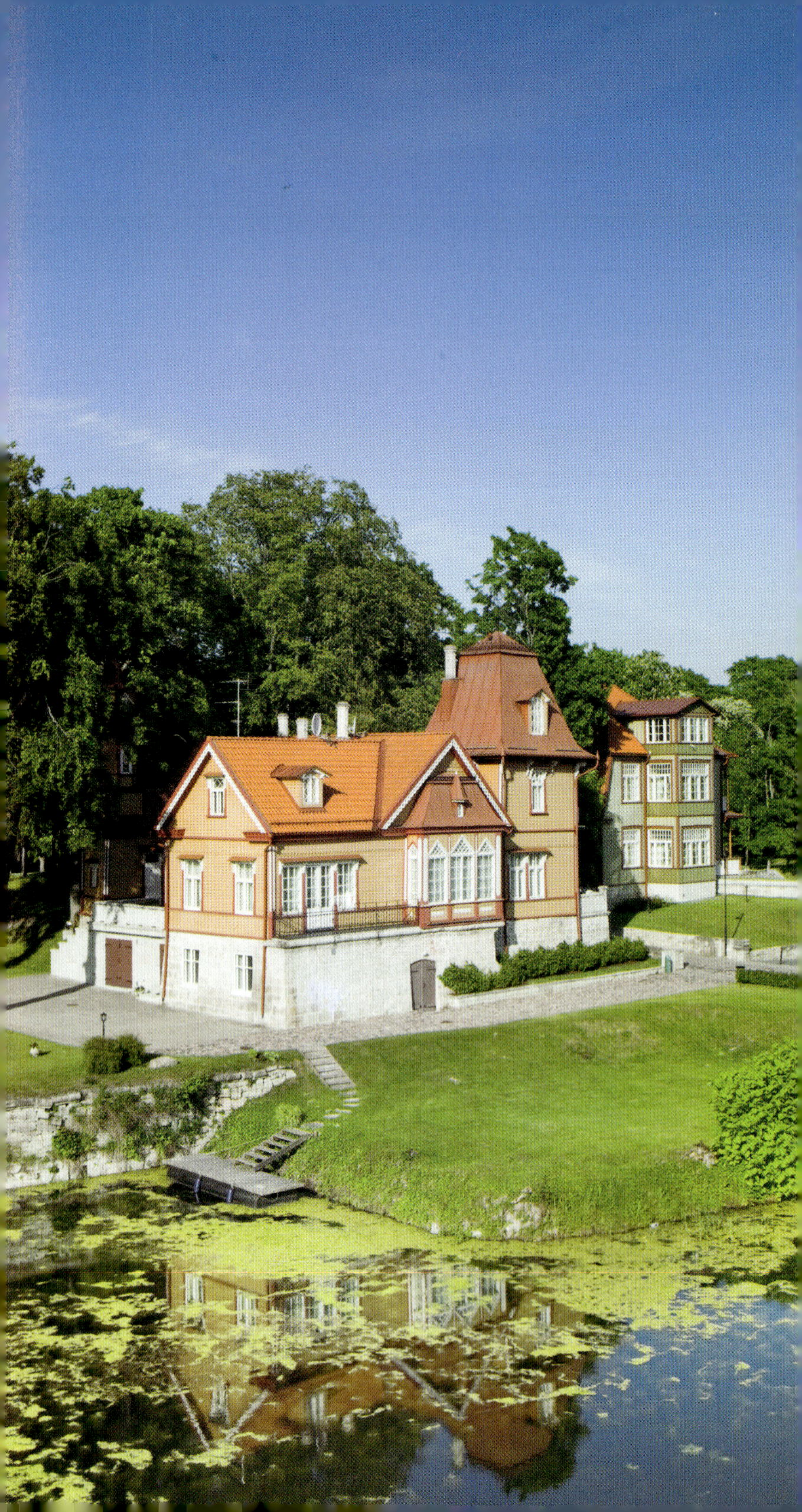

OESTE DA ESTÔNIA

A região exibe uma das paisagens naturais mais belas do país, além de ser historicamente cercada pela identidade nacional de várias maneiras. A costa irregular, desbastada pelo tempo, oferece inúmeros locais de interesse cultural e alguns balneários de veraneio, enquanto o arquipélago é de uma beleza notável, atemporal e preservada.

A história da Estônia se passa, em grande parte, em sua costa oeste. Um grande número de suecos instalou-se no arquipélago e nos arredores de Haapsalu, que ficava no caminho das rotas de comércio nórdicas. Pedro, o Grande, ocupou a Estônia e, em 1718, construiu um porto e uma base naval em Paldiski porque precisava de "uma janela para o Ocidente". No período soviético, a faixa costeira era uma zona de fronteira fortemente vigiada.

A principal cidade da costa oeste da Estônia é Pärnu, ao sul, que é a "Capital do Verão". Mais ao norte, Haapsalu era um elegante balneário no século XIX e até hoje conserva muito de seu charme. O Parque Nacional Soomaa, que avança para o interior, é um mundo aquático de pântanos e rios, e o Parque Nacional Matsalu é uma das maiores áreas de procriação de aves da Europa. Na costa noroeste, Paldiski é testemunha da ocupação soviética com seus inúmeros edifícios em ruínas que serviam à enorme base de submarinos que existia no local, enquanto os belos rochedos que cercam a península oferecem excelentes caminhadas. Toda a costa é pontilhada de pequenos e pitorescos vilarejos, mas há também por toda a região mansões senhoriais, igrejas medievais, faróis e outros locais interessantes.

Das ilhas estonianas, Saaremaa é a maior e a mais popular. A ilha Vilsandi é o mais remoto parque nacional do país, com muitos locais que merecem ser visitados. As ilhas Hiiumaa, Vormsi e Muhu sofreram menos intervenções humanas e a beleza selvagem delas é uma forte atração para os visitantes que buscam ambientes remotos e preservados.

Dançarinos com trajes típicos apresentam-se na ilha Hiiumaa

◀ O histórico Ekesparre Boutique Hotel *(p. 298)*, nos campos do Castelo do Bispo, em Kuressaare, ilha Saaremaa

Como Explorar o Oeste da Estônia

Essa região do país é uma mistura irresistível de herança cultural com belezas naturais. A partir de Pärnu é possível explorar os pântanos e alagados do Parque Nacional Soomaa, a leste, e o fecundo santuário de aves do Parque Nacional Matsalu, ao norte. Uma curta viagem de carro partindo de Tallinn levará ao popular balneário de Haapsalu, e, no caminho, o visitante pode explorar a bonita e escarpada área de Paldiski. As ilhas Kihnu, Muhu, Saaremaa, Vormsi e Hiiumaa estão ligadas ao continente por ferryboats, que partem de Pärnu e Haapsalu.

Trilha de madeira sobre o pântano do Parque Nacional Soomaa

Prédios antigos e calçamento de pedras na rua Rüütli, em Pärnu

Principais Atrações

Cidades
1. Paldiski
2. Haapsalu
6. Lihula
9. *Pärnu pp. 102-3*

Parques Nacionais e Reservas
4. Parque Nacional Matsal
10. *Parque Nacional Soomaa pp. 104-5*

Ilhas
3. Ilha Vormsi
5. Ilha Hiiumaa
7. Ilha Muhu
8. *Ilha Saaremaa pp. 96-9*
11. Ilha Kihnu

Locais de Interesse
12. Haras Tori Stud

Veja hotéis e restaurantes dessa região nas pp. 297-8 e 316-8

OESTE DA ESTÔNIA | **91**

Legenda
- Rodovia
- Estrada principal
- Estrada secundária
- Estrada vicinal
- Ferrovia
- Fronteira internacional

Como Circular

A rodovia 4, que é a principal da região, sai da Letônia, passa por Pärnu e segue para Tallinn. Também é conhecida como o trecho estoniano da Via Báltica. A estrada principal de número 9 liga Tallinn e Haapsalu e bifurca em Risti para entrar na estrada principal de número 10, que leva ao porto de Virtsu, com acesso para Saaremaa e Muhu. Do porto de Rohuküla, uns 3km a oeste de Haapsalu, sai o ferryboat para as ilhas Hiiumaa e Vormsi. O acesso para as ilhas Kihnu e Saaremaa pode ser por avião, saindo de Pärnu. Tallinn e Pärnu também são ligadas por trem. Pequenas estradas de terra são comuns em áreas mais remotas.

Vista da torre de vigia do Castelo Haapsalu

Legenda dos símbolos *na orelha da contracapa*

❶ Paldiski

Mapa rodoviário C1. 4.000. 145 de Tallinn. **paldiski.ee**

Com seu nome derivado da pronúncia de *baltiyskiy*, que em russo significa "Báltico", Paldiski foi fundada por Pedro, o Grande, em 1718, e logo se tornou conhecida por sua importância estratégica para o Império russo. Em 1962, foi construído um centro de treinamento de submarinos nucleares da Marinha soviética, e na área já existiam dois reatores nucleares que empregavam cerca de 16 mil pessoas. Quando os soviéticos se retiraram em 1994, em seguida a cidade mergulhou num desemprego crônico. O diretor Lukas Moodysson rodou seu filme tristíssimo *Para sempre Lilya* (2002) em Paldiski, no qual era descrita como uma anônima "República da ex-União Soviética".

Localizada 52km a oeste de Tallinn, Paldiski é um lugar fascinante que atrai um fluxo constante de turistas. Os inúmeros prédios militares abandonados são testemunhas do importante papel que Paldiski já teve no sistema de defesa soviético. Hoje, a cidade passa por uma revitalização lenta, mas funcional. A área portuária está se expandindo e as belezas naturais fazem de Paldiski um lugar atraente para viver.

Castelo medieval de Haapsalu e, ao lado, uma catedral

Arredores
Pakri é uma península 3km a oeste de Paldiski, onde fica o mais alto farol da Estônia. Nela também estão as ruínas de um ambicioso e inacabado projeto de uma fortaleza.

O farol pintado de vermelho de Pakri, perto de Paldiski

Comunidade Sueca na Estônia

Os colonizadores suecos da Estônia surgem pela primeira vez nos registros da cidade de Haapsalu em 1294. O que se sabe é que eles se estabeleceram nessas áreas do litoral oeste nos séculos XIII e XIV para proteger suas rotas de comércio. De 1561 a 1700 a Estônia foi governada diretamente pela coroa sueca. No início do século XX, havia cerca de 8 mil estonianos que falavam sueco, a maioria morando na ilha Vormsi e na região de Haapsalu. Os estonianos-suecos eram uma minoria reconhecida, com jornal próprio e identidade cultural distinta, e muitos fugiram para a Suécia na Segunda Guerra Mundial. Estima-se que uns 2 mil tenham ficado, mas o estilo de vida soviético logo ofuscou o deles, que por pertencer a uma minoria acabou desaparecendo.

As cruzes circulares suecas no cemitério da Igreja de Santo Olavo

❷ Haapsalu

Mapa rodoviário C2. 12.000. de Tallinn. de Hiiumaa, Vormsi. Karja 15, 473 3248. Festival de Música Antiga (4-8 jul), Dias da Dama Branca (ago). **haapsalu.ee**

Situada em uma pequena península projetada sobre uma baía estreita, a popular cidade balneária de Haapsalu data do século XIII. As ruínas do Castelo do Bispo ainda são a principal atração da cidade, embora grande parte de suas impressionantes fortificações tenha sido desmantelada por Pedro, o Grande, no século XVIII. As casas de vigia do castelo abrigam o **Museu do Castelo**, onde é exibido armamento medieval. A vizinha **Catedral do Domo** é a maior igreja de uma só nave dos bálticos.

Durante todo o século XIX, Haapsalu era um balneário elegante, famoso pelos tratamentos com lama curativa e por suas bonitas praias. A longa plataforma de trens, com 216m de extensão, é um monumento permanente à época em que a realeza russa e a alta sociedade chegavam para passar o verão na cidade. A plataforma foi construída em 1904 para receber o tsar Nicolau II e seu séquito; a cobertura de madeira decorada foi desenhada para protegê-los do mau tempo. A estação fechou em 1995 e hoje abriga o **Museu Ferroviário Estoniano** com réplicas das máquinas que foram usadas desde o fim do século XIX até o começo do século XX.

Veja hotéis e restaurantes dessa região nas pp. 297-8 e 316-8

OESTE DA ESTÔNIA | 93

A praia Paralepa, a oeste da estação, é a melhor de Haapsalu para banho. Na costa leste, o calçadão é outro bonito legado do glorioso período imperial. Ele começa na praia África, passa na frente do salão de spa em Kuursaal e vai até o **Museu dos Suecos da Costa**, onde a história dos suecos é contada.

Museu dos Suecos da Costa
Sadama 31/32. **Tel** 473 7165. 11h-16h ter-sáb. aiboland.ee

Casas típicas de um vilarejo na ilha Vormsi

❸ Ilha Vormsi

Mapa rodoviário C1. 350. de Haapsalu. de Rohuküla, 10km a O de Haapsalu. vormsi.ee

A quarta maior ilha da Estônia é Vormsi, com apenas 10km de largura por 20km de extensão. A ilha é muito acidentada e está preservada, apesar de ficar somente a 3km do continente. Pelas dimensões e belas paisagens, é muito procurada por quem quer caminhar e por ciclistas. Também é conhecida por seus bosques de pinheiros e pela abundância de arbustos de junípero, sem falar nos espetaculares trechos rochosos de seu litoral.

Para alguns, Vormsi significa "ilha das Cobras", porque o nome deriva de uma antiga palavra sueca usada para denominar o réptil. Para outros, o nome se deve a um pirata chamado Orm. O fato é que na ilha Vormsi viviam 2 mil suecos antes da Segunda Guerra Mundial e sua influência está por toda parte.

A principal comunidade da ilha é **Hullo**, 3km a oeste do embarque do ferryboat em Sviby. A **Igreja de Santo Olavo**, do século XIV, merece ser visitada pelo púlpito barroco, e seu cemitério, pela coleção de cruzes circulares suecas projetando-se dos montes de terra feitos à mão.

Tchaikovsky em Haapsalu

O compositor russo Pyotr Ilyich Tchaikovsky e seus irmãos Anatoly e Modest passaram o verão de 1867 em Haapsalu. Aos 27 anos, Pyotr hospedou-se em uma casa da rua Suur-Mere, onde compôs *O Voyevoda*, sua primeira ópera e importante composição. O Banco Tchaikovsky no calçadão homenageia sua passagem pela cidade; ao apertar um botão, soa uma parte da Sexta Sinfonia, que teria sido inspirada em uma canção folclórica estoniana.

O Banco Tchaikovsky no calçadão de Haapsalu

❹ Parque Nacional Matsalu

Matsalu rahvuspark

Mapa rodoviário C2. Centro da Natureza, Penijõe Manor. **Tel** 472 4236. 9h-17h seg-sex, 10h-18h sáb-dom. matsalu.ee

Situado na baía de Matsalu, o Parque Nacional Matsalu foi fundado em 1957 como um santuário de procriação e migração de aves. A área é o paraíso dos observadores de aves, com cerca de 275 espécies catalogadas nas áreas inundadas da costa. Seis torres de observação ao longo da costa permitem ver de perto animais e aves. Do alto dos mirantes veem-se algumas ilhotas e a vegetação rasteira. O acesso às torres de observação se dá por carro ou ônibus, e a Torre Penijõe, na margem do rio Penijõe, fica próxima do Centro da Natureza Matsalu.

Uma ilhota da baía de Matsalu que faz parte do idílico Parque Nacional Matsalu

Vista do primitivo litoral da ilha Hiiumaa

5 Ilha Hiiumaa

Mapa rodoviário C2. ✈ Hiiesaare, 5km L de Kärdla. 🚌 de Tallinn. ⛴ de Rohuküla, Triigi. ℹ Hiiu 1, Kärdla, 462 2232. 🎉 Dia de São João (jun).
w hiiumaa.ee

A segunda maior ilha da Estônia, Hiiumaa, é um paraíso natural com paisagens primitivas e diversificadas. Embora esteja apenas 22km distante do continente, é muito menos procurada como destino turístico do que a vizinha Saaremaa *(pp. 96-9)*. Mais da metade da ilha é coberta por florestas com os mais variados animais selvagens, como alces, javalis e linces. O resto do território consiste de pradarias, turfeiras, áreas de areia e vegetação rasteira e quilômetros e mais quilômetros de costa preservada. Embora a ilha tenha muitas atrações, os visitantes vêm a Hiiumaa por suas belezas naturais e pela atmosfera revitalizante. As águas calmas a nordeste da costa são muito procuradas por canoeiros e caiaquistas no verão, e há muitas trilhas para caminhada e ciclismo pela ilha. O transporte público é bastante limitado e não se deve confiar nos meios oferecidos para circular por lá.

Kärdla
👥 4.000. ℹ Hiiu 1, 462 2232.
w hiiumaa.ee
Museu Hiiumaa Vabriku Väljak 8.
🕙 10h-17h seg-sex.

O interesse dessa cidadezinha é principalmente servir de base para explorar Hiiumaa. Mas é também um lugar pitoresco, com belas casas de madeira, quase todas com jardins bem cuidados. Há um anexo do **Museu Hiiumaa** em uma casa térrea de madeira, na qual residia o gerente sueco de uma fábrica de tecidos no século XIX. Ao norte do museu há um parque à beira-mar que recebe muitas famílias e banhistas ao longo de todo o verão.

O **Monte das Cruzes** (Ristimägi), localizado 4km a oeste de Kärdla, é uma visão impressionante. A encosta é cheia de cruzes feitas com madeira local. Acredita-se que o costume de espetar cruzes nesse monte tenha começado com a deportação dos suecos pelos russos, em 1781. Hoje, as cruzes mais novas que se veem são postas pelos turistas.

🏛 Solar Suuremõisa
Suuremõisa.

Os estonianos costumam considerar Suuremõisa (Grande Mansão) um castelo, mas é, de fato, uma mansão senhorial. Foi construída em 1755 por Ebba Margaretha Stenbock, parente da poderosa família De la Gardie, proprietária de grande parte de Hiiumaa, até ser tomada pelos russos em 1710. A viúva Stenbock morou na mansão com os filhos após reconquistar o direito às terras de seus ancestrais. Em 1796, a mansão foi comprada por um magnata da marinha mercante que

Legenda
= Estrada principal
= Estrada secundária

Legenda dos símbolos *na orelha da contracapa*

A espaçosa Mansão Suuremõisa com seu vasto gramado verde

foi deportado para a Sibéria em 1803 por assassinar um capitão dentro da casa. Os 64 cômodos da mansão abrigam atualmente duas escolas. Embora não estejam abertos ao público, é permitido passear pelo grande terreno da mansão.

Kassari
90. de Kärdla.
Museu Hiiumaa: mai-ago: 10h-17h30 diariam.

Uma ilhota ligada a Hiiumaa por um passadiço, Kassari é famosa por suas belezas naturais. A capela de Kassari, que se tornou igreja no século XVIII, é a única com telhado de junco ainda em atividade na Estônia. A igreja fica perto do vilarejo de Kassari, onde está o **Museu Hiiumaa**, que apresenta características da região desde a Idade da Pedra até os dias de hoje. A ilha culmina na deslumbrante península Sääre Tirp, ao sul, uma faixa com 2km de terra que podem ser percorridos a pé ou de carro.

A Trilha Natural Orjaku explora a baía de Käina, um santuário de aves. Dizem que as águas que banham Kassari são as mais quentes da Estônia, e há muitas praias boas por toda a ilha, especialmente ao sul. Com apenas quatro vilarejos, Kassari consegue manter a tranquilidade mesmo no alto verão.

Farol Kõpu
Kõpu, 35km a O de Kärdla.
mai-set: 10h-20h diariam.
Tel 469 3474.

Erguendo-se no meio da rochosa península de Kõpu, é o terceiro farol mais antigo do mundo ainda em atividade. Construído no alto da maior montanha de Hiiumaa, foi encomendado pela Liga Hanseática em 1500 e concluído em 1531. No fim dos anos 1980, a estrutura em ruínas foi reforçada por quatro pilastras inclinadas, que lhe deram essa aparência atual e distinta.

O Farol Ristna (1874) fica no alto da península, apenas 10km a oeste.

O Farol Kõpu, um dos mais antigos do mundo ainda em atividade

❻ Lihula
Mapa rodoviário C2. 1.600.
Tiigi 5, 477 8191.
lihula.ee

Chega-se ao Parque Nacional Matsalu *(p. 93)* pela pequena cidade de Lihula, que é também o último ponto de parada no caminho para as ilhas Muhu e Saaremaa. Em Lihula havia um grande castelo no século XIII que foi quase destruído nas Guerras Livonianas (1558-83). As ruínas que restaram no alto da montanha oferecem uma vista espetacular da região. Abrigado em uma antiga mansão senhorial, o **Museu Lihula** dá uma visão abrangente da história local.

Museu Lihula
Linnuse tee 1. **Tel** 477 8880.
horários irregulares; ligar antes.

❼ Ilha Muhu
Mapa rodoviário C2. de Tallinn, Pärnu. de Virtsu.
muhu.info

É comum as pessoas passarem pela ilha Muhu a caminho de Saaremaa, sem perder muito tempo no local. Muhu é uma ilha interessante e fácil de ser explorada por ser pequena. No vilarejo de Liiva, a apenas 6km do terminal do ferryboat, está a Igreja de Santa Catarina, do século XIII; e o vilarejo vizinho de **Koguva**, na costa, reúne um pitoresco conjunto de casas de fazenda de pedras com telhados de palha.

A ilha Muhu preserva a encantadora tradição de pintar as portas das casas com cores vivas, algumas delas exibindo símbolos que servem para espantar os maus espíritos.

Os acidentes naturais da ilha fazem dela um excelente lugar para longas caminhadas, especialmente ao longo de sua costa selvagem.

Casas de pedra na vila de pescadores de Koguva, ilha Muhu

Veja hotéis e restaurantes dessa região nas pp. 297-8 e 316-8

❽ Ilha Saaremaa

Saaremaa é a maior ilha da Estônia e a joia do arquipélago. A capital, Kuressaare, é uma cidade pequena e pitoresca, cuja atmosfera relativamente tranquila é bastante explorada. A cidade tem muito a oferecer em termos do que ver e fazer, mas as belezas naturais são a verdadeira atração e a razão pela qual tanta gente sente vontade de retornar à ilha. A paisagem ímpar do Parque Nacional Vilsand, as muitas igrejas antigas e as relíquias históricas espalhadas por toda a ilha são apenas algumas das atrações *(pp. 98-9)*.

Estátuas de leões Art Nouveau na entrada do centro de informações

★ Parque Nacional Vilsandi
Famoso por paisagens inspiradoras, ilhotas preservadas e santuários de aves, esse parque foi criado em 1993 para proteger a ecologia da costa da Estônia.

Península Sõrve
A paisagem da península Sõrve é uma das mais espetaculares de toda a ilha, culminando em um pico selvagem, açoitado pelo vento. A melhor maneira de explorar a costa é de bicicleta ou de carro.

Legenda
- ▬ Estrada principal
- = Estrada secundária
- -- Percurso do ferryboat
- -- Fronteira do parque

Veja hotéis e restaurantes dessa região nas pp. 297-8 e 316-8

OESTE DA ESTÔNIA | **97**

★ Moinhos de Angla
Impondo-se na estrada principal entre Kuressaare e Leisi, os moinhos de madeira de Angla são o símbolo da ilha Saaremaa e uma das imagens mais fotografadas da Estônia.

PREPARE-SE

Informações Práticas
Mapa rodoviário C2. Tallinna 2, Kuressaare, 453 3120. meados mai-meados set: 9h-17h seg-sex; 10h-16h sáb-dom; meados set-meados mai: 9h-17h seg-sex. **saaremaa.ee**

Transporte
Kuressaare. de Tallinn, Tartu e Pärnu para Kuressaare. de Virtsu para Kuivastu (ilha Muhu), ilha Hiiumaa para Triigi, Roomassaare para Ruhnu. Faça reserva no ferryboat.

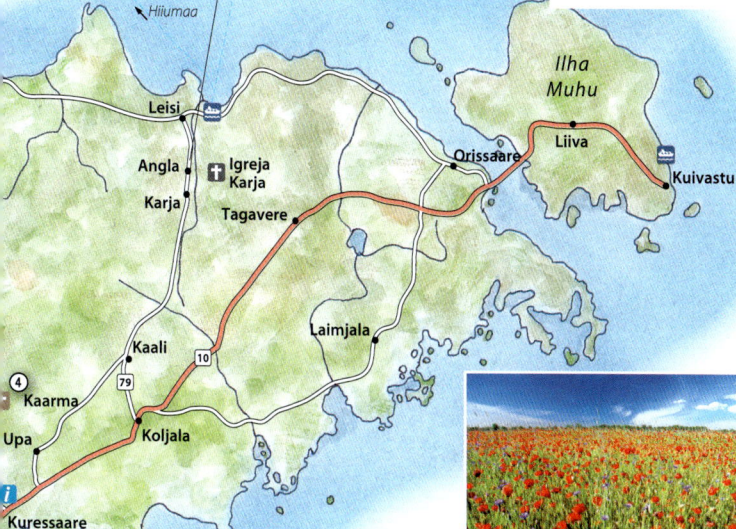

Campo de Papoulas
Graças ao clima temperado e o solo fértil, Saaremaa tem mais de 200 espécies de flora. Orquídeas e papoulas nascem naturalmente em algumas partes.

LEGENDA

① **Museu da Fazenda Mihkl**, em uma autêntica casa de fazenda do século XIX, mostra a vida rural de antigamente na ilha.

② **Igreja Kihelkonna**, esplêndida casa de orações do século XIII, tem uma agulha de torre que foi acrescentada em 1897.

③ **Kiipsaare Lighthouse**

④ **Igreja Kaarma**, data do século XIII e tem um púlpito do século XV.

★ Castelo do Bispo
Esse incrível castelo é a principal referência de Kuressaare. A arquitetura da ordem teutônica inclui uma poderosa torre de defesa e uma elegante torre de vigia. Hoje, no castelo funciona um museu muito interessante.

Legenda dos símbolos *na orelha da contracapa*

Como Explorar a Ilha Saaremaa

A melhor maneira de explorar a ilha Saaremaa é de carro. Por ser uma ilha grande, é difícil percorrer suas atrações de bicicleta e o transporte público é irregular e limitado. Em geral, as estradas de Saaremaa são boas e bem sinalizadas, porém são comuns caminhos de terra esburacados em áreas mais remotas. A maior parte dos visitantes hospeda-se em Kuressaare, mas há muitas hospedarias do tipo casa de fazenda por toda a ilha que proporcionam uma experiência mais autêntica do estilo de vida rústico. Todas as atrações estão a uma distância razoável da capital.

As casas são intercaladas por jardins bem cuidados em Kuressaare

Kuressaare
16.000. 4km SO do centro. Tallinna 2. Véspera de São João (23 jun). kuressaare.ee

Essa bela e tranquila cidadezinha é o melhor exemplo do espírito de Saaremaa. A principal via pública de Kuressaare, Lossi, que muda de nome para Tallinna, é uma linha reta ladeada por belas construções, entre elas a Igreja de São Nicolau (Nikolai kirik), com sua cúpula verde, e a Casa de Pesagem, com um frontão em degraus, onde hoje funciona a cervejaria Vaekoja. É muito prazeroso passear a pé por essa cidade, especialmente depois do pôr do sol.

Castelo do Bispo
Lossihoov 1, Kuressaare. **Tel** 455 7542. mai-ago: 10h-18h diariam; set-abr: 11h-18h qua-dom. ligar antes. saaremaamuuseum.ee

Datado do século XIV, o Castelo do Bispo (Piiskopilinnus) em Kuressaare é um dos castelos medievais mais bem preservados dos países bálticos. Construído com a dolomita local, é uma visão impressionante à medida que o visitante se aproxima dele, enquanto atravessa o bem cuidado parque. O castelo abriga o Museu Regional de Saaremaa, cujo interior labiríntico não pode deixar de ser explorado. As exposições sobre Saaremaa são bem organizadas e oferecem um relato vívido da história épica da ilha.

Entre as atrações oferecidas pelo castelo destacam-se as Dependências Residenciais do Bispo, com um quarto espartano, no qual ele se recolhia para refletir, além de um lavatório medieval especialmente curioso.

Cratera Meteórica de Kaali
Kaali. de Kuressaare para Kõnnu, 15km NE, depois andar por 3km. Centro de Visitantes de Kaali, 459 1184. kaali.kylastuskeskus.ee

A cratera meteórica de Kaali é sem dúvida uma fantástica atração geológica da Estônia. À primeira vista, parece um pequeno lago, até que se nota a margem perfeitamente arredondada em volta da água e os fragmentos de dolomita na superfície – que foram jogados para cima com o impacto.

Cientistas estimam que o meteoro tenha caído entre 4 mil e 7.500 anos atrás. Com um diâmetro de 110m, é o oitavo maior do mundo. A cratera exala tanta atmosfera que o visitante se sente inspirado a olhar para o céu.

Moinhos de Angla
15km N de Kaali. de Kuressaare. Enfileirados na estrada entre Upa e Leisi, os cinco Moinhos de Angla (Angla tuulikud) são os últimos que restam em Saaremaa. Em meados do século XIX, existiam 800 moinhos ativos na ilha.

Quatro dos Moinhos de Angla foram construídos à maneira tradicional de Saaremaa, mas o maior é uma versão de madeira de um moinho holandês. Juntos, eles se destacam e impressionam em meio a uma ampla paisagem. Embora não estejam abertos à visitação,

As Dependências Residenciais do Bispo na área do Castelo do Bispo

Veja hotéis e restaurantes dessa região nas pp. 297-8 e 316-8

OESTE DA ESTÔNIA | 99

Dois dos cinco Moinhos de Angla se destacam na paisagem plana

atrás dos moinhos há uma grande variedade de brinquedos tradicionais para as crianças.

Igreja Karja
2km NE dos Moinhos de Angla, na vila de Karja. **Tel** meados mai-set: 10h-18h diariam.

A medieval Igreja Karja (Karja kirik) é a menor de Saaremaa e também a mais bonita. É conhecida por seus elaborados entalhes em pedra, que incluem um relevo da crucificação sobre a porta lateral e algumas notáveis imagens de santos no interior. Há também um baixo-relevo de João e Maria no calvário, ladeados pelos dois ladrões cujas almas deixaram seus corpos na forma de crianças.

Pedra entalhada na Igreja de Karja

Igreja Kaarma
15km NO de Kuressaare, na vila de Kaarma. **Tel** 459 5322. não há horários regulares.

Datada do século XIII, a Igreja Kaarma (Kaarma kirik) é uma das mais antigas do oeste da Estônia. Uma placa de pedra sobre a porta da frente atesta os reparos feitos na igreja em 1407 e é considerada o primeiro exemplo escrito do idioma estoniano. O púlpito do século XV com a imagem colorida de José embaixo é especialmente belo. Muitos estranham a presença de uma igreja tão grande no meio do nada, mas os fiéis dos vilarejos vizinhos costumavam reunir-se no local para as celebrações dominicais.

Museu da Fazenda Mihkli
28km NO de Kuressaare. Viki. **Tel** 454 6613. meados mai-ago: 10h-18h diariam; set meados-out: 10h-18h qua-dom. **muuseum.ee**

No letárgico vilarejo de Viki, o Museu da Fazenda Mihkli (Mihkli talumuuseum) é um pitoresco complexo que consiste de bonitos chalés com telhados de palha, um moinho, uma cervejaria e até uma sauna antiga. Os prédios datam em sua maioria dos anos 1827 a 1856. O museu abriga exposições autênticas de arquitetura rural e estilos de vida tradicionais. A fazenda era ativa até a era soviética, quando quebrou com a coletivização. Hoje, os visitantes podem conhecer os métodos tradicionais de fazer pão e manteiga.

Igreja Kihelkonna
3km NO de Kihelkonna. **Tel** 454 6558. jun-ago: 10h-17h diariam.

Situada na costa oeste da ilha, na fronteira do Parque Nacional Vilsandi, essa igreja do século XIII é um verdadeiro tesouro da arquitetura e dos artefatos religiosos. O órgão, de 1805, é o mais antigo existente no país, e seu bonito púlpito data de 1604. O tríptico do altar, *A Santa Ceia*, é um excelente exemplar da arte religiosa do Renascimento.

Parque Nacional Vilsandi
10km O de Kihelkonna.
de Papisaare. **Tel** 454 6510.
Centro de Visitantes do Parque Nacional, Loona Manor. 9h-17h seg-sex. **vilsandi.ee**

Esse grande parque nacional compreende a ilha de Vilsandi e mais 150 ilhotas e uma estreita faixa de litoral que culmina na acidentada península Harilaid. O parque foi criado graças a um zelador de farol chamado Artur Toom, que fundou no local um santuário de aves em 1910. Os 239km² do parque, tal como ele é hoje, existem desde 1993.

Os santuários de aves mais importantes estão localizados nas ilhas Vaika, na frente da ponta oeste de Vilsandi, onde é possível visitar o imponente Farol de Vilsandi, com 40m de altura. Para apreciar outras vistas igualmente belas, vá para a península de Harilaid, onde é possível fazer uma revigorante caminhada até o farol inclinado. As trilhas oferecem lindas paisagens.

O interior de uma residência rural, no Museu da Fazenda Mihkli

O farol inclinado Kiipsaare, na península Harilaid, ilha Saaremaa ▶

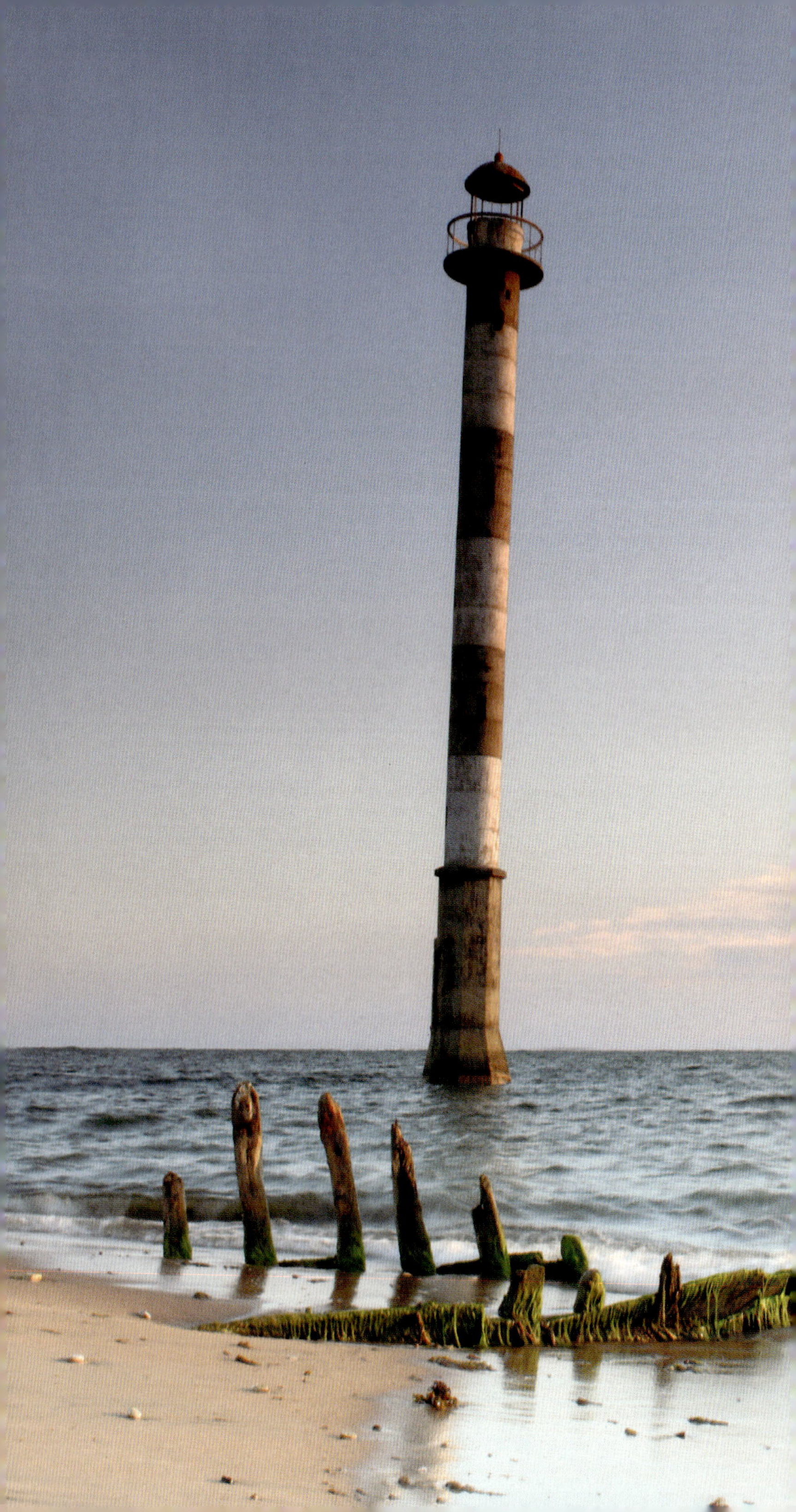

❾ Pärnu

Considerada a capital de verão da Estônia, Pärnu guarda prédios históricos, casas de madeira em cores suaves e elegantes palacetes do século XIX ao longo das ruas arborizadas. O centro está em um estuário entre o rio Pärnu e o mar Báltico, e as principais atrações são todas muito próximas. A Cidade Velha se concentra ao redor da rua Rüütli, para pedestres, a dez minutos da praia mais popular. Com uma sala de concertos ultramoderna e um sofisticado teatro, Pärnu oferece uma animada programação cultural.

🏛 Prefeitura
Uus 4/Nikolai 3.

O elegante prédio neoclássico que hoje abriga a Prefeitura foi construído em 1797 como residência de um rico mercador. Em 1819, a estrutura foi ligeiramente alterada para ser a residência do governador da cidade e só em 1839 assumiu a atual função de Prefeitura de Pärnu. O que faz valer essa visita é a magnífica ampliação em estilo art nouveau, de 1911. A sóbria fachada escura contrasta com o alegre amarelo do prédio original, combinando estilos arquitetônicos totalmente diferentes.

🏛 Igreja Elizabeth
Nikolai 22. **Tel** 443 1381.
⏰ jun-ago: 10h-18h diariam; set-mai: 10h-14h seg-sex. 🏛
🌐 eliisabet.ee

Outro excelente exemplo da arquitetura barroca local é a Igreja Elizabeth (Eliisabeti kirik), com sua elegante fachada ocre e uma torre marrom que se ergue sobre as estreitas ruas laterais. Foi construída especificamente como igreja luterana em 1747, pela imperatriz Elizabeth (1709-61) da Rússia. Hoje, ainda é o maior templo protestante de Pärnu.

Seu interior com painéis de madeira é discretamente refinado e, por isso mesmo, impressionante. A torre da igreja foi construída por Johann Heinrich Wülbern, que também é o autor da Igreja de São Pedro de Riga. A Igreja Elizabeth é famosa pelo órgão, um dos melhores da Estônia, feito em 1929 por H. Kolbe.

🏛 Igreja Santa Catarina
Vee 16. **Tel** 444 3198. ⏰ 9h-17h diariam. 🏛

Construída em 1768 para a guarnição de Pärnu no reinado de Catarina, a Grande, a Igreja Santa Catarina (Ekateriina kirik) é sem dúvida a melhor igreja barroca na Estônia. Além dos domos verdes e das paredes amarelo-limão, exibe uma fachada elegante e um interior igualmente rico. Graças a sua arquitetura, essa igreja exerceu forte influência sobre as outras igrejas ortodoxas dos países bálticos.

Os domos verdes e as paredes amarelas da Igreja Santa Catarina

🎭 Sala de Concertos Pärnu
Aida 4. **Tel** 445 5800. ⏰ 10h-19h seg-sex, 10h-18h sáb (bilheteria). ♿ 🏛 🌐 concert.ee

A Sala de Concertos de Pärnu é objeto de grande orgulho para a população local. O prédio curvilíneo de vidro e aço é um exemplo importante de arquitetura moderna, comparável a estruturas similares em outras cidades europeias. A opção pelo formato de concha seria para simbolizar a importância de Pärnu como cidade litorânea. O prédio multifuncional não só abriga montagens teatrais e concertos, mas funciona como galeria de arte, escola de música e loja de música.

🏛 Portão de Tallinn
Mere pst.

Único vestígio das muralhas do século XVII que um dia protegeram Pärnu, o Portão de Tallinn até hoje nos dá uma boa ideia de como eram aquelas fortificações. Em 1710, quando terminou o reinado sueco, ela se chamava Portão de Gustavo, em homenagem ao rei Gustavo Adolfo da Suécia (1594-1632).

Hoje, o Portão de Tallinn tem como única função fazer a ligação entre a Cidade Velha e a área que segue em direção ao mar. Essa passagem de pedras oferece uma prazerosa caminhada.

O Portão de Tallinn, que antes se chamava Portão de Gustavo

Veja hotéis e restaurantes dessa região nas pp. 297-8 e 316-8

OESTE DA ESTÔNIA | 103

Detalhe de máscara art nouveau em Vila Ammende

🏛 Vila Ammende
Mere pst 7. **Tel** 447 3888. *Veja Onde Ficar p. 298 e Onde Comer e Beber p. 317*
W ammende.ee

Construída em 1905 por um rico comerciante local para a festa de casamento de sua amada filha, a Vila Ammende é um dos exemplos mais impresssionantes da arquitetura art nouveau no país. Ao longo de anos, já foi cassino, clínica de saúde e biblioteca, até ser reformada por dois empresários estonianos que a transformaram em um hotel de luxo com um restaurante refinado. A vila fica a uma pequena distância da praia e também da Cidade Velha.

🏛 Museu Lydia Koidula
J V Jannseni 37. **Tel** 443 3313.
🕐 10h-18h ter-dom. 📷 🎫 ligar antes. **W** parnumuuseum.ee

Situado na outra margem do rio Pärnu, o Museu Lydia Koidula homenageia a poetisa mais reverenciada da Estônia. O museu, criado em 1945, ocupa o mesmo prédio no qual o pai dela, Johann Valdemar Jannsen, dirigiu uma escola primária de 1857 a 1863.

Um dos destaques do museu é uma reconstrução do quarto em que Koidula morreu de câncer, em 1886, na cidade russa de Kronstadt. Embora muito pouco de seu trabalho tenha sido traduzido para outros idiomas, vale a pena visitar o museu para conhecer a interessante literatura estoniana na época em que Lydia Koidula viveu.

PREPARE-SE

Informações Práticas
Mapa rodoviário D2. 🏘 44.000.
ℹ Rüütli 16, 447 3000. 🎭 Festival de Cinema de Pärnu (jul), Festival Oistrakh (jul). **W** parnu.ee

Transporte
✈ 🚉 Riia mnt 116.
🚌 Pikk tänav.

Lydia Koidula (1843-86)

Lydia Emilia Florentine Jannsen influenciou muito a história da Estônia. Embora fosse obrigada a escrever anonimamente, sob o pseudônimo Koidula, que significa "do amanhecer", porque na época não se considerava a profissão de escritora adequada a mulheres, sua poesia fazia um sucesso tremendo. *Meu país é meu amor* foi o hino nacional não oficial no período soviético. Alguns consideram os melhores escritos de Koidula suas cartas apaixonadas para o escritor Friedrich Reinhold Kreutzwald, que foram destruídas pela esposa ciumenta. Mais tarde, Koidula casou-se com um médico letão. Ela morreu de câncer em Kronstadt, no golfo da Finlândia, mas padeceu também por saudade de seu país.

Lydia Koidula, a maior poetisa e escritora estoniana

Pärnu

① Prefeitura
② Igreja Elizabeth
③ Igreja Santa Catarina
④ Sala de Concertos Pärnu
⑤ Portão de Tallinn
⑥ Vila Ammende

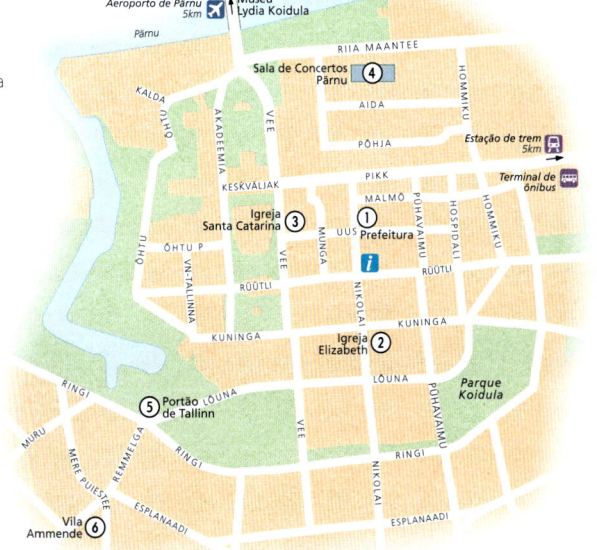

0 m   200

Legenda dos símbolos *na orelha da contracapa*

⑩ Parque Nacional Soomaa

Um mundo encantador e autossustentável de brejos, rios, pântanos, campinas e matas virgens foi criado em 1993. Os 390km² do parque ficam inundados na primavera, que os locais chamam de "quinta estação". Contudo, os cinco pântanos de Soomaa ainda são a maior atração natural do parque. Com cerca de 6m de altura em alguns lugares, chega-se a eles por uma série de trilhas formadas por plataformas de madeira. Entre os animais do parque há lobos, cervos, ursos, linces, alces e javalis, e águias em menor número.

Legenda
▇ Parque Nacional Soomaa

★ **Trilha do Pântano Riisa**
Os 5km de trilhas pelo grande pântano, perto dos limites do parque, terminam nas lagoas pantanosas.

Trilha do Pântano Ingatsi
Metade da trilha de 4km é sobre uma passarela que atravessa um pântano e lagoas de lama.

Fazenda Karuskose
Perto de trilhas para caminhar e pântanos, a fazenda tem visitas guiadas, pesca, canoagem e curso de construção de canoas tradicionais.

★ **Trilha do Prado Arborizado de Tõramaa**
Uma caminhada de 2km leva a essa trilha, na qual o visitante pode explorar o parque e suas pradarias bem preservadas.

Legenda
= Estrada secundária
••• Trilha
-- Limite do parque

Legenda dos símbolos *na orelha da contracapa*

OESTE DA ESTÔNIA | 105

PREPARE-SE

Informações Práticas
Mapa rodoviário D2.
National Park Visitors' Centre, Tõramaa, 435 7164. meados abr-meados set: 10h-18h diariam; meados set-meados abr: 10h-16h seg-sex. Aivar Ruukel, 506 1896. soomaa.com Karuskose Farm.

Transporte
de Tallinn. de Pärnu.

Túmulo de Kihnu Jõnn em Linaküla, o maior vilarejo da ilha Kihnu

Flora
O esfagno no fundo dos pântanos é ideal para urzes, cranberries e chá labrador. A planta drósera retira nutrientes dos insetos que apanha.

LEGENDA

① **A Trilha Meiekose** tem 5km de caminhada e serve para ciclismo.

② **O Pântano Kuresoo**, onde aves botam ovos na primavera, é o maior, com 110km².

③ **A Trilha na Mata do Rio Lemmjõgi** tem 5km de extensão.

④ **A Trilha de Estudo Kuuraniidu** tem painéis de informação sobre a flora local.

⑤ **A Trilha de Caminhada Hüpassaare** tem 5km de extensão e cruza florestas e lagoas de pântano até chegar ao Museu Casa de Mart Saar.

⑥ **A Trilha de Caminhada Öördi**, com 7km de matas, começa no vilarejo de Iia, na estrada Kõpu--Jõesuu, e vai até ao lago Öördi.

⓫ Ilha Kihnu

Mapa rodoviário C2. 600. de Pärnu. de Munalaid, 40km a SO de Pärnu. kihnu.ee

A pequena ilha Kihnu ocupa um lugar importante na cultura da Estônia. É a única parte do país em que as mulheres usam trajes típicos e os moradores preservam um estilo de vida tradicional. A pesca ainda é o principal meio de subsistência, assim como as admiradas roupas e luvas feitas à mão. Na ilha há quatro vilarejos, mas como ela só tem 7km de extensão por 3,5km de largura é fácil percorrê-la.

É na principal vila de **Linaküla** que se encontra o túmulo do legendário Kihnu Jõnn (1848-1913), nascido na ilha Kihnu. Jõnn foi um marinheiro heroico, famoso beberrão, que realizou inúmeras viagens por todo o mundo.

⓬ Haras Tori

Tori hobusekasvandus

Pärnu mnt 13, Tori. **Mapa rodoviário** D2. de Pärnu. **Tel** 503 1892. 8h-17h seg-sex. ligar um dia antes. torihobune.ee

Situado no belo vilarejo de Tori, o Haras Tori é um bom lugar para uma parada a caminho do Parque Nacional Soomaa. A fazenda mais antiga de criação de cavalos da Estônia foi criada em 1856 por um nobre livoniano que tinha como objetivo criar uma raça local resistente. Depois de várias tentativas para melhorar a raça que já existia, ele introduziu um cruzamento de cavalos norfolk e marchador que se tornou a base para a nova raça. A fazenda até hoje é usada para a criação de cavalos, embora eles sejam mais usados para aulas de equitação do que para puxar o arado nos campos.

O Haras Tori merece um passeio por si só. Os visitantes participam de várias atividades, entre elas um passeio guiado pela fazenda para conhecer cerca de 90 cavalos. Quem se interessa por meios de transporte antigos pode circular pela fazenda e pelo vilarejo numa carruagem puxada a cavalo, pagando um pequeno valor por hora. Também é possível passear de trenó no inverno.

Há também um pequeno museu em um celeiro de madeira com telhado de palha. A coleção inclui várias mostras sobre a criação de cavalos e sobre a história do vilarejo local.

O Haras Tori cria os melhores cavalos da Estônia

Veja hotéis e restaurantes dessa região nas pp. 297-8 e 316-8

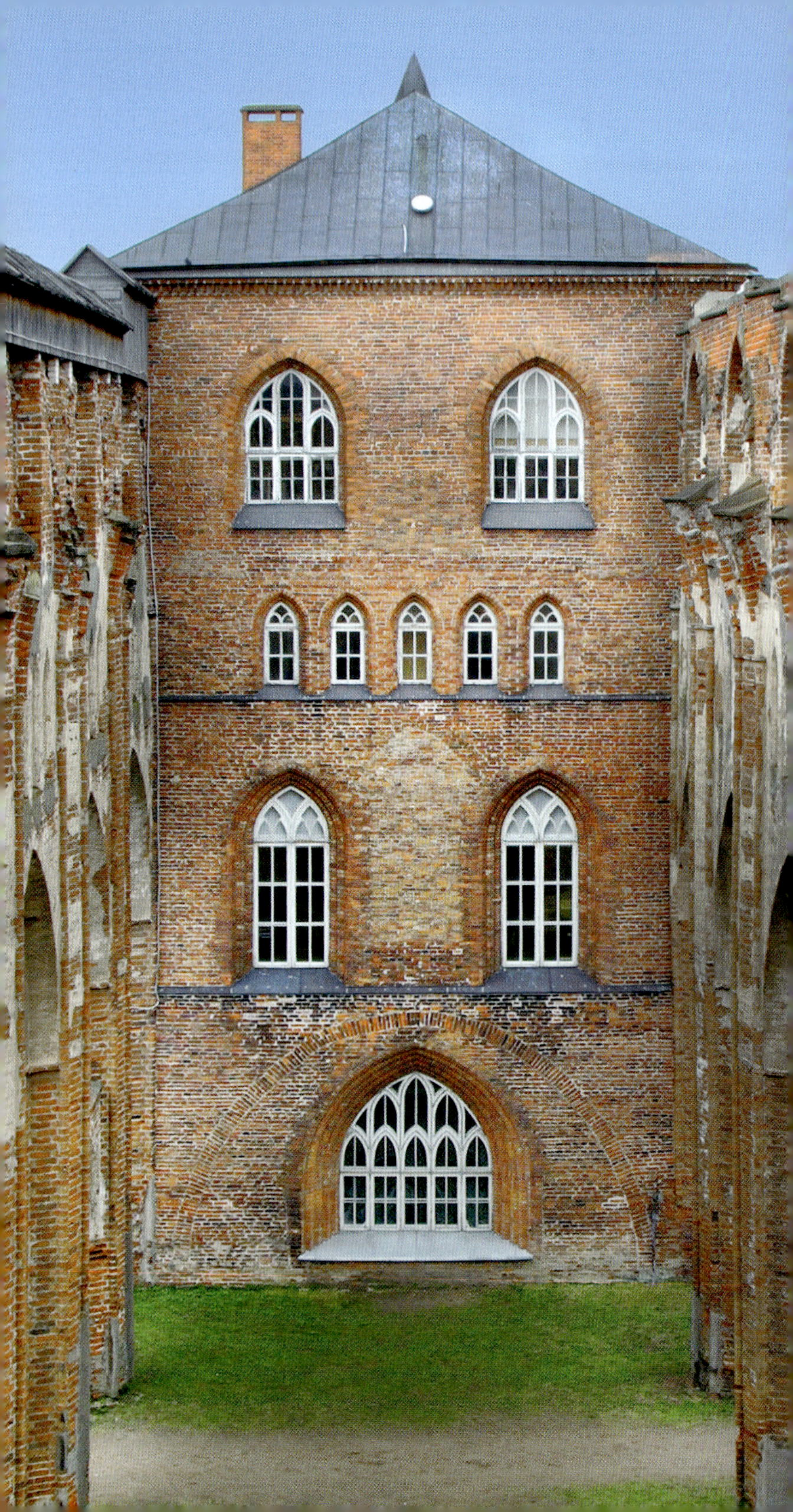

LESTE DA ESTÔNIA

A paisagem nesse lado da Estônia, pontilhada de morros, florestas exuberantes, escarpas de pedra calcárea e lagos cristalinos, é mais diversificada que a da parte oeste do país. Essa região deslumbrante combina paisagens idílicas com antigas e pitorescas mansões e a incomparável herança cultural do povo setu e dos velhos-crentes que sobrevive ao longo de séculos.

Apesar de sua estonteante paisagem, algumas partes do leste da Estônia são menos visitadas pelos turistas, especialmente os extremos nordeste e sudeste e o imenso lago Peipsi, que domina a parte central da região. A margem oeste é habitada por comunidades de velhos-crentes russos, que se fixaram nessa região há muitas gerações.

Conquistada muitas vezes pelos russos de 1558 até a independência da Estônia, em 1991, a histórica cidade fortificada de Narva ainda é testemunha da grande importância da Rússia na formação da história da Estônia. Na Segunda Guerra Mundial, o preço do xisto betuminoso subiu demais, e as minas de Kohtla-Järve passaram a atrair as atenções. Hoje, a cidade é um monumento vivo à industrialização do período soviético. A leste de Tallinn, o Parque Nacional Lahemaa é sem dúvida a mais bela reserva natural do país pelas paisagens variadas e por suas características naturais. Mais adiante, o litoral de Ontika, com altas escarpas de pedra calcárea e cachoeiras, é deslumbrante.

O sudeste como um todo é envolvido por uma rica história política, histórica e social. Viljandi é famosa por seu Festival de Música Folclórica, e a bandeira nacional da Estônia foi consagrada em Otepää, capital dos esportes de inverno, que ganha vida com a prática de snowboard e patinação no gelo. Tartu, a segunda maior cidade da Estônia e sua capital espiritual e intelectual, abriga a mais antiga universidade do país.

Com atrações como o grandioso Solar Sangaste e a torre de vigia Suur Munamägi no ponto mais alto do país, o sul e o sudeste são as áreas mais pitorescas da Estônia. No extremo sudeste, o povo setu, culturalmente independente, mantém seu estilo de vida tradicional.

Gaivotas migratórias buscam alimento no lago Peipsi

◀ Biblioteca da Universidade de Tartu, construída no século XIX a partir das ruínas de uma catedral

108 | ESTÔNIA REGIÃO POR REGIÃO

Como Explorar o Leste da Estônia

No leste da Estônia, as atrações são muito variadas. No Parque Nacional Lahemaa estão algumas das mais pitorescas paisagens do país, além dos típicos vilarejos espalhados por toda a área. A faixa costeira avança até a cidade medieval de Narva e a praia intocada de Narva-Jõesuu. Ao sul está o lago Peipsi. A característica paisagem do sul é um belo cenário para cidades agradáveis como Viljandi e Otepää, sem falar nos inúmeros locais de importância histórica. Tartu é um ponto a partir do qual a região pode ser explorada.

0 km 20

Principais Atrações

Cidades e Balneários

4 Sillamäe
5 Narva
6 Narva-Jõesuu
7 Kuremäe
8 Rakvere
9 Väike-Maarja
11 Paide
12 Põltsamaa
13 *Tartu pp. 118-21*
15 Viljandi
16 Otepää
19 Rõuge
21 Vastseliina
22 Võru
23 Põlva

Prédios e Locais de Interesse

2 Museu Subterrâneo da Mina de Kohtla
17 Solar Sangaste
18 Museu Mõniste ao Ar Livre
24 Moinho Kiidjärve

Parques Nacionais e Reservas

1 *Parque Nacional Lahemaa pp. 110-3*
10 Reserva Natural de Endla

Áreas de Belezas Naturais

3 Costa de Ontika
14 Lago Võrtsjärv
20 Suur Munamägi
25 Encosta de Arenito Taevaskoja

Passeio

26 *Lago Peipsi p. 127*

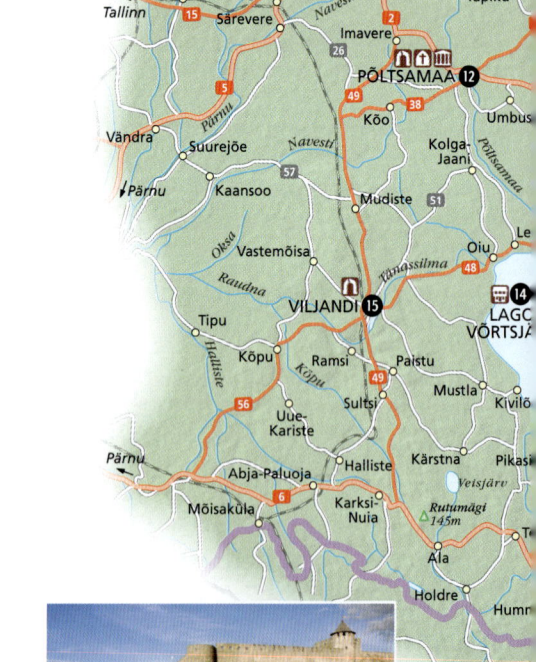

O castelo medieval de Ivangorod, visto de Narva

Veja hotéis e restaurantes dessa região nas pp. 298-9 e 318-9

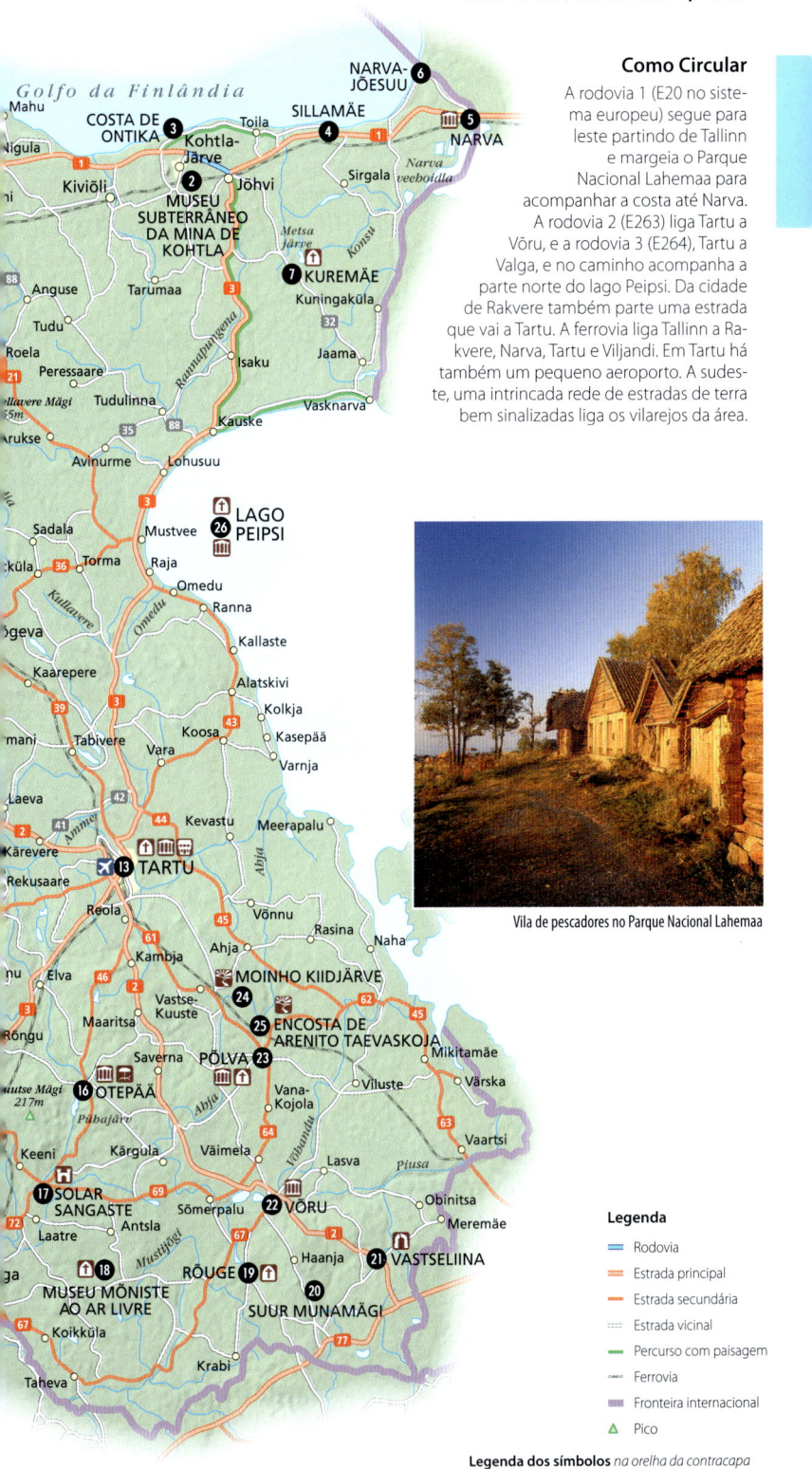

LESTE DA ESTÔNIA | **109**

Como Circular

A rodovia 1 (E20 no sistema europeu) segue para leste partindo de Tallinn e margeia o Parque Nacional Lahemaa para acompanhar a costa até Narva. A rodovia 2 (E263) liga Tartu a Võru, e a rodovia 3 (E264), Tartu a Valga, e no caminho acompanha a parte norte do lago Peipsi. Da cidade de Rakvere também parte uma estrada que vai a Tartu. A ferrovia liga Tallinn a Rakvere, Narva, Tartu e Viljandi. Em Tartu há também um pequeno aeroporto. A sudeste, uma intrincada rede de estradas de terra bem sinalizadas liga os vilarejos da área.

Vila de pescadores no Parque Nacional Lahemaa

Legenda

- Rodovia
- Estrada principal
- Estrada secundária
- Estrada vicinal
- Percurso com paisagem
- Ferrovia
- Fronteira internacional
- △ Pico

Legenda dos símbolos *na orelha da contracapa*

❶ Parque Nacional Lahemaa

Acompanhando o litoral norte da Estônia, o Parque Nacional Lahemaa (Lahemaa Rahvuspark) é um paraíso natural. É o maior parque do país e foi a primeira área preservada como parque nacional pela ex-União Soviética. O terreno variado ocupa quatro penínsulas que avançam sobre o golfo da Finlândia e se estendem para o interior por uma área de 725km². O parque abriga muitos animais selvagens e há inúmeras trilhas demarcadas ao longo de suas matas e pântanos e da recortada faixa costeira. Por toda a área encontram-se belos solares e vilarejos pitorescos *(pp. 112-3)*.

Legenda
▨ Parque Nacional Lahemaa

Viinistu
Antiga vila de pescadores, Viinistu, com sua importante galeria de arte, é hoje o centro da cultura local.

★ **Península Käsmu**
A costa da península Käsmu e as pedras gigantescas que os glaciares deixaram para trás na última Era do Gelo são de uma beleza etérea.

Flora e Fauna
As matas que cobrem 70% do Lahemaa pertencem a uma área rica em flora e fauna. Na paisagem há muitas turfeiras elevadas, entre elas a Reserva Laukasoo com 7 mil anos. Entre os animais selvagens, vivem nesse local populações de lobos, ursos e linces.

Legenda
═ Estrada secundária
··· Trilha
-- Limite do parque

Veja hotéis e restaurantes dessa região nas pp. 298-9 e 318-9

LESTE DA ESTÔNIA | 111

Võsu
Bonito trecho de praia, lugar tranquilo e um magnífico entorno natural fazem desse histórico vilarejo um balneário de férias muito popular.

PREPARE-SE

Informações Práticas
Mapa rodoviário D1. **ℹ** Centro de Visitante do Parque Nacional, Palmse, 329 5555. ⏱ meados mai-set: 9h-17h diariam; out meados-mai: 9h-17h seg-sex. 🚻 🍴 🛍 ⚠ disponível em Võsu (mai-set). **W** **keskkonnaamet.ee**

Transporte
🚌 de Tallinn para Võsu, Altja, Käsmu, Viinistu.

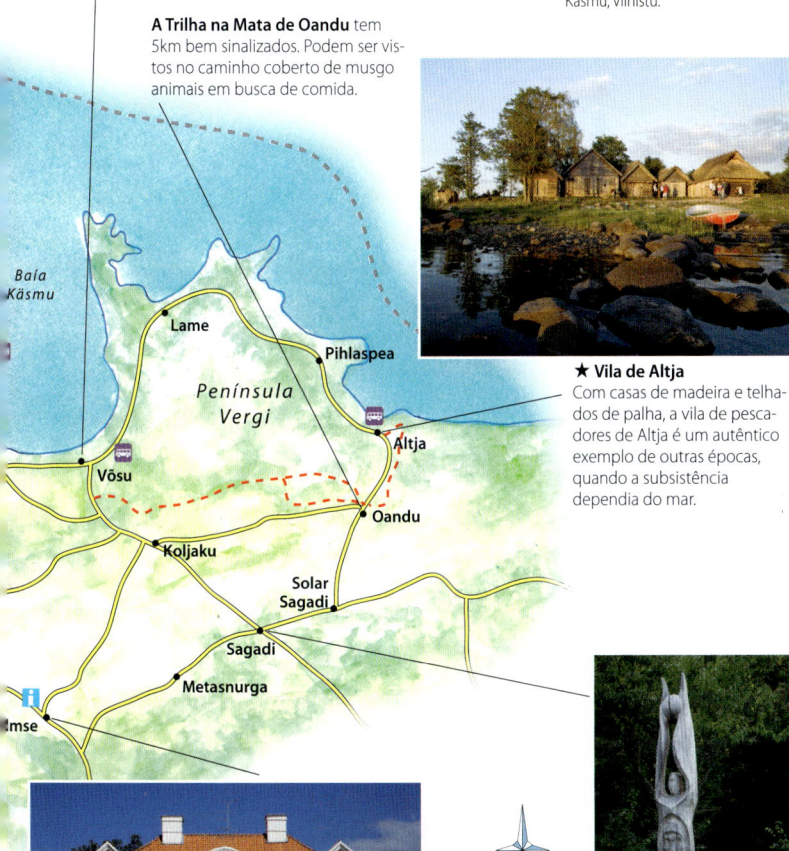

A Trilha na Mata de Oandu tem 5km bem sinalizados. Podem ser vistos no caminho coberto de musgo animais em busca de comida.

★ Vila de Altja
Com casas de madeira e telhados de palha, a vila de pescadores de Altja é um autêntico exemplo de outras épocas, quando a subsistência dependia do mar.

Baía Käsmu

Lame

Pihlaspea

Península Vergi

Altja

Võsu

Oandu

Koljaku

Solar Sagadi

Sagadi

Metasnurga

...mse

★ Solar Palmse
Esse magnífico solar barroco restaurado é hoje um museu. Os prédios externos modificados e o amplo terreno reservam outras atrações.

Solar Sagadi
A área em que se encontra o Solar Sagadi, um dos mais bonitos da região, exibe inúmeras esculturas e muitas casas, uma delas abriga o Museu Florestal.

Legenda dos símbolos *na orelha da contracapa*

Como Explorar o Parque Lahemaa

A melhor maneira de explorar o Parque Nacional Lahemaa é de bicicleta ou de carro. A caminho de Lahemaa pela Rodovia Tallinn-Narva, no entroncamento para Viitna, pegue o sentido norte para a vila de Palmse, onde está o Centro de Visitantes do Parque Nacional. Palmse é relativamente perto das principais vilas, dos pontos turísticos e das áreas de beleza natural. Käsmu e Võsu são bases para caminhadas e ciclismo, com boas acomodações, embora no verão as reservas devam ser feitas com muita antecedência.

Sala luxuosa do decorado Solar Palmse

Solar Palmse
8km N de Viitna. **Tel** 324 0070.
mai-set: 10h-19h diariam; out-abr: 10h-18h diariam. ligar antes.
palmse.ee

A atrativa vila de Palmse é o ponto de partida para a exploração do encantador Parque Nacional Lahemaa. Nesse local fica o bem estruturado centro de visitantes. Na parte central desse vilarejo está o esplêndido Solar Palmse, um elegante palacete barroco que originalmente era um convento cisterciense. Em 1677, tornou-se a residência dos Von Pahlens, uma importante família de barões da região.

Hoje, no solar funciona um museu com uma interessante exposição sobre a história do Estado. A antiga destilaria foi transformada em hotel com ótimo restaurante e um agradável café, que ocupa o local onde era a casa de banhos.

O solar organiza um *wine tour*, em que os visitantes podem provar o vinho espumante ou o vinho produzido no local com frutas cultivadas no vizinho Pavilhão Brest. O terreno em que o solar se encontra é muito bem cuidado. No verão, é oferecido um passeio de barco pelo sereno lago do Cisne no qual é possível desfrutar toda a envolvente tranquilidade do lugar.

Võsu
8km N de Palmse. 480. de Tallinn. **lahemaa.ee**

Charmoso e tranquilo vilarejo litorâneo, Võsu é um popular balneário de férias. O ambiente pacífico e as belezas naturais fazem desse local o refúgio de veraneio favorito para famílias

Turistas divertem-se na praia ladeada de pinheiros em Võsu

desde o final do século XIX. O balneário tem 2km de extensão e belas casas de madeira de um extremo ao outro.

O prédio mais tradicional do vilarejo é a antiga Torre de Incêndio, onde há hoje uma galeria de arte. A praia, que recebeu o prêmio Blue Flag, é uma das mais belas de toda a costa norte. Com areias brancas e dunas contornadas por pinheiros, é agradavelmente sombreada no alto verão. É também uma boa base para explorações em Oandu e Altja.

Käsmu
16km N de Palmse. 130.
Museu marítimo de Käsmu:
Tel 323 8136. mai-set: 10h-19h diariam; out-abr: 10h-17h seg-sex.
kasmu.ee

Com aproximadamente 6km de extensão e 3km de largura, o vilarejo de Käsmu fica na menor das quatro penínsulas do Parque Nacional Lahemaa. É considerado o mais bonito da região sobretudo pelas casas muito bem conservadas.

Käsmu era um reputado centro construtor de navios no século XIX e, pelo fato de boa parte da enseada não ficar congelada no inverno, é onde as embarcações costumavam ancorar. A escola marítima que foi fundada em 1884 hoje abriga o **Museu Marítimo de Käsmu**, onde são enfatizadas as décadas de 1920 e 1930, a Segunda Guerra Mundial e a era soviética. Exibe ainda uma eclética coleção de artefatos relativos ao passado marítimo do vilarejo.

Käsmu também é chamada de Vila dos Capitães por causa dos 62 capitães que ali residiram entre as duas Guerras Mundiais. A cidade foi dizimada pelos soviéticos na década de 1940, quando muitos moradores foram mandados para a Sibéria e outros fugiram pelo mar.

Atualmente, Käsmu tem a reputação de ser um dos melhores destinos de férias em todo o parque. Em seu litoral estão as rochas erráticas, das quais um grande número fica perto da cidade. Elas são a atração do famoso passeio pelas rochas de Käsmu (p. 114).

Veja hotéis e restaurantes dessa região nas pp. 298-9 e 318-9

LESTE DA ESTÔNIA | 113

Altja
15km L de Võsu. Taverna: **Tel** 520 9156. mai-set: 11h-19h diariam; out-abr: 11h-20h dom-qui, 11h-21h sex-sáb. Oandu: 10km S de Võsu. camping grátis do Parque Nacional. **w** altja.ee

Situada a leste do Parque Nacional Lahemaa, Altja é uma pequena vila de pescadores que margeia a costa acidentada do parque. A principal atração é um grande balanço de madeira construído ao ar livre, no extremo leste da vila. Mais adiante, ao longo da praia, podem ser vistas cabanas de pescadores abandonadas. O vilarejo lembra um museu a céu aberto com casas de madeira e telhados de palha. Há uma pitoresca ponte suspensa.

Mais adiante está a vizinha **Oandu**, com duas fantásticas trilhas naturais nas quais o visitante poderá apreciar os vários tipos de vegetação do Parque Nacional Lahemaa. A Trilha do Castor de Oandu, com 2km de extensão, passa por vários diques feitos por castores e muitas toras habilidosamente roídas. Outra longa trilha circular, com 5km, é a Trilha Natural da Floresta de Oandu, que atravessa mata de pinheiros. Os visitantes terão oportunidade de sentir o frescor do ar e de observar as pegadas deixadas por javalis, alces e ursos.

Barril de água, Museu de Arte de Viinistu

Viinistu
9km O de Käsmu. 150. Museu de Arte: **Tel** 608 6422. 10h-18h qua-dom. **w** lahemaa.ee

Situada no extremo leste da península de Pärispea, Viinistu é uma cidadezinha curiosa. Ela lucrou com o contrabando de vodca para a Finlândia durante a Lei Seca, na década de 1920, mas no período soviético foi incorporada ao complexo industrial da vizinha Loksa.

Hoje, está sendo reinventada graças aos esforços de Jaan Manitsky (n. 1943), um rico empresário local que construiu um hotel e o **Museu de Arte de Viinistu** na enseada. O museu exibe uma coleção de arte estoniana do século XX e usa duas torres de caixas-d'água modificadas para as exposições temporárias.

O porto foi restaurado e já é possível viajar para a árida ilha Mohni, a nordeste, saindo de Viinistu.

Vista do bonito Solar Sagadi do século XVIII

Solar Sagadi
8km NE de Palmse. **Tel** 676 7888. mai-set: 10h-18h diariam; out-abr marcar com antecedência. ligar antes. **w** sagadi.ee

Construído em 1749, o Solar Sagadi (Sagadi mõis) consiste de vários edifícios distribuídos simetricamente ao redor de um amplo pátio frontal, com um parque muito bem cuidado e um lago nos fundos. O palacete barroco do século XVIII abriga hoje um museu que dá uma ideia bastante autêntica de como viviam as famílias aristocráticas báltico-germânicas da região em meados do século XVIII. Mais tarde, o solar foi uma escola primária e pertenceu a uma fazenda coletiva até se tornar museu em 1987.

A porta barroca que era a entrada principal da mansão é realmente grandiosa. Nos jardins bem cuidados encontram-se espalhadas algumas esculturas interessantes.

Hoje, as casas vistas de um dos lados do pátio são ocupadas pelo Museu Florestal (Metsamuuseum), que dá uma visão geral da diversidade da flora e fauna das florestas da Estônia. O prédio construído nas imediações abriga o hotel Sagadi Manor *(p. 298)*. A residência de um antigo administrador é hoje o albergue Sagadi. A histórica propriedade também abriga a Escola da Natureza, onde são feitas as pesquisas ecológicas.

O balanço de madeira da vila de pescadores de Altja

Passeio pelas Rochas de Käsmu

Käsmu é a menor das quatro penínsulas de Lahemaa e onde estão as maiores rochas. Esses afloramentos nas águas rasas da península são realmente impressionantes. A rocha Velha Jüri é a maior delas, com 5,5m, e está na ponta noroeste da península. Existe um caminho que começa no vilarejo de Käsmu, segue pela costa até a ponta da península e retorna para Käsmu através de uma densa floresta. Além das trilhas para caminhadas muito bem sinalizadas, há uma ciclovia.

Um chalé de madeira aninhado no centro do vilarejo de Käsmu

③ Vista Panorâmica
Essa é uma das trilhas mais belas do parque, que acompanha a costa em toda a sua extensão.

④ Ciclovia
A ciclovia tem cerca de 14km de extensão e é marcada com faixas azuis.

② Saartneem
Essa trilha começa em Käsmu e vai até a ponta noroeste da península, onde uma cadeia de rochas erráticas avança até a ilha Saartneem.

① Vilarejo de Käsmu
Essa cidadezinha é um dos balneários mais populares de Lahemaa. Além de oferecer muitas acomodações do tipo B&B, é a base para explorar a península de Käsmu e outras regiões de Lahemaa.

Legenda
- ••• Trilha para caminhada
- — Ciclovia
- = Outra estrada

Dicas para o Passeio

Ponto de partida: vilarejo de Käsmu. **Extensão:** 11km.
Trilhas para caminhada: uma trilha de 11km marcada com faixas vermelhas começa na Velha Jüri e termina ao norte de Käsmu. A trilha oeste, mais curta, sai de Käsmu e atravessa a Plantação de Pedras.

⑤ Pedras Erráticas
A Plantação de Pedras na trilha a oeste de Käsmu é uma atípica expansão de rochas. Ela atrai um grande número de visitantes para a área.

0 km — 1

❷ Museu Subterrâneo da Mina de Kohtla

Kohtla kaevanduspark-muuseum

Mapa rodoviário E1. **Tel** 332 4017. 🚌 de Kohtla-Järve. 🕐 mai-set: 11h-19h ter-sáb, 11h-17h dom-seg; out-abr: 10h-18h ter-sáb. 🅿 🍴 reserve antes. 💧 verão apenas. 🌐 **kaevanduspark.ee**

Sem dúvida, esse é um dos museus mais fantásticos da Estônia, localizado na grande área industrial de Kohtla-Nõmme. Instalado nas minas de xisto betuminoso, o museu organiza visitas guiadas, em que a história, a tecnologia e os objetivos da mineração são explicados antes que o visitante desça para os úmidos labirintos das minas.

O visitante verá as barulhentas máquinas de mineração em funcionamento e pode até tentar perfurar ou dirigir uma moto subterrânea. Também existe a possibilidade de compartilhar uma refeição com os mineiros embaixo da terra.

Fora da mina, o passeio ao ar livre continua pelas altas montanhas de minério, e é possível ver as maiores perfuradoras do mundo. No local podem ser praticados esportes de aventura como escaladas em montanha e em paredes. Não muito distante fica a grande cidade industrial de **Kohtla-**

Peça exposta no Museu Subterrâneo da Mina de Kohtla

-Järve. Cidade pequena antes da Segunda Guerra Mundial, desenvolveu-se rapidamente no período soviético com a expansão das minas de xisto betuminoso na região.

❸ Costa de Ontika

Mapa rodoviário E1. 🚌 de Tallinn para Jõhvi, depois tomar ônibus ou táxi para Toila, Ontika. 🌐 **ida-virumaa.ee**

O rochedo de pedra calcárea no litoral de Ontika faz dessa área uma das mais belas paisagens naturais de toda a Estônia. Estendendo-se por mais de 20km entre Saka e Toila, o rochedo Ontika é o ponto mais alto das escarpas de rocha calcárea ao norte do país. Em Ontika, os rochedos chegam a 57m de altura e estão voltados para o golfo da Finlândia. Em **Valaste**, 5km a leste, fica a cachoeira mais alta. A água que cai em cascatas de uma altura de 26m foi abrindo caminho nas rochas de 470 a 570 milhões de anos e formou um espetáculo sem precedentes.

Arredores

O bonito **Parque Oru, Toila** localiza-se 14km a leste da Costa Ontik a e merece ser visitado. O parque ocupa uma área superior a 1km^2 ao longo da costa.

❹ Sillamäe

Mapa rodoviário E1. 👥 17.000. 🚌 de Tallinn, Narva. 🌐 **sillamae.ee**

Situada entre Kohtla-Järve e Narva, Sillamäe é um passeio fascinante. Nessa cidade do período soviético existia uma mina de urânio que servia ao programa nuclear soviético. Mas era tão secreta que nem aparecia nos mapas oficiais.

A cidade é um exemplo vivo de um aspecto mais elegante da arquitetura residencial presente no final do stalinismo. Prédios de apartamentos com ornamentações alinham-se em bulevares arborizados, e os parques ajardinados são muito bonitos. A mina foi fechada em 1991 e, desde então, muitas outras indústrias foram para lá. Aos poucos, Sillamäe está se reinventando como um futuro destino turístico de interesse histórico.

Os rochedos de pedra calcárea contrastam com as águas azuis do mar Báltico, Costa de Ontika

Veja hotéis e restaurantes dessa região nas pp. 298-9 e 318-9

❺ Narva

Mapa rodoviário E1. 65.000. de Tallinn. de Tallinn, Tartu. Puškini 13, 356 0184. Dias de Narva (início jun), Festival de História de Narva (ago). **w** narva.ee

Após ser alvo de muita disputa ao longo de séculos, hoje Narva marca a fronteira entre a UE e a Rússia. Embora grande parte de seu centro medieval tenha sido bombardeado pela força aérea soviética no fim da Segunda Guerra Mundial, ainda resta muita coisa para ser vista e para fazer.

Na margem oeste do rio está o impressionante Castelo de Narva, em cuja torre principal, Tall Hermann, encontra-se o **Museu de Narva**, predominantemente sobre a guerra. O castelo é circundado por um belo parque à beira do rio.

Com uma população de 96% de falantes russos, Narva se diferencia de Tallinn. A cidade fica próxima de várias atrações na região.

Museu de Narva
Tel 359 9230. 10h-18h diariam.
w narvamuuseum.ee

No Castelo de Narva fica o Museu de Narva

❻ Narva-Jõesuu

Mapa rodoviário E1. 2.600. de Narva. **w** narva-joesuu.ee

O atrativo balneário de veraneio Narva-Jõesuu é famoso por sua praia. Contornada por pinheiros e casas de madeira, a praia se estende por 7km de Narva-Jõesuu a Meriküla. Era um balneário da moda no século XIX, muito frequentado pela alta sociedade de São Petersburgo. Hoje, Narva-Jõesuu exibe uma praia de areias brancas, tem vida noturna agitada e uma bem-sucedida indústria de esportes aquáticos.

Parcialmente encoberto pelas árvores, o Convento Pühtitsa, Kuremäe

❼ Kuremäe

Mapa rodoviário E1. 370. de Tallinn, Narva.

No vilarejo de Kuremäe fica o célebre **Convento Pühtitsa** da Igreja Ortodoxa russa, considerado um dos mais notáveis da Estônia. Fundado em 1891, hoje nele vivem cerca de 150 religiosas. Há seis igrejas nesse complexo, que é dominado pela fantástica Catedral da Dormição, construída em 1910. O convento é cercado por uma espessa muralha de granito, cuja majestosa porta de entrada é ornamentada com sete grandes sinos. A fachada clara e impecável é agradável aos olhos. O convento abriga um albergue para hóspedes e romeiros.

Convento Pühtitsa
Tel 339 0715. 7h-19h diariam.
w orthodox.ee

❽ Rakvere

Mapa rodoviário D1. 17.000. de Tallinn, Narva. Laada 14, 324 2734. **w** rakvere.ee

A cidade de Rakvere, com edifícios históricos restaurados e uma bela praça, tornou-se um atraente destino turístico. A maior atração é o **Castelo Rakvere** sobre o monte Linnamägi, que hoje é um parque temático medieval. As exposições cobrem a história do castelo desde os primórdios até as atuais ruínas. A estátua de um touro levemente inspirada em Picasso, obra

Estátua de um touro sobre a montanha

Veja hotéis e restaurantes dessa região nas pp. 298-9 e 318-9

do artista local Tauno Kangro (n. 1966), está no alto do monte Vallimägi e é o mais novo símbolo da cidade. Os habitantes de Rakvere orgulham-se do fato de que o renomado compositor Arvo Pärt *(p. 27)* tenha frequentado a escola e iniciado no local seus estudos de música.

Castelo Rakvere
Vallimägi. **Tel** 322 5500. mai-set: 11h-19h diariam; out-abr: 10h-16h qua-dom. svm.ee

❾ Väike-Maarja

Mapa rodoviário D1. 5.000. de Rakvere. Pikk 3, 326 1625. v-maarja.ee

Uma típica cidade provinciana da Estônia, Väike-Maarja exala história em suas várias e bem conservadas atrações. Além de abrigar o centro de informações turísticas, o **Museu Väike-Maarja** oferece uma visão eclética e detalhada da história da cidade e uma exposição sobre os hábitos cotidianos dos Irmãos da Floresta *(p. 122)*, como, por exemplo, oferecer uma "Refeição com os Irmãos da Floresta" na casamata reconstruída. Outras atrações são a base de mísseis soviéticos, o Museu da Torre da Fortaleza Vao e a igreja do século XIV.

Museu Väike-Maarja
Pikk 3. **Tel** 326 1625. mai-set: 10h-17h ter-sáb; out-abr:10h-17h seg-sex.

❿ Reserva Natural de Endla
Endla looduskaitseala

Mapa rodoviário D1. de Tartu. Centro de Operações da Reserva, Tooma, 70km NO de Tartu, 676 7999. ligar antes. endlakaitseala.ee

Espetacular emaranhado de turfeiras, rios, pântanos e lagos, a Reserva Natural de Endla é considerada um dos sistemas de águas fluviais mais importantes do país. Embora a reserva se estenda por três países, o fato de ser relativamente pequena facilita muito mais a sua exploração do que em grandes parques nacionais. Uma das seis trilhas para caminhada, a deslumbrante **Trilha Männikjärve** tem 1km de extensão sobre uma longa passarela de madeira. A leste da reserva, o **monte Emumägi** é o ponto mais alto da área. Sua torre de observação oferece vista soberba do interior do país.

A torre octogonal medieval entre as ruínas do castelo, em Paide

⓫ Paide

Mapa rodoviário D1. 9.000. de Tallinn. Pärnu 6, 385 0400. paide.ee

Localizada no centro da Estônia, Paide é a base ideal para explorar o interior. Para enfatizar sua posição central, a cidade adotou a forma de um coração como marca oficial. A maior atração turística de Paide é a bonita e restaurada torre octogonal de um castelo do século XIII e as ruínas que a cercam. A torre abriga um museu que enfoca a história antiga da cidade, enquanto o **Museu Järvamaa** lança um olhar muito mais abrangente sobre a natureza e a história da área. A Praça da Prefeitura é o ponto alto desse centro bem conservado, onde restaurantes e cafés servem vários tipos de comida.

Museu Järvamaa
Lembitu 5. **Tel** 385 1867. abr-out: 11h-18h ter-sáb; nov-mar: 10h-17h ter-sáb. jarvamaamuuseum.ee

⓬ Põltsamaa

Mapa rodoviário D2. 5.000. de Tallinn, Tartu. Lossi 1, 775 1390. poltsamaa.ee

A romântica cidade de Põltsamaa fica entre as ruínas do Castelo de Põltsamaa. Antigo centro de poder do duque Magnus, rei da Livônia no século XIII, as muralhas do castelo formam um incrível e eclético quebra-cabeça de peças históricas. O palácio rococó foi construído no século XVIII no local do antigo convento, enquanto a elegante **Igreja de São Nicolau**, luterana, data de 1633 e foi reconstruída em 1952. Ocupando um antigo armazém no pátio do castelo, o **Museu Põltsamaa** abriga excelentes exposições.

Igreja de São Nicolau
Lossi 3. **Tel** 776 9915. jun-ago: 10h-15h diariam. 11h dom.

Museu Põltsamaa
Loss tänav 1. **Tel** 775 1390. mai-set: 10h-18h diariam; out-abr: 10h-16h seg-sáb

Uma construção bem conservada nas imediações do castelo, Põltsamaa

⓭ Tartu

Mais conhecida pela respeitável Universidade de Tartu, a cidade é considerada a capital intelectual da Estônia. A universidade foi fundada em 1632 pelo rei Gustavo Adolfo da Suécia (1594-1632) e desde então tem papel de destaque na história da Estônia. Com a segunda maior população do país, Tartu tem um ambiente cultural prolífico, uma vida noturna animada e é uma excelente base para quem pretende explorar o sudeste do país.

A fonte Beijo dos Estudantes na Praça da Prefeitura

Praça da Prefeitura

O centro histórico de Tartu fica ao redor da Praça da Prefeitura (Raekoja plats), com o rio Emajõgi na frente e o Toomemägi (pp. 120-1) logo atrás. A praça de pedras ligeiramente inclinada é nitidamente neoclássica, com o prédio rosa da Prefeitura. O Grande Incêndio de 1775 destruiu boa parte da cidade e hoje a praça neoclássica está em sincronia com todo o centro.

A famosa fonte **Beijo dos Estudantes**, em frente à Prefeitura, é de 1998.

Prédio Central da Universidade de Tartu

Ülikooli 18. **Tel** 737 5384. 11h-17h seg-sex. **w** ut.ee

Concluído em 1809, o prédio principal da universidade (Tartu ülikooli peahoone) é um dos mais belos edifícios neoclássicos da Estônia. Abriga um excelente museu de arte, de onde se veem o imponente Salão da Assembleia e a "cadeia". Os estudantes indisciplinados iam para a cadeia como punição. Os rabiscos e as frases escritas nas paredes são engraçados.

Igreja de São João

Jaani 5. **Tel** 744 2229. mai-set: 10h-18h seg-sáb, 10h-13h dom. 11h dom. **w** jaanikirik.ee

De 1330, a Igreja de São João (Jaani kirik) sofreu graves bombardeios na Segunda Guerra Mundial. Mesmo depois de passar por muitas reformas e ganhar uma nova torre em 1999, continua sendo um dos melhores exemplos de arquitetura gótica no norte da Europa. Centenas de elaboradas imagens de terracota, todas da Idade Média, adornam o interior da igreja. Acredita-se que, originalmente, existissem mais de mil imagens como essas.

Tartu

① Praça da Prefeitura
② Prédio Central da Universidade de Tartu
③ Igreja de São João
④ Museu de Arte de Tartu
⑤ Estátua de Pai e Filho

Legenda
Mapa Rua a Rua pp. 120-1

Legenda dos símbolos na orelha da contracapa

LESTE DA ESTÔNIA | 119

A torre inclinada na qual funciona o Museu de Arte de Tartu

🏛 Museu de Arte de Tartu
Raekoja plats 18. **Tel** 744 1920. 🕐 11h-18h qua-dom. 📷 ✉ ligar antes. 💻 🌐 tartmus.ee

Com uma das melhores coleções do país, o Museu de Arte de Tartu (Tartu kunstimuuseum) reúne os trabalhos de reconhecidos artistas estonianos como Elmar Kits (1913-72), Ülo Sooster (1924-70) e Marko Mäetamm (n. 1965). O museu também dá uma visão geral e didática da arte estoniana desde o século XIX até os dias de hoje. Outro aspecto que chama a atenção é o edifício que ele ocupa. Claramente inclinado para um lado, o prédio pertencia ao histórico marechal de campo russo Barclay de Tolly (p. 122), que comandou com muito sucesso o exército russo que derrotou Napoleão, em 1812.

Estátua de Pai e Filho
Küüni (perto da rua Poe).

Destinada originalmente a permanecer em Tallinn, essa interessante estatueta de Ülo Õun (1940-88) foi concebida em 1977, fundida em bronze em 1987, comprada pela Prefeitura da Cidade de Tartu em 2001 e, por fim, inaugurada no Dia das Crianças (1º de junho) de 2004. A estátua do pai teve o escultor como modelo e o próprio filho dele, Kristjan, então com dezoito meses de idade. O mais interessante é que pai e filho têm praticamente o mesmo tamanho nesse monumento diferente e comovente.

🏛 Museu Celas da KGB
Riia 15b. **Tel** 746 1717.
🕐 11h-16h ter-sáb. 📷 ✉
🌐 linnamuuseum.tartu.ee

Localizado nos porões do quartel regional da KGB/NKVD (Comissariado do Povo para Assuntos Internos), o Museu Celas da KGB (KGB kongid) é um amargo testemunho do pesadelo que foi a ocupação soviética na Estônia. Algumas celas foram transformadas em espaços de exibição, outras foram restauradas ao estado original para dar uma ideia realista do sofrimento dos estonianos sob o regime soviético. É dada atenção especial às deportações em massa que aconteceram entre 1940 e 1949, inclusive os planos oficiais para levá-las a cabo. Há artefatos terríveis usados nos *gulags*, que eram os temidos campos de concentração onde morreram milhares de cidadãos estonianos.

Uma mesa de trabalho vigiada pela foto de Stalin, Museu da KGB

PREPARE-SE

Informações Práticas
Mapa rodoviário E2. 🗺 100.000.
ℹ Raekoja plats 9, 744 2111. 🎭 Dia da Cidade de Tartu (29 jun), Dia dos Estudantes (perto de 1º de maio). 🌐 tartu.ee

Transporte
✈ 🚂 A3, Vaksali 6, 1,5km O do centro. 🚌 C2, Soola 2, L do centro.

🏛 Museu Nacional Estoniano
Kuperjanovi 9. **Tel** 735 0445. 🕐 11h-18h ter-dom. 📷 ✉ ligar antes. ♿ 💻 🌐 erm.ee

Centro de etnologia mais importante da Estônia, o Museu Nacional (Eesti rahva muuseum) reúne mais de 1 milhão de artefatos que foram recolhidos desde 1909. O museu enfoca a cultura estoniana e outras culturas fino-úgricas em sua coleção, que percorre todos os aspectos da vida cotidiana. De cadeiras feitas com a nodosa madeira de bétula a canecas de madeira para beber cerveja, os objetos expostos atestam um estilo de vida que nos dias de hoje pode parecer estranho.

Além disso, há um vasto e variado arquivo fotográfico e documental e uma fascinante coleção de roupas que inclui um casaco punk (c. 1982-85). O museu é dedicado ao respeitado folclorista e linguista estoniano Jakob Hurt (1839-1907) e comporta exposições temporárias que vão de móveis a fotografias.

Karl Ernst von Baer (1792-1876)

O biólogo báltico-germânico Karl Ernst von Baer foi um dos pais da embriologia. Seu trabalho pioneiro foi reconhecido por Charles Darwin, embora o próprio Baer fosse um dos mais ferozes críticos da teoria evolucionista. Baer estudou na Universidade de Tartu, deu aulas nas Academias de Ciência de Königsberg e São Petersburgo e passou os últimos anos de sua vida em Tartu. A estátua de Baer, pensativo, ocupa lugar de honra no alto de um grande pedestal em Toomemägi. Tradicionalmente, os alunos da universidade lavam o cabelo da estátua de bronze na véspera do Dia de São Felipe (1º de maio).

Estátua de Karl Ernst von Baer em Toomemägi

Veja hotéis e restaurantes dessa região nas pp. 298-9 e 318-9

Rua a Rua: Toomemägi

Com ruas estreitas e sinuosas, que lembram um labirinto, e edifícios históricos elegantes, Toomemägi (Morro da Catedral) esconde deliciosas surpresas. Nos tempos medievais, havia na montanha uma fortaleza e uma catedral, mas ambas foram abandonadas nas Guerras Livonianas (1558-83). Hoje, em Toomemägi, há vários edifícios públicos importantes. Muitos deles pertencem à Universidade de Tartu, que foi novamente fundada nesse local em 1802. Nos parques que contornam as encostas do morro há monumentos a alguns dos mais respeitados alunos da faculdade. Do alto do morro tem-se uma bela vista dos telhados da cidade de Tartu.

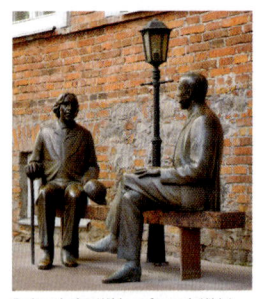

Estátua de dois Wilde na frente do Vilde's Health Café *(p. 319)*

Ponte do Diabo
Foi construída em 1913 pelos três séculos de reinado da dinastia russa dos Romanov. A ponte é dedicada ao tsar Alexandre I.

Legenda
— Percurso sugerido

0 m   100

★ **Observatório da Universidade**
Ao ser construído em 1820, o observatório tinha o mais poderoso telescópio acromático do mundo. Separado da universidade em 1946, hoje é um centro científico.

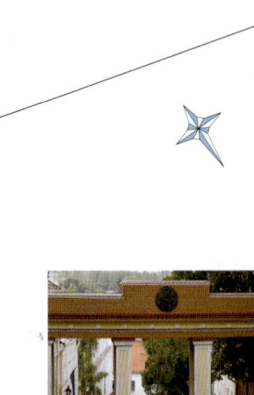

★ **Ponte do Anjo**
É uma tradição local prender a respiração ao fazer um pedido enquanto cruzar essa ponte do século XIX.

Veja hotéis e restaurantes dessa região nas pp. 298-9 e 318-9

LESTE DA ESTÔNIA | **121**

Ruínas da Catedral
As ruínas dão ideia da imponência da catedral original. Danificada nas Guerras Livonianas, foi reconstruída como biblioteca quando a universidade foi reaberta, em 1802. Os visitantes podem subir nas torres reformadas.

A pedra sacrificial era local de orações da Estônia pagã.

★ Estátua de Karl Ernst von Baer
Esse monumento homenageia o ilustre aluno da universidade e fundador da moderna embriologia.

Universidade de Tartu
Quando o primeiro aluno se matriculou, em 1632, era apenas a segunda universidade da província da Livônia sueca. Desde a sua fundação, sempre teve papel crucial na história da Estônia.

Prefeitura
De 1786, a atual Prefeitura é o terceiro prédio a ocupar essa posição no centro de Tartu. A elegante arquitetura classicista foi considerada muito moderna e ousada no século XVIII.

❶ Lago Võrtsjärv

Mapa rodoviário D2.
🚌 de Viljandi, Otepää.
ℹ️ Centro de Visitantes, Rannu, 527 5630. ⏱ mai-set: 10h-18h diariam; out: 11h-17h diariam; nov-abr: 10h-17h ter-sex.
🌐 vortsjarv.ee

Estendendo-se sobre os condados – Viljandi, Tartu e Valga –, o lago Võrtsjärv é o segundo maior da Estônia depois do lago Peipsi (p. 127). Na parte norte encontram-se algumas praias, enquanto o sul é bem mais pantanoso.

Existem várias atrações nos arredores do lago. O mausoléu de Barclay de Tolly (1757-1818), general russo que ajudou a derrotar Napoleão, está em **Jõgeveste**, ao sul do lago.

A Bagpipe Farm, em Riidaja, fica a sudoeste do lago e é uma das atrações incomuns existentes no lugar. Uma atividade de verão muito popular é fazer um passeio a bordo de um *kalepurjekas*, uma embarcação tradicional.

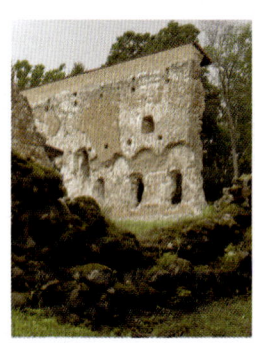

Vista de Otepää em meio à natureza exuberante

Parte do castelo medieval na Montanha do Castelo, em Viljandi

❷ Viljandi

Mapa rodoviário D2. 👥 20.000. 🚌 de Tallinn. 🚌 de Tartu. ℹ️ Vabaduse 6, 433 0442. 🎭 Festival Folclórico de Viljandi (fim jul). 🌐 viljandi.ee

A agradável cidade de Viljandi está centralizada nas ruínas de um castelo medieval no alto da Montanha do Castelo, de onde se avista um lago e a natureza ao redor. Um importante ponto de parada na rota hanseática de comércio (p. 36), Viljandi já se destacava como uma das principais fortalezas da Estônia no século XVI. No fim do século XIX, a área era uma das mais prósperas do país.

Viljandi é notável por seus edifícios históricos bem conservados, como os muitos e belos chalés de madeira e as casas de tijolos do início do século XX.

Na pequena praça onde Lossi e Tartu se juntam, há uma estátua em homenagem a Carl Robert Jakobson (1841-82), um nacionalista do século XIX que muito contribuiu para o Despertar Nacional ao fundar, em 1878, o jornal em idioma estoniano, o *Sakala*. A estátua é o principal ponto de referência da cidade.

Viljandi é um importante centro de arte e música folclórica e apresenta um grande festival anual de música.

❸ Otepää

Mapa rodoviário E2. 👥 2.300. 🚌 de Tartu, Võru, Tallinn.
ℹ️ Tartu mnt 1, 766 1200.
🎭 Maratona de Tartu (fev).
🌐 otepaa.ee

Situada nas colinas verdejantes a sudeste da Estônia, Otepää é outro popular destino de férias no verão e no inverno. A cidade também ocupa um lugar especial na história do país. Em 1884, a bandeira nacional foi consagrada na igreja paroquial, que hoje abriga o **Museu da Bandeira**. A Coluna da Energia, um totem que se ergue na rua Mäe, é um forte símbolo de que as crenças pagãs prevalecem na Estônia.

O lago **Pühajärv**, 3km ao sul de Otepää, tem belas praias e bons restaurantes em meio a um magnífico cenário.

🏛 **Museu da Bandeira**
Tel 765 5075. ⏱ 11h-16h ter-sáb.

Os Irmãos da Floresta

Quando a União Soviética voltou a ocupar a Estônia, em 1944, milhares de homens fugiram para as florestas e pegaram em armas. Conhecidos como os Irmãos da Floresta, eles iniciaram uma campanha de guerrilha contra o sistema soviético, principalmente em Viljandi e Tartu, com forte apoio da população local. Mas as unidades da NKVD passaram a perseguir as famílias dos guerrilheiros e, por volta de 1949, a rede de apoio estava desfeita. Em 1953, sobravam poucos Irmãos da Floresta. O último membro ativo morreu em 1980.

Um *bunker* subterrâneo usado pelos Irmãos da Floresta

Veja hotéis e restaurantes dessa região nas pp. 298-9 e 318-9

Esqui e Snowboard

Quando os atletas da Estônia conquistaram três medalhas de ouro nas provas de esqui das Olimpíadas de Inverno de 2006, eles foram saudados como heróis nacionais e a "mania do esqui" tomou conta do país. Embora plana, a Estônia tem muitas estações de esqui, como Suur Munamägi, a 318m de altitude, com descidas para snowboard e esqui. Nos arredores de Otepää também existem estações de esqui. Como a Estônia fica coberta de neve ao longo de todo o inverno, os resorts costumam ficar lotados até a primavera. A Maratona de Esqui de Tartu *(p. 53)*, na Estação de Kuutsemäe, recebe 10 mil participantes todos os anos. O snowboard vem ganhando popularidade e os esportistas da região já estão entre os melhores da Europa em acrobacias "trick park".

A Maratona de Esqui de Tartu é um dos destaques do calendário estoniano de esportes de inverno. Os 63km do WorldLoppet atraem competidores do mundo todo. As festividades que antecedem o evento oferecem muitas atividades para esquiadores não profissionais e também para as crianças.

Otepää, "Capital de Inverno", atrai muita gente para seus hotéis românticos durante o inverno. Um deles é o Väike Munamägi (Monte do Ovinho), a 2km de Otepää. Snowboard, patinação no gelo e snowtub também são modalidades praticadas nessa bonita cidade do sul.

A Estação de Esqui de Kuutsemäe tem sete descidas e está localizada a uns 14km de Otepää. Suas pistas de esqui cross-country são bem sinalizadas.

Kristina Šmigun-Vähi (n.1977)

A esquiadora cross-country Kristina Šmigun, natural de Tartu, é a melhor esquiadora em sua categoria e uma heroína nacional na Estônia. Seus pais, Anatoli Šmigun e Rutt Rehemaa, também foram esquiadores famosos. Kristina conquistou seis medalhas em campeonatos nórdicos mundiais da FIS, entre elas uma de ouro em 2003. Seu maior feito, porém, é ter sido a primeira mulher da Estônia a conquistar duas medalhas de ouro, em 2006, nos Jogos Olímpicos de Inverno em Turim. Além disso, ela venceu duas vezes os 7,5km de *double pursuit* e os 10km clássicos.

Kristina Šmigun nos Jogos Olímpicos de Inverno

Andrus Veerpalu (n. 1971) conquistou duas medalhas olímpicas de ouro e uma de prata e é o maior atleta olímpico da Estônia. O esquiador cross-country também é ouro e prata em campeonatos mundiais.

O belíssimo Solar Sangaste, em estilo gótico inglês

⓱ Solar Sangaste

Sangaste loss

Mapa rodoviário D2. **Tel** 767 9300.
🚌 de Tartu, Otepää. ⏰ 10h-16h
diariam. 📷 🎫 ligar antes. ♿ ✏️ 💻
🌐 sangasteloss.ee

Um dos mais belos edifícios do gênero, o Solar Sangaste foi construído em estilo gótico inglês entre 1879 e 1883. Foi encomendado pelo conde Friedrich von Berg para provar a um aristocrata britânico, a quem sua filha estava prometida em casamento, que ele não era o "selvagem da Rússia" que o nobre preconceituoso julgava que ele fosse. A impressionante fachada de tijolos vermelhos de Sangaste, os frontões crenulados e as torres elegantes lhe conferem uma aparência de castelo, não de solar paroquial. O vestíbulo em arcos, o Salão do Domo no piso térreo, é onde aconteciam os grandes bailes e até hoje se conserva majestoso, enquanto a espaçosa sala de jantar, que é atravessada por vigas em estilo Tudor, é uma visão impressionante. Sangaste está no meio de um parque florestal de 0,8km², o que faz dele um excelente ambiente para festas de casamento.

⓲ Museu Mõniste ao Ar Livre

Mõniste muuseum

Mapa rodoviário E2. Kuutsi, vilarejo de Mõniste. 🚌 de Tartu. **Tel** 789 0622.
⏰ mai-set: 10h-17h diariam; out-abr: 10h-16h seg-sex. 📷 🎫
🌐 monistemuuseum.ee

Criado em 1948, o Museu Mõniste ao Ar Livre é o mais antigo do gênero no país. Ele ocupa as casas de uma fazenda do século XIX, começo do século XX, cercadas por tranquilas e belas florestas nos arredores de Võru. Oferece muitas atividades aos visitantes. Durante todo o verão, regularmente há eventos com programação especial que foca aspectos essenciais e tradicionais da vida rural, como ordenha de vacas, trabalho com madeira e linho, e feitura de pães. Além de pôr as mãos na lida rotineira, os visitantes podem aprender a fiar algodão, fazer novelos de linho e confeccionar corda. Uma das atividades mais interessantes oferecidas no local é aprender como os camponeses estonianos utilizavam as plantas e as árvores para curar doenças e tratar ferimentos.

A Igreja de Santa Maria, em Rõuge, cercada de verde por todos os lados

⓳ Rõuge

Mapa rodoviário E2. 🏠 440.
🚌 de Võru. ℹ️ Haanja mnt, 785 9245. ⏰ mai-set: 10h-18h diariam.
🌐 rouge.kovtp.ee

O vilarejo de Rõuge é o que melhor incorpora o charme lânguido do sudeste da Estônia, além de ser considerado por grande parte dos estonianos o vilarejo mais bonito de todo o país. Situado às margens do lago Rõuge Suurjärv, que é o mais profundo do país, com 38m desde a superfície, e tendo como pano de fundo o magnífico Vale dos Rouxinóis, é um lugar de tranquilidade ímpar. O vale é cortado por várias trilhas naturais que começam atrás da **Igreja de Santa Maria**. A igreja foi construída em 1730

O Povo Setu

Uma mulher setu com tradicional lenço na cabeça e saia

Embora viva no sudeste da Estônia, o povo setu é um grupo étnico distinto. Diferentemente da maioria dos estonianos, os setus são ortodoxos, por viverem em uma região cristianizada pela Igreja Ortodoxa russa. Eles têm um idioma próprio, chamado võru-setu, que difere consideravelmente do estoniano-padrão. A tradicional música folclórica setu é uma das mais bonitas da Estônia, embora sua melancólica estrutura polifônica a aproxime da melodia eslava. O povo setu é famoso pelos belos trajes e artefatos tradicionais. O melhor ponto de partida para explorar essa cultura é Obinitsa. Localizada no centro de Setumaa, ou a "Terra dos Setus", nesse vilarejo são celebradas várias festas típicas.

Veja hotéis e restaurantes dessa região nas pp. 298-9 e 318-9

LESTE DA ESTÔNIA | 125

e está no lugar de uma fortaleza que existiu até o século XII. Ao lado da igreja há uma antiga escola de madeira, que data de 1888, em cuja fachada podem ser vistas bonitas esculturas e entalhes na madeira. Na frente da igreja há um monumento em homenagem aos estonianos que perderam a vida na guerra pela independência (1918-20).

⑳ Suur Munamägi

Mapa rodoviário E2. **Tel** 786 7514. de Võru. abr-ago: 10h-18h diariam; set-out: 10h-17h diariam; nov-mar: 12h-15h sáb-dom. suurmunamagi.ee

Situado ao sul do vilarejo de Haanja, a Suur Munamägi (Montanha do Grande Ovo) é o ponto mais alto dos países bálticos. E, como fica apenas 318m acima do nível do mar, dá para imaginar como é plana a região báltica. Entretanto, a paisagem ao redor de terras cultivadas, matas e colinas é bela o suficiente para merecer uma escalada ao topo da montanha. Em dias claros, a vista alcança até a Rússia e a Letônia.

No topo há uma torre de observação que foi construída em 1939 e reformada para incluir o envidraçado Café da Torre Suur Munamägi (*p. 319*) e um elevador. Durante a caminhada pela trilha íngreme até o topo, quem olha sobre a copa das árvores avista interessantes figuras entalhadas na madeira.

Vista da torre de observação de Suur Munamägi

F. R. Kreutzwald (1803-82)

Um dos escritores mais respeitados e amados da Estônia, Friedrich Reinhold Kreutzwald foi uma das figuras centrais do Despertar Nacional no século XIX. O enorme volume de literatura produzido por ele em idioma estoniano ainda inspira um forte senso de identidade e confiança entre os mais patriotas. Embora fosse pobre, ele estudou medicina na Universidade de Tartu, onde desenvolveu um apaixonado interesse pelo folclore nacional. Escreveu vários épicos inspirados no folclore estoniano, o mais célebre deles *Kalevipoeg* (*Filho de Kalev*). Publicado entre 1857 e 1859, era em parte ficção, em parte influenciado por histórias do folclore local.

Monumento Memorial a Kreutzwald em Võru

㉑ Vastseliina

Mapa rodoviário E2. 620. de Võru. **vastseliina.ee**

O vilarejo de Vastseliina é visitado principalmente pelo castelo do século XIV localizado 4km a leste. O castelo original era uma fortaleza de fronteira construída pelos germânicos para se defender dos russos. Aconteceu um milagre no local em 1353, quando uma cruz ficou suspensa sobre o altar da capela. O fato foi levado pelo bispo de Riga ao papa Inocêncio VI, e logo depois o castelo se tornou local de peregrinação. Em 1702, foi completamente destruído na Grande Guerra Nórdica (1700-21), mas as ruínas não nos deixam esquecer que essa área já foi violentamente disputada.

Em Vana-Vastseliina, aos pés do castelo, a **Taverna Piiri** – desde 1695 – continua servindo comida.

Casas de madeira bem preservadas da rua Jüri, em Võru

㉒ Võru

Mapa rodoviário E2. 14.000. Tartu 31, 782 1881. Festival de Folclore de Võru (meados jul). **voru.ee**

Situado no centro do sudeste da Estônia, Võru é um bom ponto de partida para explorar a região. A cidade tem uma impressionante arquitetura, em madeira, do século XVIII.

A principal atração de Võru é o **Museu do Memorial Kreutzwald**, na casa em que morou o escritor F. R. Kreutzwald, que praticava medicina na cidade. As areias do lago Tamula avançam quase até o centro da cidade e são ótimas para caminhar.

Arredores

Obinitsa, 30km a leste de Võru, é a maior cidade da comunidade de setu.

Museu do Memorial Kreutzwald
abr-set: 10h-18h qua-dom; out-mar: 11h-17h qua-dom.

A margem do lago Põlva com a torre da Igreja de Santa Maria atrás

❷❸ Põlva

Mapa rodoviário E2. 6.500. de Tartu. *i* Kesk 42, 799 5001. Festa da Cidade (primeiro fim de semana de junho). **w** polva.ee

A cidade se espalha ao redor do lago Põlva, um lago artificial em cujas margens os banhistas se estiram no verão. Diz a lenda que uma jovem foi enclausurada de joelhos na **Igreja de Santa Maria** a fim de afastar os demônios. Alguns acreditam que venha daí o nome Põlva, que em estoniano significa "joelho". A cidade cresceu ao redor da Igreja de Santa Maria, que permaneceu em ruínas por muito tempo até ser reconstruída após as Guerras Nórdicas *(p. 37)*. Perto de lá, o premiado projeto arquitetônico do Centro Cultural abriga galeria de arte, sala de concertos e café. Do terraço na cobertura, tem-se uma vista panorâmica da cidade. Em Põlva também fica a Sede do Festival da Canção Intsikurmu, que se situa em uma pequena área de floresta, a oeste da cidade.

❷❹ Moinho Kiidjärve

Mapa rodoviário: E2. de Põlva. *i* vilarejo de Kiidjärve, 799 2122. **w** polvamaa.ee

Construído em 1914, o Moinho Kiidjärve fica na Área Recreativa de Kiidjärve-Taevaskoja, um bolsão com 32km de belezas naturais que inclui também os paredões de arenito. O moinho é a maior estrutura de tijolos do gênero na região báltica. Muitas trilhas para caminhada começam no vilarejo de Kiidjärve. Passeios a cavalo, de bicicleta e de canoa também são muito procurados. Os famosos Formigueiros Akste, alguns com 2m de altura, constituem outra incrível atração nessa área.

❷❺ Encosta de Arenito de Taevaskoja

Mapa rodoviário E2. de Põlva. de Tartu. Centro de Férias e Turismo de Taevaskoja, 5373 6406. **w** taevaskoja.ee

Taevaskoja, ou "Entrada do Céu", é famosa pelos rochedos de arenito e as belezas naturais. Os paredões Grande e Pequeno Taevaskoja estão entre as principais atrações nas imediações de Põlva. Eles se erguem nas margens do rio Ahja, que é considerado um dos mais belos da Estônia. Perto do Pequeno Taevaskoja está a Cova da Donzela, que foi cavada pelas águas que brotam do costão Devoniano, que deu origem a muitas lendas e mitos. Perto desse local fica o Grande Taevaskoja, um paredão de arenito que é considerado símbolo nacional.

Os rochedos de arenito de Taevaskoja, ao longo do rio Ahja

Os Velhos-Crentes Russos

Ao se opor às reformas radicais impostas pelo patriarca Nikon (1605-81), os velhos-crentes romperam com a Igreja Ortodoxa russa no século XVII. Para fugir da perseguição, muitos foram para o sudeste da Estônia, fixaram-se nas imediações do lago Peipsi e desde então aderiram a um estilo de vida tradicional. Hoje, a Estônia tem onze congregações de velhos-crentes que somam cerca de 15 mil membros. Eles são famosos pelo cultivo abundante de cebola por acreditarem na cura de vários males se forem consumidas em quantidade.

Congregação dos velhos-crentes

Veja hotéis e restaurantes dessa região nas pp. 298-9 e 318-9

LESTE DA ESTÔNIA | **127**

ⓦ Lago Peipsi

Quinto maior lago da Europa, o Peipsi se estende ao longo de grande parte da fronteira leste da Rússia. Em um lugar que respira tranquilidade, mergulhado em história e tradição, o grande lago domina todos os aspectos da vida dos velhos-crentes e também do povo setu *(p. 124)*, que vive na região. As praias da orla são extensas e há muitas vilas de pescadores.

A pesca é uma atividade comum no lago Peipsi

① Mustvee
As principais atrações são um pequeno museu dedicado aos velhos-crentes e três igrejas.

② Raja
Famoso pela Igreja dos Velhos-Crentes, esse vilarejo tem 4,5km de extensão – o maior da Estônia.

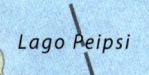

③ Kolkja
O Museu dos Velhos-Crentes é uma atração de Kolkja. Tem também um bom restaurante que prepara uma saborosa comida local.

④ Kasepää
Kasepää faz parte dos 7km de vilarejos que adotam o estilo de vida dos velhos-crentes.

⑤ Piirissaar
Essa ilha, onde vivem pescadores e plantadores de cebola, tem acesso por barco de Tartu e Värska.

⑥ Värska
Um vilarejo de belas praias e muita vida selvagem. O Museu da Aldeia Setu é outra atração.

Dicas para o Passeio

Ponto de partida: Mustvee.
Extensão: a estrada que vai de Mustvee a Varnja tem 46km, e a de Meerapalu a Värska, 56km.
Condição das estradas: como não é possível transitar de carro por todo o caminho, há muitas opções de hospedagem ao norte de Kallaste.

Legenda
━ Percurso sugerido
═ Outra estrada
-- Percurso do ferryboat
-·- Fronteira internacional

Legenda dos símbolos *na orelha da contracapa*

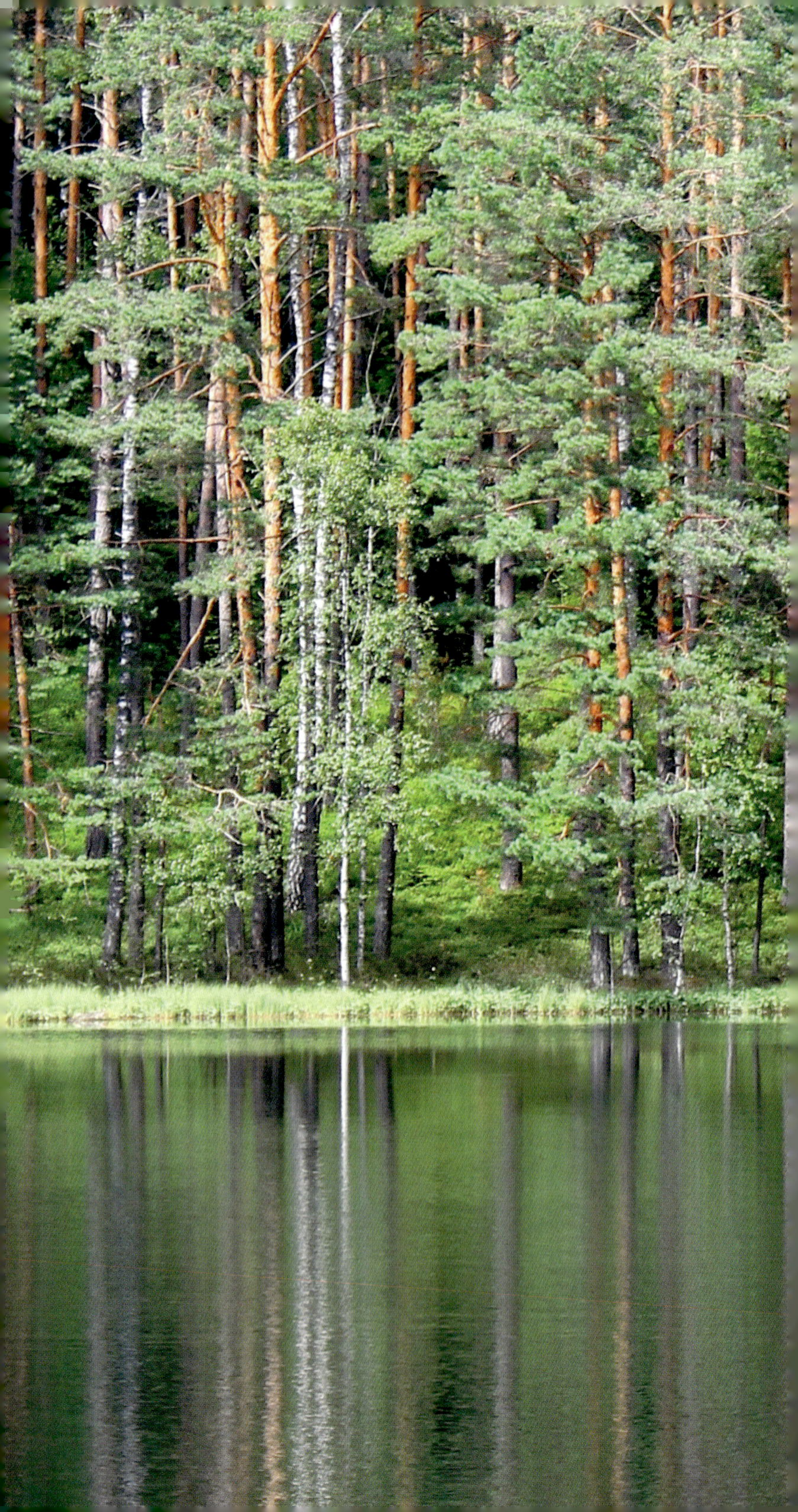

LETÔNIA

Letônia em Destaque	130-131
Retrato da Letônia	132-135
Letônia Mês a Mês	136-137
A História da Letônia	138-141
Riga	142-165
Oeste da Letônia	166-185
Leste da Letônia	186-203

Letônia em Destaque

A Letônia é tradicionalmente dividida em quatro regiões, que correspondem, grosso modo, aos territórios das antigas tribos bálticas. Em sua costa estão dois dos maiores portos do país, enquanto a oeste de Kurzeme há densas áreas de florestas. As planícies férteis de Zemgale, ao sul, fazem fronteira com a Lituânia. Ao norte, a paisagem de Vidzeme é diversificada, com praias, florestas, lagos e montanhas. Na fronteira com a Rússia e a Belarus, no extremo oeste, a região culturalmente distinta de Latgália é pouco desenvolvida e rural.

Riga *(pp. 142-65)* é a maior cidade da região. Possui um centro histórico tombado pela Unesco e uma das maiores coleções do mundo de arquitetura art nouveau.

Palácio Rundāle *(pp. 172-3)*, residência mais suntuosa da Letônia, foi desenhado por Rastrelli (1700-71), o arquiteto italiano do Palácio de Inverno de São Petersburgo. As salas desse palácio são decoradas no rebuscado estilo rococó da segunda metade do século XVIII.

◀ As águas serenas dos lagos da Latgália

LETÔNIA EM DESTAQUE | 131

O Parque Nacional Gauja *(pp. 190-3)* é uma das áreas mais bonitas do país e um destino procurado tanto por turistas locais quanto por estrangeiros. Além de oferecer um misto de atrações naturais e sítios históricos, é um dos melhores lugares da Letônia para atividades ao ar livre, como canoagem ou bobsledge.

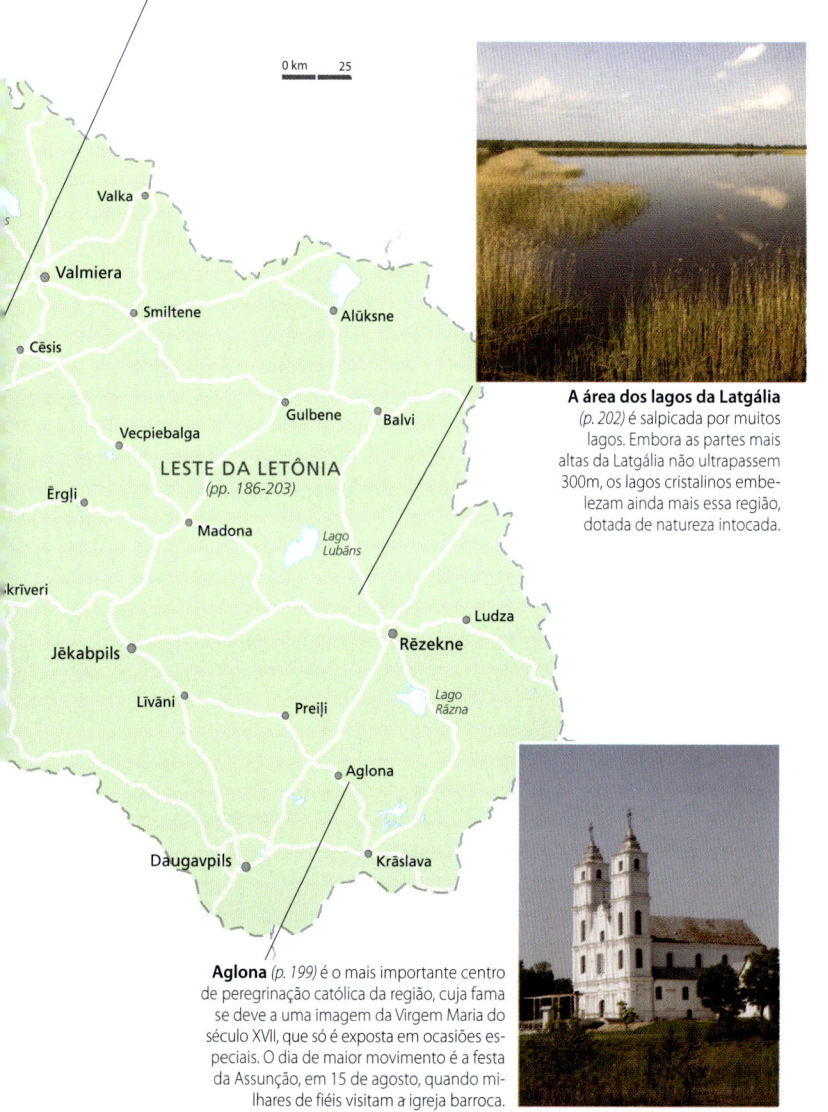

A área dos lagos da Latgália *(p. 202)* é salpicada por muitos lagos. Embora as partes mais altas da Latgália não ultrapassem 300m, os lagos cristalinos embelezam ainda mais essa região, dotada de natureza intocada.

Aglona *(p. 199)* é o mais importante centro de peregrinação católica da região, cuja fama se deve a uma imagem da Virgem Maria do século XVII, que só é exposta em ocasiões especiais. O dia de maior movimento é a festa da Assunção, em 15 de agosto, quando milhares de fiéis visitam a igreja barroca.

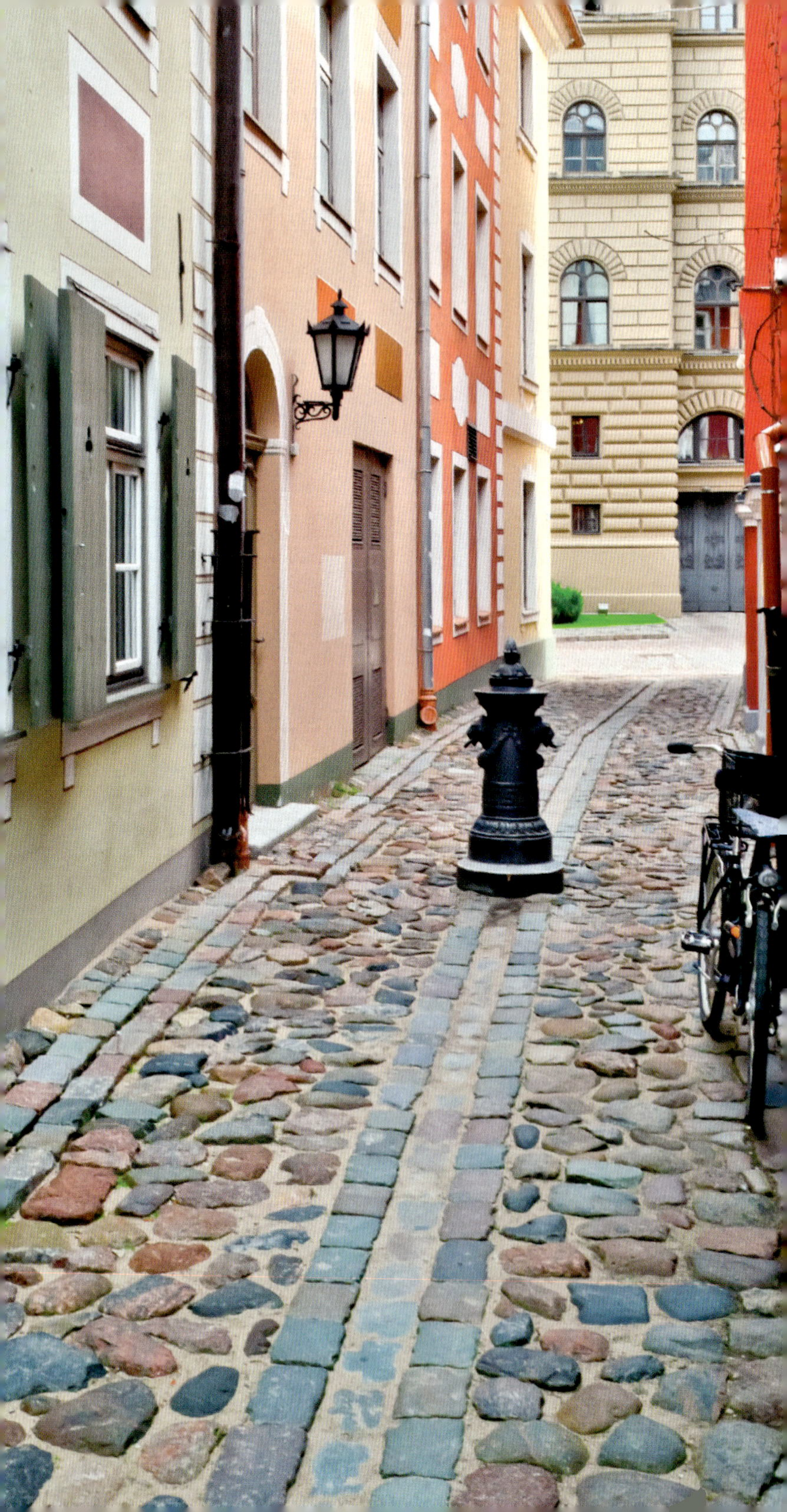

RETRATO DA LETÔNIA

Situada entre a Estônia e a Lituânia, a Letônia se caracteriza por seus lagos e florestas, seus fascinantes sítios históricos e suas cidades dinâmicas, que são, em geral, pouco explorados. Entretanto, a capital do país, Riga, atrai muita gente da Europa Ocidental. Maior cidade da região báltica, ela apresenta uma bela Cidade Velha repleta de tesouros culturais e uma vida noturna vibrante.

Muito antes da chegada dos cruzados germânicos, em 1201, as tribos da Letônia já mantinham relações comerciais com mercadores de locais distantes, como Bizâncio, enquanto o cristianismo ortodoxo avançava pelo leste. Porém, foram os cruzados os responsáveis por oito séculos de dominação estrangeira na região. Um curto período de autodeterminação no começo do século XX pôs fim à ocupação, primeiro da Alemanha nazista, depois da Rússia soviética. Se por um lado o período soviético trouxe rápida industrialização, por outro, a restauração da independência, em 1991, apressou o ritmo da modernização do país. Entre um e outro, uma cultura distintamente letã sobreviveu à assimilação das influências estrangeiras e às diferenças regionais. Ao mesmo tempo, conseguiu manter a ligação com a natureza, um reflexo dos muitos séculos de trabalhos com a terra. O país, que tentou se adaptar aos legados político, econômico e social recebidos no século XX, entrou confiante no século XXI. Os centros históricos de Riga e outras grandes cidades estão sendo restaurados, enquanto as áreas rurais se preparam para o ecoturismo.

O Povo

Na Letônia, a divisão étnica é mais evidente por comunidades letãs e russas, que somam, respectivamente, 60% e 30% da população do país com 2,3 milhões de habitantes. Embora os russos sejam maioria nas principais cidades letãs, uma proporção significativa deles não é de cidadãos, por não terem sido aprovados nos testes obrigatórios de idioma e cidadania. Eles não podem votar nas eleições nacionais nem podem viajar e trabalhar livremente na União Europeia.

Um sereno recanto na área rural de Sigulda, Parque Nacional Gauja

◀ Uma das muitas ruas de pedra da Cidade Velha de Riga

Dançarinos folclóricos tradicionais se apresentam no Museu Etnográfico ao Ar Livre Letão, perto de Riga

As minorias são lituanos, poloneses, bielorrussos e ucranianos. Os judeus da Letônia foram quase todos dizimados ou saíram do país na Segunda Guerra Mundial. Os poucos que voltaram formam hoje pequenas comunidades.

Sociedade e Cultura

Os letões são conservadores, e, embora as oportunidades de emprego sejam iguais para mulheres e homens, eles são mais bem pagos. As mulheres ocupam importantes cargos públicos e se destacam na política do país, mas muitos ainda acreditam que o domínio feminino se limita à vida doméstica.

A rígida hierarquia social dos alemães bálticos permitiu a sobrevivência e a adaptação de muitas tradições folclóricas. Ainda hoje se ouvem os ecos do passado pagão da Letônia, principalmente nas apaixonadas celebrações da Véspera do Dia de São João, quando até os mais urbanos professam sua ligação com a natureza. Isso se repete no hábito de presentear com flores, embora os ramalhetes devam ter número ímpar de flores, porque os números pares estão associados a funerais.

Os letões nunca levaram a sério nenhuma religião organizada. Hoje, apenas um terço da população identifica-se com o cristianismo luterano evangélico.

Política e Economia

Com a restauração da independência, surgiram na Letônia dezenas de partidos políticos, os quais formaram uma sucessão de coalizões de centro-direita no governo. O fim do regime comunista não significou o fim da corrupção, em que oligarquias poderosas usavam sua influência política em prol de interesses financeiros próprios. Isso gerou um ceticismo generalizado em relação à política.

O povo celebra o aniversário da proclamação da República da Letônia em Riga

As autoridades soviéticas transformaram uma economia basicamente agrícola em outra apoiada na indústria pesada com a associação do influxo de operários russos para as cidades. O colapso da economia soviética planificada, entre 1989 e 1992, resultou na súbita perda de mercados para os produtos letões, mergulhando o país em uma crise profunda quando, em 1995, quatro bancos recém-privatizados quebraram.

Navios ancorados no porto de Liepāja, uma base naval soviética

Desde então, as privatizações, as reformas econômicas e os baixos salários fomentaram o rápido crescimento, até a crise econômica de 2008. A maior parte da matéria-prima passou a ser importada, com exceção da madeira, mas a indústria obteve sucesso e tem atraído investimento estrangeiro. A Letônia exporta produtos farmacêuticos, madeira, tecidos, eletroeletrônicos, navios, laticínios, carne e grãos. O país soube capitalizar sua posição de eixo comercial entre leste e oeste, lucrando especialmente com o trânsito do petróleo da ex-URSS para a Europa Ocidental.

Embora esteja entrando dinheiro no país, as condições de vida do cidadão comum não melhoraram muito. A falta de oportunidades de emprego precipitou a migração para cidades da Letônia ou de outros países da União Europeia.

Turismo

Uma mudança bastante evidente nos últimos anos é o rápido crescimento do turismo. Se grande parte do país ainda é pouco explorada por estrangeiros, Riga conseguiu se firmar no mapa turístico. O entorno da Cidade Velha vem se adaptando para receber um número crescente de visitantes. A cidade tenta recuperar o epíteto de "Paris do Norte", que compartilhava com outras cidades europeias.

Contudo, a área mais fértil para o crescimento está fora dos centros urbanos, e nela florestas, rios e lagos permanecem intocados. Mesmo com a infraestrutura ainda em desenvolvimento, o turismo é uma ótima oportunidade de recuperar a economia rural, e algumas fazendas históricas já aderiram ao ecoturismo.

Grupo faz rafting na área verde de Kurzeme

LETÔNIA MÊS A MÊS

Com um passado pagão que sobrevive aos cruzados germânicos, o calendário letão é recheado de celebrações que marcam o ritmo de outras épocas. Muitas das tradições folclóricas já estão incorporadas aos festivais cristãos, que são uma boa oportunidade para se conhecer as atividades tradicionais. Os eventos culturais internacionais se concentram em Riga, embora outras cidades, particularmente Liepāja, contribuam, sem falar nas festas populares que são celebradas nos vilarejos. A melhor época para visitar o país é de maio a meados de setembro. Riga recebe turistas o ano todo, não só pelo vibrante ambiente cultural, mas também por ser uma cidade linda nos claros dias de inverno.

Primavera

As chuvas e a lama do começo da primavera molham também o espírito. Em abril, o campo ganha vida com a música e a dança.

Março

Astros do Piano (início mar), Liepāja. Esse festival de piano foi criado em 1993 e desde então reúne pianistas do mundo todo.

Abril

Festival Internacional do Balé Báltico (abr-mai). Nesse festival, que acontece em Riga e em outras cidades, apresentam-se dos bailarinos clássicos aos de vanguarda.

Maio

Livonian Festival (fim mai), Cēsis. Os destaques são música medieval, comida, oficinas de artesanato e reconstituições de batalhas realizadas na cidade, no castelo Livonian Order.

Dias de Arte e Noites de Museu. É um festival animado em que os artistas apresentam seus trabalhos nas ruas e praças de todo o país. Acontecem também concertos e peças teatrais, e muitos museus ficam abertos, inclusive à noite.

Verão

Os meses de verão são os melhores para conhecer o país, não só porque o tempo é melhor, mas por ser a temporada dos festivais.

Junho

Festival de Ópera de Riga (meados jun), Riga. Esse festival internacional marca o fim da temporada da Ópera Nacional Letã com um resumo do ano anterior.

Festival e Feira dos Artesãos (1º fim de semana), Riga. Esse evento, que acontece desde 1971, tem música, teatro, dança e artesanato tradicional no Museu Etnográfico ao Ar Livre (p. 163).

Combate de cavaleiros no Festival Medieval Báltico

Véspera de São João (23-24 jun). No dia da Erva (Līgo), as casas e os celeiros são decorados com galhos, flores e folhas. À noite tem cantoria ao redor das fogueiras, que ficam acesas até de manhã, o Dia de São João (Jāņi).

Julho

Festival do Mar (2º fim de semana). Nesse festival as homenagens são para os pescadores e o Deus do Mar.

Festival da Dança e da Canção Letãs, Riga. Esse festival amador é o maior do gênero no mundo. Acontece a cada cinco anos – o próximo será em 2018.

Festival de Folclore Báltico, Riga. As três capitais hospedam o evento em datas alternadas.

Rīgas Ritmi (1ª semana), Riga. Músicos de jazz e world-music se apresentam nesse festival de música.

Som do Verão (fim jul), Liepāja. Essa festa reafirma o local como a casa do rock letão.

Músicos tocam no Festival de Ópera de Riga

LETÔNIA MÊS A MÊS | 137

Dançarinas apresentam-se na rua no Festival da Cidade de Riga

Positivus, Mazsalaca. O maior festival de pop e rock da Letônia é realizado próximo ao mar Báltico com artistas internacionais.

Agosto
Assunção da Abençoada Virgem Maria *(15 ago)*, Aglona. Milhares de fiéis visitam o centro católico mais sagrado da Letônia.
Festival da Cidade de Riga *(meados ago)*. Criado em 2001 para celebrar o 800º aniversário da fundação da cidade, esse festival tem concertos, teatro e dança na rua.

Outono
As cores do outono fazem dessa época a melhor para passear pelo interior do país, mas a temperatura cai em meados de setembro.

Setembro
Festival Ferroviário *(1º sáb)*, Linha Bitola Estreita Gulbene-Alūksne *(p. 203)*. Os eventos acontecem em várias estações dos 33km dessa linha e a atração é uma máquina a vapor restaurada.

Outubro
Festival Arēna da Nova Música *(out-nov)*, Riga. Um mês de apresentações de composições contemporâneas.

Novembro
Mārtiņdiena *(10 nov)*. Marca o início do inverno. Os eventos acontecem no Museu Etnográfico ao Ar Livre de Riga *(p. 163)*.
Dia de Lāčplēsis *(11 nov)*. São vários eventos em homenagem aos que lutaram pela liberdade da Letônia.

Inverno
Dias curtos e mau tempo podem atrapalhar a viagem no inverno, mas nos dias claros a paisagem coberta de neve é uma beleza.

Dezembro
Natal *(25-26 dez)*. Achas de madeira são arrastadas de uma casa a outra recolhendo os azares do ano anterior, antes de ser queimadas na fogueira.

Mercado Natalino na Cidade Velha *(dez-início jan)*, Riga. Frequentado por turistas e moradores locais, o mercado tem diversas bancas de artesanato e delícias para o inverno, como vinho quente.

Janeiro
Festival de Música Sacra Internacional Sinos de Prata *(meados jan)*, Daugavpils. Essa é uma competição entre corais, grupos musicais e solistas.

Peça exposta no Festival de Escultura no Gelo, em Jelgava

Fevereiro
Festival Internacional de Escultura no Gelo *(início fev)*, Jelgava. Um dos maiores festivais do gênero no mundo. As esculturas ficam expostas até derreterem sob o sol.

Feriados
Ano-Novo (1º jan)
Sexta-feira Santa (mar/abr)
Domingo e Segunda-Feira de Páscoa (mar/abr)
Dia dio Trabalho (1º mai)
Restauração da Independência da República (4 mai)
Dia das Mães (segundo domingo de mai)
Véspera de São João (23-24 jun)
Proclamação da República da Letônia (18 nov)
Natal (24-26 dez)

Um passeio de barco pela cidade de Riga no outono

A HISTÓRIA DA LETÔNIA

Tradicionalmente, a história da Letônia começa com a chegada dos Cavaleiros Teutônicos em 1201, dando início a três séculos de dominação germânica. De meados do século XVI até o começo do século XVIII, o país ficou dividido entre a Polônia e a Suécia. Por volta de 1795, toda a Letônia foi absorvida pela Rússia. A independência da dominação estrangeira só foi conquistada em 1991.

A estratégica posição geográfica da Letônia, que impeliu seus vizinhos de assumir o controle da região, determinou grande parte de sua história. No fim do século XII, a rota de comércio através do rio Daugava era muito utilizada pelos mercadores do Leste Europeu. Os Cavaleiros Teutônicos, monges guerreiros germânicos, chegaram à Letônia em 1200 em busca de conquistas e de novos convertidos em terras pagãs. Em 1201, eles fundaram Riga, que se tornou um importante centro de comércio entre a região báltica e a Europa Ocidental.

Monge em traje de guerra

Os Germânicos e os Suecos

Os germânicos rapidamente se apossaram de toda a Letônia. Eles construíram castelos em Cēsis (1209), Kuldīga (1242) e Valmiera (1283) para impedir qualquer tipo de resistência local. Enquanto isso, Riga, Cēsis e Ventspils prosperavam como membros da Liga Hanseática *(p. 36)*. Os germânicos se beneficiaram dessa prosperidade e ergueram belos palacetes no interior do país. Os letões, por sua vez, foram expulsos de suas terras e escravizados.

No início do século XVI, a população das cidades apoiou o movimento da Reforma e não demorou para que o protestantismo fosse declarado a religião oficial. Em 1561, nas Guerras Livonianas *(p. 37)*, a Polônia conquistou a Letônia e o catolicismo se estabeleceu no país. Ao sul e a oeste foi criado o ducado da Curlândia, que devia lealdade à Polônia.

Os confrontos entre suecos protestantes e poloneses católicos no fim do século XVI resultaram em um governo sueco no norte da Letônia por grande parte do século XVII. Os suecos foram os responsáveis pela disseminação da

O rei Gustavo Adolfo desembarca na costa báltica em 1630

1201 Riga é fundada pelo bispo Albrecht de Bremen

1282 Riga adere à Liga Hanseática

Brasão de armas da Liga Hanseática

1561 Polônia ocupa a Letônia

1558 Começam as Guerras Livonianas

1200 — **1300** — **1400** — **1500**

1211 Começa a construção da Catedral de Riga

1372 Alemão substitui latim como idioma oficial

1520 1ª culto luterano

1536 1 registro de jude em Rig

Catedral de Riga

educação em idioma letão por todo o país. No reinado de Gustavo Adolfo (g. 1611-32), a Suécia consolidou seu controle sobre a Letônia, que então estava sob o domínio polonês. Nesse mesmo período, o ducado da Curlândia prosperou no governo de Jakob Kettler (g. 1642-81), que construiu uma armada em Ventspils e fundou a única colônia da Letônia, a ilha de Tobago, no Caribe.

Jakob Kettler, duque da Curlândia

O Império Russo

Em 1710, os suecos perderam Riga para Pedro, o Grande, da Rússia, na Grande Guerra Nórdica *(p. 37)*. Os russos introduziram 200 anos de estabilidade. A escravidão foi abolida em 1819, permitindo que a mão de obra agrícola migrasse para as cidades, onde as indústrias e as ferrovias ofereciam muitas oportunidades de emprego. Porém o poder e o dinheiro continuavam nas mãos de alemães e russos. Os comerciantes alemães mantinham os privilégios concedidos pelos governantes suecos.

No fim do século XIX, os russos tentaram substituir o idioma alemão, que até então era considerado oficial no país. Isso enfureceu os intelectuais letões, que viram aí um sinal de opressão. Esses então começaram a organizar movimentos políticos hostis ao regime tsarista e ao controle dos alemães sobre os negócios e as fazendas. Os conflitos de 1905 na Rússia encontraram eco em Riga e no interior da Letônia, onde mais de cem mansões foram incendiadas.

A Luta pela Liberdade

Na Primeira Guerra Mundial, em 1914, a Letônia foi um dos principais campos de batalha entre Alemanha e Rússia, mas nenhuma delas ocupou todo seu território. As aspirações nacionais ganharam força quando os letões tiveram que ingressar no exército russo. E, quando puderam formar um exército próprio, em 1915, investiram contra os alemães na Batalha de Natal, que começou em 23 de dezembro de 1916. Os letões foram finalmente derrotados, e os alemães tomaram Riga. A vitória dos Aliados em 1918 forçou a retirada das tropas alemãs. No prazo de alguns poucos dias, em 18 de novembro, a independência do país foi declarada.

Óleo sobre tela do século XIX mostra os navios em um porto da Letônia

---

1621 Gustavo Adolfo da Suécia ocupa Riga
1680 Sai o 1º jornal de Riga em alemão
1629 Suécia coloniza Letônia
1689 Bíblia traduzida para letão
1710 Riga é conquistada por Pedro, o Grande
Rei Gustavo Adolfo da Suécia (1594-1632).
1822 Impresso o 1º jornal em letão
1817 Proibida a escravidão em Kurzeme
1873 1º Festival da Canção Letã
1850 Criado o Movimento do Despertar Nacional
1905 Revolução socialista pede independência
1914 Começa a ocupação alemã no país
1917 Revolução Russa
1918 Declaração formal da independência da Letônia

A Primeira Independência

O recém-formado governo letão teve de se refugiar em Liepāja em janeiro de 1919 e só pôde retornar a Riga em julho, quando a cidade se viu livre dos exércitos bolcheviques. Durante esse ano houve muitas lutas contrárias à independência e entre grupos rivais de alemães, poloneses e russos. A Letônia só teve a sua independência garantida depois de assinar um tratado de paz com a Rússia, em 11 de agosto de 1920.

Apesar das constantes mudanças de governo até 1934, muita coisa se conseguiu no período de independência. O comércio foi redirecionado da Rússia para o Ocidente, o idioma letão ressurgiu e Riga era vista como a capital da região báltica. O principal personagem político dessa época foi Kārlis Ulmanis (1877-1942), que liderou um golpe em 1934 e fechou o Parlamento. Ele se autoproclamou presidente, espelhando-se no governo de Mussolini. O progresso do país foi bruscamente interrompido quando, em 17 de junho de 1940, os soviéticos invadiram a Letônia e ela passou a fazer parte da URSS. Qualquer um que tivesse papel de maior destaque na Letônia "burguesa" foi executado ou deportado para a Sibéria. No ano seguinte, em junho de 1941, chegaram os alemães, que em dez dias ocuparam o país. O regime nazista foi brutal, mas na direção de outro alvo: as vítimas pertenciam à comunidade judaica, que crescera consideravelmente depois que as leis que restringiam a residência de judeus foram revogadas em 1840.

Presidente Kārlis Ulmanis (1877-1942)

Soldados marcham em Riga, em 1940

A Volta dos Russos

Os soviéticos entraram pelo leste da Letônia e em Riga como "libertadores" no outono de 1944, mas os alemães resistiram até maio de 1945 no oeste. Isso fez com que 100 mil letões fugissem pela Alemanha e Suécia para a Grã-Bretanha, o Canadá e a Austrália. Em março de 1949, os russos fizeram mais deportações. Dessa vez as vítimas foram os fazendeiros que se negaram a aderir às novas fazendas coletivas. Como os letões tiveram de deixar o próprio país, os russos ocuparam o lugar deles e se multiplicaram durante o período soviético. Por volta de 1990, metade da população falava russo e o letão correu grave risco de desaparecer como idioma nacional. O primeiro protesto público aconteceu em 1987, quando o povo se reuniu ao redor do Monumento à Liberdade, em Riga, para lembrar as deportações de 1941 para a Sibéria. Um ano depois, começaram a surgir novos grupos políticos. O mais radical deles era a Frente Popular da Letônia (PLF), que

---

1919 Bolcheviques governam Riga por seis meses

1920 Rússia reconhece a independência

1934 Golpe põe Kārlis Ulmanis na presidência

1935 O Monumento à Liberdade é erigido em Riga

Monumento à Liberdade, Riga

1939 Rússia e Alemanha assinam o Pacto Ribbentrop-Molotov

1940 1ª ocupação soviética

1941 Ocupação pelos nazistas

1945 Reocupação pela URSS

1956 Atleta Inese Jaunzeme é a primeira letã a conquistar o ouro olímpico

Manifestação do PLF nas eleições de 1990

exigiu a independência total e venceu as eleições em 1990.

Finalmente, a Independência

A violência que explodiu em janeiro de 1991 mostrou a determinação dos letões pela independência. Oito pessoas morreram em confrontos com os guardas soviéticos em Riga. Em agosto, os comunistas conservadores de Moscou armaram um golpe contra o presidente Mikhail Gorbachev, mas o movimento fracassou em dois dias, e de uma hora para a outra a Letônia se viu livre da Rússia.

Nos primeiros oito anos de independência, o país foi conduzido por Guntis Ulmanis (n. 1939). Assim como na década de 1920, governos entraram e saíram, mas todos eles concordaram com uma política de privatização mais lenta do que a praticada na Estônia. Os baixos salários pagos ao setor público incentivavam a corrupção, que prevalecera no período soviético entre os baixos escalões e agora já contaminava os escalões superiores.

No começo do século XXI, a Letônia integrou-se à Europa Ocidental e, em 2004, à União Europeia, com a subsequente adoção do euro. No entanto, ainda mantém vínculos comerciais com a Rússia. A situação da população que tem o russo como primeiro idioma pode ser uma questão problemática para os governos pós-independência. Somente sensatez no modo de lidar com ela pode garantir a segurança do país a longo prazo.

Os Judeus da Letônia

No início do século XIX, os judeus da Rússia imperial foram barrados do mundo acadêmico, do governo e das forças armadas. Com o tsar Alexandre III (1881-94), o antissemitismo cresceu. Entre as duas Guerras Mundiais, o presidente Ulmanis reprimiu fortemente as atividades de grupos marginais que promoviam o antissemitismo. A Alemanha nazista pôs em prática suas políticas de extermínio ao invadir a Letônia em 1941, e o genocídio foi cometido em duas fases. Por volta de 1945, sobreviviam apenas mil judeus de uma população de 95 mil no pré-guerra. As instituições judaicas foram restabelecidas em 1988, com o fim da era soviética. Uma avaliação mais precisa da história dos judeus em todas as épocas só foi feita após a independência, em 1991.

A milícia pró-germânica vigia os judeus capturados em Liepāja, em 1941

Presidente Vaira Vīķe-Freiberga (n. 1937)

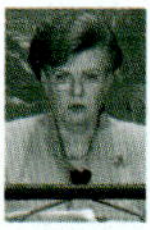

- **1991** Nova independência da Letônia
- **1990** PLF vence as eleições
- **1993** Constituição democrática é adotada
- **1999** Vaira Vīķe-Freiberga é a primeira mulher presidente
- **2001** Riga celebra 800 anos
- **2004** Letônia entra na Otan e na UE
- **2006** Letônia abriga o 70º Campeonato IIHF de Hockey no Gelo
- **2007** Valdis Zatlers é empossada
- **2009** A crise econômica atinge a Letônia, e uma revolta em Riga leva à destituição do governo
- **2014** A Letônia adota o euro

1975 | 1985 | 1995 | 2005 | 2015

Judeus da [Letô]nia já são 50 mil, [m]aioria vivendo [em] Riga

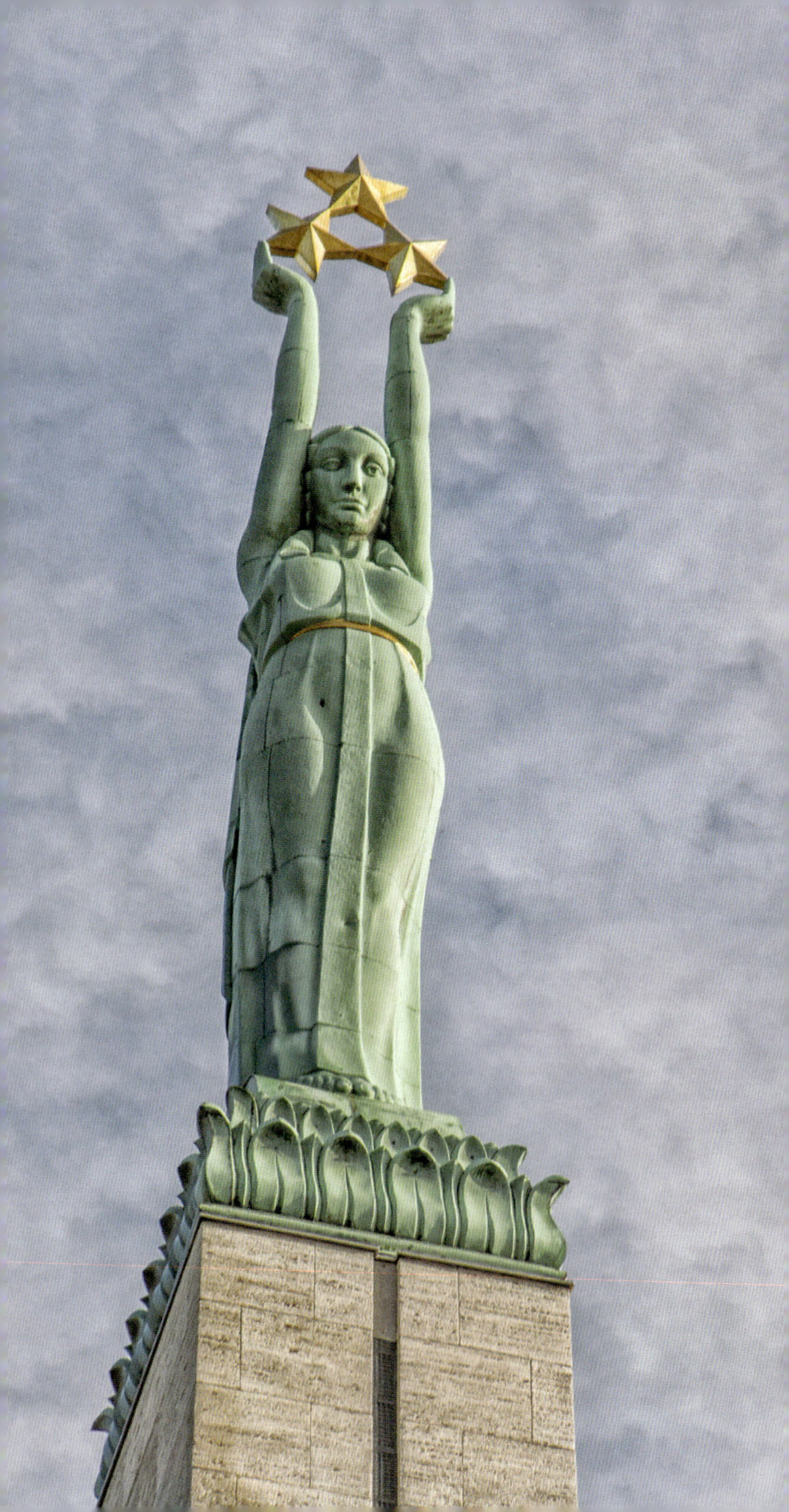

RIGA

Com uma longa história de centro mercantil, Riga é a maior e a mais cosmopolita das cidades dos países bálticos. Isso se reflete na arquitetura dos prédios que ladeiam ruas e praças. A Cidade Velha exibe um bonito conjunto de armazéns medievais e apartamentos do Renascimento alemão. Além deles, há edifícios em estilo art nouveau, que tornaram a cidade Patrimônio Mundial da Unesco.

Quando o cruzado germânico, bispo Alberto de Buxhoeveden, escolheu Riga como ponto estratégico para erguer sua fortaleza em 1201, a área já era habitada por tribos que praticavam o comércio com russos e escandinavos. A colônia germânica que ocupou a região prosperou como membro da Liga Hanseática, que era formada pelas cidades mercantis. Governada por suecos de 1621 a 1710, Riga atingiu o apogeu no século XIX, sob o domínio russo. Novos subúrbios foram construídos para os operários que chegavam; o porto foi ampliado; um anel de bulevares substituiu as antigas fortificações; e, no século XX, chegaram as indústrias, como as montadoras de automóveis.

Capital da Letônia que se tornou independente entre as duas Guerras Mundiais, Riga sofreu em ambos os conflitos, com muitos de seus antigos edifícios destruídos. Vários deles, como a Casa dos Cabeças Pretas, foram reconstruídos ou restaurados. A "libertação" de Riga pelo Exército Vermelho, em 1944, deu início a cinco décadas de governo comunista, e ainda hoje há mais russos que letões na cidade; as relações entre as duas comunidades são cordiais, mas não muito intensas.

Desde que o país reconquistou independência, em 1991, Riga tornou-se um vibrante destino turístico, com ótimos museus e uma vida noturna agitada. A mudança foi rápida, mas nem sempre tranquila, sobretudo com a chegada das companhias aéreas de baixo custo, que trouxeram seus próprios desafios. Os bares e restaurantes da moda atraem visitantes, e os arranha-céus de vidro e aço brotam nas ruas de pedra entre as torres de igrejas medievais da Cidade Velha. Não se trata de uma cidade que parou no tempo, mas, sim, de uma metrópole moderna que tenta se livrar da imagem soviética.

Café ao ar livre na Praça da Catedral (Doma laukums)

◀ Estátua no topo do Monumento à Liberdade, conhecida como Milda

Como Explorar Riga

Por muitos séculos a maior parte de Riga esteve dentro das muralhas na margem direita do rio Daugava. Essa área, que hoje é conhecida como Cidade Velha, concentra a maioria dos locais de interesse. A via principal que atravessa suas pitorescas ruas e praças é a Kaļķu, que começa na Ponte de Pedra *(Akmens tilts)* e termina na rua Brīvības e no Monumento à Liberdade. Com a retirada dos muros, em meados do século XIX, o espaço tornou-se um anel de bulevares e parques. As principais estações de trens e ônibus ficam a sudeste desse anel. Ao norte, um prolongamento do fim do século XIX conhecido como Centro Silencioso inclui algumas das mais belas arquiteturas art nouveau.

Principais Atrações

Igrejas e Catedrais
1. Catedral do Domo
4. Igreja de São Salvador
8. Catedral de São Jacó
21. Igreja de São Pedro
24. Igreja de São João
29. Catedral Ortodoxa

Museus e Galerias
2. Museu das Barricadas de 1991
3. Museu de História e Navegação de Riga
7. Museu de Arte da Bolsa de Riga
10. Arsenal Museu de Arte
13. Torre da Pólvora/Museu de Guerra Letã
18. Museu da Ocupação da Letônia
22. Museu de Desenho e Artes Decorativas
23. Museu da Porcelana
25. Museu da Fotografia
28. Museu Memorial Krišjānis Barons
30. Museu de Arte Nacional da Letônia
31. Museu dos Judeus da Letônia
32. Museu da História da Medicina Pauls Stradiņš
33. Museu de Art Nouveau

16. Pequena Guilda
17. Casa dos Cabeças Pretas
19. Monumento ao Atirador Letão
20. Casa Mentzendorff
26. Bastejkalns
27. Monumento à Liberdade

Prédios e Monumentos
5. Castelo de Riga
6. Três Irmãos
9. Parlamento
11. Porta Sueca
12. Quartel de São Jacó
14. Casa dos Gatos
15. Grande Guilda

Veja hotéis e restaurantes dessa região nas pp. 300-1 e 320-2

RIGA | **145**

Legenda
- Local de interesse
- Ferrovia
- Rua para pedestres

Praça da Prefeitura, Riga

Como Circular

A Cidade Velha é compacta e pode ser percorrida a pé: os carros só podem circular em poucas ruas e não há transporte público. O principal bairro art nouveau fica próximo da Cidade Velha; a rede de bondes, trólebus e ônibus chega às atrações mais distantes. Há muitos táxis fora da Cidade Velha. Os dois escritórios de turismo central têm informações sobre os passeios guiados.

Vista panorâmica da Cidade Velha de Riga e do rio Daugava

Legenda dos símbolos *na orelha da contracapa*

As Abóbadas Cruzadas na Catedral do Domo

❶ Catedral do Domo
Doma baznīca

Doma laukums 1. **Mapa** 1 C3. **Tel** 6722 7573. ◐ mai-set: 10h-18h diariam, (até 17h qua e sex); out-abr: 10h-17h diariam. ⬤ para eventos especiais. 🕐 8h seg-sáb, 12h dom. **W** doms.lv

A Catedral de Santa Maria, fundada pelo bispo Alberto de Buxhoeveden em 1211, é hoje uma das três sedes do governo, além da prefeitura e do castelo. Seu nome atual surgiu na época da Reforma e veio da palavra alemã *Dom*, que significa "catedral". A igreja parece ter afundado no chão, mas o que de fato aconteceu foi que o terreno ao redor dela foi elevado para evitar as inundações do rio Daugava.

Maior casa de orações da região báltica, ao longo dos anos, a catedral sofreu alterações que acrescentaram estilos variados à sua volumosa estrutura. A alcova do altar e a ala leste que a atravessa são românicas, o teto exibe abóbadas cruzadas e as janelas são semicirculares. Os acréscimos neogóticos se caracterizam por arcos em ponta, grandes janelas e abóbadas de ligadura, enquanto o frontão triangular a leste e o campanário são em estilo barroco do século XVIII. O portal foi acrescentado no século XIX e, em seguida, um vestíbulo Art Nouveau no século XX.

Boa parte de seus ornamentos foi destruída na Reforma. Hoje, a igreja é simples, exceto pelos túmulos dos mercadores e os vitrais do século XIX. O púlpito, do século XVII, é de madeira, bem como a caixa do órgão, que é maneirista com acréscimos barrocos e rococós. No verão é possível visitar as **Abóbadas Cruzadas da Galeria do Domo**, um claustro e o pátio em estilo românico, o ano todo.

❷ Museu das Barricadas de 1991
1991 Gada barikāžu muzejs

Krāmu iela 3. **Mapa** 1 C4. **Tel** 6721 3525. ◐ 10h-17h seg-sex. 🎟 doações. **W** barikades.lv

Esse museu relembra os dias decisivos de janeiro de 1991, em que o povo de Riga tomou as ruas em protesto contra a ameaça de um governo presidencial direto de Moscou e os tanques soviéticos estacionados na frente do Conselho Supremo em Vilna. Mais interessante é um vídeo filmado nas barricadas, que mostra as pessoas instalando grandes blocos de concreto para defender pontos estratégicos, como a Torre de TV e o Ministério do Interior. Nas cenas filmadas à noite ouvem-se gritos e disparos de armas de fogo. A última sala é dedicada aos mortos em Bastejkalns *(p. 154)*.

❸ Museu de História e Navegação de Riga
Rīgas vēstures un kuģniecības muzejs

alasta iela 4. **Mapa** 1 C4. **Tel** 6721 1358. ◐ jun-set: 11h-17h diariam; out-mai: 11h-17h qua-dom. **W** rigamuz.lv

Fundado em 1773, esse é o museu mais antigo de Riga. Ocupando um interessante edifício com fornos azulejados e janelas com vitrais, é um dos museus mais fascinantes e diversificados. A exposição sobre as navegações explora a forte história marítima da cidade até a Primeira Guerra Mundial, com grandes modelos de navios e materiais sobre Krišjānis Valdemārs *(p. 195)*. Outras salas cobrem desde a pré-história até a independência. Entre as atrações da Idade Média estão a *Madona em lua crescente*, uma escultura da padroeira da Grande Guilda, do final do século XV, que foi levada para a Alemanha na Segunda Guerra Mundial, e o *Grande Kristaps*, uma estátua de são Cristóvão que data do século XVI.

Interior do Museu das Barricadas de 1991

Veja hotéis e restaurantes dessa região nas pp. 300-1 e 320-2

❹ Igreja de São Salvador

Anglikāņu baznīca

Anglikāņu iela 2a. **Mapa** 1 C3. **Tel** 6722 2259. 11h 1º domingo do mês. Concertos grátis todas as quas às 13h. **W** anglicanriga.lv

Construída em 1857 por mercadores britânicos, essa pequena igreja neogótica é o único templo anglicano da cidade. Os tijolos e um carregamento de terra foram trazidos da Inglaterra e serviam de lastro nos navios mercantes. Assim a igreja foi construída em solo britânico. Durante o período soviético, a igreja foi usada pelos estudantes como discoteca e gravadora de discos, mas desde a segunda independência, em 1991, funciona como templo para uma congregação de exilados ingleses.

❺ Castelo de Riga

Rīgas pils

Pils laukums 3. **Mapa** 1 C3. Museu de História da Letônia: **Tel** 6722 1357. até 2016. **W** history-museum.lv

O castelo original da Ordem Livoniana foi destruído pela população na guerra travada contra a Ordem que durou de 1297 a 1330. Derrotado, o povo teve de construir um novo castelo no lugar do que existe hoje, na saída da cidade. As rixas continuaram, o Mestre da Ordem foi obrigado a deixar a capital, e o castelo foi novamente destruído pelos cidadãos em 1484. Mais uma vez derrotada, a população foi obrigada a construir a parte central da estrutura que existe hoje para abrigar a nova sede da Ordem Livoniana, que lá permaneceu até 1561.

O castelo que serve de residência oficial do presidente do país abriga também o **Museu de História da Letônia** (Latvijas vēstures muzejs). A construção sofreu danos durante um incêndio no verão de 2013 e encontra-se em reforma, fechada para visitação.

❻ Três Irmãos

Trīs brāļi

17-21 Mazā pils iela. **Mapa** 1 C3. Museu de Arquitetura: **Tel** 6722 0779. 9h-18h seg, 9h-17h ter-qui, 9h-16h sex. doações. **W** archmuseum.lv

Os prédios enfileirados da rua Mazā pils, conhecidos como Três Irmãos, cobrem três estilos arquitetônicos distintos. O número 17, com um alto frontão triangular e nichos góticos, data do século XV e é a construção de pedra mais antiga de Riga. As espigas de trigo esculpidas nas pedras ao lado da porta indicam que a casa pertencia a um padeiro. O interior em madeira da casa de número 19, do século XVII, abriga hoje o pequeno **Museu de Arquitetura**. A casa verde de número 21 foi construída no século XVIII.

❼ Museu de Arte da Bolsa de Riga

Mākslas muzejs Rīgas Birža

Doma laukums 6. **Mapa** 1 C3. **Tel** 6722 3434. 10h-18h ter-dom (até 20h sex). **W** rigasbirza.lv

Esse edifício impressionante, construído no ornamentado estilo renascentista veneziano em 1856, era um dos mais elegantes da cidade. Porém, anos de descaso e um incêndio em 1979 tiraram muito de sua beleza. Após uma restauração de três anos, o local abriu novamente suas portas em 2011, como sede do novo Museu de Arte da Bolsa de Riga, e recebeu a coleção do Museu de Arte Estrangeira, antes instalado no Castelo de Riga. O acervo abrange pinturas do século XVI ao XX, provenientes da China e do Japão. Há também uma coleção de porcelana e vidraria, com peças da Fábrica Real Holandesa de Porcelanas.

Catedral de São Jacó, sede do arcebispado católico de Riga

❽ Catedral de São Jacó

Sv Jēkaba katedrāle

Klostera iela 1. **Mapa** 1 C3. **Tel** 6732 6419. mai-set: 9h-19h; out-abr: 9h-18h. 8h

Situada fora dos muros da cidade, a Catedral de São Jacó foi construída em 1225 para reunir os fiéis de aldeias vizinhas. A igreja ficou famosa por ter o sino não em uma torre gótica, mas pendurado em uma cúpula que ainda existe, embora sem o sino. Seu toque indicava que uma execução acontecia na cidade. Mas, segundo outra história, ele soava quando mulheres infiéis passavam pela igreja. Hoje, a catedral é a sede do arcebispado católico de Riga.

Troca da guarda no Castelo de Riga

❾ Parlamento

Saeima

Jēkaba 11. **Mapa** 1 C3.
w saeima.lv

Esse prédio de autoria desconhecida, construído no período de 1863 e 1867 com características do renascimento florentino e reformado várias vezes, servia para reunir a nobreza rural. De 1919 a 1934, foi sede do Parlamento da Letônia, como é hoje, mas durante a Segunda Guerra era o quartel-general de Friedrich Jeckeln, o comandante da SS responsável pelo extermínio de judeus, ciganos e outros. Mais tarde esse lugar foi usado pelo Soviete Supremo da Letônia. Perto há um monumento que foi construído para comemorar aqueles que morreram na Barricada de 1991 *(p. 146)*.

A imponente fachada do Parlamento da Letônia

❿ Arsenal Museu de Arte

Mākslas muzejs Arsenāls

Torņa 1. **Mapa** 1 C3. **Tel** 6735 7527.
◯ 12h-18h ter, qua, sex; 12h-20h qui; 12h-17h sáb e dom.
w lnmm.lv

Esse é o principal espaço de exposições em Riga para a arte de vanguarda. Não possui coleções permanentes, mas suas exposições temporárias costumam ser de alta qualidade. Dá ênfase à arte produzida a partir da metade do século XX, no país ou por letões que vivem no exterior. O imponente sobrado da praça Jēkaba foi construído entre 1828 e 1832 em estilo clássico russo como alfândega. O nome "Arsenal" vem de um prédio que existia no mesmo local construído por suecos. O espaço de exibições no térreo beneficia-se das salas arejadas e dos pés-direitos altos.

⓫ Porta Sueca

Zviedru vārti

Entre Torņa iela e Aldaru iela.
Mapa 1 C3.

A única que restou das oito portas que existiam em Riga, a Porta Sueca foi construída em 1698, no período em que os suecos governaram a cidade. Ela atravessa o piso térreo da casa 11 da rua Torņa. Segundo consta, a porta foi aberta ilegalmente por um rico comerciante para ter acesso direto ao seu armazém. Mas é mais provável que servisse de passagem para os soldados aquartelados no Quartel de São Jacó. Hoje, a porta está entre bares e as lojas da rua Torņa e a tranquila e agradável rua Aldaru. Os recém-casados incluem a porta no passeio pela cidade, porque dizem que dá sorte passar por ela.

A Porta Sueca, que atravessa o piso térreo de uma antiga casa

⓬ Quartel de São Jacó

Jēkaba kazarmas

Torņa iela. **Mapa** 2 D3.

Construído no século XVII para os soldados suecos, hoje esse bloco amarelo abriga lojas e restaurantes. O quartel teve um pequeno papel no desenvolvimento cultural da nação, por ter sido uma comunidade de artistas em 1917, embora sua função militar fosse mantida. Muitos membros dessa comunidade pertenceram ao influente Grupo de Artistas de Riga nos anos 1920 e 1930. Na frente ainda se vê um trecho dos muros da cidade construídos do século XIII ao XVI, mas restaurados no período soviético.

Pinturas e esculturas expostas no Arsenal Museu de Arte

Veja hotéis e restaurantes dessa região nas pp. 300-1 e 320-2

⓭ Torre da Pólvora/ Museu de Guerra Letão

Pulvertornis/Latvijas kara muzejs

Smilšu 20. **Mapa** 2 D3.
Tel 6722 8147. ◯ mai-set: 10h-18h diariam; out-abr: 10h-17h diariam.
 doações. **karamuzejs.lv**

A cilíndrica Torre da Pólvora é a única que restou das dezoito torres que faziam parte das defesas da cidade. Seus alicerces do século XIV estão entre os mais antigos, mas o resto da estrutura foi reconstruído em 1650, após ser destruído pelo exército sueco em 1621. As muralhas com 2,5m de espessura visavam a proteger a pólvora dos canhões armazenada em seu interior e que dá nome à torre. Nove balas de canhão continuam incrustadas nas muralhas como prova de sua resistência.

A torre foi comprada por uma fraternidade estudantil alemã no final do século XIX. Em 1919 abrigou um museu militar que tratava da então recente luta pela independência e a Primeira Guerra Mundial. O prédio anexo foi construído entre 1937 e 1940, mas só retomou sua função décadas mais tarde por causa da ocupação soviética. A partir de 1957, a torre abrigou o Museu da Revolução da República Soviética da Letônia.

Hoje, o museu ocupa tanto a torre quanto o anexo. Se, por um lado, a peça mais antiga – parte de um canhão encontrado nos anos 1930 – data do século XV, por outro, o museu se concentra principalmente nas guerras do século XX. A Primeira Guerra Mundial é retratada por intermédio de armas, uniformes e cartazes de propaganda, além dos objetos feitos por artilheiros letões *(p. 152)*. Outras salas percorrem o papel dos letões na Revolução Russa, a Guerra da Independência da Letônia, a Segunda Guerra Mundial e a ocupação soviética.

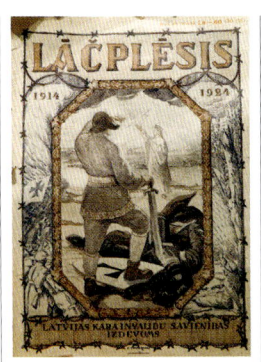

Uma edição da revista *Lāčplēsis* exposta no Museu de Guerra

⓮ Casa dos Gatos

Kaķu māja

Meistaru iela 10. **Mapa** 2 D3.

Esse edifício amarelo em estilo art nouveau, na esquina das ruas Meistaru e Amatu, é muito conhecido em Riga pelas duas estátuas de gato. Conta-se que, antes da Primeira Guerra Mundial, o comerciante que era proprietário da casa não obteve permissão para ingressar na Grande Guilda por ser letão, quando só eram aceitos alemães na sociedade. Em retaliação, ele instalou no telhado duas estátuas de gatos pretos – com a coluna arqueada e o rabo erguido –, viradas de costas para o salão da guilda. Após uma longa batalha nos tribunais, a guilda admitiu o mercador e os gatos foram virados de frente.

Estátua no telhado da Casa dos Gatos

⓯ Grande Guilda

Lielā Ģilde

Amatu 6. **Mapa** 2 D3. **Tel** 6721 3798.

Criada no século XIII, a Grande Guilda monopolizou o comércio em Riga por muitos séculos. O edifício em que ficava sua sede foi construído entre 1853 e 1860. Um dos ambientes da antiga guilda exibe os símbolos das cidades hanseáticas e outro era usado pelos filhos dos seus membros na noite de núpcias. Hoje, o prédio abriga concertos da Orquestra Filarmônica.

⓰ Pequena Guilda

Mazā Ģilde

Amatu iela 5. **Mapa** 2 D3. **Tel** 6722 3772. ◯ para concertos e conferências. **gilde.lv/maza**

Se a Grande Guilda tinha como membros os comerciantes locais, a Pequena Guilda promovia os interesses dos artesãos germânicos. Apesar de ter menos prestígio que sua poderosa vizinha, tem uma torre e uma agulha de torre bem mais bonitas. O piso de mosaico italiano no saguão de entrada é especialmente notável. O prédio que existe hoje começou a ser construído entre 1864 e 1866 e levou vinte anos para ser terminado.

A Pequena Guilda e sua magnífica fachada

Rua a Rua: Praça da Prefeitura

Até a reforma do governo em 1877, a Praça da Prefeitura foi o centro administrativo de Riga. Construída em 1334, a Prefeitura era um dos centros de poder, ao lado da Catedral do Domo e do Castelo de Riga, e representava os interesses dos munícipes. Nessa praça funcionava o mercado, aconteciam os festivais e eram feitas as execuções. A Casa dos Cabeças Pretas, com um impressionante frontão em degraus, foi toda reconstruída; por sua vez, a Prefeitura ocupa um prédio moderno atrás da fachada neoclássica. Deslocado em uma das esquinas da praça, o edifício do período soviético abriga o Museu da Ocupação da Letônia.

Localize-se
Guia de Ruas, pp. 164-5

Praça da Prefeitura
Muitos edifícios dessa praça, destruídos pelos bombardeios alemães durante a Segunda Guerra Mundial, foram beneficiados pelo projeto de restauração ligado aos 800 anos da cidade em 2001.

Prefeitura

Estátua de Roland
Legendária personagem medieval e cavaleiro de Carlos Magno, Roland tornou-se símbolo da independência das cidades da nobreza local.

GRĒCINIEKU IEL

⓲ ★ **Museu da Ocupação da Letônia**
Dedicado às ocupações soviéticas e nazistas do século XX, o acervo desse museu foi transferido para a embaixada dos Estados Unidos enquanto seu edifício passa por reforma.

Legenda
— Percurso sugerido

Veja hotéis e restaurantes dessa região nas pp. 300-1 e 320-2

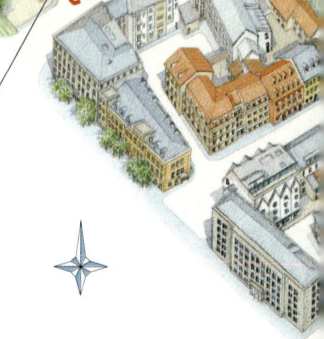

RIGA | **151**

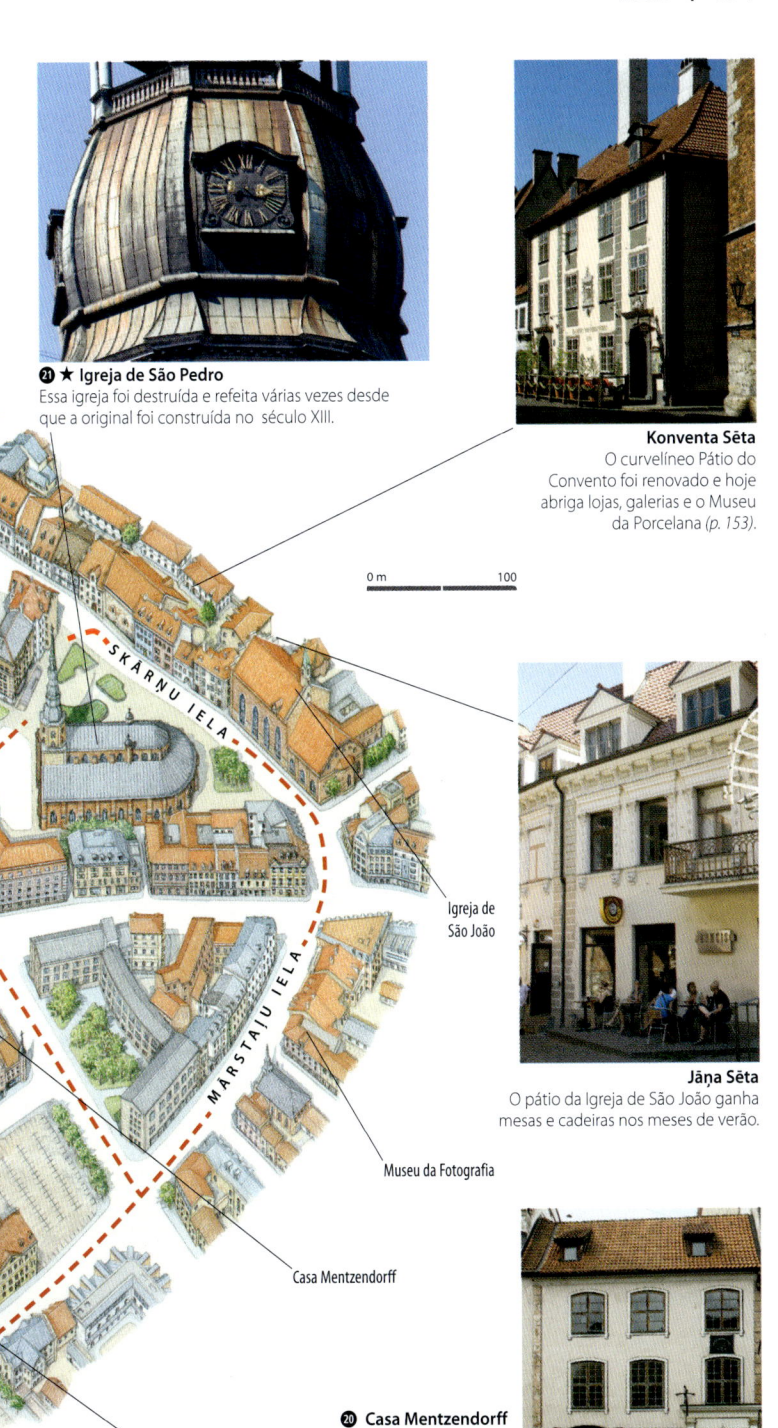

㉑ ★ Igreja de São Pedro
Essa igreja foi destruída e refeita várias vezes desde que a original foi construída no século XIII.

Konventa Sēta
O curvelíneo Pátio do Convento foi renovado e hoje abriga lojas, galerias e o Museu da Porcelana *(p. 153)*.

0 m — 100

Igreja de São João

Jāņa Sēta
O pátio da Igreja de São João ganha mesas e cadeiras nos meses de verão.

Museu da Fotografia

Casa Mentzendorff

A Casa Dannenstern
era a maior residência de Riga no século XVII.

㉒ Casa Mentzendorff
Essa construção do século XVII restaurada abriga o museu dos comerciantes.

A Casa dos Cabeças Pretas ao lado da Casa Schwab

⓱ Casa dos Cabeças Pretas

Melngalvju nams

Rātslaukums 7. **Mapa** 1 C4. **Tel** 6704 4300. Casa Schwab. até 2016

Ao lado da Casa Schwab, a Casa dos Cabeças Pretas é um dos projetos de reconstrução de Riga que mais impressionam. Foi construída originalmente em 1334 para as guildas locais, depois que as casas de guilda foram tomadas pela Ordem Livoniana. Ao longo do tempo, os Cabeças Pretas, a guilda dos comerciantes estrangeiros solteiros, foram os únicos donos. Esse nome se deve ao seu padroeiro São Maurício (representado como mouro) e pelas festas ruidosas.

O piso térreo da casa era ocupado por lojas, e o primeiro andar pelo salão da guilda. O frontão em degraus da fachada, do renascimento alemão, foi acrescentado no final do século XVI; o relógio astronômico em 1622; e os emblemas hanseáticos e as quatro figuras (Netuno, Mercúrio, Unidade e Paz) em 1896. A Casa Schwab complementou a casa vizinha em 1891.

Os Cabeças Pretas debandaram quando Hitler mandou os alemães dos países bálticos voltarem para suas casas no início da Segunda Guerra Mundial. As duas casas foram danificadas por bombardeios em 1941 e as autoridades soviéticas demoliram o resto sete anos depois; as estruturas atuais são de 1999. A casa servirá de residência presidencial temporária até 2016, enquanto é feita a reforma do Castelo de Riga (p. 147). O escritório central de informação turística está instalado na Casa Schwab.

⓲ Museu da Ocupação da Letônia

Latvijas okupācijas muzejs

Strēlnieku laukums 1. **Mapa** 1 C4. **Tel** 6721 2715. para reforma; temporariamente instalado no edifício da embaixada dos EUA, Raina bulvaris 7 doações.
w occupationmuseum.lv

Essa estrutura de concreto do período soviético foi erguida para abrigar um museu em homenagem ao atirador letão, mas desde 1993 oferece um triste registro do que os letões sofreram nas mãos dos nazistas na Segunda Guerra Mundial e mais tarde na ocupação soviética. A coleção é composta de fotos e relatos testemunhas das deportações e da repressão política. A réplica de uma cela de prisão do *gulag* dá uma ideia das dificuldades impostas aos deportados. O edifício reformado terá um memorial às vítimas da ocupação comunista.

⓳ Monumento ao Atirador Letão

Strēlnieku piemineklis

Strēlnieku laukums. **Mapa** 1 C4.

Representando três pensativos atiradores letões, essa polêmica escultura de granito está na praça de mesmo nome desde 1970. Os atiradores eram uma unidade do exército russo formada em 1915 para defender o país da Alemanha. Radicalizados por pesadas perdas sofridas em duras batalhas, eles apoiaram Lenin na Revolução de 1917. Alguns dos atiradores retornaram à Letônia, enquanto outros se juntaram às tropas leais a Lenin. Alguns veem esses homens como heróis militares, mas, para outros, eles apenas fazem lembrar a repressão sofrida no período soviético.

⓴ Casa Mentzendorff

Mencendorfa nams

Grēcinieku 18. **Mapa** 2 D4. **Tel** 6721 2951. mai-set: 10h-17h diariam; out-abr: 11h-17h qua-dom.
w mencendorfanams.com

Construída em 1695 por um farmacêutico, essa casa alta deve seu nome atual à delicatéssen que existe no térreo desde o início do século XX. Extensamente

Os murais restaurados em uma sala da Casa Mentzendorff

Veja hotéis e restaurantes dessa região nas pp. 300-1 e 320-7

restaurada nos anos 1980 e 1990, a casa abriga hoje um museu dedicado ao cotidiano da classe dos mercadores de Riga nos séculos XVII e XVIII. As salas são decoradas no estilo da época. Um dos destaques são os murais influenciados pelo artista francês Antoine Watteau, sobre a boa vida dos milionários.

❷ Igreja de São Pedro

Pēterbaznīca

Skārņu 19. **Mapa** 2 D4. **Tel** 6718 1430. ◯ 10h-18h ter-dom. ♿ exceto na torre 📷 para torre.
w peterbaznica.riga.lv

Citada pela primeira vez em 1209, a Igreja de São Pedro foi construída em grande parte por livonianos *(p. 176)*, e não por estrangeiros. Não há na igreja nenhuma madeira original, embora algumas partes das paredes sejam do século XIII. A abside e suas quatro capelas são do século XV, enquanto os três portais barrocos em dolomita foram acrescentados no fim do século XVII. A igreja, que se tornou luterana em 1523, sofreu um incêndio em 1721. Dizem que Pedro, o Grande, fez de tudo para recuperá-la, mas não obteve sucesso.

A torre da igreja foi reconstruída várias vezes e a atual é de 1973. Com 123m de altura, oferece bela vista da cidade.

❷ Museu de Desenho e Artes Decorativas

Dekoratīvās mākslas un dizaina muzejs

Skārņu iela 10/20. **Mapa** 2 D4. **Tel** 6722 2235. ◯ 11h-17h ter, qui-dom; 11h-19h qua. 📷 🎥 📱
w lnmm.lv

O museu ocupa a antiga Igreja de São Jorge, a mais antiga construção de pedras que há em Riga. Ela foi construída em

Tapeçaria de 1977 de Vera Viduka, Museu de Desenho e Artes Decorativas

1208 como a capela do castelo original da Ordem Livoniana de Riga, mas ficou separada do castelo quando ele foi destruído, em 1297. Após a Reforma, passou a ser usada como armazém, e o prédio ainda guarda vestígios dos usos sagrado e profano.

O museu possibilita uma visão geral das artes decorativas de 1980 até hoje. As exposições temporárias são no piso térreo, enquanto no primeiro andar, que cobre de 1890 a 1960, está a parte mais interessante da coleção principal. Entre os destaques estão as cerâmicas esmaltadas do estúdio Baltars e os tapetes criados por Jūlijs Madernieks.

Prato com Lenin, Museu da Porcelana

❷ Museu da Porcelana

Rigas porcelāna muzejs

Kalēju 9/11. **Mapa** 2 D4. **Tel** 6701 2944. ◯ 11h-18h ter-dom. 📷
w porcelanamuzejs.riga.lv

Localizado no Pátio do Convento, esse museu conta a história da porcelana fabricada na Letônia desde o fim do século XIX. Entre as 6 mil peças exibidas estão vários aparelhos de jantar, bem como um enorme vaso vermelho e dourado feito para celebrar os 700 anos da cidade completados em 1901. Há também uma histórica coleção de vasos e estátuas representando os líderes soviéticos.

❷ Igreja de São João

Jāņa baznīca

Jāņa 7. **Mapa** 2 D4. **Tel** 6722 4028. ◯ 10h-17h ter-sáb. ✝ 18h30 qua, 10h dom.

Construída como capela de claustro de um mosteiro da Ordem Dominicana em 1234, essa igreja foi devastada pelas lutas do século XV entre a Ordern Livoniana e o povo da cidade. Restaram a porta principal e o vestíbulo; o resto foi reconstruído em estilo gótico, inclusive a nave de tijolos sob abóbadas de nervuras, a abside, o coro e a torre. Em 1582, o rei polonês Stefan Batory deu a igreja aos luteranos, e mais tarde ela foi aumentada em estilo maneirista. Dentro há um altar barroco de 1769 e uma pintura, *Krustā sistais* (O crucificado, 1912), de Janis Rozentāls, na sacristia.

O teto e a nave impressionantes da Igreja de São João

Barcos de passeio em um canal do Parque Bastejkalns

㉕ Museu da Fotografia

Latvijas fotogrāfijas muzejs

Mārstaļu iela 8. **Mapa** 2 D4. **Tel** 6722 2713. ◐ mai-set: 10h-17h qua e sex-dom, 12h-19h qui; out-abr: 11h-17h qua e sex-dom, 12h-19h qui. **w** fotomuzejs.lv

Esse museu mostra a evolução da fotografia na Letônia de 1839 a 1941, com fotos e equipamentos fotográficos. As imagens servem também para ilustrar a vida na Letônia, mostrando eventos como a Revolução de 1905 (*p. 139*) e cenas do dia a dia local no primeiro período de independência. Em uma das salas foi recriado um estúdio fotográfico do início do século XX e em outra há uma exposição dedicada à Minox, a câmera "espiã" inventada por Walter Zapp (1905-2003), nascido em Riga. Também são muito interessantes as imagens estereoscópicas. O museu conta com uma galeria para exposições temporárias.

Uma câmera de chapa exibida no Museu da Fotografia

㉖ Bastejkalns

Basteja bulvāris. **Mapa** 2 D3.

Ao lado do Monumento à Liberdade, esse parque arborizado foi criado em meados do século XIX no fosso de uma fortaleza do século XVII. Embora seja um lugar agradável, serve para lembrar que o caminho da Letônia para a independência foi bastante sangrento. Na noite de 20 de janeiro de 1991, as tropas de OMON – ou Boinas Verdes – tentaram invadir os prédios do governo protegidos por barricadas. Dois cineastas (Gvido Zvaigzne e Andris Slapiņš), dois milicianos (Sergejs Kononenko e Vladimirs Gomanovics) e um estudante (Edijs Riekstiņš) foram mortos no tiroteio de Bastejkalns. Os moradores costumam renovar as flores do memorial em que estão os nomes e ao lado de uma pequena ponte.

㉗ Monumento à Liberdade

Brīvības piemineklis

Brīvības bulvāris. **Mapa** 2 D3.

Erguido em 1935 em um local antes ocupado por uma estátua de Pedro, o Grande, esse monumento com 42m de altura é um forte símbolo da independência letã. Ele foi criado pelo escultor Kārlis Zāle, que também foi o responsável pelo conjunto que está no Cemitério dos Irmãos (*p. 161*). A base de granito é decorada com as estátuas das quatro virtudes – trabalho, vida espiritual, família e proteção à terra natal – em relevo e dos heróis letões como Lāčplēšis. Também está gravada a frase "*Tēvzemei un brīvībai*" (Pela terra natal e pela liberdade). A alta coluna, também de granito, exibe no alto a figura de uma mulher, conhecida como Milda, que ergue sobre a cabeça três estrelas douradas, representando as três regiões da Letônia – Kurzeme, Vidzeme e Latgália. No período soviético, as autoridades não só proibiram o povo de colocar flores na base do monumento como puseram uma estátua de Lenin ao lado.

O imponente Monumento à Liberdade de Kārlis Zāle

㉘ Museu Memorial Krišjānis Barons

Krišjāņa Barona memoriālais muzejs

Kr Barona iela 3. **Mapa** 2 E3. **Tel** 6728 4265. ◐ 11h-18h qua-dom. **w** baronamuzejs.lv

Instalado no apartamento em que o famoso folclorista passou os últimos anos de vida, o museu exibe fotos e documentos sobre a vida e o trabalho de Barons. A peça mais importante é a *Dainu skapis* (Gabinete das Canções Folclóricas Litonianas), um gaveteiro especialmente desenhado para que Barons organizasse

Veja hotéis e restaurantes dessa região nas pp. 300-1 e 320-2

Krišjānis Barons

Em uma nação onde cantar é uma das formas mais importantes de expressão cultural, Krišjānis Barons (1835-1923) é visto como um herói. Influenciado por Krišjānis Valdemārs *(p. 195)* e integrante do grupo de intelectuais nacionalistas Jovens Letões, Barons sistematizou as canções folclóricas de quatro versos *(dainas)*. Ele não as reuniu pessoalmente, mas selecionou as mais básicas e depois as classificou de acordo com suas características. E assim ele conseguiu incluir 217.996 canções na sua obra de seis volumes publicada entre 1894 e 1915.

Krišjānis Barons

mais de 350 mil cantigas folclóricas de quatro versos recebidas de cantores e informantes. Por instrução do próprio Barons, todas estão escritas em uma folha de papel do tamanho das caixas de charutos em que eram guardadas, até que o móvel ficasse pronto. Ao contrário do que se pensa, nem todas foram reescritas por Barons.

㉙ Catedral Ortodoxa

Pareizticīgo katedrāle

Brīvības iela 23. **Mapa** 2 D3. **Tel** 6721 2901. 8h, 18h seg-sáb; 6h30, 8h30, 18h dom.

Situada nos limites do Parque Esplanada (Esplanāde), essa catedral russa neobizantina tem o nome oficial de Catedral da Natividade de Cristo (Kristus dzimšanas katedrāle). Uma bela estrutura com cinco domos foi construída entre 1876 e 1884 para a crescente comunidade russa como parte de um planejado processo de russificação. Tornou-se igreja luterana na breve ocupação alemã de Riga durante a Primeira Guerra Mundial e novamente igreja ortodoxa em 1921.

Exatamente como fizeram com todas as outras casas de oração, as autoridades soviéticas encontraram usos alternativos para o edifício durante a ocupação do país. Nos anos 1960, foi transformada em uma sala de palestras e planetário. A decoração interna foi quase destruída e ainda está sendo refeita.

㉚ Museu de Arte Nacional da Letônia

Latvijas Nacionālais mākslas musejs

Kr Valdemāra 10a. **Mapa** 2 D2. **Tel** 6732 4461. para reforma até 2016. lnmm.lv

Esse edifício neobarroco do início do século XX ainda conserva em seu interior os ornamentos originais em dourado e os mármores. Originalmente, havia no local uma coleção eclética, mas nas décadas de 1920 e 1930 o diretor Vilhelms Purvītis (1872-1945), um famoso artista, decidiu concentrar-se em obras do país. Por isso o primeiro andar rastreia a evolução da arte letã de meados do século XIX até 1945, enquanto no térreo são exibidas obras balto-germânicas e russas dos séculos XVIII e XIX. Essas últimas incluem ícones do século XVI ao XX.

Como era de se esperar, há muitas pinturas do mais famoso artista letão, Janis Rozentāls *(p. 26)*, e entre seus trabalhos expostos estão *Saindo do cemitério* (1895), e *Retrato de Malvīne Vīgnere-Grīnberga* (1916). Entre outros artistas locais representados estão Jēkabs Kazaks (1895-1920) e Romāns Suta (1896-1943), ambos pertencentes ao Grupo de Artistas de Riga.

㉛ Museu dos Judeus na Letônia

Muzejs Ebreji Latvijā

Skolas iela 6. **Mapa** 2 D2. **Tel** 6728 3484. 11h-17h seg-qui, dom. doações. jewishmuseum.lv

Instalado no interior de um centro comunitário judaico, esse museu se baseia nas coleções dos sobreviventes do holocausto Zalman Elelson e Marģers Vestermanis. Mostra a comunidade judaica na Letônia a partir do século XVI, com os primeiros registros dos judeus no país, evoluindo até o século XX, por meio de fotografias do cotidiano da família. Porém, é inevitável que o foco recaia sobre os terríveis anos de ocupação nazista. O museu não teme expor imagens desagradáveis do holocausto, como as cenas filmadas do massacre de judeus na praia de Liepāja.

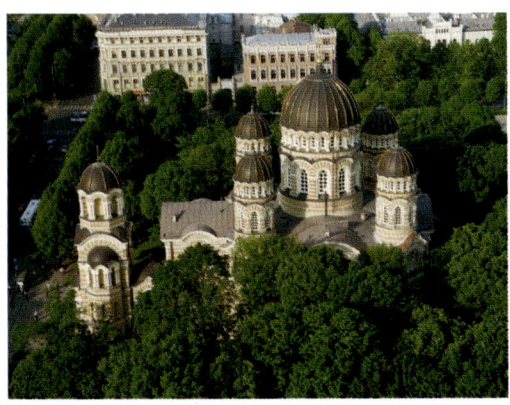

Vista aérea dos elaborados domos da Catedral Ortodoxa

❷ Museu da História da Medicina Pauls Stradiņš
Paula Stradiņa medicīnas vēstures muzejs

Antonijas iela 1. **Mapa** 2 D2. **Tel** 6722 2665. 2, 24. Trólebus 1, 19. 11h-17h ter-sáb (até 19h qui). última sex do mês.
w mvm.lv

Aberto em 1961, esse museu baseia-se na coleção do cancerologista dr. Pauls Stradiņš e é um dos três maiores museus de medicina do mundo. Ele visa a explorar a história da medicina em relação ao desenvolvimento científico. Cobre antigos usos das ervas medicinais, trepanação (a mais antiga das cirurgias, que consiste em fazer um buraco no crânio do paciente) e os desenvolvimentos soviéticos nas áreas da biologia e da medicina espacial. A peça mais bizarra da exposição é um cão empalhado com duas cabeças, resultado de um enxerto experimental.

❸ Museu Art Nouveau
Jūgendstila muzejs

Albert iela 12. **Mapa** 2 D2. **Tel** 6718 1464. 10h-18h ter-dom.
w jugendstils.riga.lv

Esse museu celebra o movimento Art Nouveau, que encontrou grande campo de experimentação em Riga. Ocupa o antigo apartamento do arquiteto de edifícios Konstantīns Pekšēns (1859-1928), que viveu no local por volta de 1900.

Antes de entrar no apartamento, repare na elaborada decoração das sacadas e da torre de canto. No interior do museu, vale a pena subir a escadaria até o quinto andar, a fim de apreciar as pinturas que adornam o teto. A área interna é toda mobiliada do modo como teria sido durante a estada de Pekšēns, embora apenas alguns dos objetos sejam originais.

Os visitantes são guiados por funcionários vestidos à moda antiga, e há um filme curto sobre edifícios Art Nouveau projetados pelo arquiteto em Riga.

Arquitetura Art Nouveau

A coleção art nouveau de Riga está concentrada numa área da cidade conhecida como Centro Silencioso (Klusais Centrs), consagrada como Patrimônio da Humanidade pela Unesco. Muitos de seus primeiros exemplos – datados da virada do século XX – são categorizados como Art Nouveau eclética, que aplica a assimetria, a ornamentação simbólica e os detalhes retirados da natureza. Dois outros estilos art nouveau encontrados na região são o perpendicular, que dá ênfase à composição vertical, e o romantismo nacional, que incorporou motivos folclóricos e o uso de matéria-prima natural.

⑫ **Elizabetes iela 13**
Com menos ornamentos que outras casas da área e criteriosa na utilização do espaço, essa fachada ilustra o princípio do *amor vacui* (amor pelo espaço).

⑨ **Strēlnieku iela 4a**
Adornam esse eclético edifício art nouveau os símbolos da vitória, com virgens erguendo guirlandas e águias-de-cabeça-branca. O prédio, de Mikhail Eisenstein, abriga hoje uma escola particular.

⑪ **Strēlnieku iela 2**
Um exemplo de Art Nouveau perpendicular, esse prédio tem um desenho relativamente discreto com detalhes ornamentais integrados à estrutura, como os grãos esculpidos no topo.

Veja hotéis e restaurantes dessa região nas pp. 300-1 e 320-2

RIGA | **157**

⑩ Elizabetes iela 23
Os entalhes antropomórficos e um frontão com a inscrição "*Labor vinvit omnia*" (O trabalho conquista tudo) homenageiam o arquiteto Mārtiņš Nukša.

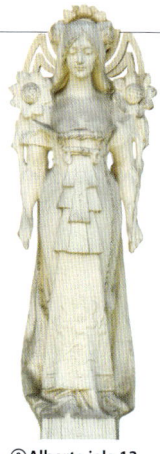

⑧ Alberta iela 13
As figuras femininas nesse prédio representam várias emoções.

④ Alberta iela 4
Os leões são raros no estilo art nouveau, mas nesse prédio eclético suas asas indicam a tradicional referência ao Sol.

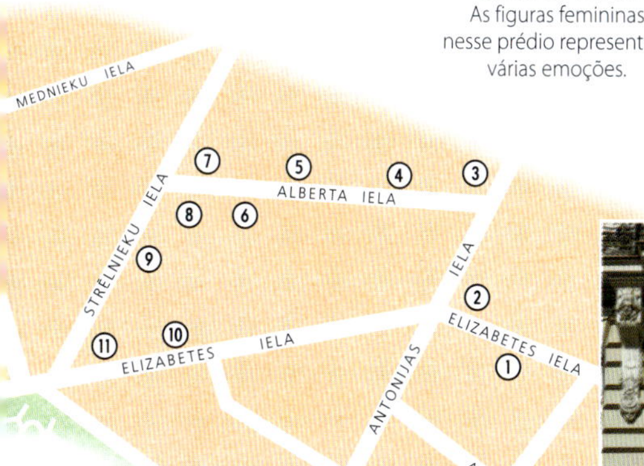

② Elizabetes iela 33
Essa foi uma das primeiras experiências com Art Nouveau de Mikhail Eisenstein, o principal proponente desse estilo eclético, e remete à arquitetura historicista.

Legenda

① Elizabetes iela 10b
② Elizabetes iela 33
③ Alberta iela 2a
④ Alberta iela 4
⑤ Alberta iela 8
⑥ Alberta iela 11
⑦ Alberta iela 12
⑧ Alberta iela 13
⑨ Strēlnieku iela 4a
⑩ Elizabetes iela 23
⑪ Strēlnieku iela 2
⑫ Elizabetes iela 13
⑬ Vilandes iela 2

⑥ Alberta iela 11
Um ótimo exemplo do Romantismo nacional, esse edifício em pedra natural tem janelas salientes como as das torres.

Arredores da Cidade

Embora no Centro Silencioso estejam alguns dos melhores exemplos art nouveau de Riga, há muitos outros prédios que merecem ser vistos nos arredores da cidade. Entre os exemplos da Cidade Velha estão a Kalēju iela 23, com seu portal em forma de árvore, e o mais antigo prédio art nouveau da cidade, na Audēju iela 7. Há excelentes exemplos do Romantismo nacional em Tērbatas iela 15/17 e A Čaka iela 26, e vários outros em Brīvības iela e Hamburgas iela. O guia *Art Nouveau in Rīga*, de Silvija Grosa, dá boas dicas de passeios pela cidade.

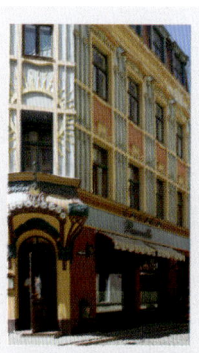

Fachada colorida, Kalēju iela 23

Fora do Centro

Embora sejam eminentemente residenciais, nos subúrbios de Riga há vários locais de interesse para os visitantes. O Subúrbio Moscou, a sudeste da Cidade Velha, já abrigava as comunidades de imigrantes, judeus inclusive, antes da Segunda Guerra Mundial. Já o exclusivo Mežaparks, ao norte, foi criado para os ricos alemães dos países bálticos. Na Margem Esquerda do rio Dalgava há antigas casas de madeira e vários museus.

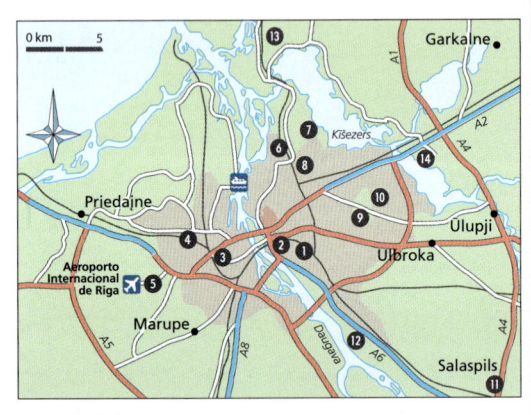

Principais Atrações

1. Subúrbio Moscou
2. Mercado Central
3. Margem Esquerda
4. Jardim Botânico
5. Museu da Aviação
6. Dauderi
7. Mežaparks
8. Cemitérios de Riga
9. Floresta Biķernieki
10. Museu do Motor
11. Salaspils
12. Floresta Rumbula
13. Vecāķi
14. Museu Etnográfico ao Ar Livre Letão

Legenda

- Centro de Riga
- Rodovia
- Estrada principal
- Estrada secundária
- Ferrovia

❶ Subúrbio Moscou

Maskavas forštate

A18, T15. 3, 7, 9.

A área a leste do Mercado Central é conhecida como Subúrbio Moscou por ser cortada pela estrada que vai para Moscou e há muito tempo concentra russos pobres. Depois, na segunda metade do século XIX, vieram os judeus, que estavam proibidos de morar na cidade. O exército alemão chegou em 1941 e criou no subúrbio um gueto de judeus entre as ruas Kalna, Lauvas, Ebreju, Jersikas e Daugavpils.

Ainda hoje habitada por imigrantes, essa área tranquila com ruas de pedras nas transversais abriga antigas construções de madeira e outras religiosas. Próximo, o **Museu do Gueto de Riga** tenta retratar a vida do gueto judaico com cercas de arame farpado, ruas de paralelepípedo original e outros artefatos. Em 4 de julho de 2007 foi inaugurado um memorial nas **Ruínas da Sinagoga Coral**, exatos 66 anos após os soldados alemães terem lotado o prédio com famílias judias e ateado fogo. No memorial estão os nomes dos 270 letões que ajudaram os judeus na guerra e uma estátua de Žanis Lipke, que, com sua mulher, Johanna, salvou mais de 50 pessoas.

Outros prédios religiosos dessa área são a pequena e emocionante **Igreja Ortodoxa Russa da Anunciação** (Tserkva blagoveshtenya) e a **Igreja Grebenshchikov** (Grebenščikova baznīca) com seu domo, onde os velhos-crentes *(p. 126)* faziam suas orações. Não deixe de ver a **Igreja de Jesus** (Jēzus baznīca), uma igreja luterana e octogonal que é a maior da cidade feita de madeira.

A **Academia de Ciências** (Latvijas zinātņu akadēmija) é uma referência mais polêmica. Foi o primeiro arranha-céu de Riga construído entre 1953 e 1957, em estilo falso-barroco, o que lhe rendeu o apelido de "Bolo de aniversário de Stalin". A ornamentação mistura figuras do folclore local com motivos do tipo foice e martelo e, apesar de algumas partes necessitarem de reparos, o que resta ainda impressiona. A galeria no 17º andar está aberta ao público.

Museu do Gueto de Riga
Maskavas 14a. **Tel** 6727 0827.
10h-18h dom-sex

Ruínas da Sinagoga Coral
Esq. de Gogoļa com Dzirnavu iela.

Igreja Ortodoxa Russa da Anunciação
Gogoļa iela 9. **Tel** 6722 0566.

Igreja de Jesus
Elijas iela 18. **Tel** 6722 4123.
18h qui, 10h dom.

Academia de Ciências
Akadēmijas laukums 1.
Tel 6722 9350. Galeria mai-set: 9h-18h diariam.

A Academia de Ciências, chamada de "Bolo de aniversário de Stalin"

Legenda dos símbolos *na orelha da contracapa*

Uma locomotiva bem preservada, Museu da Ferrovia, Margem Esquerda

❷ Mercado Central
Centrāltirgus

Centrāltirgus 1. 8h-17h diariam. centraltirgus.lv

Ocupando cinco hangares do Zeppelin, o Mercado Central de Riga é um dos mais diferenciados da Europa. Abandonados pelo exército do kaiser na Primeira Guerra Mundial, em Kurzeme, os hangares vieram para esse lugar nos anos 1920. O mercado vende alimentos frescos, e nas imediações há outras bancas que oferecem os mais variados produtos.

❸ Margem Esquerda
Pārdaugava

A8, T9. 2, 4, 5, 10.

Embora a maioria das atrações esteja na margem direita do rio Daugava, nessa margem ficam os museus especializados e as casas de campo de madeira encontradas no distrito de Āgenskalns.

Do outro lado da Ponte de Pedra (Akmens tilts) fica o **Museu Ferroviário** (Latvijas dzelzceļa muzejs), cujo destaque é a coleção de vagões e locomotivas no pátio externo. No depósito de máquinas adaptado há fotos de estações da Letônia, bilhetes de trem e cartazes antigos, uniformes da ferrovia e equipamento de sinalização.

Perto fica o **Parque Vitória** (Uzvaras parks), cujo nome se deve à vitória do Exército Vermelho contra os nazistas e que foi considerada pelo regime como a "libertação" da cidade. Esse memorial de guerra em que os soldados são saudados por uma imponente imagem da Vitória já correu o risco de ser destruído por duas vezes pelos nacionalistas letões.

O vasto Castelo da Luz (Gaismas pils), projetado pelo arquiteto letão-americano Gunnar Birkerts, abriga a Biblioteca Nacional da Letônia. Sua incomum forma piramidal simboliza um castelo mítico, que teria afundado em um antigo lago para emergir somente quando os letões tivessem um território independente. Inaugurada em 2014, a biblioteca sedia exposições e eventos culturais.

Museu Ferroviário
2-4 Uzvaras bulvāris. **Tel** 6723 2849. 10h-17h ter-dom (até 18h qui). railwaymuseum.lv

Castelo da Luz
Mūkusalas iela 3. **Tel** 6780 6135. 12h-20h ter e qui, 11h-19h qua e sex, 10h-17h sáb.

❹ Jardim Botânico
Botāniskais dārzs

Kandavas iela 2. **Tel** 6745 0852. 5 to Konsula iela. mai-set: 9h-19h; out-abr: 9h-16h30. em inglês, russo ou alemão, a combinar. botanika.lu.lv

Fundado em 1922 como parte da Universidade da Letônia, o Jardim Botânico existe nesse mesmo local desde 1926. Abriga 5.400 espécies de plantas, 400 delas nativas da região; muitas raras ou ameaçadas de extinção. No meio das plantas há cinco estufas, uma delas com espécies tropicais, outra com uma grande coleção de samambaias e uma terceira com cactos e outras plantas suculentas. Esses jardins reservam recantos muito agradáveis durante toda a primavera e também ao longo do verão.

Uma estufa se ergue em meio ao exuberante Jardim Botânico de Riga

❺ Museu da Aviação

Aviācijas muzejs

Aeroporto de Riga. **Tel** 2686 2707.
9h-18h seg-sex, sáb e dom sob agendamento.
w aviamuseum.org

Esse museu particular a céu aberto fica bem ao lado do aeroporto de Riga e alega possuir a maior coleção de aviões soviéticos fora da Comunidade dos Estados Independentes. Aviões e helicópteros dos mais variados tipos são um legado do Clube do Jovem Piloto, uma organização fundada em 1956 que tinha autorização de usar aviões militares para fins de treinamento. Com a extinção da União Soviética, os recursos se esgotaram e, em 1998, o equipamento foi transferido para o terreno do aeroporto, que abriga também uma pequena mostra de uniformes e outros equipamentos. Os horários de funcionamento variam e os interessados na visita devem ligar com antecedência.

Uma aeronave M16 exposta no Museu da Aviação

❻ Dauderi

Sarkandaugavas iela 30. **Tel** 6739 1780, 6739 2229. 5 ou 9 para Aldaris. 11h-17h qua-dom.
w history-museum.lv

Essa mansão neogótica do fim do século XIX, localizada a 6km do centro de Riga, era a residência de verão do presidente letão Kārlis Ulmanis de 1937 a 1940, embora ele a tenha ocupado por muito pouco tempo. Mais tarde, a casa foi usada pelo exército soviético e depois pelos alemães, que instalaram os canhões antiaéreos no terreno. A mansão já foi um jardim de infância, e salas pertencentes ao Ministério do Abastecimento eram usadas para degustação. Hoje convertida em museu, suas salas são decoradas e mobiliadas em estilo anos 1920 e 1930. As mostras são dedicadas à vida de Ulmanis, ao primeiro período de independência do país, às atividades culturais dos exilados letões na Segunda Guerra Mundial e, por fim, à subsequente ocupação soviética. A coleção é eclética e inclui fotos, medalhas, bonecos e trajes folclóricos. A mansão está no meio de um parque com esculturas e ruínas artificiais.

A fachada neogótica da mansão Dauderi, do século XIX

Querubins decoram o teto da mansão Dauderi

❼ Mežaparks

11.

Antes chamada Kaiserwald ("imperador da floresta", em alemão), por servir de base para o invasor sueco, o rei Gustavo Adolfo, no século XVII, essa parte a nordeste de Riga tornou-se o primeiro parque urbano da Europa no começo do século XX. Rebatizado de Mežaparks, ou "Parque Florestal", era o subúrbio em que residiam os alemães bálticos ricos, cuja maioria retornou à Alemanha no começo da Segunda Guerra Mundial. Durante a guerra, essa área abrigou um campo de concentração nazista que recebia os judeus retirados dos guetos do Leste Europeu. O campo foi invadido em 1944 e fechado pelo Exército Vermelho; nada resta dele hoje. No período soviético muitas casas desse subúrbio ficaram abandonadas. Depois, com a independência, o preço dos imóveis em Mežaparks começou a subir. Hoje, habita o local uma maioria de letões e um número significativo de proprietários estrangeiros, inclusive várias embaixadas. Os novos moradores estão construindo residências grandes, algumas de muito bom gosto, outros preferem restaurar os prédios antigos. É uma bonita área para se caminhar por entre edifícios contemporâneos, modernistas e art nouveau, sendo a rua Hamburgas uma atração à parte.

Outro motivo para uma visita ao parque é o **Zoológico de Riga** (Rigas zooloģiskais dārzs), uma área muito bem cuidada e frequentada por famílias. O zoológico é famoso pelos ursos e pela excelente casa tropical, mas a grande atração é o casal de raros tigres Amur. No verão são oferecidos passeios em charretes puxadas por cavalos, e durante todo o ano há uma

Veja hotéis e restaurantes dessa região nas pp. 300-1 e 320-2

programação especial, que inclui a pesagem das tartarugas no mês de junho e o Dia dos Lobos em setembro.

Próximo ao zoológico fica o **Estádio da Canção** (Mežaparka estrāde), onde acontecem os Festivais da Canção Nacional a cada cinco anos. Para dar uma ideia do tamanho do palco, no final ele recebe 10 mil cantores de uma só vez.

Zoológico de Riga
Meža prospekts 1. **Tel** 6751 8409.
Mai-set: 10h-18h diariam, out-abr: 10h-16h diariam. rigazoo.lv

❽ Cemitérios de Riga

Aizsaules iela. A9. 11.
diariam.

Os três cemitérios mais interessantes de Riga ficam ao sul do Mežaparks, na rua Aizsaules. O maior deles é o **Cemitério dos Irmãos** (Brāļu kapi), onde estão enterrados os letões que morreram em defesa do país na Primeira Guerra Mundial e na Guerra da Independência. As esculturas mais famosas são três trabalhos patrióticos de Kārlis Zāle: *Dois irmãos*, *O cavaleiro ferido* e *Mãe letã*. O memorial exibe dezenove brasões de armas dos distritos letões e também amostras do solo de todas as *pagasts* (paróquias).

O **Cemitério Rainis** (Raiņa kapi) já existia antes de o escritor e ateu Janis Pliekšāns, o Rainis, ser enterrado nele, em 1929, mas foi rebatizado em sua homenagem. Seu memorial é uma alegoria ao despertar da juventude letã. A mulher de Rainis, Elza Rozenberga, que escrevia sob o pseudônimo de Aspazija, está enterrada ao lado dele; há muitos outros artistas e músicos letões enterrados no local.

O **Cemitério Florestal** (Meža kapi) é de 1913 e nele estão enterrados os políticos da primeira independência. Ele foi construído de modo que a alameda principal terminasse diretamente no memorial do primeiro presidente, Janis Čakste (1859-1927), mas durante o período soviético túmulos menores foram postos no caminho. Janis Rozentāls *(p. 26)* também repousa nesse cemitério, e sua escultura mais famosa, *Mãe chorosa*, marca a morte misteriosa do ministro do Exterior da nação em 1925.

Mãe letã,
Cemitério dos Irmãos

❾ Floresta Biķernieki

Biķernieku mežs

A16, T14.

Esse foi o lugar escolhido pelos nazistas para executar e enterrar cerca de 40 mil judeus e outros desafetos trazidos da Alemanha e de países europeus ocupados entre 1941 e 1944. O memorial é o mais comovente de todos em Riga. O caminho que sai da rua Biķernieku e passa sob um arco de concreto revela um campo de pedras angulosas reunidas em setores, cada qual representando uma cidade das quais os judeus foram deportados. No centro há um pavilhão sob o qual encontra-se uma pedra preta com a inscrição: "*Ó terra, não cubras o meu sangue, e não haja lugar em que seja abafado o meu clamor!*" (Jó 16:18). Outros memoriais menores marcam as covas coletivas. Chega-se a pé a partir do Museu do Motor *(p. 162)*, mas o caminho não é sinalizado; há um trólebus que para a 1km do memorial.

As evocativas pedras angulosas do Memorial do Holocausto, Floresta Biķernieki

O carro de corrida Auto Union V16 exposto no Museu do Motor

❿ Museu do Motor

Rīgas motormuzejs

S Eizenšteina 6. **Tel** 6702 5888.
🚌 5, 15; micro-ônibus 207, 263.
🕐 10h-18h diariam.
em inglês ou russo.
🌐 **motormuzejs.lv**

Há muitos carros, motocicletas e bicicletas expostos nesse moderno prédio em forma de galpão. No total, são mais de 240 veículos nacionais e estrangeiros. O destaque é a série tirada da coleção do Kremlin. O ex-presidente Leonid Brezhnev era apaixonado por carros, e um dos modelos expostos é o Rolls Royce Silver Shadow 1966 com o qual ele colidiu em Moscou – há um impressionante modelo de cera sentado na direção –; há também a pesada limusine blindada ZIS 115S usada por Stalin. As informações sobre os veículos aparecem em pequenos painéis contando a história da indústria automotiva da Letônia. A loja do museu vende miniatura dos carros expostos.

⓫ Salaspils

15km SE do centro de Riga.
🚉 Dārziņi. 🌐 **salaspils.lv**

Embora historicamente remonte ao século XII, Salaspils deve sua fama ao campo de concentração que ali existiu na Segunda Guerra Mundial. Os internos eram prisioneiros de guerra; em seguida, vieram os judeus dos países ocupados, quando o principal gueto de Riga foi fechado. O número de pessoas mortas no campo é questionado, pois o regime soviético subsequente exagerou nos números como parte da propaganda, mas calcula-se que tenham sido centenas, seja diretamente, seja devido às péssimas condições de vida.

Na entrada há um longo e inclinado bloco de concreto colocado em determinado ângulo para simbolizar a fronteira entre a vida e a morte. Nesse bloco lê-se a frase "Por trás dessa porta a terra geme" – frase tirada de um poema de Eižens Vēveris, também prisioneiro do campo. No interior do prédio há uma pequena exposição, a qual, como todo o resto, está meio abandonada. Além dela, há também uma planta do campo e um metrônomo no interior de um bloco de pedra marcando o tempo – o ritmo lento das batidas parece vir das entranhas da terra. O lugar é dominado por uma série de esculturas erigidas em 1967, cujos títulos são, por exemplo, *Os humilhados* e *Os incólumes*.

Escultura de Salaspils

⓬ Floresta Rumbula

Rumbulas mežs

11km do centro de Riga, na Maskavas iela. 🚉

Pelo menos 25 mil judeus foram mortos na floresta de Rumbula em 30 de novembro e 8 de dezembro de 1941. As vítimas, principalmente mulheres, crianças e idosos do gueto de Riga, foram baleadas, e os corpos, enterrados em cinco covas coletivas. Apenas três pessoas sobreviveram. O local dos assassinatos veio à luz depois da guerra, quando duas pessoas da região tentaram vender joias encontradas na área.

Até os anos 1980, as lápides identificavam os mortos como cidadãos soviéticos, mas os membros da comunidade judaica cuidavam informalmente do local e tinham permissão de colocar lápides discretas com textos em hebraico. O ponto central do memorial, de 2002, é uma grande menorá (candelabro de sete velas) cercada de pedras quebradas, nas quais pode-se ler os nomes das famílias.

⓭ Vecāķi

15km NE do centro de Riga.
🚌 🚉 A24.

Essa faixa costeira recebe muita gente no verão, mas as praias raramente ficam lotadas. A leste há uma área reservada aos naturistas. Vale a pena caminhar pela praia na direção oeste, no sentido da foz do rio Daugava, para ver os restos da fortaleza que protegia o que foi um dos maiores portos da Europa. Muitos dos *bunkers* do local datam das Guerras Napoleônicas, mas também foram usados na Primeira Guerra Mundial. As fortificações não são bem conservadas, por isso é preciso cuidado.

Praia do litoral de Vecāķi, a nordeste do centro de Riga

Veja hotéis e restaurantes dessa região nas pp. 300-1 e 320-2

RIGA | 163

⑩ Museu Etnográfico ao Ar Livre Letão

Latvijas Etnogrāfiskais brīvdabas muzejs

Ocupando 86ha de florestas às margens do lago Jugla, esse local agrega mais de 118 casas de campo, igrejas, moinhos e construções oriundas de todo o país. Fundado em 1924, o lugar está organizado segundo as divisões etnográficas da Letônia – Vidzeme, Kurzeme, Zemgale e Latgália –, chamando a atenção para os vários tipos de construção e habitação nas diferentes partes da Letônia. Com artesãos trabalhando no local durante o verão, os prédios abrigam artefatos do dia a dia, e o museu mostra a vida rural no século XIX. Exige pelo menos duas horas para ser percorrido.

PREPARE-SE

Informações Práticas
Brīvības gatve 440.
Tel 6799 4510. 10h-17h diariam. 10h dom.
w brivdabasmuzejs.lv

Transporte
1.

Moinho Holandês
O moinho (1890) veio de Latgália e pode operar dois rebolos simultaneamente.

Casa do Construtor de Rocas em Vidzeme

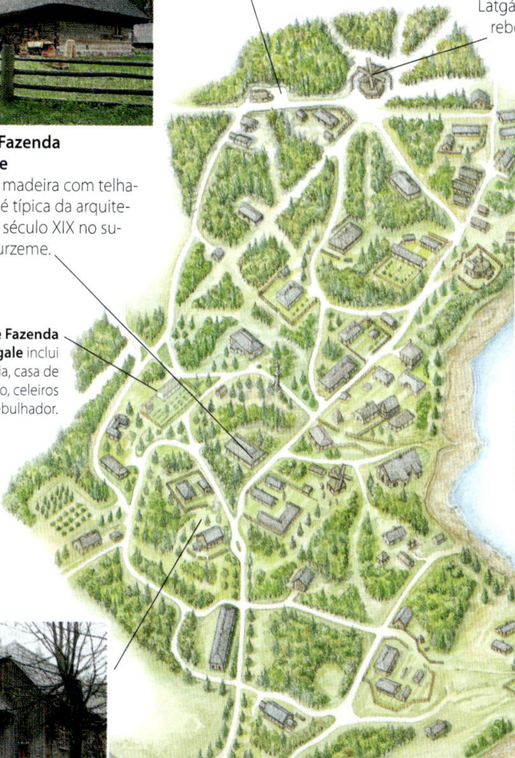

★ **Casa de Fazenda em Kurzeme**
Essa casa de madeira com telhado de palha é típica da arquitetura rural do século XIX no sudoeste de Kurzeme.

A Casa de Fazenda de Zemgale inclui residência, casa de banho, celeiros e um debulhador.

Artesanato
Nesse local estão incluídos os tradicionais trabalhos em vime.

Vila de Pescadores de Kurzeme

Entrada

★ **Igreja Usma**
No século XIX, as igrejas de madeira foram substituídas por igrejas de pedra. Esse é um raro exemplo.

Casa dos Velhos-Crentes
Localizada na vila de Latgália, na casa há uma roca para fiar e um samovar em que a água era fervida para o chá.

Legenda

- Local de interesse
- Outra atração
- Estação de trem
- Parada de bonde
- Ferryboat
- Terminal de ônibus
- Informação turística
- Hospital
- Igreja
- Ferrovia
- Rua para pedestres

Escala do Mapa

0 m — 400

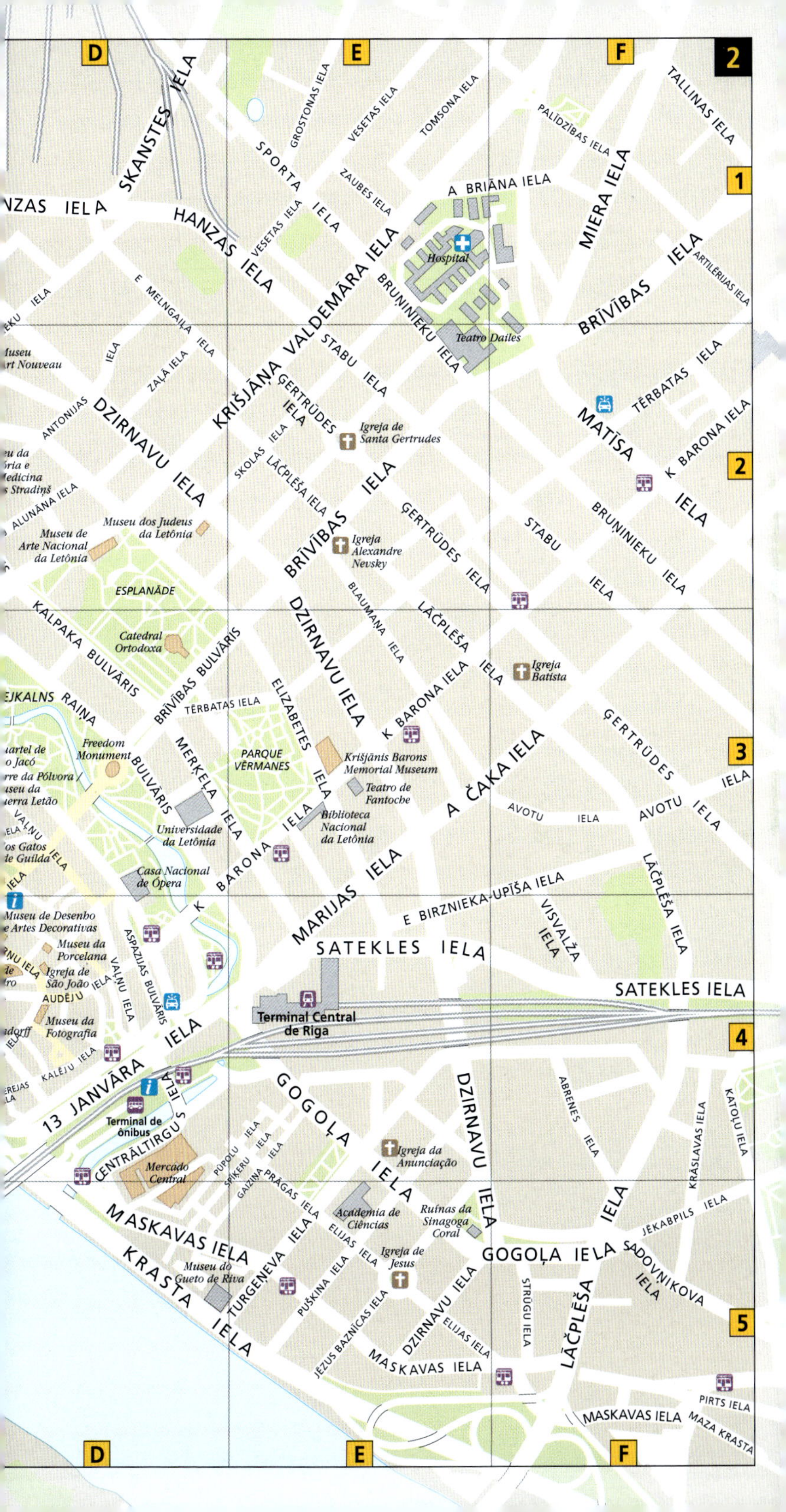
D
E
F
2
1
2
3
4
5
SKANSTES IELA
HANZAS IELA
GROSTONAS IELA
VESETAS IELA
TOMSONA IELA
TALLINAS IELA
PALĪDZĪBAS IELA
SPORTA IELA
ZAUBES IELA
A BRIĀNA IELA
MIERA IELA
Hospital
BRŪNINIEKU IELA
ARTILĒRIJAS IELA
BRĪVĪBAS IELA
Teatro Dailes
E MELNGAIĻA IELA
KRIŠJĀŅA VALDEMĀRA IELA
STABU IELA
Museu Art Nouveau
ZAĻĀ IELA
TĒRBATAS IELA
ANTONIJAS
DZIRNAVU IELA
ĢERTRŪDES IELA
Igreja de Santa Gertrudes
MATĪSA IELA
K BARONA IELA
SKOLAS IELA
LĀČPLĒŠA IELA
ALUNĀNA IELA
Museu dos Judeus da Letônia
Museu de Arte Nacional da Letônia
Igreja Alexandre Nevsky
ĢERTRŪDES IELA
STABU IELA
BRŪNINIEKU IELA
ESPLANĀDE
BLAUMAŅA IELA
LĀČPLĒŠA IELA
KALPAKA BULVĀRIS
Catedral Ortodoxa
BRĪVĪBAS BULVĀRIS
Igreja Batista
RAIŅA BULVĀRIS
TĒRBATAS IELA
ELIZABETES IELA
K BARONA IELA
Freedom Monument
PARQUE VĒRMANES
Krišjānis Barons Memorial Museum
ĢERTRŪDES IELA
MERĶEĻA IELA
Teatro de Fantoche
A ČAKA IELA
AVOTU IELA
Biblioteca Nacional da Letônia
Universidade da Letônia
K BARONA IELA
Casa Nacional de Ópera
MARIJAS IELA
E BIRZNIEKA-UPĪŠA IELA
VISVALŽA IELA
LĀČPLĒŠA IELA
Museu de Desenho e Artes Decorativas
Museu da Porcelana
Igreja de São João
AUDĒJU
VAĻŅU IELA
ASPAZIJAS BULVĀRIS
SATEKLES IELA
SATEKLES IELA
Terminal Central de Riga
Museu da Fotografia
KALĒJU IELA
13 JANVĀRA IELA
GOGOĻA IELA
DZIRNAVU IELA
ABRENES IELA
KRĀSLAVAS IELA
KATOĻU IELA
Terminal de ônibus
CENTRĀLTIRGUS IELA
Igreja da Anunciação
Mercado Central
PŪPOLU IELA
SPĪĶERU IELA
GAIZIŅA IELA
PRĀGAS IELA
Academia de Ciências
Ruínas da Sinagoga Coral
JĒKABPILS IELA
MASKAVAS IELA
ELIJAS IELA
Igreja de Jesus
GOGOĻA IELA
SADOVŅIKOVA IELA
KRASTA IELA
Museu do Gueto de Riva
TURGEŅEVA IELA
PUŠKINA IELA
JĒZUS BAZNĪCAS IELA
DZIRNAVU IELA
ELIJAS IELA
STRŪGU IELA
LĀČPLĒŠA
MASKAVAS IELA
PIRTS IELA
MASKAVAS IELA
MAZA KRASTA

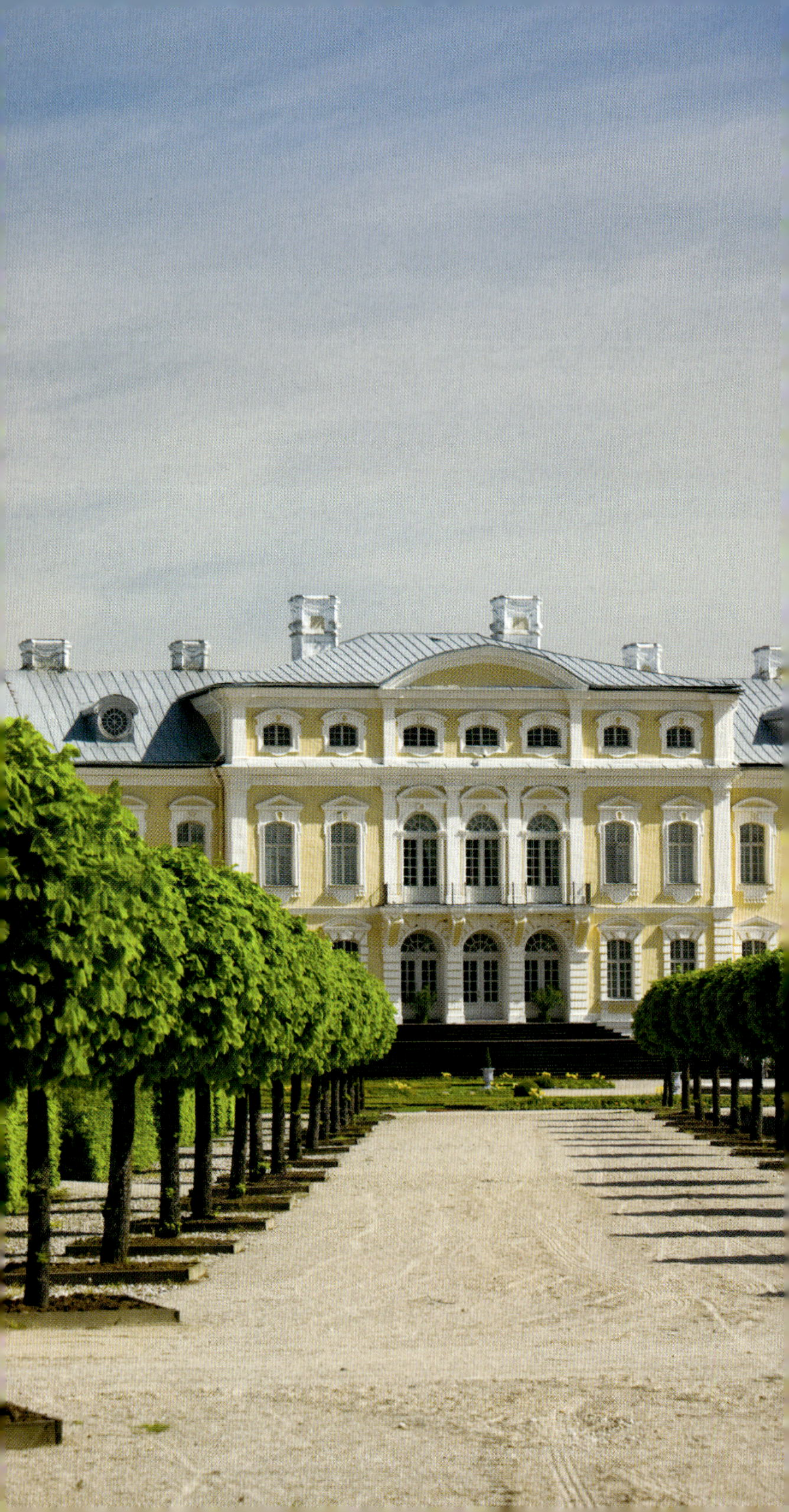

LETÔNIA REGIÃO POR REGIÃO | 167

OESTE DA LETÔNIA

Com florestas densas e planícies férteis, cidades cosmopolitas e vilarejos rurais, o oeste da Letônia encanta os visitantes por seus contrastes. A região de Kurzeme é deserta e pouco habitada, com exceção dos portos movimentados de Ventspils e Liepāja. Ao longo da fronteira com a Lituânia, a região agrícola de Zemgale é pontilhada de castelos e mansões que evocam o passado glorioso.

Antes da chegada dos cruzados germânicos, a região de densas matas a oeste, hoje denominada Kurzeme, era habitada pela tribo kurši, e os livonianos viviam na costa norte. Nas terras férteis às margens do rio Lielupe, ao sul, viviam os zemgaļi. Essa área, somada à região a leste, que se chamava Selônia, é hoje conhecida como Zemgale. As tribos kurzeme foram derrotadas em 1267 e, duas décadas depois, o mesmo destino recaiu sobre os zemgaļi – a última das tribos da Letônia a se render.

Quando a Ordem Livoniana entrou em colapso, no século XVI, seu último mestre, Gotthard Kettler, retomou o controle da região como um feudo independente da Polônia. Tendo Jelgava como capital, o ducado da Curlândia e Semigália atingiu seu ponto alto sob o governo do duque Jakob Kettler (g. 1642-81). O ducado foi incorporado ao Império Russo em 1795 e seu destino, a partir daí, ficou ligado ao que é a atual Letônia.

Hoje, a maior parte de Kurzeme conserva seu caráter rural, embora as cidades de Liepāja e Ventspils estejam entre as maiores e mais vibrantes do país. Os poucos que ainda falam o idioma livoniano mantêm suas tradições pesqueiras na costa norte. Na área há vários vilarejos pitorescos, entre eles Kuldiga e Talsi. O interior de Zemgale é formado principalmente por terras cultiváveis planas, com exceção dos parques florestais nas montanhas de Tērvete. A antiga cidade de Jelgava foi devastada na Segunda Guerra Mundial, mas o palácio do duque permanece. A maior atração turística, porém, é o Palácio Rundāle, com sua fachada barroca e interior rococó restaurados.

Os esplêndidos campos floridos de Kurzeme

◀ Aleia de acesso ao esplêndido Palácio Rundāle

Como Explorar o Oeste da Letônia

No extenso e preservado litoral de Kurzeme encontram-se vilarejos tranquilos, além das cidades de Ventspils e Liepāja. Ventspils é um importante porto da Letônia, e Liepāja deixou de ser um porto decadente para se tornar um vibrante centro cultural. No interior, Kuldīga é um vilarejo atraente e uma excelente base para exploração; Pedvāle é conhecida por suas esculturas ao ar livre. Em Zemgale destacam-se o Palácio Rundāle, o Castelo de Bauska e o palácio neoclássico de Mežotne. Jelgava, o maior eixo de transporte, é a base para explorar a região.

Principais Atrações

Cidades
1. Jelgava
4. Bauska
7. Dobele
9. Ķemeri
10. Tukums
13. Dundaga
15. *Ventspils pp. 180-1*
17. Tals
18. Sabile
20. Saldus
21. Kuldīga
23. *Liepāja pp. 184-5*

Locais de Interesse
2. Mežotne Palace
3. *Palácio Rundāle pp. 172-3*
5. Igreja Católica Romana de Skaistkalne
8. Castelo Jaunpils
16. VIRAC
19. Museu ao Ar Livre de Pedvāle

Parque e Reserva
6. Parque Natural de Tērvet
24. Reserva Natural do Lago Pape

Área de Belezas Naturais
12. Lago Engure

Praias e Balneários
11. *Jūrmala pp. 174-5*
22. Pāvilosta

Passeio
14. *A costa livoniana p. 177*

Veja hotéis e restaurantes dessa região nas pp. 301-2 e 322-4

Legenda
- Rodovia
- Estrada principal
- Estrada secundária
- Estrada vicinal
- Ferrovia
- Fronteira internacional

OESTE DA LETÔNIA | **169**

Sobre uma colina gramada, ruínas do Castelo de Bauska, do século XV

Como Circular

Para explorar as remotas cidades e vilarejos do oeste da Letônia, é melhor viajar de carro. Mas também é possível visitar as muitas atrações da região usando transporte público. Embora os ônibus sejam uma boa opção para chegar a Bauska e à maioria das atrações de Kurzeme, é preferível tomar um trem para viajar a Jelgava e Tukums. Como não há rotas diretas entre Riga e Rundāle, o visitante precisa ir a Bauska e, de lá, prosseguir de ônibus. As cidades portuárias de Ventspils e Liepāja ligam-se por ferryboat a Riga e a outras cidades europeias. Há também aeroportos em Liepāja e Ventspils.

Legenda dos símbolos *na orelha da contracapa*

170 | LETÔNIA REGIÃO POR REGIÃO

O Palácio de Jelgava, construído em uma ilha do rio Lielupe, Jelgava

❶ Jelgava

Mapa rodoviário C4. 66.000. de Riga. de Riga. Akadēmijas iela 1, 6300 5445. Festival Internacional de Escultura no Gelo (fev). **w** visitjelgava.lv

Jelgava foi a capital do ducado da Curlândia entre 1578 e 1795. A maior parte da cidade foi danificada nas duas Guerras Mundiais. O remanescente daquele período é o **Palácio de Jelgava** (Jelgavas pils), residência de inverno de Ernst Johann Biron (p. 173). Construído no século XVIII por Francesco B. Rastrelli, hoje suas dependências abrigam a Universidade Agrícola da Letônia. Dos interiores originais, nada restou, mas um pequeno museu abriga fotos de arquivo do palácio anterior às guerras. O museu também dá acesso à abóbada sepulcral dos duques da Curlândia.

Na cidade velha há vários locais para visitar. A **Catedral Ortodoxa de São Simeão e Santa Ana** (Sv Sīmaņa un Annas pareizticīgo katedrāle), hoje restaurada, foi encomendada a Rastrelli pela protetora de Biron, Anna Ivanovna. Um prédio barroco abriga o **Museu de História e Arte** (Vēstures un mākslas muzejs), que documenta a história local, e o pequeno **Museu Ferroviário Letão** (Latvijas dzelzceļu muzejs), que atrai interessados no assunto.

Arredores

No pequeno **Cemitério Nikolai**, 4km a sudeste de Jelgava, estão os túmulos de 36 soldados e marinheiros britânicos que foram mortos em 1917 na Letônia como prisioneiros de guerra, na Primeira Guerra Mundial.

🏛 Palácio Jelgava
Lielā iela 2. **Tel** 6300 5617. meados mai-ago: 9h-18h seg-sáb; set-meados mai: 9h-18h seg-sex.

⛪ Catedral Ortodoxa de São Simeão e Santa Ana
Raiņa iela 5. **Tel** 6302 0207. 9h-17h diariam.

🏛 Museu de História e Arte
Akadēmijas iela 10. **Tel** 6302 3383. 10h-17h qua-dom.

🏛 Museu Ferroviário Letão
Stacijas iela 3. **Tel** 6309 6494. 11h-15h qua, sex, sáb; 13h-18h

❷ Palácio Mežotne

Mapa rodoviário D4. **Tel** 6396 0711. 9h-20h diariam. **w** mezotnespils.lv

Esse palácio neoclássico restaurado foi construído em 1802 para Charlotte von Lieven, governanta dos netos da tsarina russa Catarina II. O projeto original do arquiteto italiano Giacomo Quarenghi foi executado pelo arquiteto local J. G. Berlitz. A família Lieven perdeu o solar em 1920 nas reformas agrárias, e ele foi parcialmente destruído na Segunda Guerra Mundial. Hoje, o palácio é usado em cerimônias e como hotel, além de estar aberto a visitação. O destaque é o Salão do Domo, com pilares e paredes imitando mármore, e um domo pintado para dar a ilusão de uma decoração tridimensional. Os arredores são como um parque inglês, e no verão os barcos levam os visitantes em passeios pelo rio Lielupe. Na outra margem do rio, sobre uma colina, ficava um dos maiores castelos da Semigália e o local foi cenário da batalha final contra os cruzados germânicos (1290).

A fachada em tons claros do neoclássico Palácio Mežotne

❸ Palácio Rundāle

pp. 172-3.

❹ Bauska

Mapa rodoviário D4. 11.000. de Riga. Rātslaukums 1, 6392 3797. Festival de Música Antiga (jul), Festival Internacional de Música Country (jul). **w** tourism.bauska.lv

Uma cidadezinha do interior, Bauska é conhecida pelo **Castelo Bauska** (Bauskas pils), do século XV, construído na confluência dos rios Mēmele e Mūsa para ajudar no controle da rota de comércio entre Riga e Lituânia. Mais tarde, tornou-

Veja hotéis e restaurantes dessa região nas pp. 301-2 e 322-4

OESTE DA LETÔNIA | **171**

-se propriedade do ducado da Curlândia e Semigália e uma residência fortificada foi acrescentada pelo duque. Trabalhos de restauração resultaram em alterações soviéticas não autênticas, inclusive a recuperação dos esgrafitos originais que decoram as torres. O ingresso para subir em uma das torres é bem barato, e a visita guiada é enriquecedora.

Além de belas casas de madeira, a cidade tem uma igreja luterana do século XVI e o **Bauskas Alus** à beira-rio.

Castelo Bauska
Tel 6392 2280. mai-set: 9h-19h diariam; out: 9h-18h diariam; nov-abr: 11h-17h ter-dom.
w bauskaspils.lv

Bauskas Alus
Tel 2945 1942. a combinar.
w bauskasalus.lv

O retábulo decorado da Igreja Católica Romana de Skaistkalne

❺ Igreja Católica Romana de Skaistkalne

Skaistkalnes Romas katoļu baznīca

Mapa rodoviário D4. Slimnīcas iela 2, Skaistkalne. **Tel** 6393 3154.

Construída para os jesuítas em 1692 e hoje mantida e administrada pelos monges da Ordem Paulina, a Igreja de Skaistkalne é o centro de romaria mais importante da Letônia depois de Aglona *(p. 199)*. No alto de uma colina, o edifício branco tem telhas de barro e abside arredondada. O interior barroco exibe paliçadas de mármore artificial e um retábulo decorado. Querubins gorduchos pintados em pastel decoram o púlpito e o órgão, e dois conjuntos de pinturas representam a Via-Crúcis. Ligue antes, porque a igreja costuma ficar trancada.

❻ Parque Natural de Tērvete

Tērvetes dabas parks

Mapa rodoviário C4.
Tērvetes Sils, 6372 6212. 9h-19h diariam (nov-fev: até 17h).
w tervetesparks.lv

Esse parque inclui a floresta de Tērvete, famosa por abrigar o Sprīditis, um personagem semelhante ao Pequeno Polegar, do popular conto de fadas escrito por Anna Brigadere (1861-1933). Sua casa de veraneio está preservada como **Museu Anna Brigadere**.

Figura de madeira, Parque Tērvete

O tema da história é evidente em todo o parque, com a Floresta dos Gnomos e a Floresta das Fadas pontilhadas de criaturas esculpidas em madeira. No verão, a atração é o próprio parque, mas há caminhos mais tranquilos pela Antiga Floresta de Pinheiros. Perto estão a colina do castelo da Ordem Livoniana com a imponente réplica do forte e o **Museu de História de Tērvete**, com uma coleção de utensílios usados em fazendas e tecidos.

Museu Anna Brigadere
Sprīdīši. **Tel** 2653 2691. mai-out: 10h-17h qua-dom.

Museu de História de Tērvete
Lielķēniņi. **Tel** 2695 0975. mai-nov: 10h-17h qua-dom.

❼ Dobele

Mapa rodoviário C4. 11.100.
Brīvības iela 15, 6370 7255.
w dobele.lv

Situada às margens do rio Bērze, Dobele é visitada principalmente pelas ruínas do Castelo da Ordem Livoniana, construído em 1335. Destruído várias vezes nas guerras entre Polônia e Suécia (1600-29), o castelo só começou a ser restaurado em 2002. O pequeno **Museu de História de Dobele** conta a história da cidade e realiza exposições temporárias. Nos arredores da cidade, a **Estação Experimental de Horticultura e Reprodução de Plantas de Dobele** abriga um museu dedicado ao famoso horticultor Pēteris Upītis (1896-1976). Pode-se ver também uma das maiores coleções de lilases do mundo. Na primavera, acontecem concertos de música erudita nos jardins floridos.

Arredores
A uma distância de 13km por uma estrada de cascalho a oeste da cidade, a **Floresta Pokaiņi** é uma área de importância espiritual pelas raras formações rochosas.

Ruínas do Castelo da Ordem Livoniana, do século XIV, Dobele

❸ Palácio Rundāle

Criado por Francesco Bartolomeo Rastrelli (1700-71), Rundāle é um dos mais belos palácios da região báltica. Os trabalhos tiveram início em 1736 como uma residência barroca de verão para Ernst Johann Biron, mas foram abandonados quando ele se exilou. Biron voltou e os interiores foram renovados em estilo rococó. O filho de Biron tirou a maioria dos móveis a partir em 1795, quando a Curlândia foi anexada à Rússia. A estrutura sofreu danos ao longo do século XX, e as salas abrigaram uma escola primária e um celeiro. A restauração começou em 1972 e ainda está em andamento.

Detalhe da Sala Rosa
A sala é adornada com detalhes rococós como mármore falso, prata e motivos florais.

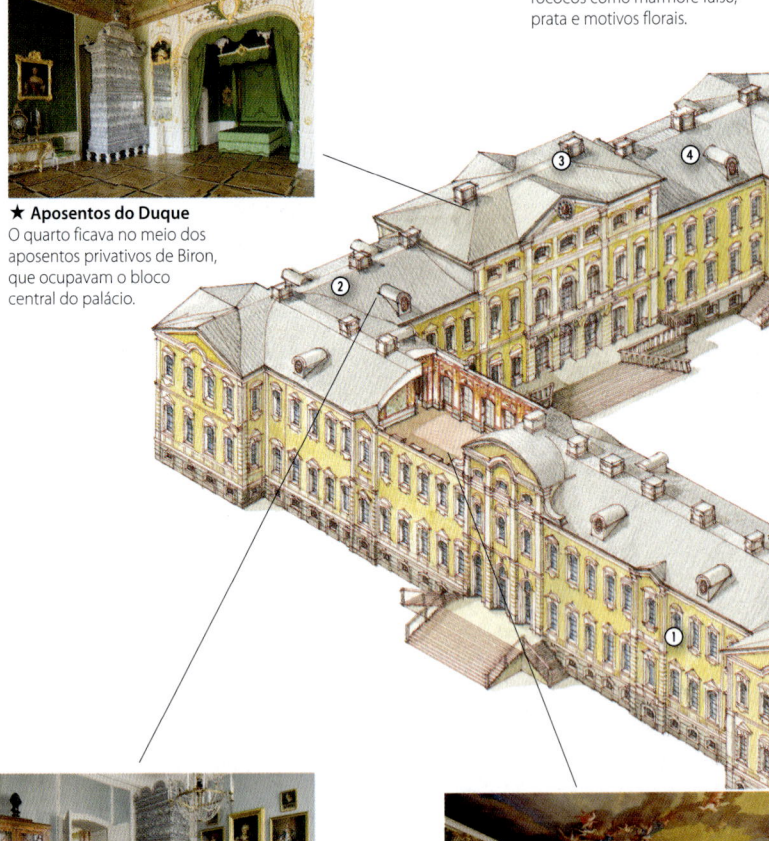

★ Aposentos do Duque
O quarto ficava no meio dos aposentos privativos de Biron, que ocupavam o bloco central do palácio.

A Sala do Canto
O estilo neoclássico russo reflete a preferência do conde Zubov, que habitou o palácio quando a Curlândia foi anexada ao Império Russo.

★ Salão Dourado
As iniciais do duque, "EJ", podem ser vistas entre os pergaminhos dourados.

Veja hotéis e restaurantes dessa região nas pp. 301-2 e 322-4

OESTE DA LETÔNIA | 173

Ernst Johann Biron

Filho de um lorde menor, Ernst Johann Biron foi expulso da academia de Königsberg (atual Kaliningrado) por mau comportamento. Sem conseguir se estabelecer na corte russa, ele retornou a Jelgava e aproximou-se da viúva duquesa da Curlândia, Anna Ivanovna. Em 1730, Anna se tornou imperatriz da Rússia, e três anos depois Biron foi nomeado duque da Curlândia. Quando sua protetora morreu, em 1740, o impopular Biron foi para o exílio e só retornou em 1763. Um ano depois, Catarina II devolveu-lhe o título de duque, mas ele abdicou em 1769 em favor de seu filho Pedro.

Duque da Curlândia, Ernst Johann Biron (1690-1772)

PREPARE-SE

Informações Práticas
Mapa rodoviário D4. **Tel** 6396 2274. mai-out: 10h-19h diariam; nov-abr: 10h-17h diariam. **rundale.net**
Parque: mai-out: 10h-19h diariam; jun-ago: até 21h sex-dom; nov-abr: 10h-17h diariam.

Transporte
de Bauska.

Boudoir da Duquesa
A duquesa repousava e recebia visitas durante o dia em um *boudoir* esplendidamente decorado e hoje restaurado. Ela e outros familiares habitavam a ala oeste.

LEGENDA

① **Na Grande Galeria** os convidados jantavam antes de dançar no Salão Branco. As pinturas foram reveladas durante a restauração.

② **Sala Rosa**

③ **Sala de recepção do duque**

④ **O saguão de mármore** era o ginásio da escola no século XX.

⑤ **A exposição sobre a construção do palácio** fica no porão do prédio.

⑥ **A exposição de trajes da época** preenche três quartos com roupas dos séculos XVII e XVIII.

⑦ **No pátio**, os postes do portão têm no alto o emblema do duque: um leão heráldico.

⑧ **O Gabinete de Porcelana Oval**, criado por Johann Michael Graff, foi feito para exibir a coleção de fina porcelana da residência.

★ **Salão Branco**
O salão de bailes tem piso de parquete e trabalhos em estuque do escultor alemão Johann Michael Graff. O nome do salão se deve ao uso contido de cores.

❽ Castelo Jaunpils

Jaunpils pils

Mapa rodoviário C4. **Tel** 6310 7082.
🕐 10h-18h diariam.
w jaunpilspils.lv

Erguido pela Ordem Livoniana em 1301 e com uma característica torre redonda acrescentada no século XV, o Castelo Jaunpils pertenceu à família germânica Von der Recke de 1561 a 1922. Em 24 de dezembro de 1905, foi incendiado por revolucionários *(p. 139)* e depois disso a estrutura atual foi quase toda reconstruída. No pequeno museu interno há réplicas de armas e armaduras, além de fotos interessantes do castelo anteriores a 1905. No pátio, há um pub na frente do museu e mais oito quartos de hotel *(p. 301)* dentro do castelo. As visitas guiadas incluem a Igreja Evangélica Luterana de Jaunpils e um moinho de água com 200 anos de idade.

Uma das muitas pontes sobre o rio Vēršupīte, Parque Ķemeri

❾ Ķemeri

Mapa rodoviário C3. 🚌 de Riga.
Meža Māja, 6773 0078. 🚶 passeios de canoa e na mata a combinar no centro de visitantes. **w** daba.gov.lv

Balneário popular no início do século XX, Ķemeri faz parte de Jūrmala, embora não tenha merecido o mesmo grau de renovação que se vê mais a leste. No **Parque Ķemeri**, a principal atração da cidade, há uma igreja ortodoxa, pavilhões e pontes sobre o rio Vēršupīte.

Ķemeri é a porta de entrada para o **Parque Nacional Ķemeri**, com seus rios, lagos, planícies, dunas, águas sulfurosas e florestas. Uma passarela de madeira com 3km de extensão cruza os 6 mil ha de áreas alagadas que encantam os observadores de aves.

⓫ Jūrmala

Palavra que em letão significa literalmente "beira-mar", Jūrmala é uma bela faixa de praias, matas de pinheiros e vilarejos ao longo do golfo de Riga. No século XIX, a área ficou famosa pela lama medicinal e pelas fontes de águas sulfurosas. Jūrmala transformou-se em um famoso resort, e tornou-se símbolo de poder ter uma casa de veraneio no local. As casas de madeira e o antigo sanatório que povoam a área convivem com modernas pousadas e spas sofisticados.

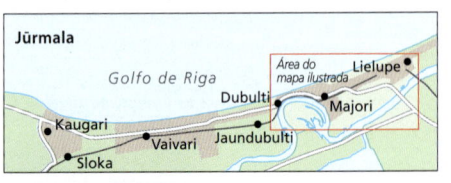

A rua Jomas em Majori é uma área para pedestres que forma o coração de Jūrmala. Nela há muitos cafés, restaurantes e hotéis e uma grande variedade de lojas.

Sanatório Marienbāde, construído em 1870.

A Casa Aspazija foi a última residência de uma famosa poetisa da Letônia, Elza Rozenberga (1865-1943), apelidada "Aspazija". Hoje, é um anexo do Museu da Cidade de Jūrmala.

O Museu da Cidade de Jūrmala acompanha o desenvolvimento do balneário desde o início do século XIX até os dias de hoje.

Veja hotéis e restaurantes dessa região nas pp. 301-2 e 322-4

OESTE DA LETÔNIA | 175

❿ Tukums

Mapa rodoviário C3. 19.000.
🚂 de Riga. 🚌 ℹ️ Talsu 5, 6312 4451.
🍽️ ter, qui, sáb. 🎭 Festival de Coros Femininos e Coros Masculinos (jun).
🌐 visittukums.lv

Palavra que em letão significa "Terra do Fim", Tukums situa-se onde as planícies de Zemgale se encontram com os altiplanos de Kurzeme. Pouco resta da história da cidade como antiga colônia livoniana. A Torre do Palácio (Pils tornis) foi o que restou do castelo da Ordem Livoniana. Restaurado em 1767 para servir de celeiro e prisão, hoje abriga o **Museu de História Local**, que tem dioramas e faz exposições temporárias.

Os prédios mais antigos da Cidade Velha datam do fim do século XIX, começo do XX. A principal atração, o **Museu de Arte de Tukums**, abriga arte letã das décadas de 1920 e 1930. É considerado a melhor galeria da Letônia fora de Riga.

Monumento à liberdade, Tukums

Arredores
Durbes Pils é um solar situado no extremo leste de Tukums, uma construção neoclássica de 1820 ao redor de um núcleo do século XVII. Em suas salas restauradas há exposições sobre a história local, sendo a principal delas a coleção etnológica, nas antigas dependências dos criados. Cerca de 5 km a leste de Tukums, encontra-se o Solar Šlokenbeka do século XV, que abriga o **Museu da Estrada Letão**. As exposições são voltadas em sua maioria para interesses específicos, mas a coleção de carruagens e máquinas de construir estradas é bem interessante.

Jaunmoku Pils *(p. 323)*, 5 km a oeste de Tukums, é um raro solar de tijolos com frontões em degraus e chaminés. As muitas salas desse antigo chalé de caça chegam a ser exageradamente decoradas. O destaque é um fogão de azulejos com imagens de Riga e Jūrmala. O museu florestal no andar superior exibe curiosidades, como uma coleção de cigarreiras de prata. Tem uma bonita vista do alto da torre.

🏛️ **Museu de História Local**
Brīvības laukums 19a. **Tel** 6312 4348.
🕐 10h-17h ter-sáb, 10h-16h dom.

🏛️ **Museu de Arte de Tukums**
Harmonijas 7. **Tel** 6318 2392. 🕐 11h-17h ter-sex, 11h-16h sáb-dom.

🏠 **Durbes pils**
Mazā parka 7. **Tel** 6312 2633.
🕐 10h-17h ter-sáb, 11h-16h dom.

🏛️ **Museu da Estrada Letão**
Milzkalne. **Tel** 2990 4147. 🕐 nov-abr: 10h-15h seg-sex; mai-out: 9h-16h seg-sex.

Praia Dzintari, muito popular no verão, atrai grande número de turistas. Fica lotada de barracas de cerveja e redes de vôlei nessa época do ano.

A Sala de Concertos Dzintari apresenta concertos ao ar livre no verão.

0 km — 1

Praia Dzintari
Praia Bulduri
LIELUPE
BULDURU PROSPEKTS
MEŽA PROSPEKTS
DZINTARI
ZINTARU PROSPEKTS
EDINBURGAS PROSPEKTS
BULDURI
RĪGAS IELA

PREPARE-SE

Informações Práticas
Mapa rodoviário C3. ℹ️ Lienes iela 5, Majori, 6714 7900.
Casa Aspazija: Meierovica prosp 20, Dubulti. **Tel** 6776 9445.
Museu de Jūrmala: Tirgoņu iela 29, Majori. **Tel** 6776 4746.
Sala de Concerto Dzintari: Turaidas iela 1. **Tel** 6776 2086.
Casa de Campo Morbergs: Dzintaru Prospekts 52/54.
Tel 6722 7175.

Transporte
🚂 de Riga.

Casa de Campo Morbergs foi construída em 1883, em estilo neogótico, e há lindos jardins para apreciar.

As cidades litorâneas que constituem Jūrmala ficam entre matas de pinheiros. Regras de construção preservam as casas de madeira do século XIX e restringem a ocupação da área.

Legenda dos símbolos *na orelha da contracapa*

Parte do lago Engure com ervas daninhas e barcos na margem

⓬ Lago Engure
Engures ezers

Mapa rodoviário C3. 🚤 barcos: Abragciems Kempings, 4km N de Engure, 6316 1668; licença para pesca: Centro Ornitológico, Bērzciems, 6947 4420 (só abre com hora marcada).
🌐 eedp.lv

Terceiro maior lago da Letônia, o Engure é um importante hábitat de aves. Por volta de 160 espécies foram observadas nas áreas alagadas, entre elas a cegonha-cinza e a grande garça-azul. Há uma estrada para o extremo leste do lago, entre as cidades de Mērsrags e Engure, mas o acesso para o **Centro Ornitológico**, também a leste, pode ser feito a partir do interior ao norte de Bērzciems. Há uma torre de observação de aves próximo ao centro e outra na frente, do outro lado do lago. Uma trilha de orquídeas com 3,5km começa no próprio centro e atravessa uma mata de pinheiros e um pântano com vegetação calcárea. Lá podem ser encontradas 22 espécies de orquídeas.

Partes do lago são tomadas por ervas daninhas que resultam da poluição por fertilizantes químicos. Muitas espécies de peixes já desapareceram. A licença para pescar é tirada no próprio centro.

Arredores
O pequeno porto pesqueiro de **Roja**, 26km a noroeste de Mērsrags, tem mais opções de acomodação que a maioria das cidades costeiras entre Riga e Ventspils. As exposições do **Museu Mar-Pesca** (Rojas jūras zvejniecības muzejs) são voltadas para as escolas navais de Krišjānis Valdemārs (p. 195), a navegação no final do século XIX, começo do século XX, para o peixe enlatado e para a cooperativa local dos pescadores de Banga.

🏛 **Museu Mar-Pesca**
Selgas iela 33. **Tel** 6326 9594.
🕐 jun-set: 10h-18h ter-dom; out-mai: 10h-17h ter-sáb.

⓭ Dundaga
Mapa rodoviário C3. 👥 4.000.
🛒 ℹ️ Pils iela 14, 6323 2293.
🌐 visit.dundaga.lv

Mencionada pela primeira vez nas fontes históricas em 1245, Dundaga abriga um castelo restaurado do século XIII da Ordem Livoniana, no qual hoje funcionam os escritórios de turismo. Os brasões de armas dos últimos proprietários decoram a torre na entrada da parte noroeste do castelo. A igreja luterana na vizinhança exibe um retábulo pintado por Janis Rozentāls (1866-1916). Nessa igreja, há um raro órgão de madeira do século XIX, que foi feito por artesãos letões que só produziam utilitários, enquanto os mestres estrangeiros criavam peças decorativas.

Em Dundaga, na esquina das ruas Talsu e Dinsberga, há uma grande escultura de um crocodilo em homenagem ao caçador local Arvīds Blūmentāls (1925-2006), que fugiu para a Austrália na Segunda Guerra Mundial e teria inspirado o filme *Crocodilo Dundee*.

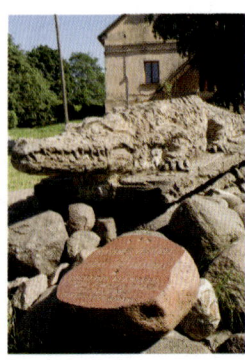

Brasão de armas no Castelo de Dundaga

Os Moradores da Costa

Povo fínico ligado aos estonianos, os livonianos habitavam o golfo de Riga por volta de 5 mil anos atrás, muito antes da chegada das tribos letãs. Eles se autodenominavam *raandalist* (moradores da costa) e *kalāmīed* (pescadores), e sempre dependeram do mar para viver. Os cruzados germânicos devastaram a cultura livoniana no século XIII, e os livonianos foram assimilados por outras tribos bálticas. Nos séculos XIX e XX, as crianças eram alfabetizadas em alemão, mais tarde em russo, mas nunca no próprio idioma. Dos livonianos que restaram, muitos tiveram de deixar a região quando os soviéticos declararam a costa uma zona militar. Desde 1991 crescem os esforços para preservar tal cultura. Hoje, não mais que 200 pessoas são registradas oficialmente como livonianas.

Monumento à Cultura Livoniana, Mazirbe

O grande crocodilo de concreto repousa sobre as pedras, Dundaga

OESTE DA LETÔNIA | 177

⓮ A Costa Livoniana

Estreita faixa de terra que acompanha o golfo de Riga e o mar Báltico, dominada por dunas e florestas de pinheiros, a costa livoniana está separada do resto de Kurzeme pelas Zilie kalni (montanhas azuis). No local vive um dos menores grupos étnicos da Europa, os livonianos. O caminho pela costa proporciona os mais belos cenários da Letônia. Uma curta caminhada liga as vilas de pescadores às praias tranquilas.

Dicas para o Passeio

Extensão: 60km.
Paradas: há pequenas pousadas e campings em vários vilarejos da costa. Não deixe de reservar antes.
Condições da estrada: fora da rodovia, as estradas não são boas, principalmente se o tempo estiver chuvoso.

② Cabo Kolka
O ponto em que o mar Báltico encontra o golfo de Riga é muito frequentado pelos veranistas.

③ Vaide
O Museu dos Chifres é o maior destaque de Vaide. Ele exibe a coleção pessoal de um guarda florestal formada durante décadas.

① Duna Branca Pūrciems
Um caminho pelas dunas com placas indicando uma colônia do período Neolítico.

④ Košrags
A pitoresca vila costeira de Košrags tem casas de madeira do século XVIII, entre elas um simpático B&B.

⑤ Mazirbe
No vilarejo de Mazirbe, a Casa do Povo Livoniano é um museu que abriga uma coleção de fotos antigas de pessoas fazendo corda, amaciando couro e outras atividades diárias.

⑥ Farol Slītere
O farol não só marca o início da trilha natural, como é possível subir para ver do alto as matas do Parque Nacional de Slītere. Dentro, uma exposição foca os faróis da costa da Letônia.

Legenda
- Percurso sugerido
= Outra estrada

O Palácio de Jelgava, antiga residência de inverno de Ernst Johann Biron ▶

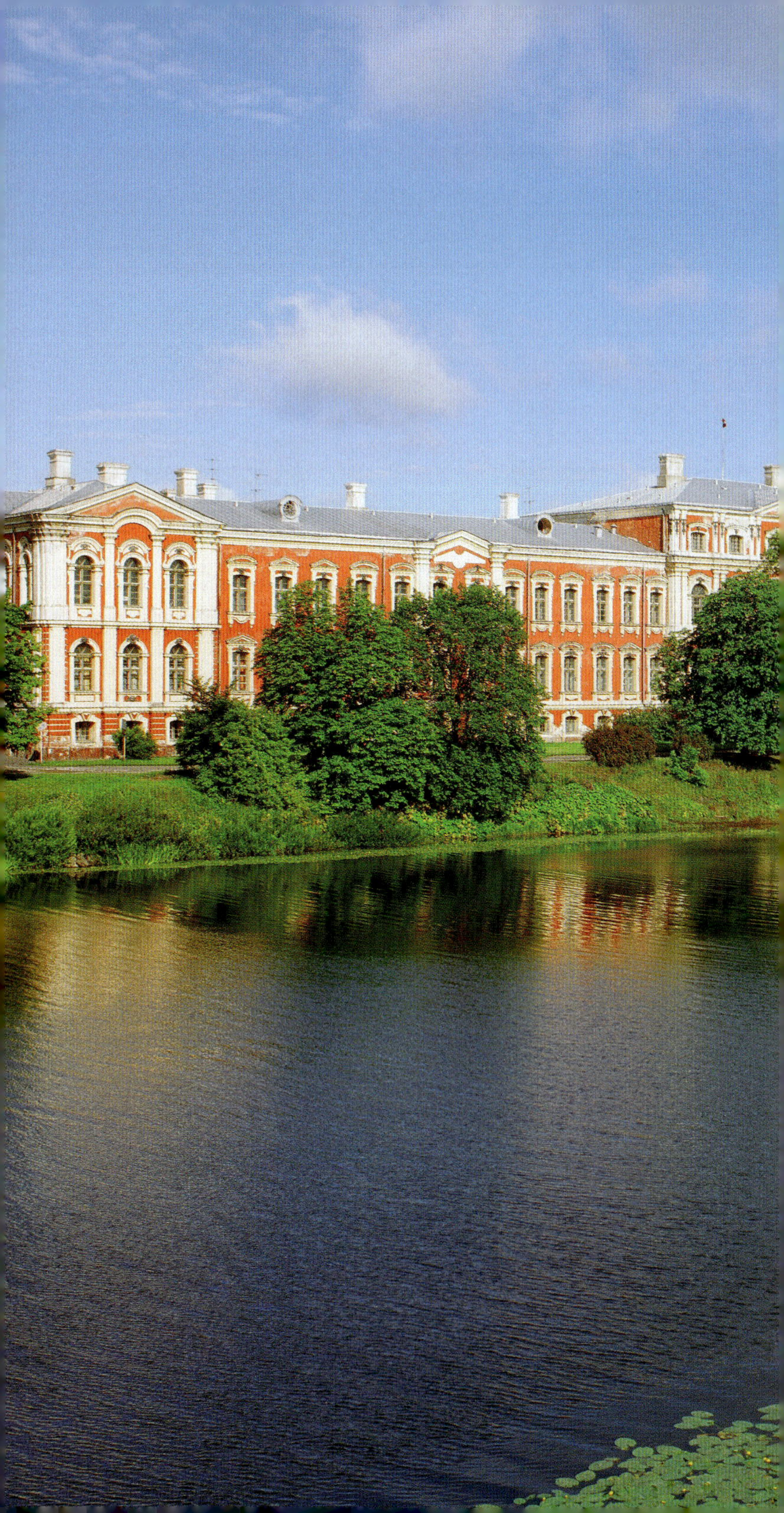

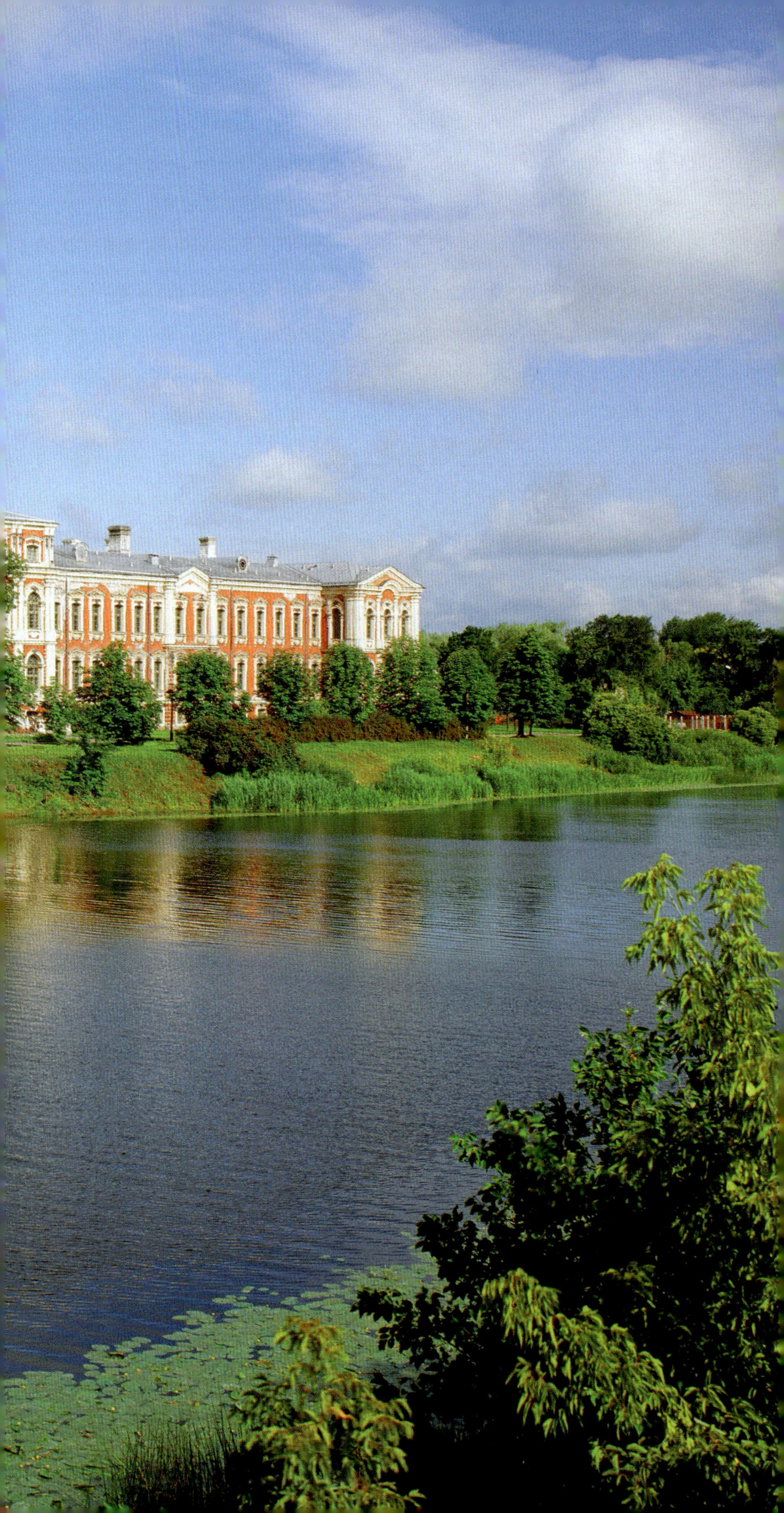

⓯ Ventspils

Fundada em 1290, Ventspils foi membro da Liga Hanseática e ainda é um importante centro comercial. No século XVIII, as guerras e as pragas devastaram a cidade, que mais tarde foi anexada ao Império Russo. Até recentemente um importante eixo marítimo de petroleiros, Ventspils vem prosperando desde a independência. E, para diminuir a dependência da Rússia, passou a incrementar o turismo. Com muitos parques, canteiros de flores e fontes, Ventspils tem um centro moderno e um centro histórico restaurado, que pode ser explorado a pé. Na rua Ostas estão expostas as esculturas em forma de vaca da Cow Parade 2012.

Parte externa do Castelo da Ordem Livoniana do século XIII, Ventspils

🏛 Castelo de Ventspils
Jāņa iela 17. **Tel** 6362 2031.
10h-18h ter-dom.
W muzejs.ventspils.lv

Situado às margens do rio Venta, esse Castelo da Ordem Livoniana é um dos mais bonitos da Letônia. Embora já existisse no final do século XIII como uma torre de pedras, o que se vê hoje é em grande parte do século XIV. Devastado pelo exército sueco em 1659, o castelo já foi restaurado várias vezes. Partes da galeria de tijolos vermelhos no pátio interno só foram construídas recentemente, nos anos 1870.

O museu instalado no interior do castelo conta a história da construção em mostras atraentes e por meio de telas sensíveis ao toque. Como fortaleza da Ordem Livoniana, era uma unidade autossuficiente com dormitório, refeitório, capela e sala de reuniões. Mais tarde, a capela passou a ser usada pela Igreja Luterana e o prédio serviu de prisão, de 1824 a 1959. Tornou-se o quartel-general do exército alemão durante a Primeira Guerra Mundial e, depois, da guarda de fronteira soviética, de 1962 a 1983. As salas onde estão as exposições exibem fragmentos de murais do século XV ao XVII e mostras de trajes tradicionais e joias.

O agradável restaurante local, o Melnais Sivēns Pils Krogs *(p. 324)*, serve uma das melhores comidas da cidade. No verão, é possível praticar arco e flecha e, com hora marcada, disparar o pequeno canhão que existe na frente do castelo.

🏛 Igreja Ortodoxa Russa de São Nicolau
Plosta iela 10. **Tel** 6362 1616.

Essa igreja cuja cúpula tem forma de cebola foi consagrada no início do século XX. Embora a fachada neobizantina necessite de um bom trabalho de restauro, seu interior abriga uma coleção de ícones de excelente qualidade.

Legenda dos símbolos *na orelha da contracapa*

OESTE DA LETÔNIA | 181

🏛 Igreja Luterana de São Nicolau

Tirgus 2. **Tel** 6362 2750.
🕐 9h-16h diariam.

Com um pórtico na frente e uma torre com plataforma de observação, essa atrativa igreja amarela e branca (Sv Nikolaja Luterāļu baznīca) fica na praça do antigo mercado. Terminada em 1835, ela foi construída de acordo com a vontade do tsar Nicolau I.

🏛 Museu à Beira-Mar ao Ar Livre

Riņķa 2. **Tel** 6362 4467. 🕐 mai-out: 10h-18h qua-dom. 🐾 ♿ 💻 🌐 **ventspilsmuzejs.lv** Ferrovia em Bitola Estreita: mai-out: sáb-dom.

Esse museu (Piejūras brīvdabas muzejs) foi inaugurado em 1954 para preservar o legado das aldeias de pesca da Letônia, que começaram a desaparecer quando as autoridades soviéticas decretaram as praias áreas de importância militar. Os edifícios foram retirados do local original e remontados nesse local, e hoje veem-se moradias, defumadouros, gabinetes de cura, galpões e até mesmo um grande moinho.

No verão vê-se por toda parte o artesanato tradicional exposto. Há também coleções de barcos de pesca e âncoras, e uma **Ferrovia em Bitola Estreita**. Até os anos 1960, a composição a vapor interligou as vilas da costa, mas hoje faz um percurso de 1,4km pelo Parque à Beira-Mar.

Escorregadores e piscinas do Parque Aquático

Parque Aquático

Medņu iela 19. **Tel** 2642 9684.
🕐 mai-set: 10h-21h diariam. 🐾 💻

Com três piscinas, vários escorregadores, jacuzzis e saunas, além de inúmeros brinquedos, o Parque Aquático (Akvaparks) atrai as famílias. Podem ser alugadas roupas de banho no local.

🏖 Praia de Ventspils

2km ao S da cidade. ♿

Os moradores de Ventspils se orgulham de suas praias, particularmente a faixa de 1,2km que recebeu classificação Blue Flag em 1999 por corresponder aos padrões internacionais de qualidade. Isso foi uma conquista, afinal, na era soviética, esse litoral era contaminado pela poluição industrial. Alguns trechos da praia são reservados a surfistas, nudistas e fumantes, além de ter playgrounds para as crianças. No extremo norte da praia há um quebra-mar e um caminho para chegar até o farol.

PREPARE-SE

Informações Práticas
Mapa C3. 🗺 44.000.
ℹ Dārza iela 6, 6362 2263.
🌐 visitventspils.com

Transporte
🚆 Dzeaizceļnieku iela. 🚌 Kuldīga iela 5. 🚢 Plosta iela 7.

⑯ VIRAC (Centro Internacional de Radioastronomia de Ventspils)

Ventspils Starptautiskais Radioastronomijas Centrs

Mapa rodoviário B3. **Tel** 2923 0818.
🕐 mar-nov: 6h-18h diariam. 🐾 📞 ligar antes. ✉ 🌐 virac.venta.lv

Situadas em uma antiga vila militar russa, acredita-se que essas instalações militares de 1970 tenham espionado as comunicações entre Europa e EUA por uma década pelo menos. Quando os russos saíram, em 1994, levaram consigo a antena menor e deixaram as duas mais pesadas, com 1m e 32m de diâmetro, respectivamente. A última é o maior radiotelescópio do norte europeu e o oitavo maior do mundo.

Pelo tamanho e por sua precisão, a antena maior é especialmente valiosa para os cientistas. As visitas guiadas começam no piso térreo do laboratório. O visitante pode subir até uma plataforma de vigia e de lá entrar em uma das células do laboratório. A estrutura foi construída por uma fábrica de navios da Ucrânia, e as partes internas são os restos de um navio.

A não sinalizada estrada para VIRAC, que passa por impressionantes prédios residenciais vazios, fica a leste de uma subestação elétrica na P124. Marque a visita guiada com certa antecedência.

Radiotelescópio de VIRAC, o maior do tipo no norte da Europa

Ventspils

① Castelo de Ventspils
② Igreja Ortodoxa Russa de São Nicolau
③ Igreja Luterana de São Nicolau
④ Museu à Beira-Mar ao Ar Livre
⑤ Parque Aquático
⑥ Praia de Ventspils

Veja hotéis e restaurantes dessa região nas pp. 301-2 e 323-4

⓱ Talsi

Mapa rodoviário C3. 12.500.
Liela iela 19-21, 6322 4165.
Feira e Mercado de Artesanato de Mara (ago) **w** talsitourism.lv

Centro administrativo ao norte de Kurzeme e eixo de transportes da região, Talsi contorna dois lagos e se estende por nove colinas. Originalmente, era uma colônia livoniana que foi capturada pelos kurši no século X e depois pela Ordem Livoniana, em 1263. Ainda existe a colina sobre a qual ficava o Castelo da Ordem, o Morro do Moinho-d'Água (Dzirnavkalns).

O edifício mais antigo de Talsi é a igreja luterana do século XVIII, no alto do Morro da Igreja (Baznīckalns). O pastor mais notório da igreja foi Karl Amenda (1771-1836), amigo dos compositores Beethoven e Mozart. Perto de lá, as ruas de pedra Kalēju e Ūdens chamam a atenção pelos bebedouros para animais.

O **Museu Regional de Talsi** (Talsu novada muzejs) fica em uma residência neoclássica do final do século XIX e abriga uma exibição sobre os livonianos. Em uma das salas é possível ver a pintura original do teto.

Arredores
O **Parque Natural de Laumas** está 20km ao norte. Com caminhos e trilhas para ciclismo, oferece passeios guiados, um deles focando as abelhas. Tem área de camping.

Museu Regional de Talsi
K Milenbaha 19. **Tel** 2910 2628.
10h-17h ter-dom.
w talsumuzej.lv

Cultivo da uva Zilga, variedade letã, na Vīna Kalns, famosa vinícola de Sabile

⓲ Sabile

Mapa rodoviário C3. 3.500.
Pilskalna iela 6, 6325 2344.
Festival do Vinho (jul). **w** sabile.lv

Uma cidadezinha às margens do rio Abava, Sabile foi mencionada pela primeira vez em 1253, quando já era habitada pela tribo kurši. Hoje resta apenas a elevação sobre a qual se erguia o castelo da tribo. As pedras foram usadas para reparar a igreja luterana local do século XVII, que abriga o sino mais velho da Letônia, feito em 1450. Há apenas 1km do centro de Sabile fica a chácara **Drubazas**, onde é possível fazer uma caminhada guiada de 2km por florestas e pântanos e fazer degustação de vinhos.

Os vinhedos de Sabile, **Sabiles Vīna Kalns**, são tidos como os mais ao norte do planeta. O vinho forte e ácido produzido no local era muito apreciado no ducado de Kurzeme (1561-1795), mas a viticultura já existia há muito tempo. Nos anos 1930, o vinhedo serviu para testar variedades de uvas, mas isso cessou no período soviético. Os trabalhos recomeçaram em 1989, e hoje há 650 vinhas de quinze variedades. Há degustação de vinhos durante o festival anual.

Arredores
As **Cavernas de Mara** (Māras kambari) levam o nome de uma antiga deusa letã e ficam 12km a sudoeste de Sabile. Na Idade Média, essas cavernas de arenito eram usadas como esconderijos por bandidos.

Trilha Botânica Drubazas
"Drubazas" Abavas pagasts.
Tel 2837 0702. ligar antes.

⓳ Museu ao Ar Livre de Pedvāle
Pedvāles brīvdabas mākslas muzejs

Mapa rodoviário C4. Strauta 4. **Tel** 6325 2249. mai-set: 10h-18h diariam; out-abr: 10h-16h diariam.
w pedvale.lv

O edifício e as áreas semiabandonadas do Solar de Pedvāle, a uma curta distância a pé de Sabile, foram comprados pelo escultor Ojars Feldbergs em 1991. Um ano depois, foi inaugurado o Museu ao Ar Livre de Pedvāle, um dos mais interessantes da Letônia. Espalhados por uma área de 100ha estão mais de 150 trabalhos de artistas locais e estrangeiros. Muitas dessas obras foram criadas especificamente para o museu em conferências e workshops. A bilheteria local fornece um mapa para ajudar os visitantes na exploração. Alguns trabalhos do próprio Feldbergs estão expostos nos interessantes e decadentes prédios num dos extremos do local, enquanto outros edifícios foram reformados para acomodar artistas visitantes. O antigo solar é hoje uma pousada aberta ao público.

Escultura do Museu ao Ar Livre de Pedvāle

Vista de Talsi com as árvores ao fundo

Veja hotéis e restaurantes dessa região nas pp. 301-2 e 322-4

OESTE DA LETÔNIA | 183

As cruzes marcam as sepulturas de soldados alemães, perto de Saldus

⓴ Saldus

Mapa rodoviário C4. 11.000.
Striķu iela 3, 6380 7443.

Situado em um bonito cenário no campo, perto do lago Ciecere, Saldus é mais conhecido pelo **Museu de História e Arte Janis Rozentāls** (Jaņa Rozentāla Saldus Vēstures un Mākslas Muzejs). Rozentāls (p. 155), que nasceu perto de Saldus, reconstruiu o solar em 1900. Residência do artista até 1901, hoje é um museu que exibe seus trabalhos. As mostras temporárias ficam em um prédio vizinho.

Arredores
Vācu Karavīru Kapi, 7km ao sul da cidade, é um cemitério onde estão enterrados os soldados alemães que morreram na Letônia.

Estátua de Janis Rozentāls, Saldus

Museu de História e de Arte Janis Rozentāls
Striķu iela 22. **Tel** 6388 1547.
9h-17h ter-sex, 10h-16h sáb-dom.

⓴ Kuldīga

Mapa rodoviário B3. 14.000.
Baznīcas iela 5, 6332 2259.
Festival da Cidade (meados jul).
w visit.kuldiga.lv

Com uma parte antiga bem preservada e localizada à beira do rio Venta, Kuldīga é uma das cidades provincianas mais sedutoras da Letônia. Foi fundada em 1242 pela Ordem Livoniana, que escolheu o local para capitalizar o rio e o caminho por terra que ligava a Prússia ao vale Daugava.

No século XVI, o castelo de Kuldīga foi uma das residências do duque Gothard Kettler, quando a cidade negociava com Riga e Jelgava. As ruas próximo da bela praça da antiga prefeitura, que acompanham as margens do rio Aleksupīte, abrigam construções de madeira dos séculos XVII e XVIII. No local encontram-se duas igrejas encantadoras, de Santa Catarina (Sv Katrīnas baznīca) e da Santíssima Trindade (Sv Trisvienības Katoļu baznīca). Pouco mais adiante está a Cachoeira de Venta (Ventas rumba), a maior da Europa. Perto há uma ponte de tijolos com 164m, uma das mais longas da Europa. Sobre o rio está o **Museu do Distrito de Kuldīga** (Kuldīgas novada muzejs), famoso pela coleção de cartas de baralho.

Arredores
As **Cavernas de Riežupe** (Riežupes smilšu alas), 4km ao norte de Kuldīga, formam o maior sistema de cavernas da Letônia. Um quarto do sítio de 2km de extensão está aberto a visitantes.

Museu do Distrito de Kuldīga
Pils iela 5. **Tel** 6332 2364. 11h-17h ter-dom.

⓴ Pāvilosta

Mapa rodoviário B4. 3.000.
Dzintaru iela 2, 6349 8229. Festa do Mar (jul).

Fundada em 1879, a pequena cidade portuária de Pāvilosta leva o nome de Paul Lilienfeld, governador de Kurzeme de 1868 a 1885. As atividades turísticas giram em torno do mar, como aluguel de barcos e canoas e passeios em barcos de pesca. A área ao redor é adequada à prática de windsurfe e abriga a primeira marina internacional do país, a **Marina Pāvilosta**. O **Museu de Estudos Regionais** (Pāvilostas novadpētniecības muzejs) ocupa o prédio mais antigo da cidade e exibe itens do cotidiano da região, além de exposições sobre a história local (apenas no idioma letão).

Marina Pāvilosta
Ostmalas iela 4. **Tel** 6349 8581.
w pavilostamarina.lv

Museu de Estudos Regionais
Dzintaru iela 1. **Tel** 6349 8276. meados mai-meados set: 11h-17h qua-sex, 12h-16h sáb-dom; meados set-meados mai: 9h-17h seg-sex.

Ferryboats ancorados no cais da cidade portuária de Pāvilosta

㉓ Liepāja

Embora Liepāja seja oficialmente cidade desde 1625, só se desenvolveu no início do século XIX. Ao aprofundamento do porto e à construção de uma conexão ferroviária seguiu-se a criação de um porto naval tsarista em Karosta. Hoje, Liepāja é a terceira maior cidade da Letônia, com uma vida cultural vibrante. Tem vários pontos de interesse, a maioria no centro histórico. Muitos edifícios antigos já foram amplamente restaurados.

Altar barroco esculpido na Basílica de Santa Ana

🏛 Igreja da Santíssima Trindade
Lielā iela 9. **Tel** 6342 2208.
10h-18h diariam. doações.
Recital de Órgão jul: sáb (horários por tel).

A fachada modesta dessa igreja do século XVIII (Svētās Trīsvienības baznīca) esconde um dos mais belos interiores da região báltica, com detalhes dourados e esculturas. O destaque é um órgão de 1773 criado por H. A. Contius, o fabricante preferido de J. S. Bach. Ampliado em 1885, até 1912 era um dos maiores órgãos do mundo. Uma escada de madeira leva à torre do sino.

Casa dos Artesãos
Dārza iela 4-8. **Tel** 2654 1424.
9h-17h seg.-sáb.

Com muitos artefatos à venda, na Casa dos Artesãos (Amatnieku namiņš) é possível assistir aos habilidosos artesãos produzindo seus tecidos tradicionais. O maior colar de âmbar do mundo, com 123m de comprimento e pesando 60kg, também está exposto ao lado das fotografias que documentam o processo de confecção.

Detalhes da fachada da Igreja da Santíssima Trindade

🏛 Basílica de Santa Ana
Veidenbauma iela 1. **Tel** 2922 7566.

Documentada pela primeira vez em 1508, a atual basílica neogótica de Santa Ana (Sv Annas baznīca) data somente do final do século XIX. O interior é dominado por um imenso altar barroco, esculpido para o duque Jakob Kettler *(p. 139)* em 1697 por Nicolas Sefrens. No altar, uma pintura representa a Paixão de Cristo em três painéis, com a crucificação embaixo, o corpo sendo embrulhado no lençol no centro e a ascensão no alto.

🏛 Museu da Ocupação
K Ukstiņa iela 7/9. **Tel** 6342 0274.
10h-18h qua.-dom.

O Museu da Ocupação (Okupācijuu režīmos) oferece um comovente relato sobre o tratamento dado à cidade pelos alemães

Liepāja
① Igreja da Santíssima Trindade
② Casa dos Artesãos
③ Basílica de Santa Ana
④ Museu da Ocupação
⑤ Catedral de São José
⑥ Museu de Liepāja

OESTE DA LETÔNIA | 185

nazistas e a União Soviética, com muitas informações em inglês. Entre as exposições estão objetos do dia a dia deixados pelos alemães bálticos repatriados no começo da Segunda Guerra Mundial, fotos das deportações em massa feitas pelos soviéticos em junho de 1941 e um relato do extermínio dos judeus locais e outros desafetos. Tudo termina com uma mostra dos eventos que levaram à independência. Os escritórios da Frente Popular, que ocupavam o prédio, permanecem. Outras salas abrigam equipamentos fotográficos antigos.

Catedral de São José
Rakstvežu iela 13. **Tel** 6342 9775.

Decorada com cenas da Bíblia, a catedral amarela de São José (Sv Jāzepa katedrāle) ganhou a aparência atual no século XIX. A congregação precisava de uma igreja maior, mas, como não havia mais terreno para ampliá-la, simplesmente aumentaram para o alto a que já existia.

Museu de Liepāja
Kūrmājas prospekts 16/18. **Tel** 6342 2327. 10h-18h qua-dom.
liepajasmuzejs.lv

No meio de um pequeno jardim de esculturas, o Museu de Liepāja (Liepājas muzejs) ocupa um edifício do início do século XX, cujo saguão abriga uma galeria impressionante. As coleções percorrem a história local e as mostras incluem a cabeça dos querubins de pedra da Basílica de Santa Ana, uma série de utensílios de estanho decorados com figuras humanas e trajes típicos de Kurzeme. Há também uma réplica do ateliê do famoso escultor Mikelis Pankoks (1894-1983), que desapareceu em 1944 e foi dado como morto. Ele fugiu incógnito do país e terminou seus dias em um hospital para doentes mentais na Suíça.

Praia de Liepāja
Embora esse litoral já tenha passado por um sério desastre ambiental, hoje está plenamente limpo e ostenta com orgulho a Blue Flag da UE. A longa e bonita praia de Liepāja (Liepājas pludmale) está separada da Cidade Velha pelo verde Parque à Beira-Mar (Jūrmalas parks). Em ruas próximas, exibe elegantes casas art nouveau que foram utilizadas como casas de veraneio.

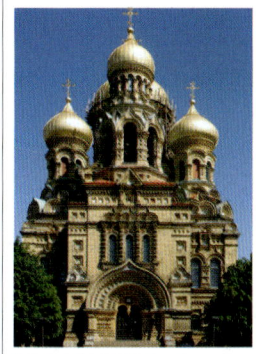

PREPARE-SE

Informações Práticas
Mapa B4. 85.750.
Rožu Laukums 5/6, 6348 0808.
diariam. Festival Estrela do Piano (mar), Festival de Verão (jul), Festival Internacional de Música de Órgão (set). **liepajaturisms.lv**

Transporte
Cimdenieki, Lidostas iela 8.
Rīgas iela. Rīgas iela.

Fachada da Catedral Ortodoxa de São Nicolau, em Karosta

Karosta
4km N da cidade. 3, 4, 7.
karosta.lv Igreja Ortodoxa de São Nicolau: Katedrāles 7. Prisão Militar: Invalīdu 4.

Um porto militar construído pelos russos em fins do século XIX, Karosta é área restrita a civis. Em seu apogeu, abrigava 40 mil soldados. Hoje parece uma cidade-fantasma, com seus imensos prédios desocupados.

Um motivo para visitar Karosta é a **Catedral Ortodoxa de São Nicolau** (Sv Nikolaja pareizticīgo katedrāle), com as cúpulas em forma de cebola, que os soviéticos usavam como cinema e ginásio esportivo. A **Prisão Militar** (Karostas cietums) é hoje a maior atração turística de Kurzeme, onde você pode ser preso e insultado pelos "guardas" por algumas horas.

Reserva Natural do Lago Pape
Papes dabas parks

Mapa rodoviário B4. **Tel** 2922 4331.
Buši, Rucava village, 2913 4903; Bārtas iela 6, Nica, 6348 9501.
pdf-pape.lv

A apenas 10km da fronteira da Lituânia, os pântanos, as florestas de pinheiros, as dunas, as pradarias e o litoral nas proximidades do lago Pape compõem uma excelente viagem a partir de Liepāja. Patrocinada pelo World Wide Fund for Nature, a reserva ocupa 52 mil ha e é conhecida pelos seus *savvaļas zirgi* (cavalos semisselvagens) e *sumbru gaņibas* (bisões europeus). Visitas guiadas, com cerca de 90 minutos de duração, podem ser contratadas na bilheteria na entrada da área sinalizada.

A reserva é frequentada por observadores de aves, por estar localizada em rota de migração. Podem ser vistas 271 espécies, quinze delas da Lista Vermelha Europeia em risco de extinção. A área é pouco habitada, embora haja três vilarejos dentro da reserva. Um deles é Pape, cercado por dunas, onde está o **Vitolnieki**, um anexo do Museu Etnográfico ao Ar Livre Letão *(p. 163)*.

Vitolnieki
Vila Pape. **Tel** 2926 2283.
mai-set: 10h-18h sex-qua.
reservar.

Torre de observação de aves na Reserva Natural do Lago Pape

Veja hotéis e restaurantes dessa região nas pp. 301-2 e 323-4

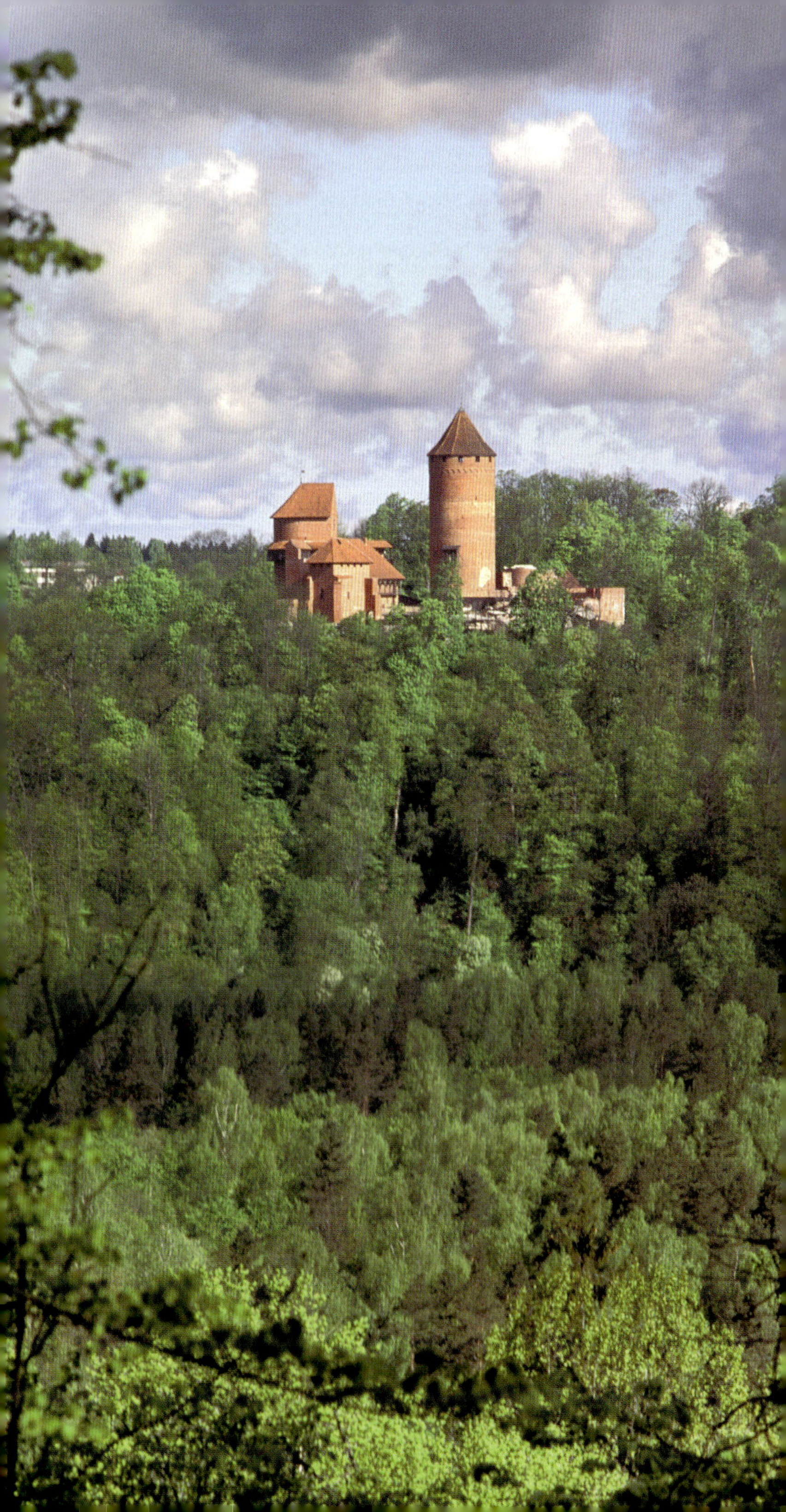

LESTE DA LETÔNIA

No leste da Letônia estão algumas das atrações mais conhecidas do país, naturais ou não, além de áreas rurais pouco visitadas. Embora nada tenha de montanhoso, o terreno não é tão plano como no oeste e existem duas grandes áreas de planaltos com muitos lagos, alguns com boas instalações turísticas e outros mais isolados e preservados.

Quando os cruzados germânicos chegaram, encontraram os livonianos e os latgalianos vivendo na região onde hoje é Vidzeme e latgalianos e selonianos mais a leste, onde hoje é a Latgália. O bispo de Riga assumiu o controle do leste e oeste de Vidzeme, cuja região central e a maior parte de Latgália foram reivindicadas pela Ordem Livoniana. Quando a Ordem Livoniana entrou em colapso, em 1561, todo o lado oeste passou a ser controlado pelos lituanos e mais tarde pelos poloneses.

Com o fim das guerras entre Polônia e Suécia, em 1629, os suecos passaram a governar a Estônia e Vidzeme, que foi conquistada pelos russos em 1721. A região depende economicamente da agricultura, da exploração da floresta e do processamento da madeira, mas se destaca pela produção cultural e é a terra natal dos melhores músicos e escritores do país. Hoje, Vidzeme só perde para Riga como destino turístico, graças a muitas atrações históricas e ao Parque Nacional Gauja, que reúne belezas naturais.

Latgália, por sua vez, pertenceu à Polônia até 1772. A influência polonesa gerou uma forte tradição católica, que é mais evidente no centro de romarias de Aglona. Mais tarde Latgália foi absorvida pelo Império Russo, diferentemente de outras regiões da Letônia, que eram governadas como províncias independentes. Esse isolamento resultou numa província atrasada predominantemente russa. Mesmo assim, seus vilarejos e lagos tranquilos encantam os visitantes, e a capital regional, Daugavpils, aos poucos está se livrando da imagem desse obscuro passado soviético.

Casas antigas e a torre em Cēsis, uma cidade mergulhada na história

◀ O Castelo de Turaida entre as árvores do Parque Nacional Gauja

Como Explorar o Leste da Letônia

A maior atração turística do leste da Letônia é o Parque Nacional Gauja, que reúne belas florestas, cidades históricas como Cēsis e o Castelo de Turaida restaurado. A região é ocupada em grande parte pela Reserva da Biosfera de Vidzeme do Norte, com suas planícies na costa, rochedos de arenito e grandes extensões de pântanos. A estrada que liga Riga a Daugavpils, capital regional, atravessa o vale de Daugava e vários lugares interessantes, enquanto a Catedral de Aglona é o grande centro de romaria católica. Para a maioria dos visitantes, porém, a principal atração da Latgália são seus muitos lagos, entre eles Rāzna e Lubāns, os dois maiores do país.

Principais Atrações

Cidades, Balneários e Vilarejos
- ❷ Valmiera
- ❸ Ainaži
- ❹ Salacgrīva
- ❺ Mazsalaca
- ❻ Limbaži
- ❼ Dunte
- ❽ Saulkrasti
- ❿ Lielvārde
- ⓫ Skrīveri
- ⓭ Jēkabpils
- ⓮ Līvāni
- ⓯ *Daugavpils pp. 200-1*
- ⓰ Krāslava
- ⓱ Aglona
- ⓲ Preiļi
- ⓳ Rēzekne
- ㉑ Ludza
- ㉒ Vecpiebalga
- ㉓ Alūksne

Locais de Interesse
- ❾ Ikšķile
- ⓬ Koknese
- ㉔ Ferrovia Gulbene-Alūksne

Parque Nacional
- ❶ *Parque Nacional Gauja pp.190-93*

Passeio
- ⓴ *Lagos da Latgália p. 202*

Barrancos de arenito nas margens do rio Salaca, Vidzeme

Veja hotéis e restaurantes dessa região nas pp. 302-3 e 324-5

Legenda

- Rodovia
- Estrada principal
- Estrada secundária
- Estrada vicinal
- Ferrovia
- Fronteira internacional

Como Circular

Partindo de Riga, chega-se facilmente às atrações do Parque Nacional Gauja de ônibus ou trem. Até mesmo as menores cidades de Vidzeme costumam ter pelo menos um ônibus diário. Riga e Daugavpils estão interligadas por ônibus e trens que circulam várias vezes por dia. O transporte público para qualquer lugar em Latgália é precário, e é mais fácil usar um veículo particular, especialmente para explorar os lagos. Há linhas de ônibus entre as cidades, mas o serviço não é constante.

Legenda dos símbolos *na orelha da contracapa*

❶ Parque Nacional Gauja

O primeiro e mais conhecido parque nacional foi criado em 1973 e ocupa 100km ao longo do vale do rio Gauja. Desde o século XIX a área atrai turistas por suas assim chamadas "trilhas alpinas". Cerca de metade dos 92 mil ha do parque é coberta por vegetação, onde se encontram 900 espécies de plantas, 149 de aves e 48 de mamíferos. Aproximadamente 4% é reserva natural fechada, e o restante tem estradas de acesso. Canoas e barcos levam a cavernas, rochedos e ravinas escavados pelo rio desde o recuo dos glaciais, há 12 mil anos. Além das atrações naturais, a área abriga alguns dos sítios históricos mais fascinantes da Letônia *(pp. 192-3)*.

Legenda
▪ Parque Nacional Gauja

★ **Reserva e Museu de Turaida**
O Castelo de Turaida, amplamente restaurado, abriga exposições históricas, e, na área ao redor, há dependências externas além de um parque de esculturas.

Castelo Novo de Sigulda
Esse solar foi construído em 1867 nas imediações das ruínas do Castelo da Ordem da Letônia, onde existe agora um palco ao ar livre.

0 km — 5

Pista de Bobsleigh
Em Sigulda é possível viver as emoções de uma corrida internacional de trenó de neve a preços baixos. No verão é usado um trenó mais lento.

Legenda
━ Estrada principal
━ Estrada secundária
━ Outra estrada
━ Ferrovia
-- Divisa do parque

Veja hotéis e restaurantes dessa região nas pp. 302-3 e 324-5

LESTE DA LETÔNIA | 191

★ Centro de Educação e Recreação de Līgatne
No interior do parque, caminhos e trilhas percorrem áreas em que vivem animais como alce, urso-pardo e bisão-europeu.

PREPARE-SE

Informações Práticas
Mapa rod. D3. *i* Centro de Visitantes do Parque Nacional Gauja, Turaidas iela 2a, Sigulda, 2665 7661. passeios guiados de canoa organizados por Campo em Riga (2922 2339), Makars em Sigulda (2924 4948). **w gnp.lv**

Transporte
de Riga. de Riga.

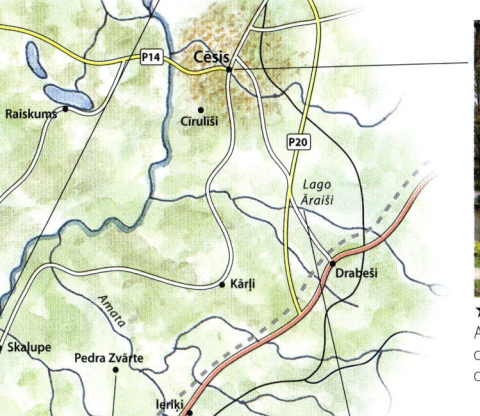

★ Cēsis
Antiga sede dos cruzados germânicos, Cēsis é uma cidade romântica com um parque à beira do lago.

Pedra Zvārte, um afloramento de arenito com 35m de altura, oferece uma vista excelente. Acredita-se que nela haja bruxas e demônios.

Lago Āraiši
Os arqueólogos encontraram restos de uma fortaleza no leito do lago. Essa reconstrução dá uma ideia da vida na Latgália nos séculos IX e X.

Rosa de Turaida

Diz a lenda que em 1601 uma jovem órfã encontrada no final de uma batalha entre os exércitos sueco e polonês recebeu o nome de Maija e cresceu no Castelo de Turaida. Ela se apaixonou por Viktor, o jardineiro do Castelo de Sigulda. Um dia, um desertor do exército polonês atraiu-a para o interior da caverna de Gūtmaņa com falsas intenções, mas ela lutou para não perder a virgindade e acabou sendo morta. O túmulo conhecido como Rosa de Turaida na Reserva e Museu de Turaida é considerado um lugar romântico para os recém-casados.

A lápide da Rosa de Turaida, a bela Maija

Legenda dos símbolos na orelha da contracapa

Como Explorar o Parque Nacional Gauja

O parque acompanha o vale do rio Gauja, que nasce em Valmiera e corre para o sudoeste. O acesso ao parque é bom, com as estradas A2 e A3 passando paralelamente. Os pontos de acesso mais convenientes a partir de Riga são Sigulda, onde está o centro de informação do parque, e Cēsis. Além dos hotéis e pousadas nas estradas principais e dos pontos turísticos próximos, o parque abriga uma rede de 22 áreas de camping. Por estar ao longo dos rios Gauja, Amata e Brasla, as canoas são a melhor maneira de conhecer a área. A faixa entre Sigulda e Cēsis é especialmente bela.

Sigulda
de Riga. de Riga. Estação de Trem, Auskela iela, 6797 1335.
w sigulda.lv

Uma cidade espaçosa em meio a um cenário de florestas, Sigulda é centro de atividades ao ar livre e base para visitar Krimulda e Turaida. Quando a Irmandade da Espada dominou a população livoniana, em 1207, deu a margem direita do vale ao bispo de Riga e construiu seu castelo na margem esquerda. A Irmandade, que depois se chamou Ordem Livoniana, perdeu a cidade em 1562 para os poloneses, que por 150 anos alternaram a posse com os suecos, até ser ocupada pela Rússia na Grande Guerra Nórdica (1700-21).

As ruínas do antigo castelo ficam atrás do castelo novo do século XIX (Jaunā pils) e seus lindos jardins. Perto há uma igreja luterana e o mirante do Morro dos Artistas (Gleznotāju kalns). Há caminhos pela mata para o Morro do Castelo de Satzele, uma fortaleza livoniana, e a Caverna de Pedro na margem do rio Vējupīte.

O teleférico leva os visitantes de Sigulda a Krimulda

tro de reabilitação para crianças, aloja também um café e acomodações básicas.

Reserva e Museu de Turaida
6km N de Sigulda. de Sigulda.
Tel 6797 2376. mai-out: 9h-20h diariam; nov-abr: 10h-17h diariam. 11h dom.
w turaida-muzejs.lv

A Reserva e Museu de Turaida consiste de um castelo e várias outras construções. O Castelo de Turaida foi construído pela Irmandade da Espada em 1214. Ficou em ruínas após um incêndio em 1776 e desde então está sendo restaurado. As placas ajudam os visitantes a entender o lugar, e as exibições internas contam a história do castelo e ilustram o processo de restauração. Perto da entrada do museu há outras partes da propriedade de Turaida, como a ferraria em atividade e exposições agrícolas e de marcenaria.

Perto do castelo fica a Igreja de Turaida. Construída em 1750, é uma das igrejas de madeira mais antigas da Letônia. Do lado de fora da igreja fica o memorial de Rosa de Turaida *(p. 191)*. Atrás da igreja fica o Parque da Canção Folclórica (Dainu kalns), onde 25 esculturas celebram a obra de Krišjānis Barons *(p. 155)*. Trilhas naturais descem pelas encostas do parque.

Krimulda
de Sigulda. de Sigulda 9h-17h seg-sex. 6797 2232.
w krimuldaspils.lv

O bispo de Riga ergueu um castelo em Krimulda quando ocupou a margem direita do vale do Gauja, em 1207. Destruído pelo exército sueco em 1601, do castelo de Krimulda (Krimuldas pils) restam apenas ruínas. Nas imediações, porém em melhor estado, fica o solar neoclássico do século XIX (Krimuldas muižas pils). Hoje, além de ser um cen-

Cēsis
35km NE de Sigulda. de Riga. de Riga. Pils laukums 9, 6412 1815.
w tourism.cesis.lv
Museu de Arte e História Pils laukums 9. mai-set: 10h-18h diariam; out-abr: 10h-17h ter-dom. inclui acesso ao castelo novo

Uma das cidades mais antigas da Letônia, Cēsis possui ruas sinuosas ladeadas por casas de madeira e pedra. A cidade era um centro de comércio importante que se tornou membro da Liga Hanseática em 1383. Era também o quartel dos Irmãos da Espada e, entre 1237 e 1561, da Ordem Livoniana.

Em 1577, Ivã, o Terrível, tomou Cēsis. Outras ocupações e muita destruição aconteceram na Grande Guerra Nórdica. Na Guerra da Independência

Casas de madeira e pedra da cidade velha, Cēsis

Veja hotéis e restaurantes dessa região nas pp. 302-3 e 324-5

LESTE DA LETÔNIA | 193

Vista das pitorescas moradias de madeira na Fortaleza do Lago Āraiši

(1918-20), a cidade foi palco de lutas violentas.

O complexo do castelo de Cēsis é a principal atração do lugar. Os visitantes recebem capacetes e lanternas para subir nas torres construídas entre os séculos XV e XVI no castelo velho, que data do século XIII. O castelo novo rosado, construído em 1777, abriga o **Museu de Arte e História** (Cēsu vēstures un mākslas muzejs). A grande atração do local é a bonita exposição "Tesouros de Cēsis". A Casa de Exposições de Cēsis (Cēsu izstāžu nams), uma estrebaria reformada do século XVIII, fica em frente ao castelo novo. Ao norte, o Parque do Castelo é um ótimo lugar para relaxar no verão. A Cidade Velha fica a sudeste do castelo.

Centro de Educação e Recreação de Līgatne

Há outras atrações que incluem a Cervejaria de Cēsis, do século XIX, embora hoje toda a cerveja seja feita fora da cidade.

🏰 Fortaleza do Lago Āraiši
10km S de Cēsis. **Tel** 6410 7080. ⏰ abr-out: 9h-19h diariam; nov-mar: 9h-16h diariam.

As histórias de castelos submersos, comuns no folclore letão, devem ter surgido nos séculos IX e X, quando os latgalianos construíam colônias em ilhotas. Em 1965, foi encontrada uma dessas colônias no lago Āraiši, que hoje está restaurada e é atração turística. Uma plataforma de madeira sustenta dezesseis moradias de um só cômodo com paredes de madeira e telhados de cascas de árvores, onde viviam de três a oito pessoas. Um fogão de argila servia para aquecer e cozinhar, e uma pequena estrutura à direita de cada casa era depósito ou usada para guardar o gado.

Hoje, guias em trajes típicos recriam a atmosfera da colônia, onde há uma canoa de tronco para alugar. Em Cēsis há também um castelo da Ordem Livoniana em ruínas e moradas das idades da Pedra, Bronze e Ferro.

🌳 Centro de Educação e Recreação de Līgatne
15km NE de Sigulda. 🚌 de Cēsis. **Tel** 6415 3313. ⏰ mai-set: 9h-18h seg-sex, 9h-19h sáb e dom; out-abr: 10h-17h diariam. 🅿 W **gnp.lv**

Como parque natural arborizado, o Centro de Educação e Recreação de Līgatne (Līgatnes mācību un atpūtas parks) abriga animais como urso-pardo, lince, castor, alce e bisão-europeu. Grandes enseadas são interligadas por 5,5km de trilhas para caminhada e 5km de estradas. Tem também uma torre de observação com 22m de altura e oferece passeios a cavalo, locais para fogueiras e estacionamentos para carros. Não são permitidos cães nas trilhas.

A Bandeira Letã

Segundo consta, a bandeira nacional da Letônia foi criada em Cēsis por volta de 1280. Dizem que os guerreiros de uma das tribos embrulharam seu líder moribundo em uma bandeira branca capturada de seus inimigos estonianos. Quando o líder morreu, os guerreiros retiraram a bandeira e viram que seu sangue havia deixado duas faixas vermelhas paralelas à faixa branca onde ele estava deitado. Os guerreiros levaram a bandeira em batalha e derrotaram o inimigo. A versão atual foi criada por Ansis Cīrulis em maio de 1917. O Museu de Arte e História de Cēsis tem uma exposição exclusiva, dedicada à bandeira letã.

A bandeira da Letônia hasteada no castelo novo

Ruínas abandonadas do castelo da Ordem Livoniana, Valmiera

❷ Valmiera

Mapa rodoviário D3. 30.000. de Riga. de Cēsis. Rīgas iela 10, 6420 7177. Festival de Música de Inverno (jan), Festividades da Cidade (jul), Festival dos Artesãos (ago), Feira Medieval de São Simeão (out).
w visit.valmiera.lv

Antigo membro da Liga Hanseática, Valmiera foi fundada em 1283 e tem uma história importante de comércio por sua localização no rio Gauja. Hoje, é a segunda maior cidade de Vidzeme depois de Riga, embora sua parte antiga tenha sido devastada na Segunda Guerra Mundial. A maioria dos locais de interesse está agrupada ao lado do rio, a leste da principal rotatória da cidade.

A **Igreja de São Simeão** (Sv Sīmaņa baznīca), do século XIII, foi destruída várias vezes, e a estrutura atual data de 1739. No altar há uma representação da tentação de Cristo de Christiana Vogels-Vogelstein. É possível subir na torre da igreja para uma vista da cidade.

Adiante da igreja estão as ruínas do Castelo Livoniano e o **Museu de Estudos Locais** (Valmieras novadpētniecības muzejs). O museu conta a história local e abriga exposições. Perto desse local fica o edifício de madeira mais antigo da cidade e uma farmácia construída em 1735.

🏠 Igreja de São Simeão
Bruņinieku iela 2. **Tel** 6420 0333.
⏲ 11h-17h ter-sáb

🏛 Museu de Estudos Locais
Bruņinieku iela 3. **Tel** 6422 3620.
⏲ 10h-17h ter-sáb.

❸ Ainaži

Mapa rodoviário D2. 1.800. de Cēsis. Valdemāra iela 50a, 6404 3241.

Localizada perto da fronteira com a Estônia, Ainaži tem papel crucial na história marítima da Letônia. Durante séculos, a costa foi pouco habitada, o que explica o fato de o nome da cidade derivar da palavra livoniana *ainagi*, que significa "solitário". Por volta do século XIX, porém, tornou-se um importante centro de pesca, e, em 1864, foi escolhida por Krišjānis Valdemārs para ser o local de sua escola naval, que funcionou até 1919, na Guerra Civil. No prédio original da escola funciona hoje o **Museu do Colégio Naval** (Ainažu jūrskolas muzejs), que expõe fotos, documentos, maquetes de navios e uma interessante coleção de âncoras. Em Ainaži fica também o **Museu dos Bombeiros** (Ainažu ugunsdzēsības muzejs). Entre as exposições no prédio principal estão bombas-d'água operadas à mão, uniformes e distintivos, e na garagem estão expostos caminhões. Os funcionários do museu são todos ex-bombeiros.

🏛 Museu do Colégio Naval
Valdemāra iela 47. **Tel** 6404 3349.
⏲ mai-set: 10h-17 qua-dom; out-abr: 11h-17h ter-sáb.

🏛 Museu dos Bombeiros
Valdemāra iela 69. **Tel** 6404 3280.
⏲ mai-set: 10h-16h ter-sáb, 10h-14h dom; out-abr: 10h-16h ter-sex, 10h-14h sáb.

As Cavernas Sacrificiais dos Livonianos, perto de Salacgrīva

❹ Salacgrīva

Mapa rodoviário D3.
6.000. de Riga.
Rīgas iela 10a, 6404 1254.
Positivus (jul).
w tourism.salacgriva.lv

Localizado na foz do rio Salaca, o porto de pesca de Salacgrīva tornou-se oficialmente cidade em 1928. Há evidências de que mercadores germânicos estiveram em Salaca antes de chegarem ao rio Daugava. Salacgrīva é um bom ponto de partida para explorar as áreas vizinhas.

Arredores

Às margens do rio Svētupe, 10km a leste da cidade, ficam as **Cavernas Sacrificiais dos Livonianos** (Lībiešu upurala). Nelas foram encontradas moedas e artefatos do século XIV ao XIX e runas escavadas nas paredes. Nas **Pradarias de Randu** (Randu pļavas), 8km ao norte de Salacgrīva, há muitas espécies de aves e plantas raras.

Objetos náuticos exibidos no jardim do Museu do Colégio Naval, Ainaži

Veja hotéis e restaurantes dessa região nas pp. 302-3 e 324-5

❺ Mazsalaca

Mapa rodoviário D2. 1.200. de Riga. Rigas iela 1, 2837 4774.
w mazsalaca.lv

Essa pacata cidade tem poucos atrativos para os turistas, exceto o **Museu Regional de Mazsalaca**, que abriga uma curiosa coleção de esculturas de madeira de Valters Hirte com esse tema. Mas a cidade também serve de base para explorar as atrações próximas, como as assustadoras Floresta do Lobisomem e Cavernas do Diabo, a 2km de Mazsalaca, onde, dizem, as águas que brotam têm poderes curativos.

O **Skaņaiskalns** (Monte do Som), um rochedo de arenito a sudoeste de Mazsalaca, é famoso pelos ecos. O acesso é através de um parque repleto de esculturas de madeira que podem ser vistas quando se passa de carro, mas é melhor vê-las a pé. O caminho de 2km começa no solar de Valtenburg (hoje uma escola) na rua Parka.

🏛 Museu Regional de Mazsalaca
Rigas iela 1. **Tel** 6425 1781.
⏱ mai-out: 11h-16h qua-dom; nov-abr: 11h-16h ter-qui.

Soldados esculpidos em madeira no Parque de Skaņaiskalns, Mazsalaca

❻ Limbaži

Mapa rodoviário D3. 9.200. de Riga. Torņa iela 3, 6407 0608.
w visitlimbazi.lv

Embora seja uma das cidades mais antigas da Letônia, Limbaži pouco conserva de seu passado. A área, conhecida no século XIII como Metsepole (Indriķis, em letão), era um dos três territórios livonianos mencionados em uma crônica do início do século XIII escrita por Henrique da Livônia.

Igreja Ortodoxa do início do século XX, Limbaži

O castelo de pedras de Limbaži, construído pela Irmandade da Espada em 1223, era a residência do arcebispo de Riga. A cidade cresceu em torno do castelo e ingressou na Liga Hanseática. Danificado em 1602 na guerra entre Polônia e Suécia, hoje encontra-se em ruínas.

O **Museu de Estudos Regionais** (Limbažu muzejs) organiza visitas às ruínas do castelo, além de exibir uma fascinante coleção de artefatos que contam a história da região. Perto desse local fica a **Igreja Ortodoxa**, de 1903, que ainda conserva parte de seu esplendor original. A estátua de Kārlis Baumanis, compositor do hino nacional, pode ser vista na rua Jūras.

🏛 Museu de Estudos Regionais
Burtnieku iela 7. **Tel** 6407 0632.
⏱ mai-out: 10h-18h ter-sáb; nov-abr: 10h-17h ter-sáb. para o castelo.

Krišjānis Valdemārs

Uma das figuras-chave do Despertar Nacional da Letônia, Krišjānis Valdemārs (1825-91) foi escritor, educador, pensador político e ideólogo. Na sua época, a maioria dos trabalhos literários letões eram escritos por alemães bálticos, algo que ele quis mudar. De 1862 até ser proibida em 1865, Valdemārs editou uma publicação em idioma letão, *Pēterburgas Avīzes*, junto com Krišjānis Barons e o poeta Juris Alunāns, que criticava a pretensa superioridade cultural balto-germânica. Foi ele quem incentivou Barons e Fricis Brīvzemnieks a iniciar uma coleção de canções folclóricas letãs *(pp. 28-9)*, e foi fundamental na fundação do Colégio Naval de Ainaži, no qual a instrução era livre e independente do status social.

Busto de Valdemārs, Museu Naval

Casa refletida nas águas cristalinas de um lago perto de Dunte

❼ Dunte

Mapa rodoviário D3. 2.890. de Valmiera.

Não fosse pelo **Museu Münchausen**, dedicado a Karl Friedrich Hieronymus von Münchhausen (1720-97), Dunte pouco teria a oferecer. Oficial da cavalaria russa, o barão de Münchhausen casou-se com uma moça russa e passou a lua de mel em Dunte. Tornou-se famoso sem querer, quando histórias fantásticas protagonizadas por ele foram publicadas anonimamente em 1781. Até hoje ele é associado ao exagero. A equipe do museu veste-se como na época, e uma das salas é uma reprodução fictícia do quarto de vestir de sua mulher. É projetado um filme alemão de 1943 com uma adaptação de suas histórias. No andar de cima há figuras em cera de letões famosos.

Museu Münchausen
Duntes Manor. **Tel** 6406 5633. mai-out: 10h-17h diariam (até 18h sáb e dom); nov-abr: 10h-17h sáb e dom, com reserva qua.

❽ Saulkrasti

Mapa rodoviário D3. 5.550. de Riga. de Riga. Ainažu iela 13b, 6795 2641. Festival da Cidade (jul), Festival Internacional de Jazz (jul), Festival de Música de Órgão (set). saulkrasti.lv

Um balneário de praia desde o século XIX, Saulkrasti é uma fileira de residências e pousadas à beira da estrada principal e continua sendo o refúgio dos moradores de Riga. A principal atividade no local é caminhar pela costa, onde uma trilha com 4km de extensão tem vários mirantes, entre eles uma plataforma sobre a Duna Branca (Baltā kāpa). O **Museu da Bicicleta** (Saulkrastu velosipēdu muzejs), uma propriedade particular, ocupa uma grande cabana no jardim da casa. A excelente coleção reunida por muitos anos exibe curiosidades como uma bicicleta de madeira feita por um engenheiro de aviões. Há também maquetes de uma oficina de reparos e uma loja de peças de bicicletas.

Distintivos de bicicleta no Museu da Bicicleta

Museu da Bicicleta
Rigas iela 44a. **Tel** 2888 3160. ligar antes.

❾ Ikšķile

Mapa rodoviário D3. 6.250. de Riga. de Riga.

Em meados do século XII, o padre agostiniano Meinhard, primeiro bispo de Ikšķile, acompanhou os mercadores germânicos ao longo do rio Daugava. Nesse local ele construiu a **Igreja de Santa Maria**, a primeira no território das tribos da Letônia. Os livonianos locais resistiram à conversão ao cristianismo e Meinhard pouco pôde fazer. A igreja foi a primeira construção de pedras da região e suas ruínas estão sob um telhado de metal para protegê-las das intempéries. Com a construção de uma represa hidrelétrica no rio, as ruínas estão em uma ilha, embora reste pouco delas para se ver.

As ruínas da antiga Igreja de Santa Maria, Ikšķile

Veja hotéis e restaurantes dessa região nas pp. 302-3 e 324-5

LESTE DA LETÔNIA | 197

⑩ Lielvārde

Mapa rodoviário D4. 🚗 7.350. 🚌 de Riga. ℹ️ Edgara Kauliņa aleja 20, 6505 3759. 🎉 Festival Regional (jul), Aniversário de Andrejs Pumpurs (set). 🌐 lielvarde.lv

A cidade de Lielvārde foi o local da emocionante batalha entre o heroico Lāčplēšis e o Cavaleiro Negro. O confronto terminou quando os dois guerreiros desapareceram no rio Daugava, perto de um castelo do início do século XIII, cujas ruínas estão sobre uma colina. Não muito distante, grandes esculturas de madeira ilustram a história de Lāčplēšis. Duas pedras grandes servem de cama e cobertor para o herói, que, segundo a lenda, sai do rio todas as noites para dormir.

Também perto do rio está o **Museu Andrejs Pumpurs** (Andreja Pumpura muzejs), dedicado ao eminente autor. Há uma pequena mostra dedicada aos *Lielvārdes josta*. Esses cintos, usados em casamentos tradicionais, são vendidos no museu.

A oeste da cidade está o **Castelo Uldevena** (Uldevena pils), uma reconstrução de um forte de madeira livoniana. Foi construído em 1997 sobre o desenho de um artista local e usa elementos de outras estruturas para representar um "ideal", em vez de ser uma réplica de um único castelo.

🏛️ Museu Andrejs Pumpurs
E Kauliņa aleja 20. **Tel** 6505 3759.
🕐 10h-17h ter-dom (dom nov-abr: 11h-15h). 📷 🎟️

🏰 Castelo Uldevena
Parka iela 3. **Tel** 2946 5792.
🕐 abr-nov: 10h-18h qui-dom. 📷 🎟️

⑪ Skrīveri

Mapa rodoviário D4. 🚗 4.000. 🚌 de Riga. ℹ️ Daugavas iela 58, 2863 3643. 🌐 skriveri.lv

Embora tenha uma história longa, a cidade de Skrīveri foi devastada na Primeira Guerra Mundial. Sua principal atração é o **Museu Memorial Andrejs Upīts** (Andreja Upīša memoriālmājā), para interessados em literatura letã. A exposição sobre o famoso autor, crítico e polemista do comunismo está montada em sua antiga casa. O **Parque da Árvore** (Dendroloģiskais parks) perto de Skrīveri é agradável e tranquilo para se caminhar na floresta entre 400 espécies de árvores do mundo todo. Cada uma é marcada com o nome em letão e latim.

Escultura de madeira de Lāčplēšis

🏛️ Museu Memorial Andrejs Upīts
Daugavas iela 58. **Tel** 2949 6725.
🕐 meados mai-out: 10h-17h seg-sex.
📷 🌐 upisamuzejs.lv

Andrejs Pumpurs e Lāčplēšis

Mural de Lāčplēšis e Laimdota, Museu Andrejs Pumpurs

Nascido em Birzgale, perto de Lielvārde, Andrejs Pumpurs (1841-1902) é uma surpresa literária. Trabalhava na terra antes de ser voluntário na Sérvia para lutar contra o Império Otomano em 1876; tornou-se não só um oficial leal ao exército russo como promoveu a cultura letã. Convencido da necessidade de um épico nacional, escolheu a história folclórica de Lāčplēšis do Urso Mortal, uma mistura de homem e animal que é revelada por suas orelhas de urso. Pumpurs recorre ao folclore letão para criar uma trama fortemente alegórica de demônios e bruxas. Lāčplēšis derrota o gigante estoniano Kalapuisis e o convence a se unir contra o inimigo estrangeiro em comum. No final da história, Lāčplēšis junta-se ao povo letão e expulsa os invasores, mas o malévolo traidor Kangars revela o segredo do herói: sua força está nas orelhas. O Cavaleiro Negro, um gigante germânico, corta fora as orelhas de Lāčplēšis, mergulhando a Letônia em 700 anos de miséria. Lāčplēšis voltará a renascer depois que derrotar seu rival.

⑫ Koknese

Mapa rodoviário D4. 🚗 2.890. 🚌 de Riga. ℹ️ Melioratoru iela 1, 6516 1296. 🎉 Festival Internacional de Música Folclórica (jul). 🌐 koknese.lv

Além de um dia ter sido a principal colônia de uma tribo seloniana, subjugada pela Ordem Livoniana em 1208, Koknese está presente na história de Lāčplēšis como a terra natal de Laimdota, a bela e virtuosa jovem por quem o herói se apaixona. Hoje, as ruínas do castelo da Ordem Livoniana, construído em 1209, mas destruído na Grande Guerra Nórdica (1700-21), é o que atrai os visitantes a Koknese. Era um lugar muito mais bonito antes da construção de uma usina hidrelétrica no rio Daugava, em 1965.

Castelo da Ordem Livoniana com o rio Daugava em segundo plano, Koknese

A Igreja Ortodoxa Bizantina de São Nicolau, Jēkabpils

⓭ Jēkabpils

Mapa rodoviário D4. 28.000. de Riga. de Riga, Daugavpils. Brīvības iela 140/142, 6523 3822. **w** jekabpils.lv

Fundada como uma colônia dos velhos-crentes (p. 6), Jēkabpils teve seus direitos como cidade concedidos por Jakob Kettler, duque da Curlândia (p. 139), em 1670.

Localizada no centro da cidade, a **Igreja Ortodoxa de São Nicolau** (Sv Nikolaja pareizticīgo baznīca), em estilo bizantino, é de 1910. Perto dela, a **Galeria Mans's**, uma galeria particular, foi uma das primeiras a abrir na Letônia pós-soviética. A leste do centro, a **Fazenda Selian** (Sēļu sēta) é um museu ao ar livre com construções do século XIX que incluem a sede da fazenda, uma oficina de ferreiro e um moinho.

Na outra margem do rio Daugava fica o **Castelo Krustpils** (Krustpils pils), do século XIII. Destruído na Guerra Livoniana (1558-83), foi reconstruído em 1585 e modificado em 1849. Embora malconservado, várias salas foram restauradas e uma delas exibe objetos militares russos.

🕆 Igreja Ortodoxa de São Nicolau
Brīvības iela 202. **Tel** 6523 3886.

🏛 Galeria Mans's
Brīvības iela 154. **Tel** 6523 1953.
9h-18h seg-sáb. **w** manss.lv

🏛 Fazenda Selian
Filozofu iela 6. **Tel** 6522 1042.
mai-out: 9h-18h seg-sex, 10h-17h sáb e dom.

🏰 Castelo Krustpils
Rīgas iela 216b. **Tel** 6522 1042.
mai-out: diariam; nov-abr: seg-sáb.
w jekabpilsmuzejs.lv

⓮ Līvāni

Mapa rodoviário E4. 11.000. Domes iela 1b, 6538 1856. Festival da Cidade (jul), Festival do Folclore Internacional (set).
w livani.lv

Com uma longa história como centro industrial, Līvāni tem orgulho de sua fábrica de vidros que abriu em 1887. O **Museu do Vidro** (Stikla muzejs), no local, faz demonstrações de vidro soprado. Depois da guerra, os soviéticos instalaram fábricas bioquímicas e de construção, que se tornaram obsoletas após a independência. As iniciativas para dar um destino melhor à cidade preveem a criação do **Centro de Arte e Artesanato da Latgália** e oficinas de cerâmica e tecelagem para visitantes.

🏛 Museu do Vidro
Domes 1b. **Tel** 6538 1855. jun-ago: ter-dom; set-mai: ter-sáb.
w latgalesamatnieki.lv

🏛 Centro de Arte e Artesanato da Latgália
Domes 1. **Tel** 6538 1855.
ter-sáb.

⓯ Daugavpils

pp. 200-1.

⓰ Krāslava

Mapa rodoviário E4. 11.500. de Daugavpils. Pils iela 2, 6562 2201. **w** visitkraslava.com

Krāslava, bem localizada às margens do rio, é em sua maior parte formada por sobrados de madeira. Embora sejam poucas as atrações para os visitantes, é um lugar agradável e merece ser visitado.

No alto de uma elevação artificial, o castelo barroco de Krāslava (Krāslavas pils), de 1750, abriga o **Museu Krāslava**, de artes e história locais. A igreja católica (Katoļu baznīca) foi construída em outra colina e é a mais bela construção barroca da Latgália. Com um imponente afresco representando a partida de São Ludovico em uma cruzada, é um trabalho do artista ita-

Vista panorâmica de Krāslava, com as casas ao longo do rio Daugava

Veja hotéis e restaurantes dessa região nas pp. 302-3 e 324-5

LESTE DA LETÔNIA | **199**

liano Philippo Kastaldi, pintado no século XVIII.

🏛 Museu Krāslava
Pils iela 8. **Tel** 6562 3586.
🕐 10h-17h seg-sex, 10h-16h sáb, 10h-14h dom.

A bonita fachada da Basílica Aglona

⑰ Aglona

Mapa rodoviário E4. 🚌 de Riga.
ℹ️ Somersetas 34, 6532 2100.
🎉 Festa da Assunção (15 ago).

Os romeiros católicos da região báltica e da Rússia convergem para essa cidade cujo atrativo é a **Basílica de Aglona**, para participar da Festa da Assunção. Os religiosos da Ordem Dominicana foram convidados por um fazendeiro para construir um mosteiro e escola em 1697. A basílica, na época uma igreja, é do século XVIII. O papa João Paulo II consagrou-a como basílica em 1980, marcando o aniversário de 200 anos da construção, e visitou-a em 1993. A basílica abriga uma famosa imagem da Virgem Maria, do século XVII, que foi trazida pelos dominicanos e que dizem ser milagrosa. Ela fica atrás de uma imagem menor e só é exposta em ocasiões especiais.

⑱ Preiļi

Mapa rodoviário E4. 🚏 10.000. 🚌 de Riga. ℹ️ Kārsavas iela 4, 6532 2041.
🌐 **preili.lv**

Entre 1475 e 1866, o mercado de Preiļi era controlado pela família Borgh, originária do sul da Itália. O mais recente dos três solares pertencentes à família ainda existe, embora em péssimo estado de conservação. Localizado no portão do vigia da casa, o **Museu de História e Artes Aplicadas** (Preiļu vēstures un lietišķ mākslas muzejs) oferece exposições que incluem fotos antigas da cidade e exemplos de cerâmicas pelas quais a cidade é famosa. Outras cerâmicas locais podem ser encontradas e compradas no **Museu-Oficina de Cerâmica P Čerņavskis** (P Čerņavska keramikas darbnīca-muzejs). A **Igreja Católica Romana** (Romas katoļu bazīca) do final do século XIX exibe um crucifixo do século XVIII e duas esculturas do lado de fora: uma é dedicada à Mãe Letônia e a outra é um monumento à repressão política no regime soviético.

Jarra, Museu da Latgália

🏛 Museu de História e Artes Aplicadas
Raiņa 28. **Tel** 6532 2731. 🕐 11h-18h ter-sex, 10h-16h sab.

🏛 Museu-Oficina de Cerâmica P Čerņavskis
Talsu iela 21. **Tel** 2942 9630.
🕐 com hora marcada

⛪ Igreja Católica Romana
Tirgus laukums 11. **Tel** 6532 2041.
🕐 com hora marcada

⑲ Rēzekne

Mapa rodoviário E4. 🚏 37.000. 🚉 de Riga. 🚌 de Daugavpils. ℹ️ Krasta iela 31, 6460 5005. 🌐 **rezekne.lv**

Mesmo que a maior parte de seus prédios antigos tenham sido destruídos na Segunda Guerra Mundial, Rēzekne é um dos centros culturais da região de Latgália e ponto de partida para visitar os lagos próximos.

A famosa estátua, *Latgales Māra*, criada por Leons Tomašickis, ergue-se no centro de uma grande rotatória da avenida Atbrīvošanas. A iconografia religiosa da estátua, que representa a deusa pagã Māra segurando no alto uma cruz cristã, pode ser ambígua, mas o sentido político não é: no pedestal da estátua lê-se "*Vienoti Latvija*" ("Unidos pela Letônia"). Inaugurada em 1939, ela comemora uma conferência em 1917 em Rēzekne, no qual se decidiu que a Latgália não faria mais parte da província russa Vitebsk. Removida pelas autoridades russas em 1940, a estátua foi recolocada pelo exército de ocupação alemão. Destruída em 1950, foi refeita pelo filho de Tomašickis depois que a Letônia conquistou a independência, em 1991. A inauguração da réplica foi em 1992.

Ao norte da estátua está o **Museu de Cultura e História da Latgália** (Latgales kultūrvēstures muzejs), focado nas cerâmicas da região, como o tradicional candelabro ramificado. Ao sul da estátua, sobre uma colina de onde se avista uma bonita igreja católica, estão as ruínas do castelo local.

🏛 Museu de Cultura e História da Latgália
Atbrīvošanas aleja 102. **Tel** 6462 2464.
🕐 mai-set: qua-dom; out-abr: ter-sáb.

Exposições no Museu de História e Artes Aplicadas, Preiļi

⓯ Daugavpils

Segunda cidade mais populosa da Letônia, Daugavpils costuma ser considerada a "cidade russa", por causa da origem da maioria de seus moradores. Sua história remonta a 1275 e ao castelo de Dinaburga, da Ordem Livoniana. No século XVI, a colônia que se formou às margens do rio Daugava foi ocupada em diferentes ocasiões por poloneses, russos e suecos. Quando a cidade era uma fortaleza tsarista, no início do século XIX, os civis foram deslocados para o sudeste, onde hoje fica o centro da cidade. Polo industrial da ex-União Soviética, Daugavpils foi economicamente prejudicada com a independência, mas sua imagem está melhorando.

A suntuosa fachada do Museu de Estudos e Artes Regionais

🏛 Museu de Estudos e Artes Regionais
Rīgas iela 8. **Tel** 6542 4155.
10h-18h ter-sáb.
w dnmm.lv

Situado em um belo edifício de 1883, esse museu é dedicado à história local e abrange desde o século IX até os dias atuais, mas com foco principalmente no período entre a segunda metade do século XVIII e o ano de 1918. Pinturas do segundo artista mais famoso da cidade, Leonīds Bauļins, ocupam uma das salas, enquanto as outras abordam a flora e a fauna da região.

Mark Rothko (1903-70)

O artista Mark Rothko nasceu com o nome de Marcus Rothkowitz, em uma família judia de Daugavpils, numa época em que o Império Russo deixava marcas com violentas perseguições. Em 1913, o artista emigrou com sua família para Portland, nos EUA. Ganhou uma bolsa de estudos na Universidade de Yale, mas abandonou-a dois anos depois para viver de arte em Nova York. Rothko mudou de nome em 1940 e, por volta de 1950, desenvolveu um estilo próprio, no qual formas retangulares com bordas suavizadas alinham-se sobre fundos coloridos. Elas são descritas como expressionistas abstratas, embora Rothko dissesse buscar a forma pura. Após sofrer um aneurisma e com o fim de seu casamento, Rothko cometeu suicídio em 1970.

Mark Rothko, artista expressionista abstrato

✡ Sinagoga
Cietokšņa 42. **Tel** 6542 0092.
com hora marcada.

Antes da Primeira Guerra Mundial, mais da metade da população da cidade era judia. Embora existissem ali 48 sinagogas, apenas uma está ativa. Ela foi reformada em 2006 com a ajuda dos filhos de Mark Rothko, que lá estiveram em 2003, no centenário de nascimento do pai.

⛪ Catedral de São Bóris e São Glebe
Tautas iela 2. **Tel** 6545 3544.

O prédio azul e branco com reluzentes cúpulas douradas abriga a maior catedral ortodoxa russa do país. Construída em 1905, tem o nome de dois santos cuja festa coincide com o dia em que o exército russo entrou em Daugavpils em 1656. O nome russo da cidade, Borisoglebsk, também foi tirado do nome dos santos. As imagens e os afrescos da igreja foram copiados dos da Catedral de Sofia, na Rússia.

⛪ Igreja de Santa Maria
Puškina 16a. só nas missas.

Um sólido prédio rosa com pequenas cúpulas azuis, essa igreja dos velhos-crentes *(p. 126)* raramente está aberta. Mas os visitantes podem ver seu interior nos serviços religiosos, quando as velas se acendem diante de dezenas de imagens alinhadas nas paredes. O cântico solene da congregação emociona.

O interior da Catedral de São Bóris e São Glebe

Veja hotéis e restaurantes dessa região nas pp. 302-3 e 324-5

LESTE DA LETÔNIA | 201

Fachada da Igreja de Santa Maria

PREPARE-SE

Informações Práticas
Mapa rodoviário E4. 110.000.
Rīgas 22a, 6542 2818.
w visitdaugavpils.lv

Transporte
Rīgas iela. Viestura iela 10.

Fortaleza de Daugavpils
Cietokšņa iela. **Tel** 6542 4043.
8h-18h. Mark Rothko Art Centre; Mihaila iela 3. **Tel** 6543 0279.
11h-17h ter e dom, 11h-19h qua-sáb. **w** rothkocenter.com

A construção dessa fortaleza russa começou em 1810, mas a obra foi interrompida pelo ataque do exército de Napoleão em julho de 1812. No fosso ao redor, existiam túneis que levavam ao rio Daugava, mas desde então estão fechados. A fortaleza foi campo de concentração nazista e posteriormente ocupada pelo exército soviético até 1993. O **Centro de Arte Mark Rothko**, situado no antigo edifício do arsenal, possui espaço para exposições e exibe obras originais de artistas famosos do mundo todo, doadas pelas famílias. Visitas guiadas e mapas são oferecidos na torre reformada da caixa-d'água, que hoje abriga o centro de cultura e informação da fortaleza.

Igreja Martinho Lutero
18 Novembra iela 66. **Tel** 2957 4349.
dom ou com hora marcada.
Feita com tijolos de barro em estilo neogótico, essa igreja de 1893 foi completamente reformada. Durante a era soviética, funcionou ali um ginásio de boxe.

Igreja Católica da Virgem Maria
A Pumpura 11a.
missa vespertina.
Segundo uma lenda local, as filhas de um rico mercador morreram no lago, no lugar onde hoje está a igreja.

Daugavpils

1. Museu de Estudos e Artes Regionais
2. Sinagoga
3. Catedral de São Bóris e São Glebe
4. Igreja de Santa Maria
5. Igreja Martinho Lutero
6. Igreja Católica da Virgem Maria

Legenda dos símbolos *na orelha da contracapa*

⓴ Lagos da Latgália

A parte relativamente montanhosa da Letônia chamada Planalto da Latgália (Latgales augstiene) é coberta por vários lagos. Num dia ensolarado, dá para ver por que a região é conhecida como Terra dos Lagos Azuis. O transporte público é limitado, mas a área pode ser explorada de ônibus se o tempo permitir. A estrada também passa por Rēzekne, onde o escritório de turismo dá informações sobre atividades como pesca com vara e observação de aves, além de oferecer uma visita a Ludza no caminho.

Lago Lubāns, um dos melhores observatórios de aves da Letônia

⑧ Lago Lubāns
Excelente lugar para ver aves e pescar, esse é o maior lago da Letônia em área de superfície.

⑥ Oficina de Instrumentos Musicais, Gaiglava
Os visitantes veem os artesãos em ação e aprendem a tocar os instrumentos.

⑦ Teirumnīki
Passarela de madeira que circula o lago e atravessa um pântano.

⑤ Rēzekne
Centro cultural da Latgália, ali fica a estátua da deusa pagã Māra.

③ Mākoņkalns
O Morro das Nuvens, a 248m, é um mirante com ruínas de um castelo no topo.

④ Lago Rāzna
O maior lago da Letônia em volume de água, tem boas opções de acomodação.

Legenda
— Percurso sugerido
═ Outra estrada

② Lielais Liepukalns
Com 289m de altitude, é a montanha mais alta da região e a terceira do país.

0 km — 10

Dicas para o Passeio
Ponto de partida: Lielais liepukalns.
Extensão: 114km.
Paradas: Rēzekne é o melhor lugar. Dá para ficar em Ežezers, Rāzna e Lubāns.
Condições da estrada: evite dirigir no extremo oeste do lago Rāzna com mau tempo.

① Lago Ežezers
Traduzido como "Lago Hedgehog", o Ežezers é considerado um dos mais belos lagos da Latgália. Suas 36 ilhas podem ser exploradas de barco.

Veja hotéis e restaurantes dessa região nas pp. 302-3 e 324-5

㉑ Ludza

Mapa rodoviário E3. 10.500. Baznicas 42, 2946 7925.

Fundada por volta de 1177, Ludza é provavelmente a cidade mais antiga da Letônia. Na praça central estão o centro de informações turísticas e a Catedral Ortodoxa.

O **Centro de Artesanato** (Ludzas amatnieku centrs), perto da praça central, possui um forno para queimar barro e espaço para os artesãos. Os visitantes podem participar de oficinas, basta agendar com antecedência. O artesanato também é vendido no local. Acontece ali uma feira mensal de alimentos e objetos.

O **Museu de Estudos Locais** (Ludzas novadpētniecības muzejs) ocupa a antiga mansão de Jakov Kulnev (1764-1812), herói de guerra russo que morou em Ludza. Na área existem construções de madeira do final do século XIX e do século XX, de várias partes da Letônia.

Centro de Artesanato
Tālavijas iela 27a. **Tel** 2946 7925.
seg-sáb **w** ludzasamatnieki.lv

Museu de Estudos Locais
Kulneva iela 2. **Tel** 6572 3931.
seg-sáb.

㉒ Vecpiebalga

Mapa rodoviário D3. 4.000. 2611 0724. **w** vecpiebalga.lv

Com uma história que remonta ao início do século XIV, esse vilarejo deve sua fama às personalidades culturais que ali viveram. As mais notáveis delas eram os irmãos Reinis (1839-1920) e Matīss Kaudzīte (1848-1926), que escreveram *Mērnieku laiki* (*Os tempos dos inspetores da Terra*). Um dos romances letões mais apreciados, trata da venda das propriedades do patrão aos camponeses. Hoje, a casa dos autores é o **Museu Memorial Irmãos Kaudzīte**.

Arredores

Há outros lugares interessantes perto de Vecpiebalga. O Museu Kārlis Skalbe situa-se a aproximadamente 4km da cidade.

Estátua de Liena, heroína de *Mērnieku laiki*, Vecpiebalga

Ele ocupa a casa de veraneio do autor revolucionário Kārlis Skalbe (1878-1945). Mais adiante nessa estrada há o Museu Janskola, na casa onde morou o compositor Emīls Dārziņš (1875-1910). São exibidos, entre outros, trabalhos do poeta letão Janis Sudrabkalns (1894-1975).

Museu Memorial Irmãos Kaudzīte
Kalna kaibēni. **Tel** 2618 5382.
meados mai-meados out: qua-dom.

㉓ Alūksne

Mapa rodoviário E3. 9.500. de Gulbene. de Cēsis. Pils 25a, 6432 2804. **w** aluksne.lv

Em 1342, os Cavaleiros da Espada construíram um castelo em uma ilha no lago Alūksne, mas antes destruíram a fortaleza que lá existia. O exército sueco demoliu o castelo em 1702 para impedir que caísse nas mãos dos russos. Alūksne é mais conhecida por estar associada a Ernst Glück (1654-1705), clérigo luterano alemão que foi o primeiro tradutor da Bíblia para o idioma letão. Sua casa foi transformada no **Museu da Bíblia Ernst Glück**.

O Museu de Estudos Locais e Arte ocupa um solar construído em 1861 para o barão Vietinghoff. Além de expor a história local, artes e artesanato, o museu organiza excursões pelas imediações.

Museu da Bíblia Ernst Glück
Pils 25a. **Tel** 6432 3164.
mai-out: ter-sáb; nov-abr: com hora marcada.

㉔ Ferrovia Gulbene-Alūksne

Mapa rodoviário E3. **Tel** 6447 3037. Festival da Ferrovia (1º sáb de set). **w** banitis.lv

Esse trecho de 33km da estrada de ferro é o único com bitola estreita em funcionamento na Letônia. A viagem de 90 minutos tem paradas no caminho, uma das quais em Stāmeriena, onde há um solar, e outra em Umernieki.

O **Museu do Moinho Ates** é um incentivo para visitar Umernieki. Em torno do moinho há um museu etnográfico formado por 13 edifícios que foram trazidos de Vidzeme.

Museu do Moinho Ates
Ate, Kalncempji village.
Tel 2940 0393. ter-dom (nov-abr: fecha dom). Festa da Colheita (set).

Locomotiva a vapor do período soviético na estação ferroviária de Gulbene

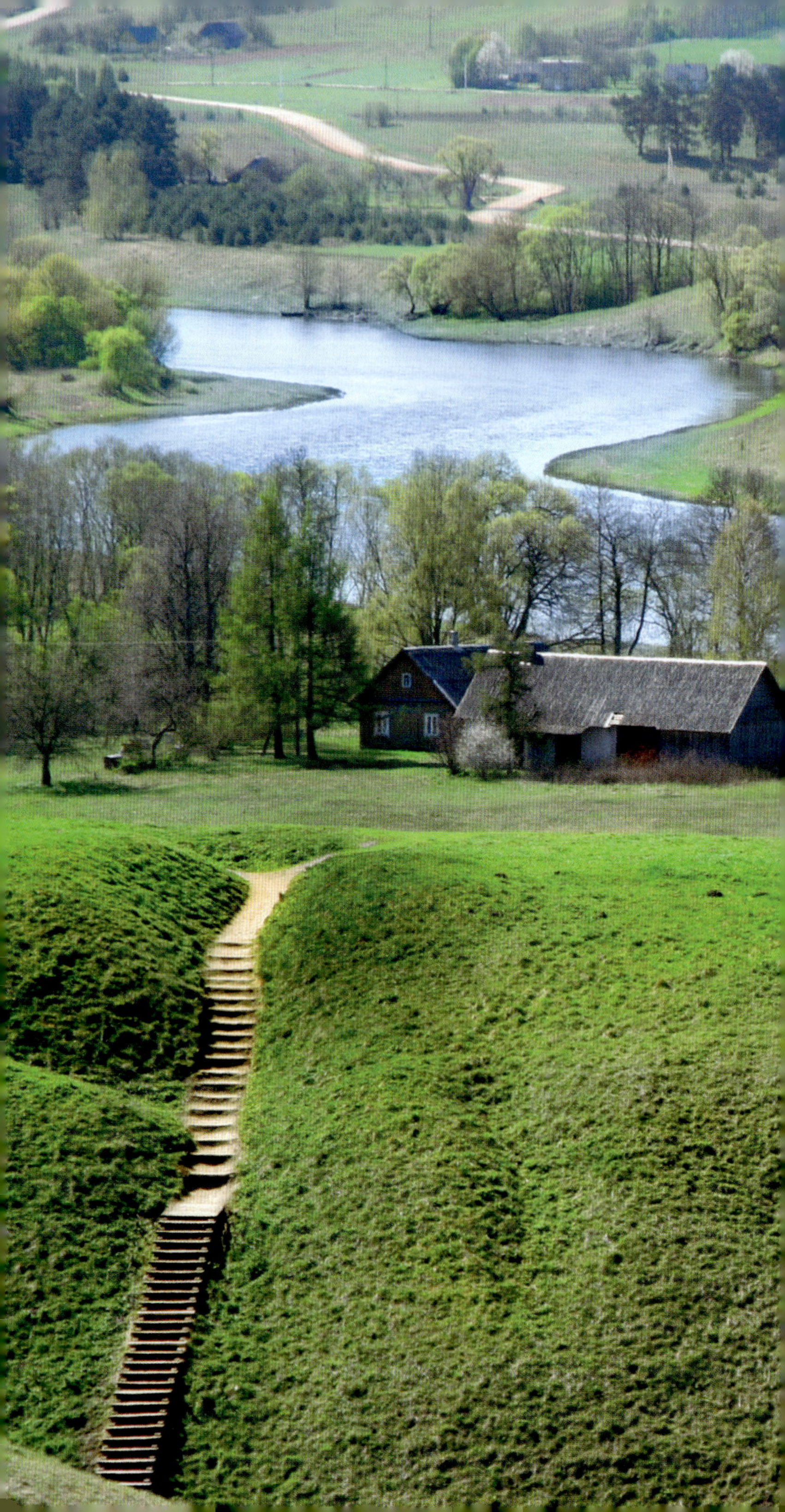

LITUÂNIA

Lituânia em Destaque	206-207
Retrato da Lituânia	208-211
Lituânia Mês a Mês	212-213
A História da Lituânia	214-219
Vilna	220-251
Centro da Lituânia	252-271
Oeste da Lituânia	272-289

Lituânia em Destaque

Com uma paisagem natural intocada de colinas, a Lituânia conta com milhares de lagos para criar uma complexa rede de regatos e rios. Nessa região pós-glacial e plana, quase toda a terra está a menos de 200m acima do nível do mar. A metade leste do país é chamada de "terras altas", e a metade oeste, de "terras baixas". A principal característica da costa lituana são as dunas e as praias. Apesar de uma história conturbada e da destruição, muitos dos prédios históricos do país ainda podem ser vistos.

Palanga *(p. 286)* é um popular balneário de praia que atrai centenas de banhistas no verão. O que já foi uma tranquila aldeia de pescadores, é hoje uma cidade vibrante repleta de bares e cafés.

Morro das Cruzes *(p. 277)*

OESTE DA LITUÂNIA *(pp. 272-89)*

A Duna Parnidis ergue-se sobre o vilarejo pesqueiro de Nida, na península Curoniana *(pp. 288-9)*. Do alto, a vista abrange tanto o mar Báltico quanto a lagoa Curoniana e estende-se para o sul até Kaliningrado.

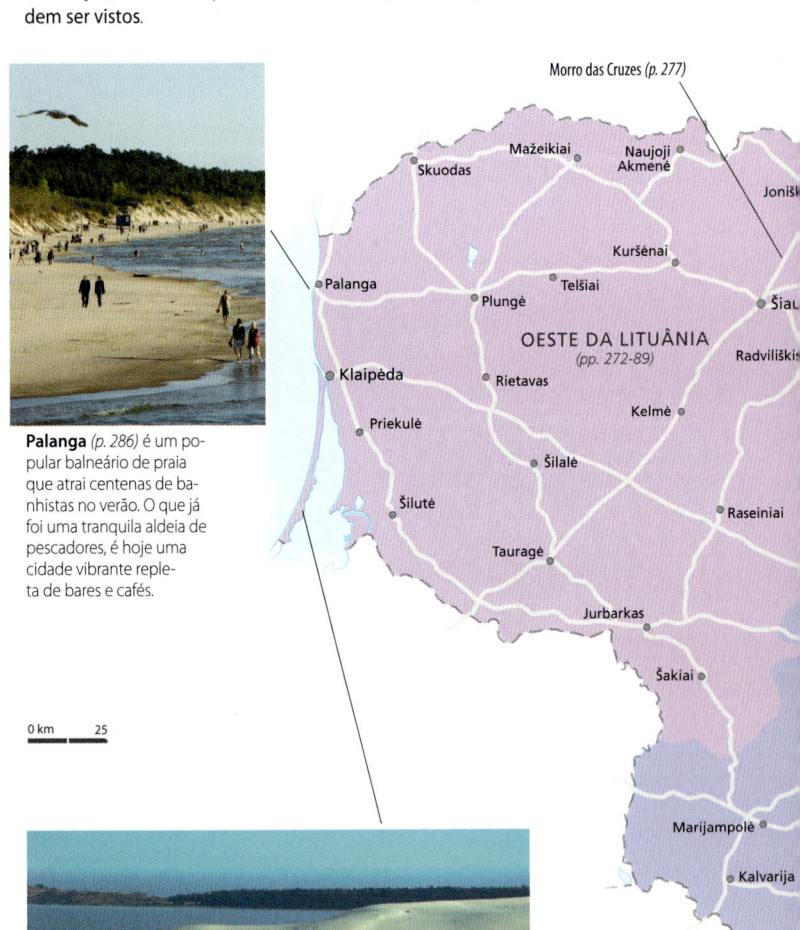

◀ Fazenda às margens do rio Neris, no sítio arqueológico de Kernavė

LITUÂNIA EM DESTAQUE | **207**

Kernavė *(p. 258)* é um patrimônio da humanidade pela Unesco, localizado no vale do rio Neris. A antiga capital do grão-ducado da Lituânia é hoje um dos maiores sítios arqueológicos da região báltica. O Museu do Estado, ali criado em 1989, tornou-se reserva cultural em 2004.

Catedral de Vilna *(pp. 228-9)* é uma estrutura neoclássica que abriga a pródiga Capela Barroca de São Casimiro e uma cripta que dá uma ideia da complexa história da Lituânia.

O Castelo de Trakai *(pp. 256-7)*, no pitoresco vilarejo de mesmo nome, é uma fortaleza que proporciona um bonito passeio de um dia partindo da capital em qualquer estação do ano. Fazer essa viagem em barco motorizado ou a remo torna a experiência ainda mais completa.

Mosteiro Pažaislis *(p. 265)*

Biržai, asvalys, Rokiškis, Kupiškis, Panevėžys, Zarasai, Ramygala, Utena, CENTRO DA LITUÂNIA *(pp. 252-271)*, Ignalina, ainiai, Ukmergė, Molėtai, Jonava, Pabradė, VILNA *(pp. 216-47)*, Vilna, Trakai, ytus, Merkinė

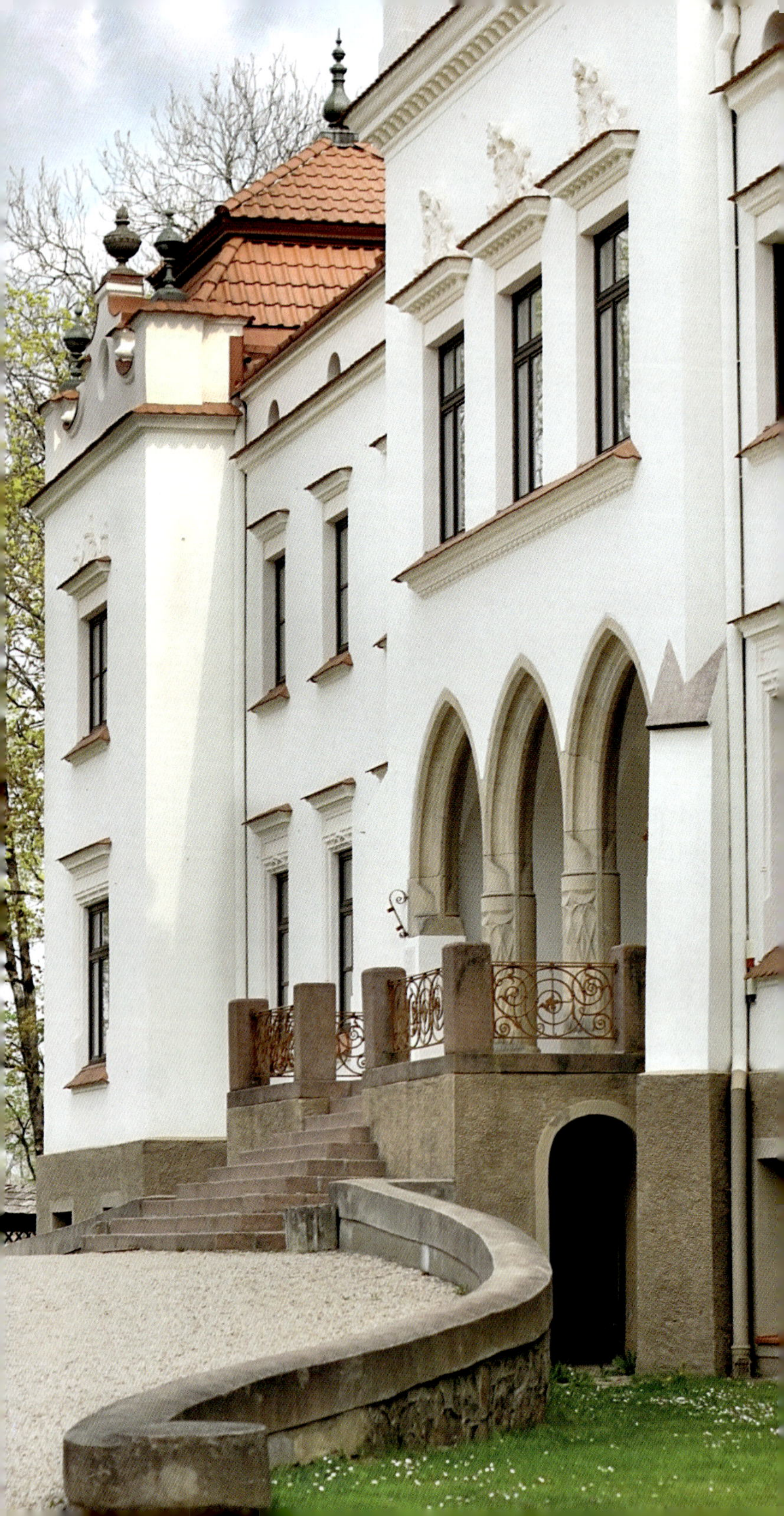

RETRATO DA LITUÂNIA

O maior dos três países bálticos e uma das joias da Europa, a Lituânia cultiva suas paisagens relativamente isoladas de lagos cristalinos, florestas primárias e dunas costeiras. A capital, Vilna, cuja Cidade Velha é protegida pela Unesco, combina uma deslumbrante arquitetura barroca com ornamentos modernos da Europa do século XXI.

A Lituânia conseguiu afastar os invasores germânicos em 1410, na Batalha de Grünwald. Nos séculos seguintes, porém, o país sofreu uma série de conturbadas invasões. Mais recentemente, depois das duas guerras mundiais e do massacre de uma das maiores comunidades judaicas do mundo, ocorreu o abandono do período soviético.

Desde a independência, em 1991, a Lituânia busca recuperar sua identidade nacional. Vilna possui algumas das mais belas cidades históricas da Europa, com várias obras-primas barrocas. Hoje, por todo o país, áreas de belezas naturais são protegidas, com diversos animais selvagens. As estradas locais passam por bonitas aldeias e vilarejos muito tranquilos.

A crescente popularidade da cultura folclórica dá um colorido a cada canto do país, com cruzes de madeira, altares e santuários esculpidos e apresentações de danças tradicionais.

Uma explosão de materiais eletrônicos e impressos em lituano, idioma ligado ao sânscrito, aconteceu desde a Revolução Cantada (1987-90). Atualmente, o país está construindo para si um papel político e cultural positivo na União Europeia.

Vista panorâmica da Duna Parnidis, ou Grande Duna, no Parque Nacional do istmo da Curlândia

◀ Fachada do Solar Rokiškis, decorado com elementos neobarrocos

Católicos rezam para a Virgem Maria em Vilna

Identidades Étnica e Religiosa

Dos três países bálticos, a Lituânia é o mais homogêneo etnicamente. Por ser agrário, pôde restringir a entrada do grande número de russos e outras nacionalidades que as autoridades soviéticas trouxeram para trabalhar nas novas fábricas construídas na região. De uma população de 3 milhões, 84% eram lituanos, apenas 5,8% russos e 6,6% poloneses. Uma minoria era formada por bielorrussos e ucranianos, e um pequeno número de tártaros e karains. Em Vilna, a cidade com maior diversidade étnica, é comum ouvir pelas ruas pessoas falando em russo e em polonês. Apesar do passado pagão, a forte identidade católica separa a Lituânia da Estônia e da Letônia, onde os alemães introduziram o luteranismo. Os esforços das autoridades soviéticas para exterminar a religiosidade, transformando igrejas em armazéns, cinemas, galerias de arte e museus, destruindo seus interiores e deportando grande número de padres para a Sibéria, não adiantaram muito. Afinal, hoje, só 10% das pessoas não se identificam com nenhum grupo religioso. Além dos católicos, outros grupos religiosos são os ortodoxos russos (5%) e pequenas comunidades de velhos-crentes e luteranos.

Política

Desde a independência, em 1991, a Lituânia alternou governos de direita e esquerda, sempre buscando lugar no cenário internacional. Alcançar as metas como membro da Otan e da UE em 2004 foi importante para a região báltica por afastar a influência da Rússia. O impeachment do presidente Rolandas Paksas por violar a Constituição, em 2004, foi o clímax de uma onda de descrédito

Grupo de dança folclórica, em trajes típicos

O ex-presidente Valdas Adamkus diante da Catedral de Vilna

público na política. Os casos de corrupção nas altas esferas, revelando como os políticos intermediavam interesses particulares em troca de dinheiro, criaram o sentimento de que não havia mais liderança moral na Lituânia. Alguns políticos, porém, entre eles Valdas Adamkus, duas vezes presidente, não se deixaram envolver nesses escândalos.

Economia

A economia da Lituânia é uma das que mais crescem na Europa. Um setor privado dinâmico alimenta setores da indústria, como o de laser óptico e biotecnologia, além de indústrias de ponta, como construção civil e energia. As empresas de laser e biotecnologia estão entre as mais fortes da Europa. A principal companhia do país é a refinaria de petróleo Mažeikių Nafta, próximo de Mažeikiai. A Usina Nuclear Ignalina da era soviética foi desativada para dar lugar à nova usina nuclear, que diminuirá a dependência da energia russa.

A agricultura passou por um rápido processo de privatização logo após a independência, e fortemente subsidiada assim que a Lituânia ingressou na União Europeia. Apesar de a terra ser hoje muito mais produtiva, os resultados negativos são as grandes extensões de terra abandonada e maior pobreza rural. Mas os investimentos em indústrias sustentáveis como o turismo têm sido cada vez maiores. Pequenas fazendas são transformadas em casas de campo com atividades e boa acomodação para turistas.

Vida Moderna

As inúmeras galerias de arte revelam a importância da arte e da cultura na Lituânia. Nas paredes das casas podem ser vistos pinturas e desenhos originais em vez de reproduções. Personalidades culturais, como M. K. Čiurlionis e a escritora e pintora Jurga Ivanauskaitė, usam várias mídias para realizar seus trabalhos. Há apresentações de orquestras sinfônicas, óperas, concertos de câmara e balés clássicos regularmente em todo o país. No palco, uma versão pós-industrial de *Hamlet*, do aclamado diretor Eimuntas Nekrošius, é uma das peças teatrais mais populares.

Quanto aos esportes, embora a Lituânia tenha campeões como o arremessador de discos Virgilijus Alekna e a bailarina patinadora Margarita Drobiazko, o basquete continua sendo uma obsessão nacional. Os times Žalgiris, de Kaunas, e o Lietuvos Rytas, de Vilna, são os preferidos no país; e a equipe olímpica de basquete pôs a Lituânia no mapa mundial.

Jogo de basquete da Euroliga

LITUÂNIA MÊS A MÊS

Os lituanos têm várias festas nas quais os eventos tradicionais e a cultura popular se misturam com rituais católicos e pagãos. Eles se concentram no verão, quando, após meses de um frio rigoroso, o país ganha vida com música, dança, cinema, cultura folclórica e festivais de artesanato e comidas típicas. A música está no centro de tudo, seja ela clássica, jazz ou blues, eletrônica ou contemporânea. No Natal é muito comum nevar, e a quantidade de neve não atrapalha as festividades que culminam com a festa de Véspera de Ano-Novo. Além dos eventos anuais tradicionais, muitas outras datas comemorativas podem ser destacadas.

Feira de Artesanato de Kaziuko, no Dia de São Casimiro

Primavera

Os lituanos recebem a primavera com festa. A temperatura alta desperta o país para uma temporada de feiras e festivais.

Março
Feira de Artesanato de Kaziuko (4 mar), Vilna. Artes e artesanato tradicionais marcam o Dia de São Casimiro. Nas bancas há curiosidades de todo tipo.
Primavera no Cinema (fim mar-início abr), Vilna. Talvez o principal festival de cinema da região do Báltico. Exibe excelentes filmes estrangeiros com legendas em inglês.

Abril
Garso Galerija, Vilna. Festival da nova música eletrônica, com shows internacionais.
Kaunas Jazz (fim abr). Um dos melhores festivais internacionais de jazz.

Maio
Nova Dança Báltica (início mai), Vilna e Klaipėda. Evento eclético que reúne dança e teatro.
Primavera da Poesia, Vilna. Festival internacional da poesia e evento literário de maior destaque na Lituânia.
Dia da Cidade de Kaunas (20 mai). Feira de arte popular com concertos, fanfarras e fogos de artifício.

Moradores com roupas típicas, no Dia da Cidade de Kaunas

Verão

O quente verão lituano marca o início de grandes festivais. A música erudita tem prioridade, mas há também muito jazz e blues.

Junho
Festival da Vaca Nadadora, Parque Nacional de Aukštaitija. Os moradores vestem trajes folclóricos para ver as vacas coroadas com flores serem levadas para o lago e nadar até o outro lado.
Festival Medieval, Trakai. As lutas de espadas e machados dos cavaleiros são o ponto alto do festival.
Joninės (24 jun). O solstício de verão é celebrado no país como o Dia de São João. Também é chamado de Rasos, que significa "do orvalho", por suas propriedades curativas.
Festival de Música de Pažaislis (jun-ago), Kaunas. O mosteiro barroco de Pažaislis hospeda o festival de música.

Julho
Festival de Verão Christopher (jul-ago), Vilna. Muita música e animação em vários pontos da cidade.
Dia do Estado Nacional (6 jul). Pompa e cerimônia marcam esse feriado nacional dedicado à coroação do rei Mindaugas.
Noites de Blues no Lago Lukstas. Músicos de blues e jazz tocam nas proximidades do lago Lukstas.
Festival do Mar (fim jul), Klaipėda. A liberdade dos mares é expressa no carnaval.

LITUÂNIA MÊS A MÊS | 213

Guardas no Palácio Presidencial em Vilna, no Dia do Estado Nacional

Agosto
Guitarras de Christopher, Vilna. Concertos de violão clássico e guitarras de flamenco são os destaques.
Mėnuo Juodaragis *(fim ago)*. Esse evento anual de música folclórica, eletrônica e de metais, o "Lua do Chifre Preto", acontece em locais diferentes a cada três anos.
Festa da Capital *(fim ago-set)*, Vilna. Evento multiarte com barracas de comida e artesanato na avenida Gedimino; as praças de Vilna tornam-se palco de rock e música pop.

Outono
De meados de setembro a dezembro, o outono é um presente visual. Há, porém, menos eventos anuais.

Setembro
Festival de Teatro de Sirenos *(set-out)*, Vilna. São apresentados trabalhos de artistas locais e internacionais.
Festival do Cogumelo *(fim set)*, Varėna. Tradicional festival dedicado aos cogumelos, que inclui o Campeonato Lituano da Colheita de Cogumelos.
Festival de Esculturas de Fogo *(21-23 set)*. Bonecos de palha são queimados à noite em homenagem ao grão-duque Gediminas, celebrando o equinócio de outono.

Outubro
Festival Internacional de Dança Moderna *(início out)*, Kaunas. Festival de dança contemporânea que atrai os melhores bailarinos de todo o mundo.

Músicos no Festival de Jazz de Vilna

Vilna Jazz *(meados out)*. Jazz, blues e suingue são apresentados por talentosos músicos e cantores lituanos da atualidade.

Inverno
A Lituânia é linda no inverno. O país inteiro fica coberto pela neve. E o frio não consegue reprimir o espírito festivo.

Novembro
Scanorama *(meados nov)*, Vilna. Filmes escandinavos lotam os cinemas nesse festival anual com duração de dez dias.

Dezembro
Natal *(24-26 dez)*. As festas são celebradas, na maioria das casas, com uma refeição de 12 pratos, sem carne, na Véspera de Natal. A tradição no Natal são missa na igreja e concertos.
Véspera de Ano-Novo *(31 dez)*. Celebrações e festas acontecem por todo o país, e à meia-noite os fogos de artifício iluminam o céu.

Janeiro
Epifania *(6 jan)*, Vilna. Logo depois do Ano-Novo, a colorida procissão dos Três Reis Magos percorre as ruas da Cidade Velha.

Fevereiro
Užgavėnės *(meados fev)*. Pessoas de todo canto usam máscaras de bruxas, diabos e assombrações e comem e bebem para despedir-se do inverno.

Feriados Nacionais
Dia de Ano-Novo (1º jan)
Dia da Independência (16 fev)
Restauração da Independência (11 mar)
Páscoa (mar/abr)
Dia do Trabalho (1º mai)
Dia de São João (23 jun)
Joninės (24 jun)
Dia do Estado Nacional (6 jul)
Dia da Assunção (15 ago)
Dia de Todos os Santos (1º nov)
Natal (24-26 dez)

A HISTÓRIA DA LITUÂNIA

Último bastião pagão da Europa, a Lituânia era um Estado forte no final do século XIV e assim se manteve até o século XVI. Depois foi subjugada, primeiramente pelos poloneses e mais tarde pelos russos. Os longos períodos de ocupação provocaram um redespertar da identidade nacional em seu povo. A República Independente, criada entre as duas guerras mundiais, firmou-se em 1991.

No começo do século XIII, tribos lituanas, como os samogicianos, do oeste, e os aukštaitiai, do leste, uniram-se diante das frequentes incursões dos cruzados germânicos. Os ataques brutais tornaram-se mais intensos, até que os samogicianos, pagãos obstinados, venceram os Cavaleiros da Espada na Batalha do Sol, em 1236.

Selo dos cruzados germânicos, do século XIII

O Grão-Ducado Lituano

O duque Mindaugas (g. 1235-63), que rapidamente acrescentou territórios à base em Aukštaitija, uniu as tribos em 1240 e se coroou rei em 1253. O fato de ele ter aceitado o cristianismo para apaziguar os cruzados enfureceu os samogicianos, que o mataram, tomaram suas terras e reinstituíram o paganismo. No início do século XIV, um grande número de cruzados chegou do Oriente Médio a fim de lutar contra o grão-ducado pagão da Lituânia (pp. 216-7), governado por uma dinastia iniciada por Gediminas (g. 1316-41). Os cruzados ocuparam o grão-ducado durante cem anos, até serem definitivamente derrotados na Batalha de Grünwald (Žalgiris), em 1410, pelos poderosos exércitos aliados da Lituânia e da Polônia.

O Estado Polonês-Lituano

O grão-duque Jogaila (g. 1362-1434) casou-se com Jadwiga da Polônia em 1386 e aceitou o cristianismo, o que promoveu batismos em massa por toda a Lituânia nos anos que se seguiram. O casamento formou uma aliança polonesa-lituana que durou séculos e foi excelente defesa contra ini-

Gravura da União de Lublin, do artista Jan Matejko, do século XIX

Rei Mindaugas (c.1203-63)

- **1236** Samogicianos vencem a Batalha do Sol
- **1240** Duque Mindaugas une a Lituânia
- **1253** Duque Mindaugas é coroado
- **1316** Ascensão de Gediminas
- **1382** Cruzados na Samogícia
- **1386** Lituânia e Polônia se unem
- **1392** Grão-ducado da Lituânia alcança o mar Negro
- **1410** Batalha de Grünwald (Žalgiris) destrói Cavaleiros Teutônicos

1200 — 1300 — 1400

migos do Ocidente e Oriente. Sob o governo do grão-duque Vytautas (g. 1401-30), a Lituânia ampliou seus limites entre os mares Báltico e Negro. Durante a primeira metade do século XVI, a agressividade da Rússia exigiu uma relação mais sólida entre a Lituânia e a Polônia, consolidada pela União de Lublin em 1569. O Estado que resultou disso durou mais de 200 anos.

Ladrilho com a figura do grão-duque Vytautas

O Declínio do Estado

Quando o rei Sigismundo Augusto (g. 1548-72) morreu sem deixar herdeiros, o papel exercido em conjunto entre o grão-duque da Lituânia e o rei da Polônia passou a ser assumido pela poderosa nobreza. Varsóvia, a meio caminho entre as capitais Vilna e Cracóvia, passou a ser a capital. Stefan Bathory (1533-86) foi um dos mais bem-sucedidos dos chefes de Estado eleitos. Além de fundar a Universidade de Vilna, ele introduziu amplas reformas militares e jurídicas. Nas Guerras Livonianas *(p. 37)*, ele comandou uma campanha decisiva contra os russos e recuperou o controle da Livônia em 1582.

Ainda como Estado, a Polônia estabeleceu sua hegemonia e passou a dominar a nobreza lituana. A burguesia, por sua vez, foi privada de seus direitos políticos e à propriedade, e os camponeses foram forçados à escravidão e submetidos a severas punições caso tentassem fugir.

O século XVII foi um período desastroso para a Lituânia, com o desgoverno de Varsóvia, epidemias e incêndios em Vilna, além de uma calamitosa invasão dos russos em 1655. Foi governada por uma sequência de reis e nobres incapazes, que provocaram discórdias deliberadas ou pouco se interessavam pelos assuntos de Estado; a Lituânia, que já estava enfraquecida, naquele momento tornou-se, no século XVIII, pouco mais que um Estado fantoche da Rússia tsarista. Após uma série de divisões ocorridas em 1772, 1793 e 1795, as áreas que pertenciam à nação foram divididas entre Rússia, Prússia e Áustria, apesar da corajosa resistência armada dos lituanos. Uma dessas revoltas fracassadas foi liderada por Jokūbas Jasinskis (1761-94). Em 1795, ano em que ocorreu a última divisão, Polônia e Lituânia deixaram de existir como uma única nação.

Russos pagam tributo a Stefan Bathory na tela de Jan Matejko

1569 União de Lublin cria Estado Polonês-Lituano

1579 Academia de Vilna ganha status de universidade

Portas de bronze na Universidade de Vilna

1772 Primeira divisão do Estado

1795 Divisão final do Estado

1600 | 1700 | 1800

1568 Jesuítas fundam academia em Vilna

1655 Russos saqueiam Vilna

1793 Segunda divisão do Estado

Brasão de armas da Nação Polonesa-Lituana

O Grão-Ducado da Lituânia

Fundado no século XIII pelo rei Mindaugas e fortalecido no século XIV pelo grão-duque Gediminas, o grão-ducado da Lituânia alcançou sua maior extensão territorial no reinado de Vytautas, o Grande. O que era uma unidade militar defensiva se expandiu para o leste e para o sul e avançou sobre as atuais Belarus e Ucrânia. Em Vilna, o ducado foi dominado por uma classe militar, que mais tarde se tornou uma nobreza privilegiada. Vilna floresceu como capital da cultura e da arquitetura.

Legenda
O grão-ducado sob Vytautas

A Batalha de Grünwald

Nada simboliza mais as conquistas do grão-ducado que a obra-prima de Jan Matejko, pintada em 1878. Vytautas, o Grande, aparece no centro, vitorioso na Batalha de Grünwald (Žalgiris) contra os Cavaleiros Teutônicos, em 1410. Os cavaleiros foram derrotados pelos exércitos conjuntos do grão-ducado e da Polônia, comandados por Vytautas e o rei Jogaila, respectivamente.

Grão-duque Gediminas (1275-1341) ampliou as fronteiras do ducado, mudou a capital para Vilna e ergueu uma série de fortalezas.

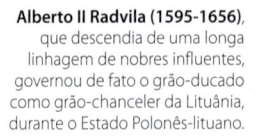

Alberto II Radvila (1595-1656), que descendia de uma longa linhagem de nobres influentes, governou de fato o grão-ducado como grão-chanceler da Lituânia, durante o Estado Polonês-lituano.

O Grão-duque Vytautas (1350-1430), aqui em um retrato do século XVII, é hoje reverenciado como herói nacional. Sob seu reinado, o grão-ducado alcançou a maior extensão geográfica, abrangendo áreas entre os mares Báltico e Negro.

Sobrevivendo aos Séculos

Entre os artefatos encontrados nas escavações das ruínas do Palácio Real, em Vilna, há azulejos decorativos, moedas e joias. Os azulejos e as moedas datam do século XVI, mas algumas joias remontam ao século XIV. É bem provável que a coleção volte a ser exibida quando a reconstrução do palácio for concluída.

Azulejo, século XVI

Moeda, século XVI

A Universidade de Vilna, fundada pelos jesuítas como academia em 1568, foi elevada a universidade onze anos depois, por Stefan Bathory (1533-86), grão-duque da Lituânia e rei da Polônia.

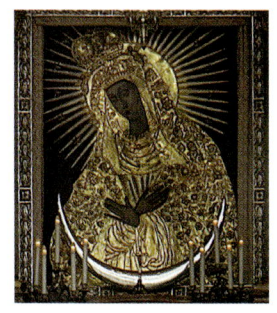

O ícone da Virgem Maria, nos Portões da Alvorada em Vilna, é um exemplo da pintura religiosa do período. Foi pintado em placas de carvalho nos anos 1620.

Grão-duque Vytautas

O primeiro livro impresso em lituano foi o *Catecismo* (1547), de Martynas Mažvydas. Como surgiu no ducado no momento em que o polonês era o idioma preferido da aristocracia, o livro teve grande aceitação entre as massas rurais pagãs.

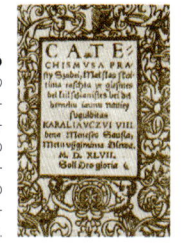

A cristianização da Lituânia deu-se em 1387, após a união com a Polônia. Porém, diferente da conversão em massa representada nessa tela do século XIX, pintada por Jan Matejko, muitas partes da Lituânia permaneceram pagãs até o século XVI.

O grande exército de Napoleão cruza o rio Nemunas em 1812

Governo Tsarista Russo

Mais de 120 anos de ocupação seguiram-se ao colapso do Estado, quando a maior parte das terras que pertenciam ao grão-ducado da Lituânia foi anexada ao Império Russo. Mas a resistência nunca deixou de existir, e o sonho de independência foi reavivado quando Napoleão chegou a Kaunas e Vilna, em junho de 1812. As esperanças foram frustradas seis meses depois, quando o que restava da Grande Armada francesa, desmoralizada e quase congelada, retirou-se de Moscou passando por Vilna.

Quando uma rebelião liderada pela nobreza rural fracassou em 1831, foram tomadas medidas repressivas, como o fechamento da Universidade de Vilna e a obrigatoriedade do idioma russo nas escolas lituanas. Opressão ainda maior seguiu-se a outra rebelião, em 1863, quando mais de cem líderes da resistência foram caçados e enforcados, e outros foram deportados com a família para a Sibéria. A consequência disso foi a russificação do país, que implicou a erradicação consciente de todos os sinais da Lituânia tradicional. As igrejas católicas foram convertidas em ortodoxas, e os livros em lituano escritos em alfabeto latino foram proibidos. Ainda assim, o idioma e a identidade foram preservados com a entrada clandestina de livros pelo leste da Prússia e com a impressão e circulação dos primeiros jornais em idioma lituano, *Aušra* (Alvorada) e *Varpas* (Sino).

Nacionalidade Recuperada e Perdida

Com a Rússia enfraquecida após a Primeira Guerra Mundial e a Revolução de 1917, um conselho eleito em Vilna declarou a independência da Lituânia, em 16 de fevereiro de 1918. O reconhecimento internacional demorou a chegar. Em outubro de 1920, Józef Piłsudski (1867-1935), o chefe de Estado nacionalista da Polônia, que reconquistou a independência em 1918, enviou um exército de ocupação a Vilna. O governo lituano foi, então, obrigado a se instalar em Kaunas. Vilna era, incontestavelmente, a capital histórica do país, mas, no momento, quase metade da população da cidade era de judeus e a outra metade falava polonês. Kaunas foi declarada a capital provisória da Lituânia e assim permaneceu até 1939. O orgulho reacendeu quando a Lituânia retomou o controle de Memel de uma guarnição francesa em 1923 e chamou-a de Klaipėda.

Presidente Antanas Smetona (g. 1926-40)

1812 Avanço e recuo desastroso de Napoleão

1832 Russos fecham Universidade de Vilna

Dr. Jonas Basanavičius, um dos signatários do Ato da Independência Lituana

1918 Lituânia de independê

1815 | 1855 | 1895

1831 Rebelião contra o tsarismo

1863 Rebeldes lituanos perseguidos pela Rússia

1866 Banidos livros em idioma lituano e alfabeto latino; 40 anos de contrabando de livros pelo leste da Prússia

A HISTÓRIA DA LITUÂNIA | 219

Adolf Hitler entrando em Klaipėda em 1939

A Lituânia independente foi liderada, entre 1926 e 1940, pelo autoritário Antanas Smetona. Para os lituanos, essa foi uma fase próspera, com a explosão das exportações agrícolas. Por outro lado, eram tempos instáveis, pois os poderes ressurgentes da Alemanha e da Rússia ameaçavam de ambos os lados. Klaipėda foi retomada pelos nazistas em 1939, e o Exército Vermelho ocupou o resto da Lituânia por ordem expressa de Moscou em 1940. O Exército Vermelho realizou deportações em massa e massacres terríveis. O terror continuou com os nazistas, que, em junho de 1941, deram início à Operação Barbarossa, codinome da invasão alemã da União Soviética. Estima-se que 200 mil pessoas, a maioria judeus, tenham sido retiradas de todas as cidades e vilarejos para ser executadas. Em 1944, como parte da Ofensiva Báltica, o Exército Vermelho retirou-se da Lituânia. Nos dez anos seguintes, entre 120 mil e 300 mil pessoas foram deportadas para os *gulags* siberianos. Uma corajosa, porém inútil, guerrilha lutou nas florestas da Lituânia até o começo dos anos 1950.

A República da Lituânia

Em 1988, aproveitando a maior abertura proporcionada pelas reformas do premier soviético Mikhail Gorbachev, um grupo de intelectuais fundou o movimento Sąjūdis para obter apoio popular às manifestações iniciadas um ano antes. A resposta foi imediata: os protestos pacíficos aumentaram e, em 11 de março de 1990, a Lituânia foi a primeira das repúblicas soviéticas a declarar independência. Em janeiro de 1991, os soviéticos entraram com tanques na Torre de TV de Vilna, matando catorze civis e ferindo 700.

Em agosto de 1991, o golpe fracassado dos linhas-duras de Moscou finalmente deu liberdade à Lituânia. As primeiras eleições presidenciais levaram Algirdas Brazauskas ao poder. Seguiram-se a isso anos de dificuldades econômicas, marcadas pelo desemprego crescente. O ingresso da Lituânia na União Europeia e na Otan em 2004 trouxe ao país muito mais segurança e prosperidade.

Passeata pela independência da Lituânia em 1989

1939 Pacto Molotov-Ribbentrop põe a Lituânia sob controle soviético

1941 Começa a Operação Barbarossa

1988 Criado o movimento Sąjūdis

1990 Declaração da independência

2004 Lituânia ingressa na Otan; torna-se membro da União Europeia

1935 — **1975** — **2015**

Presidente ...tona toma ...der

1944 Soviéticos reocupam Lituânia

1955 Guerrilha contra ocupação soviética é dizimada

Torre de TV

1991 Ataque à Torre de TV de Vilna

2008 Canadá suspende visto de entrada

VILNIA

LIETUVOS MOKSLO Ž

SIMONAS DAUKANTAS - LIETUVOS

MOTIEJUS VALANČIUS LIETUVO

VILNA

Vista do alto da montanha que se ergue sobre a Cidade Velha ou de um dos cafés nas calçadas cercados por torres altas, Vilna é, sem dúvida, uma bela cidade. A Cidade Velha, na lista dos Patrimônios Mundiais da Unesco desde 1994, mistura estilos gótico e neoclássico com um deslumbrante florescimento tardio do Barroco. Vilna é, em si, um monumento arquitetônico.

A natureza de Vilna, capital lituana, foi em parte reprimida por seu isolamento geográfico. Mesmo assim, a história conferiu-lhe características mais multiculturais que as outras cidades do país.

A referência escrita mais antiga a Vilna está em uma carta escrita pelo grão-duque Gediminas em 1323, convidando os cidadãos da Alemanha a se mudar para o local em troca de isenção de impostos e da garantia de outros direitos. A Vilna pagã sofreu muitos ataques das cruzadas nórdicas, mas no século XIV tornou-se a capital de um império que se estendia do mar Báltico até o mar Negro. Vilna ficou reduzida à condição de cidade provincial no Estado Polonês-Lituano, mas após um período de guerras devastadoras, invasões e incêndios, entre o começo do século XVII e meados do século XVIII, os esforços para reconstruí-la resultaram no rico desdobramento do estilo barroco, que é típico da arquitetura da cidade atualmente.

A cidade voltou a ser a capital da Lituânia em 1918, ainda que só por um ano. Com a ocupação polonesa e o governo obrigado a transferir-se para Kaunas, o país perdeu importância econômica até ser invadido pelos soviéticos em 1939. A Segunda Guerra Mundial devastou a cidade e aniquilou a população judia, mas Vilna expandiu-se sob a ocupação soviética que aconteceu em seguida.

Vilna foi transformada de uma pacata cidade em uma moderna e vibrante capital europeia, com ótimas ofertas de compras, restaurantes e vida noturna. Com a universidade, a Praça da Prefeitura e várias igrejas restauradas, Vilna recuperou todo o charme.

Mural colorido de Antanas Kmieliauskas decora o teto da livraria da Universidade de Vilna, Littera

◀ Porta de bronze da biblioteca da Universidade de Vilna

Como Explorar Vilna

Embora tenha uma das maiores Cidades Velhas da Europa, Vilna é bastante compacta e pode ser facilmente explorada a pé. Os dois melhores pontos para começar o passeio pela Cidade Velha e seus tesouros barrocos são a Catedral de Vilna ao norte e os Portões da Alvorada ao sul. A avenida Gedimino, principal local de compras e onde fica o Museu da KGB, segue à esquerda da Praça da Catedral, enquanto a Igreja de Santa Ana está imediatamente à direita da Cidade Velha. A partir de Vilna é possível explorar grande parte do centro da Lituânia.

Cafés ao ar livre na rua Pilies, Cidade Velha

Principais Atrações

Igrejas
- ❷ Igreja de São João
- ❺ Igreja de São Paraskeva
- ❽ *Catedral de Vilna pp. 228-9*
- ⓯ Igreja Santa Mãe de Deus
- ⓰ Igreja Bernardina
- ⓱ Igreja de Santa Ana
- ⓲ Igreja de São Miguel
- ⓴ Igreja Ortodoxa de São Nicolau
- ㉔ Igreja de São Casimiro
- ㉖ Igreja do Espírito Santo
- ㉗ Igreja de Santa Teresa
- ㉛ Igreja de São Nicolau
- ㉜ Igreja Franciscana
- ㉝ Igreja Dominicana
- ㉞ Igreja de Santa Catarina

Museus e Galerias
- ❹ Galeria de Pintura de Vilna
- ❼ Museu Casa de Šlapelis
- ⓬ Museu Nacional Lituano
- ⓭ Museu de Artes Aplicadas
- ⓳ Museu Mickiewicz
- ㉑ Casa Čiurlionis
- ㉓ Centro de Arte Contemporânea
- ㉙ Museu Kazys Varnelis
- ㉟ Museu de Teatro, Música e Cinema
- ㊲ Museu Judaico do Estado
- ㊳ Museu do Holocausto
- ㊵ Museu da KGB

Locais de Interesse
- ❶ Universidade de Vilna
- ❸ Palácio Presidencial
- ❻ Casa dos Signatários
- ❾ Praça da Catedral
- ❿ Castelo de Baixo
- ⓫ Castelo de Cima
- ⓮ Morro das Três Cruzes
- ㉒ Praça da Prefeitura
- ㉕ Porta Basiliana
- ㉘ Portões da Alvorada
- ㉚ Bastião de Artilharia
- ㊱ Palácio Radvila
- ㊴ Estátua de Frank Zappa

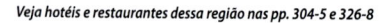

Veja hotéis e restaurantes dessa região nas pp. 304-5 e 326-8

VILNA | 223

Legenda

- Local de interesse
- Rua para pedestres

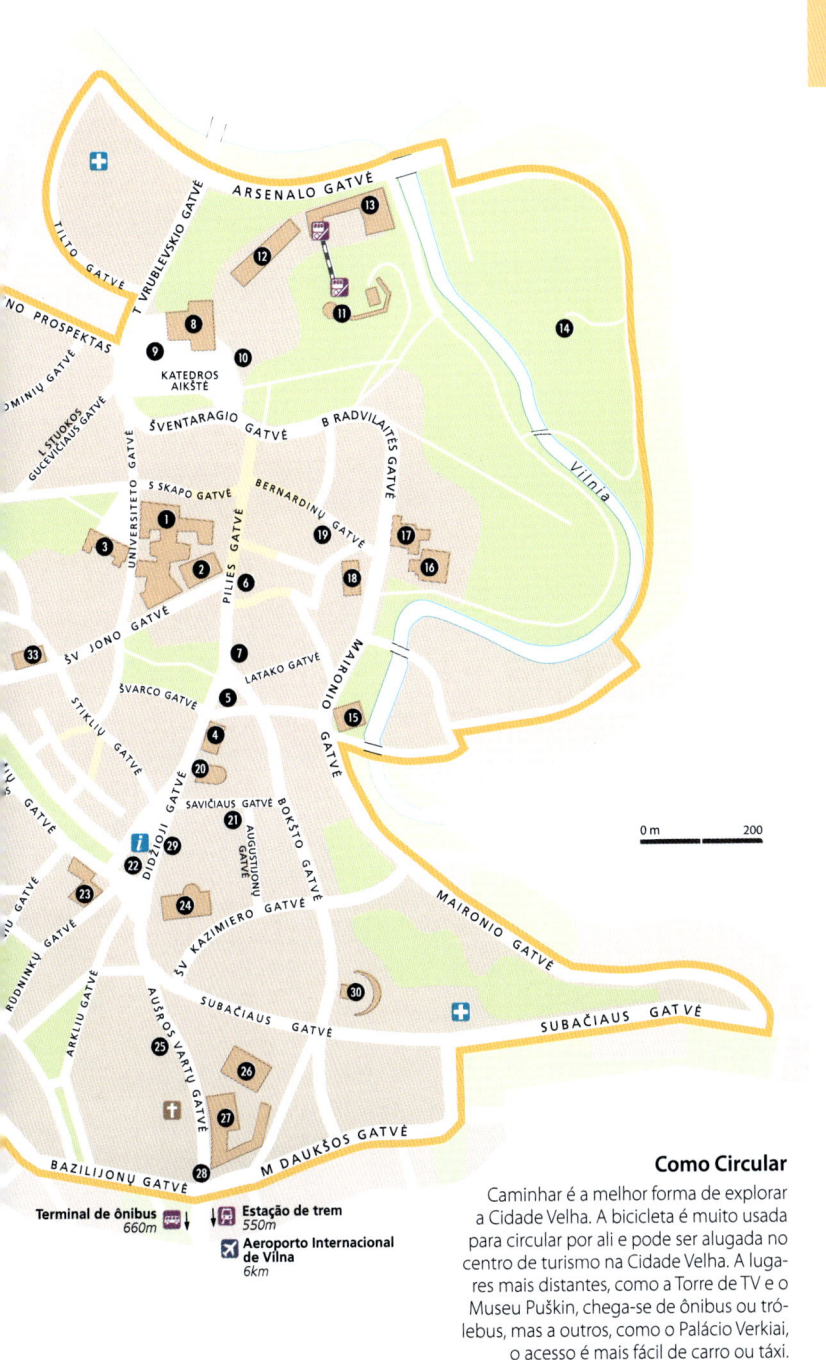

0 m — 200

Terminal de ônibus 660m

Estação de trem 550m

Aeroporto Internacional de Vilna 6km

Como Circular

Caminhar é a melhor forma de explorar a Cidade Velha. A bicicleta é muito usada para circular por ali e pode ser alugada no centro de turismo na Cidade Velha. A lugares mais distantes, como a Torre de TV e o Museu Puškin, chega-se de ônibus ou tróleibus, mas a outros, como o Palácio Verkiai, o acesso é mais fácil de carro ou táxi.

Legenda dos símbolos *na orelha da contracapa*

Rua a Rua: Rua Pilies e Universidade de Vilna

Ruas estreitas, pátios discretos e a melhor arquitetura da Cidade Velha fazem da rua Pilies e da Universidade de Vilna, nas imediações, ótimos locais para ver e explorar. A universidade, com 400 anos, é uma das mais antigas do Leste Europeu. O fluxo de carros é restrito, e no verão os restaurantes e cafés lotam as ruas de pedras. As bancas e lojas de suvenires na Pilies vendem âmbar e presentes, e os prédios ao redor são testemunha da longa história da cidade.

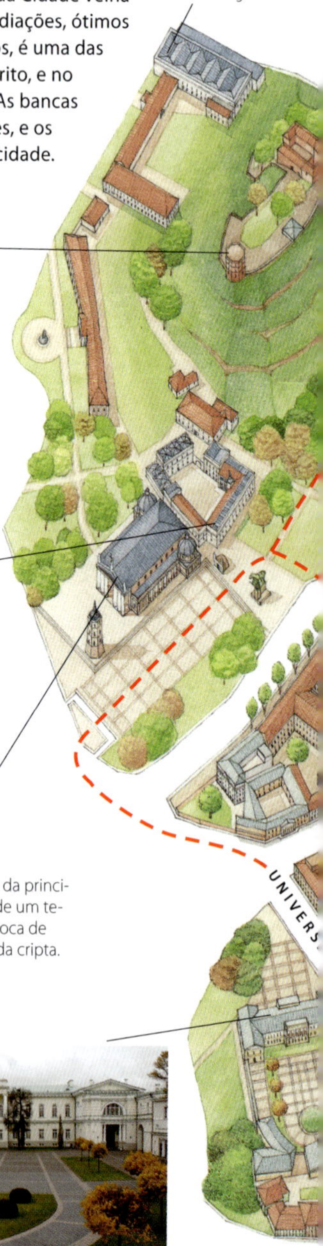

O Museu de Artes Aplicadas fica dentro do Antigo Arsenal.

⑪ Castelo de Cima
A melhor perspectiva da cidade de Vilna é do alto do mirante instalado na última torre que sobrou do castelo. A bandeira lituana foi hasteada ali em 1919 e também em 1988.

⑩ Palácio Real
Também chamado Castelo de Baixo, foi a residência oficial dos grão-duques e hoje é o coração da política e da cultura da Lituânia.

⑧ Catedral de Vilna
A austera fachada neoclássica da principal basílica da Lituânia esconde um tesouro, que inclui a capela barroca de São Casimiro e os corredores da cripta.

❸ Palácio Presidencial
Residência de um nobre no século XIV, o complexo já hospedou muitas figuras históricas. Tornou-se a casa da Presidência em 1997.

Legenda

— Percurso sugerido

Veja hotéis e restaurantes dessa região nas pp. 304-5 e 326-8

VILNA | 225

★ Rua Pilies
Com o Castelo de Cima sempre à vista, Pilies é uma das ruas mais antigas da cidade. Já foi o centro comercial de Vilna em outros tempos; hoje é frequentada por visitantes que buscam objetos de âmbar e outros produtos.

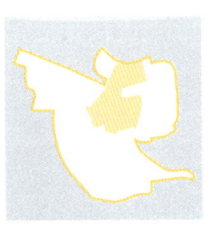

Localize-se
Veja Guia de Ruas, pp. 250-1

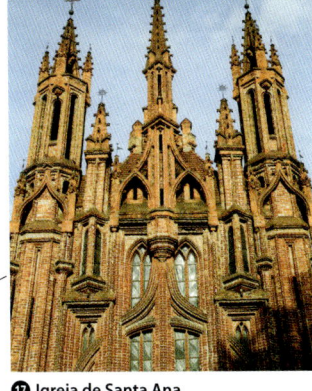

⑰ Igreja de Santa Ana
Essa igreja gótica de tijolos vermelhos serviu de quartel aos soldados de Napoleão a caminho de Moscou em 1812. Por sorte, a bela fachada conseguiu resistir aos séculos turbulentos.

A Igreja de São João tem uma ampla fachada barroca.

Livraria Littera
Essa livraria, charmosamente decorada, fica do lado direito do Pátio Sarbievijaus da Universidade; ali são vendidos suvenires temáticos.

❶ Universidade de Vilna
Maior universidade do país, ocupa grande parte da Cidade Velha. É composta de treze pátios e inúmeros prédios.

❶ Universidade de Vilna
Vilniaus universitetas

Universiteto 3. **Mapa** 2 D3. **Tel** 268 7001. ⏰ 10h-17h30 seg-sáb. 🎫 para reserva antecipada, ligar 268 7103. 📷 **W** vu.lt

A mais antiga universidade do Leste Europeu foi fundada como colégio jesuíta em 1568, antes de se tornar uma escola de educação superior em 1579. O atual campus, construído entre os séculos XVI e XVIII, é uma combinação de vários estilos arquitetônicos.

Entre os treze pátios, o mais impressionante da universidade é o Grande Pátio do século XVII, cujas galerias abertas mais tarde foram dedicadas aos professores. Com acesso por uma passagem do lado esquerdo do Grande Pátio, o Pátio do Observatório é um tranquilo jardim fechado, do qual é possível ver o observatório com os signos do zodíaco.

Ao norte do Grande Pátio está o Pátio Sarbievijaus, na parte mais antiga da universidade. No final dele está a livraria **Littera**. Os afrescos com caricaturas de professores e alunos que decoram o interior da livraria foram pintados em 1978 por Antanas Kmieliauskas (n. 1932).

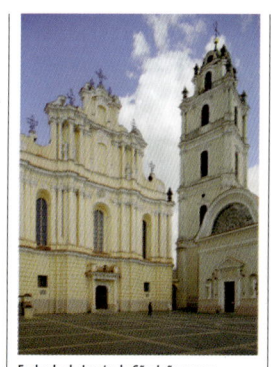

Fachada da Igreja de São João com o campanário ao lado

❷ Igreja de São João
Šv Jono bažnyčia

3/Šv Jono 12. **Mapa** 2 D3. **Tel** 261 1795. ⏰ 10h-17h seg-sáb. ✝ 18h ter-qui, 11h e 13h dom.

No extremo sul do campus da universidade, a bonita fachada e o campanário da Igreja de São João Batista e São João Evangelista dominam o Grande Pátio. A igreja gótica original, ali construída em 1426, foi reerguida em 1749 em um rebuscado estilo barroco por Jan Krzysztof Glaubitz *(p. 237)*. Os dez magníficos altares em falso mármore com colunas coríntias iluminam o interior austero. A princípio, havia 22 colunas, mas a maioria foi removida em uma reforma feita posteriormente, no século XIX. Com 68m, o campanário, ao qual Glaubitz acrescentou mais dois níveis, é a estrutura mais alta da Cidade Velha. É possível subir até o topo de elevador, para apreciar belas vistas.

❸ Palácio Presidencial
Lietuvos respublikos prezidentūra

Daukanto aikštė 3. **Mapa** 2 D3. **Tel** 266 4154. ⏰ 9h-17h sáb (ligar antes). 🎫 para visita em grupo, ligar 266 4073. **W** president.lt

Antiga residência de bispos do alto escalão, esse edifício todo decorado existe desde a conversão da Lituânia ao cristianismo, no final do século XIV. O palácio foi reconstruído no fim dos anos 1820 em estilo neoclássico por Vasily Stasov (1769-1848), um arquiteto de São Petersburgo, e já hospedou inúmeras personalidades, como o tsar Alexandre I e Napoleão Bonaparte, que usou o palácio durante seu fatídico avanço sobre Moscou.

O palácio passou a ser usado em cerimônias oficiais antes de se tornar Palácio Presidencial, em 1997. Quando o presidente está em Vilna, a bandeira com seu brasão de armas é hasteada.

O colorido interior da Littera, com seus livros e materiais de estudo, Universidade de Vilna

Veja hotéis e restaurantes dessa região nas pp. 304-5 e 326-8

Telas expostas em uma das salas da Galeria de Pintura de Vilna

❹ Galeria de Pintura de Vilna
Vilniaus paveikslų galerija

Didžioji 4. **Mapa** 2 D4. **Tel** 212 4258.
11h-18h ter-sáb, 12h-17h dom.
ldm.lt

O grandioso pátio neoclássico da galeria reflete a Vilna do século XIX, quando esse espaço era usado pela Universidade de Vilna e também pela Academia Médica. As pinturas ali exibidas mostram como os principais movimentos artísticos do século XIX e do começo do século XX influenciaram a arte lituana. *Moça lituana com ramos*, de Kanutas Ruseckas (1800-60), é um ícone da estética romântica na arte nacional. Do mesmo modo, movimentos posteriores como Realismo e Impressionismo estão refletidos em retratos intimistas, como *Estudo das mãos de uma moça*, de Alfredas Romeris, e em paisagens ao ar livre, como *Pelo campo de trigo*, de Juozas Balzukevičius.

❺ Igreja de São Paraskeva
Šv Paraskevos cerkvė

Didžioji 2. **Mapa** 2 D4. **Tel** 215 3747.

Também chamada Igreja Pyatnitskaya, essa instituição ortodoxa fica em um local que por muitos séculos foi usado para rituais e orações. Em meados do século XIV, o grão-duque Algirdas mandou construir a igreja para sua esposa ortodoxa onde antes havia um santuário pagão. No começo do século XVIII, Pedro, o Grande, batizou ali um escravo com 9 anos de idade, com o nome de Hannibal, futuro major-general Abram Petrovich Hannibal (1696-1781), bisavô do poeta russo Alexander Pushkin. O edifício atual, criado por Nikolai Chagin, é de 1865. Fechado durante o período soviético, hoje pertence à Igreja Ortodoxa Russa.

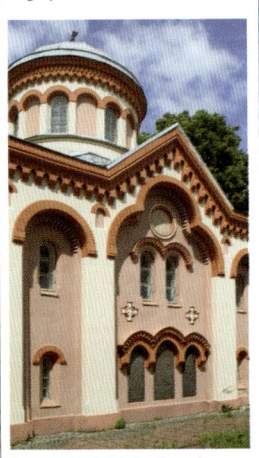

A pequena Igreja Ortodoxa Russa de São Paraskeva

❻ Casa dos Signatários
Signatarų namai

Pilies 26. **Mapa** 2 D3. **Tel** 231 4437.
10h-17h ter-sáb.

A Casa dos Signatários, com sua fachada extravagante, teve um papel crucial na história moderna da Lituânia. Foi ali que, em 18 de fevereiro de 1918, o recém-criado Conselho da Lituânia assinou o documento que restaurava a independência do país. A Cafeteria Štralis no térreo, criada durante a renovação dos anos 1890, era o ponto de encontro dos líderes da revitalização do nacionalismo lituano.

A sala no andar superior, onde o ato da independência foi assinado, está reformada. Infelizmente, as mostras sobre esse fato histórico são um tanto esparsas.

❼ Museu Casa de Šlapelis
Šlapelių namas-muziejus

Pilies 40. **Mapa** 2 D4. **Tel** 261 0771.
11h-17h qua-dom (ligar antes).

Oferecendo uma viagem de volta à Vilna da conturbada primeira metade do século XX, esse museu modesto, mas significativo, é dedicado a Marija e Jurgis Šlapelis. Embora seu idioma nativo fosse polonês, Marija possuía secretamente uma livraria de obras em lituano perto da rua Domininkonų durante a ocupação da cidade por russos, poloneses, nazistas e soviéticos, entre 1906 e 1949.

Em exposição podem ser vistos móveis, jornais, livros, partituras musicais e cartões-postais da época. Além disso, fotos de muitas reuniões familiares tiradas após a ocupação soviética podem ser encontradas sob as vigas do século XVII num espaço que era usado como cozinha.

❽ Catedral de Vilna
Vilniaus arkikatedra bazilika

Depois de assumir várias formas desde a sua construção como igreja católica no local de um templo pagão, em 1251, a Catedral de Vilna data do século XVIII. O jovem arquiteto, Laurynas Stuoka-Gucevičius, introduziu o moderno estilo classicista francês na Vilna barroca, fazendo uma interpretação visual de um templo grego dentro e fora da catedral. A Catedral de Vilna foi fechada pelos soviéticos em 1950 e usada como garagem para conserto de caminhões. Em 1956 foi aberta como galeria. E acabou voltando a ser igreja católica em 1989, consagrada um ano antes da declaração da independência.

Capela Valavičius
Membros da família Valavičius foram governadores e bispos de Vilna. A luxuosa capela é do início do século XVII.

Escultura em Estuque
Representando o sacrifício de uma ave, a estátua está em um tímpano da fachada.

A entrada é por um pórtico clássico.

Murais da Crucificação
O afresco mais antigo existente na Lituânia, ainda do século XIV, está na cripta da igreja. Ele foi encontrado em 1925.

Estátua de Lucas, o Evangelista
Uma das estátuas dos quatro evangelistas da fachada sul, Lucas está ao lado de um boi, que simboliza o trabalho e o sacrifício.

Veja hotéis e restaurantes dessa região nas pp. 304-5 e 326-8

VILNA | **229**

Altar-Mor
A magnífica porta do tabernáculo, no altar-mor, criada na década de 1620, é toda confeccionada de ouro e prata. Duas cenas bíblicas, A Última Ceia e Cristo Lavando os Pés dos Discípulos, estão muito bem representadas no painel.

PREPARE-SE

Informações Práticas
Katedros aikšė 1. **Mapa** 2 D3. **Tel** 85261 0731 ◯ 7h-19h diariam. 🎧 não deixe de fazer uma visita guiada à cripta. Informe-se na loja de suvenir, na entrada norte da catedral, sobre os horários e os preços da visita. 🏛

★ Capela de São Casimiro
Coube aos mestres italianos criar essa soberba capela, uma joia do Barroco, entre 1623 e 1636. Destacam-se as colunas de mármore, as magníficas imagens do estuque e os afrescos coloridos.

★ Cripta
O mausoléu abriga os restos mortais de dois grão-duques e duas esposas de Sigismundo Augusto (g. 1548-72), último descendente de Gediminas (g. 1316-41).

São Casimiro (1458-84)
Casimiro era o segundo filho de um grão-duque, cujos irmãos se tornaram reis e rainhas de nações europeias através do casamento. O piedoso Casimiro abria mão dos luxos da corte pelas frequentes orações na catedral. Quando morreu de tuberculose, aos 25 anos de idade, diziam que seu caixão tinha o poder de curar. Um dos afrescos na Capela de São Casimiro mostra um órfão doente rezando aos pés do caixão por receber o milagre da cura.

Altar decorado da Capela de São Casimiro

O campanário da Catedral de Vilna

❾ Praça da Catedral
Katedros aikštė

Mapa 2 D3. 🚌 10, 11, 33.

Nas pedras que pavimentam a praça veem-se os contornos das muralhas do Castelo de Baixo, a cidadela que fez de Vilna um bastião contra as cruzadas no século XIV.

No extremo oeste da praça está o **Campanário da Catedral de Vilna**, que antes fazia parte das fortificações. Onde hoje se encontra a Catedral de Vilna, a oeste, havia também uma porta. A leste, a praça é dominada por uma estátua do grão-duque Gediminas. Inaugurada em 1996, ela representa a predileção do fundador da cidade pela diplomacia em vez da força. No centro da praça há uma placa de pedra na qual se lê *stebuklas* (milagre), exatamente onde começou a Corrente Báltica (p. 43), que ligou Vilna, Riga e Tallinn em 1989. Acredita-se que os desejos se realizam dando três voltas ao redor dessa pedra.

❿ Castelo de Baixo
Žemutinė pilis

Katedros 4. **Mapa** 2 D3. **Tel** 212 7476. 🚌 10, 11, 33. ◯ 8h-17h seg-sex (até 15h45 sex). 🖼 **W** valdovurumai.lt

O complexo que inclui a Catedral de Vilna, o Antigo Arsenal e o Palácio Real – residência dos grão-duques situada na base do Morro do Castelo que resistiu aos cercos do século XIV – constitui o Castelo de Baixo. Nos anos 1520, o Palácio Real foi renovado em estilo renascentista por arquitetos italianos convidados por Sigismundo, o Velho (g. 1506-48), e sua esposa. O palácio era o centro de uma vibrante vida cultural. Escavações realizadas ali entre 1987 e 2001 revelaram azulejos decorativos, tapeçaria, joias e armamentos desse e do período anterior. Acredita-se que estivessem soterrados desde a destruição do palácio pelas autoridades tsaristas em 1802, que não admitiram na cidade um símbolo de poder lituano.

⓫ Castelo de Cima
Aukštutinė pilis

Arsenalo 5. **Mapa** 2 D3. **Tel** 261 7453. 🚌 10, 11, 33. ◯ 10h-17h ter-dom. 🖼

A torre oeste, a única que resta do complexo do Castelo de Cima, que antes incluía as estruturas defensivas, hoje é um símbolo da Lituânia independente. O mirante situado em seu topo oferece vista para as torres e os telhados da Cidade Velha, ao sul, e os arranha-céus que se erguem do lado oposto. Um funicular leva até o Castelo de Cima.

As paredes de pedra originais do castelo foram erguidas em 1419 e restauradas na década de 1950. Segundo a lenda, em uma de suas viagens de caça, o grão-duque Gediminas sonhou que um lobo de ferro uivava do alto das montanhas do parque. Para seu sacerdote pagão, esse era um sinal de que ali deveria ser construída uma fortaleza. Em consequência surgiram os castelos de cima e de baixo, de madeira, e outro no morro vizinho.

⓬ Museu Nacional Lituano
Lietuvos nacionalinis muziejus

Arsenalo 1. **Mapa** 2 D3. **Tel** 262 9426. 🚌 10, 33. ◯ mai-set: 10h-17h ter-sáb, 10h-15h dom; out-abr: 10h-17h qua-dom. 🖼 🗹 **W** lnm.lt

O edifício do começo do século XIX, chamado Novo Arsenal, abriga o Museu Nacional Lituano. Na frente dele há uma estátua do rei Mindaugas, que foi inaugurada simultaneamente à ponte vizinha em julho de 2003. O museu dá uma ideia de como era a

A torre oeste, a única estrutura que resta do Castelo de Cima

Trajes típicos do país em exposição no Museu Nacional Lituano

vida diária na Lituânia antes da Segunda Guerra Mundial. O cotidiano está vividamente documentado em exposições que incluem pratos e talheres, caixas decorativas e vidros de perfume, e até uma pedra antiga com um orifício usada em rituais pagãos.

A principal atração do museu é a sala no andar superior, que exibe a história pictórica do grão-ducado da Lituânia desde a Batalha do Sol até as repartições do século XVIII (p. 215).

O museu inteiro faz um giro conciso pela história do país, desde o século XIII até nossos dias. Entre as fascinantes mostras do museu estão a espada de um carrasco milagrosamente quebrada ao meio, um trenó do século XVIII todo decorado e uma impressão em ferro da mão de Pedro, o Grande. Exibe também uma coleção de trajes típicos e uma recriação espetacular de uma casa típica de uma família camponesa da Lituânia.

⓭ Museu de Artes Aplicadas
Taikomosios dailės muziejus

Arsenalo gatvė 3a. **Mapa** 2 E3. **Tel** 262 8080. 11h-18h ter-sáb, 11h-16h dom.

Os prédios do Velho Arsenal do século XVI, onde está o Museu de Artes Aplicadas, abrigam exposições patrocinadas pelo governo sobre temas relacionados à história da Lituânia, ao grão-ducado e à arte sacra.

Uma das exposições permanentes é sobre arte popular lituana do século XVII ao XIX, mostrando o forte impacto dos temas cristãos sobre práticas tradicionais, como a escultura. A coleção inclui cruzes, santuários e santos de madeira de beira de estrada, e *rūpintojėlis* (arte popular que representa um Cristo preocupado, com a cabeça apoiada sobre a mão direita). Muito interessante é o trabalho de Vincas Svirskis (1835-1916), prolífico artesão que criou centenas de santuários para casas de fazendas e de aldeias nas regiões de Kėdainiai e Kaunas *(pp. 262-5)*.

⓮ Morro das Três Cruzes
Trijų kryžių kalnas

Kalnų parkas. **Mapa** 2 E3.

Símbolo conhecido de Vilna, as três cruzes no alto do morro vizinho ao Castelo de Cima são réplicas de um monumento destruído pelas autoridades soviéticas na década de 1950. Antes existiam ali três cruzes de madeira do século XVI que lembravam, segundo a lenda, frades franciscanos torturados e assassinados por um bando de pagãos. O incidente aconteceu no reinado do grão-duque Algirdas, quando a Lituânia resistia às conversões ao catolicismo romano. Sete frades foram torturados até a morte, e outros, amarrados a cruzes e atirados no rio Vilnia.

A vista das cruzes a partir da Cidade Velha é única. Por uma ponte estreita e um caminho que acompanha o Vilnia chega-se à base do morro. Um caminho mais fácil é pela estrada que atravessa o parque, a partir da qual a rua T Kosciuškos cruza o Vilnia.

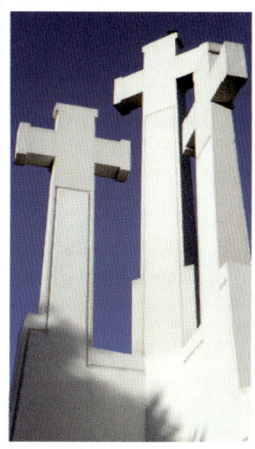

O Morro das Três Cruzes, um dos símbolos de Vilna

A elegante fachada da Igreja Ortodoxa Santa Mãe de Deus

⓰ Igreja Santa Mãe de Deus
Skaisčiausios Dievo Motinos cerkvė

Maironio 14. **Mapa** 2 E4.
Tel 215 3747. 🚍 10, 11, 33.
🕐 10h, 16h sáb, 9h dom.

O atual edifício da igreja ortodoxa, criado pelo arquiteto russo Nikolai Chagin, data do século XIX. Uma das imagens, *A mãe de Deus*, foi levada pelo tsar Alexandre II, que também doou dinheiro para o trabalho de reconstrução. Por mais de 60 anos, antes de ser reformada, a igreja abrigava salas de dissecação da Academia de Medicina e um quartel militar. Tal como a Igreja de São Paraskeva (*p. 227*), está no lugar em que o grão-duque pagão Algirdas construíra um local de prece para sua esposa, no século XIV.

⓰ Igreja Bernardina
Bernardinų bažnyčia

Maironio 8. **Mapa** 2 E3. **Tel** 260 9292.
🚍 10, 11, 33. 🕐 7h30 seg-qui; 18h sáb; 9h (em inglês), 10h30, 13h, 17h dom.

Foi em 1469 que os austeros franciscanos observantes, na Lituânia chamados bernardinos por seu fundador São Bernardino de Siena, chegaram a Vilna. A Igreja Bernardina, construída por eles em 1525, preserva a abóbada de vidro do gótico tardio sobre as naves. Nos anos 1770, vários altares e confessionários de madeira barrocos foram acrescentados. Desses, somente o altar-mor, esculpido pelo artista italiano Daniele Giotto, existe hoje. A fachada exibe uma mistura de janelas góticas e pergaminhos barrocos.

Igreja e mosteiro foram fechados após os tumultos de 1863 (*p. 218*) e transformados em quartéis das tropas russas, mas acabaram devolvidos aos frades.

Os afrescos originais do século XVI, que estão sendo restaurados, exibem representações da sobriedade e solenidade observadas pelos frades e também por São Cristóvão, além de cenas da Paixão de Cristo.

Do lado de fora da igreja há uma estátua de Adam Mickiewicz, de 1984. Em agosto de 1987, a estátua foi ponto de encontro da primeira manifestação pública sob ocupação soviética pelos direitos nacionais da Lituânia.

⓱ Igreja de Santa Ana
Šv Onos bažnyčia

Maironio 8/1. **Mapa** 2 E3. **Tel** 6981 7731. 🚍 10, 11, 33. 🕐 18h seg-sáb, 9h-11h dom.

Segundo lenda local, essa igreja encantou Napoleão a ponto de ele declarar que gostaria de levá-la a Paris na palma da

Igreja de Santa Ana, a joia gótica que encantou Napoleão

Veja hotéis e restaurantes dessa região nas pp. 304-5 e 326-8

Adam Mickiewicz (1798-1855)

Estátua de Adam Mickiewicz, fora da Igreja Bernardina

"Oh, Lituânia, meu país, és como a boa saúde; não sabia até agora como eras preciosa, até perdê-la." Assim começa *Pan Tadeusz*, principal texto lírico do grande poeta romântico polonês Adam Mickiewicz. Ele nasceu em uma família de nobres poloneses, perto de Nowogrodek, no atual Belarus, três anos após a repartição do Estado Polonês-Lituano. Sua vida nômade era dominada pelo forte anseio por uma idílica terra natal perdida. Seus poemas épicos são repletos de florestas, bosques e amplas pradarias. *Gražyna* (1822), escrito em sua juventude, fala da chefe de uma tribo pagã que derrota em batalha os Cavaleiros Teutônicos da cruz e da espada. A *Konrad Wallenrod* (1828) descreve essas batalhas com perícia ainda maior.

mão. Santa Ana é uma beleza gótica; com arcos cimácios na fachada e janelas altas e estreitas, é um raro monumento nesse estilo em uma cidade toda barroca. Os remates e as torres são revestidos de folhas ornamentais – tijolos que imitam flores e folhas enroladas, muito usados por arquitetos góticos. Um grupo de pesquisadores encontrou 33 tipos de tijolos diferentes nessa fachada. No interior da igreja, os três altares barrocos foram criados por Jan Krzysztof Glaubitz *(p. 237)*. O campanário separado da igreja foi construído muito mais tarde, na década de 1870.

⓲ Igreja de São Miguel

Šv Mykolo bažnyčia

Šv Mykolo 9. **Mapa** 2 E3. **Tel** 269 7803. ☐ 11h-18h ter-sáb.

A Igreja de São Miguel, em estilo renascentista, foi construída no começo do século XVII como convento para as freiras bernardinas e mausoléu da família Sapiega. Em seu interior há vários monumentos funerários dos nobres. Entre eles, o de Leonas Sapiega, cujas iniciais estão em algumas cimeiras, nos motivos e nas rosetas que decoram o teto.

O edifício abriga desde 2009 o Museu do Patrimônio da Igreja, que exibe tesouros da Catedral de Vilna e outras peças de arte sacra.

⓳ Museu Mickiewicz

Adomo Mickevičiaus memoralinis butas-muziejus

Bernardinų 11. **Mapa** 2 E3. **Tel** 279 1879. ☐ 10h-17h ter-sex, 10h-14h sáb-dom.

O lendário poeta Adam Mickiewicz, que cantou em versos sua terra natal polonesa-lituana, hospedou-se nesse apartamento, que pertenceu a um professor universitário, por um breve período em 1822. Dentro de um adorável pátio fechado, o museu tenta recriar a atmosfera do período em que o poeta viveu.

Entre os móveis de época que Mickiewicz teria usado para escrever suas primeiras baladas inspiradas no folclore, há uma mesa e uma cadeira de Kaunas e uma poltrona de Paris. Retratos do poeta são exibidos ao lado de suas criações, além das primeiras edições de seus melhores trabalhos. O museu promove encontros literários e noites de poesia.

⓴ Igreja Ortodoxa de São Nicolau

Šv Mikalojaus cerkvé

Didžioji 12. **Mapa** 2 D4. **Tel** 261 8559. ☐ 13h-18h30 seg-sex, 7h30-15h dom. 🕆 17h ter-sáb, 9h dom.

O interior sereno à luz de velas da Igreja Ortodoxa de São Nicolau contrasta com a agitação da Didžioji, principal rua da Cidade Velha. A igreja gótica original de 1514 estava nas mãos dos Uniates, os católicos gregos, em 1609, até passar por uma reforma barroca que incluiu o campanário. A igreja retornou à Igreja Ortodoxa Russa em 1827. A fachada claramente bizantina e grande parte do interior da igreja são um exemplo das mudanças ocorridas no panorama religioso da cidade após a malfadada revolta de janeiro de 1863.

A capela com cúpula à esquerda é dedicada ao conde Mikhail Muravyov (1796-1866), governador-geral que agiu cruelmente contra os revoltosos.

Fachada da Igreja Ortodoxa de São Nicolau

Rua a Rua: da Praça da Prefeitura aos Portões da Alvorada

A arquitetura barroca característica da Lituânia, chamada Barroco de Vilna, pode ser vista nos belos monumentos agrupados em torno dos Portões da Alvorada e da Igreja de São Casimiro. A admirável coleção de torres e esculturas foi criada durante os séculos XVII e XVIII por arquitetos italianos e poloneses e seus patrocinadores poloneses-lituanos. As edificações elegantes têm fachadas simétricas que refletem uma inconfundível influência italiana. Mas uma atmosfera mística, própria de Vilna, a distingue das demais cidades europeias.

㉔ ★ Igreja de São Casimiro
Nessa igreja ficou abrigado o museu do ateísmo de 1963 a 1991. A coroa simboliza a origem real de São Casimiro.

㉒ Praça da Prefeitura
Com um vigoroso pórtico clássico, o prédio da Prefeitura foi criado pelo renomado arquiteto lituano Laurynas Stuoka-Gucevičius.

DIDŽIOJI GATVĖ

VOKIEČIŲ GATVĖ

RŪDNINKŲ GATVĖ

Legenda
— Percurso sugerido

㉓ O Centro de Arte Contemporânea
da era soviética abriga arte moderna de vanguarda.

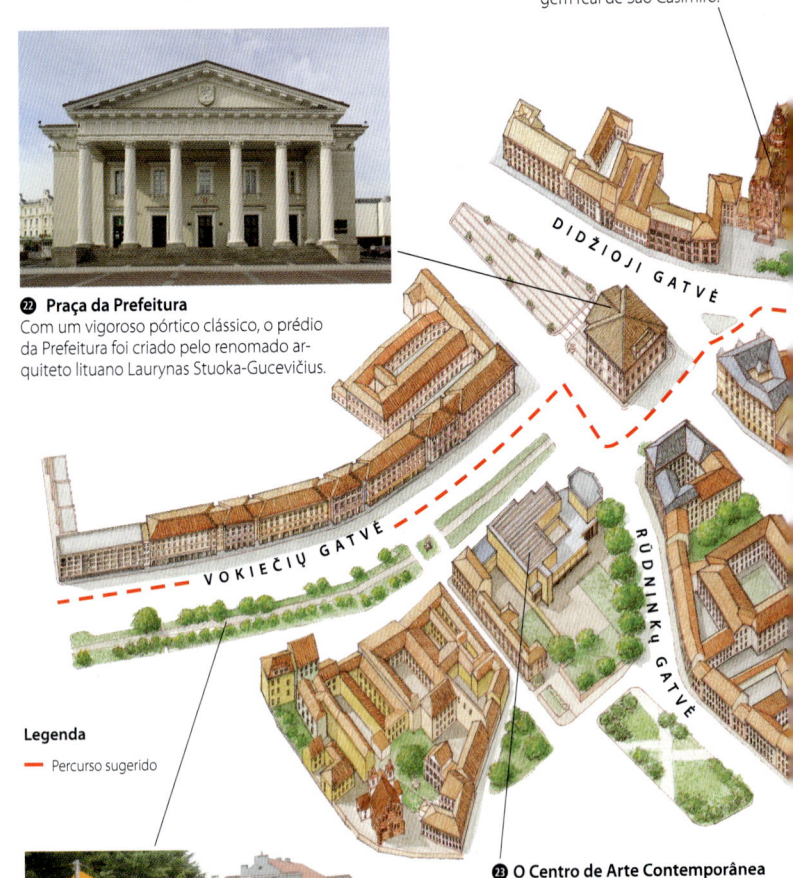

Rua Vokiečių
Uma das mais antigas da cidade, parece um parque durante o verão, com seus cafés ao ar livre e um agradável passeio arborizado.

0 m 100

Veja hotéis e restaurantes dessa região nas pp. 304-5 e 326-8

VILNA | 235

Rua Šv Kazimiero
Essa estreita ruazinha de pedras que leva o nome de São Casimiro segue em curvas atrás da igreja para Užupis e sua selva de telhados.

Localize-se
Veja Guia de Ruas, pp. 250-1

Igreja do Espírito Santo

㉗ ★ Igreja de Santa Teresa
Cenas da vida de Santa Teresa, santificada por seus textos místicos, adornam a abóbada da nave. Os afrescos foram pintados no final do século XVIII, após um incêndio.

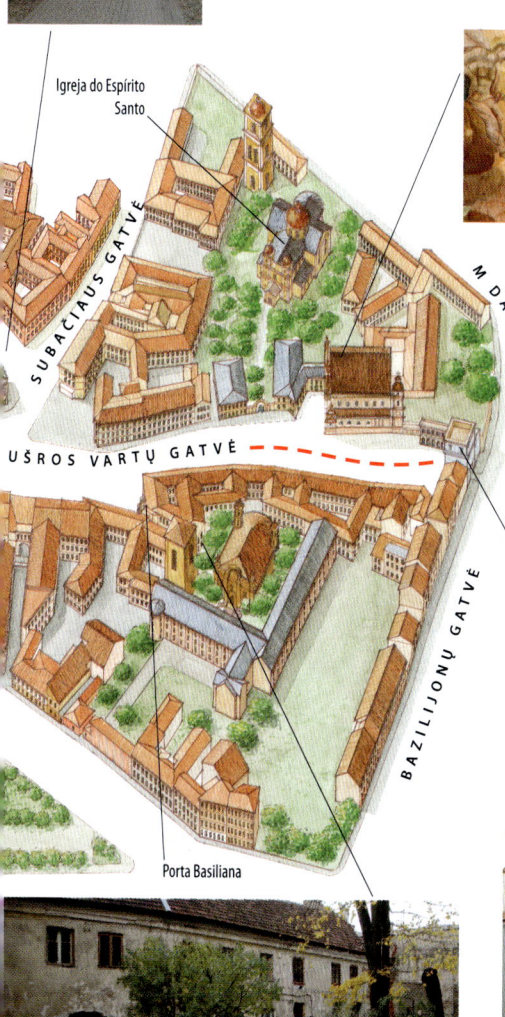

SUBAČIAUS GATVĖ

M DAUKŠOS GATVĖ

UŠROS VARTŲ GATVĖ

BAZILIJONŲ GATVĖ

Porta Basiliana

Mosteiro Basiliano
O complexo do mosteiro, hoje em ruínas, já foi uma prisão para ativistas antirrussos, entre eles o poeta Adam Mickiewicz, na década de 1820.

㉘ ★ Portões da Alvorada
Centro de peregrinação, essa passagem para a Cidade Velha protege uma pintura em prata da Virgem Maria, que dizem possuir poderes milagrosos.

236 | LITUÂNIA REGIÃO POR REGIÃO

Vista panorâmica da Praça da Prefeitura, com mastros de bandeira e torres de igreja

㉑ Casa Čiurlionis
Čiurlionio namai

Savičiaus 11. **Mapa** 2 D4. **Tel** 262 2451. 10h-16h seg.-sex. Entrada pela porta lateral.

A casa de Mikalojus Konstantinas Čiurlionis *(p. 265)* foi transformada em museu em 1995, no 120º aniversário de nascimento do artista e compositor mais amado da Lituânia. Čiurlionis viveu ali em relativa pobreza com sua esposa, Sofija, de outubro de 1907 a junho de 1908, quando saíram de Vilna para buscar o sucesso em São Petersburgo.

Relativamente pequeno, esse museu não se compara a outro dedicado a Čiurlionis em Kaunas, bem maior *(p. 264)*. Mas serve como fonte de informações e é um bom lugar para ouvir os seus concertos de música de câmara. Reproduções de pinturas do artista adornam as paredes, além de fotos dele. O piano de Čiurlionis está exposto no local.

㉒ Praça da Prefeitura
Rotušės aikštė

Didžioji 31. **Mapa** 2 D4. Feira de Artesanato Kaziuko (mar). **w** vilniausrotuse.lt
Prefeitura: **Tel** 261 8007. Didžioji 31, 262 6470. 11h-18h seg-qui, 11h-17h sex.

Com novo pavimento desde 2006, a Praça da Prefeitura foi por muitos séculos o lugar da feira e o centro da vida pública. Até hoje é movimentada, sobretudo na feira anual de artesanato de Kaziuko *(p. 212)*, quando a praça se enche de barracas. O principal prédio é a **Prefeitura**, que já abrigou uma corte de Justiça, para onde os prisioneiros eram levados de suas celas para ser julgados. O saguão, criado pelo arquiteto clássico Laurynas Stuoka-Gucevičius *(p. 228)*, foi construído no fim do século XVIII. Hoje, recebe cerca de 200 eventos culturais e sociais durante o ano.

Artes Extremas, exposição no Centro de Arte Contemporânea

㉓ Centro de Arte Contemporânea
Šiuolaikinio meno centras

Vokiečių 2. **Mapa** 2 D4. **Tel** 212 1945. 12h-19h30 ter-dom. **w** cac.lt

Principal galeria de exposições de arte moderna em Vilna, o Centro de Arte Contemporânea exibe trabalhos de artistas lituanos e internacionais. A principal atração é a Sala Fluxus, com uma mostra permanente dedicada ao Fluxus, movimento artístico radical surgido em Nova York nos anos 1960. A sala presta tributo ao criador do movimento, George Maciunas (1931-78), nascido em Kaunas, e é repleta de objetos que evocam o espírito popular dos festivais Fluxus e fotos de Maciunas.

㉔ Igreja de São Casimiro
Šv Kazimiero bažnyčia

Didžioji 34. **Mapa** 2 D4. **Tel** 212 1715. 17h30 seg-sex, 10h30 e 12h dom.

Primeira igreja barroca da cidade, São Casimiro sofreu três incêndios depois de ser construída pelos jesuítas entre 1604 e 1635 e reconstruída nos anos 1750. Grande parte de seu interior ficou destruída em 1812, quando o exército de Napoleão fez da igreja um depósito de grãos. No século XIX, tornou-se ortodoxa russa e ganhou as cúpulas em forma de cebola.

Na Primeira Guerra Mundial, foi igreja luterana do exército alemão, depois devolvida e restaurada pelos jesuítas na década de 1920. A cúpula refeita em 1942 ganhou nova coroa. A igreja foi museu do ateísmo desde 1963, na fase soviética, e reconsagrada em 1991.

A ressurreição do santo no altar-mor da Igreja de São Casimiro

Veja hotéis e restaurantes dessa região nas pp. 304-5 e 326-8

Vilna Barroca

As curvas, as cores fortes e as figuras teatrais em estuque da arquitetura barroca chegaram à Lituânia na primeira metade do século XVII, para substituir o Gótico e o Renascimento. Os mestres italianos, convidados por governantes lituanos, ergueram joias barrocas como a Capela de São Casimiro *(p. 229)* e a Igreja de Santa Teresa. Em meados do século XVII, o estilo ressurgiu, quando os arquitetos de Vilna criaram um ramo do Barroco absolutamente distinto. Liderados por Jan Krzysztof Glaubitz, eles transformaram a Cidade Velha criando fachadas luxuosas que escondiam interiores voluptuosos e altares múltiplos. No fim do século XVIII, o Barroco foi substituído pelos valores muito mais contidos do Neoclacissismo.

Capela de São Casimiro, na Catedral de Vilna, é uma joia do Barroco, embelezada com mármores da Galícia e exorbitantes estuques e afrescos carpatianos do século XVII.

A Igreja de São João *(p. 226)*, um dos primeiros trabalhos de Glaubitz em Vilna, exibe uma imensa fachada em quatro níveis, sustentados por feixes de colunas e dez altares interligados.

A Porta Basiliana *(p. 238)* do mosteiro basiliano foi feita por Glaubitz em 1761. A estrutura de 18m leva consigo uma representação da Santíssima Trindade, à qual a igreja do complexo é dedicada.

Igreja de Santa Teresa *(p. 238)*, com afrescos brilhantes, altares iluminados e uma imagem da Madona, que é considerada milagrosa.

Jan Krzysztof Glaubitz (1700-67)

O mais influente dos últimos arquitetos barrocos de Vilna, Jan Krzysztof Glaubitz, criou uma escola distinta do Barroco lituano chamada Barroco de Vilna. Nascido na Silésia, Glaubitz, que era luterano de origem alemã, estabeleceu-se em Vilna aos 37 anos e projetou estruturas para todas as fés nessa cidade de tantas religiões. Entre seus trabalhos mais célebres destacam-se a Porta Basiliana, as igrejas de São João, Santa Catarina *(p. 241)* e do Espírito Santo *(p. 238)* e a Grande Sinagoga *(p. 243)*, hoje destruída.

Exterior da Igreja de Santa Catarina, Cidade Velha

A entrada barroca da Porta Basiliana

㉕ Porta Basiliana
Bazilijonų vartai

Aušros vartų 7b. **Mapa** 2 D5.

A Porta Basiliana foi criada em 1761, em estilo barroco tardio, por J. K. Glaubitz *(p. 237)*. Um olho que tudo vê espia do nicho central. Os baixos-relevos no topo representam a Santíssima Trindade, indicando o que há além da porta. A **Igreja da Santíssima Trindade**, entregue aos cuidados dos uniates em 1598, fica no centro de um pátio fechado. Antes um mosteiro isolado, foi transformado em prisão pelas autoridades tsaristas para revolucionários antirrussos em 1823; naquele ano ficou detido ali Adam Mickiewicz *(p. 233)*. Os uniates que continuam vivendo no local às vezes aceitam receber alguns visitantes.

Igreja da Santíssima Trindade
Tel 212 2578. 17h30 seg-sáb, 10h dom.

㉖ Igreja do Espírito Santo
Šv Dvasios cerkvė

Aušros vartų 10. **Mapa** 2 D5. **Tel** 212 7765. 8h, 17h seg-sex; 7h sáb; 7h, 10h, 17h dom.

Essa igreja barroca é o centro religioso dos fiéis ortodoxos russos locais. Concluída em 1634, ela está notavelmente preservada, sendo as únicas alterações a fachada elevada e a nova cúpula do final do século XIX. A pintura sobre a entrada representa os santos Antônio, Ivã e Eustáquio, cujos restos mortais permanecem no interior da igreja. No século XIV, esses três cristãos foram julgados pela corte do grão-duque pagão Algirdas. Quando os sacerdotes pagãos exigiram que renunciassem à fé, eles se recusaram e foram enforcados no tronco de um carvalho. A canonização dos três aconteceu em 1547, e a Igreja da Santíssima Trindade foi construída onde antes estava o carvalho.

Pintura, Igreja de Santa Teresa

㉗ Igreja de Santa Teresa
Šv Teresės bažnyčia

Aušros vartų 14. **Mapa** 2 D5. **Tel** 212 3513. 7h30 (latim), 18h30 seg-sex; 11h, 18h30 dom.

Outro exemplo do panorama barroco construído entre 1630 e 1655 é a Igreja de Santa Teresa, erguida na frente dos Portões da Alvorada. Materiais como o mármore preto no portal e o arenito da Suécia na fachada também foram usados, mais ou menos na mesma época, na Capela de São Casimiro, na Catedral de Vilna *(p. 229)*. Por isso, alguns pesquisadores acreditam que os artistas italianos que criaram a capela também deram sua contribuição à Igreja de Santa Teresa. A principal atração são os afrescos e os altares que remontam à segunda metade do século XVIII. A pintura do altar-mor é a *Exaltação de Santa Teresa*, de Szymon Czechowicz (1689-1775). Em 1593, Santa Teresa de Ávila também inspirou o surgimento das Carmelitas Descalças, na Espanha, uma ordem católica romana que valorizava a disciplina e a oração. Ao lado da igreja existia um convento no lugar em que hoje fica o hotel Domus Maria *(p. 304)*.

Afrescos no teto da Igreja de Santa Teresa

Veja hotéis e restaurantes dessa região nas pp. 304-5 e 326-8

VILNA | 239

Imagem da Virgem Maria, vista pela janela dos Portões da Alvorada

㉘ Portões da Alvorada
Aušros vartai

Aušros vartų 12. **Mapa** 2 D5. **Tel** 212 3513. 7h30, 9h, 10h, 17h30, 18h30 seg-sáb; 9h, 9h30, 11h, 18h30 dom. **w** ausrosvartai.lt

A capela clássica dos Portões da Alvorada segue a tradição secular de ter um oratório ou uma imagem religiosa em todas as portas para proteger a cidade dos inimigos que chegam de fora e abençoar os viajantes que partem. No centro da capela está a *Madona da misericórdia*, imagem considerada milagrosa. Foi pintada em carvalho nos anos 1620 e revestida de prata 150 anos mais tarde. Os milagres a ela atribuídos foram registrados pelas freiras do convento carmelita que existe nas imediações. As paredes que circundam a peça são cobertas de objetos prateados votivos.

A capela clássica que abriga a imagem é de 1829 e foi construída sobre uma versão barroca anterior. Logo na entrada, um lance de escada leva à capela. Esse centro de peregrinação foi uma das primeiras paradas do papa João Paulo II, em 1993, quando esteve na Lituânia.

Essa é a única passagem que ainda existe nas muralhas que cercavam a cidade no século XVI. Isso fica mais evidente do lado de fora, onde ainda se veem os orifícios dos canhões.

㉙ Museu Kazys Varnelis
Kazio Varnelio namai-muziejus

Didžioji 26. **Mapa** 2 D4. **Tel** 279 1644. 10h-16h ter-sáb (só com hora marcada).

Uma extraordinária coleção de arte moderna, mapas, gráficos, pinturas, esculturas, móveis antigos, livros e cerâmicas, além de obras de arte do mundo todo, está exposta na casa em que reside o artista lituano-americano Kazys Varnelis (n. 1917).

Algumas salas parecem realmente de vanguarda, misturando móveis renascentistas italianos e barrocos franceses com arte moderna norte-americana do século XX. Em outras salas há mais de 150 mapas, um deles do território lituano em 1507. A seção de livros tem uns 7 mil volumes de edições raras. A coleção inclui publicações com ilustrações de artistas famosos.

Varnelis, criador das ilusões de óptica baseadas em padrões geométricos, raramente encontra os visitantes.

㉚ Bastião de Artilharia
Bastėja

Bokšto 20/18. **Mapa** 2 E4. **Tel** 261 2149. 10h-18h ter-sáb.

Construída na primeira metade do século XVII para defender a cidade, essa fortificação ficou abandonada no final do século XVIII. Foi orfanato e depósito de lixo da cidade, mas os alemães a limparam na Primeira Guerra Mundial para armazenar munição. O interior fresco foi o espaço ideal para guardar alimentos no início do período soviético.

Em 1987, foi transformada em museu e reinaugurada em 2014, após uma reforma. Embora não tenha muito para mostrar, encanta os que gostam de história. Oferece uma bonita vista da Cidade Velha e do montanhoso distrito de Užupis.

Bastião de Artilharia em tijolos de barro, século XVII

㉛ Igreja de São Nicolau
Šv Mikalojaus bažnyčia

Šv Mikalojaus 4. **Mapa** 2 D4. **Tel** 262 3069. 🕆 8h, 18h seg-sex; 9h sáb; 8h, 10h, 14h dom.

Uma das mais antigas da Lituânia, a Igreja de São Nicolau existe desde que o país era pagão. A maior parte de sua fachada e seu interior góticos data do século XVI. O interior se define pelos tijolos decorativos das abóbadas. Entre suas pinturas coloridas há uma impressionante imagem do Sol.

A igreja tem conotações patrióticas para os lituanos, porque, entre 1901 e 1939, quando Vilna foi ocupada pela Rússia, depois pela Polônia, era uma das igrejas que tinham permissão para oferecer celebrações em idioma lituano.

No pátio da igreja, a estátua de São Critóvão com o Menino Jesus no colo, de 1959, também elevou o ânimo das pessoas. O escultor Antanas Kmieliauskas (n. 1932) foi expulso da Associação dos Artistas por causa dela. Mais tarde, ele pintou os afrescos da livraria Littera, na Universidade de Vilna *(p. 226)*.

Fragmento de afresco no teto da Igreja Franciscana

㉜ Igreja Franciscana
Pranciškonų bažnyčia

Traku 9/1. **Mapa** 1 C4. **Tel** 261 4242. 🕆 17h30 seg-sáb, 10h, 11h30 dom.

Danificada e escura, mas altamente evocativa, a Igreja Franciscana também é conhecida como Igreja de Nossa Senhora da Assunção. Ela está situada em um local onde, no século XIV, os frades franciscanos criaram uma base no caminho para Trakai *(pp. 256-7)*. Os Franciscanos Menores Conventuais preferiam instalar-se nas áreas urbanas carentes para ter acesso aos pobres, em geral longe da segurança dos muros da cidade. A principal porta gótica data desse período anterior, mas o resto da estrutura é dos anos 1770. Após os tumultos de 1863 *(p. 218)*, a igreja e o mosteiro foram fechados e usados como celeiro e arquivo. Os altares e os afrescos hoje indefinidos sobre a nave foram quase destruídos, bem como o campanário gótico que existia na rua Pranciškonų.

㉝ Igreja Dominicana
Šv Dvasios bažnyčia

Dominikonų 8. **Mapa** 2 D4. **Tel** 262 9595. 🕆 15h, 18h seg-sex; 8h-18h dom.

Também chamada Igreja do Espírito Santo, o atual edifício da Igreja Dominicana data do período de reconstrução que se seguiu à desvastadora guerra de 1655-61, durante a ocupação russa. A igreja permanece no mesmo lugar desde o século XIV.

A entrada discreta, que pode ser facilmente ignorada, esconde um interior suntuoso. As imagens em estuque compõem quinze elaborados alta-

O interior decorado da Igreja Dominicana com seus altares rococós

res rococós. Esses altares, decorados com pinturas coloridas, também exibem molduras douradas e colunas coríntias de falso mármore – tudo isso característico do estilo barroco tardio. O vestíbulo pintado com afrescos, que é apenas uma passagem da rua para o interior da nave, dá à igreja um aspecto de caverna, reforçado pelo interior escuro, iluminado por velas.

Durante a caótica retirada de Napoleão, em 1812, o mosteiro que existe ao lado da igreja foi transformado em hospital, e a cripta, usada como necrotério. Hoje, a cripta ainda guarda muitos corpos mumificados daquele período, preservados pelo ar seco. Talvez por essa razão ela esteja fora dos limites para os visitantes.

Câmeras de filmagem expostas no Museu de Teatro, Música e Cinema

Igreja de Santa Catarina

❸❹ Igreja de Santa Catarina
Šv Kotrynos bažnyčia

Vilniaus gatvė 30. **Mapa** 2 D3.

Originalmente uma pequena construção de madeira, a Igreja de Santa Catarina fazia parte de um mosteiro beneditino no início do século XVII. A igreja foi refeita com pedras em 1703, quase 50 anos depois de os russos a terem destruído pelo fogo. A estrutura que se vê hoje foi erguida e muito ampliada entre 1741 e 1773. Seu projeto sofisticado, que se destaca pelas torres gêmeas nas cores cereja e creme, é atribuído ao respeitado arquiteto barroco da Lituânia, Jan Krzysztof Glaubitz (*p. 237*).

A igreja sofreu alguns danos na Segunda Guerra Mundial e foi reaberta em 2006 após ampla reforma. Hoje, é usada regularmente para concertos de música erudita e apresentações. No jardim na frente da igreja há um busto do famoso compositor polonês Stanislaw Moniuszko (1819-72), que compôs suas primeiras óperas enquanto era organista em Vilna. Numa área à esquerda da igreja existiu um grande convento de freiras beneditinas desde 1622 até o período soviético. O interior da igreja é minuciosamente decorado, mas, por não ter sido totalmente restaurado, consegue manter uma aparência de autenticidade.

❸❺ Museu de Teatro, Música e Cinema
Lietuvos teatro, muzikos, kino muziejus

Vilniaus 41. **Mapa** 1 C4. **Tel** 231 2724. ⬚ 11h-18h ter-sex, 11h-16h sáb. 🅿 **W** ltmkm.lt

Instalado no interior de uma mansão do século XVII que já pertenceu à poderosa família Radvila, de governantes da Lituânia no século XVI, esse museu encantador foi fundado pelo Ministério da Cultura. A extensa coleção é um tributo ao gosto dos lituanos pelo teatro e pela música erudita. Entre as exposições estão objetos de cena que vão desde antigos figurinos e bonecos até peças de cenários, a maior parte do século XIX, começo do século XX. A coleção de instrumentos folclóricos inclui vários *kanklės* (instrumento de corda lituano semelhante à cítara).

O espaço reservado ao cinema é pequeno e pouco informativo, mas com algumas exposições de cinematografia.

Fonógrafo no Museu de Teatro, Música e Cinema

❸❻ Palácio Radvila
Radvilų rūmai

Vilniaus 24. **Mapa** 1 C3. **Tel** 262 0981. ⬚ 11h-18h ter-sáb, 12h-17h dom. 🅿 **W** ldm.lt

O palácio do começo do século XVII, antes muito grande, ficou reduzido a uma única ala no fim da Grande Guerra Nórdica (1700-21). Hoje galeria de arte, tem exposições permanentes que incluem 165 retratos de membros da família Radvila. As mostras temporárias exibem pinturas de artistas lituanos pouco conhecidos, mas surpreendentes, do século XIX e começo do século XX.

Museu do Holocausto, na Casa Verde, anexo do Museu Judaico do Estado

❸ Museu Judaico do Estado
Valstybinis Vilniaus gaono žydų Muziejus

Pylimo 4. **Mapa** 1 C3. **Tel** 212 7912.
◯ 9h-13h seg-sex. 🎫 📷 oferece visitas ao museu e à Cidade Velha de Vilna. **W** jmuseum.lt

Localizado no centro da atual pequena comunidade judaica da cidade, o museu exibe cópias dos diários do gueto, bilhetes escritos à mão em maços de cigarros sobre a vida no gueto e alguns itens que restaram do museu que existia antes da Segunda Guerra Mundial. Entre os objetos da Grande Sinagoga que sobreviveram há um baixo-relevo dos Dez Mandamentos. O prédio do museu abriga também o Sindicato de Prisioneiros do Antigo Gueto e do Campo de Concentração, o Sindicato dos Veteranos de Guerra Judeus, um clube de jovens e um jornal em iídiche, inglês, lituano e russo, chamado *Jerusalém da Lituânia*.

❸ Museu do Holocausto
Holokausto ekspozicija

Pamėnkalnio 12. **Mapa** 1 C3. **Tel** 262 4590. ◯ 9h-17h seg-qui, 9h-16h sex, 10h-16h dom. 🎫 📷
W jmuseum.lt

Localizado na Casa Verde, esse anexo do Museu da Nação Judaica mostra os horrores a que os judeus lituanos foram submetidos na Segunda Guerra Mundial. A exposição sobre a vida dos judeus antes do holocausto é complementada por mapas e fotografias de como e onde se deu o genocídio nazista. As difíceis condições de vida nos guetos é relatada por testemunhas oculares dos assassinatos em massa nas florestas de Paneriai *(p. 248)*.

❸ Estátua de Frank Zappa
Kalinausko 1. **Mapa** 1 C3.

A única estátua da lenda do rock Frank Zappa que existe no mundo foi criada em Vilna logo após o músico morrer de câncer, em 1993.
Um grupo de artistas locais quis testar os limites da democracia e liberdade da Lituânia independente e teve a agradável surpresa de ver aprovada a ideia de fazer a estátua. O busto é um trabalho de Konstantinas Bogdanas, então com 70 anos de idade, que também fez as estátuas de Lenin e de outros comunistas notáveis.

Busto de Frank Zappa

❹ Museu da KGB
Genocido aukų muziejus

Aukų 2a. **Mapa** 1 C2. **Tel** 249 8156.
◯ 10h-18h qua-sáb, 10h-17h dom.
🎫 📷 🏛 **W** genocid.lt

Também chamado Museu das Vítimas do Genocídio, o Museu da KGB foi inaugurado em 1992 no piso térreo do antigo edifício-sede da KGB. Nessa área de exposições bem organizadas, relatos pessoais revelam o regime de terror imposto por Stalin até 1940 e depois pela ex-União Soviética até 1991. As exposições descrevem a ocupação soviética da Lituânia, as deportações em massa para a Sibéria e os inúteis esforços dos Irmãos da Floresta *(p. 122)* para resistir aos soviéticos. No porão, as celas que foram usadas até o final dos anos 1980 são ainda mais opressivas. Há entre elas celas minúsculas que eram ocupadas no inverno, sem vidros na janela e com o chão molhado, e uma câmara de execução que mostra, sob o vidro, os restos mortais de vítimas que foram desenterradas há pouco tempo. Em 1997, o museu passou a ser cuidado pelo Centro de Pesquisas do Genocídio e da Resistência na Lituânia, uma instituição do Estado que investiga as atrocidades cometidas no país durante as ocupações nazista e soviética.

Exposições no corredor externo da câmara de execução, Museu da KGB

Veja hotéis e restaurantes dessa região nas pp. 304-5 e 326-8

A Vilna Judaica

Até ser eliminada no holocausto, a Vilna Judaica abrigava uma grande e influente comunidade de judeus. Na virada do século XIX havia 250 mil judeus lituanos – hoje são apenas 4 mil –, que somavam 40% da população da cidade. No começo daquele século, Vilna era um importante centro de ensinos judaicos. Os hábitos religiosos dos judeus lituanos, ou *litvaks*, em iídiche, seguiam a rígida interpretação do Talmude, as leis e as tradições judaicas. Tanto que outras comunidades judaicas da Europa Oriental viam os judeus de Vilna como intelectuais antiquados e intransigentes. Dizimada na Segunda Guerra Mundial e mais tarde destruída pelos soviéticos, a Vilna Judaica é só uma vaga lembrança de um mundo que não existe mais.

A Vilna Judaica anterior à Segunda Guerra tinha as ruas calçadas, repletas de lojas e cafés. No labirinto de pátios e passagens entre as ruas Vokiečių e Žydų existiam várias sinagogas e casas de oração.

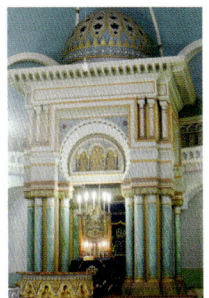

A Grande Sinagoga, de 1572, foi restaurada por Glaubitz e ganhou um interior renascentista italiano. Os soviéticos destruíram o bairro judeu depois da Segunda Guerra Mundial, alargaram a rua Vokiečių e demoliram esse prédio fantástico.

A Sinagoga Coral de Vilna foi a única que sobreviveu à Segunda Guerra Mundial em todo o país. Localizada na rua Pylimo 39, começou a funcionar em 1903. Embora fosse menor e mais simples que outras sinagogas de Vilna, o interior da Sinagoga Coral é surpreendentemente encantador.

Elijah Ben Solomon (p. 40), o Vilna Gaon, ou "gênio", era um importante estudioso do Talmude que escreveu extensos artigos sobre os antigos livros hebreus. Ele defendia um estudo empírico das escrituras em lugar do misticismo.

Um mapa do Gueto de Vilna pode ser visto na parede da Rūdininkų 18. Foi nele que os judeus de Vilna ficaram presos durante a guerra, e a parede marca o local onde ficava o portão de acesso.

Fora do Centro

Como os pontos turísticos de Vilna se concentram na Cidade Velha, os visitantes se esquecem dos subúrbios. Vale a pena afastar-se do movimentado centro para conhecer uma cidade cheia de vida e que é também um pitoresco túnel do tempo. A visita à Torre de TV oferece uma vista belíssima nos dias claros, e o Parque Vingis e o Palácio Verkiai são excelentes para caminhar e respirar ar puro. Paneriai e o Cemitério Antakalnis contam a história quase sempre trágica da Lituânia.

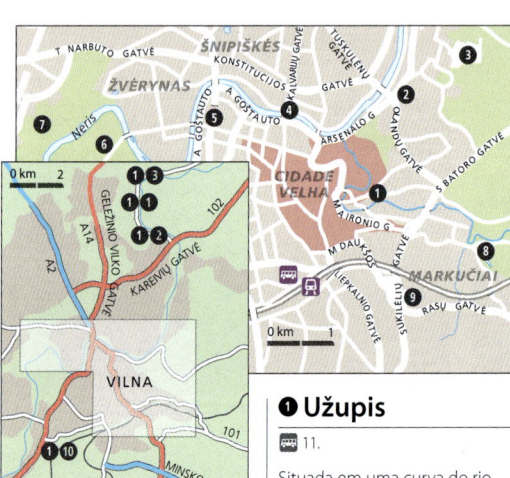

Principais Atrações
1. Užupis
2. *Igreja de São Pedro e São Paulo pp. 246-7*
3. Cemitério Antakalnis
4. Ponte Verde
5. Parlamento
6. Parque Vingis e Žvėrynas
7. Torre de TV
8. Museu Pushkin
9. Cemitério Rasų
10. Memorial do Holocausto Paneriai
11. Igreja Santa Cruz do Calvário
12. Igreja Trinapolis
13. Palácio Verkiai

Legenda
- Centro da cidade
- Aeroporto
- Estrada principal
- Estrada secundária

Legenda dos símbolos *na orelha da contracapa*

❶ Užupis

🚌 11.

Situada em uma curva do rio Vilnia, Užupis significa "atrás do rio". Essa parte do centro de Vilna tem ruas estreitas com muitos cafés, galerias de arte e pátios misteriosos. Os artistas que ali viviam declararam independência em 1997, com bandeira, presidente e dia (1º de abril) próprios. A constituição, com artigos como "Todos têm o direito de não entender nada", está pregada em uma parede da rua Paupio. A estátua de um anjo, símbolo de Užupis, fica em uma rua próxima, chamada Užupio. O bizarro **Centro de Arte Alternativa**, cuja porta está sempre aberta, fica na margem do rio, entre Užupio e Malūnų. Uma caminhada para o leste leva ao Cemitério Bernardinų.

O terraço do Café Tores, em Krivių, oferece uma das melhores vistas da cidade. Há um outro mirante que pode ser encontrado em um caminho não sinalizado atrás da escola, na rua Krivių. Por esse caminho é possível descer para o vale de Vilnia e chegar ao Parque Kalnų.

❷ Igreja de São Pedro e São Paulo

pp. 246-7.

❸ Cemitério Antakalnis

Antakalnio kapinės

Karių kapų 11. **Tel** 234 0587.

O maior cemitério público de Vilna guarda muito da história moderna da cidade. Estátuas e placas memoriais distribuem-se pela paisagem verde, cruzes e túmulos com inscrições em lituano, russo e polonês. O caminho central atravessa um conjunto de lápides idênticas dedicadas aos soldados poloneses mortos na Primeira Guerra Mundial. No centro do cemitério há um grande memorial semicircular escavado em uma encosta para os catorze civis mortos ao defender a Torre de TV e o Parlamento em 1991.

A fachada pintada do Centro de Arte Alternativa, Užupis

Túmulos de civis mortos por tanques russos em 1991, Cemitério Antakalnis

Um caminho à direita da entrada do cemitério leva aos memoriais do período soviético.

❹ Monte Verde
Žaliasis tiltas

Existia uma ponte nesse mesmo local desde o século XVI, mas a atual é de 1952, um ano antes da morte de Stalin. Nos seus quatro ângulos erguem-se estátuas socialistas realistas que têm motivos de sobra para não ter sido retiradas. Um deles é lembrar a monocultura soviética; o outro é que os habitantes locais as consideram genuínas obras de arte. Seja qual for o motivo, as estátuas dos confiantes operários, camponeses e soldados, erguidas para despertar a confiança das massas em um valoroso futuro comunista, vieram para ficar, por mais estranhas que pareçam em meio às paisagens de Vilna.

As estátuas soviéticas na Ponte Verde

❺ Parlamento
Lietuvos respublikos seimas

Gedimino 53. **Tel** 239 6060. 24. lrs.lt

Num dos extremos da avenida Gedimino está o Seimas, o Parlamento da Lituânia. Construído em 1982, é um prédio típico do final da era soviética. A igualmente monumental Biblioteca Nacional, construída vinte anos antes, está do outro lado da Praça da Independência.

Foi no Seimas, a 11 de março de 1990, que foi assinado o ato declarando a independência da Lituânia. Com a reação subsequente, em 1991, foram erguidas barricadas de concreto e santuários católicos ao redor do prédio para protegê-lo contra os tanques soviéticos. Esses só foram retirados em 1993, e os que restaram, com grafites exigindo liberdade e democracia, ainda hoje podem ser vistos do lado oeste do Seimas.

❻ Parque Vingis e Žvėrynas

11, 24.

O arborizado bairro de Žvėrynas foi criado em uma área de caça da família Radvila, que foi vendida a partir de 1893 em terrenos, desenvolvendo assim o bairro. Em suas ruas encontram-se antigas casas de madeira e mansões contemporâneas. A Igreja Ortodoxa da Aparição da Santa Mãe de Deus (1903), com sua cúpula prateada, ergue-se sobre o rio Neris. O pequeno Kenesa (1922), onde o Karaim *(p. 257)* costumava se reunir, está na rua Liubarto. O Parque Vingis, cujo acesso se dá por uma ponte suspensa para pedestres, a oeste do Žvėrynas, é repleto de trilhas entre pinheirais. No centro do parque há um auditório ao ar livre para concertos e, a cada cinco anos, a final do Festival Mundial da Canção Lituana. A leste, onde a agradável rua M. K. Čiurlionio encontra o parque, está sendo restaurado um cemitério de soldados alemães que foram mortos no decorrer das duas guerras mundiais.

❼ Torre de TV
Vilniaus televizijos bokštas

Sausio 13-Osios 10. **Tel** 252 5333. 49. 10h-21h diariam. tvbokstas.lt

A Torre de TV, com 326m de altura, impõe-se diante de um fundo de altos pinheiros. No andar térreo, há uma pequena exposição em homenagem aos que foram baleados ou esmagados por tanques soviéticos ao tentar defender a torre em 13 de janeiro de 1991. Marcadores de granito do lado de fora indicam onde eles caíram.

No deque de observação da torre há um café, o Paukščių Takas, a 165m de altura. O deque giratório leva uns 50 minutos para completar o círculo e oferecer uma vista espetacular de toda a área. Num dia claro, a visibilidade em todas as direções é de 70km; a vista estende-se até Belarus, a 40km de distância.

A alta Torre de TV domina a paisagem circundante

Veja hotéis e restaurantes dessa região nas pp. 304-5 e 326-8

❷ Igreja de São Pedro e São Paulo
Šv Petro ir Povilo bažnyčia

Com mais de 2 mil imagens em estuque branco de anjos e demônios, cenas bíblicas e algumas históricas horripilantes, a Igreja de São Pedro e São Paulo é, essencialmente, um mausoléu barroco para seu rico patrocinador Michal Kazimierz Pac (1624-82), líder militar lituano e governador provincial de Vilna. O retrato de Pac está no altar, seu elmo colocado sobre a porta e o corpo enterrado sob os degraus da frente. Construída sobre os restos de duas antigas igrejas de madeira, a segunda delas destruída na brutal guerra contra Moscou, entre 1655 e 1661, a igreja pretendia ser um duradouro monumento à paz.

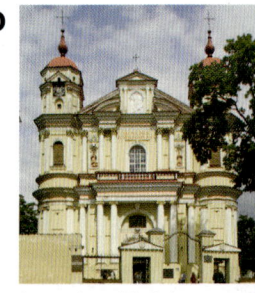

As torres gêmeas da Igreja de São Pedro e São Paulo

Candelabro-Barco
Acrescentado como uma referência à profissão de São Pedro, pescador, o candelabro de contas de vidro foi feito por um artesão letão em 1905.

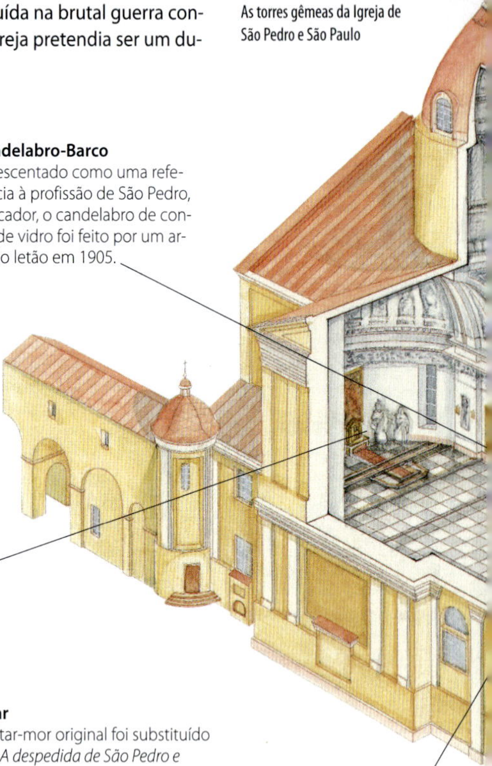

Altar
O altar-mor original foi substituído por *A despedida de São Pedro e São Paulo* (1801), criação do histórico pintor polonês Pranciškus Smuglevičius (1745-1807).

LEGENDA
① **O interior** é um fino conjunto de estuques e capelas decoradas.

② **A inscrição sobre o balcão**, em que se lê *Regina pacis funda nos in pace* ("Rainha da paz, proteja-nos em paz"), deve ser um trocadilho com o nome do patrocinador.

★ Capela das Rainhas Sagradas
A capela ao norte da nave é toda em estuque. A imagem feminina sobre o arco, dando uma moeda ao mendigo, denota compaixão.

Veja hotéis e restaurantes dessa região nas pp. 304-5 e 326-8

VILNA | **247**

★ Nave com Abóbada e Cúpula
A exuberância da decoração atinge seu ponto alto quando a nave alcança a cúpula, os relevos retangulares, as flores e cártulas, abrindo caminho para uma espiral de anjos e a face de Deus no ápice.

PREPARE-SE

Informações Práticas
Antakalnio gatvė 1. **Tel** 234 0229.
🕂 7h, 7h30, 18h seg-sáb; 8h30, 13h sáb; 7h30, 10h, 11h30, 18h dom. Celebrações somente em lituano e polonês.

A Conexão Italiana

O primeiro florescimento do Barroco, no início do século XVII, aconteceu quando os governantes lituanos convidaram arquitetos e escultores italianos para projetar a cidade. Matteo Castello (1560-1632) projetou a Capela de São Casimiro *(p. 229)*. Seu sobrinho Constante Tencalla (1590-1646) terminou-a, depois criou a fachada da Igreja de Santa Teresa *(p. 238)*. Meio século depois, chegaram a Vilna os artistas Perti, Galli e Palloni para decorar a Igreja de São Pedro e São Paulo.

A madona sorridente da Capela de São Casimiro, Catedral de Vilna

★ Capela de Santa Úrsula
Úrsula foi uma princesa inglesa capturada com outras dez virgens pelos hunos, todas mortas a flechadas. As imagens delas são contrabalançadas por quatro estátuas de santas, entre elas Maria Madalena.

Pórtico com Estuque Ornamental
O ondulado escudo central sobre a porta, ladeado por dois meninos, exibe uma flor-de-lis, símbolo do brasão de armas de Pac. O espetacular trabalho em estuque que adorna toda a igreja é atribuído aos mestres italianos Pietro Perti e Giovanni Maria Galli.

A cabana de madeira onde funciona o Museu Pushkin

❽ Museu Pushkin
Puškino memorialinis muziejus

Subačiaus 124. **Tel** 260 0080.
10,13. ◯ 10h-17h qua-dom.

Esse museu ocupa uma casa de madeira amarela construída sobre uma agradável colina coberta de grama. O grande poeta russo não viveu ali, mas sim seu filho Grigorij (1835-1905) e a mulher, Varvara (1855-1935). Fundado em 1940 e aberto em 1948, o museu abriga hoje muitos volumes da obra de Alexander Pushkin, e todo o andar térreo é mobiliado no estilo do final do século XIX. Nos fundos da casa, atrás da estátua de Pushkin, em uma área muito agradável, tem um pequeno mausoléu familiar com cúpula em forma de cebola. Alguns degraus descem para um lago, e os caminhos que cruzam os arredores merecem ser explorados.

❾ Cemitério Rasų
Rasų kapinės

Rasų gatvė. **Tel** 265 6563. 31.

Personalidades nacionais e pessoas comuns de Vilna repousam lado a lado nesse cemitério fundado em 1769. Entre os túmulos que mais se distinguem estão o de Jonas Basanavičius (1851-1927), fundador do primeiro jornal em idioma lituano, *Aušra* (Alvorada); o do compositor e pintor M. K. Čiurlionis *(p. 265)*; e os de Marija e Jurgis Šlapelis *(p. 227)*.

O monumento mais polêmico é o túmulo do reponsável pela anexação de Vilna à Polônia em 1920, Józef Pilsudski (1867-1935). Seus restos mortais repousam ao lado de reis e rainhas da Cracóvia, mas seu coração foi enterrado nesse cemitério, sob uma placa de granito, conforme os desejos de Pilsudski em vida. O cemitério tem significado espiritual para os lituanos. Em 1956, foi palco de uma manifestação em favor de uma revolta húngara contra a ocupação soviética.

❿ Memorial do Holocausto Paneriai
Panerių memorialinis muziejus

Agrastų 17,8km SO de Vilna.
Tel 6808 1278. de Vilna.
◯ 9h-17h seg-qui, dom

Séculos de cultura e tradição judaica em Vilna culminaram com o holocausto ocorrido nesse local. Cerca de 70 mil judeus, entre homens, mulheres e crian-

O impressionante túmulo de Marija e Jurgis Šlapelis no Cemitério Rasų

Veja hotéis e restaurantes dessa região nas pp. 304-5 e 326-8

VILNA | 249

ças, foram assassinados nos bosques de Panerai entre julho de 1941 e agosto de 1944. Padeceram 29 mil poloneses, russos e pessoas de outras nacionalidades, além de padres de Roma e cerca de 500 católicos. As execuções foram cometidas por unidades nazistas auxiliadas por um batalhão de lituanos. Alguns locais, como uma cova na qual os nazistas em retirada tentaram destruir com ácido os últimos corpos em 1944, são memoriais a céu aberto. O primeiro memorial é de 1948. O centro de visitantes fecha no inverno, mas o restante fica aberto.

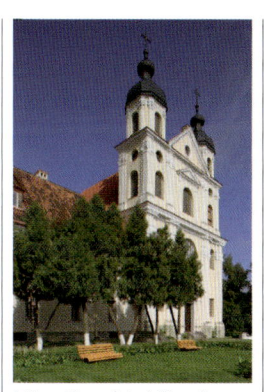

As Torres Gêmeas da Igreja Trinapolis, do século XVIII

Um afresco da via-crúcis, na Igreja Santa Cruz do Calvário

⓫ Igreja Santa Cruz do Calvário
Kalvarijos bažnyčia

Kalvarijų 327, 5km N da Cidade Velha de Vilna. **Tel** 269 7469. 🚌 35, 36, 50. ✝ 18h, 19h seg-sex; 9h, 10h30, 12h, 13h30, 16h dom.

Essa igreja barroca com duas torres gêmeas sobre o verdejante vale Neris foi construída pelos dominicanos nos anos 1750. Seu principal destaque são os afrescos no teto sobre a vida de Cristo. Mas a grande atração são as Estações da Via-Crúcis nas imediações. São 35 capelas sob as árvores, distribuídas em 7km de encosta, muitas em estilo barroco, que recebiam romeiros no século XIX. Em 1962, as capelas foram destruídas pelos soviéticos, mas muitas já foram reerguidas.

⓬ Igreja Trinapolis
Šv Trejybės bažnyčia

Verkių 70. 🚌 35, 36, 50.

A igreja original de madeira durou apenas seis anos até ser destruída por um incêndio em 1710. A sólida estrutura barroca que a substituiu, em 1722, foi desenhada por Pietro Puttini, arquiteto de Verona. Após os tumultos de 1831, a igreja foi fechada pelos russos e teve seu interior todo destruído. Em 1849, foi convertida a ortodoxa, e o arcebispo metropolitano, maior autoridade da Igreja Ortodoxa Russa na cidade, usava o mosteiro ao lado como residência de verão. Em 1917, a igreja foi devolvida aos católicos e o arcebispo fixou ali sua residência. A igreja, que ficou fechada no período soviético, ainda não está aberta ao público.

⓭ Palácio Verkiai
Verkių rūmai

Žaliųjų ežerių 49. **Tel** 210 2333. 🚌 35, 36, 76. ⭕ com hora marcada

Esse palácio clássico, que já foi imenso, foi criado por Laurynas Stuoka-Gucevičius (1753-98) e Marcin Knackfus (1740-1821). Os dois arquitetos foram contratados em 1781 para criar um retiro de verão autorizado pelo bispo de Vilna. Eles ergueram o palácio no mesmo lugar em que havia sido prometido à nova diocese de Vilna, 400 anos antes, pelo grão-duque Jogaila *(pp. 214-15)*, quando se converteu ao cristianismo.

Mas a joia clássica teve vida curta. Foi tão danificada pelo exército francês em 1812 que os novos proprietários tiveram que demolir a parte central. Restaram apenas duas alas, nas quais ainda podem ser vistas algumas decorações nos tetos e nas madeiras trabalhadas.

O Palácio Verkiai também é visitado por sua localização magnífica, no alto de uma colina sobre o rio Neris, de onde se tem uma vista fantástica das matas circundantes. Segundo uma lenda secular, existia nesse local uma pira sagrada cujo fogo era alimentado por um padre pagão e por belas virgens. Um caminho sinuoso começa nos portões da mansão e desce para **Vandens Malūnas**, o antigo moinho d'água, onde hoje funciona um restaurante *(p. 326)*.

Vandens Malūnas, o velho moinho d'água perto do Palácio Verkiai

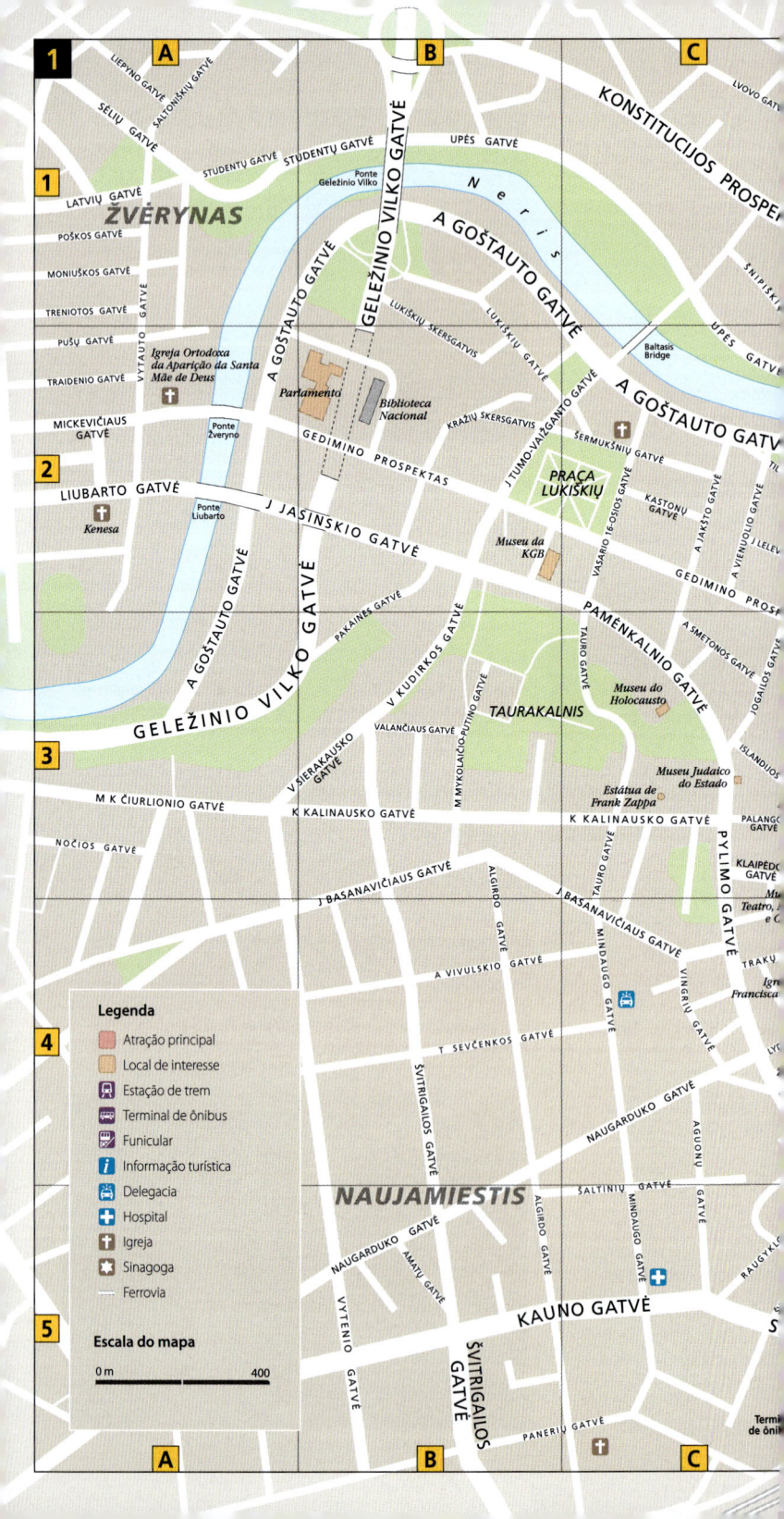

1

A

LIEPYNO GATVĖ
SĖLIŲ GATVĖ
ŠALTINIŠKIŲ GATVĖ
STUDENTŲ GATVĖ
STUDENTŲ GATVĖ
UPĖS GATVĖ

1
LATVIŲ GATVĖ
ŽVĖRYNAS
POŠKOS GATVĖ
MONIUŠKOS GATVĖ
TRENIOTOS GATVĖ
PUŠŲ GATVĖ
TRAIDENIO GATVĖ
MICKEVIČIAUS GATVĖ
LIUBARTO GATVĖ

Igreja Ortodoxa da Aparição da Santa Mãe de Deus
Ponte Žvėryno
Ponte Liubarto
Kenesa

VYTAUTO GATVĖ
A GOŠTAUTO GATVĖ

B

Ponte Geležinio Vilko
GELEŽINIO VILKO GATVĖ
Neris
A GOŠTAUTO GATVĖ
LUKIŠKIŲ SKERSGATVIS
LUKIŠKIŲ GATVĖ
Parlamento
Biblioteca Nacional
KRAŽIŲ SKERSGATVIS
J TUMO-VAIŽGANTO GATVĖ
ŠERMUKŠNIŲ GATVĖ

2
GEDIMINO PROSPEKTAS
PRAÇA LUKIŠKIŲ
J JASINSKIO GATVĖ
Museu da KGB
VASARIO 16-OSIOS GATVĖ
KASTONŲ GATVĖ

C

KONSTITUCIJOS PROSPE
LVOVO GATV
ŠNIPIŠ
Baltasis Bridge
UPĖS GATVĖ
A GOŠTAUTO GATVĖ
A JAKŠTO GATVĖ
A VIENUOLIO J LELEV
GEDIMINO PROSP

3
A GOŠTAUTO GATVĖ
GELEŽINIO VILKO GATVĖ
PAKALNĖS GATVĖ
V KUDIRKOS GATVĖ
MYKOLAIČIO-PUTINO GATVĖ
VALANČIAUS GATVĖ
V SIERAKAUSKO GATVĖ
M K ČIURLIONIO GATVĖ
K KALINAUSKO GATVĖ
NOČIOS GATVĖ
J BASANAVIČIAUS GATVĖ
ALGIRDO GATVĖ
A VIVULSKIO GATVĖ

PAMĖNKALNIO GATVĖ
A SMETONOS GATVĖ
TAURO GATVĖ
TAURAKALNIS
Museu do Holocausto
Museu Judaico do Estado
Estátua de Frank Zappa
K KALINAUSKO GATVĖ
TAURO GATVĖ
J BASANAVIČIAUS GATVĖ
MINDAUGO GATVĖ

JOGAILOS GATVĖ
ISLANDIJOS
PYLIMO GATVĖ
PALANGO GATVĖ
KLAIPĖDO GATVĖ
Mu Teatro e C
TRAKŲ
Igre Francisca
VINGRIŲ GATVĖ
LYT

4

Legenda

- 🟧 Atração principal
- 🟨 Local de interesse
- 🚆 Estação de trem
- 🚌 Terminal de ônibus
- 🚋 Funicular
- ℹ️ Informação turística
- 👮 Delegacia
- ✚ Hospital
- ✝ Igreja
- ✡ Sinagoga
- — Ferrovia

T ŠEVČENKOS GATVĖ
ŠVITRIGAILOS GATVĖ
NAUGARDUKO GATVĖ
NAUJAMIESTIS
ŠALTINIŲ GATVĖ
ALGIRDO GATVĖ
MINDAUGO GATVĖ
AGUONŲ GATVĖ
NAUGARDUKO GATVĖ
AMATŲ GATVĖ
VYTENIO GATVĖ
ŠVITRIGAILOS GATVĖ
KAUNO GATVĖ
PANERIŲ GATVĖ
RAUGYKLO
Termi de ôni

5

Escala do mapa
0 m — 400

A | B | C

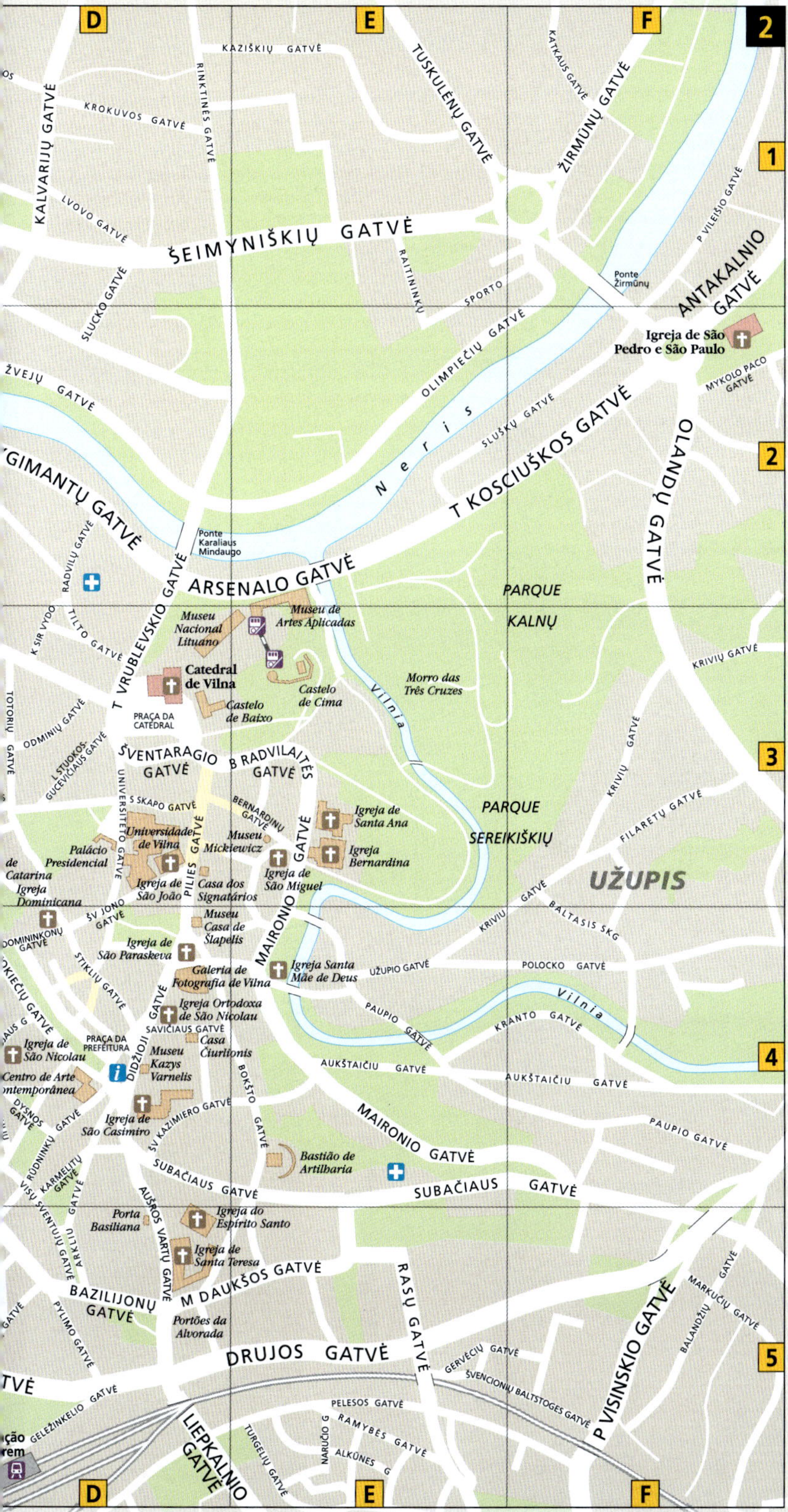

D
E
F
2
1
2
3
4
5
KAZIŠKIŲ GATVĖ
KROKUVOS GATVĖ
RINKTINĖS GATVĖ
KALVARIJŲ GATVĖ
TUSKULĖNŲ GATVĖ
KATKAUS GATVĖ
ŽIRMŪNŲ GATVĖ
LVOVO GATVĖ
ŠEIMYNIŠKIŲ GATVĖ
RAITININKŲ
P VILEIŠIO GATVĖ
Ponte Žirmūnų
ANTAKALNIO GATVĖ
SLUCKO GATVĖ
SPORTO
OLIMPIEČIŲ GATVĖ
Igreja de São Pedro e São Paulo
MYKOLO PACO GATVĖ
ŽVEJŲ GATVĖ
SLUŠKŲ GATVĖ
Neris
GIMANTŲ GATVĖ
T KOSCIUŠKOS GATVĖ
OLANDŲ GATVĖ
Ponte Karaliaus Mindaugo
RADVILŲ GATVĖ
ARSENALO GATVĖ
T VRUBLEVSKIO GATVĖ
PARQUE KALNŲ
Museu Nacional Lituano
Museu de Artes Aplicadas
K SIR VYDO
TILTO GATVĖ
Catedral de Vilna
Castelo de Cima
Morro das Três Cruzes
KRIVIŲ GATVĖ
Castelo de Baixo
Vilnia
TOTORIŲ GATVĖ
ODMINIŲ GATVĖ
PRAÇA DA CATEDRAL
L STUOKOS-GUCEVIČIAUS GATVĖ
ŠVENTARAGIO GATVĖ
B RADVILAITĖS GATVĖ
UNIVERSITETO GATVĖ
S SKAPO GATVĖ
BERNARDINŲ GATVĖ
Igreja de Santa Ana
PARQUE SEREIKIŠKIŲ
Universidade de Vilna
Museu Mickiewicz
Palácio Presidencial
Igreja Bernardina
FILARETŲ GATVĖ
de Catarina
PILIES GATVĖ
Igreja de São Miguel
UŽUPIS
Igreja Dominicana
Igreja de São João
Casa dos Signatários
ŠV JONO GATVĖ
Museu Casa de Šlapelis
MAIRONIO GATVĖ
KRIVIŲ GATVĖ
BALTASIS SKG
DOMININKONŲ GATVĖ
Igreja de São Paraskeva
STIKLIŲ GATVĖ
Galeria de Fotografia de Vilna
Igreja Santa Mãe de Deus
UŽUPIO GATVĖ
POLOCKO GATVĖ
VOKIEČIŲ GATVĖ
Igreja Ortodoxa de São Nicolau
PAUPIO GATVĖ
KRANTO GATVĖ
SAVIČIAUS GATVĖ
Igreja de São Nicolau
PRAÇA DA PREFEITURA
Museu Kazys Varnelis
Casa Čiurlionis
DIDŽIOJI GATVĖ
Centro de Arte Contemporânea
AUKŠTAIČIŲ GATVĖ
BOKŠTO GATVĖ
DYSNOS GATVĖ
Igreja de São Casimiro
ŠV KAZIMIERO GATVĖ
PAUPIO GATVĖ
RŪDNINKŲ GATVĖ
KARMELITŲ GATVĖ
Bastião de Artilharia
SUBAČIAUS GATVĖ
VISŲ ŠVENTŲJŲ GATVĖ
ARKLIŲ
Porta Basiliana
AUŠROS VARTŲ GATVĖ
Igreja do Espírito Santo
Igreja de Santa Teresa
M DAUKŠOS GATVĖ
RASŲ GATVĖ
MARKUČIŲ GATVĖ
BALANDŽIŲ GATVĖ
P VISINSKIO GATVĖ
BAZILIJONŲ GATVĖ
PYLIMO GATVĖ
Portões da Alvorada
DRUJOS GATVĖ
GERVĖČIŲ GATVĖ
ŠVENČIONIŲ BALTSTOGĖS GATVĖ
GELEŽINKELIO GATVĖ
PELESOS GATVĖ
LIEPKALNIO GATVĖ
TURGELIŲ GATVĖ
NARUČIO G
RAMYBĖS GATVĖ
ALKŪNES G

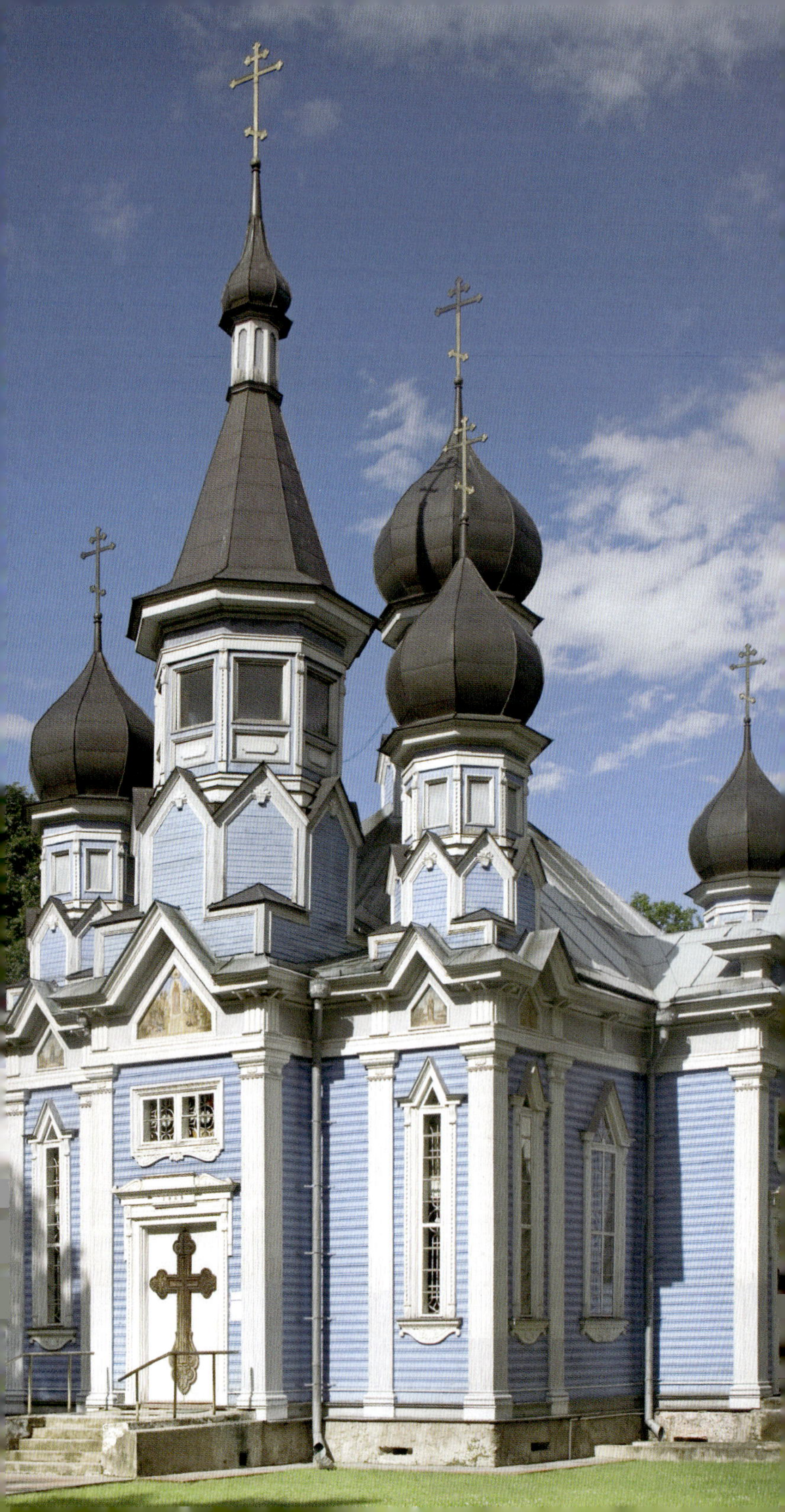

CENTRO DA LITUÂNIA

Colinas suaves, trechos de florestas primárias intocadas e milhares de lagos cristalinos caracterizam o centro da Lituânia. Grande parte da região é protegida, o que permite a proliferação de aves e plantas. Vilna e Kaunas são as metrópoles mais vibrantes da região, mas cidades menores e vilarejos, com belas igrejas e casas de fazenda, também atraem visitantes.

A área central da Lituânia tem como símbolo as misteriosas elevações e as colinas fortificadas de Kernavė, nas quais Mindaugas, o primeiro rei da Lituânia, teria unificado as tribos bálticas na tentativa de barrar os exércitos dos Cavaleiros Teutônicos. Do mesmo modo, Trakai, com seu castelo na ilha que já foi o centro de um dos maiores impérios da Europa, desperta nos lituanos um patriotismo romântico. Kaunas foi capital da Lituânia independente entre as duas guerras mundiais e costuma ser considerada a verdadeira sede nacional, em vez de Vilna, a atual capital.

Três das quatro regiões etnográficas do país, cada uma com dialeto e tradições próprios, localizam-se nessa área. A maior parte de Dzūkija, ao sul, é coberta por vegetação densa. No verão e no outono, os camponeses vendem cogumelos e frutas silvestres na beira das estradas, especialmente entre Vilna e a cidade balneária de Druskininkai. Algumas partes de Dzūkija, que se estendem desde Alytus, a oeste, até Vilna, a leste, possuem grandes comunidades de língua polonesa. Aukštaitija, que significa "terras altas", consiste em uma área relativamente elevada com diversos lagos. Embora tivesse florestas seculares, grande parte de Aukštaitija foi usada para a agricultura no século XX. Com exceção da cidade de Visaginas, onde se fala russo, em Aukštaitija fala-se majoritariamente lituano; e é o interior arcaico do país. Tendo como centro Marijampolė, Suvalkija, ou Sūduva, é a menor região etnográfica, com trajes e costumes influenciados pela Prússia e também pela Polônia.

Exposição intitulada Espaço do Crescimento Desconhecido, no museu a céu aberto do Parque Europa

◀ As cúpulas em forma de cebola da Igreja Ortodoxa Russa de Druskininkai

Como Explorar o Centro da Lituânia

As estradas bem conservadas que percorrem a região oferecem ótimas oportunidades de explorar as matas ao redor da cidade balneária de Druskininkai, ao sul, além dos lagos e vilarejos do Parque Nacional Aukštaitija, a nordeste. A melhor maneira de conhecer essa paisagem preservada é afastando-se da rodovia e entrando pelas belas estradas secundárias que ligam Trakai e Birštonas, Varėna, Marcinkonys e Merkinė, Molėtai e Ignalina. Mas o centro da Lituânia não é só de lagos e florestas: abriga cidades encantadoras e fazendas antigas para ser visitadas.

Canteiro de flores no centro para pedestres de Panevėžys

Principais Atrações

Cidades e Balneários
- ❸ Kernavė
- ❹ Varėna
- ❺ Druskininkai
- ❽ Alytus
- ❾ Kalvarija
- ❿ Marijampolė
- ⓫ Birštonas
- ⓬ *Kaunas pp. 262-5*
- ⓭ Kėdainiai
- ⓮ Panevėžys
- ⓯ Biržai
- ⓰ Rokiškis
- ⓱ Anykščiai
- ⓲ Lagos de Molėtai
- ⓳ Visaginas

Parques Nacionais
- ❶ *Castelo de Trakai pp. 256-7*
- ❼ *Parque Nacional Dzūkija*
- ⓴ *Parque Nacional Aukštaitija pp. 270-1*

Locais de Interesse
- ❷ Parque Europa
- ❻ Parque Grūtas

Veja hotéis e restaurantes dessa região nas pp. 305-6 e 328-30

CENTRO DA LITUÂNIA | **255**

Como Circular

A rodovia A1, que liga Vilna a Kaunas e segue para a costa, e a A2, entre Vilna e Panevėžys, são as maiores artérias da região. As melhores bases de exploração são Kaunas, Druskininkai, Anykščiai e Palūšė, todas servidas por ônibus, que também cruzam os parques nacionais de Aukštaitija e Dzūkija. Mas a melhor maneira de apreciar os arredores é chegar a pé aos atrativos vilarejos de Zervynos e Salos II. Há trens que saem da capital para Kaunas e Ignalina, mas, para as demais áreas, só transporte terrestre. Tem aeroportos em Vilna e Kaunas.

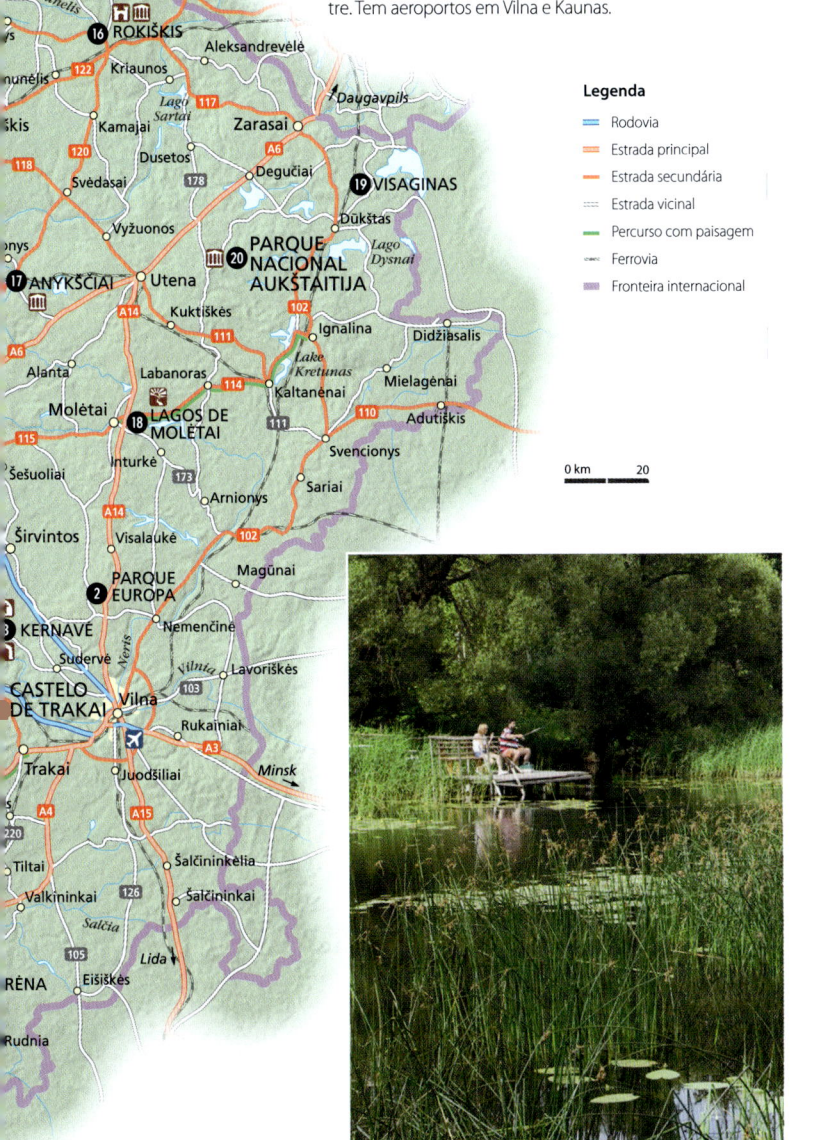

Legenda

- Rodovia
- Estrada principal
- Estrada secundária
- Estrada vicinal
- Percurso com paisagem
- Ferrovia
- Fronteira internacional

Pesca no lago Srovinaitis, Parque Nacional Aukštaitija

Legenda dos símbolos *na orelha da contracapa*

❶ Castelo de Trakai

Uma fortaleza capaz de resistir a qualquer invasor, o Castelo de Trakai foi construído como sede do poder no reinado de Vytautas, o Grande, e concluído pouco antes da vitória do grão-duque sobre os Cavaleiros Teutônicos na Batalha de Grünwald *(p. 216)*. À medida que Vilna ganhava importância, Trakai foi perdendo a sua, até ser destruído pelos cossacos russos, em 1655. No fim do século XIX, as ruínas da ilha conquistaram a imaginação dos poetas e pintores na revitalização nacional. Estranhamente, foram as autoridades soviéticas que, nos anos 1950, aprovaram a reconstrução desse monumento ao passado lituano, concluída em 1987.

Um fosso seco separa o castelo do pátio externo

★ **Passeio pelo Lago**
Uma das maneiras de apreciar a idílica paisagem de lagos de Trakai e o castelo como um todo é caminhar pelas praias da ilha.

LEGENDA

① **Uma passarela de madeira** liga a praia ao castelo da ilha.

② **As torres defensivas circulares** têm bases com 4m de espessura.

③ **A torre de menagem do Palácio Ducal**, com 30m de altura, era a residência do grão-duque.

④ **Barcos** Entre maio e outubro, os barcos do Žalgiris Yacht Club ficam ancorados perto do castelo da ilha. São alugados por hora a preços variados.

Veja hotéis e restaurantes dessa região nas pp. 305-6 e 328-30

CENTRO DA LITUÂNIA | 257

Lago Galvė
Similar a um fosso inundado ao redor do castelo, o lago abriga 21 ilhotas. Podem ser alugados barcos a remo e de pedal no cais para uma vista magnífica do castelo.

PREPARE-SE

Informações Práticas
Mapa rodoviário D5. de Vilna. de Vilna. Vytauto gatvė 69. **Tel** (528) 51 934. Žalgiris Yacht Club: Žemaitės gatvė 3. **Tel** (528) 52 824. Museu de História: **Tel** (528) 53 946. mar e abr: 10h-18h ter-dom; mai-out: 10h-19h diariam; nov-fev: 10h-17h ter-dom. trakaimuziejus.lt

Transporte
de Vilna. de Vilna.

★ **Museu de História**
O museu exibe uma grande variedade de armamentos e objetos escavados, como canecas de cerveja, telhas e moedas do século XVI.

Os Karaim de Trakai

Os karaim, comunidade turca que praticava um tipo particular de judaísmo, deixaram em Trakai uma atmosfera exótica especial. Seus ancestrais foram feitos prisioneiros por Vytautas, o Grande, em uma investida militar contra a Crimeia em 1397 e em seguida passaram a servir na guarda real. Os karaim conservaram seus hábitos e tradições. Suas típicas casas de madeira, todas com empenas triangulares e três janelas voltadas para a rua, a sinagoga Karaim ou Kenesa e o Museu Karaim ficam na rua Karaimų. Há um cemitério karaim ao lado do lago Totoriskiai.

Os túmulos do Cemitério Karaim estão quase tomados pela grama

❷ Parque Europa
Europos parkas

Mapa rodoviário D5. **Tel** (370) 237 7077. de Vilna. 10h-anoitecer diariam (últ. adm. no verão: 19h). **europosparkas.lt**

Os 55ha de parque abrigam esculturas contemporâneas. O objetivo do fundador, Gintaras Karosas (n. 1968), foi dar uma resposta artística a uma declaração do Instituto Geográfico Nacional Francês, feita em 1989, de que a 17km ao norte fica o centro geográfico da Europa.

Por volta de cem obras de arte estão distribuídas em uma paisagem de bosques, colinas e lagos. O artista norte-americano Dennis Oppenheim (n. 1938) criou duas peças monumentais – *Chair/Pool* (1996) e *Drinking Structure with Exposed Kidney* (1998). *Double Negative Pyramid* (1999), de Sol Le Wit (1928-2007), reflete no concreto as ondulações de um lago. O trabalho do próprio Karosas, *LNK Infotree* (2000), é um labirinto.

❸ Kernavė

Mapa rodoviário D5. 500. de Vilna. Kerniaus 4, (382) 47 385. Dias da Arqueologia Viva (jul). **kernave.org**

O tranquilo vilarejo de Kernavė volta-se para o romântico vale Neris, onde fortificações nas encostas sugerem a presença de uma antiga civilização. Descobertas arqueológicas indicam que o local já era habitado em 9000 a.C. No Cemitério de Kernavė, do século XIII, ficava a capital das tribos lituanas e um movimentado centro comercial. As Cruzadas do Norte saquearam a próspera cidade pagã em 1365. Em 1390, a cidade foi dizimada por um poderoso exército formado por cavaleiros, soldados e mercenários da Alemanha, França, Itália e Inglaterra. Henrique IV (1367-1413), futuro rei da Inglaterra, também participou desse ataque, do qual a cidade jamais se recuperou.

Hoje, Kernavė é a maior reserva arqueológica da Lituânia e, em 2004, foi declarada pela Unesco patrimônio da humanidade. A área protegida compreende cinco grandes elevações que abrigariam defesas e fortificações medievais. Uma escada de madeira leva ao topo das colinas, onde a vista das áreas circundantes é arrebatadora.

Arredores
A estrada que liga Vilna a Kernavė passa por vários vilarejos e proporciona uma bela vista. Em **Sudervė**, 20km ao sul de Kernavė, há uma rara igreja circular branca projetada pelo neoclacissista lituano do século XIX Laurynas Stuoka-Gucevičius.

Escada de madeira na Reserva Arqueológica de Kernavė

❹ Varėna

Mapa rodoviário D6. 11.000. de Vilna. de Vilna. Festival do Cogumelo (set). **varena.lt**

Cercada por todos os lados por densas florestas, Varėna situa-se no extremo leste do Parque Nacional Dzūkija (*p. 260*). A cidade é considerada a capital lituana do cogumelo. Embora nas áreas rurais cresça uma grande variedade de cogumelos, nessa área eles proliferam no chão da floresta. Um dia por ano, em geral no último sábado de setembro, a cidade ganha vida ao celebrar o Festival do Cogumelo (*p. 213*).

Arredores
A estrada de Varėna a Marcinkonys, 22km a sudoeste, segue em curvas pelo Parque Nacional Dzūkija. Imediatamente à esquerda, já dentro do parque, sai uma estrada para **Zervynos**, um vilarejo com

Casa de fazenda e celeiros de madeira, nos limites da floresta de Zervynos, perto de Varėna

Veja hotéis e restaurantes dessa região nas pp. 305-6 e 328-30

CENTRO DA LITUÂNIA | **259**

Igreja Ortodoxa Russa e suas belas cúpulas, Druskininkai

ruas de terra e o bonito rio Üla correndo por baixo das folhagens e passando sob pontes de madeira.

❺ Druskininkai

Mapa rodoviário D6. 🚗 17.000. 🚌 de Vilna. 🛈 Gardino 3, (313) 60800. 🌐 druskininkai.lt

O mais sofisticado balneário-spa da Lituânia, Druskininkai é um paraíso de silêncio e tranquilidade. Além de as estradas passarem ao largo da cidade, escondidas entre a densa vegetação nos contornos do rio Nemunas, as restrições de ruído fazem com que o silêncio prevaleça. Após 200 anos de popularidade, Druskininkai sofreu um choque econômico nos anos 1990, quando poloneses, bielorrussos e russos, que antes frequentavam suas casas de saúde, desapareceram.

O turismo saudável retornou desde 1990. Os spas oferecem tratamentos com água e lama minerais, massagens, programas de beleza e caminhadas pela floresta. Passeios de bicicleta e caminhadas mais longas são feitos no Caminho do Sol, que atravessa o fascinante vale Ratnyčia.

O centro da cidade preserva casas de madeira do século XIX, começo do século XX, principalmente na Praça Laisvės. Nessa mesma praça está a bonita **Igreja Ortodoxa Russa**. Na rua Vilniaus ainda sobrevivem alguns prédios em estilo futurista, entre eles o centro de tratamento fisioterapêutico da era soviética, hoje fechado, cujas ondas de concreto sólido parecem soltas no ar.

A cidade inspirou o pintor e compositor M. K. Čiurlionis *(p. 265)*, que viveu ali de 1890 a 1911. O **Museu Memorial Čiurlionis**, que ocupa a casa de madeira da família, exibe móveis do período, seus livros de anotações e cópias de suas obras de arte. O **Museu Jacques Lipchitz** é dedicado ao escultor cubista também nascido em Druskininkai, em 1891.

🏛 Museu Memorial Čiurlionis
M K Čiurlionio 35. **Tel** (370) 313 51131. ⏰ 11h-17h ter-dom. ⛔ última ter do mês. 📷 📹

🏛 Museu Jacques Lipchitz
Šv Jokubo 17. **Tel** (313) 56 077. ⏰ ligue antes. 📷

❻ Parque Grūtas
Grūto parkas

Mapa rodoviário D6. Parko 47, Grūtas village, Druskininkai. **Tel** (370) 3135 5511. ⏰ jun-ago: 9h-22h diariam; set-mai: 9h-17h diariam. 📷 📹 ♿
🌐 grutoparkas.lt

Umas 90 estátuas e bustos de personalidades do regime soviético ficam em recantos de uma trilha na floresta do vilarejo de Grūtas. A maioria enfeitava praças e jardins antes de ser derrubada por lituanos revoltosos em 1991. O dono do parque, Viliumas Malinauskas, recebeu o Prêmio Nobel da Paz em 2001, ano em que o parque foi aberto.

Essas relíquias ideológicas são todas explicadas em inglês em placas informativas. Uma grande estátua de metal de Lenin, que ficava na frente de um prédio da KGB em Vilna, perdeu um dedo quando foi arrancada de seu pedestal por um guindaste. Em outro recanto, a estátua de Lenin, vestido como um cavalheiro, está ao lado do Primeiro Secretário do Partido Comunista, Vincas Mickevičius-Kapsukas. As duas foram decapitadas em 1991, mas as cabeças foram recolocadas. Há uma estátua de Stalin que ficava na frente da estação de trem de Vilna até ser derrubada em 1960. A estátua *Rusų Karys* (Soldado russo) foi feita por prisioneiros de guerra nazistas com o metal dos aviões alemães abatidos por soviéticos. Há também estátuas e bustos de soldados do Exército Vermelho, poetas e outros heróis.

Busto de Marx, Engels, Lenin e Stalin no Parque Grūtas

O rio Nemunas e as áreas ao redor vistos de uma colina em Merkinė, perto do Parque Nacional Dzūkija

❼ Parque Nacional Dzūkija

Dzūkijos nacionalinis parkas

Mapa rodoviário D6. de Vilna e Zervynos, Marcinkonys. de Vilna a Merkinė. Vilniaus 3, Merkinė, (310) 57 245. Quartéis: Šilagėlių 11, Marcinkonys, (310) 44 466. Contratar guias de língua inglesa em Mierkinė, Marcinkonys.
w dzukijosparkas.lt

O Parque Nacional Dzūkija ocupa 550km² do interior do país com sua densa vegetação. Além de uma floresta de pinheiros primários na arenosa planície de Dainava, o parque engloba também amplas áreas do grande vale do Nemunas. Mais de 200 espécies de flora e fauna estão protegidas, entre elas muitas espécies de cegonha. Os poucos vilarejos que ficam no parque dão uma ideia de como, há mais de um século, se vive no Leste Europeu. A reserva etnográfica de **Zervynos** fica no extremo leste do parque.

A antiga colônia de **Merkinė** está na confluência dos rios Nemunas e Merkys. Do alto de uma colina, onde havia um castelo do século XIV, tem-se ampla vista do parque.

Outra colina com vista para o rio Nemunas fica na graciosa aldeia de **Liškiava**, a sudoeste do parque. O castelo do século XIV que existia ali defendia o grão-ducado dos poderosos Cavaleiros Teutônicos. Outro marco impressionante é a Igreja da Santíssima Trindade, do século XVIII, com uma cúpula e sete altares barrocos em seu interior. Uma série de afrescos com imagens tiradas da história do cristianismo foi rebocada em 1823 e restaurada somente em 1997.

Em **Marcinkonys**, vilarejo 8km a sudoeste de Zervynos, uma trilha sai em direção ao sul para a **Reserva Cepkeliai**. Ela protege a área de pântanos mais extensa do país, que se estende até Belarus, e as aves migratórias que ali chegam. Trilhas e passarelas suspensas de madeira levam às plataformas de observação, de onde a vista é espetacular.

Cegonha-branca, Parque Nacional Dzūkija

❽ Alytus

Mapa rodoviário D6. 62.000. de Kaunas. de Vilna, Kaunas. Rotušės aikštė 14a, (315) 52 010.
w alytus.lt

A sexta maior cidade da Lituânia era a princípio uma cidadela no alto da montanha, onde o riacho Alytupis deságua no rio Nemunas. Do morro, avista-se a cidade e, ao sul, as florestas do Dzūkija.

No centro, o **Museu do Saber Local** abriga 65 mil peças antigas. Na ponte que cruza o Nemunas há um baixo-relevo que representa a batalha entre lituanos e bolcheviques em 1919. Presta uma homenagem a Antanas Juozapavičius, o primeiro oficial lituano a morrer pela independência. Seu túmulo fica ao lado da **Igreja dos Anjos da Guarda**.

O centro da cidade foi quase todo destruído em 1941. Logo em seguida, os 60 mil judeus que viviam ali foram mortos na floresta Vidzgiris, onde há um monumento com uma estrela de Davi quebrada. As lápides no cemitério também lembram os judeus.

Cruzes no cemitério da Igreja dos Anjos da Guarda, Alytus

Veja hotéis e restaurantes dessa região nas pp. 305-6 e 328-30

Arredores

De Alytus, o rio Nemunas corre para Kaunas *(pp. 262-5)* e percorre grandes extensões de matas. Uma das curvas do rio pode ser vista de um belo forte em uma colina na extremidade do tranquilo vilarejo de **Punia**, 15km ao norte de Alytus.

🏛 Museu do Saber Local
Savanorių 6. **Tel** (315) 51 990.
⏰ 9h-18h ter-sex, 9h-17h sáb.
alytausmuziejus.lt

Igreja da Abençoada Virgem Maria, Kalvarija

❾ Kalvarija

Mapa rodoviário C6. 12.000.
de Kaunas. Bažnyčios 4, (345) 60 759.

Outro vilarejo lituano marcado pelo holocausto, Kalvarija destacou-se no século XVII como cidade mercantil no caminho entre Varsóvia e São Petersburgo. Os judeus eram uma parte significativa da população, alguns deles ricos exportadores de grãos para a Alemanha, mas a maior parte era de operários pobres que trabalhavam nas fábricas de escovas e álcool medicinal. As sinagogas que existiam eram de madeira e, em 1803, foi construída a nova sinagoga de pedra, que incluía a casa do rabino e um *beit midrash* (local de estudos e orações).

Em 1941, os exércitos nazistas e soviéticos exterminaram toda a população judia da cidade. Os comunistas lituanos e judeus foram torturados e baleados às margens do lago Orija. A sinagoga está parcialmente restaurada e hoje é um monumento nacional.

A **Igreja da Abençoada Virgem Maria**, com seus anjos e reis adornando os frontões sobre o pórtico e a porta de entrada, é de 1840.

❿ Marijampolė

Mapa rodoviário C6. 61.000.
de Kaunas. de Kaunas. J Basanavičiaus 8, (343) 91 538.
marijampole.lt

A cidade tem o nome de um mosteiro construído no século XVIII pelos padres Marianos, ordem religiosa fundada em 1673. A Igreja de São Miguel passou a fazer parte do complexo em 1824, mas as atividades do mosteiro ficaram restritas após o tumulto de 1831. A igreja foi revitalizada pelo bispo Jurgis Matulaitis (1871-1927), cujos restos mortais estão em seu interior. Durante a ocupação soviética, em 1944, mais de 6 mil pessoas foram deportadas para a Sibéria. Os resistentes antissoviéticos têm sua história contada no **Museu da Deportação e dos Resistentes do Distrito de Tauras**. O cemitério da rua Varpio e a capela da rua Tylioji lembram as vítimas do regime soviético.

Estátua de Vytautas

🏛 Museu da Deportação e dos Resistentes do Distrito de Tauras
Vytauto 29. **Tel** (370) 3435 0754.
⏰ 9h-17h ter-sáb.

⓫ Birštonas

Mapa rodoviário D6. 4.600.
de Vilna, Kaunas. B Sruogos 4, (319) 65 740. Festival de Birštonas (jun), Birštonas Jazz (mar, anos alternados). visitbirstonas.lt

A cidade-spa de Birštonas é bem diferente do agitado centro de bem-estar de Druskininkai *(p. 259)*. Embora receba hóspedes pagantes e também pacientes, a clínica de Birštonas parou em uma época que já não existe mais. Mesmo assim, as bonitas paisagens e uma agradável alameda só para pedestres ao longo do rio Nemunas fazem dessa cidade um lugar bastante agradável. A leste fica a Montanha do Castelo de Vytautas, onde ficava o pavilhão de caça do grão-duque Vytautas. Uma grande estátua de pedra do grão-duque montado em seu cavalo fica perto da colina. Birštonas tem muitas casas de madeira, todas de meados do século XIX, quando começou a se difundir a reputação de suas águas e lamas minerais. Em um pequeno prédio amarelo no centro da cidade há uma torneira com livre acesso ao poço que existe embaixo. A cidade atrai visitantes para o Birštonas Jazz, o mais antigo festival de jazz da Lituânia. A cada dois anos, uma maratona de três dias reúne vários estilos musicais. Do restaurante Birštono Seklytėlė *(p. 328)*, no alto do vale, avista-se o Nemunas e suas florestas de pinheiros.

O rio Nemunas corre paralelamente à alameda para pedestres, Birštonas

⑫ Kaunas

A segunda maior cidade do país, Kaunas situa-se na confluência dos rios Nemunas e Neris, os dois maiores da Lituânia. Vários infortúnios atrapalharam o desenvolvimento da cidade, como as invasões de russos (1655), suecos (1701) e o grande exército de Napoleão (1812). O rápido crescimento no século XIX culminou na indicação de Kaunas como a capital temporária da Lituânia recém-independente, em 1919. Mais tarde, a cidade foi ocupada por nazistas e soviéticos. Hoje, Kaunas é uma cidade moderna, com avenidas e museus. As atrações históricas estão na sua bem preservada Cidade Velha.

Vista da ponte sobre o rio Nemunas que leva à Cidade Velha

Antiga Prefeitura
Rotušės aikštė.
Conhecida como "Cisne Branco" e lembrando uma igreja com sua torre pontiaguda, a Antiga Prefeitura sedia casamentos desde a década de 1970 e até hoje é um atrativo cenário para as fotos dos recém-casados. Construída em meados do século XVI, já abrigou mercadores, magistrados e prefeito e também foi uma prisão subterrânea. Além disso, o edifício já foi depósito de munições, clube, quartel de bombeiros e teatro. A Praça da Prefeitura já foi mercado e é o ponto principal da Cidade Velha.

Igreja da Santíssima Trindade
Rotušės aikštė 22. **Tel** (37) 323 734.
🕐 10h dom.
Construída para um convento bernardino nos anos 1620, essa igreja está muito bem preservada. A fusão de estilos renascentista e gótico e os tons pastel enfeitam o ângulo noroeste da Praça da Prefeitura. O novo projeto de seu interior terminou pouco antes da Segunda Guerra.

Igreja de São Jorge
Papilio 7/9. **Tel** (37) 224 659.
🕐 18h seg-sex, 10h sáb, 10h30 dom.
Construída pelos frades bernardinos no século XV, essa igreja gótica foi destruída pelo fogo antes de seu interior ser restaurado em estilo barroco. Tempos depois, a igreja foi danificada pelos russos no século XVII e, em 1812, pelos soldados de Napoleão, que a usavam como depósito. Foi devolvida aos franciscanos em 1993.

Castelo de Kaunas
Pilies 17. **Tel** (37) 300 672.
🕐 10h-18h ter-sex, 10h-17h sáb.
As ruínas do Castelo de Kaunas marcam a importância estratégica de sua localização, entre os rios Neris e Nemunas. Pouco se sabe sobre o que havia lá antes de a primeira estrutura de pedras ser erguida, no século XIII. Os cruzados danificaram o castelo em 1362, e, logo após a reconstrução, os Cavaleiros Teutônicos desferiram o golpe fatal na Batalha de Grünwald (p. 216), e do castelo só restaram as ruínas. A estrutura era usada como prisão no século XVIII, mas foi restaurada nos anos 1920.

Museu da Farmácia
Rotušės 28. **Tel** (37) 201 569.
🕐 10h-17h ter-sáb.
Um pó contra a epilepsia feito do crânio de cadáveres, a tintura do "cabelo de Vênus" para melhorar a aparência e um remédio de ervas do século XVII para

O elegante prédio da Antiga Prefeitura

Veja hotéis e restaurantes dessa região nas pp. 311-3 e 341-3

CENTRO DA LITUÂNIA | 263

a vitalidade masculina, o chamado Erektosan, estão entre as curiosidades desse museu. O aparato médico de arrepiar e alguns trabalhos de cera, como um xamã curando um bebê, criam um clima. O museu também tem uma farmácia homeopática.

🏛 Catedral de São Pedro e São Paulo

Vilniaus 1. **Tel** (37) 324 093.
🕒 7h, 8h, 9h, 18h diariam.

Vários trabalhos de reconstrução culminaram no exterior gótico e renascentista dessa catedral. O interior do barroco tardio, porém, permanece praticamente intacto desde 1800. O túmulo do lado externo da parede sul é o de Maironis (1862-1932), um padre poeta cujos versos romancearam lendas e lugares históricos da Lituânia. No interior, as esculturas ao redor do altar-mor são impressionantes. Acredita-se que a pintura mais antiga da catedral, do século XVII, *Dolorosa mãe de Deus*, tenha poderes milagrosos.

Pintura, Igreja de São Pedro e São Paulo

🏛 Casa Perkūnas

Aleksoto 6. **Tel** (37) 6414 4614.
🕒 14h-17h ter e sex; outros horários com hora marcada.

Os arcos ogivais e os pináculos desse edifício gótico de tijolos de barro lembram os da igreja de Santa Ana *(p. 232)*, em Vilna. Recebeu o nome de Perkūnas, o deus do trovão pagão, quando uma renovação feita no século XIX revelou que nesse mesmo local existia um templo pagão. Do início dos anos 1500, era originalmente um local de reuniões dos mercadores da Liga Hanseática. Comprada pelos jesuítas, a casa foi convertida em capela antes de ser transformada, no século XIX, em um teatro, depois em escola. Mais tarde, no período soviético, foi armazém. Hoje retornou aos jesuítas.

PREPARE-SE

Informações Práticas
Mapa rodoviário D5. 🚗
320.000. ✈ 10km N da cidade.
🚌 🚆 ℹ Laisvės alėja 36, 323 436. 🎷 Festival Internacional de Jazz (abr). 🌐 **kaunastic.lt**

Transporte
✈ 10km N da cidade.

🏛 Igreja de Vytautas

Aleksoto 3. **Tel** (37) 203 854.
🕒 18h ter-qui, 10h e 18h sáb-dom.

Essa igreja foi erguida às margens do rio Nemunas por ordem de Vytautas, o Grande, quando o Sacro Império Romano decidiu, em 1413, que os terrenos na margem direita do rio pertenciam ao grão-ducado da Lituânia. Embora fosse um depósito do exército, a igreja passou a servir a uma congregação da Igreja Ortodoxa Russa. A reconstrução foi depois da primeira independência da Lituânia em 1918, pós-Primeira Guerra Mundial. Em 1930, um medalhão foi colocado na parede para comemorar o 500º aniversário de morte de Vytautas.

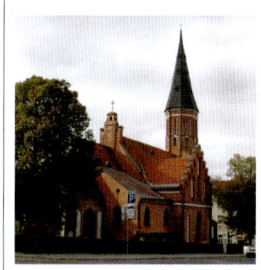

A estrutura de tijolos gótica da Igreja de Vytautas

🏛 Museu da Música Folclórica

Zamenhofo 12. **Tel** (37) 422 295.
🕒 9h-17h seg-sex, 9h-18h sáb.

Esse museu exibe uma coleção de 7 mil instrumentos de sopro, metal e cordas, além de gaitas de fole e apitos. Apenas 500 estão expostos por falta de espaço. Os funcionários podem dar demonstrações de muitos deles. Peças estranhas, como o baixo de mesa, uma mesa de pinho com quatro cordas e uma bexiga de porco, também estão expostas.

Kaunas

① Antiga Prefeitura
② Igreja da Santíssima Trindade
③ Igreja de São Jorge
④ Castelo de Kaunas
⑤ Museu da Farmácia
⑥ Catedral de São Pedro e São Paulo
⑦ Casa Perkūnas
⑧ Igreja de Vytautas
⑨ Museu da Música Folclórica
⑩ Avenida Laisvės
⑪ Galeria de Arte Mykolas Žilinskas
⑫ Igreja da Ressurreição
⑬ Museu de Arte M. K. Čiurlionis
⑭ Museu da Guerra Vytautas, o Grande
⑮ Museu do Diabo

Legenda dos símbolos *na orelha da contracapa*

Como Explorar a Moderna Kaunas

A leste da Cidade Velha estende-se a região moderna de Kaunas. O processo de expansão começou no século XIX, e hoje esse é o centro da vida cultural e comercial da cidade. Os museus e outros locais de interesse distribuem-se em torno da moderna Kaunas, na avenida Laisvės (Liberdade). Esse bulevar amplo e arborizado só para pedestres é ladeado por lojas, cafés, bares e restaurantes nas calçadas, locais em que a população se encontra para se distrair e conviver.

Vista da avenida Laisvės na direção da Igreja de São Miguel

Avenida Laisvės

No lado direito dessa avenida estão as cúpulas prateadas e azuis da Igreja de São Miguel. Construída nos anos 1890 como Igreja Ortodoxa Russa, mais tarde foi convertida para servir ao exército lituano. Um monumento ao lado do parque que circunda o Teatro de Música, na Laisvės 4, marca o ponto exato em que o estudante lituano Romas Kalanta suicidou-se no dia 14 de maio de 1972 em protesto contra o regime soviético. O ato deflagrou manifestações estudantis, que foram duramente reprimidas.

Galeria de Arte Mykolas Žilinskas

Nepriklausomybės 12. **Tel** (37) 222 853. 11h-17h ter-dom.

Um exilado que fugiu de Kaunas para Berlim ocidental com o avanço dos soviéticos em 1940, Mykolas Žilinskas (1904-92) reuniu uma valiosa coleção de arte que foi doada a Kaunas nos anos 1970. Além de telas e porcelanas do século XVI ao XX, entre as quais *A Crucificação* de Rubens e alguma arte de vanguarda soviética, expõe também pinturas pré-guerra e esculturas de artistas bálticos.

Igreja da Ressurreição

Žemaičių 31. **Tel** (37) 229 222. 18h seg-sex; 9h30, 11h, 12h30 dom.

Com uma torre de 70m de altura, essa igreja foi erguida em 1918 para marcar a independência da Lituânia. Após a Segunda Guerra Mundial, os soviéticos a transformaram em uma fábrica de rádio. Com a independência, a fábrica foi desalojada. A igreja foi reconstruída e consagrada no Natal de 2004.

Museu de Arte M. K. Čiurlionis

V Putvinskio 55. **Tel** (37) 229 475. Abr-set: 11h-17h ter-dom; out-mar: 11h-17h ter-sáb.

Reunindo quase todas as pinturas produzidas por Čiurlionis, esse museu mostra também como a arte evoluiu na Lituânia. O acervo de 335 mil obras é o maior do país, mas o museu só tem espaço para exibir uma pequena parte. Entre os artefatos de outras culturas estão curiosas peças do Egito antigo.

Museu da Guerra Vytautas, o Grande

Donelaičio 64. **Tel** (37) 320 939. 11h-17h ter-dom.

O museu de guerra da Lituânia exibe armas que foram usadas para a defesa nacional. Entretanto, o principal foco do museu é a recriação da história do trágico voo transatlântico *Lituanica* em julho de 1933. Os pilotos Steponas Darius e Stasys Girėnas morreram na queda, mas a distância percorrida, 6.411km, foi a segunda mais longa já registrada. Os destroços do avião estão em exposição.

Museu do Diabo

V Putvinskio 64. **Tel** (37) 221 587. 10h-17h ter-dom.

A interessante coleção de representações do diabo, de demônios e de bruxas da Lituânia e do mundo todo nesse museu foi reunida pelo colecionador Antanas Žmuidzinavičius (1876-1966). A escultura de Hitler e Stalin com chifres disputando a Lituânia sobre uma pilha de ossos é horrível, mas a maioria dos demônios é composta por figuras de brincalhões, musicais e de bêbados.

Nono Forte

Žemaičių 73. **Tel** (37) 377 750. abr-out: 10h-18h qua-seg; nov-mar: 10h-18h qua-dom.
9fortomuziejus.lt

Nono forte construído pela Rússia tsarista para proteger suas fronteiras a oeste no início do século XX; logo depois, em 1924, foi uma prisão. Na Segunda Guerra Mundial, foi usado pelos nazistas como cárcere e local de extermínio. O forte também recebeu prisioneiros políticos soviéticos. Parte de uma fazenda no pós-guerra, reabriu como "museu às vítimas do fascismo" em 1958. No calabouço e nas muralhas há mostras das ocupações nazista e soviética.

Artilharia exposta no Museu da Guerra Vytautas, o Grande

Veja hotéis e restaurantes dessa região nas pp. 305-6 e 328-30

Raudondvaris
5km O de Kaunas de Kaunas.
w raudondvariodvaras.lt

Construído pelos cruzados no século XIV, o Raudondvaris (Solar Vermelho) passou a fazer parte da Lituânia após a Batalha de Grünwald (1410). Diz a lenda que, em 1549, Sigismundo Augusto deu-o de presente a Barbara Radvilaitė ao completarem um ano de casados. Quando ela morreu, em 1551, o castelo ficou abandonado, mas foi reconstruído no século XVII como o solar da família Tyszkiewicz. A biblioteca e a coleção de pinturas se perderam na Primeira Guerra Mundial. Na capela ao lado estão os túmulos dos Tyszkiewicz, mortos no século XX.

Solar com gramados ornamentais em Raudondvaris

Mosteiro Pažaislis
7km L da cidade. 10h-17h ter-sex, 10h-16h sáb. **w** pazaislis.org.

Um dos maiores monumentos barrocos da Europa Oriental, o Mosteiro Pažaislis e a Igreja da Visitação da Abençoada Virgem Maria, cuja cúpula se ergue no centro, são obras de arquitetos italianos do século XVII. No interior da igreja e nos corredores do mosteiro há um detalhado trabalho em estuque emoldurando os elaborados afrescos pintados pelo artista italiano Michelangelo Palloni.

Museu Rumšiškės a Céu Aberto
L Lekavičiaus 2, 15km L da cidade. **Tel** (346) 47 392. mai-set: 10h-18h diariam; out-abr: 10h-16h (somente parque).
w llbm.lt

As tradicionais casas de fazenda com telhados de palha e outros elementos típicos das aldeias foram cuidadosamente reunidos nesse Museu Rumšiškės a Céu Aberto. A região levemente ondulada sobre o lago Kaunas é o cenário perfeito.

Casas de mercadores e estátua na praça da Cidade Velha de Kėdainiai

Igreja Zapyškis
15km O da cidade.

Uma das mais graciosas da Lituânia, essa igreja gótica triangular em Zapyškis está localizada em um campo ao lado do rio Nemunas. Do século XVI, ela resistiu milagrosamente intacta a todas as invasões e ocupações.

❸ Kėdainiai

Mapa rodoviário D5. 54.000. de Kaunas, Vilna. de Kaunas, Vilna. Didžiosios rinkos 6, (347) 56 900. Festival do Pepino (jul), Broma Jazz Festival (ago), Festival do Sorvete (ago). **w** kedainiutvic.lt

Com histórico de entreposto comercial na estrada entre Kaunas e Riga, Kėdainiai é mencionada pela primeira vez em fontes escritas em 1372. Na Cidade Velha veem-se elaboradas casas com frontões de mercadores na praça principal. Perto dela, a Prefeitura em estilo renascentista data de 1654 e abriga a administração de Kėdainiai. Em outra praça, há duas sinagogas de 1837 que eram frequentadas pela próspera comunidade judia da cidade. No **Centro Multicultural**, um museu sobre a história cultural de Kėdainiai, funciona outra sinagoga.

Arredores
Em **Paberžė**, 30km ao norte de Kėdainiai, com sua graciosa igreja de madeira, viveu o padre Stanislovas (1918-2005), o reverenciado ermitão tolstoiano e frade capuchinho.

Centro Multicultural
Senoji rinka 12. **Tel** (347) 51 778.
10h-17h ter-sáb.

M. K. Čiurlionis (1875-1911)

Alma torturada e gênio artístico, Mikalojus Konstantinas Čiurlionis é o compositor e pintor mais famoso da Lituânia. Ele começou como um prodigioso compositor de obras para órgão e orquestra sinfônica e, aos 27 anos, começou a estudar desenho. Os nove anos que se seguiram foram de uma criatividade febril. Até morrer de pneumonia prematuramente, ele compôs cerca de 300 peças musicais, pinturas e poesias. Suas pinturas místicas refletiam as composições e até tinham nomes ligados à música, como *Sonata de primavera* (1907) e *Sinfonia fúnebre* (1903). Apesar de melancólicos, os trabalhos de Čiurlionis são incrivelmente enaltecedores.

Pintura de Čiurlionis, exposta no Museu de Arte M. K. Čiurlionis

O castelo de contos de fadas de Trakai, fortaleza em uma ilha ▶

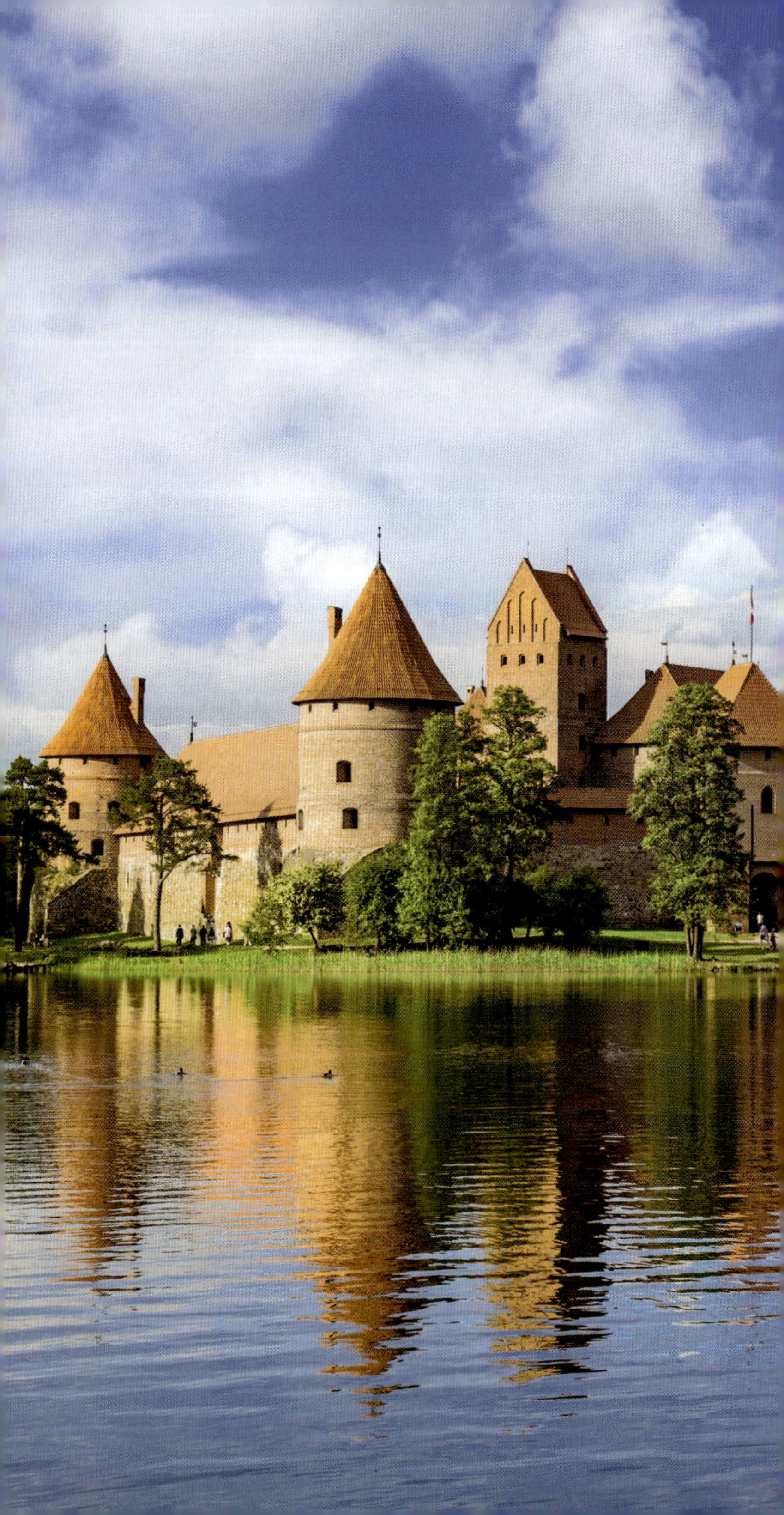

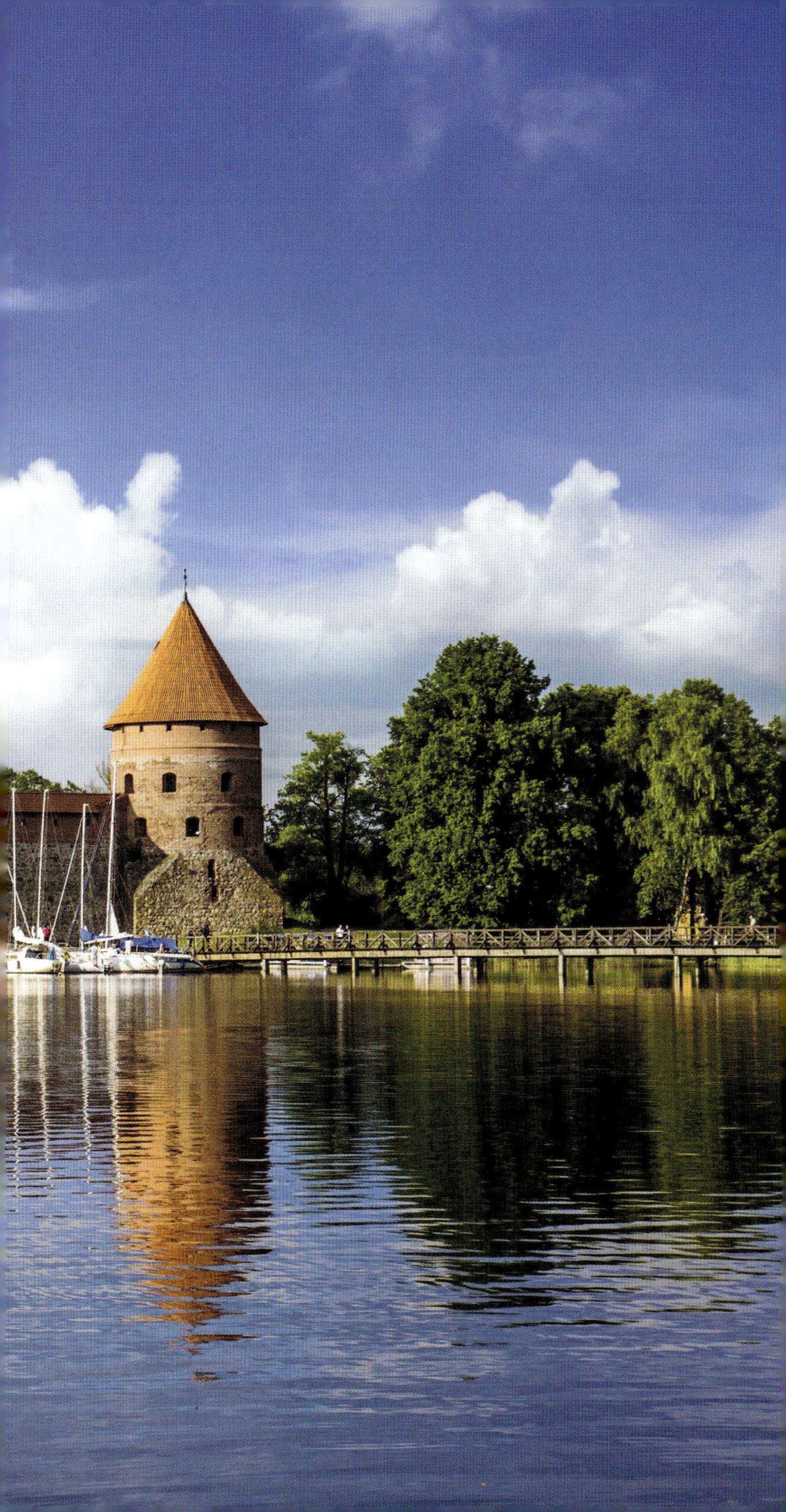

Interior da neobarroca Catedral de Cristo-Rei, Panevėžys

⓴ Panevėžys

Mapa rodoviário D5. 🏠 105.000.
🚆 de Klaipėda. 🚌 de Vilna.
ℹ️ Laisvės aikštė 11, (45) 508 081.
w panevezysinfo.lt

Uma das maiores cidades da Lituânia e centro comercial, Panevėžys é um importante eixo de transporte na região. Ao sul do centro fica a **Catedral de Cristo-Rei**, uma estrutura neobarroca construída em 1904. Uma grande pintura sobre o altar mostra um exército lituano medieval vitorioso. Rumo ao norte, encontra-se a **Galeria de Arte Cívica**, que costuma fazer exposições excêntricas de arte moderna local. A leste do centro fica **Glasremis**, uma galeria onde são criados objetos de vidro.

Arredores
Em **Pakruojis**, 50km a norte de Panevėžys, numa área de 6ha de parque, vê-se o maior solar do século XVIII do país, uma ponte de pedras com cinco arcos e mais 40 construções.

🏛 **Galeria de Arte Cívica**
Respublikos 3. **Tel** (45) 584 802.
🕙 11h-18h qua-dom.

🏛 **Glasremis**
J Biliūno 12. **Tel** (45) 430 403.

⓯ Biržai

Mapa rodoviário D4. 🏠 28.000.
🚌 de Panevėžys. ℹ️ J Janonio 2, (450) 33 496. **w** birzai.lt

O vilarejo de Biržai é mais conhecido pelas cervejarias tradicionais. O produto local pode ser provado na adega do **Museu Sėla**, que fica no Castelo Biržai, do século XVI. Os visitantes ouvem música folclórica ao vivo, mas é preciso reservar.

Em 1701, Pedro, o Grande, da Rússia e o rei Augusto II da Polônia assinaram ali um pacto contra a Suécia, às vésperas da Grande Guerra Nórdica (*p. 33*).

Nas imediações há ruínas de um antigo castelo, cujas defesas implicaram o represamento de dois rios e a criação do mais antigo lago artificial do país, o Širvėna, em meados dos anos 1500. Uma ponte de madeira com 525m de extensão cruza o lago até o Parque do Solar Astravas, no qual estão o grande solar, um moinho e uma represa do século XIX.

🏛 **Museu Sėla**
J Radvilos 3. **Tel** (450) 31 883.
🕙 mai-set 10h-17h30 ter-dom; out-abr: 10h-17h30

⓰ Rokiškis

Mapa rodoviário D4. 🏠 35.000.
🚌 de Panevėžys. 🚆 de Panevėžys, Vilna.
ℹ️ Nepriklausomybės 8, (458) 52 261 ou (458) 51 044. 🐎 Corrida de Cavalos do Lago Sartai (1º sáb de fev).
w rokiskis.lt

Em meio a uma bela paisagem, Rokiškis tem colinas, matas e locais para piquenique. Mesmo assim é mais conhecida pela fábrica de queijos, a Rokiškio Sūris. O que era uma pequena produção local, hoje vende queijos para toda a região báltica.

O Solar Rokiškis, a principal atração, foi construído em 1801 pela família Tyzenhaus. Os arquitetos poloneses que o reformaram em 1905 criaram um interior em estilo inglês, mas por fora há elementos barrocos. Nele fica o **Museu Rokiškis**, que oferece visitas ao Grande Salão e a um edifício ao lado, onde estão expostas esculturas de madeira de Lionginas Šepka (1907-85).

Arredores
Kriaunos, 15km a sudeste de Rokiškis, tem um **Museu Histórico** com uma eclética coleção de brinquedos de fibra de linho, tecidos, tinas e coxos. No andar de cima, o "sótão das bruxas" abriga 400 bruxas, sereias, fadas e duendes.

A ilha do lago Dviragis, na cidade de **Salos**, 20km a sudoeste de Rokiškis, era um santuário

A ponte de madeira sobre o fosso leva ao antigo castelo, Biržai

Veja hotéis e restaurantes dessa região nas pp. 305-6 e 328-30

A fachada clássica restaurada da mansão de Salos, perto de Rokiškis

para seus habitantes no começo do século XV. Hoje, ligada por uma ponte ao vilarejo, a ilha é um tranquilo cenário para uma mansão clássica do século XIX e uma igreja de madeira em estilo gótico.

Museu Rokiškis
Tyzenhauzq 5. **Tel** (458) 52 261.
10h-18h ter-dom.

Museu Histórico
Kriaunų village. **Tel** (458) 41 718.
10h-17h ter-sáb.

⓱ Anykščiai

Mapa rodoviário D5. 29.000. de Panevėžys. de Panevėžys, Kaunas. Gegužės 1, (381) 59 177.
w antour.lt
Ferrovia Lituana de Bitola Estreita:
ago-mai: 11h sáb; jun-jul: 11h sáb-dom. **w** siaurukas.eu

Em uma paisagem de pradarias onduladas, Anykščiai é um cenário fascinante para os 160km da **Ferrovia Lituana de Bitola Estreita**, da qual apenas 68km estão em funcionamento. A locomotiva puxa os vagões ao longo do rio Šventoji até as bonitas praias do lago Rubikiai com suas dezesseis ilhas. Os bilhetes são vendidos no centro de informação turística. Na velha estação fica o **Museu Ferroviário do Norte de Anykščiai**, com outras curiosidades sobre a viagem de trem.

Arredores
Em **Niūronys**, 6km ao norte de Anykščiai, o **Museu do Cavalo** exibe variados produtos relacionados a cavalos. Passeios a cavalo ao redor dos estábulos ou em carruagens custam pouco. Tem ainda um miniplayground para entreter as crianças.

Museu Ferroviário do Norte de Anykščiai
Vilties 2. **Tel** (370) 3815 4597.
mai-out: 10h-17h diariam;
nov-abr: com hora marcada.
w siaurukas.eu

Museu do Cavalo
Niūronių village. **Tel** (381) 51 722.
mai-ago: 9h-18h diariam;
set-abr: 8h-17h diariam.
w arkliomuziejus.lt

⓲ Lagos de Molėtai

Mapa rodoviário D5. 21.000. de Vilna, Daugavpils. de Vilna, Daugavpils. Inturkė 4, (383) 53 091.

Os lagos que se sucedem a leste da cidade de Molėtai são os mais limpos da região do Báltico, por isso, ideais para acampar e tomar banho. Os lagos e as baías contornados por florestas, como Baltieji e Juodieji Lakajai, e mais ao sul, Asveja, são protegidos como parte dos 55 mil ha do Parque Regional Labanoras. Molėtai é uma das colônias mais antigas do país, embora tenham sido preservados poucos monumentos históricos. O Observatório Astronômico de Molėtai oferece vista panorâmica da área. No interior, no **Centro de Etnocosmologia**, há uma exposição intrigante sobre a inter-relação da cosmologia com os rituais pagãos da antiga Lituânia.

Centro de Etnocosmologia do lago Želva, nos Lagos de Molėtai

Fachada da Usina Nuclear de Ignalina, perto de Visaginas

⓳ Visaginas

Mapa rodoviário E5. 22.000. de Vilna, Daugavpils. de Vilna, Daugavpils. Jenalina Ateities 23, (386) 52 597. Festival de Música Country de Visagino (meados ago).

Com apenas 15% de sua população etnicamente lituana, Visaginas oferece uma atmosfera especial. A cidade foi construída em 1974 para receber os cientistas nucleares que construiriam e trabalhariam na **Usina Nuclear de Ignalina**, a única de energia nuclear dos países bálticos.

Oculta pela floresta em uma estrada de mão única, Visaginas não tem um centro identificável. Blocos de apartamentos cobrem a cidade de leste a oeste.

A usina foi fechada em dezembro de 2009, mas há planos para a construção de outra no mesmo local.

⑳ Parque Nacional Aukštaitija

O mais antigo dos parques nacionais da Lituânia, Aukštaitija, foi criado em 1974 para proteger a biodiversidade local. Nele são encontradas cerca de 60% das espécies vegetais do país, além de florestas de pinheiros, colinas, túmulos e antigos chalés cobertos com palha em aldeias como Salos II. Palušė é a melhor base para explorar os 400km² de parque, cujo ponto central é o morro Ladakalnis, o de maior altitude, de onde se avistam os cinco lagos. Há barcos a remo para alugar em Palušė para que os visitantes possam navegar ou flutuar à vontade pelas trilhas de água.

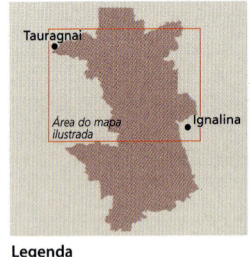

Legenda

▨ Parque Nacional Aukštaitija

Taurapilis é uma das várias fortificações antigas do parque, situada sobre o lago Tauragnas. Oferece ampla vista em todas as direções.

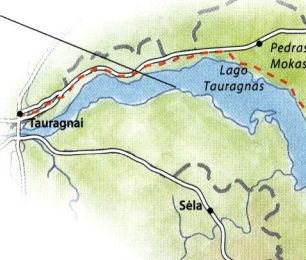

★ **Museu de Apicultura**
Esculturas de personagens do folclore lituano e colmeias de madeira estão reunidas nessa encosta gramada, na aldeia de Stripeikiai.

★ **Monte Ladakalnis**
A melhor vista panorâmica do parque é do alto desse monte sobre o lago Linkmenas. A área se destaca pela densa vegetação e pelos lagos límpidos.

★ **Reserva Cultural Salos II**
A vila etnográfica é organizada como um museu a céu aberto, com casas de madeira bem conservadas.

Veja hotéis e restaurantes dessa região nas pp. 305-6 e 328-30

Apicultura

Os lituanos têm uma longa tradição de apicultores. A apicultura selvagem, em que as abelhas fazem colmeias em árvores ocas e seus cuidadores montam elaborados aparatos para subir e coletar o mel, era muito praticada na Idade Média, quando a cera de abelha e o mel eram a base da economia. No século XV, uma lei permitia a prisão de quem danificasse as colmeias ou as árvores.

Colmeias inusitadas no Museu da Apicultura

PREPARE-SE

Informações Práticas
Mapa rodoviário D5. 🚉 de Ignalina. 🚌 de Ignalina. 🛈 Sede do Parque e Centro de Visitantes, Palušė, (386) 53 135. 🚶 a pé ou de ônibus oferecido pela Sede do Parque. Barcos a remo e canoas para alugar no verão.
🌐 anp.lt

Transporte
🚉 de Ignalina. 🚌 de Ignalina.

Trainiškis
No vilarejo de Trainiškis há uma grande árvore que teria mais de 800 anos de idade e acredita-se que tenha sido local de sacrifícios pagãos.

Trilhas de Água Valčių Pervežimas
Os visitantes alugam barcos para circular pelos lagos do parque, como o Valčių Pervežimas, o caminho dos barcos entre o lago Baluošas e o lago Dringis.

Moinho d'Água Gaveikėnai
Um dos muitos moinhos d'água originais do parque, o Gaveikėnai foi construído por volta de 1800. Hoje, abriga uma cafeteria.

Legenda
= Estrada principal
= Estrada secundária
— Ferrovia
··· Trilha
--- Trilha de água
••• Limite do parque
▲ Pico

Legenda dos símbolos *na orelha da contracapa*

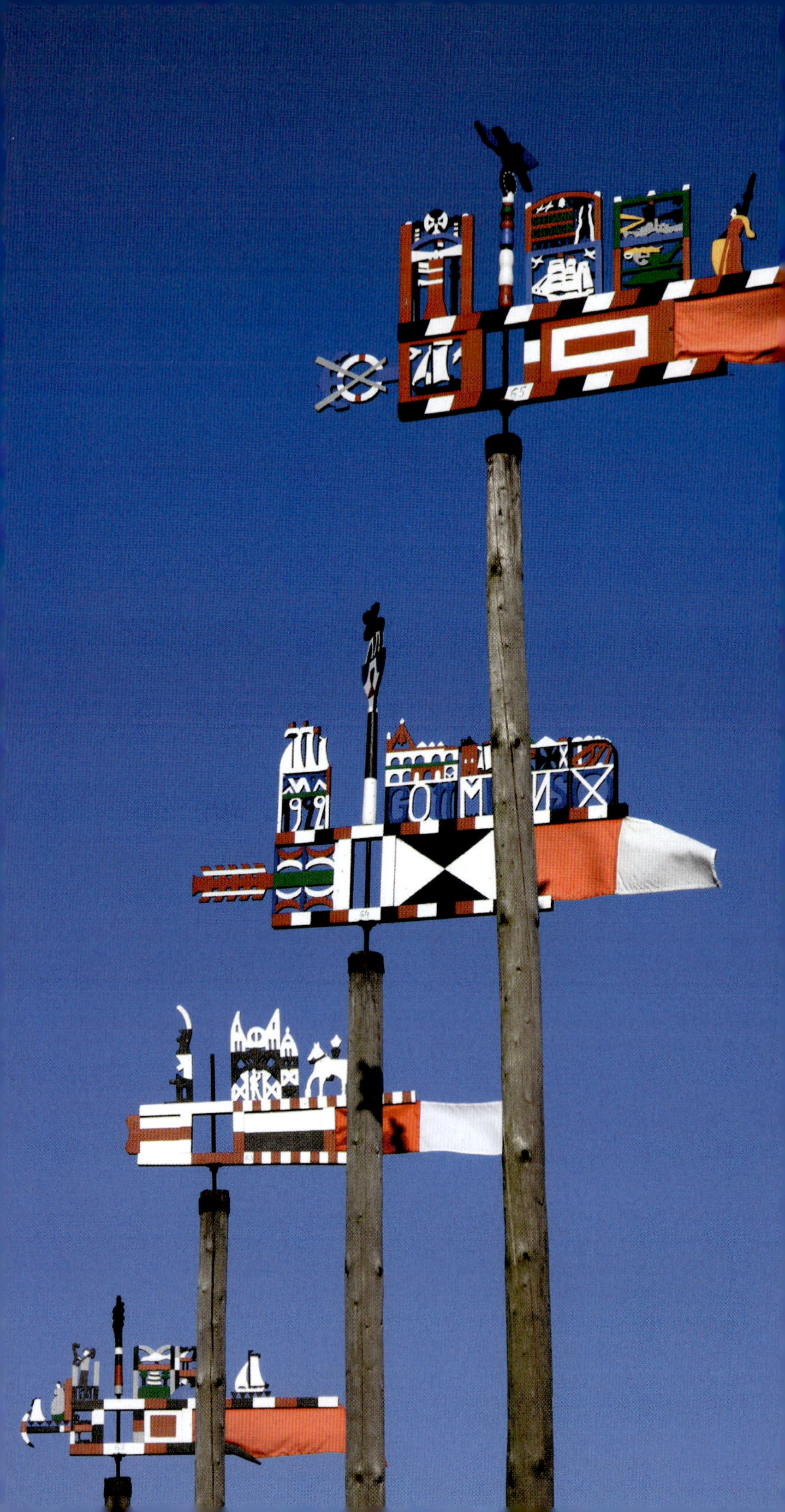

OESTE DA LITUÂNIA

Isolados durante séculos, os vilarejos e as aldeias de Žemaitija, nome dado localmente às terras baixas do oeste lituano, são envoltos por uma atmosfera mística. Rústicas casas de fazenda e colônias estão situadas entre outeiros e pântanos. Klaipėda e Šiauliai são cidades encantadoras com ambientes distintos, caracterizados por vielas misteriosas ladeadas por cafés e museus.

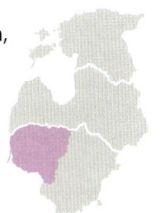

Žemaitija era o centro da Samogícia, o ducado pagão medieval que repeliu inúmeras incursões de vizinhos hostis, principalmente os cristãos. Com muita obstinação, os samogicianos combateram os cruzados durante 250 anos, até serem absorvidos pelo grão-ducado da Lituânia em 1422. Foi o último rincão da Europa a se converter ao cristianismo, tanto que os antigos rituais dedicados a divindades pagãs continuaram a ser praticados nas partes mais isoladas até o século XX.

Klaipėda, o único porto marítimo do país, é a base para passeios de um dia ao oeste da Lituânia. Embora o porto tenha sido discretamente fechado no período soviético, hoje é usado por navios de cruzeiro e ferryboats. Originalmente chamada Memel, Klaipėda fez parte da Prússia e da Alemanha por mais de 500 anos. Algumas casas de madeira em estilo germânico, que pertenciam aos mercadores e existem até hoje, caracterizam as ruas da atual Cidade Velha. Saindo de Klaipėda, uma curta viagem de ferryboat leva ao istmo da Curlândia, uma imensa ponta de areia com altas dunas e aldeias, como Nida. No interior, as cidadezinhas de Šilutė e Kretinga são de fácil acesso e oferecem agradáveis passeios.

O tranquilo vilarejo de Rusnė e a região do delta do Nemunas atrai aves raras que se reproduzem em seus pântanos abundantes. O Parque Nacional Žemaitija, perto do lago Plateliai, esconde uma base desativada de mísseis soviéticos. Trilhas para bicicleta percorrem toda a costa da Lituânia, de Nida até a fronteira da Letônia, passando pelos balneários de Palanga e Šventoji, ambos com praias, spas e muitos bares e casas noturnas, que ficam abertos a noite toda.

Casa de madeira em uma rua de Nida, vilarejo no Parque Nacional do Istmo da Curlândia

◀ Cata-ventos coloridos em Klaipėda

Como Explorar o Oeste da Lituânia

O noroeste da Lituânia nos reserva duas atrações: o Parque Nacional Žemaitija, onde está a base de mísseis da era soviética, e o memorável Jardim Orvidas. Área protegida pela Unesco, o istmo da Curlândia, uma longa e estreita faixa de terra entre o mar Báltico e a laguna curoniana, merece ser visitado pelas altas dunas, as vilas de pescadores, as trilhas para bicicleta e as praias. No oeste da Lituânia também é evidente o misticismo católico e pagão exclusivo do país, em pequenas cidades como Tytuvėnai e Šiluva.

Principais Atrações

Cidades e Balneários
- ① Šiauliai pp. 276-7
- ③ Šeduva
- ④ Tytuvėnai
- ⑤ Šiluva
- ⑥ Raseiniai
- ⑦ Raudonė
- ⑧ Panemunė
- ⑨ Jurbarkas
- ⑩ Telšiai
- ⑪ Mažeikiai
- ⑫ Plateliai
- ⑭ Plungė
- ⑯ Klaipėda pp. 284-5
- ⑰ Kretinga
- ⑱ Palanga
- ⑲ Smiltynė
- ㉑ Šilutė

Locais de Interesse
- ② Morro das Cruzes
- ⑬ Jardim Orvidas

Parques Nacionais
- ⑮ Parque Nacional Žemaitija pp. 282-3
- ⑳ Parque Nacional do Istmo da Curlândia pp. 288-9

Área de Beleza Natural
- ㉒ Delta do Nemunas

Praia na margem leste do lago Plateliai, Parque Nacional Žemaitija

Veja hotéis e restaurantes dessa região nas pp. 306-7 e 330-1

OESTE DA LITUÂNIA | **275**

Como Circular

A rodovia A1 entre Kaunas e Klaipėda é o caminho mais rápido para cruzar no sentido leste-oeste. A região é bem servida por ônibus, e as melhores bases para explorá-la são Palanga, Kaunas, Šiauliai e Klaipėda. Os trens são meios de transporte menos flexíveis: mesmo a linha Kaunas-Klaipėda desvia para Šiauliai. O aeroporto regional de Palanga tem conexões internacionais, principalmente via Copenhague e Riga.

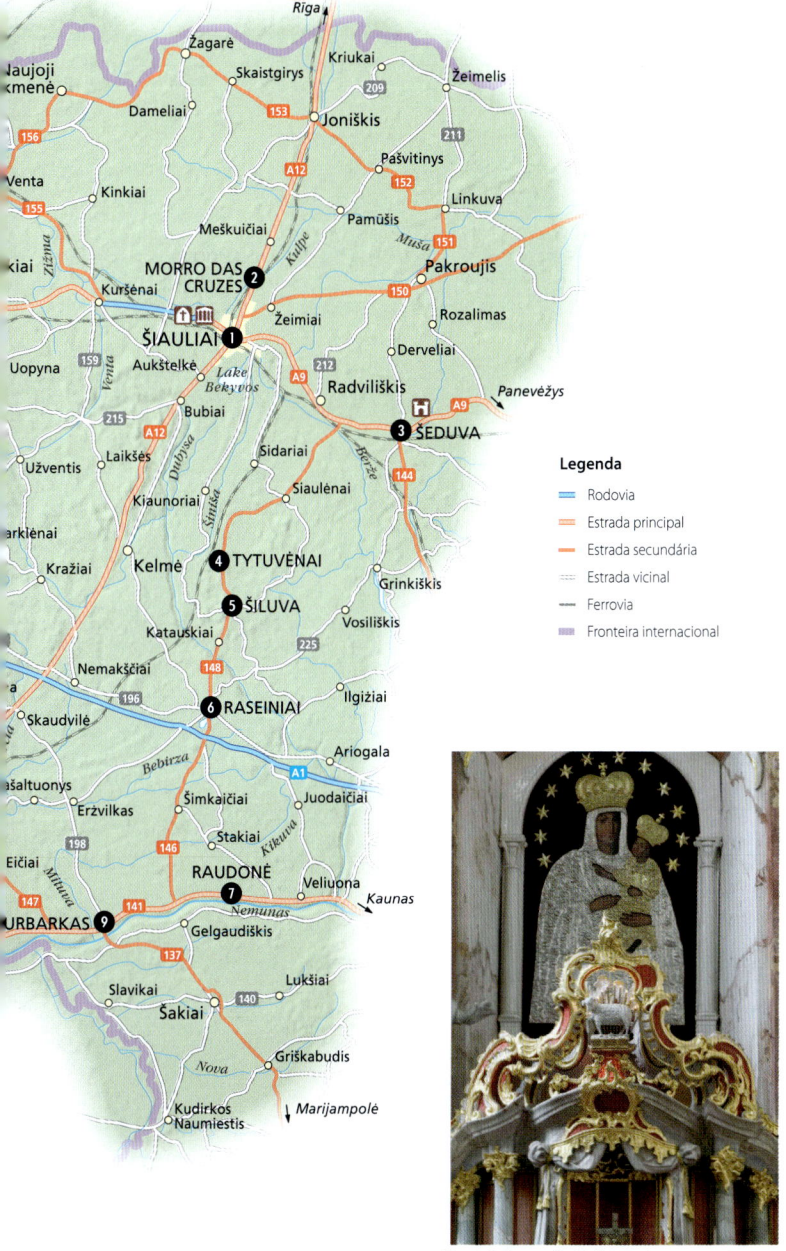

Legenda

- Rodovia
- Estrada principal
- Estrada secundária
- Estrada vicinal
- Ferrovia
- Fronteira internacional

Pintura *Madona e o Menino*, Tytuvėnai

Legenda dos símbolos *na orelha da contracapa*

Šiauliai

A quarta maior cidade do país, Šiauliai surge pela primeira vez em fontes históricas em 1236, o ano da Batalha do Sol *(p. 214)*. Importante centro industrial no século XVIII, sua população cresceu de 6.200 habitantes em 1866 para 23.600 no início da Primeira Guerra Mundial. A guerra destruiu mais da metade da cidade. Hoje, Šiauliai vive uma fase de desenvolvimento. Novos shopping centers e calçadões são construídos e os monumentos renovados. A parte mais bonita, com museus e casas típicas, é a Cidade Velha.

Bicicleta antiga na frente do Museu da Bicicleta, no Museu Aušra

Museu Aušra
Palácio da Avenida Aušra: Aušros 47. **Tel** (41) 524 391. 9h-17h seg-sex. Museu da Bicicleta: Vilniaus 139. **Tel** (41) 524 395. 10h-18h ter-sex, sáb 11h-17h. Palácio de Chaim Frenkel: Vilniaus 74. **Tel** (41) 524 389. 10h-18h ter-sex, 11h-17h sáb-dom. Museu da Fotografia: Vilniaus 140. **Tel** (41) 524 395. 10h-18h qua-sex, 11h-17h sáb-dom. horários variáveis.
w ausrosmuziejus.lt

O Museu Aušra, fundado em 1923, é o mais antigo da cidade. Seu nome é uma homenagem ao primeiro jornal lituano. O museu guarda um tesouro de arte e cultura em sua vasta coleção de artefatos históricos, arquitetônicos e arqueológicos distribuídos em onze setores. A história do cotidiano dos moradores de Šiauliai é o foco do palácio da avenida Aušra, o principal prédio do museu. Há um setor dedicado à repressão soviética no pós-guerra.

O **Museu da Bicicleta** conta a história do ciclismo na Lituânia com cerca de cem bicicletas, entre elas um triciclo infantil de 1905. Exibe réplicas de bicicletas históricas.

Um dos únicos prédios art nouveau do país, do início do século XX, o **Palácio de Chaim Frenkel** aborda o dia a dia dos judeus nos séculos passados.

O **Museu da Fotografia**, instalado em um edifício art déco restaurado, cobre o desenvolvimento da arte da fotografia na cidade e realiza exposições contemporâneas.

Catedral de São Pedro e São Paulo
Aušros Takas 3. **Tel** (41) 528 077. 7h, 17h, 18h seg-sáb; 8h, 9h30, 11h, 12h30, 18h dom.

Desde 1445 existia ali uma igreja de madeira, cujo local preciso está marcado com uma cruz

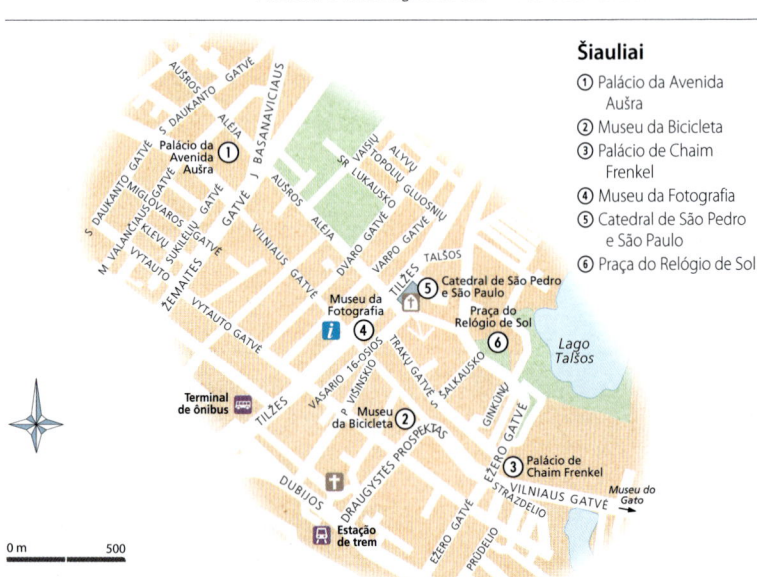

Šiauliai
① Palácio da Avenida Aušra
② Museu da Bicicleta
③ Palácio de Chaim Frenkel
④ Museu da Fotografia
⑤ Catedral de São Pedro e São Paulo
⑥ Praça do Relógio de Sol

Legenda dos símbolos *na orelha da contracapa*

OESTE DA LITUÂNIA | **277**

A torre proeminente da Catedral de São Pedro e São Paulo

PREPARE-SE

Informações Práticas
Mapa rodoviário C4.
115.000. Vilniaus gatvė 213, (41) 523 110. Festival Folclórico Saulės Žiedas (jul), Dias de Šiauliai (set). **w** tic.siauliai.lt

Transporte
Višinkio gatvė 44, S de Draugystės prospektas.
Tilžės gatvė 109.

❷ Morro das Cruzes
Kryžių kalnas

Jurgaičių village. **Mapa rodoviário** C4. de Šiauliai. **Tel** (41) 370 860. **w** kryziukalnas.lt

Um dos pontos turísticos mais impressionantes do país, esse outeiro em formato de sela com milhares de cruzes, crucifixos e rosários dá ideia da importância do catolicismo para a Lituânia.

As cruzes começaram a aparecer no morro após a violenta repressão às manifestações de 1831 contra o regime tsarista russo. No final do século XIX, havia 150 cruzes grandes, 200 em 1914 e muito mais quando os soviéticos ocuparam a Lituânia em 1940. Visto pelo regime ateu como um símbolo religioso desnecessário, o Morro das Cruzes foi destruído a picaretas em 1961; no entanto, as cruzes reapareceram logo em seguida. Foi destruído em 1973 e outra vez em 1975, com serragem espalhada no topo, as cruzes continuaram aparecendo. Por fim, o morro foi deixado em paz e, quando o papa João Paulo II visitou-o em 1993, havia cruzes e esculturas religiosas de todo o mundo.

de metal. A igreja antiga foi destruída pelo fogo em 1625, e a que existe hoje foi construída com pedras para que fosse mais perene. Vista de longe, a torre branca da catedral, com 70m de altura, faz o prédio parecer mais moderno do que realmente é.

A catedral foi construída em estilo renascentista com algumas características típicas da arquitetura medieval. Suas grossas paredes de tijolos exibem detalhes que as tornam parecidas com muralhas defensivas, mas não são. Ao sul da igreja há um antigo relógio de sol. A Igreja de São Pedro e São Paulo foi elevada ao status de catedral em 1997.

Praça do Relógio de Sol
Ežero gatvė.
O relógio de sol foi colocado nessa praça em 1986 para marcar o 750º aniversário da Batalha do Sol. O relógio, sobre o qual há uma escultura de um arqueiro dourado, fica em frente ao lago Talšos.

A Praça do Relógio de Sol tem forma de anfiteatro e reúne três símbolos importantes da cidade: o arqueiro Šaulys, de quem a cidade ganhou o nome, de acordo com a lenda; o Sol, cuja imagem pode ser encontrada por toda Šiauliai; e o tempo, representado pelos números do relógio 12, 3 e 6, que juntos formam a data da batalha.

🏛 Museu do Gato
Žuvininkų 18. **Tel** 6836 9844.
🕙 10h-17h ter-sáb.

Com quase 10 mil peças não só da Lituânia, mas do mundo todo, da Áustria até Zâmbia, esse museu é o paraíso dos que gostam de gatos. Fundado em maio de 1990, o museu exibe gatos de todas as formas possíveis, em uma área de exposições abarrotada. Eles são de âmbar, porcelana, vidro, mármore, cristal, entre outros materiais. Há gatos em vitrais de janelas, gatos em fotos artísticas, gatos em selos, em livros e em cartões. Interessantes odes aos gatos foram reunidas em mais de 4 mil poemas compostos em vários idiomas. Há luminárias ornamentais com gatos, móveis e uma coleção de corrimãos com elaborados desenhos de felinos.

Gatos de madeira, no Museu do Gato

Crucifixos de todos os tamanhos e formas do Morro das Cruzes

Veja hotéis e restaurantes dessa região nas pp. 306-7 e 330-1

❸ Šeduva

Mapa rodoviário C5. 🚌 3.000.
🚆 de Šiauliai, Panevėžys.
🚍 de Šiauliai, Panevėžys.

O vilarejo de Šeduva é uma composição de casas de madeira preservadas como monumentos históricos. Uma das atrações é a Igreja da Santa Cruz, com suas torres gêmeas. Construída em 1649, a igreja funde elementos barrocos e renascentistas.

O lugar mais agradável de Šeduva é a propriedade de meados do século XIX do barão prussiano Otto von Ropp, 2km a leste do vilarejo. Além dos edifícios originais de tijolos de barro, que dão nome à propriedade, **Raudondvaris** (Solar Vermelho), há uma escola e um hotel. As caminhadas em torno do lago são muito agradáveis.

Arredores
A área ocupada pelo **Solar Burbiškis**, 12km a leste de Šeduva, tem esculturas de leões, faunos e figuras históricas criadas em 1912 pelo escultor Kazimieras Ulianskas. Os canteiros de tulipas embelezam os jardins do solar na primavera, quando acontece o Festival da Tulipa.

🏠 **Solar Burbiškis**
Vila de Burbiškis. **Tel** (422) 42 001.
🕐 abr-out: 9h-18h ter-dom; nov-mar: 8h-17h ter-sáb. 🎨 🌷 Festival da Tulipa de Burbiškis (mai).

Crucifixo sobre o altar, Mosteiro da Abençoada Virgem Maria, Tytuvėnai

❹ Tytuvėnai

Mapa rodoviário C5. 🚌 3.000. 🚆 de Šiauliai. 🚍 de Šiauliai. 🌐 trp.lt

Não haveria melhor lugar que Tytuvėnai para erguer o isolado e magnífico complexo do **Mosteiro da Abençoada Virgem Maria**, nos anos 1630, no local em que, no século XIII, existia uma fortaleza. Os edifícios criados para os franciscanos foram construídos entre colinas onduladas e lagos serenos. O pátio do mosteiro é decorado com afrescos já esmaecidos, mas há uma bela pintura na porta de madeira da sacristia representando a Ressurreição.

Destaca-se no colorido interior da igreja um altar bastante elaborado, ladeado por quatro imagens barrocas de santos franciscanos. No terreno do mosteiro, a Capela dos Santos Degraus foi inspirada na Scala Sancta de Roma. Cada degrau, que os fiéis sobem de joelhos, guarda uma das relíquias sagradas trazidas de Jerusalém na década de 1730.

❺ Šiluva

Mapa rodoviário C5. 🚌 800. 🚍 de Šiauliai. 🎉 Romaria a Šilinės (set).

Šiluva é outro grande centro de peregrinação na Lituânia. Segundo consta, 400 anos atrás o vilarejo foi o local da aparição milagrosa da Virgem Maria chorando, com o menino Jesus nos braços. No fim do século XVI, quando Šiluva se tornou calvinista, o último padre guardou um pacote de documentos e uma pintura milagrosa da Virgem Maria em uma caixa de ferro e enterrou-a no quintal da igreja destruída.

Em 1610, a Virgem Maria apareceu sobre uma pedra diante das crianças que pastoreavam o rebanho. Mais tarde, a caixa foi encontrada ao lado da pedra e, quando a notícia da aparição se espalhou, foi erguida uma capela de madeira nas imediações. Em 1785, a capela foi susbtituída pela Igreja da Natividade da Abençoada Virgem Maria. A pintura de Nossa Senhora, hoje contornada por uma moldura dourada, está no altar. Ela é ocultada, exceto nos dias de

Vista das construções à beira do lago em Raudondvaris, perto de Šeduva, em uma tarde ensolarada

Veja hotéis e restaurantes dessa região nas pp. 306-7 e 330-1

OESTE DA LITUÂNIA | **279**

Fachada do castelo neogótico e seus amplos gramados, na propriedade de Raudonė

festa, por um quadro da Anunciação, de 1920. Em sua visita em 1993, o papa João Paulo II rezou nessa igreja.

O obelisco que está na frente da Igreja da Aparição da Abençoada Virgem Maria, construído em 1924, pode ser visto de muito longe.

Praça de Raseiniai com a *Estátua da Independência*

❻ Raseiniai

Mapa rodoviário C5. 37.000. de Kaunas.

Importante cidade da Samogícia, Raseiniai teve papel fundamental na história da região. Em 1941, sediou uma violenta batalha de quatro dias entre soldados alemães e tanques soviéticos. No fim da Segunda Guerra Mundial, 90% de Raseiniai estava destruída. Milagrosamente, a Igreja da Ascensão, erguida em 1729 no alto de uma montanha, sobreviveu aos ataques, bem como a *Estátua da Independência*, na principal praça da cidade. Criada por Vincas Grybas (1890-1941) em 1934, a estátua mostra um homem com um manto esvoaçante e sapatos de juta ao lado de um urso domesticado. O urso é o símbolo do ducado independente da Samogícia, que venceu a Ordem Teutônica no século XIII e depois foi cedido ao grão-ducado da Lituânia.

❼ Raudonė

Mapa rodoviário C5. **Tel** (447) 45 445. jun-ago: 10h-16h diariam.

Originalmente pertencente a uma família de mercadores prussianos do século XVI, o Castelo de Raudonė foi adquirido em 1810 por Platon Zubov, o consorte favorito de Catarina, a Grande. Catarina conseguiu garantir para si boa parte da repartição do Estado Polonês-Lituano *(p. 215)*. Quando ela morreu, o conde foi viver em reclusão no Palácio Rundāle *(pp. 172-3)*, na Curlândia.

Foi a filha do conde a responsável pela atual aparência neogótica e pela alta e elegante torre do castelo de Raudonė. Destruída pelos alemães que batiam em retirada no fim da Segunda Guerra Mundial, a torre foi reconstruída em 1968 e hoje oferece uma vista panorâmica do vale do rio Nemunas.

Arredores

Veliuona, um vilarejo 10km a leste de Raudonė, é conhecida pela fortaleza na qual Gediminas *(p. 216)* teria sido assassinado.

❽ Ranemunė

Mapa rodoviário C5. de Kaunas.

Situada às margens do rio Nemunas, Panemunė abriga um castelo com duas torres redondas e telhas vermelhas. A maior parte foi construída por uma família de nobres húngaros no reinado de Stefan Bathory, o príncipe da Transilvânia que governou o Estado Polonês-Lituano entre 1575 e 1586. Duzentos anos depois, o castelo foi comprado pela família Gelgaudas. O castelo foi tomado pelas autoridades tsaristas na revolta de 1831 liderada por Antanas Smetona *(p. 218)*. Hoje, ele pertence à Academia de Artes de Vilna.

Uma das torres redondas do castelo de Panemunė

⑨ Jurbarkas

Mapa rodoviário C5. 29.000. de Kaunas. Vydūno 19, (447) 51 485. jurbarkotic.lt

Na **Floresta de Karšuva**, aproximadamente 3km a oeste da pequena cidade industrial de Jurbarkas, ficava a mais antiga fortaleza construída pelos cruzados à beira do rio Nemunas, em 1259. Os lituanos pagãos ergueram o próprio castelo às margens do rio Imsrė, um afluente do Nemunas, e os dois lados lutaram em batalhas sangrentas durante 150 anos. Embora nada reste dos castelos, as matas podem ser exploradas. Uma das maiores e mais protegidas florestas da Lituânia, seus 427km² de área guardam trilhas encantadoras dentre seus altos pinheiros.

Arredores

Em **Gelgaudiškis**, 10km a leste de Jurbarkas, estão as ruínas do solar do século XIX da família Gelgaudas, ancestrais poloneses-lituanos do ator sir John Gielgud. No interior, o solar abrigava um tesouro em pinturas, pratarias, cristais, bronzes e porcelanas até ser saqueado na Segunda Guerra Mundial. Hoje, no terreno do solar acontecem festivais locais e noites musicais.

Monte Rambynas, 60km a oeste de Jurbarkas, é uma escarpa com 46m de altura e um lugar místico para os lituanos. Um altar pagão que existia ali foi usado para rituais até o século XIX. Hoje a montanha oferece uma linda vista de Kaliningrado.

O interior decorado da Catedral de Santo Antônio de Pádua, Telšiai

⑩ Telšiai

Mapa rodoviário C4. 47.000. de Vilna, Šiauliai, Klaipėda. de Vilnius, Šiauliai, Klaipėda. Turgaus 21, (444) 53 010. telsiaitic.lt

Diz a lenda que Telšiai foi fundada pelo cavaleiro Džiugas, no alto de uma montanha, à beira do lago Mastis. Em 1765, os franciscanos ergueram ali a igreja que se tornou a **Catedral de Santo Antônio de Pádua**, quando Telšiai passou a ser diocese, em 1926. O segundo andar da galeria tem um altar próprio e pinturas ladeadas por colunas coríntias. Entre elas, a tela de Santo Antônio e o menino Jesus, com moldura dourada e sustentada por anjos vestidos de rosa e verde.

Arredores

Um dos mais violentos massacres cometidos pelos soviéticos aconteceu nas florestas próximo a **Rainiai**, 4km a sudeste de Telšiai. Foram noites de terror, em 24 e 25 de junho de 1941, logo depois que os alemães invadiram a então União Soviética. Hoje, uma cruz de granito marca o local, ao lado da **Capela do Sofrimento Rainiai**, consagrada em 1991. Apenas 30km a sudeste de Telšiai, a **montanha Satrija** oferece uma vista esplêndida da paisagem de Žemaitija. O **lago Lūkstas**, 40km ao sul de Telšiai, tem praias que lotam em julho, na Noite de Blues.

⑪ Mažeikiai

Mapa rodoviário C4. 57.000. de Šiauliai. de Šiauliai. Ventos 8a, (443) 67 177. mazeikiutvic.lt

De uma pequena aldeia em meados do século XIX, Mažeikiai rapidamente se tornou a oitava maior cidade da Lituânia no fim do século XX. A ferrovia Vilna-Liepāja, que chegou a Mažeikiai em 1869, foi responsável pelo desenvolvimento inicial do antigo povoado. Também é ali que funciona a única refinaria dos países bálticos.

O **Museu Mažeikiai** mostra a mudança e o folclore regional, além de pinturas de Alfonsas Dargis (1909-96), artista lituana que participou do movimento modernista em Nova York.

Arredores

Os 4 mil ha da **Reserva Estadual de Kamanos**, 20km a leste de Mažeikiai, protege uma das mais valiosas áreas argilosas da região. Com flora e fauna ricamente diversificadas, a reserva tem uma área de pântanos, além de lagos e ilhotas.

Em **Viekšniai**, 15km a sudeste de Mažeikiai, o **Museu da Farmácia** é considerado milagroso, tendo resistido a dois incêndios que devastaram a cidade.

Museu Mažeikiai
V Kudirkos 6. **Tel** (443) 26 037.
8h-17h seg-qui (até 15h45 sex).

Reserva Estadual de Kamanos
Tel (425) 59 285.

Museu da Farmácia
Tilto 3. **Tel** (443) 37 420.
9h-16h ter-sáb.

A Capela do Sofrimento de Rainiai lembra o massacre de 1941

Veja hotéis e restaurantes dessa região nas pp. 306-7 e 330-1

OESTE DA LITUÂNIA | 281

Barcos na margem leste do lago Plateliai, nos limites do vilarejo de Plateliai

⑫ Plateliai

Mapa rodoviário B4. 🏠 1.000. 🚌 de Plungė. 🛈 Didžioji 8, (448) 49 231. 🎭 Terça-Feira de Carnaval (fev/mar).

Centro administrativo do Parque Nacional de Žemaitija *(pp. 282-3)*, Plateliai é um tranquilo vilarejo à beira do lago. Ali ficam a Igreja de São Pedro e São Paulo (1744) e um parque que era o terreno de um solar. O Freixo da Bruxa, que é a maior árvore do parque, é citado em muitas histórias. Uma delas é a de um padeiro que atirou um pedaço de pão em uma bruxa que estava sentada em um galho. O pão ainda está lá: a parte nodosa onde os galhos se dividem.

Atravessando a rua Didžioji, elaboradas máscaras shrovetide estão expostas no celeiro da mansão. Elas são usadas na Terça-Feira de Carnaval. A atração mais procurada é a **Ilha do Castelo**, que tem o nome da fortaleza da ilha vizinha de Pilies.

⑬ Jardim Orvidas
Orvidų sodyba-muziejus

Mapa rodoviário B4. **Tel** (613) 28 624. 🕐 jun: 10h-19h ter-dom; jul-mai: 10h-19h qua-dom. 🎟️

Obra do místico e gênio Vilius Orvidas (1952-92), o Jardim Orvydas é uma das atrações mais fantásticas do Leste Europeu. Enorme e eclético, conta com uma complexa rede de cruzes e túmulos, rochas e troncos de árvore, esculturas de criaturas estranhas, pinturas e pedras entalhadas com imagens religiosas e pagãs, mísseis pintados e um tanque soviético desativado. Os jardins surgem do nada, e não há nenhum caminho definido, o que dá a sensação de se estar em um labirinto. Nas cavernas há outras estranhezas, e acredita-se que numa cabana à beira de um poço, escondida sob as árvores, vivam gnomos e duendes.

⑭ Plungė

Mapa rodoviário C5. 🏠 39.000. 🚆 de Šiauliai, Klaipėda. 🚌 de Šiauliai, Klaipėda. 🛈 Dariaus ir Gireno 27, (448) 55 108. 🌐 plunge.lt

A cidade de Plungė é a principal entrada para o Parque Nacional Žemaitija *(pp. 282-3)*. Um dos palacetes mais luxuosos da Lituânia, o bem preservado **Solar Plungė** foi construído por Mykolas Oginskis, descendente de uma família de nobres. Ele abriga dezesseis esculturas de personalidades da Samogícia e um parque onde está o Carvalho do Trovão, hoje um monumento nacional. No palacete está também o **Museu de Arte Samogiciano**, com trabalhos de artistas do oeste da Lituânia.

Arredores
Acredita-se que 2.236 judeus de Plungė tenham sido exterminados no holocausto. Muitas mortes ocorreram em **Kaušėnai**, um vilarejo 4km a oeste, onde há uma série de comoventes esculturas de madeira criadas por Jacob Bunka (n. 1922), presidente da comunidade judaica de Plungė.

O **Monte Gandinga**, 5km a sudoeste de Plungė, oferece uma visão panorâmica das florestas de Žemaitija. A fortaleza de Gandinga que existia ali foi erguida contra os Cavaleiros Teutônicos. Perto, foram encontrados cemitérios pagãos do século IX.

Outro notável museu a céu aberto é o **Museu das Rochas Raras** em Mosėdis, 40km a noroeste de Plungė. Ele exibe desde fósseis e fragmentos de rocha no interior de um moinho restaurado até um parque cheio de pedras cobertas de musgo e outras esculpidas. O museu foi fundado em 1979 pelo dr. Vaclovas Intas.

🏛️ **Museu de Arte Samogiciano**
Parko 1. **Tel** (448) 52 492.
🕐 10h-17h ter-sáb. 🎟️

🏛️ **Museu das Rochas Raras**
Salantų 2. **Tel** (440) 76 291.
🕐 8h-18h (10h-18h sáb-dom). ⬤ nov-abr: sáb e dom. 🎟️

Vista do Solar Plungė com o lago e uma escultura à frente

⓯ Parque Nacional Žemaitija

Envolta em lendas e folclore, a região de Žemaitija foi a última da Europa a aceitar o cristianismo. Os deuses pagãos foram adorados ali até o século XIX, e, nos vilarejos, esculturas e cruzes misturam imagens católicas e pagãs. Criado em 1991, o Parque Nacional Žemaitija estende-se por 220km² e tem sede e centro de informação na cidade de Plateliai. Várias trilhas para caminhada serpenteiam o lago Plateliai e atravessam trechos isolados da mata. Áreas de camping e casas de fazenda atraem turistas.

Legenda
- ═ Estrada secundária
- ··· Trilha para caminhada
- ··· Limite do parque

★ **Monte Mikytai e Pedra Pegada do Diabo**
Os moradores locais acreditam que o arborizado "morro sagrado" Mikytai seja assombrado. Na encosta norte está a Pedra da Pegada do Diabo, onde eram realizados sacrifícios pagãos.

Igreja de São Estanislau em Beržoras
A igreja é feita de troncos de abeto (1746). As Capelas da Cruz foram destruídas por soviéticos e restauradas em 2001.

LEGENDA

① **Godeliai** tem uma rara coleção de telas obscuras e crucifixos no Museu de Arte Popular.

② **Plateliai** é o principal centro de serviço e informação do parque.

Galeria-Moinho
Moinho d'água convertido em galeria de arte popular, no vilarejo de Babrungėnai, antes conhecido pelos caçadores de castor.

Veja hotéis e restaurantes dessa região nas pp. 306-7 e 330-1

OESTE DA LITUÂNIA | **283**

★ **Žemaičių Kalvarija**
Igrejas e Capelas da Cruz dão a essa cidade uma atmosfera espiritual. O Festival da Igreja, no mês de julho, é a principal atração.

PREPARE-SE

Informações Práticas
Mapa rodoviário C4.
Didžioji 8, Plateliai, (448) 49 231; para agendar: 86778 6576.
zemaitijosnp.lt
Galeria-Moinho: 9h-18h diariam. Antiga Base de Mísseis de Plokštinė: agendar no centro de informação do parque.

Transporte
de Plungė a Žemaičių Kalvarija.

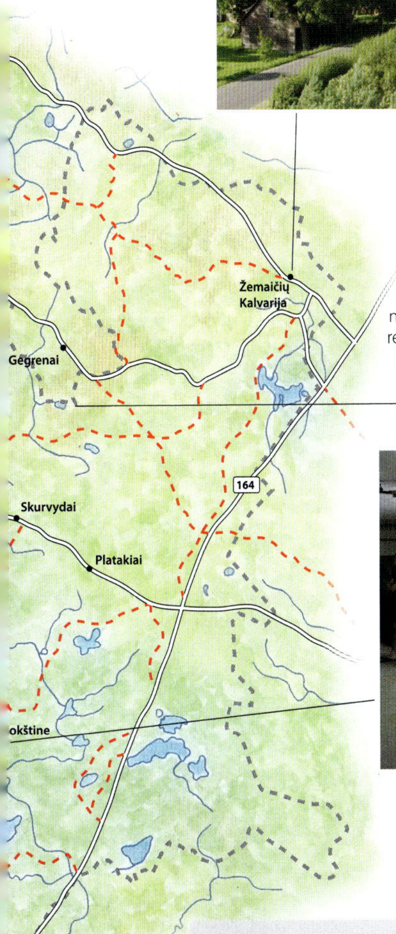

Monte de Šarnelė
Escavações feitas nesse morro, no vilarejo de Šarnelė, revelaram ser uma cidadezinha fortificada no século III a.C.

★ **Antiga Base de Mísseis Soviéticos Plokštinė**
Entre 1962 e 1978, essa base secreta de foguetes soviéticos, com seu silo hoje enferrujado e tomado pelo mato, tinha mísseis voltados para cidades da Europa ocidental.

As Lendas do Lago Plateliai

O lago Plateliai tem grande importância para os pagãos das regiões históricas da Samogícia e Žemaitija. Ocasionalmente ocorrem afogamentos ali, e, segundo uma das muitas lendas associadas ao lago, um cavalo branco vive nessas águas e tira a vida de pelo menos um banhista a cada ano. O nível da água tem subido nos últimos anos, e os arqueólogos que mergulham no lago escavaram pedras com símbolos pagãos abaixo da superfície. Até hoje, Plateliai, na margem oeste do lago, celebra vários festivais tradicionais da Samogícia.

Barco a vela ancorado na margem do lago Plateliai

Legenda dos símbolos *na orelha da contracapa*

⑯ Klaipėda

Mencionada pela primeira vez em 1252, quando a Ordem Livoniana Cristã ergueu a cidade de Memelburg na foz do rio Danė, Klaipėda foi durante muito tempo uma importante cidade portuária prussiana e era chamada Memel. Hoje o único porto marítimo da Lituânia, a próspera Klaipėda foi praticamente destruída na Segunda Guerra Mundial e serviu de centro industrial-militar nos anos soviéticos. Para quem gosta de caminhar, é um prazer explorar o centro de Klaipėda e sua Cidade Velha, atravessada por ruas estreitas. As casas de madeira e tijolos em ruelas de pedras abrigam lojas, galerias, bares e cafeterias.

Visitantes e moradores relaxam nos cafés de Klaipėda

Ännchen de Tharau
Teatro aikštė.

O coração da Cidade Velha de Klaipėda é a **Praça do Teatro**. A estátua *Ännchen de Tharau*, em frente ao teatro, fica no centro de uma fonte dedicada a Simon Dach (1605-59), personalidade local. Nascido em Klaipėda quando ainda era Memel, Dach foi um destacado poeta prussiano desde fim dos anos 1630 até sua morte. Ele também é muito conhecido na Alemanha por canções, hinos e poemas em dialeto como *Ännchen de Tharau*, composto em 1637.

A estátua foi criada em 1912, mas desapareceu misteriosamente às vésperas da Segunda Guerra Mundial. Adolf Hitler fez um discurso da sacada do teatro, atrás da localização original da estátua em 23 de março de 1939. Em 1989, uma ré-

Estátua de Ännchen de Tharau, na Praça do Teatro

plica da *Ännchen de Tharau*, feita por artistas locais, foi colocada no meio da fonte.

🏛 Museu do Castelo
Pilies 4. **Tel** (46) 410 527.
🕙 10h-17h ter-sáb (até 16h sex).

Pouca coisa resta do castelo do século XVII que abriga o Museu do Castelo. Ele foi construído sobre os alicerces de uma fortaleza de 1252, quando Memel ainda pertencia ao ducado da Prússia. Em 2002 foi inaugurada uma exposição no interior de seus muros ilustrando a história da fortaleza e da cidade. Entre as peças expostas há móveis autênticos e modelos recriados. O destaque é um anel renascentista de ouro e diamantes. Hoje, esse castelo é um dos símbolos mais reconhecidos associados à moderna Klaipėda.

🏛 Museu de História da Lituânia Menor
Didžioji vandens 6.
Tel (46) 410 524.
🕙 10h-17h ter-sáb (até 16h sex).

Lituânia Menor é o nome dado pelos locais ao leste da Prússia, que hoje é território de Kaliningrado, e também Klaipėda. O Museu de História da Lituânia Menor ocupa um dos mais graciosos edifícios da Cidade Velha e conta a história da região. Moedas, roupas, mapas, cartões-postais, fotos antigas e maquetes dão uma ideia do cotidiano e das diferenças entre as comunidades locais de língua alemã e lituana, antes da Segunda Guerra Mundial. Na frente do museu está o antigo correio.

🏛 Museu dos Ferreiros
Šaltkalvių 2a. **Tel** (46) 410 526.
🕙 10h-17h ter-sáb (até 16h sex).

Cruzes de metal, cercas e portões de cemitério reunidos no jardim ao lado de uma antiga serraria ainda em funcionamento são as peças desse museu. Alguns crucifixos foram salvos da destruição quando o Parque de Escultura substituiu o cemitério local em 1970. O tradicional artesanato local de cruzes, em metal e madeira, foi reconhecido pela Unesco em 2001.

Um antigo relógio de madeira exposto no Museu do Relógio

🏛 Museu do Relógio
Liepų 12. **Tel** (46) 410 414, 410 413 (excursões). 🕙 12h-18h ter-sáb, 12h-17h dom.

Uma investigação sobre as tentativas do homem de medir o

Veja hotéis e restaurantes dessa região nas pp. 313-5 e 343-5

OESTE DA LITUÂNIA | 285

tempo, desde os relógios de sol até os atômicos, é o foco desse museu diferente. O Museu do Relógio foi inaugurado em 1984 em uma mansão construída em 1820 pelo comerciante inglês John Simpson. Réplicas de calendários antigos, relógios de sol, fogo, água e areia, e as mudanças pelas quais passaram os mostradores e os mecanismos dos relógios desde o Renascimento constituem a maior parte da exposição.

Um pátio agradável, com um grande relógio de sol, é ponto de encontro para apresentações de música, dança e poesia. A casa ao lado foi construída por outro mercador e industrial inglês, Mae Lean, e reformada em 1905 em estilo art nouveau. O prédio neogótico dos correios nas imediações também é digno de nota.

🏛 Galeria de Pintura e Parque de Escultura
Liepu 33. **Tel** (46) 410 412.
⭘ 12h-18h ter-sáb, 12h-17h dom.

A galeria de arte estadual leva o nome de Pranas Domšaitis (1880-1965), artista lituano que nasceu perto de Königsberg e se mudou para a África do Sul em 1949. Fortemente influenciado pelo pintor simbolista norueguês Edvard Munch (1863-1944), Domšaitis conquistou o reconhecimento por sua arte na Alemanha e na África do Sul entre as duas grandes guerras. A galeria de arte lituana do século XX mantém uma exposição permanente dos trabalhos de Domšaitis.

Dedicado ao autor do primeiro livro em lituano, Martynas Mažvydas (1510-63), o Parque de Esculturas fica atrás da galeria. Até os anos 1970 o lugar estava reservado ao cemitério da cidade. Estende-se por quase 10ha, com esculturas abstratas e intrigantes, de vários artistas, espalhadas por toda a área. Todos os anos o parque recebe novos trabalhos.

PREPARE-SE

Informações Práticas
Mapa rodoviário B5. 🏛
180.000. 🛈 Turgaus 7, (46) 412 186. 🎭 Klaipėda Jazz Festival (meados-jul), Sea Festival (final jul). **w** klaipedainfo.lt

Transporte
🚆 Priestočio gatvė 1. 🚌 Priestočio gatvė. ⛴ New Port, Nemuno 8, (46) 365 018, (46) 311 117; Old Port, Danės 1, 86203 4561, (46) 311 117. jun-ago: 18h30-2h15 diariam, set-mai: pelo menos de hora em hora 18h30-2h.

Criações exclusivas expostas no Parque de Esculturas

Klaipėda

① Ännchen de Tharau
② Museu do Castelo
③ Museu de História da Lituânia Menor
④ Museu dos Ferreiros
⑤ Museu do Relógio
⑥ Galeria de Pintura e Parque de Esculturas

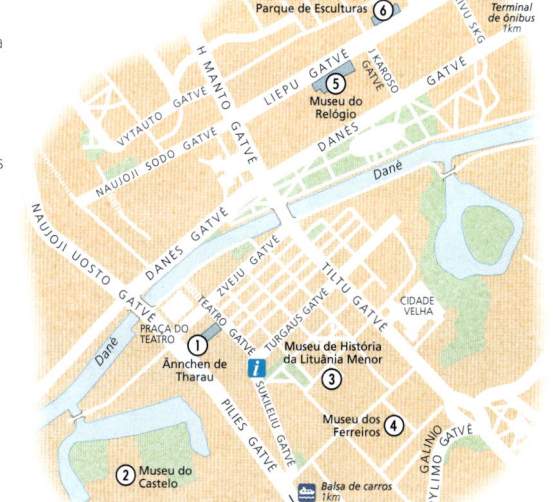

Legenda dos símbolos *na orelha da contracapa*

⓱ Kretinga

Mapa rodoviário B5. 🚗 41.000. 🚍 de Klaipėda. 🚌 de Klaipėda.

Uma simpática cidadezinha que cresceu ao redor de um mosteiro franciscano, um solar que hoje é o **Museu Kretinga**, e jardins que acompanham as margens de um regato e avançam pelo parque. Os franciscanos desempenharam papel fundamental no desenvolvimento local, particularmente na Lituânia independente entreguerras, quando fundaram um colégio de agricultura e apicultura. Eles também fizeram uma gruta no parque com uma imagem da Virgem Maria.

Uma das atrações do Museu Kretinga é o Jardim de Inverno, criado quando o conde Josef Tyszkiewicz reformou a mansão em 1875. Destruídos na Segunda Guerra Mundial, os jardins foram refeitos em 1987 e hoje abrigam 600 tipos de plantas. Outras exposições do museu são de móveis e de pinturas resgatadas das mansões Tyszkiewicz de Kretinga e Palanga, cruzes de metal que misturam imagens católicas e pagãs, e trajes e adereços curonianos. A Igreja da Anunciação exibe uma torre alta, além de pinturas do século XVII em seu interior.

🏛 **Museu Kretinga**
Vilniaus 20. **Tel** (445) 77 323..
🕙 10h-18h qua-dom.
🌐 kretingosmuziejus.lt

Moradores de Palanga e visitantes aproveitam a praia da cidade

⓲ Palanga

Mapa rodoviário B5. 🚗 16.000. ✈ 5km N da cidade. 🚍 de Klaipėda. 🚌 de Klaipėda. 🛈 Kretingos 1, (460) 48 811. 🎉 Festejos de Verão (jun).
🌐 palangatic.lt

A cidade litorânea de Palanga, citada pela primeira vez em um pacto de repartição de terras no século XIII entre a Ordem Teutônica e os livonianos, foi anexada à Lituânia em 1435. Hoje, é um popular balneário com 18km de praias ladeadas por dunas e pinheiros. Suas avenidas têm restaurantes, casas noturnas e bares em uma atmosfera sempre festiva. O píer, construído em 1882, é muito frequentado ao pôr do sol.

O palácio em estilo renascentista foi construído nos anos 1890 pela família Tyszkiewicz e seus arredores foram criados pelo arquiteto paisagista francês Edouard André (1840-1911). Desde 1963, o palácio abriga o **Museu do Âmbar**, com 4.500 peças em exposição, entre elas algumas raras, como pedras de âmbar com insetos e plantas pré-históricos presos em seu interior. Lá situa-se também o **Monte Birutės**, onde a futura esposa do grão-duque Kęstutis velou uma pira sacrificial pagã antes de se casar. Nas proximidades fica a escultura mais conhecida da Lituânia, *Eglė, rainha das serpentes* (1960), inspirada em um conto de fadas.

Arredores

A tranquila aldeia de pesca de **Šventoji**, 15km ao norte de Palanga, tem dunas a perder de vista. Era um próspero porto nos séculos XVI e XVII. Uma atração local são *As filhas do pescador* (1982), as estátuas de três jovens dançando nas dunas.

🏛 **Museu do Âmbar**
Vytauto 17. **Tel** (460) 51 319.
🕙 jun-ago: 10h-20h ter-sáb, 11h-19h dom; set-mai: 11h-17h ter-sáb, 11h-16h dom. 🌐 pgm.lt

⓳ Smiltynė

Mapa rodoviário B5. 🚗 100. 🚌 de Klaipėda.

Parte da cidade de Klaipėda (pp. 284-5), Smiltynė é a vila mais ao norte do istmo da Curlândia e está voltada para o porto de Klaipėda. O istmo era a principal rota terrestre usada por mensageiros, carteiros e militares entre as cidades prussianas de Königsberg e Memel, as atuais Kaliningrado e Klaipėda, respectivamente. Entretanto, o trecho final do ferryboat foi interrompido por tempestades ou pelo gelo. Em 1525, uma pousada foi construída em Sandkrug (Sand Inn), como Smiltynė passou a ser chamada.

As mansões foram construídas na beira da água. A principal atração da cidade, porém, é o **Museu do Mar**. Ele fica na Fortaleza Kopgalis, uma cidadela marítima construída pela Prússia em 1865. Os shows de golfinhos e leões-marinhos fazem sucesso. É preciso permissão para tirar fotos.

Estufa tropical do Jardim de Inverno do Museu Kretinga, Kretinga

Veja hotéis e restaurantes dessa região nas pp. 313-5 e 343-5

OESTE DA LITUÂNIA | **287**

Golfinhos brincam com treinadores diante de plateia, Museu do Mar, Smiltynė

Museu do Mar
Smiltynės 3. **Tel** (46) 492 250.
out-abr: 10h30-17h ter-dom; mai-set: 10h30-18h ter-dom (jun-ago: até 18h30).
muziejus.lt

⓴ Parque Nacional do Istmo da Curlândia
pp. 284-5.

㉑ Šilutė
Mapa rodoviário B5. 21.500. de Klaipėda. de Klaipėda. Lietuvininkų 4, Parko 2, (441) 77 785.
silute.kryptis.lt

Originalmente uma pousada para pessoas que viajavam entre Klaipėda e Kaliningrado, Šilutė tornou-se parte do Império germânico em 1871. Foi tomada pela Lituânia em 1923, mas anexada à Alemanha nazista quinze anos depois.

A influência alemã ainda é visível nos telhados baixos dos prédios públicos. Na rua Lietuvininkų, com três pistas, o pequeno **Museu de Šilutė** exibe móveis do século XVIII e exposições com temas folclóricos. A Igreja Luterana Evangélica, construída em 1926, é decorada com murais de cenas bíblicas.

Arredores
Apenas 3km a nordeste de Šilutė, **Macikai** foi a partir de 1939 um campo alemão de prisioneiros de guerra, mais tarde, em 1944, campo soviético para soldados alemães e entre 1948 e 1955 uma unidade oficial do *gulag*. Hoje compreende o **Museu do Campo de Concentração de Macikai** e um cemitério.

Museu de Šilutė
Lietuvininkų 36. **Tel** (441) 62 207.
10h-17h ter-sáb.

Museu do Campo de Concentração de Macikai
Macikai. **Tel** (441) 62 207.
meados mai-out 11h-15h ter-sáb.

㉒ Delta do Nemunas
Mapa rodoviário B5. 1.700. de Šilutė. nemundodelta.lt

O baixo-delta do Nemunas, maior rio da Lituânia, que deságua na laguna da Curlândia, tem grande potencial para atividades ao ar livre. As áreas alagadas, protegidas como parque regional, são excelentes para pescar e observar aves. Na primavera, quando a neve e o gelo derretem, 20% do delta é inundado, atraindo 200 espécies de aves poedeiras; centenas de outras espécies migram pela área anualmente. O centro de anilhagem de aves em **Ventė**, de 1929, é um dos mais antigos da Europa.

As enchentes anuais atingem **Rusnė**, localizada 11km a sudeste de Ventė. Uma igreja luterana, construída entre 1809 e 1827, é sinal das origens de Rusnė no leste da Prússia. A igreja foi usada como quadra esportiva na era soviética, mas voltou a receber congregações em 1994. Uma fazenda etnográfica dá uma ideia de como era vida na região do delta.

Uns 8km a noroeste de Rusnė fica o vilarejo de **Minija**, onde o rio Minija encontra o delta do Nemunas. O rio é a principal via de transporte da área. As casas de madeira do século XIX nas margens do rio são protegidas como monumentos arquitetônicos.

O delta do Nemunas ao pôr do sol, perto de Šilutė

Parque Nacional do Istmo da Curlândia

Uma estreita faixa de terra com 98km de extensão na Costa Báltica, o Istmo da Curlândia (Kuršių nerija) formou-se há 5 mil anos. Sua paisagem consiste, basicamente, de florestas de pinheiros, dunas e praias. Suas matas abrigam muitos animais selvagens, como pequenos cervos, alces, raposas e javalis. As altas dunas que se erguem atrás do vilarejo se precipitam como rochedos na laguna da Curlândia e as areias móveis enterraram aldeias. O Parque Nacional do Istmo da Curlândia foi criado em 1991 para preservar as dunas e os arredores. O parque, que abrange quase todo o istmo, é Patrimônio Mundial da Unesco desde 2000.

Legenda
Parque Nacional do Istmo da Curlândia

★ **Nida**
Os típicos chalés vermelhos e azuis dos pescadores de Nida estão do mesmo jeito há séculos. Nos gramados desses chalés, os antigos barcos de pesca mostram os sinais do tempo.

Praia Báltica
Toda a extensão do istmo que está do lado do mar Báltico é uma única e longa praia. As áreas próximas dos vilarejos atraem muita gente no verão, enquanto outras são pouco visitadas. Só é permitido estacionar no istmo em áreas estipuladas.

★ **Duna Parnidis**
A 52m acima de Nida, a Duna Parnidis (Grande) é um dos pontos mais altos do istmo, com uma vista magnífica. Um relógio de sol foi construído em 1995.

Duna Vecekrug é a mais alta, com vegetação (67,2m) e trilha para bicicleta

Veja hotéis e restaurantes dessa região nas pp. 306-7 e 330-1

OESTE DA LITUÂNIA | **289**

Juodkrantė

★ Morro das Bruxas
Divertidas e assustadoras estátuas de madeira, como a figura ao lado, espreitam o caminho que atravessa a mata de pinheiros atrás de Juodkrantė. As estátuas foram colocadas por escultores locais nos anos 1980.

PREPARE-SE

Informações Práticas
Mapa rodoviário B5. 🛈 Taikos 4, Nida, (469) 52 345. Aluguel de bicicletas no centro.
W **visitneringa.com** ou
W **nerija.lt**

Transporte
🚌 Naglių 18e, Nida, (469) 52 859.
⛴ Naglių 14, Nida, (469) 51 101.
Várias agências oferecem cruzeiros em navios e até em uma réplica do kurėnas, bem como passeios locais e excursões pela laguna ou pelas Dunas Mortas.

Dunas Mortas
Essas dunas, que já foram móveis, hoje estão fixadas pela vegetação e são santuários de aves, animais e plantas. As trilhas vão desde a duna Avikalnio, ao norte, até a duna Agilo, ao sul.

Trilhas na Floresta
É possível caminhar por toda a extensão do istmo ou dar a volta completa. A trilha, marcada no mapa com linha vermelha, tem trechos em praias desertas.

0 km   2

Dunas Móveis
No século XVII, quando as matas do istmo da Curlândia foram derrubadas para abastecer a indústria de combustível e as constantes campanhas militares, as dunas móveis ficaram desimpedidas. Com os ventos do Báltico, a areia se movia até 20m por ano em certos lugares, enterrando aldeias inteiras. Só no século XIX, quando a área foi reflorestada, é que as dunas móveis foram contidas.

Duna Parnidis vista do porto de Nida

Legenda
= Estrada principal
••• Trilha
-- Percurso do ferryboat

Legenda dos símbolos *na orelha da contracapa*

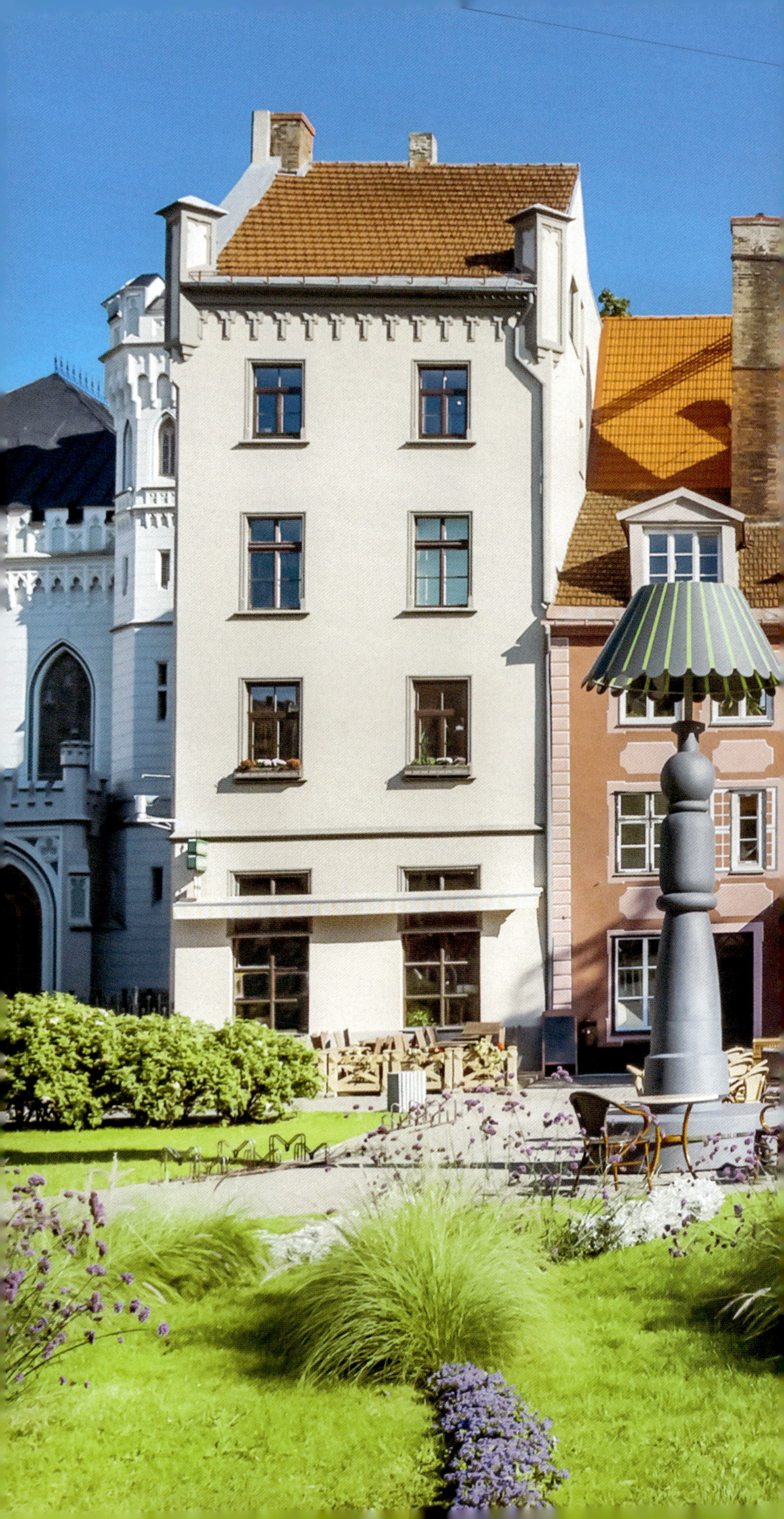

INDICAÇÕES AO TURISTA

Onde Ficar	292-307
Onde Comer e Beber	308-331
Compras	332-343
Diversão	344-355
Atividades ao Ar Livre e Interesses Especiais	356-361

ONDE FICAR

Os países bálticos oferecem hospedagem variada, inclusive hotéis de luxo, albergues no centro das cidades, pousadas rurais e resorts com spa à margem dos lagos. Embora haja muitas alternativas baratas e de boa qualidade nas capitais, Tallinn, Riga e Vilna, ainda é aconselhável fazer reserva com boa antecedência para o final da primavera, o verão e o início do outono. Em cidades menores e no interior, é muito fácil encontrar um lugar para dormir. As reservas são diretas, já que até pousadas pequenas têm sites na internet e anúncios em outras fontes de informação. As opções recomendadas nas pp. 296-307 são um bom ponto de partida para pesquisas referentes a acomodação.

Cabana da Toomalõuka Tourist Farm, na ilha Saaremaa, Estônia *(p. 298)*

Reservas

As reservas podem ser efetuadas por telefone, e-mail ou sites de hotéis e outras empresas especializadas, como o booking.com. Para estabelecimentos fora da rota turística, consulte operadoras de viagem e sites de órgãos turísticos locais ou de associações de hoteleiros. Escritórios de informações turísticas também são úteis e fazem reservas, caso chegue de improviso a uma cidade cuja maioria dos hotéis esteja lotada.

Preços e Pagamento

Os principais cartões de crédito em geral são bem aceitos, mas é melhor se informar sobre as formas de pagamento antes de chegar ao hotel, sobretudo em áreas rurais. Pergunte também o que a tarifa anunciada contempla – muitos hotéis incluem café da manhã e comodidades como academia, mas cobram à parte por outras instalações, como sauna.

As faixas de preço variam muito conforme o país e o hotel, mas muitos estabelecimentos oferecem bons descontos em meses de baixa demanda. Fique atento também a ofertas, pacotes e descontos especiais.

Gorjeta

Não é habitual dar gorjeta a taxistas, barmen e porteiros nos países bálticos. Como regra prática, no entanto, ofereça a gratificação somente quando ficar especialmente satisfeito com o atendimento.

Hotéis de Luxo

Tallinn, Riga e Vilna têm uma grande gama de hotéis de luxo, alguns dos quais recebem chefes de Estado e outras figuras importantes. Muitas vezes, ocupam edifícios históricos que foram adaptados para oferecer instalações de alto padrão, porém mantendo suas características originais. Há também vários hotéis excelentes geridos por grandes grupos internacionais, como o Radisson Blu Astorija Hotel, em Vilna *(p. 305)*, e o Europa Royale Rīga *(p. 300)*.

Mesmo nos hotéis mais luxuosos dos países bálticos, piscinas são uma raridade, mas academias, spas e saunas são comuns, assim como cozinha ótima e Wi-Fi (embora às vezes o acesso à internet seja cobrado à parte).

Hotéis Modernos

Há hospedagem de boa qualidade a preços acessíveis por todo o território da Estônia, da Letônia e da Lituânia.

Em geral, as cidades de porte grande ou médio abrigam diversos hotéis modernos, mas há poucas opções desse tipo nas Cidades Velhas de Tallinn, Riga e Vilna. A maioria dos estabelecimentos hoteleiros está situada na área central ou em regiões pouco mais periféricas. A qualidade dos hotéis modernos varia bastante, então sempre pesquise antes de fazer a reserva. Entre no site do local e leia resenhas de pessoas que já se hospedaram lá.

Entrada do Kolonna Hotel, em Rēzekne, Letônia *(p. 303)*

Pädaste Manor, uma casa de fazenda do século XVI, na ilha Muhu, Estônia *(p. 297)*

Apartamentos e Casas Particulares

Alugar um apartamento é uma excelente opção de hospedagem, ainda pouco utilizada nos países bálticos. Várias agências nas cidades principais oferecem esse serviço, como a **Erel Apartments & Residences** e a **Goodson & Red Apartments**, em Tallinn, a **Lilija Plus Real Estate Agency**, em Riga, e a **Eldorado Apartments** e a **Eugenijus Apartments**, em Vilna. Também disponíveis em outras localidades, esses apartamentos podem ser opulentos ou espartanos, mas em geral têm alto padrão, com instalações melhores do que as oferecidas por um hotel na mesma faixa de preço, além de localização central. As tarifas são muito competitivas. Muitas propriedades também aparecem em listas de sites de locação conhecidos, como o **Airbnb**.

Pousadas

Nas cidades principais, as pousadas são pequenas, às vezes de gestão familiar, cobram preços moderados e oferecem de oito a vinte quartos, limpos e aconchegantes. Conforme o caso, são uma opção conveniente, e muitas situam-se nos centros históricos, em edifícios mais antigos, com certo charme. Em áreas rurais, podem ser a melhor alternativa. A maioria delas fica próximo à casa dos donos, o que lhes confere um toque pessoal. Esteticamente, elas se inspiram em edifícios rústicos de madeira bem integrados ao interior da região báltica e quase sempre oferecem várias atividades para os hóspedes, como nado, esportes e saunas. Os donos também podem organizar passeios guiados em atrações locais. Refeições são opcionais, porém um café da manhã ou um jantar caseiros e fartos custam menos do que em um restaurante local.

A oferta de pousadas rurais é enorme em todos os países bálticos, inclusive em suas áreas mais remotas. Reservas podem ser feitas por meio dos sites ou da associação de turismo rural – **Estonian Rural Tourism**, na Estônia, **Baltic Country Holidays**, na Letônia, e **Countryside Tourism Association**, na Lituânia.

O turismo rural ganhou tanta popularidade nos países bálticos que muitas dessas pousadas têm lotação esgotada durante todo o verão. Portanto, é aconselhável fazer reserva com o máximo de antecedência possível.

Albergues

Opção favorita de jovens que viajam com orçamento limitado, os albergues eram raros e esparsos nos países bálticos. Com o desenvolvimento da indústria do turismo na região, hoje mochileiros e outros viajantes em busca de hospedagem barata e sociável são bem servidos nos três países em questão.

A maioria dos albergues apresenta padrão de conforto decente e leitos em dormitórios com tarifas razoáveis, assim como alguns quartos privativos a preço bem menor do que o cobrado por hotéis medianos. Esse tipo de hospedagem também garante comodidades mínimas, como acesso à internet, permissão para uso da cozinha e uma sala de estar. Em alguns estabelecimentos há bares com bebidas, passeios em atrações e, no caso do Red Emperor *(p. 296)*, em Tallinn, música ao vivo e uma rampa de skate.

Muitos albergues são de gestão privada – alguns deles estão presentes na lista das pp. 296-307. Outros pertencem à rede mundial de albergues da juventude, a **Hostelling International**. É preciso ser afiliado para se hospedar em um desses albergues, mas a inscrição é barata, e o visitante pode efetuá-la no momento da reserva.

Suíte elegante do Neiburgs Hotel, em Riga *(p. 301)*

Piscina do hotel Vanagupe no balneário praiano de Palanga, Lituânia *(p. 307)*

Campings

Como acampar no verão é um programa muito popular na Estônia, na Letônia e na Lituânia, há inúmeros campings espalhados por esses países. São em geral muito baratos e oferecem comodidades básicas, como chuveiros e um restaurante simples. No entanto, nem todos apresentam boas instalações sanitárias. Parques nacionais dispõem de áreas oficiais para acampamento, grátis. Muitos campings comerciais também oferecem cabanas básicas, às vezes com cozinha.

Em geral, há uma postura bastante descontraída em relação à atividade de camping nos países bálticos, e as pessoas acampam em praias, lagos e florestas de maneira improvisada. Muitas pousadas também permitem que as pessoas montem barracas em seu terreno mediante uma pequena taxa. Para acampar em propriedades privadas, no entanto, é fundamental obter antes a permissão do dono.

Há listas completas de campings nos sites oficiais de turismo dos países bálticos *(p. 365)* e em outros especializados em turismo rural. A Estônia conta com a **RMK**, uma organização eficiente que se ocupa do assunto no país.

Despesas Extras

A maioria dos bons hotéis dos países bálticos oferece serviço transparente e não embute taxas extras na conta. No entanto, verifique sempre o custo das bebidas no frigobar e de ligações telefônicas realizadas do quarto antes de utilizar essas comodidades, pois o preço pode ser exorbitante. Em hotéis menores, pergunte sempre se o café da manhã está incluso na tarifa.

Pousadas rurais costumam ser bem reticentes quanto ao custo de serviços extras. Portanto, é aconselhável verificar de antemão o preço exato de refeições, bebidas, uso da sauna, passeios guiados e qualquer atividade adicional, para evitar constrangimentos na hora de acertar a conta.

Crianças

Crianças são bem-vindas em quase todos os hotéis e pousadas da Estônia, da Letônia e da Lituânia. Alguns estabelecimentos destinam quartos especiais para famílias que viajam com crianças, mas qualquer hotel providencia camas extras e berços para bebês. Muitas pousadas rurais dispõem de áreas lúdicas e atividades especiais para o público infantil. Além disso, a oferta de babás se torna cada vez mais comum. Certos hotéis grandes oferecem tarifas especiais para famílias, que incluem passeios.

Fumo

Em qualquer um dos três países bálticos é proibido fumar em lugares públicos, o que abrange as áreas comuns de estabelecimentos hoteleiros, como saguões e restaurantes. Alguns hotéis grandes disponibilizam zonas especiais para fumantes, as quais são indicadas por um símbolo verde. Na maioria dos hotéis, porém, os

Quarto bem equipado do Radisson Blu Astorija Hotel, em Vilna *(p. 305)*

Decoração sóbria do SemaraH Hotel Metropole, em Riga *(p. 300)*

hóspedes ainda podem optar por ocupar quartos para fumantes ou não fumantes.

Portadores de Deficiência

Até recentemente, só havia acesso e instalações para portadores de deficiência em estabelecimentos de alto padrão e grandes hotéis de redes. Hoje, a maioria dos hotéis novos nas capitais dos três países já conta com estrutura adaptada em seus projetos, e a situação melhorou bastante. No entanto, ainda são poucas as pousadas rurais que dispõem de instalações adequadas para esse segmento.

Hotéis Recomendados

A Estônia, a Letônia e a Lituânia dispõem de uma gama excelente de hospedagem, porém a maioria das opções mais luxuosas se encontra nas Cidades Velhas históricas das capitais. As listas nas pp. 296-307 abrangem uma grande variedade de tipos de hospedagem, desde hotéis de luxo ou modernos de padrão mediano a apartamentos, pousadas, albergues e campings.

Os países bálticos abrigam hotéis históricos extremamente charmosos. O hotel-butique Three Sisters *(p. 297)*, em Tallinn, é uma adaptação magnífica de três casas medievais; o Hotel Justus *(p. 300)*, em Riga, ocupa o dormitório de uma catedral do século XIV; os quartos no Castelo Jaunpils *(p. 301)*, do século XIII, no oeste da Letônia, oferece camas antigas com dossel e lareira; e o hotel Monte Pacis *(p. 306)*, em Kaunas, na Lituânia, ocupa um mosteiro do século XII mobiliado com elegância.

Há também numerosos refúgios rústicos, perfeitos para tratamentos de spa e contato com a natureza. A Akmenine Rezidencija *(p. 306)*, na Lituânia, é uma opção romântica junto a um lago, ao passo que o Taevaskoja Salamaa *(p. 299)*, na Estônia, é um retiro rural simples indicado para famílias.

Ao longo das listas, certos estabelecimentos foram indicados nos quadros de "Destaque", por oferecerem algo de especial, como um cenário histórico, vistas magníficas, comodidades excelentes ou localização idílica. Seja qual for a razão, garantem uma estada memorável.

Interior revestido de pinho na Akmeninė Rezidencija, em Trakai, Lituânia *(p. 306)*

AGENDA

Apartamentos e Casas Particulares

Airbnb
w airbnb.com

Eldorado Apartments
Vilna.
Tel +372 6991 7391.
w apartamentai.lt

Erel Apartments & Residences
Tartu mnt 14, Tallinn 10149, Estônia.
Tel +372 663 1640.
w erel.ee

Eugenijus Apartments
Vilniaus 25-1,
Vilna.
Tel +372 6994 2456.
w vilniusapartments.lt

Goodson & Red Apartments
Jõe 5, Tallinn.
Tel +372 666 1650.
w goodsonandred.com

Lilija Plus Real Estate Agency
Rīdzenes iela 25, Riga.
Tel +371 6721 6040.
w lilarealty.lv

Pousadas Rurais

Baltic Country Holidays (Lauku ceļotājs)
Kalnciema 40, Riga.
Tel +371 6761 7600.
w celotajs.lv

Estonian Rural Tourism
Vilmsi tänav 53 G, Tallinn.
Tel +372 600 9999.
w maaturism.ee

Lithuanian Countryside Tourism Association
Donelaičio gatvė 2-201, Kaunas.
Tel +370 37 400 354.
w atostogoskaime.lt

Albergues

Hostelling International
w hihostels.com

Campings

RMK
Toompuiestee 24,
10149, Tallinn.
Tel +372 676 7500.
w rmk.ee

Onde Ficar na Estônia

Tallinn

Economy Hotel €
Moderno   Guia de Ruas B1
Kopli tee 2c, 10412
Tel *667 8300*
🌐 economyhotel.ee
O aconchegante Economy Hotel tem quartos com mesas de trabalho e piso de madeira. Localização conveniente perto da estação de trem principal.

Go Hotel Shnelli €
Moderno   Guia de Ruas B2
Toompuiestee 37, 10133
Tel *631 0100*
🌐 gohotels.ee
Esse hotel elegante disponibiliza quartos impecáveis, alguns com vista da Cidade Velha. Café da manhã farto, cassino, spa e estacionamento grátis são atrativos. A equipe é cortês e eficiente.

Old Town Münkenhof €
Albergue   Guia de Ruas D2
Munga 4, 10123
Tel *507 4766*
🌐 oldtownmunkenhof.ee
Opte entre quartos privativos limpos e dormitórios com quatro a seis leitos em uma casa na Cidade Velha, com cozinha comunitária.

Red Emperor Hostel €
Albergue   Guia de Ruas D2
Aia 10, 10111
Tel *608 7387*
🌐 redemperorhostel.com
Albergue moderno com ótimas instalações, quartos privativos e dormitórios mistos. O bar, animado, atrai jovens locais que se divertem até tarde da noite.

Romeo Family Apartments €
Apartamentos   Guia de Ruas C3
Suur-Karja 18, Apt 38, 10149
Tel *5690 4786*
🌐 romeofamily.ee
Esses apartamentos na Cidade Velha contam com micro-ondas e máquina de lavar; alguns também têm cozinha completa. Café da manhã incluso na tarifa.

Vabriku €
Pousada   Guia de Ruas B1
Vabriku 24, Põhja-Tallinn 15010
Tel *646 6287*
🌐 vabrikuhostel.eu
Quartos duplos e triplos simples ocupam essa casa encantadora com jardim, a uma curta caminhada da Cidade Velha. Há também cozinha partilhada e área para churrasco.

CRU Hotel €€
Histórico   Guia de Ruas D3
Viru 8, 10640
Tel *611 7600*
🌐 cruhotel.eu
Hotel esplêndido em um edifício do século XV, com vigas expostas e detalhes de época. O restaurante é excelente.

Delta Apartments €€
Apartamentos   Guia de Ruas C2
Raekoja plats 8, 10146
Tel *644 3534*
Esses apartamentos amplos e limpos na Cidade Velha dispõem de cozinha bem equipada – alguns contam até com sauna.

Hotel Bern €€
Moderno   Guia de Ruas D2
Aia 10, 10111
Tel *680 6630*
🌐 bernhotelestonia.com
Nesse hotel agradável em um edifício de tijolos, os quartos são pequenos, mas o serviço é ótimo, e o café da manhã, farto.

Hotel Palace €€
Moderno   Guia de Ruas C3
Vabaduse Väljak 3, 10141
Tel *680 6604*
🌐 tallinnhotels.ee
Hotel com interior elegante e quartos voltados para a Cidade Velha. Sua estrutura conta com sauna e uma piscina pequena.

Kalev Spa Hotel & Waterpark €€
Hotel-spa   Guia de Ruas D2
Aia 18, 10111
Tel *649 3300*
🌐 kalevspa.ee
Um enorme parque aquático com três escorregadores e uma piscina grande fazem desse hotel uma opção central ótima para famílias. Quartos amplos e elegantes.

Cama com dossel em quarto do The Three Sisters Boutique Hotel, em Tallinn

---

Categorias de Preço
Diária de um quarto padrão para duas pessoas, na alta temporada, com taxas de serviço e impostos.

€	até €80
€€	€80-€180
€€€	acima de € 180

Destaque

Merchant's House Hotel €€
Histórico   Guia de Ruas C2
Dunkri 4/6, 10123
Tel *697 7500*
🌐 merchantshousehotel.com
Em um casarão do século XVI no centro da Cidade Velha, esse hotel-butique oferece quartos muito charmosos que realçam com bom gosto as características medievais rústicas do local. O porão abobadado abriga um restaurante, no qual os hóspedes desfrutam do farto bufê de café da manhã.

My City Hotel €€
Moderno   Guia de Ruas C3
Vana-Posti 11/13, 10146
Tel *622 0900*
🌐 mycityhotel.ee
Esse hotel encantador na Cidade Velha, a poucos passos da Praça da Prefeitura, oferece quartos mobiliados com muita elegância e serviço de alto padrão.

Original Sokos Hotel Viru €€
Moderno   Guia de Ruas D3
Viru Väljak 4, 10111
Tel *680 9300*
🌐 sokoshotels.fi
O vasto complexo hoteleiro Original Sokos tem dois restaurantes, casa noturna e shopping center. A ampla variedade de quartos atende tanto famílias quanto executivos.

Videviku Villa Apartments €€
Apartamentos
Videviku 30, 10139
Tel *503 4107*
Aluga diversos apartamentos amplos, dotados de cozinha bem equipada e mobília em estilo antigo, situados em um bairro tranquilo.

Hotel Telegraaf €€€
Luxuoso   Guia de Ruas C2
Vene 9, 10123
Tel *600 0600*
🌐 telegraafhotel.com
Um antigo posto de telégrafo foi transformado em um dos melhores hotéis de Tallinn. Há quartos suntuosos, um restaurante ótimo (p. 316) e serviço impecável.

Guia de Ruas de Tallinn *nas pp. 86-7;* **Mapa rodoviário** *na guarda da contracapa*

ONDE FICAR NA ESTÔNIA | 297

Radisson Blu Sky Hotel €€€
Luxuoso   Guia de Ruas E3
Rävala puiestee 3, 10143
Tel *682 3000*
w radissonblu.com
Em um edifício de vidro próximo à Cidade Velha, o ultramoderno Radisson Blu Sky tem um bar na cobertura com vistas panorâmicas do mar e da cidade.

St Petersbourg Hotel €€€
Histórico   Guia de Ruas C2
Rataskaevu 7, 10123
Tel *628 6500*
w hotelstpetersbourg.com
Inaugurado em 1850, esse é o hotel mais antigo e um dos melhores da região. Os quartos amplos exibem decoração extravagante e toques art déco.

Schlössle Hotel €€€
Histórico   Guia de Ruas C2
Pühavaimu 13/15, 10123
Tel *699 7700*
w schloesslehotel.com
Esse hotel cinco estrelas ocupa várias casas do século XIV. Quartos luxuosos complementam os interiores medievais. Há também um ótimo restaurante *(p. 315)*.

Swissotel Tallinn €€€
Luxuoso   Guia de Ruas E3
Tornimäe 3, 10145
Tel *624 0000*
w swissotel.com
No edifício mais alto de Tallinn, esse hotel estupendo tem spa, piscina com sauna e um bar e restaurante na cobertura, com vistas espetaculares da cidade.

The Three Sisters Boutique Hotel €€€
Histórico   Guia de Ruas D1
Pikk 71 / Tolli 2, 10133
Tel *630 6300*
w threesistershotel.com
Três casas medievais foram transformadas com primor no principal hotel-butique de luxo de Tallinn. Os quartos, grandes e confortáveis, exibem equipamentos modernos e detalhes de época.

Oeste da Estônia

HAAPSALU: Lahe Guesthouse €
Pousada   Mapa rod. C2
Lahe 7, 90503
Tel *516 3023*
w lahemaja.com
Em uma mansão centenária, essa pousada serena de gestão familiar dispõe de quartos grandes com decoração clássica. Em meio a belos jardins, possibilita ir a pé ao mar e a atrações locais.

Quarto duplo de categoria superior no Schlössle Hotel, em Tallinn

HAAPSALU: Fra Mare Thalasso Spa €€
Hotel-spa   Mapa rod. C2
Ranna tee 2, 90403
Tel *472 4600*
w framare.ee
Esse hotel moderno localizado diante do mar oferece vários tratamentos de spa e de beleza, além de quartos bonitos, um complexo de piscinas, sauna e academia.

ILHA HIIUMAA: Kassari Puhkekeskus €€
Moderno   Mapa rod. C2
Vilarejo de Kassari, freguesia de Käina, 92111
Tel *469 7169*
w kassarikeskus.ee
Ideal para famílias, esse hotel litorâneo oferece um jardim grande, área lúdica para crianças e quitinetes amplas.

ILHA KIHNU: Tolli Tourism Farm €
Pousada   Mapa rod. C2
Vilarejo de Säare, freguesia de Kihnu, 88005
Tel *527 7380*
w kihnukallas.ee
Nessa fazenda em um cenário rural idílico, os hóspedes podem ir para o mar com os pescadores da ilha. A Tolli Tourismo Farm também proporciona atividades esportivas.

ILHA MUHU: Igaküla Matsi Puhkemaja €
Pousada   Mapa rod. C2
Fazenda Matsi, vilarejo de Igaküla, 94722
Tel *5668 2681*
w matsitalu.ee
Essa atraente casa de fazenda de madeira do século XIX é coberta de palha e cercada por jardins imaculados. Seus três quartos amplos são bem mobiliados e comportam até cinco pessoas. Há também três pequenas cabanas de madeira.

Destaque
ILHA MUHU: Pädaste Manor €€€
Luxuoso   Mapa rod. C2
Pädaste, 94716
Tel *454 8800*
w padaste.ee
Hotel estupendo de alta classe nas matas diante das águas, a casa de fazenda Pädaste Manor é do século XVI e foi reformada. Charmosa, apresenta móveis antigos, lareiras e tijolos expostos. Sua estrutura conta com heliporto, spa, sala com mesas de bilhar e restaurante de renome internacional *(p. 317)*. É o lugar ideal para se isolar de tudo sem abrir mão do estilo.

ILHA SAAREMAA: Toomalõuka Tourist Farm €
Pousada   Mapa rod. B2
Fazenda Kopli, vilarejo de Toomalõuka, freguesia de Salme, 93261
Tel *5646 6567*
w toomaloukaturism.ee
Pousada rústica coberta de palha, com quartos confortáveis revestidos de madeira, e um celeiro para até vinte pessoas. Os donos organizam pescarias, mergulhos e passeios de caiaque e bicicleta.

ILHA SAAREMAA: Georg Ots Spa Hotel €€
Hotel-spa   Mapa rod. C2
Tori 2, Kuressaare, 93810
Tel *455 0000*
w gospa.ee
Há instalações e serviço notáveis nesse hotel com muitos quartos, voltados para o mar ou para o castelo. Café da manhã farto e um restaurante ótimo *(p. 318)*.

ILHA SAAREMAA: Kuursaal Guesthouse €€
Moderno   Mapa rod. C2
Lossipark 1, Kuressaare, 93815
Tel *453 9749*
w kuressaarekuursaal.ee

Mais informações sobre hotéis *nas pp. 292-5*

Essa pousada ao lado do castelo tem quartos com banheiro e mosquiteiro, além de restaurante de cozinha francesa e estoniana.

ILHA SAAREMAA:
Ekesparre Boutique Hotel €€€
Luxuoso Mapa rod. C2
Lossi 27, Kuressaare, 93815
Tel *453 8778*
w ekesparre.ee
O Ekesparre é o hotel mais antigo da ilha, e um dos melhores. Serviço notável e ótima localização ao lado do Castelo do Bispo (p. 98).

ILHA VORMSI: Elle-Malle €
Pousada Mapa rod. C1
Vilarejo de Hullo, 91301
Tel *473 2072*
Essa pousada relaxante conta com vários quartos simples rústicos, um quarto duplo romântico em um moinho de vento e uma casa separada. Bicicletas disponíveis para passear na ilha.

ILHA VORMSI:
Rumpo Mäe Farm €
Pousada Mapa rod. C1
Vilarejo de Rumpo, 91309
Tel *472 9932*
w rumpomae.ee
Fazenda charmosa e camping junto ao mar, a Mäe Farm oferece quartos simples e asseados, e vagas para barracas. Há atividades como passeios de caiaque, arco e flecha, pescarias e ciclismo.

PALDISKI: Padise Manor €€
Histórico Mapa rod. C1
Vilarejo de Padise, freguesia de Padise, 76001 **Tel** *608 7877*
w padisemois.ee
Em um casarão histórico do século XVIII voltado para as ruínas de um mosteiro do século XIII, esse hotel apresenta interior elegante e oferece atendimento impecável.

PÄRNU: Rannahotell €€
Hotel-spa Mapa rod. D2
Ranna puiestee 5, 80010
Tel *444 4444*
w rannahotell.ee
A maioria dos quartos desse hotel elegante é voltada para a praia. Há spa, sauna, quadra de tênis e área lúdica para crianças.

PÄRNU: Villa Ammende €€€
Luxuoso Mapa rod. D2
Mere puiestee 7, 80010
Tel *447 3888*
w ammende.ee
Hotel em uma mansão art nouveau, com um restaurante maravilhoso (p. 317) e serviço de alto padrão. Os quartos são belamente decorados em estilo de época. Perto da praia e da Cidade Velha.

PÄRNU:
Frost Boutique Hotel €€€
Luxuoso Mapa rod. D2
Kuninga 11a, 80011
Tel *5303 0424*
w frosthotel.ee
Esse belo hotel na Cidade Velha tem quartos com decoração individual em madeira e pedra e toques modernos. Portas transparentes nos banheiros.

PARQUE NACIONAL MATSALU:
Altmõisa Guesthouse €
Pousada Mapa rod. C2
Vilarejo de Tuuru, freguesia de Ridala, 90426
Tel *472 4680*
w altmoisa.ee
Pousada encantadora com vistas para o mar. Boa para observação de pássaros e caminhadas.

PARQUE NACIONAL MATSALU:
Algallika €€
Pousada Mapa rod. C2
Fazenda Mäe, vilarejo de Ranna, freguesia de Hanila, 90115
Tel *5556 6088*
w algallika.ee
Pousada rural agradável cercada por belezas naturais. Quartos grandes e acolhedores, além de um celeiro de feno adaptado.

PARQUE NACIONAL SOOMAA:
Guesthouse Linnamehe €
Pousada Mapa rod. D2
Vilarejo de Kuiaru, freguesia de Tori, 86800
Tel *517 8379*
w linnamehe.ee
Bela casa de madeira simples, com jardins, área lúdica infantil e um lago para nado. Hospitaleiros, os donos organizam passeios.

Leste da Estônia

COSTA DE ONTIKA:
Toila Spa Hotel €€
Hotel-spa Mapa rod. E1
Ranna 12, Toila 41702
Tel *324 2900*
w toilaspa.ee
A hospedagem nesse vasto complexo diante do mar se dá em apartamentos autônomos ou em um camping. O interior do Toila é um pouco antiquado.

KUREMÄE: Kuremäe Hostel €
Albergue Mapa rod. E1
Vilarejo de Kuremäe, freguesia de Illuka, 41201
Tel *525 0896*
Quartos duplos básicos, alguns com banheiro partilhado, em casa aconchegante perto do Convento Pühtitsa. O pequeno café-bar serve refeições leves.

O Rannahotell, construído nos anos 1930 em Pärnu

NARVA-JÕESUU:
Pansionaat Valentina €€
Pousada Mapa rod. E1
Aia 47, 29023
Tel *357 7468*
w pansionaatvalentina.com
Com localização espetacular em meio a matas densas junto ao mar, tem dois quartos simples e dois apartamentos elegantes.

NARVA-JÕESUU:
Meresuu Spa & Hotel €€€
Hotel-spa Mapa rod. E1
Aia 48a, 29023
Tel *357 9600*
w meresuu.ee
Hotel moderno em edifício alto próximo à praia. Spa de ótimo padrão e quartos com vistas do mar.

OTEPÄÄ: Pühajärve Spa & Holiday Resort €€
Hotel-spa Mapa rod. E2
Pühajärve, 67414
Tel *766 5500*
w pyhajarve.com
Com bela localização, oferece vários tratamentos de beleza e bem-estar, bilhar, boliche, academia e uma piscina grande.

PARQUE NACIONAL LAHEMAA:
Sae Hostel €
Albergue Mapa rod. D1
Vilarejo de Koljaku, freguesia de Vihula, 45419
Tel *5656 0901*
w saehostel.weebly.com
Em casa idílica nas matas, dispõe de quartos simples, cozinha e área de estar partilhadas, além de sauna. Gentis, os donos alugam bicicletas e dão dicas de passeios.

PARQUE NACIONAL LAHEMAA:
Merekalda Guesthouse €€
Pousada Mapa rod. D1
Neeme tee 2, vilarejo de Käsmu, 45601
Tel *323 8451*
w merekalda.ee
Nesse refúgio litorâneo ideal para caminhadas e ciclismo, há quitinetes com pátio ou sacada.

Categorias de Preço na p. 296; **Mapa rodoviário** *na guarda da contracapa*

ONDE FICAR NA ESTÔNIA

**PARQUE NACIONAL LAHEMAA:
Sagadi Manor Hotel** €€€
Luxuoso　　　Mapa rod. D1
Vilarejo de Sagadi, freguesia de Vihula, 45403
Tel *676 7888*
W **sagadi.ee**
No terreno do belo Solar Sagadi (p. 113), esse hotel possui quartos charmosos nos estábulos reformados com elegância.

**PÕLTSAMAA: Guesthouse
Carl Schmidt** €
Pousada　　　Mapa rod. D2
Kesk 4, 48105
Tel *5346 8303*
Essa pousada central bem gerida no centro tem um pub e belo interior rústico. Quartos pequenos, mas o serviço cortês compensa.

PÕLVA: Hotel Pesa €
Moderno　　　Mapa rod. E2
Uus 5, 63308
Tel *799 8530*
W **kagureis.ee**
O agradável Hotel Pesa tem quartos confortáveis, uma piscina grande e outra para crianças. Organiza passeios na área.

RAKVERE: Hotell Wesenbergh €
Moderno　　　Mapa rod. D1
Tallinna 25, 44311
Tel *322 3480*
W **wesenbergh.ee**
Com o nome do castelo local, esse hotel se destaca pela decoração primorosa. Vários quartos possuem sauna privativa.

RÕUGE: Rõuge Suurjärve €
Pousada　　　Mapa rod. E2
Metsa 5, 66201
Tel *785 9273*
W **maremajutus.ee**
Ótima base para explorar a área ao redor, essa pousada de madeira tem quartos simples, porém confortáveis, e café da manhã rústico. Almoço e jantar sob pedido.

SILLAMÄE: Hotel Krunk €€
Moderno　　　Mapa rod. E1
Kesk 23, 40231
Tel *392 9030*
W **krunk.ee**
Construído nos anos 1950 sob o jugo soviético, esse é um exemplo interessante da arquitetura neobarroca stalinista. Quartos amplos, porém básicos e antiquados.

**SOLAR SANGASTE:
Sangaste Castle Hotel** €€
Histórico　　　Mapa rod. D2
Vilarejo de Lossi, freguesia de Sangaste, 67005
Tel *529 5911*
W **sangasteloss.com**
Esse solar de tijolos vermelhos em estilo neogótico inglês oferece quartos charmosos com pé-direito alto e vigas antigas de madeira.

**SUUR MUNAMÄGI:
Haanjamehe Talu** €
Pousada　　　Mapa rod. E2
Vilarejo de Vakari, freguesia de Haanja, 65101
Tel *502 3103*
W **haanjamehetalu.ee**
Essa fazenda acomoda os hóspedes em celeiros reformados de madeira e na sede. Há atividades como excursões pela região, saídas de caiaque e, conforme a época do ano, passeios de trenó ou de carruagem.

Destaque
**TAEVASKOJA:
Taevaskoja Salamaa** €
Pousada　　　Mapa rod. E2
Taevaskoja tee 32, freguesia de Põlva, 63229
Tel *5345 6480*
W **salamaa.eu**
Nas matas, essa pousada simples e serena é o retiro rural ideal. Os quartos têm decoração individual baseada em temas de lendas locais e beliches para famílias grandes. Uma alternativa é montar barracas no camping. Há uma cozinha grande de partilhada e uma área lúdica excelente ao ar livre, com balanços e cama elástica. Caminhadas e passeios de caiaque e de bicicleta estão entre as atividades disponíveis.

TARTU: Antonius Hotel €€
Luxuoso　　　Mapa rod. E2
Ülikooli 15, 51003
Tel *737 0377*
W **hotelantonius.ee**
Em uma casa do século XVI restaurada com bom gosto, esse hotel charmoso na Cidade Velha apresenta móveis antigos e vigas expostas. O serviço é excelente.

**VILJANDI: Just Rest
Automatic Hostel** €
Albergue　　　Mapa rod. D2
Ranna puiestee 6, 71003
Tel *520 6772*
W **justrest.eu**
Esse albergue fantástico tem check-in automático, estilo era espacial e quartos com uma a quatro camas, além de banheiro e armários com chave.

**VILJANDI: Grand
Hotel Viljandi** €€
Moderno　　　Mapa rod. D2
Tartu 11, 71004
Tel *435 5800*
W **ghv.ee**
Hotel em edifício art déco com quartos em estilo clássico e aparelhos de ginástica. A sessão de sauna matinal está inclusa na tarifa.

VÕRU: Hämsaare Guesthouse €
Pousada　　　Mapa rod. E2
Vilarejo de Meegomäe, 65603
Tel *5566 9472*
W **hamsa.ee**
Essa casa de madeira do século XIX tem quartos aconchegantes e uma taverna rústica que serve comida estoniana tradicional.

**VÕRU: Kubija Hotel and
Nature Spa** €
Hotel c/ spa　　　Mapa rod. E2
Männiku 43a, 65603
Tel *504 5745*
W **kubija.ee**
Hotel tranquilo em uma floresta, oferece cinco piscinas, quatro saunas e tratamentos de bem-estar.

**VÕRU: Piusa Ürgoru
Holiday Centre** €
Pousada　　　Mapa rod. E2
Vilarejo de Väiko-Härma, freguesia de Meremäe, 65354
Tel *528 9134*
W **puhkemaja.ee**
A sede, um celeiro adaptado, cabanas de madeira e um camping compõem esse complexo. Há pesca de truta e sauna tradicional.

A Merekalda Guesthouse, no Parque Nacional Lahemaa, golfo da Finlândia

Mais informações sobre hotéis *nas pp. 292-5*

Onde Ficar na Letônia

Riga

Art Hotel Laine €
Pousada Guia de Ruas E2
Skolas 11, LV-1010
Tel *6728 8816*
w laine.lv
Esse belo edifício art nouveau oferece quartos duplos com banheiro e outros mais baratos, que partilham as instalações de higiene.

Elizabeth's Youth Hostel €
Albergue Guia de Ruas E4
Elizabetes 103-2, LV-1050
Tel *6721 7890*
w youthhostel.lv
Esse albergue limpo tem dormitórios e quartos que partilham banheiros. Fica perto da estação de trem e da Cidade Velha.

Guesthouse Jakob Lenz €
Pousada Guia de Ruas D1
Lenču 2, LV-1010
Tel *6733 3343*
w guesthouselenz.lv
Essa pousada no bairro art nouveau dispõe de quartos duplos com banheiros partilhados e outros maiores, com instalações de higiene privativas.

Hotel B&B Rīga €
Pousada Guia de Ruas E3
Gertrūdes 43, LV-1011
Tel *6727 8505*
w bb-riga.lv
Perto da Cidade Velha, esse B&B é voltado para um pátio. Cozinha na maioria dos amplos quartos.

Hotel Edvards €
Moderno Guia de Ruas E2
Dzirnavu 45/47, LV-1010
Tel *6743 9960*
w hoteledvards.lv
Hotel limpo com quartos simples em um edifício do século XIX. O café da manhã é variado, e há café e chá de cortesia o dia inteiro.

Albert Hotel €€
Moderno Guia de Ruas D2
Dzirnavu 33, LV-1010
Tel *6733 1717*
w alberthotel.lv
Esse hotel central situa-se em um edifício alto. O bar na cobertura e muitos dos quartos oferecem vistas lindas da cidade.

Apartments – Laipu €€
Apartamentos Guia de Ruas C3
Laipu 1, LV-1050
Tel *6781 4680*
Apartamentos bem equipados, com quartos elegantes e impecáveis. O serviço é ótimo.

Baltvilla €€
Hotel-spa
Senču prospekts 45, Baltezers, LV-2164
Tel *6784 0640*
w baltvilla.lv
À margem do lago Baltezers, a 15km do centro, o Baltvilla é especializado em tratamentos médicos e de spa. Boa estrutura para portadores de deficiência.

Europa Royale Rīga €€
Histórico Guia de Ruas E3
K Barona 12, LV-1050
Tel *6707 9444*
w groupeuropa.com
Esse edifício refinado do século XIX apresenta pé-direito alto, portas enormes e vitrais. Abriga também um cassino.

Hotel Garden Palace €€
Histórico Guia de Ruas C4
Grēcinieku 28, LV-1079
Tel *6722 4650*
w hotelgardenpalace.lv
Nesse hotel com elegância à moda antiga e tarifas razoáveis os quartos são mobiliados com opulência; alguns têm terraço.

Destaque

Hotel Justus €€
Histórico Guia de Ruas C4
Jauniela 24, LV-1050
Tel *6721 2404*
w hoteljustus.lv
Instalado nos dormitórios da catedral, do século XIV, esse hotel muito charmoso na Cidade Velha exibe detalhes de época e paredes de tijolos expostos, algumas com murais pintados pelos monges que moravam no local. Os quartos, de bom gosto, têm móveis antigos, ar-condicionado e Wi-Fi.

Fachada do Wellton Centrum Hotel & Spa, na Cidade Velha de Riga

Monika Centrum Hotels €€
Moderno Guia de Ruas C2
Elizabetes 21, LV-1010
Tel *6703 1900*
w monika.centrumhotels.com
Em um edifício neogótico atraente no bairro art nouveau, esse hotel impecável oferece quartos amplos, porém acolhedores.

SemaraH Hotel Metropole €€
Histórico Guia de Ruas D4
Aspazijas bulvāris 36/38, LV-1050
Tel *6601 0300*
w semarahhotels.com
Inaugurado em 1871, o SemaraH é um dos hotéis mais antigos da cidade. O interior, reformado, é bem moderno, mas não tem ar-condicionado.

Wellton Centrum Hotel & Spa €€
Hotel-spa Guia de Ruas D4
Kaļēju 33, LV-1050
Tel *6713 0670*
w wellton.com
Esse hotel e spa bem equipado fica bem situado no centro da Cidade Velha. O uso do spa não está incluso na tarifa-padrão. O serviço é excelente sob todos os aspectos.

Astor Rīga Hotel €€€
Moderno Guia de Ruas D3
Z A Meierovica bulvāris 10, LV-1050
Tel *6721 7777*
w astorrigahotel.lv
Inaugurado em 2012, esse hotel na Cidade Velha já conquistou excelente reputação, embora os quartos-padrão sejam um tanto pequenos.

Dome Hotel & Spa €€€
Luxuoso Guia de Ruas C3
Miesnieku 4, LV-1050
Tel *6750 9010*
w domehotel.lv
Esse hotel-butique cinco estrelas ocupa uma mansão do século XVII na Cidade Velha que foi reformada em 2009 por designers letões. As tarifas incluem o uso do *hammam*, porém não os tratamentos de spa e de bem-estar. O serviço é impecável.

Gallery Park Hotel €€€
Luxuoso Guia de Ruas D2
K Valdemāra 7, LV-1010
Tel *6733 8830*
w galleryparkhotel.com
Em um edifício imponente do século XIX que integra a Châteaux & Hôtels Collection, esse hotel cinco estrelas opulento tem piscina coberta, estacionamento subterrâneo e ótimo restaurante.

Categorias de Preço *na p. 296;* **Guia de Ruas de Riga** *nas pp. 164-5;* **Mapa rodoviário** *na guarda da contracapa*

Grand Palace Hotel €€€
Luxuoso Guia de Ruas C3
Pils 12, LV-1050
Tel *6704 4000*
w grandpalaceriga.com
Hotel luxuoso com um restaurante aclamado e um bar sofisticado. Os quartos ostentam pisos aquecidos e móveis modernos.

Hotel Bergs €€€
Luxuoso Guia de Ruas C2
Elizabetes 83/85, LV-1050
Tel *6777 0900*
w hotelbergs.lv
Esse prestigioso hotel-butique contém quartos grandes, decoração moderna discreta e um restaurante excelente *(p. 321)*.

Quarto elegante do Dome Hotel & Spa, em um edifício de 400 anos em Riga

Destaque

Neiburgs Hotel €€€
Histórico Guia de Ruas C4
Jauniela 25/27, LV-1050
Tel *6711 5522*
w neiburgs.com
Em uma esplêndida mansão art nouveau no coração da Cidade Velha, o chique Neiburgs é um dos melhores hotéis de Riga. Oferece quartos grandes bem mobiliados e apartamentos com cozinha, além de sauna, banho de vapor e um restaurante excelente.

Radisson Blu Hotel Latvija €€€
Moderno Guia de Ruas C2
Elizabetes 55, LV-1010
Tel *6777 2222*
w radissonblu.com
Esse hotel de 26 andares paira sobre a cidade. As instalações são de alto padrão, e há lindas vistas dos quartos e do bar na cobertura.

Oeste da Letônia

BAUSKA: Hotel Bērzkalni €
Moderno Mapa rod. D4
Bērzkalni 11a, LV-3901
Tel *6392 6888*
w berzkalni.lv
Esse hotel barato, a 2km do centro, oferece quartos duplos e triplos, alguns com banheiro partilhado. Há uma pequena piscina coberta e um restaurante.

DUNDAGA: Laumas €
Pousada Mapa rod. C3
Laumas, LV-3261
Tel *2640 3240*
Retiro maravilhoso em matas idílicas no Parque Ecológico Laumas, com quartos e apartamentos revestidos de painéis de madeira. Há atividades como pesca, caminhadas e minigolfe.

Destaque

JAUNPILS: Jaunpils Castle €€
Histórico Mapa rod. C4
Pils, distrito de Tukuma, LV-3145
Tel *6310 7082*
w jaunpilspils.lv
Perfeito para uma escapada romântica, esse castelo do século XIII *(p. 174)* não poderia ser mais charmoso. Quase todos os quartos têm banheiro privativo, camas com dossel, lareira e piso azulejado ou com parquê. Uma opção de hospedagem mais acessível é o dormitório misto.

JELGAVA: Hotel Jelgava €€
Moderno Mapa rod. C4
Lielā 6, LV-3001
Tel *6302 6193*
w hoteljelgava.lv
A curta caminhada do Palácio Jelgava, esse hotel tem quartos amplos bem decorados, um jardim agradável e sauna matinal de cortesia para os hóspedes.

JŪRMALA:
Dzintari Park Hostel €
Albergue Mapa rod. C3
Piestātnes 6/14, LV-2010
Tel *2586 2000*
Albergue impecável instalado em uma mansão de tijolos vermelhos, a somente 200m do mar. Há vários quartos amplos e dormitórios mistos ou separados para ambos os sexos.

JŪRMALA: Villa Joma €€
Histórico Mapa rod. C3
Jomas 90, LV-2015
Tel *6777 1999*
w villajoma.lv
Com localização invejável no coração do balneário, esse edifício imponente inaugurou na função de hotel no fim do século XIX. Apresenta ambientação interna elegante e um restaurante refinado *(p. 322)*.

JŪRMALA: Light House €€€
Luxuoso Mapa rod. C3
Gulbenes 1a, LV-1205,
Tel *6751 1445*
w lighthousejurmala.lv
Pequeno complexo com um restaurante envidraçado e um terraço em plena praia. Todos os onze quartos exibem temas diferentes e cozinha.

KANDAVA: Hotel Kandava €
Moderno Mapa rod. C3
Sabiles 3, LV-3120
Tel *2640 6733*
w hotelkandava.lv
Opção central barata, o Kandava tem quartos simples, porém limpos e confortáveis. O café-restaurante oferece pratos locais, e a equipe é solícita e eficiente.

KOLKA: Guesthouse Vītoli €
Pousada Mapa rod. C3
Vītoli, Kolka, LV-3275
Tel *2913 5764*
Perto do mar, no pitoresco Parque Nacional Slītere, essa pousada modesta tem um belo jardim e quartos básicos que partilham banheiro e cozinha.

KULDĪGA: Metropole €
Moderno Mapa rod. B3
Baznīcas 11, LV-3301
Tel *6335 0588*
w hotel-metropole.lv
Esse hotel mantém a fachada original de 1910, mas reformou seu interior em 2006, com base no design minimalista. Os tetos inclinados são um charme, e o restaurante, sofisticado *(p. 322)*.

LAGO ENGURE:
Guesthouse Mikas €
Pousada Mapa rod. C3
Ābragciems, distrito de Engure, LV-1048
Tel *2924 4653*
Os quartos dessa pousada serena perto do mar partilham banheiro, cozinha e um vasto jardim.

Mais informações sobre hotéis *nas pp. 292-5*

LIEPĀJA: Pie Jāna €
Albergue Mapa rod. B4
Raiņa 43, LV-3401
Tel *2036 4552*
w hotelpiejana.lv
Quartos privativos e dormitórios amplos em albergue central.

LIEPĀJA: Libava €€
Moderno Mapa rod. B4
Veca ostmala 29, LV-3401
Tel *6342 5318*
w libava.lv
Em uma central aduaneira do século XVIII ao lado do canal, esse hotel sereno oferece sete quartos com decoração moderna e um restaurante excelente.

MEŽOTNE: Mežotnes Pils €€
Luxuoso Mapa rod. D4
Distrito de Bauskas, LV-3918
Tel *6396 0711*
w mezotnespils.lv
Em um terreno amplo (p. 170), esse casarão do século XIX bem restaurado apresenta interior neoclássico. Os quartos, imponentes, revelam móveis antigos e vistas das matas.

NĪCA: Nīcava €
Pousada Mapa rod. B4
Freguesia de Nīcas, distrito de Nīcas, LV-3473
Tel *6348 6379*
w nicava.lv
Quartos grandes e confortáveis, porém antiquados, ocupam essa mansão com jardins charmosos junto ao lago. Bom restaurante com terraço sombreado (p. 323).

PĀVILOSTA: Viga €
Pousada Mapa rod. B4
Viļņu 3, LV-3466
Tel *2642 4389*
Em um bairro calmo perto do mar, essa ótima pousada abriga quartos aconchegantes. Há café e chá de cortesia o dia todo.

ROJA: Rēderi €
Moderno Mapa rod. C3
Kaltene, Roja, LV-3264
Tel *6322 0558*
w hotelrederi.lv
Hotel revestido de madeira com quartos amplos e vistas do mar. O café-restaurante ao lado serve refeições.

RUNDĀLE: Baltā Māja €
Histórico Mapa rod. D4
Pils Rundāle, LV-3921
Tel *6396 2140*
w hotelbaltamaja.lv
Nos antigos alojamentos da criadagem do Palácio Rundāle (pp. 172-3), os quartos têm banheiros partilhados, pisos originais e fogões antigos. Abre fora da alta temporada sob pedido.

SABILE: Firks Pedvāle €
Histórico Mapa rod. C4
Pedvāle, LV-3295
Tel *6325 2249*
Esse casarão no terreno do Museu ao Ar Livre de Pedvāle (p. 182) abriga quartos básicos com banheiros partilhados.

TALSI: Martinelli €€
Pousada Mapa rod. C3
Lielā 7, LV-3201
Tel *6329 1340*
w martinelli.lv
Pousada diminuta com quartos bem mobiliados. O restaurante serve pratos letões deliciosos e café da manhã reforçado (p. 323).

TĒRVETE: Pūteļkrogs €
Pousada Mapa rod. C4
Freguesia de Zaļenieku, LV-3001
Tel *2925 5010*
w puteli.lv
A poucos minutos de carro do Parque Natural de Tērvete, apresenta quartos satisfatórios, um café-restaurante e belo jardim.

TUKUMS: Hotel Tukums €
Moderno Mapa rod. C3
Pils 9, LV-3101
Tel *6312 5747*
w hoteltukums.lv
Quartos agradáveis com banheiro, pequenos mas limpos, em uma rua calma perto do centro.

TUKUMS: Jaunmoku Palace €€
Histórico Mapa rod. C3
Freguesia de Tumes, distrito de Tukuma
Tel *2618 7442*
w jaunmokupils.lv
São cinco quartos, um dos quais com fama de assombrado, em um abrigo de caça da aristocracia, e vinte na sede ao lado (p. 175). Muito requisitado para casamentos.

VENTSPILS: Kupfernams €
Pousada Mapa rod. B3
Kārļa 5, LV-3601
Tel *6362 6999*
w hotelkupfernams.lv
Pousada charmosa com fachada tradicional de madeira e interior decorado com peças modernas e antigas.

Leste da Letônia

AGLONA: Aglonas Cakuli €
Pousada Mapa rod. E4
Ezera 4, LV-5304
Tel *2933 3422*
w aglonascakuli.lv
Pousada rústica de gestão familiar, no lago Ciriša. O café da manhã traz panquecas caseiras. Há bicicletas e barcos para alugar.

Quarto aconchegante do Lacu Miga ("Toca do Urso"), no Parque Nacional Gauja

DAUGAVPILS: Leo €
Moderno Mapa rod. E4
Krāslavas 58, LV-5401
Tel *6542 6565*
w hotelleo.lv
Limpos e confortáveis, os quartos do Leo, hotel moderno no centro da cidade, apresentam tamanho razoável.

DAUGAVPILS: Villa Ksenija €€
Pousada Mapa rod. E4
Varšavas 17, LV-5400
Tel *6543 4317*
w villaks.lv
Essa mansão do século XIX belamente restaurada exibe interior elegante, quartos amplos e um jardim sombreado agradável.

IKŠĶILE: Spadrops €
Moderno Mapa rod. D3
Rīgas 18, LV-5052
Tel *2643 0430*
w meidrops.lv
Hotel bem decorado perto de Riga, com muitas opções de recreação. Há um restaurante bom (p. 324), piscina, sauna, ciclismo, trilhas de caminhada e croqué.

KOKNESE: Orinoko €
Pousada Mapa rod. D4
Beģeni, freguesia de Kokneses, LV-5113
Tel *2663 7918*
w orinoko.lv
Essa pequena pousada com localização pitoresca tem quartos bons com vistas do rio. Há atividades como passeios de barco a motor, badminton e vôlei.

KRĀSLAVE: Priedaine €
Pousada Mapa rod. E4
Klusā 2, LV-5601
Tel *2643 0798*
Quartos impecáveis com móveis básicos e vistas do rio às margens do rio Daugava, nas cercanias do centro da cidade.

ONDE FICAR NA LETÔNIA | 303

Destaque
LIMBAŽI: Bīriņu Pils €€
Luxuoso **Mapa rod.** D3
Bīriņi, LV-4013
Tel *6402 4033*
🌐 **birinupils.lv**
Cercado por áreas de matas, o Bīriņu é um imponente castelo neogótico datado de meados do século XIX. Reserve um quarto confortável com banheiro na Gardener's House vizinha ou se dê ao luxo de ficar em um quarto régio no próprio castelo, que é muito requisitado para casamentos e outros eventos. Restaurante excelente *(p. 325)*.

LUDZA: Cirmas Ezerkrasts €
Pousada **Mapa rod.** E3
Freguesia de Zvirgzdenes, Ezernieki, LV-4600
Tel *2833 2523*
🌐 **cirmasezerkrasts.lv**
Esse complexo isolado tem cabanas de madeira agradáveis, algumas delas independentes, no lago Cirma. Há cozinha partilhada e área de estar com sauna.

LUDZA: Lucia €
Moderno **Mapa rod.** E3
Kr. Barona 20-1, LV-5701
Tel *2625 3535*
🌐 **lucia.lv**
Uma das poucas opções centrais, esse hotel bem decorado oferece equipe cortês, quartos grandes e um café com refeições leves.

PARQUE NACIONAL GAUJA: Eglaines €
Pousada **Mapa rod.** D3
Kārļi, freguesia de Drabešu, LV-4139
Tel *2917 2332*
🌐 **hoteleglaines.lv**
Com apenas dois quartos, esse retiro florestal encantador tem alta demanda, devido à ótima relação custo-benefício.

PARQUE NACIONAL GAUJA: Lacu Miga €
Pousada **Mapa rod.** D3
Gauja 22, Līgatne, LV-4110
Tel *6415 3481*
🌐 **lacumiga.lv**
A Lacu Miga é uma cabana de madeira no parque, com quartos amplos e uma coleção divertida de ursos de pelúcia.

PARQUE NACIONAL GAUJA: Karlamuiza Country Hotel €€
Histórico **Mapa rod.** D3
Kārļi, freguesia de Drabešu, LV-4139
Tel *2616 5298*
🌐 **karlamuiza.lv**
Há quartos grandes com móveis antigos e cozinha básica nesse casarão cercado por matas.

PARQUE NACIONAL GAUJA: Spa Hotel Ezeri €€
Hotel-spa **Mapa rod.** D3
Freguesia de Siguldas, LV-2150
Tel *6797 3009*
🌐 **hotelezeri.lv**
Hotel bem gerido em um terreno vasto com jardins. Os hóspedes podem fazer vários tratamentos de bem-estar no spa e entrar em um tanque gelado após passar pela sauna.

PREIĻI: Pie Pliča €
Histórico **Mapa rod.** E4
Raiņa bulvāris 9, LV-5301
Tel *2912 1689*
Essa pousada serena e bem conceituada ocupa o edifício do primeiro hospital local. Há quartos bons e uma sauna.

RĀZNA: Rāzna Hotel €
Moderno **Mapa rod.** E4
v. "Astici", freguesia de Kaunata, LV-4622
Tel *2999 4444*
🌐 **razna.lv**
No lago Rāzna, esse hotel tem quartos bem mobiliados, chalés independentes, instalações excelentes e muita recreação.

RĒZEKNE: Kolonna Hotel €
Moderno **Mapa rod.** E4
Brīvības 2, LV-4600
Tel *6460 7820*
🌐 **hotelkolonna.com**
Hotel simples com um restaurante de boa qualidade *(p. 325)*, terraço voltado para o rio e serviço atencioso. O bufê de café da manhã é farto.

SALACGRĪVA: Kapteinu Osta €€
Pousada **Mapa rod.** D3
Pērnavas 49a, LV-4033
Tel *6402 4930*
🌐 **kapteinuosta.lv**
Pousada diante do mar com quartos de tema náutico, cabanas independentes e um camping. Os hóspedes podem usar a área de estar do clube e a sauna.

SAULKRASTI: Medzābaki €
Pousada **Mapa rod.** D3
Medzābaki-2, Lilaste, LV-2163
Tel *6714 7070*
🌐 **medzabaki.lv**
Essa pousada maravilhosa com teto de palha abriga quartos amplos voltados para o lago Lilaste. Há também cabanas de férias.

SAULKRASTI: Pie Maijas €
Pousada **Mapa rod.** D3
Murjāņu 3, LV-2160
Tel *2940 5480*
🌐 **hotelmaija.lv**
Lugar idílico com cabanas independentes em meio às árvores, a curta caminhada da praia. Os quartos são bem mobiliados, e há um jardim vasto com área lúdica para crianças.

STĀMERIENA: Vonadziņi €
Pousada **Mapa rod.** E3
Skolas 1, LV-4406
Tel *2922 5805*
🌐 **vonadzini.lv**
Esse hotel com cobertura de palha tem quartos agradáveis voltados para o lago Ludza e oferece várias atividades recreativas.

VALMIERA: Wolmar €
Moderno **Mapa rod.** D3
Tērbatas 16a, LV-4201
Tel *6420 7301*
🌐 **hotelwolmar.lv**
Hotel grande no centro, perto das atrações turísticas, o Wolmar oferece quartos com banheiros amplos e luxuosos. Sua estrutura conta, ainda, com sauna e hidromassagem.

VALMIERA: Dikli Palace Hotel €€
Luxuoso **Mapa rod.** D3
Freguesia de Dikļi, distrito de Kocēnu, LV-4223
Tel *6420 7480*
🌐 **diklipalacehotel.com**
Em um solar do século XIX restaurado, esse hotel em meio a matas tem quartos opulentos, piscina, spa e ótimo restaurante *(p. 325)*.

Fachada com janelas tradicionais da Kupfernams Guesthouse, em Ventspils

Mais informações sobre hotéis *nas pp. 292-5*

Onde Ficar na Lituânia

Vilna

> ### Destaque
> **Comfort Hotel LT** €
> Moderno Guia de Ruas C5
> *Mindaugo gatvė 27, LT-03212*
> **Tel** *(5) 250 5111*
> 🆆 **comforthotel.lt**
> Parte da rede Nordic Choice Hotel, o Comfort Hotel LT tem quartos grandes bem decorados. Há cortesias para os hóspedes, como chá, café e academia. O restaurante, excelente, é comandado por um renomado chef lituano. Fica a 10 minutos da Cidade Velha.

Fabrika Hostel & Gallery €
Albergue Guia de Ruas C2
A Vienuolio gatvė 4, LT-01104
Tel *(5) 203 1005*
🆆 **fabrikahostel.com**
Em um espaço industrial, tem exposições de arte e ótimas instalações, mas o isolamento acústico entre os quartos deixa a desejar.

Litinterp Vilnius €
Pousada Guia de Ruas E3
Bernardinu gatvė 7, LT-01124
Tel *(5) 212 3850*
🆆 **litinterp.com**
B&B simples em uma casa do século XVIII na Cidade Velha, com quartos satisfatórios dotados de cozinha. Banheiros partilhados.

Old Vilnius Apartments €
Apartamentos Guia de Ruas E3
S Skapo gatvė 10, LT-01122
Tel *6114 3637*
🆆 **oldvilniusapartments.lt**
Edifício do século XVII na Cidade Velha, com cinco apartamentos, área de estar agradável no pátio e chá e café de cortesia.

Park Villa €
Hotel-spa
Vaidilutes gatvė 6a, LT-10100
Tel *(5) 211 3356*
🆆 **parkvilla.lt**
Isolado da agitação da cidade, esse hotel tranquilo em uma mata situa-se a 10 minutos de carro do centro.

Vilnius Home B&B €
Pousada Guia de Ruas C3
Pylimo gatvė 14b, LT-01117
Tel *6560 5036*
🆆 **vilniushome.eu**
Limpos, os quartos desse B&B central partilham banheiros, cozinha e área de estar. Panquecas e geleia caseira no café da manhã.

Vivulskio Apartments €
Apartamentos Guia de Ruas B4
Tel *6300 0162*
🆆 **vivulskioapartamentai.lt**
A 10 minutos da Cidade Velha, abriga quartos duplos e apartamentos, além de sauna, hidromassagem e serviço opcional de café da manhã no quarto.

Amberton €€
Moderno Guia de Ruas D3
L Stuokos-Gucevičiaus gatvė 1, 01122
Tel *(5) 210 7461*
🆆 **ambertonhotels.com**
Defronte à Praça da Catedral, esse hotel chique sedia quartos grandes e agradáveis, além de um restaurante excelente.

Artis €€
Hotel-spa Guia de Ruas D3
Totoriu gatvė 23, LT-01120
Tel *(5) 266 0366*
🆆 **centrumhotels.com**
Esse hotel na Cidade Velha oferece uso matinal grátis da piscina e da sauna. Os quartos no último andar oferecem lindas vistas.

Dvaras €€
Pousada Guia de Ruas D3
Tilto gatvė 3, LT-01101
Tel *(5) 210 7370*
🆆 **dvaras.lt**
O assoalho rangente e os móveis elegantes dessa pousada na Cidade Velha evocam uma casa campestre sofisticada.

Hotel Domus Maria €€
Histórico Guia de Ruas D5
Aušros Varty gatvė 12, LT-01129
Tel *(5) 264 4880*
🆆 **domusmaria.com**
Quartos com móveis de época e tetos inclinados compõem esse hotel em convento do século XVI.

Fachada discreta da pousada Litinterp Vilnius, na Cidade Velha de Vilna

Hotel Rinno €€
Moderno Guia de Ruas C4
Vingriu gatvė 25, LT-01141
Tel *(5) 262 2828*
🆆 **rinno.lt**
Na Cidade Velha, o Rinno apresenta serviço de alto padrão e quartos em estilo clássico. Há panquecas deliciosas no café da manhã.

Mabre Residence €€
Histórico Guia de Ruas E4
Maironio gatvė 13, LT-01124
Tel *(5) 212 2087*
🆆 **mabre.lt**
Esse hotel quatro estrelas em um imponente mosteiro antigo tem um pátio com jardim. Os quartos, confortáveis, carecem de detalhes históricos, mas o restaurante exibe teto abobadado.

Novotel Vilnius Centre €€
Moderno Guia de Ruas C3
Gedimino prospektas 16, LT-01103
Tel *(5) 266 6200*
🆆 **novotel.com**
Requisitado tanto por turistas quanto por executivos, esse hotel central tem instalações ótimas e serviço de alto padrão. Os quartos no último andar oferecem vistas maravilhosas.

Secret Garden Boutique B&B €€
Pousada Guia de Ruas E3
Bernardinu gatvė 4, LT-01124
Tel *6127 3210*
🆆 **secretgarden.lt**
Pátio ajardinado e dois quartos com banheiro em uma casa agradável. Wi-Fi, ótimo café da manhã e estacionamento grátis.

Gaono Residence Apartments €€€
Luxuoso Guia de Ruas D4
Gaono gatvė 8, LT-01103
Tel *6878 4525*
🆆 **g-rez.lt**
Todos os apartamentos que ocupam essa mansão histórica na Cidade Velha contam com entrada própria e área de estar separada dos quartos, mas não possuem cozinha.

Kempinski Hotel Cathedral Square €€€
Luxuoso Guia de Ruas D3
Universiteto gatvė 14/2, LT-01122
Tel *(5) 220 1100*
🆆 **kempinski.com**
Esse hotel impecável voltado para a catedral e a estátua de Gediminas oferece quartos e suítes opulentos, instalações ótimas, incluindo piscina e spa, e um farto bufê de café da manhã.

Categorias de Preço *na p. 296*; **Guia de Ruas de Vilna** *nas pp. 250-1*; **Mapa rodoviário** *na guarda da contracapa*

The Narutis Hotel €€€
Histórico Guia de Ruas D3
Pilies gatvė 24, LT-01123
Tel *(5) 212 2894*
 narutis.com
Alguns dos luxuosos quartos desse edifício do século XVI exibem afrescos originais no teto. Há um spa e uma piscina pequena.

Radisson Blu Astorija Hotel €€€
Luxuoso Guia de Ruas D4
Didžioji gatvė 35/2, LT-01128
Tel *(5) 212 0110*
 radissonblu.com
Em um edifício centenário, esse é um dos melhores hotéis da cidade. Quartos elegantes e serviço e estrutura excelentes.

Destaque
Ramada Hotel & Suites €€€
Luxuoso Guia de Ruas D4
Subačiaus gatvė 2, LT-01127
Tel *(5) 255 3355*
 ramadavilnius.lt
Um dos melhores hotéis do país, esse lugar régio fica em um edifício do século XVI reformado. Os quartos, opulentos, apresentam papel de parede de bom gosto, tecidos de revestimento suntuosos e banheiros de mármore.

Relais & Châteaux Stikliai Hotel €€€
Luxuoso Guia de Ruas D4
Gaono gatvė 7, LT-01131
Tel *(5) 264 9595*
 relaischateaux.com
Os quartos exibem belos tecidos de revestimento e banheiro luxuoso nesse hotel na Cidade Velha, com detalhes barrocos e góticos. Atrai celebridades.

Shakespeare Boutique Hotel €€€
Luxuoso Guia de Ruas E3
Bernardinų gatvė 8/8, LT-01124
Tel *(5) 266 5885*
 shakespeare.lt
Em uma mansão do século XVII na Cidade Velha, o Shakespeare tem vigas originais de carvalho e bom café da manhã. Cada quarto revela o nome de um escritor.

Centro da Lituânia

ALYTUS: Motel Linas €
Pousada Mapa rod. D6
Senoji gatvė 2, LT-62121
Tel *6826 5950*
 motelislinas.lt
Essa pousada em uma rua calma perto do centro abriga quartos simples com banheiro, piscina e área lúdica para crianças.

Saguão tradicional do Hotel Rinno, na Cidade Velha de Vilna

Destaque
**ANYKŠČIAI:
SPA Vilnius Anykščiai** €€
Hotel-spa Mapa rod. D5
Vilniaus gatvė 80, LT-29142
Tel *(313) 53 811*
 anyksciai.spa-vilnius.lt
Esse complexo quatro estrelas em meio a matas apresenta design moderno e quartos grandes com sacada e janelas do teto ao chão. O restaurante atende a várias restrições alimentares. Há piscinas ao ar livre e cobertas, sala de jogos para crianças e diversos tratamentos de spa.

BIRŠTONAS: Audenis €
Moderno Mapa rod. D6
Lelijų gatvė 3, LT-59207
Tel *(319) 61 300*
 audenis.lt
Esse hotel no centro da cidade oferece quartos simples, serviço ótimo e um café-restaurante aconchegante com lareira.

BIRŠTONAS: Nemuno Slėnis €€
Hotel-spa Mapa rod. D6
Kampiškių gatvė 8, LT-59107
Tel *6996 4028*
 nemunoslenis.lt
Escondido nas matas, esse hotel junto ao lago tem interior extravagante e móveis antigos, além de instalações como spa, piscina e quadras de tênis.

DRUSKININKAI: ViLaima €
Pousada Mapa rod. D6
Žaliojį gatvė 28, LT-66116
Tel *6752 4494*
 vilaima.wordpress.com
Perto do rio, essa pousada de gestão familiar revela um belo jardim. Uso comunitário da cozinha e da área de refeições.

DRUSKININKAI: Grand Spa Lietuva Hotel Druskininkai €€
Hotel-spa Mapa rod. D6
V Kudirkos gatvė 45, LT-66120
Tel *(313) 51 200*
 grandspa.lt
Esse complexo bem equipado conta com spa, dois restaurantes excelentes (p. 328), uma piscina com ondas e escorregadores aquáticos para crianças.

DRUSKININKAI: Hotel Violeta €€
Hotel c/ spa Mapa rod. D6
Kurorto gatvė 4, LT-66126
Tel *(313) 60 600*
 violeta.lt
Junto ao rio e cercado por bosques, o vasto Hotel Violeta conta com estrutura completa, que inclui piscinas, spa e quadras de tênis.

KAUNAS: Kauno Arkivyskupijos €
Pousada Mapa rod. D5
Rotušės aikštė 21, LT-44279
Tel *(37) 322 597*
 kaunas.lcn.lt
Esse estabelecimento na Cidade Velha é gerido pela arquidiocese local. Os quartos, limpos, exibem piso de parquê e janelões.

KAUNAS: The Monk's Bunk €
Albergue Mapa rod. D5
Laisvės al. 48-2, LT-44238
Tel *6209 9695*
Esse albergue perto da Cidade Velha garante aos visitantes dormitórios limpos, uma área de estar partilhada e equipe muito prestativa.

KAUNAS: Best Western Santakos Hotel €€
Moderno Mapa rod. D5
J Gruodžio gatvė 21, LT-44293
Tel *(37) 302 702*
 santakahotel.eu
Boa opção na orla da Cidade Velha, com interior de tijolos expostos. Os hóspedes do Best Western desfrutam de uso matinal grátis da piscina e da sauna.

Mais informações sobre hotéis *nas pp. 292-5*

Destaque

KAUNAS: Monte Pacis €€
Histórico **Mapa rod.** D5
T Masiulio gatvė 31, LT-52436
Tel *(37) 458 282*
w montepacis.lt

Em um antigo mosteiro perto de Kaunas, o Monte Pacis assegura uma estada muito charmosa e repousante, marcada pelo silêncio. Os quartos, em estilo barroco, têm camas com dossel, pé-direito alto e piso de madeira encerado. Hóspedes sem transporte chegam e partem de táxi.

KĖDAINIAI: Grėjaus Namas €
Histórico **Mapa rod.** D5
Didžioji gatvė 36, LT-57257
Tel *(347) 51 500*
w grejausnamas.lt

Um dos melhores hotéis da região, o Grėjaus Namas apresenta quartos e apartamentos modernos (porém somente alguns com ar-condicionado), em um edifício do século XVIII. O serviço e o restaurante são ótimos *(p. 329)*.

MARIJAMPOLĖ: Mercure €
Moderno **Mapa rod.** C6
J Basanavičiaus a. 8, LT-68308
Tel *(343) 97 778*
w mercure.com

Voltado para a praça principal, esse hotel com um restaurante é requisitado tanto por turistas quanto por executivos.

MOLĖTAI: Apple Island €
Camping **Mapa rod.** D5
Grabuostas lake, vilarejo de Žalvariai
Tel *(383) 50 073*
w appleisland.lt

Camping em uma ilha idílica, com casas de madeira aconchegantes e atividades como canoagem, tênis e bilhar.

MOLĖTAI: Spa Hotel Belvilis €€
Hotel-spa **Mapa rod.** D5
Kirneilės kaimas, LT-33166
Tel *(383) 51 098*
w belvilis.lt

Esse complexo luxuoso em meio a matas pitorescas, junto ao lago, oferece quartos e casas com belo design, além de grande variedade de tratamentos de spa.

PANEVĖŽYS: Romantic Hotel €€
Histórico **Mapa rod.** D5
Kranto gatvė 24, LT-35173
Tel *(45) 584 860*
w romantic.lt

Em um antigo moinho de farinha, esse hotel abriga quartos em tons de marrom, academia, piscina e um restaurante fino *(p. 329)*.

PARQUE NACIONAL AUKŠTAITIJA: Šakarva €
Pousada **Mapa rod.** E5
Šakarva, Ignalinos r. sav, LT-30204
Tel *6871 6136*
w sakarva.lt

Três casas de madeira espaçosas, com cozinha, à margem do lago. Alugam-se caiaques e bicicletas.

PARQUE NACIONAL AUKŠTAITIJA: Žuvėdra €
Moderno **Mapa rod.** E5
Mokyklos gatvė 11, Ignalina, LT-30119
Tel *6860 9069*
w zuvedra.com

Quartos de luxo que oferecem vistas do lago e restaurante com ótimo terraço no verão *(p. 328)*.

PARQUE NAC. AUKŠTAITIJA: Miškinіškės €€
Pousada **Mapa rod.** E5
Kazitiškio sen., Ignalina, LT-30252
Tel *6160 0692*
w miskiniskes.lt

Essa pousada rústica oferece conforto e isolamento em cabanas de madeira e casas com fogão. Os hóspedes podem treinar arco e flecha.

TRAKAI: Villa Sofia €
Pousada **Mapa rod.** D6
Zemaitės 13, LT-21142
Tel *6153 5113*

Três quartos dotados de banheiro ocupam essa maravilhosa mansão isolada que empresta bicicletas para os hóspedes.

TRAKAI: Akmeninė Rezidencija €€
Pousada **Mapa rod.** D6
Vilarejo de Bražuolė, LT-21100
Tel *6983 0544*
w akmeninerezidencija.lt

Refúgio junto ao lago, que oferece quartos e casas rústicas com vista do Castelo de Trakai e um restaurante fino *(p. 329)*. No inverno, o lago vira um rinque de patinação.

VARĖNA: Vila Ula €
Pousada **Mapa rod.** D6
Burokaraistėlės km., Perloja, LT-65383
Tel *6799 3318*
w vilaula.lt

Todos os quartos, apartamentos e cabanas têm sacada com vista do lago. Há mergulho com snorkel, ciclismo e caminhadas.

VISAGINAS: Gabriella €
Moderno **Mapa rod.** E5
Jaunystės gatvė 21, LT- 31230
Tel *(386) 70 171*
w gabriella.lt

Esse hotel funcional abriga quartos simples e limpos, além de uma pequena academia com sauna e banho de vapor.

Belo quarto duplo no refúgio rústico Akmeninė Rezidencija, em Trakai

Oeste da Lituânia

KLAIPĖDA: Klaipėda Hostel €
Albergue **Mapa rod.** B5
Butku Juzes 7-4, LT-92228
Tel *(46) 211 879*
w klaipedahostel.com

Perto das estações de ônibus e de trem, esse albergue limpo tem dormitórios mistos grandes.

KLAIPĖDA: Pirklių Namai €
Pousada **Mapa rod.** B5
Naujoji Sodo gatvė 12, LT-91227
Tel *(46) 313 179*
w pirkliunamai.lt

Há seis quartos elegantes nessa pousada intimista em uma mansão do século XVIII, que foi meticulosamente restaurada.

KLAIPĖDA: Hotel Navalis €€
Moderno **Mapa rod.** B5
H Manto gatvė 23, LT-92234
Tel *(46) 404 200*
w navalis.lt

Em um edifício de tijolos vermelho do século XIX, oferece quartos modernos e elegantes, além de um ótimo restaurante.

KLAIPĖDA: National Hotel €€
Histórico **Mapa rod.** B5
Žvejų gatvė 21/Teatro gatvė 1, LT-91247
Tel *(46) 211 111*
w nationalhotel.lt

Confortável e bem localizado, dá vista para o porto e para a Cidade Velha. Serviço fantástico.

KLAIPĖDA: Radisson Blu Hotel Klaipėda €€€
Luxuoso **Mapa rod.** B5
Sauliu gatvė 28, LT-92231
Tel *(46) 490 800*
w radissonblu.com

Central, esse quatro estrelas tem quartos bonitos e bem mobiliados, além de serviços de alto pa-

Categorias de Preço *nas pp. 250-1;* **Mapa rodoviário** *na guarda da contracapa*

drão e estrutura completa: salas de reunião modernas, academia e banho de vapor.

DELTA DO NEMUNAS: Ventainė €
Complexo de férias Mapa B5
Marių gatvė 7, Ventė, LT-99361
Tel *(441) 68 525*
W **ventaine.lt**
Às margens da laguna da Curlândia, esse complexo de pousada, camping e centro de lazer é ideal para passeios de barco, canoa e cavalo, além de tênis. Há também sauna e restaurante *(p. 331)*.

PALANGA: Villa Gamanta €
Pousada Mapa rod. B5
Baltijos aikštė 12, LT-00131
Tel *(460) 48 885*
W **gamanta.lt**
Nessa pousada com boa apresentação, a curta distância do centro, há quartos modernos independentes e um belo jardim com bancos ao ar livre.

PALANGA: Boutique Vila Artemide €€
Pousada Mapa rod. B5
Ievu gatvė 8, LT-00155
Tel *6180 8158*
W **vilaartemide.lt**
Em um subúrbio calmo, a pousada Vila Artemide exibe móveis de madeira, peças decorativas antigas e piscina ao ar livre.

PALANGA: Palanga Spa Design Hotel €€€
Luxuoso Mapa rod. B5
Birutės al. 60, LT-00135
Tel *(460) 41 414*
W **design.palangahotel.lt**
Esse hotel cinco estrelas moderno oferece quartos opulentos com área de estar confortável e sacada privativa.

PALANGA: Vanagupe €€€
Luxuoso Mapa rod. B5
Vanagupes gatvė 31, LT-00169
Tel *(460) 41 199*
W **vanagupe.lt**
Hotel praiano cinco estrelas, o Vanagupe abriga um restaurante refinado e spa bem equipado. Propõe passeios a cavalo e tênis.

> **Destaque**
>
> **PALANGA:**
> **Villa Chateau Amber** €€€
> Luxuoso Mapa rod. B5
> *Naglio aleja 17, LT-00136*
> **Tel** *6143 9919*
> **W** **chateauamber.eu**
> Na praia, limitada por uma floresta de pinheiros, a Villa Chateau Amber ostenta uma das melhores localizações da região. As janelas dão vista para o mar

e para dunas de areia dourada, proporcionando um pôr do sol memorável. As instalações e o serviço são de primeira classe.

PARQUE NACIONAL DO ISTMO DA CURLÂNDIA: Nidos €
Camping Mapa rod. B5
Taikos gatvė 45a, Nida, LT-93121
Tel *6824 1150*
W **kempingas.lt**
Com diversas atividades em uma mata pitoresca, esse camping bem organizado também oferece quartos e apartamentos independentes. Faça reserva com bastante antecedência.

PARQUE NAC. DO ISTMO DA CURLÂNDIA: Mariu Krantas €€
Pousada Mapa rod. B5
Purvynes gatvė 9-2, Nida, LT-93123
Tel *(469) 52 494*
W **smilte.lt**
Nas matas perto de Nida, essa pousada serena tem quartos grandes com vistas da laguna. Equipe atenciosa.

PARQUE NAC. DO ISTMO DA CURLÂNDIA: Nerija €€
Moderno Mapa rod. B5
Pamario gatvė 13, Nida, LT-93124
Tel *6823 8948*
W **neringahotels.lt**
Em uma estrada calma a curta distância do centro de Nida, o Nerija abriga quartos amplos com janelões e sacada.

PARQUE NAC. DO ISTMO DA CURLÂNDIA: Nidos Seklyčia €€
Pousada Mapa rod. B5
Lotmiškio gatvė 1, Nida, LT-93123
Tel *(469) 50 000*
W **neringaonline.lt**
Os quatro quartos dessa pousada intimista exibem cama com dossel e móveis antigos. Há também sauna e banho de vapor, além de um restaurante que serve deliciosa comida caseira *(p. 330)*.

PARQUE NACIONAL ŽEMAITIJA: Linelis €
Moderno Mapa rod. C4
Vilarejo de Paplatelės, LT-90423
Tel *6557 7666*
W **linelis.lt**
Melhor opção do parque, esse complexo de lazer dispõe de praia exclusiva no lago Plateliai e um ótimo restaurante *(p. 331)*. Organiza canoagem, mergulhos e passeios em barco a vela.

PLUNGĖ: Žemsodis €
Camping Mapa rod. C5
Mardosų kaimas, LT-90103
Tel *6202 6033*
W **zemsodis.lt**
Nesse camping junto ao rio, as cabanas de madeira apresentam lareira e cozinha. Ótima base para pesca e canoagem.

ŠIAULIAI: Saulininkas Guesthouse €
Pousada Mapa rod. C4
Lukauskio gatvė 5, LT-76236
Tel *(41) 436 555*
W **saulininkas.com**
Opção funcional com quartos satisfatórios. O restaurante serve café da manhã leve e refeições simples.

ŠIAULIAI: Turnė €
Moderno Mapa rod. C4
Rūdės str. 9, LT-77155
Tel *(41) 500 150*
W **turne.lt**
Quartos básicos, café da manhã decente e uma acolhida calorosa são oferecidos nesse hotel modesto em um bairro arborizado.

ŠIAULIAI: Girelė €€
Pousada Mapa rod. C4
Domantų kaim. 1a, vilarejo de Meškuičių, LT-81439
Tel *(41) 211 043*
Com fácil acesso para o Morro das Cruzes, o Girelė propõe quartos modernos instalados em várias casas grandes de madeira. É possível pescar nos arredores.

Quarto aconchegante na Villa Sofia, em Trakai

Mais informações sobre hotéis *nas pp. 292-5*

ONDE COMER E BEBER

A cultura gastronômica da Estônia, da Letônia e da Lituânia mudou muito nos últimos anos. Embora a comida tradicional ainda seja bastante apreciada, houve um aumento expressivo de novos restaurantes de todos os tipos, inclusive de cozinha internacional eclética e pizzarias de alta qualidade. Esse movimento é observado nos três países bálticos, porém se concentra mais nas capitais. Poucas outras cidades grandes e balneários principais também apresentam uma gama significativa de boas opções gastronômicas.

Comer bem faz parte da cultura báltica, e a profusão de restaurantes em estilo tradicional em cada um desses países comprova o quanto esses povos se orgulham de sua culinária nacional. A comida báltica típica não prima pela sutileza, mas é saborosa e revela-se ainda melhor no interior, onde há porções fartas e os ingredientes são frescos.

Tipos de Restaurante

Restaurantes e cafés são denominados respectivamente de *restoran* e *kohvik* na Estônia, *restorāns* e *kafejnīca* na Letônia, e *restoranas* e *kavinė* na Lituânia. Os dois tipos de estabelecimento variam muito quanto ao tipo de comida que servem.

Restaurantes podem ser lugares muito luxuosos e modernos ou servir comida básica e cerveja, a exemplo dos pubs. Da mesma forma, cafés podem ser simples ou elegantes. A maioria deles oferece refeições decentes e baratas, em porções grandes. Muitas vezes, os cafés são um ponto de encontro para o pessoal local beber – todos apresentam uma boa seleção de bebidas alcoólicas. A maioria dos bares modernos conta com um menu enxuto de boa qualidade, disponível até tarde. Os pubs são chamados de *kõrts* na Estônia, de *krogs* na Letônia e de *baras* na Lituânia. Mais raros em Tallinn, Riga e Vilna, são comuns em cidades pequenas e no interior dos países. Em geral, exibem estilo rústico e servem comida tradicional de padrão excelente e cerveja local. Fastfood não faz sucesso nos países bálticos e só é encontrada em áreas centrais das capitais.

Horários das Refeições

A ascensão da cultura gastronômica levou a uma proliferação de restaurantes com horários de funcionamento semelhantes em todos os países bálticos. Eles abrem entre 10h e 11h e fecham entre 23h e meia-noite. Em cidades pequenas, costumam abrir mais tarde e fechar mais cedo e, em certos destinos notadamente sazonais, muitos só funcionam nos meses de verão. Café da manhã farto é coisa rara nos países bálticos. Até recentemente, as únicas opções de desjejum disponíveis eram doces ou panquecas. Hoje em dia, porém, restaurantes oferecem um leque variado de pratos, inclusive café da manhã à moda inglesa, com linguiça e ovo. O almoço ainda é a principal refeição do dia para a maioria das pessoas. Jantar fora se tornou um hábito entre os cidadãos bálticos, e muitos restaurantes lotam à noite, entre 18h e 21h.

Frequentar cafés é um costume arraigado nos países bálticos. A maioria desses estabelecimentos abre entre 8h e 10h e fecha por volta das 21h ou 22h, embora em cidades pequenas muitas vezes encerrem as atividades mais cedo e, em áreas remotas, fechem aos domingos. Pubs e cafés sempre têm algumas opções de lanche disponíveis.

O restaurante estoniano rústico Kuldse Notsu Körts *(p. 315)*, em Tallinn

O salão moderno do restaurante Neiburgs *(p. 321)*, um dos melhores de Riga

Mesas externas do Domini Canes *(p. 321)*, na Cidade Velha de Riga

Cardápio

Cardápios em inglês são facilmente encontrados nas capitais e em balneários turísticos. Já em cidades pequenas e no interior constituem uma raridade. Como a maioria das pessoas nos países bálticos fala um pouco de inglês, é possível pedir ajuda para entender as opções de pratos. Russo, seguido de alemão, são os idiomas mais falados na Letônia e na Estônia, por isso muitos menus são traduzidos nessas duas línguas.

Vegetarianos

A culinária báltica usa muita carne. Embora haja um número crescente de pratos vegetarianos (*vegetaarlane* em estoniano, *veģetārie* em letão e *vegetaras* em lituano) na maioria dos restaurantes decentes, cardápios com opções vegetarianas são encontrados principalmente nas capitais.

Reservas

Em geral, reservas são feitas por telefone, embora em alguns casos se mostre possível efetuá-las pela internet. É desnecessário reservar no almoço, porém garanta uma mesa para o jantar em qualquer restaurante bom das capitais, especialmente nas noites de sexta ou de sábado.

Pagamento

O custo de comer fora aumentou muito nos países bálticos, mas ainda é mais baixo do que em outros países europeus. O mesmo se aplica às bebidas alcoólicas. Os preços são mais altos nas capitais, sobretudo em lugares turísticos.

O imposto está sempre incluso no preço. É raro haver cobrança de couvert, a menos que o restaurante ou bar tenha apresentações especiais de música ao vivo. Cafés se mostram a opção mais barata para refeições – apesar de muitos só aceitarem dinheiro, pagar com cartão de crédito ou débito está se tornando mais comum na região do Báltico.

Gorjeta

Dar gorjeta é quase novidade nos países bálticos. O serviço geralmente está incluso na conta, mas alguns restaurantes chiques adicionam uma taxa mais alta ao total, o que deve ser claramente indicado. Em geral, só se deve dar gorjeta em estabelecimentos grandes com garçons, e não em cafés e bares. A regra é deixar no máximo 10% do total da conta.

Crianças

Embora crianças sejam bem-vindas em praticamente todos os restaurantes, somente poucas redes providenciam meias-porções. Em cidades grandes ou de porte médio, porém, menus infantis estão se disseminando. Em geral, é possível escolher um prato no cardápio e pedir algumas modificações de acordo com as preferências e necessidades de cada criança.

Portadores de Deficiência

Poucos restaurantes dos países bálticos oferecem acesso para portadores de deficiência, mas a situação está melhorando. Nesse aspecto, Tallinn está à frente de Vilna e Riga. Restaurantes de hotel são uma boa opção para esse segmento, pois apresentam instalações melhores.

Fumo

Nos países bálticos, é proibido fumar em espaços públicos fechados, como restaurantes, bares, clubes, saguões de hotel, ônibus e trens. A única opção para fumar é ficar em uma mesa ao ar livre no verão, mas alguns restaurantes proíbem isso também. Existem, no entanto, bares específicos para fumantes de charutos e cigarros.

Restaurantes Recomendados

Há ampla variedade de restaurantes na Estônia, na Letônia e na Lituânia, e as listas nas pp. 314-31 indicam diversos estabelecimentos e tipos de cozinha nesses três países. Há restaurantes tradicionais, cafés e tavernas típicas que servem boa comida local ou do país, inúmeros restaurantes étnicos, algumas casas vegetarianas e opções elegantes com cardápio internacional de criativa gastronomia refinada ou de fusão.

Ao longo das listas, os estabelecimentos que se sobressaem em meio à concorrência por apresentar cozinha e serviço excepcionais, ambiente charmoso ou cenário histórico são indicados nos quadros de "Destaque". Tais restaurantes estão entre os melhores e mais inovadores dos países bálticos. Exemplos são o Tchaikovsky *(p. 316)*, em Tallinn, com cozinha franco-russa; o Dikļu Pils *(p. 325)*, em Valmiera, na Letônia, com versões modernas de especialidades locais à base de ingredientes frescos; e o Uoksas *(p. 329)*, em Kaunas, na Lituânia, que serve pratos internacionais muito criativos, preparados com as tecnologias culinárias mais recentes.

Sabores da Estônia, da Letônia e da Lituânia

A cozinha tradicional báltica é forte e substanciosa, para satisfazer após o trabalho pesado e durante os longos invernos. No passado, os pratos principais eram sopas e mingaus de cereais, além de peixes frescos ou em conserva nas comunidades litorâneas. A carne era reservada para os dias de festa. Hoje, ela está presente na maioria dos pratos, em geral acompanhada de batatas cozidas e pão de centeio. Os temperos mais usados são alho, cebola, sementes de alcaravia e endro. A culinária báltica foi influenciada pelos países vizinhos, especialmente pela Rússia e pela Alemanha na Estônia e na Letônia, e pela Polônia na Lituânia.

Maço de endro fresco

Cesta de cogumelos colhidos nas florestas da Letônia

Carnes, Aves e Caça

A carne de porco está presente em todos os cardápios bálticos, empanada e frita como um *schnitzel* ou na forma de bacon e linguiça. O porco assado é uma iguaria tradicional de festas. A gordura é geralmente consumida com pão de centeio, e vários pratos, como o lituano *liežuvis* (língua de vaca), derivam de uma época em que nenhuma parte do animal podia ser desperdiçada. Frango e carne bovina também estão por toda parte, e as carnes de javali, lebre ou cervo são oferecidas tanto nos restaurantes de áreas rurais como nas cidades grandes.

Peixes e Frutos do Mar

A pesca é uma atividade comum nos países bálticos, seja na longa costa da Estônia e da Letônia, seja na extensa malha de rios e lagos da região. Muitas receitas tradicionais caíram em desuso no período soviético porque o peixe era todo exportado. A espadilha báltica, um tipo de arenque, era enlatada e consumida em toda a União Soviética. Hoje, ela é frita, assada ou defumada e salgada. Há quem diga que a presença constante desse peixe na Estônia é uma prova do

Truta · Solha · Espadilha · Arenque · Salmão · Brem

Alguns dos muitos peixes apanhados nas águas límpidas do Báltico

Pratos e Especialidades Bálticas

A longa lista de sopas e mingaus bálticos inclui a letã *putra* (mingau com gordura de porco, com carne ou peixe defumado). Entre as populares linguiças estão a lituana *vedarai*, feita com tripas de porco recheadas com batata. A Estônia contribui com *verevoorst* (chouriço) e *verleib* (pão de sangue). Um prato bem conhecido da Letônia é o *pelēkie zirņi* (ervilhas cinza com bacon). O lituano *kugelis* (espécie de purê de batata enriquecido com bacon, cebola e ovos) é servido com creme azedo. O petisco lituano favorito é o *kepta duona* ou *grauzdini* (pão de centeio frito com alho); na Letônia, é servido com queijo. E em toda parte encontram-se os *pelmeni* (bolinhos) russos.

Caviar vermelho no pão

Pīrāgi (Letônia) e *pirukas* (Estônia) são bolinhos de massa recheados com bacon ou repolho.

ONDE COMER E BEBER | **311**

As bancas do movimentado mercado de Vilna, Lituânia

vínculo com as tradições escandinavas. Os peixes de água doce mais consumidos são o lúcio e a enguia. E também o caviar, mas o vermelho, que é mais barato.

Frutas e Legumes

O clima no Báltico dificulta o cultivo de frutas e legumes, por isso não são muito utilizados nas receitas tradicionais. O legume mais comum é a batata, introduzida no século XVIII e consumida em quase todas as refeições. Outros acompanhamentos são saladas simples, em geral de pepino e tomate. Os cogumelos, muito apreciados, são mais comuns no outono, quando colhidos nas florestas para consumo ou comércio (p. 359). O preferido é o porcini, mas outros como chanterelle e rozites caperata, ou "cogumelos ciganos", também são procurados e colhidos.

Maçã, ameixa e pera estão presentes nas tortas de frutas, mas o que mais se encontra na região são as framboesas e groselhas. Colher frutas silvestres é uma diversão no verão (p. 359). Elas são comidas ao natural, em tortas, cremes ou geleias, e preservadas em compotas para o inverno.

Laticínios

Os derivados de leite estão presentes na culinária báltica. A manteiga é muito apreciada, assim como o estoniano *kefir* (leite de vaca fermentado), o lituano *varškė* (queijo de coalho) e o letão *rūgušpiens* (leite coalhado). Os letões costumam comer queijo com semente de alcaravia no verão. Muito comum é o creme azedo, base para muitos molhos ou adicionado a vários pratos.

Groselha recém-colhida em uma fazenda da Estônia

NO CARDÁPIO

Kartupeļu pankūkas (Letônia) Panquecas de batata.

Kibinai (Lituânia) Torta de cebola com carne de carneiro, da comunidade karaim.

Preskučiai šližikai (Lituânia) Biscoitos de leite com semente de papoula tradicionalmente servidos na Véspera do Natal.

Rossolye (Estônia) Salada de arenque, carne, beterraba e maçã com creme batido e molho de mostarda.

Seljanka (Estônia) e **soļanka** (Letônia) Sopa de carne com picles de legumes ou peixe.

Zrazai (Lituânia) Bife enrolado com cebola, pão e cogumelos, depois assado.

Šaltibarščiai (Lituânia) é uma sopa fria de beterraba, pepino, ovos picados, *kefir* e endro.

Cepelinai (Lituânia) ou *zeppelins* são bolinhos de batata com recheio de carne e molho de creme azedo, cebola e bacon.

Pannkoogid (Estônia) são panquecas grandes servidas com compota de cereja, de influência da culinária russa.

O que Beber

Beber é um hábito comum nos países bálticos, e muitas cervejarias locais atuais existem desde o século XIX. A vodca não é mais tão consumida quanto era no período soviético, embora ainda sejam encontradas, e consumidas, marcas russas e algumas locais. A região tem também bebidas e licores que são feitos com ervas. Embora o vinho não tenha um histórico local, nos restaurantes há vinhos importados e não é difícil encontrar um espumante local. Na lista das bebidas mais leves e tradicionais estão a *kali*, da Estônia, a *kvass*, da Letônia, e a *gira*, da Lituânia, aclamada como antecessora da cerveja forte. Tradicionalmente feitas de trigo e com baixo teor alcoólico, são uma alternativa às bebidas gaseificadas, como os refrigerantes.

Rīga Black Balsam, Letônia

Bobelinė, Lituânia

Vinhos

Embora os países bálticos não sejam grandes produtores de vinhos, a Letônia e a Lituânia produzem espumantes, como o Rīga Šampanietis e o Alita Šampanas, respectivamente. Na Estônia, o vinho quente, conhecido como *hõõgvein* ou *glögg*, é muito popular no inverno. Servido quente, é levemente apimentado pela presença de temperos como cravo e canela. Os vinhos frutados como o Põltsamaa Kuldne, que é feito de maçã, também são muito apreciados.

A Letônia aparece no *Guinness World Records* por ter a vinícola ao ar livre mais ao norte do mundo. A Sabiles Vīna Kalns (p. 182) tem uma longa história de viticultura, mas parou de produzir durante a ocupação soviética. Hoje, sua produção é pequena e a única chance de provar seu vinho é visitando o festival anual, no verão.

Destilados e Licores

O licor estoniano mais conhecido é o adocicado *Vana Tallinn*, cujos ingredientes são óleos cítricos, canela, baunilha e rum. Pode ser bebido puro, mas é ainda melhor com café ou por cima do sorvete. Também é usado em coquetéis ou misturado a vinho branco ou espumante. A vodca é muito popular na Estônia, e a *Viru Valge* é a marca local mais comum. Além da versão original, existem variedades aromatizadas com baunilha, limão e melão.

O *Rīga Black Balsam* é um drinque obrigatório para quem visita a Letônia e também o suvenir mais popular, se não pela bebida, ao menos pela garrafa de cerâmica. Criado em 1752 como tônico medicinal, é composto de ingredientes ultrassecretos que dão um sabor inigualável. Às vezes bebe-se puro, mas geralmente é misturado a um refrigerante, ao suco de groselha quente ou à vodca. Lojas especializadas e alguns bares vendem licores letões como o *Allažu Ķimelis*, temperado com alcaravia.

Vana Tallinn, licor

Na Lituânia há inúmeros licores de ervas, entre eles o *Trejos Devynerios*. Preparado por um farmacêutico no fim do século XIX, foi patenteado como medicamento legal entre as duas guerras mundiais. Quem gosta de vodca talvez prefira a *Starka*, que é destilada de grãos de cevada, enquanto outras bebidas tradicionais são fermentadas à base de mel; há também o *bobelinė*, que é um licor feito com suco de cranberry. Nas áreas rurais de toda a região, os moradores produzem uma vodca própria que é bastante forte. É importante que o visitante saiba disso, porque é uma bebida de má qualidade que já causou contaminação por metanol. Na Lituânia existe uma bebida legítima com o mesmo nome dessa vodca ilegal, *Samanė*, que não é tão forte.

Cerveja

Depois da independência, em 1991, as cervejarias oficiais do Estado foram privatizadas e, mais tarde, muitas foram compradas por grandes corporações internacionais. A Baltic Beverages Holdings, pertencente à Carlsberg and Scottish & Newcastle, é proprietária das marcas mais vendidas na região, como a Saku na Estônia, a Aldaris na Letônia e a Utenos e a Švyturys na Lituânia. A companhia finlandesa Olvi é proprietária da Cēsis,

O espumante Rīgas, Letônia

O frutado Põltsamaa Kuldne, Estônia

O *Glögg* ou vinho quente, Estônia

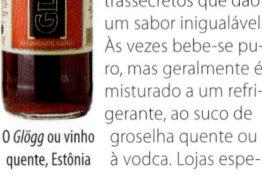

cervejaria mais antiga da Letônia, da A Le Coq, na Estônia, e da Ragutis – cujo nome mudou para Volfas Engleman –, na Lituânia. Também na Lituânia, a cervejaria Kalnapilis pertence ao Danish Brewery Group. Essas grandes marcas predominam tanto nos bares quanto nas lojas, embora as famosas cervejas internacionais também sejam encontradas nos três países. Os dois tipos principais de cerveja são a light (*helein* em estoniano, *gaišais* em letão e *šviesus* em lituano) e a preta (*tume* em estoniano, *tumšais* em letão e *tamsus* em lituano). Mas todas as grandes cervejarias diversificaram a produção e passaram a fabricar de tudo, desde as cervejas leves americanas até as mais fortes e escuras. Aqueles que gostam de lager sempre encontrarão uma cerveja leve que lhe agrade, apesar de as mais vendidas serem as escuras.

Os melhores produtos das pequenas e médias cervejarias também são vendidos em alguns bares, especialmente na região em que são produzidos, nas capitais e nos grandes supermercados. As ilhas da Estônia produzem cervejas mais fortes que o interior; a *õlu* de Saaremaa, por exemplo, é uma das das mais vendidas. Entre as boas cervejarias da Letônia está a Užavas, que produz cervejas não pasteurizadas que não podem ser armazenadas por muito tempo nem exportadas. Outras marcas que valem a pena provar são Piebalgas, Tērvetes e Bauskas. A rede de restaurantes LIDO fabrica a própria cerveja em sua microcervejaria instalada no grande LIDO Recreation Centre, perto de Riga. Na Lituânia, a região de Biržai tem uma longa tradição em cervejas e produz várias marcas, como a popular Rinkuškiai, que pode ser tanto clara quanto escura.

Cervejaria Saku, que produz a cerveja mais consumida na Estônia

Refrigerantes

O refrigerante mais consumido nos países bálticos é uma bebida feita tradicionalmente com pão de centeio fermentado, às vezes aromatizada com frutas e ervas, quando é chamada de *kali*, *kvass* ou *gira*. Na verdade, é mais uma cerveja que um refrigerante, embora seu teor alcoólico seja muito baixo, por volta de 1%. Desapareceu do mercado com o colapso da União Soviética devido às condições de fabricação e armazenamento, por ser servido diretamente de tanques que ficavam ao ar livre. Ao ser reintroduzido, passou a ameaçar o domínio da Coca-Cola, que rapidamente comprou as fábriquetas da bebida nos três países e hoje produz Linnuse Kali, Pilskalna Kvass e Bajorų Gira. Hoje, essa bebida é feita com extrato de malte e aromatizantes. Outra bebida comum para acompanhar um lanche é o *kefir*, um leite fermentado com teor alcoólico baixo, que é também um dos principais ingredientes da *šaltibarščiai (p. 311)*.

Kefir, leite fermentado

Kvass, bebida maltada

Um refrigerante muito popular na Estônia é a Tartu Limonaad; a Letônia tem o rústico *bērzu sula*, feito com seiva de bétula. Ele é fermentado em barril, salpicado com sementes de cevada e, às vezes, também migalhas de pão de centeio. Os temperos tradicionais do suco são hortelã e galhos de groselha-preta, mas também se usa raspas de casca de limão ou laranja, uva-passa e canela. Outra bebida que vale a pena experimentar na Letônia é o *veselība*, um refrigerante vendido em garrafas parecidas com as de cerveja e anunciado como um fortificante altamente vitaminado.

Saku Originaal, Estônia

Aldaris Zelta, Letônia

Kalnapilis Grand, Lituânia

Svyturys Gintarinis, Lituânia

Onde Comer e Beber na Estônia

Tallinn

Destaque

III Draakon €
Estoniana Guia de Ruas C2
Prefeitura, Raekoja plats 1
Tel *627 9020*
Mesas de madeira, paredes de pedra e equipe com trajes tradicionais criam um clima medieval nessa taverna fantástica na Prefeitura local. A sopa de alce é muito pedida, assim como os pastelões recheados com carne, legumes ou frutas, tudo acompanhado por cerveja, vinho ou vodca.

Bogapott €
Estoniana Guia de Ruas C3
Pikk 9
Tel *631 3181*
A comida é servida em louças artesanais nesse café e estúdio de cerâmica. O lugar é ótimo para provar alguns pratos estonianos leves, como mulgipuder (mingau de batata e cevada).

Clayhills Gastropub €
Internacional Guia de Ruas C2
Pikk 13
Tel *641 9312*
Inspirado nos gastropubs britânicos, o Clayhills tem cardápio variado, que inclui peixe com fritas, cordeiro ao curry e filé à Nova York. Atmosfera animada e equipe cortês.

Faeton €
Azerbaijana Guia de Ruas F2
Köleri 2
Tel *687 2125*
No histórico Kadriorg, esse restaurante exibe lareira e paredes de pedra. Govurma (carneiro cozido) é um dos pratos com carne mais pedidos, mas há também opções vegetarianas.

Kompressor €
Estoniana Guia de Ruas C2
Rataskaevu 3
Tel *646 4210*
A autointitulada "Casa Lendária da Panqueca" faz jus ao que promete com porções fartas de panquecas doces e salgadas, além de sopas e saladas.

Lido €
Letã Guia de Ruas D3
Solaris Centre, Estonia puiestee 9
Tel *609 3364*
Em um shopping, essa cantina agitada de uma rede letã apresenta decoração rústica e pratos bálticos a preços módicos.

Pan y Vino €
Mediterrânea Guia de Ruas C1
Lai 35
Tel *521 4461*
O afável dono desse pequeno bar de vinhos cozinha refeições leves e as serve acompanhadas de bons rótulos italianos, franceses e sul-americanos.

Papa Joe €
Médio-oriental Guia de Ruas E1
Sadama 25-4
Tel *5684 0103* **Fecha** *seg*
Esse ótimo restaurante libanês prepara para viagem os melhores sanduíches com falafel e homus de Tallinn e é uma opção perfeita para os vegetarianos. No cardápio também há babaganuche e dolma (charutinhos de uva com arroz).

Pizza Americana €
Americana Guia de Ruas C3
Müürivahe 2
Tel *644 8837*
Uma das mais antigas da cidade, essa pizzaria à moda americana serve pizzas grandes de massa fina ou grossa, com diversas coberturas e a preços camaradas.

Sushi Cat €
Japonesa Guia de Ruas C4
Roosikrantsi 16
Tel *503 0911*
Essa casa de sushi enfoca a cultura pop japonesa. Apresenta retratos em tamanho natural de personagens de animês nas paredes e equipe vestida a caráter. Os sushis são ótimos e baratos.

Mesa em um recanto do refinado restaurante M C Grill, em Tallinn

Guia de Ruas de Tallinn *nas pp. 86-7*

Categorias de Preço
Por pessoa, para uma refeição composta de três pratos e meia garrafa de vinho da casa, mais taxas.

€	até €15
€€	€15-€35
€€€	acima de €35

Vapiano €
Italiana Guia de Ruas E2
Hobujaama 10
Tel *682 9010*
Pertence a uma rede conhecida de restaurantes, na qual os chefs preparam as massas na cozinha exposta. Serve pratos saborosos a preços razoáveis.

Vegan Restoran V €
Vegana Guia de Ruas C2
Rataskaevu 12
Tel *626 9087*
Pratos de vários países, como inhame e coco ao curry, tofu condimentado e pudim de abacate e coco, são servidos nesse restaurante com lareira.

African Kitchen €€
Africana Guia de Ruas D2
Uus 32/34
Tel *644 2555*
O menu amplo desse restaurante com decoração africana e ambientes cavernosos revela destaques como peixe ao curry e obe agbon (carne ao molho de coco).

Alter Ego €€
Mediterrânea Guia de Ruas E2
Roseni 8
Tel *5456 0339*
No badalado bairro Rotermanni, o Alter Ego serve pratos mediterrâneos com apresentação refinada à base de ingredientes locais, que incluem cervo selvagem. Há um pão caseiro delicioso e uma longa carta de vinhos.

Beer House €€
Alemã Guia de Ruas C2
Dunkri 5
Tel *5819 0670*
Evocando uma cervejaria alemã, esse pub serve uma grande variedade de cervejas, incluindo algumas não pasteurizadas e medovar (à base de mel). Há pizza, salsichas, orelhas de porco crocantes e moela de frango.

Controvento €€
Italiana Guia de Ruas C2
Vene 12
Tel *644 0470*
Restaurante italiano com mesas externas em uma ruela de pedra. Muitos ingredientes são importados da Itália.

ONDE COMER E BEBER NA ESTÔNIA | 315

Golden Dragon €€
Chinesa Guia de Ruas C2
Pikk 37
Tel *631 3506*
Em um porão abobadado, o Golden Dragon é o melhor restaurante chinês de Tallinn. As porções são fartas, e o extenso cardápio oferece diversas opções vegetarianas.

Grillhaus Daube €€
Internacional Guia de Ruas C3
Rüütli 11
Tel *645 5531*
Bom restaurante com lareira e paredes de tijolos expostos. O menu, à base de carne, sugere filés macios, pato, frango, carne de porco e salmão grelhados.

Luxo discreto caracteriza o Bordoo, no Three Sisters Boutique Hotel, Tallinn

Kuldse Notsu Kõrts €€
Estoniana Guia de Ruas C2
Dunkri 8
Tel *628 6567*
Esse restaurante charmoso em um porão serve boa seleção de pratos típicos com carne, como orelhas de porco crocantes e morcela, além de algumas opções vegetarianas.

Masha €€
Russa Guia de Ruas F1
Lootsi 14-2
Tel *600 3633*
Esse restaurante bem iluminado perto do centro serve excelentes opções russas, como pelmeni (bolinhos recheados) e blinis (panquecas). Há música ao vivo e dança folclórica a partir das 19h de quarta a sábado.

Mix €€
Fusão Guia de Ruas C2
Pikk 33
Tel *621 7700* **Fecha** *dom*
Receitas europeias tradicionais são mescladas com outras da Ásia Central e do Extremo Oriente nesse restaurante na Cidade Velha. Há pratos como filé de atum ao molho de ruibarbo e salmão recheado com mexilhões.

Rataskaevu16 €€
Estoniana Guia de Ruas C2
Rataskaevu 16
Tel *642 4025*
Esse pequeno restaurante com equipe cortês e comida ótima é um dos melhores da cidade. Alce ao forno ao molho de groselha e bolo de chocolate quente estão entre as opções tentadoras.

Restoran Spot €€
Internacional Guia de Ruas C2
Vene 4
Tel *600 4977*
Gerido por uma equipe jovem, esse restaurante elegante oferece uma seleção excelente de pratos internacionais a preços razoáveis. O pato grelhado é um dos mais pedidos pelos moradores locais.

Von Krahli Aed €€
Europeia Guia de Ruas C2
Rataskaevu 8
Tel *626 9088*
A ênfase é em comida saudável nesse restaurante com cadeiras confortáveis e decoração discreta. Há uma boa seleção para vegetarianos, e o cardápio indica se os pratos contêm lactose, ovo ou glúten.

Bocca €€€
Internacional Guia de Ruas C2
Olevimägi 9
Tel *611 7290*
Restaurante fino minimalista com iluminação charmosa e menu contemporâneo. As melhores opções são ravióli recheado com coelho, pombo assado e rack de cordeiro grelhado. Serviço impecável. Faça reserva.

Bordoo €€€
Internacional Guia de Ruas D1
Pikk 71/ Tolli 2
Tel *630 6300*
O luxuoso Bordoo fica no Three Sisters Boutique Hotel (p. 297). Seus pratos, bem elaborados e com bela apresentação, são servidos por uma equipe atenciosa. As mesas são espaçadas para dar mais privacidade. Há também um pátio agradável.

Chedi €€€
Asiática Guia de Ruas C2
Sulevimägi 1
Tel *646 1676*
Esse restaurante muito premiado tem interior moderno com revestimento de ardósia preta. As versões modernas de receitas tradicionais da Ásia exibem apresentação estupenda. É aconselhável fazer reserva.

Dominic €€€
Estoniana Guia de Ruas C2
Vene 10
Tel *641 0400*
Em um edifício histórico na Cidade Velha, o Dominic tem interior clássico, louças antigas e serviço profissional. Entre os pratos internacionais preparados com ingredientes locais estão costeletas de cervo e risoto de cogumelo. Os vinhos são excelentes.

Gloria €€€
Francesa Guia de Ruas D3
Müürivahe 2
Tel *640 6800* **Fecha** *dom*
Esse restaurante e adega de vinhos elegante de 1937 é especializado em alta-cozinha à moda antiga. Clássicos como foie gras e confit de pato são acompanhados por um seleção esplêndida de vinhos. Cortinas de veludo dão privacidade a algumas mesas.

Korsaar €€€
Caribenha Guia de Ruas C2
Dunkri 5
Tel *666 8064*
O Korsaar apresenta tema náutico e aquários com tubarões, peixes tropicais e tartarugas. Entre os exóticos pratos estão filé de robalo chileno com manga, barbatanas de arraia grelhadas com tapioca de coco e gengibre, e ganache de chocolate de Madagascar.

M C Grill €€€
Internacional Guia de Ruas C2
Schlössle Hotel, Puhavaimu 13/15
Tel *699 7780*
Restaurante acolhedor no porão do Schlössle Hotel (p. 297), com lareira, decoração tradicional e cadeiras confortáveis. Há pratos refinados, como filé grelhado de cervo e pato defumado, que são acompanhados por uma carta de vinhos criteriosa.

Mais informações sobre restaurantes *nas pp. 308-9*

Destaque

Neh €€€
Estoniana Guia de Ruas F2
Lootsi 4
Tel *602 2222*
Esse restaurante elegante, com tijolos vermelhos expostos, apresenta criações inspiradas em receitas antigas das ilhas nórdicas e utiliza muitos ingredientes em conserva, desidratados e salgados. Os pratos são muito bem apresentados, e o atendimento é de alto padrão. Faça reserva com boa antecedência por telefone ou pelo site do restaurante.

Restaurant Ö €€€
Estoniana Guia de Ruas D2
Mere puiestee 6e
Tel *661 6150* **Fecha** *dom*
Nesse restaurante sofisticado, com interior moderno e serviço eficiente, os chefs premiados apresentam menus sazonais curtos, que utilizam ao máximo ingredientes locais, inclusive coelho, codorna e carne bovina. A carta de vinhos se revela exemplar. É fundamental fazer reserva.

Destaque

Tchaikovsky €€€
Franco-russa
Guia de Ruas C2
Hotel Telegraaf, Vene 9
Tel *600 0610*
Esse restaurante charmoso com teto de vidro no luxuoso Hotel Telegraaf (p. 296) figura constantemente entre os cinco melhores do país na rigorosa seleção Flavour of Estonia. Os chefs habilidosos do Tchaikovsky elaboram uma série de pratos que mesclam receitas tradicionais da Rússia e da França. Vinhos finos e serviço atencioso são oferecidos pela equipe, trajada com elegância.

Oeste da Estônia

HAAPSALU: Muuriaare Café €
Internacional Mapa rod. C2
Karja 7
Tel *473 7527*
Com poltronas confortáveis e atmosfera descontraída, o aconchegante Muuriaare Café satisfaz todos os gostos com uma boa variedade de pratos para vegetarianos, veganos e carnívoros. O menu indica opções sem glúten. Os bolos são um destaque.

HAAPSALU: Hapsal Dietrich €€
Internacional Mapa rod. C2
Karja 10
Tel *509 4549* **Fecha** *dom, seg*
Esse café e restaurante informal com ar dos anos 1930 serve peixes locais frescos, carne bovina orgânica e pato crocante, além de outras opções tentadoras. Dispõe também de menu infantil e vários bolos deliciosos. Há mesas no pátio ao ar livre no verão. Serviço cortês.

Destaque

HAAPSALU: Kuursaal Summer Café €€
Internacional Mapa rod. C2
Promenaadi 1
Tel *475 7500*
Fecha *na baixa temporada*
Um dos melhores restaurantes de Haapsalu, o Kuursaal fica em um edifício encantador do século XIX, no calçadão. Com acústica perfeita, seu salão oferece música clássica ao vivo enquanto a clientela saboreia massas deliciosas e pratos com peixe. Como o nome indica, esse café funciona apenas no verão.

HAAPSALU: Wiigi Kohvik €€
Internacional Mapa rod. C2
Suur-Lossi 25
Tel *473 3112*
Voltado para o oeste, o terraço de verão desse restaurante charmoso diante do mar é ideal para apreciar o pôr do sol. O cardápio sortido de pratos bem preparados tem homus, massa, pato, carne bovina e várias opções com peixe. Serviço atencioso.

ILHA HIIUMAA: Liilia €
Estoniana Mapa rod. C2
Hiiu 22, Käina
Tel *463 6146*
Restaurante no Lillia Hotel, que exibe atmosfera acolhedora. O menu apresenta vários pratos saborosos com carne e peixes locais, assim como algumas opções vegetarianas.

ILHA HIIUMAA: Vetsi Tall €
Estoniana Mapa rod. C2
Vilarejo de Kassari
Tel *462 2550*
Instalado nos estábulos reformados com bom gosto do solar Kassari, o Vetsi Tall é um lugar à moda antiga, com uma lareira no centro. Há uma variedade interessante de pratos tradicionais da Estônia, incluindo vários tipos de peixe defumado, e algumas opções internacionais.

Pátio florido do Hapsal Dietrich, em Haapsalu

ILHA KIHNU: Kurase Café €
Estoniana Mapa rod. C2
Vilarejo de Sääre
Tel *525 5172*
Fecha *na baixa temporada*
Embora seja humilde, o único café da ilha Kihnu serve comida surpreendentemente boa. O cardápio tem algumas especialidades locais, inclusive os peixes renomados da ilha. Abre só no verão.

ILHA MUHU: Muhu €
Estoniana Mapa rod. C2
Vilarejo de Liiva
Tel *459 8160*
Fecha *na baixa temporada*
Esse restaurante cortês em um antigo laticínio é decorado com mantas coloridas e paraférnalia da região. O menu eclético à base de produtos locais inclui carne de avestruz de uma fazenda próxima. Abre só no verão.

Destaque

ILHA MUHU: Alexander Restaurant €€€
Estoniana Mapa rod. C2
Pädaste
Tel *454 8800*
Eleito o melhor restaurante da Estônia por quatro anos seguidos, essa casa exclusiva no luxuoso hotel Pädaste Manor (p. 297) proporciona uma grande experiência gastronômica. Ingredientes locais, inclusive ervas e legumes cultivados no terreno, são usados nos pratos inovadores, inspirados na cozinha nórdica tradicional. Serviço impecável.

ILHA SAAREMAA: Kaali Tavern €
Estoniana Mapa rod. C2
Vilarejo de Kaali
Tel *459 1182*

Categorias de Preço *na p. 314*; Guia de Ruas de Tallinn *nas pp. 86-7*; Mapa rodoviário *na guarda da contracapa*

ONDE COMER E BEBER NA ESTÔNIA | 317

Perto da cratera do meteoro em Kaali, esse pub e restaurante em uma antiga casa de fazenda é o destino perfeito para relaxar após um dia repleto de passeios.

ILHA SAAREMAA: Pub Vaekoda €
Estoniana Mapa rod. C2
Tallinna 3, Kuressaare
Tel *453 3020*
Instalado em uma casa de pesagem do século XVII no centro da Cidade Velha, o Pub Vaedoka é muito animado e atrai tanto o pessoal local quanto os turistas. A saborosa cozinha estoniana é servida em porções fartas.

ILHA SAAREMAA: Hotel Saaremaa Restaurant €€
Estoniana Mapa rod. C2
Vilarejo de Mändjala, freguesia de Kaarma
Tel *454 4100*
Em um local idílico com matas e vista para a praia Mändjala, esse restaurante moderno oferece pratos sazonais, que podem variar de cozinha gourmet da Estônia à culinária saudável na linha minimalista.

ILHA SAAREMAA: La Perla €€
Italiana Mapa rod. C2
Lossi 3, Kuressaare
Tel *453 6910*
Nesse restaurante aclamado no centro de Kuressaare, o cardápio sugere várias massas bem preparadas, que levam ingredientes locais, como goraz, salmão e camarão.

ILHA SAAREMAA: Rose €€
Estoniana Mapa rod. C2
Grand Rose SPA Hotel, Tallinna 15, Kuressaare
Tel *3726667000*
Instalado em um porão muito aconchegante em um hotel com spa, o Rose é um dos melhores restaurantes de Kuressaare. Vários salões com teto de tijolos abobadado formam um cenário perfeito para saborear várias especialidades locais e internacionais, a exemplo de lombo de javali e costelas grelhadas.

ILHA SAAREMAA: Georg Ots Spa Hotel Restaurant €€€
Estoniana Mapa rod. C2
Tori 2, Kuressaare
Tel *455 0000*
Esse restaurante fino no Georg Ots Spa Hotel (p. 298) tem cozinha inventiva com um bom equilíbrio entre ingredientes saudáveis e outros nem tanto. Entre os pratos principais estão lombo de porco, truta levemente defumada e peito de frango cozido.

ILHA VORMSI: Krog €
Estoniana Mapa rod. C1
Vilarejo de Hullo
Tel *5669 4268*
Esse restaurante cortês de gestão familiar com estilo de chalé de madeira sueco faz muito sucesso na ilha Vormsi. Há pratos caseiros e autênticos, como javali cozido e arenque fresco. Grupos grandes devem fazer reserva.

PALDISKI: Peetri Toll Tavern €
Russa/Estoniana Mapa rod. C1
Mere 10
Tel *5647 7272*
O pub mais antigo da cidade serve cozinha russa, estoniana e internacional com ingredientes locais. Há sobremesas deliciosas, como blinis (panquecas) e tortas de frutas.

PALDISKI: Wicca Restaurant at Laulasmaa Resort €€
Estoniana Mapa rod. C1
Puhkekodu 4, Laulasmaa
Tel *687 0870*
Restaurante premiado, cujo terraço de verão oferece vistas esplêndidas do mar. Serve pratos locais ótimos, como codorna, filé marinado de alce e sorbet de ruibarbo.

PÄRNU: Ahoy Sushi Bar €
Japonesa Mapa rod. D2
Kuninga 34
Tel *443 8543* **Fecha** *dom*
Único sushi-bar de Pärnu, o Ahoy é bem exótico e tem interior minimalista branco, além de serviço eficiente e polido.

PÄRNU: Café XS €
Internacional Mapa rod. D2
Munga 2
Tel *443 1316*
Com belo interior moderno e um terraço de verão, o Café XS oferece saladas fartas, panquecas doces e salgadas, massas e uma seleção tentadora de bolos caseiros.

PÄRNU: Café Grand €€
Internacional Mapa rod. D2
Kuninga 25
Tel *444 3412*
Inaugurado em 1927, o Café Grand atraía a alta sociedade de Pärnu no passado. Garçons de gravata borboleta servem opções alemãs e francesas, e há chá da tarde a partir das 17h.

PÄRNU: Kohvik Supelsaksad €€
Internacional Mapa rod. D2
Nikolai 32
Tel *442 2448* **Fecha** *seg*
O design premiado desse café e restaurante apresenta papel de parede antigo e móveis belamente revestidos. Serve bolos caseiros e ótimos pratos estonianos e internacionais.

PÄRNU: Kuursaal €€
Internacional Mapa rod. D2
Mere puiestee 22
Tel *442 0368*
Pub animado em um edifício do fim do século XIX, diante do mar. O cardápio sugere pratos principais como arenque local com creme azedo, chuleta e salsichas grelhadas.

PÄRNU: Trahter Postipoiss €€
Russa Mapa rod. D2
Vee 12
Tel *446 4864*
Essa taverna rústica fica animada nos fins de semana. A equipe, com trajes típicos, serve blinis (panquecas), pelmeni (bolinhos) da Sibéria, filé bovino, salmão ao forno e outros pratos da Rússia.

PÄRNU: Villa Ammende €€€
Mediterrânea Mapa rod. D2
Mere puiestee 7
Tel *447 3888*
Comida mediterrânea e francesa refinada é servida em três salões régios nessa mansão art nouveau (p. 298), que oferece um belo terraço de verão.

Os móveis azuis integram a decoração premiada do Kohvik Supelsaksad, em Pärnu

Mais informações sobre restaurantes *nas pp. 308-9*

PARQUE NACIONAL MATSALU:
Amanda Puhvet €
Estoniana Mapa rod. C2
Vilarejo de Üdrumal, freguesia Kullamaa
Tel *5550 9223*
Esse lugar atraente fica perto da estrada para Saaremaa e o Parque Nacional Matsalu – a grande torre de vigia de madeira serve como ponto de referência. Prepara sopas reconfortantes e pratos principais e pastelões deliciosos.

PARQUE NACIONAL MATSALU:
Roosta Holiday Village Restaurant €
Internacional Mapa rod. C2
Vilarejo de Elbiku, freguesia de Noarootsi
Tel *525 6699*
Parte de um conjunto de casas de veraneio, esse restaurante oferece pratos locais e internacionais bem-feitos. O terraço de verão tem vistas encantadoras do mar.

Leste da Estônia

COSTA DE ONTIKA: Mio Mare €€
Estoniana Mapa rod. E1
Ranna 12, Toila, 41702
Tel *334 2915*
Restaurante discreto no Toila Spa Hotel (p. 298), tem menu notável de pratos refinados com carne e peixe, inclusive javali ao molho de vinho tinto e cordeiro grelhado.

KUREMÄE: Wironia €€
Estoniana Mapa rod. E1
Rakvere 7, Jõhvi, 41531
Tel *5303 6505*
Esse restaurante de hotel serve clássicos saborosos e bem apresentados, a exemplo de panquecas recheadas doces e salgadas. O pub ao lado fica aberto até tarde.

NARVA: 100% China €
Chinesa Mapa rod. E1
Tallinna maantee 6b, 20304
Tel *552 4777*
Esse restaurante bem conceituado com interior colorido conseguiu contratar o único chef chinês da região, de forma que a comida é quase autêntica. O longo cardápio inclui muitas opções vegetarianas.

NARVA: Gulliver €
Estoniana Mapa rod. E1
Lavretsovi 7
Tel *356 0777*
Esse pub rústico tem terraço de verão. A comida local à base de carne é bem preparada e conta com opções como porco no espeto e schnitzel. O ambiente fica animado nos fins de semana.

Mesas na *trattoria* italiana La Dolce Vita, em Tartu

NARVA: German Pub €€
Estoniana Mapa rod. E1
Pushkini 10, 20308
Tel *359 1548*
Esse pub famoso no centro da cidade oferece comida substanciosa e atmosfera descontraída. O salão é decorado com objetos e fotografias antigos. Panquecas, pescada, caviar e arenques salgados são opções, acompanhadas por ótimas cervejas alemãs.

NARVA: Petchki-Lavotchki €€
Russa Mapa rod. E1
Tallinna maantee 19c, 20303
Tel *357 9333*
Esse restaurante agradável ligado à casa noturna Café Geneva serve especialidades tradicionais, como blinis (panquecas), borsch e pelmeni (bolinhos), preparadas pelo chef russo.

OTEPÄÄ: Hotel Karupesa €
Internacional Mapa rod. E2
Tehvandi 1a
Tel *766 1500*
Nas matas próximo a Otepää, esse restaurante apresenta iluminação romântica e interior aconchegante. O menu satisfaz vegetarianos e carnívoros, com pratos locais e internacionais.

PAIDE: Paide €
Estoniana Mapa rod. D1
Keskväljak 15, 72711
Tel *5698 8777* **Fecha** *dom*
Com localização central, esse restaurante simples é voltado a grupos grandes, mas serve comida decente. O menu tradicional sugere panquecas, saladas e carne e peixes grelhados.

PARQUE NACIONAL LAHEMAA:
Kadaka-baar €
Estoniana Mapa rod. D1
Vilarejo de Viitna, 45202
Tel *325 5550*

Em meio a matas densas, esse pub instalado em uma cabana de madeira acolhe trilheiros e turistas com porções grandes de comida estoniana.

PARQUE NACIONAL LAHEMAA:
Lahemaa Kohvikann €€
Estoniana Mapa rod. D1
Vilarejo de Palmse, 45405
Tel *323 4148* **Fecha** *seg, ter*
Gerido por um casal hospitaleiro, esse restaurante simples perto do parque serve comida local com influências alemãs.

PARQUE NACIONAL LAHEMAA:
Sagadi Manor €€
Internacional Mapa rod. D1
Vilarejo de Sagadi, freguesia de Vihula, 45403
Tel *676 7888*
Na propriedade Sagadi (p. 113), esse restaurante fino proporciona uma experiência agradável. Há carneiro, lentilha vegana cozida e bolo de cenoura no cardápio.

PARQUE NACIONAL LAHEMAA:
Viitna Korts €
Estoniana Mapa rod. D1
Vilarejo de Viitna, freguesia de Kadrina, 45202
Tel *520 9156*
Originalmente uma empresa de diligências na rodovia entre Tallinn e Narva, essa cabana de madeira charmosa continua atraindo viajantes exaustos. Há muitos peixes e carne no menu, assim como mulgipuder (mingau de batata e cevada).

PÕLTSAMAA: Rivaal Café €
Estoniana Mapa rod. D2
Veski 1, 48106
Tel *776 2620*
Esse café e restaurante junto ao rio tem boa variedade de pratos. Há uma lareira no inverno e um terraço sombreado no verão.

PÕLVA: Aal €
Estoniana Mapa rod. E2
F Tuglase 2, 63308
Tel *517 1818*
Uma das poucas opções em Põlva, o café e restaurante Aal, à margem do lago, tem cardápio de pratos tradicionais. De seu terraço de verão descortinam-se vistas pitorescas.

PÕLVA: Pizza Olive €
Italiana Mapa rod. E2
Vilarejo de Ihamaru, freguesia de Kõlleste, 63503
Tel *5663 0054*
Nessa pizzaria isolada nos arredores de Põlva, a hospitaleira equipe serve fantásticas pizzas tradicionais de forno a lenha e sobremesas caseiras.

Categorias de Preço *na p. 314;* **Mapa rodoviário** *na guarda da contracapa*

RAKVERE: Katariina Kelder €
Estoniana Mapa rod. D1
Pikk 3, 44307
Tel *322 3943*
Esse restaurante simples no porão de uma pousada é um dos melhores da cidade para uma refeição satisfatória. Apresenta cozinha local bem-feita, acompanhada por uma pequena seleção de vinhos.

SILLAMÄE: Krunk €€
Estoniana Mapa rod. E1
Kesk 23, 40231
Tel *392 9033*
Instalado no hotel local da era soviética (p. 299), o Krunk exala uma aura esmaecida de elegância. A comida, bem apresentada, é a melhor disponível na cidade. Há música ao vivo nos fins de semana.

SUUR MUNAMÄGI: Café Suur Muna €
Internacional Mapa rod. E2
Vilarejo de Haanja
Tel *786 6000* **Fecha** *seg, ter*
O Suur é um café rural sereno em cenário idílico. Tem interior moderno revestido de madeira e um cardápio curto de pratos com ovo, que homenageia a Suur Munamägi (Montanha do Grande Ovo). Há um terraço encantador de verão.

SUUR MUNAMÄGI: Suur Munamägi Tower Café €
Internacional Mapa rod. E2
Vilarejo de Haanja
Tel *525 1364*
No topo da torre instalada na Suur Munamägi (p. 125), esse café com fachada de vidro fica no ponto mais alto dos países bálticos, 347m acima do nível do mar. Peça um lanche e aprecie as vistas fantásticas da região.

TARTU: Vilde's Health Café €
Internacional Mapa rod. E2
Vallikraavi 4
Tel *734 4191* **Fecha** *dom*
Pratos extremamente saudáveis feitos com ingredientes orgânicos locais são servidos nesse café e restaurante com decoração pitoresca. O cardápio indica quais são as opções sem glúten ou lactose, e há alternativas vegetarianas em profusão.

TARTU: Yakuza Sushi Bar €
Japonesa Mapa rod. E2
Tasku Shopping Centre, 4º andar, Turu 2, 51014
Tel *741 2732*
Em um shopping center central, esse restaurante serve diversas opções de sushi, sopas, talharins e pratos à base de arroz.

Os belos azulejos do Fellin, em Viljandi

TARTU: Püssirohu Kelder €€
Internacional Mapa rod. E2
Lossi 28, 51003
Tel *730 3555*
Na encosta de uma colina, ocupando um antigo depósito de pólvora, esse é o pub com pé-direito mais alto do mundo, de 11m. Serve cervejas ótimas, e o menu é repleto de pratos substanciosos. Fica animado tarde da noite e nos fins de semana.

TARTU: Chez André €€€
Internacional Mapa rod. E2
Küütri 3, 51007
Tel *744 2085*
Esse restaurante aclamado realmente testa os limites em suas combinações inovadoras e artísticas da refinada *nouvelle cuisine* francesa. O instigante cardápio apresenta massa com morango e pato, filé de lombo bovino com caranguejo do Alasca e sorvete defumado.

Destaque
TARTU: La Dolce Vita €€€
Italiana Mapa rod. E2
Kompanii 10, 51007
Tel *740 7545*
Com uma enorme seleção de pratos autênticos, o restaurante La Dolce Vita, na Cidade Velha, já conquistou muitos prêmios. Há pizzas gostosas assadas em forno a lenha tradicional e massas caseiras preparadas com muitos ingredientes importados da Itália. O interior encantador evoca uma *trattoria* típica italiana, e o serviço é excelente.

VÄRSKA: Hirvemä €
Estoniana Mapa rod. E2
Silla 6
Tel *797 6105*
Parte de um complexo de férias próximo ao Museu da Aldeia Setu, esse pequeno café e restaurante serve comida típica da Estônia para os turistas de passagem pela região. Sanduíches e lanches também disponíveis.

VILJANDI: Fellin €€
Internacional Mapa rod. D2
Kauba 11, 71011
Tel *435 9795*
O cardápio inovador do extremamente aconchegante Fellin sugere uma ótima seleção de pratos saudáveis feitos com ingredientes locais. Entre as opções bem apresentadas estão arenque defumado e bouillon de cordeiro e beterraba.

VILJANDI: Suur Vend €€
Internacional Mapa rod. D2
Turu 4, 71003
Tel *433 3644*
Há muitos pratos com carne e peixe, assim como algumas opções vegetarianas, no menu desse pub cordial. Música ao vivo nas noites de quarta a sábado.

VÕRU: Môisa Ait €
Internacional Mapa rod. E2
Jüri 20c, 65608
Tel *782 5587*
Carnívoros ficam muito satisfeitos nesse pub e restaurante acolhedor em um charmoso edifício antigo. Há uma boa variedade de pratos com peixe, carne, porco e frango, porém poucas opções para vegetarianos.

VÕRU: Café Spring €€
Internacional Mapa rod. E2
Petseri 20
Tel *782 2777* **Fecha** *dom*
Em uma casa de madeira reformada com bom gosto ao lado do lago Tamula, o Café Spring oferece uma boa gama de pratos vegetarianos e com carne. O interior, agradável, tem tijolos expostos, um fogão a lenha e um lounge confortável no andar de cima.

Mais informações sobre restaurantes *nas pp. 308-9*

Onde Comer e Beber na Letônia

Riga

Aragats €
Armênia Guia de Ruas F1
Miera 15
Tel 6737 3445 Fecha seg
Nesse restaurante de gestão familiar em um apartamento soviético repaginado, a decoração é ofuscada pelos deliciosos pratos caucasianos. O cardápio apresenta muitas preparações com cordeiro, algumas opções vegetarianas e, às vezes, peixe.

Fazenda €
Internacional Guia de Ruas E2
Baznīcas 14
Tel 6724 0809
O pequeno café e padaria Fazenda serve pães frescos e doces ótimos, assim como pratos letões e internacionais leves. Evocando uma casa campestre, é decorado com papel de parede floral, paredes de tijolos caiados de branco, móveis, gravuras e azulejos antigos, tudo escolhido com muito bom gosto.

Himalajas €
Nepalesa Guia de Ruas F1
Brīvības 10
Tel 2037 2938
Apesar da decoração sem charme, esse restaurante de gestão familiar é um dos melhores lugares em Riga para cozinha autêntica do Nepal e da Índia. Os pratos podem ser temperados conforme a preferência do cliente.

Lido Alus Sēta €
Letã Guia de Ruas C3
Tirgoņu 6
Tel 6722 2431
Esse é o restaurante self-service mais central da conhecida rede LIDO. Serve cozinha letã em um cenário que evoca uma casa de fazenda. Entre na fila, pegue shashlik de frango ou porco grelhado no espeto e bastante batata frita.

Pelmeni XL €
Russa Guia de Ruas D3
Kaļķu 7
Tel 6707 3956
O restaurante de bufê Pelmeni XL é especializado em bolinhos russos, os chamados pelmeni. Os clientes podem escolher variedades com frango, carne bovina ou de porco, frutos do mar e vegetais. As porções são grandes, e os preços, baixos. Peça cerveja ou uma dose de vodca para acompanhar a refeição.

Raw Garden €
Vegetariana Guia de Ruas E2
Skolas 12
Tel 2778 0489
O único restaurante de comida crua em Riga serve uma seleção criativa de pratos bem nutritivos. Há smoothies, sucos e sobremesas ótimas, além de refeições vegetarianas quentes.

Destaque

Stock Pot €
Internacional Guia de Ruas E2
Gertrudes 6
Tel 2783 2165 Fecha dom, seg
Nesse excelente restaurante de gestão familiar, o cardápio restrito apresenta combinações originais de pratos mediterrâneos, indianos, tailandeses e letões. As opções variam a cada dia e podem incluir peixe ao curry vermelho, frango com manteiga e chili con soya. Há também muitas opções sem carne e pratos veganos, vegetarianos e sem lactose.

Sweetday Café €
Internacional Guia de Ruas C4
Tirgoņu 9
Tel 2653 7235
Esse café no centro da cidade, decorado com obras de arte, oferece uma seleção irresistível de bolos e doces. Serve também sanduíches, lanches, saladas e refeições leves.

Terra €
Vegetariana Guia de Ruas E3
Blaumaņa 9
Tel 6765 0001
Esse restaurante vegetariano, com bufê self-service, oferece pão fresco para acompanhar os pratos, feitos com frutas e legumes locais. Coma lá mesmo ou leve algo para viagem em uma embalagem divertida.

Victory Pub €
Internacional Guia de Ruas C4
Tirgoņu 10
Tel 2922 8310
Frequentado pelo pessoal local e por turistas, esse pub inglês fica em um edifício histórico na Cidade Velha. O menu variado destaca peixe com fritas, filés, sanduíches com bacon, frango ao curry e omeletes.

Bellevue €€
Internacional Guia de Ruas A5
Slokas 1
Tel 6706 9040
No 11º andar do Maritim Park Hotel, esse restaurante elegante de comida de fusão proporciona vistas esplêndidas do rio e da Cidade Velha. Em seu salão, oferece serviço profissional e versões bem apresentadas de cozinha letã e internacional, em alguns casos com influência chinesa.

Benjamiņš €€
Internacional Guia de Ruas E3
Kr Barona 12
Tel 6707 9410
Instalado em cinco salões opulentos em um edifício imponente do século XIX, o Benjamiņš mantém muitas características originais, como vitrais e pisos de parquê. O serviço é impecável, e a cozinha internacional refinada propõe delícias como filé de tamboril e pato assado.

Bon Vivant €€
Belga Guia de Ruas D4
Mārstaļu 8
Tel 6722 6585
Café e restaurante com interior de madeira escura, relíquias flamengas e mais de dez cervejas belgas de barril. Entre os pratos disponíveis estão linguiças de meio metro de comprimento, cozido de carne bovina e várias opções boas com mexilhões.

Čemodāns €€
Mediterrânea Guia de Ruas F3
Gertrūdes 39
Tel 6731 5050
O conhecido restaurante Čemodāns serve uma seleção de pratos deliciosos de França, Espanha, Portugal e Itália, assim como da Letônia. O salão em estilo clássico e o serviço impecável são outros destaques da casa.

Mesas externas do restaurante self-service LIDO Alus Sēta, em Riga

Categorias de Preço na p. 314; Guia de Ruas de Riga nas pp.164-5; Mapa rodoviário na guarda da contracapa

Da Sergio €€
Italiana **Guia de Ruas** F2
Tērbatas 6
Tel *6731 2777*
Esse é um dos melhores restaurantes italianos de Riga, com reputação consolidada pelo serviço e pela cozinha sempre de alto padrão. Há pizzas assadas em forno a lenha tradicional e muitas opções de massas e frutos do mar.

Demokrātisks Vīna Bārs Garage €€
Letã **Guia de Ruas** E3
Berga Bazārs, Elizabetes 83/85
Tel *2662 8833*
O cardápio muda a cada dia, conforme os ingredientes sazonais disponíveis, nesse restaurante e bar de vinhos chique em uma garagem com visual moderno. Tapas complementam a ampla seleção de vinhos.

Domini Canes €€
Internacional **Guia de Ruas** D4
Skārņu 18/20
Tel *2231 4122*
Intimista, o Domini Canes dispõe de apenas dez mesas e situa-se no coração da Cidade Velha, defronte à Igreja de São Pedro. Deliciosos pratos internacionais com influências letãs são preparados a partir de ingredientes locais. Faça reserva.

Honkonga €€
Chinesa **Guia de Ruas** D2
Dzirnavu 55
Tel *6781 2292*
Restaurante chinês com um cardápio extenso de pratos deliciosos servidos em um ambiente charmoso. Há sobremesas tentadoras, como bananas e maçãs fritas crocantes. Faça reserva para os fins de semana.

International SV €€
Internacional **Guia de Ruas** F1
Hospitāļu 1
Tel *6749 1212*
Nesse restaurante com belo interior moderno, os clientes podem escolher várias miniporções de pratos principais com apresentação refinada. Há opções como bife Wellington, filé de avestruz, nhoque de batata e fondue de queijo. Serviço notável.

Ķiploku Krogs €€
Internacional **Guia de Ruas** C3
Jēkaba 3/5
Tel *6721 1451*
Fazendo jus a seu nome, que significa "bar de alho," esse restaurante tem a proposta original de incluir alho em quase tudo, até no sorvete.

Balcão longo no bar do criativo restaurante Bibliotēka Nº 1, em Riga

Province €€
Letã **Guia de Ruas** C4
Kaļķu 2
Tel *6722 2566*
Situado na Cidade Velha, apresenta interior rústico e ótima cozinha local. O menu-degustação é muito bom e inclui torta de filé bovino, feijão-fradinho com bacon e torta de arenque.

Tēvocis Vaņa €€
Russa **Guia de Ruas** C3
Smilšu 16
Tel *2788 6963*
O "Tio Vanya" é um restaurante russo refinado, cujo interior elegante apresenta papel de parede e livros antigos, peças de cerâmica e cadeiras confortáveis. O cardápio de clássicos eslavos inclui um maravilhoso estrogonofe de carne.

Varzob €€
Uzbeque **Guia de Ruas** C4
Ratslaukuma iela 1
Tel *6722 4180* **Fecha** *dom*
Pequeno café e restaurante que serve comida uzbeque e da Ásia Central em um ambiente simples. Entre os favoritos estão os bolinhos, cordeiro assado, shashlik (kebabs) e pão fresco. A equipe é muito acolhedora.

Destaque

3 Pavaru €€€
Internacional **Guia de Ruas** C3
Torņa 4/2b
Tel *2037 0537*
Comandado pelos três chefs mais promissores do país, o 3 Pavaru é uma experiência imperdível em Riga. Os clientes podem ver os pratos letões sazonais sendo preparados com técnicas modernas na cozinha exposta – os chefs usam maçaricos e vapor de nitrogênio líquido.

Bergs €€€
Internacional **Guia de Ruas** E3
Berga Bazārs, Elizabetes 83/85
Tel *6777 0957* **Fecha** *dom*
Esse restaurante no hotel-butique Bergs (p. 301) é um dos mais finos de Riga. A empolgante cozinha de fusão letã e europeia está a cargo do famoso chef letão Kaspars Jansons.

Bibliotēka Nº 1 €€€
Letã **Guia de Ruas** D3
Tērbatas 2
Tel *2022 5000*
Com um terraço de verão voltado para um parque, o Bibliotēka Nº 1 serve cozinha inovadora de alto padrão. Enguia defumada da Latgália e sorvete de fígado de frango são algumas das opções.

Le Dome €€€
Letã **Guia de Ruas** C3
Miesnieku 4
Tel *6755 9884*
Esse restaurante premiado em uma rua calma faz parte do Dome Hotel and Spa (p. 300). É especializado em peixes frescos do Báltico, mas também serve pratos com carne, porco e frango.

Melnie Mūki €€€
Internacional **Guia de Ruas** D4
Jāņa Sēta 1
Tel *6721 5006*
O consolidado Melnie Mūki, ou "Monges Pretos", ocupa o porão de um velho mosteiro e tem um menu eclético de cozinha letã e internacional.

Neiburgs €€€
Letã **Guia de Ruas** C4
Jauniela 25/27
Tel *6711 5544*
Esse restaurante charmoso no Neiburgs Hotel (p. 301) é um dos melhores de Riga. Ostenta interior moderno elegante e serve pratos letões e internacionais com bela apresentação.

Mais informações sobre restaurantes *nas pp. 308-9*

Ostas Skati €€€
Internacional Guia de Ruas A1
Matrožu 15, Ķīpsala
Tel 2669 3693
Com fachada de vidro, vistas encantadoras do rio e um terraço ótimo de verão, esse restaurante sofisticado prepara diversos pratos com peixe e carne. Vá até lá de carro ou táxi.

Rozengrāls €€€
Letã Guia de Ruas C3
Rozena 1
Tel 6722 0356
Instalado em um porão muito charmoso do século XIII, esse restaurante de temática medieval tem garçons com trajes tradicionais, que servem pratos locais baseados em receitas antigas. Cervo defumado, coelho cozido e abóbora ao forno estão entre as opções.

Vincents €€€
Internacional Guia de Ruas C2
Elizabetes 19
Tel 6733 2830 **Fecha** dom
Comandado pelo renomado chef Mārtiņš Rītiņš, o Vincents mantém o frescor e a inventividade desde sua inauguração, em 1993. Os pratos, ousados, muitas vezes preparados com nitrogênio líquido, têm apresentação espetacular. Serviço impecável.

Oeste da Letônia

DUNDAGA: Jūras Sapņi €
Letã Mapa rod. C3
Vidales ielā 2, LV-3270
Tel 2946 2622
Fecha *baixa temporada*
Das poucas opções disponíveis em Dundaga, o Jūras Sapņi talvez seja a melhor. A decoração náutica apresenta palmeiras e parafernália de barcos. Oferece comida-padrão com carne de porco, frango e batata. Abre só no verão.

> ### Destaque
> **JELGAVA: La Tour de Marie** €€
> Francesa/Letã Mapa rod. C4
> *Akadēmijas 1, LV-3001*
> **Tel** 6308 1392 **Fecha** seg
> O restaurante mais refinado de Jelgava fica no 7º andar da torre da Igreja da Santíssima Trindade. Seu salão, muito charmoso, exibe paredes nuas de tijolos e janelas sob os relógios nas quatro faces da torre. Nenhum outro restaurante da Letônia oferece vistas tão belas. Por fim, a cozinha letã e francesa servida também é excelente.

JŪRMALA: Café 53 €
Letã Mapa rod. C3
Jomas 53, LV-2015
Tel 6781 1771
Com atmosfera descontraída, esse restaurante central serve algumas especialidades letãs, como carneiro com feijão, mingau de cevada e lúcio gelatinoso, a preços razoáveis. Há também pizzas e sobremesas deliciosas.

JŪRMALA: International €€
Internacional Mapa rod. C3
Vienibas prospekts 6, LV-2010
Tel 6776 7735
Esse restaurante central tem interior moderno elegante e um excelente cardápio internacional que revela ampla variedade de pratos com peixe e carne. Há opções como filé de avestruz, bife Wellington, filé de bagre e escargô da Borgonha.

JŪRMALA: Villa Joma €€
Mediterrânea Mapa rod. C3
Jomas 90, LV-2015
Tel 6777 1999
Restaurante agradável no hotel Villa Joma (*p. 301*), que mantém a lareira acesa no inverno e oferece um terraço arejado no verão. Serve cozinha mediterrânea bem preparada e algumas especialidades letãs.

JŪRMALA: MaMa €€€
Mediterrânea Mapa rod. C3
Tirgoņu 22, Majori, LV-2015
Tel 6776 1271
Eleito o melhor restaurante de hotel na Letônia por quatro anos consecutivos, esse lugar estupendo com salão elegante e eclético proporciona uma experiência gastronômica memorável. O cardápio mediterrâneo apresenta influências letãs.

KOLKA: Zitari €
Letã Mapa rod. C3
Rutas iela, LV-3275
Tel 2001 9608
Fecha *baixa temporada*
Uma das poucas opções na diminuta Kolka, o Zitari também funciona como pousada. Acolhedores, os anfitriões servem porções grandes de comida substanciosa, que inclui peixes defumados deliciosos. Abre apenas na alta temporada de verão.

KULDĪGA: Stenders Pica €
Letã Mapa rod. B3
Suru 2, LV-3301
Tel 6332 3763
Além de pizzas, esse restaurante no centro de Kuldīga serve boa cozinha letã. Há pratos principais substanciosos e panquecas doces e salgadas.

Salão moderno e original do MaMa, em Jūrmala

KULDĪGA: Metropole €€
Letã Mapa rod. B3
Baznīcas 11, LV-3301
Tel 6335 0588
Embora um tanto decadente, esse restaurante de hotel (*p. 301*) ainda é a opção mais refinada da cidade. Há pratos letões e internacionais com peixes e carnes de caça de fazendas locais.

LAGO ENGURE: Cope Café €
Letã Mapa rod. C3
Rideļu Dzirnavas, freguesia de Engure, LV-3113
Tel 2653 6532
Café aconchegante que serve lanches saudáveis e refeições leves feitos com ingredientes locais. O pão caseiro e as panquecas levam farinha do moinho vizinho, e cogumelos e frutas silvestres são colhidos nas florestas ao redor.

LIEPĀJA: Boulangerie €
Internacional Mapa rod. B4
Kuršu 2, LV-3401
Tel 2713 4686
Com uma oferta de pão rústico, bolos caseiros, lanches leves e sanduíches, esse conhecido café e padaria no centro da cidade tem mesas no salão e no agradável terraço na cobertura, de onde se descortinam lindas vistas. A relação custo-benefício é excelente.

LIEPĀJA: Bel Cibo €€
Italiana Mapa rod. B4
Graudu 21, LV-3401
Tel 2783 0274 **Fecha** seg-qua
Uma equipe competente assegura que os clientes tenham a melhor experiência possível nesse pequeno restaurante italiano. A cozinha autêntica se destaca pela qualidade e pela apresentação de alto padrão.

ONDE COMER E BEBER NA LETÔNIA | 323

LIEPĀJA: Olive €€
Fusão Mapa rod. B4
Klaipėdas 104c, LV-3416
Tel *2666 0935*
No segundo andar do shopping center Baata, o Olive serve várias massas e cozinha de fusão letã-asiática, como bolinhos japoneses e salmão de Tóquio.

LIEPĀJA: Pastnieka Māja €€
Letã Mapa rod. B4
Fr Brīvzemnieka 53, LV-3401
Tel *2949 6233*
Em uma antiga agência de correios com interior reformado, esse restaurante é considerado o melhor da cidade. Há especialidades como rocambole de coelho e testículos de boi recheados.

MEŽOTNE: Mežotnes Pils €€
Letã Mapa rod. D4
Mežotnes pagasts, Bauskas novads, LV-3918
Tel *6396 0711*
Esse salão no hotel Mežotnes Pils (p. 302) proporciona vistas espetaculares do terreno do palácio e prepara especialidades tradicionais. Serviço impecável. Faça reserva.

NĪCA: Nīcava €
Letã Mapa rod. B4
Nīcas novads, Nīcas pagasts, LV-3473
Tel *6348 6379*
Elegante restaurante no hotel Nīcava (p. 302), abriga um terraço atraente de verão. Os garçons, bem vestidos, servem pratos típicos substanciosos.

PĀVILOSTA: Vēju Paradīze €
Letã Mapa rod. B4
Smilšu 14, LV-3466
Tel *2644 6644*
Esse café e restaurante com janelões do teto ao chão fica em um hotel que hospeda praticantes de windsurfe. Serve refeições leves e sanduíches.

ROJA: Dzintarkrasts €
Letã Mapa rod. C3
Vilarejo de Žocene, freguesia de Rojas, LV-3264
Tel *2860 0600*
Em um complexo turístico, esse restaurante satisfatório prepara especialidades da região de Kurzeme, como sopa de azedinha e bacon.

ROJA: Otra Puse €
Letã Mapa rod. C3
Jūras iela 6, LV-3264
Tel *2947 7602*
No complexo recreativo Otra Puse, esse belo edifício de pedra é perfeito para se provar a culinária local, como o peixe defumado. Há música ao vivo sábado à noite.

RUNDĀLE: Baltā Māja €
Letã Mapa rod. D4
Pils Rundāle, LV-3921
Tel *6396 2140*
Em uma casa de 250 anos que também funciona como uma pousada (p. 302), esse café e restaurante serve deliciosa comida caseira em um salão em estilo rural. As sobremesas e o pão preto fresco são outros destaques. Abre apenas mediante reserva na baixa temporada.

RUNDĀLE: Rundāles Pils €€
Letã Mapa rod. D4
Rundāle, LV-3921
Tel *6396 2274*
Com fácil acesso ao Palácio Rundāle, esse restaurante elegante ocupa as antigas cozinhas do duque da Curlândia. Serve excelente culinária letã, representada por muitos pratos com carne e alguns vegetarianos, que apresentam visual refinado.

SABILE: Dare €
Letã Mapa rod. C3
Pedvāle, LV-3294
Tel *6325 2273*
Junto à entrada do Museu ao Ar Livre de Pedvāle (p. 182), o Dare serve uma seleção de pratos tradicionais em uma atmosfera agradável. O terraço ao ar livre é muito requisitado no verão.

SABILE: Zviedru Cepure €
Letã Mapa rod. C3
Freguesia de Piltiņi Matkule, LV-3132
Tel *2640 5405*
A 3,5km de Sabile, o centro recreativo Zviedru Cepure oferece atividades para crianças, esqui, passeios a cavalo e um longo tobogã. Seu café e restaurante, instalado em uma cabana rústica de madeira, prepara pratos tradicionais saudáveis. O restaurante fica aberto durante todo o verão e, se houver neve, também no inverno.

TALSI: Martinelli €
Letã Mapa rod. C3
Lielā 7, LV-3200
Tel *6329 1340*
O Martinelli é um restaurante acolhedor em estilo de fazenda, cujo cardápio foca em comida tradicional, com algumas receitas de família. O salão exibe lareira e vigas de madeira, e o terraço de verão é voltado para um jardim sereno. Os donos também mantêm uma pousada no local (p. 302) e uma pequena vinícola ao lado.

TUKUMS: Karē €
Letã Mapa rod. C3
Pasta iela 25, LV-3101
Tel *6312 2555*
O menu desse restaurante no centro de Tukums apresenta uma seleção de pratos típicos bem preparados, com frango, carnes de porco e bovina e peixe. O salão é simples, porém confortável, e o serviço, cortês.

TUKUMS: Liepaleja €€
Letã Mapa rod. C3
Freguesia de Tumes, distrito de Tukuma, LV-3139
Tel *2618 7442* **Fecha** *dom*
Instalado no impressionante Jaunmoku Pils (p.175), um casarão em um terreno amplo com árvores, o Liepaleja proporciona uma experiência muito agradável em um ambiente elegante. O cardápio apresenta boa variedade de saladas e de pratos com carne e peixe.

VENTSPILS: Bugiņš €
Letã Mapa rod. B3
Lielā iela 1/3, LV-3601
Tel *2555 2958*
Com interior em estilo de cabana de madeira, adornado com fotografias em sépia, o Bugiņš oferece porções fartas de pratos tradicionais e bons chopes. Em geral, fica lotado nos fins de semana.

Mesas rústicas ao ar livre no Pastnieka Māja, no antigo correio de Liepāja

Mais informações sobre restaurantes *nas pp. 308-9*

VENTSPILS: Melnais Sivēns Pils Krogs €€
Letā Mapa rod. B3
Jana 17, LV-3601
Tel 6362 2396
O "Leitão Preto" é um pub e restaurante muito charmoso, com antigas mesas de madeira e à luz de velas, instalado no porão do castelo da Ordem Livoniana. A equipe, com trajes tradicionais, serve pratos da época medieval, como morcela.

VENTSPILS: Skroderkrogs €€
Letā Mapa rod. B3
Skroderu 6, LV-3601
Tel 6362 7634
Considerado por muitos o melhor restaurante de Ventspils, o encantador e aconchegante Skroderkrogs tem mesas feitas com antigas máquinas de costura. Prepara pratos letões e internacionais com belo visual – é, de fato, uma opção excelente para se comer bem na cidade.

Leste da Letônia

AGLONA: Upenīte €
Letā Mapa rod. E4
Tartakas 7, LV-5304
Tel 2631 2465
Membro da Rede Europeia do Patrimônio Culinário Regional, a pousada Upenīte, junto ao lago, é uma das opções mais interessantes na área de Aglona. Com salão em estilo medieval, tem entre suas especialidades as panquecas de coalhada, que seguem uma receita tradicional da região.

DAUGAVPILS: Gubernators €€
Letā/Russa Mapa rod. E4
Lāčplēša 10, LV-5401
Tel 6542 2455
Decorado com uma parafernália inusitada da era soviética, esse pub e restaurante com atmosfera animada serve uma gama extensa de cozinha letã com influência russa. Há uma boa seleção de chopes, muitos dos quais são produzidos na cidade.

DAUGAVPILS: Plaza €€
Mediterrânea Mapa rod. E4
Gimnazijas 46, LV-5401
Tel 6540 4900
Situado no décimo andar do Latgola Hotel, no centro de Daugavpils, o Plaza tem uma parede com janelões do teto ao chão, das quais se descortinam vistas fantásticas da cidade. Serve cozinha mediterrânea com apresentação primorosa e algumas especialidades letãs e regionais. O serviço é muito atencioso.

DAUGAVPILS: Villa Ksenija €€€
Internacional Mapa rod. E4
Varšavas 17, LV-5400
Tel 6543 4317
Esse restaurante com elegância clássica fica na imponente pousada quatro estrelas Villa Ksenija (p. 302). O menu dá ênfase a pratos muito bem apresentados à base de peixes. Há um jardim encantador ao ar livre com mesas sombreadas.

GULBENE: Lācītes €
Letā Mapa rod. E3
Freguesia de Ranka, LV-4416
Tel 2659 9997
Lugar de beira de estrada melhor do que a média, essa cabana de madeira com teto de palha serve cozinha tradicional.

IKŠĶILE: Meidrops €€
Letā Mapa rod. D3
Rīgas 18, LV-5052
Tel 6503 0466
À margem do rio Daugava, esse restaurante tranquilo com teto de palha faz parte do Spadrops Hotel (p. 303) e faz cozinha regional com ingredientes locais.

JĒKABPILS: Uguntiņa €
Letā Mapa rod. D4
Pasta iela 23b
Tel 6523 1907
Voltado para a praça principal da Cidade Velha, essa casa simples faz sucesso devido à ampla variedade de pratos locais e a opções incomuns, como sushi.

JĒKABPILS: Luiize €€
Internacional Mapa rod. D4
Brīvības 190
Tel 2770 5777
Em edifício antigo que abriga também um hotel e uma casa noturna, o Luiize tem menu basicamente de pratos com carne. Para ampliar o escopo, passou a oferecer opções mais incomuns, como crocodilo, canguru e codorna.

Comida saudável no pub Vilhelmīnes Dzirnavas, em Līgatne

KRĀSLAVA: Mārīte €
Letā Mapa rod. E4
Tirgus 2, LV-5601
Tel 6562 4039
Com decoração em escarlate e serviço simpático, esse café central é o melhor de Krāslava. Seu cardápio simples sugere pratos clássicos da Letônia. Há música ao vivo nos fins de semana.

LIELVĀRDE: Baltu Ozols €€
Internacional Mapa rod. D4
Lāčplēša 35, LV-5070
Tel 6505 5017
Pratos de belo visual, serviço atencioso e carta de vinhos razoável marcam presença nesse restaurante de um pequeno hotel, com localização idílica junto ao rio.

LIMBAŽI: Biriņu Pils €€
Letā Mapa rod. D3
Biriņi, LV-4013
Tel 6402 4033
Diversos pratos criativos baseados na culinária letã são servidos nesse restaurante charmoso no porão abobadado de tijolos do casarão Biriņu (p. 303). Há opções como castor em caldo ou em conserva e cordeiro orgânico com maçã ao forno.

PARQUE NACIONAL GAUJA: Allas un Vinetas Kārumlāde €
Internacional Mapa rod. D3
Rīgas 12, Cēsis, LV-4101
Tel 2939 2810
Café com decoração alegre cujas donas simpáticas, Alla e Vineta, servem deliciosos bolos caseiros, doces e café fumegante. Elas também preparam saladas frescas, sopas e sanduíches gostosos.

PARQUE NACIONAL GAUJA: Cili Pica €
Italiana Mapa rod. D3
Strēlnieku 2, Sigulda, LV-2150
Tel 6797 3955
Integrante de uma rede bem-sucedida com franqueados em todo o país, essa pizzaria na área central exibe interior colorido moderno. Há uma seleção confiável de pizzas, massas, saladas e panquecas, e o serviço é ágil e eficiente.

PARQUE NACIONAL GAUJA: Mr. Biskvīts €
Internacional Mapa rod. D3
Ausekļa 9, Sigulda, LV-2150
Tel 6797 6611
Esse pequeno café self-service de interior rústico, enfeitado com sinos de vacas, é renomado pelos bolos excelentes. Há também uma boa seleção de almoços leves e refeições noturnas. Às vezes

Categorias de Preço na p. 314; Mapa rodoviário na guarda da contracapa

ONDE COMER E BEBER NA LETÔNIA | 325

fica lotado, mas há mesas ao ar livre no verão.

PARQUE NACIONAL GAUJA: Vilhelmīnes Dzirnavas €
Letã Mapa rod. D3
Springu 1, Līgatne, LV-4110
Tel *2755 1311*
Esse pub agitado em um vilarejo serve comida saudável em um ambiente rústico. Há pratos como almôndegas caseiras e truta e banana grelhadas.

PARQUE NACIONAL GAUJA: Alexis €€
Letã Mapa rod. D3
Vienibas laukums 1, Cēsis LV-4101
Tel *6412 0122*
No Kolonna Hotel, o Alexis oferece vistas esplêndidas do parque ao redor. Cozinha letã tradicional e algumas opções europeias são servidas pela equipe atenciosa.

PARQUE NACIONAL GAUJA: Aparjods €€
Letã Mapa rod. D3
Ventas 1a, Sigulda, LV-2150
Tel *6797 4414*
Em um complexo turístico com casas cobertas de palha, o Aparjods é decorado com antiguidades e prepara cozinha letã e internacional excelente.

PARQUE NACIONAL GAUJA: Kungu Rija €€
Letã Mapa rod. D3
Turaida, LV-2147
Tel *6797 1473*
Muitos pratos letões substanciosos, como leitão assado, truta e pernil de cordeiro, são servidos nesse restaurante de madeira, que tem uma lareira grande, um jardim agradável e um lago.

PREIĻI: Levaž €
Letã Mapa rod. E4
Kooperatīvā 1c, LV-5301
Tel *2643 2050* **Fecha** dom
Esse café no centro da cidade é conhecido como "a estufa" devido a seu interior em estilo tropical, com paredes envidraçadas e jardim de inverno. Simples, o cardápio sugere pratos locais.

RĒZEKNE: Latgale €€
Letã Mapa rod. E4
Atbrīvošanas aleja 98, LV-4601
Tel *2616 4444*
No térreo do Latgale Hotel, tem interior formal um tanto antiquado, porém é agradável para provar pratos tradicionais bem preparados. O serviço é bom.

RĒZEKNE: Little Italy €€
Italiana Mapa rod. E4
Atbrīvošanas aleja 100, LV-4601
Tel *6462 5771*

O belo casarão Biriņu, em Limbaži, abriga um restaurante no porão

Restaurante no primeiro andar de um edifício com vistas do centro da cidade, o Little Italy atrai o pessoal local devido à sua seleção de massas e mais de 30 tipos de pizza.

RĒZEKNE: Rozalija €€
Internacional Mapa rod. E4
Brīvības 2, LV-4600
Tel *6460 7840*
Opção elegante no Kolonna Hotel (p. 303), o Rozalija propõe uma boa variedade de pratos regionais substanciosos e clássicos internacionais. Seu terraço é voltado para o rio.

SALACGRĪVA: Rakari €
Letã Mapa rod. D3
Rakari, Svētciems, LV-4033
Tel *2706 0869*
Próximo à Via Báltica, que liga Riga a Tallinn, esse pub e restaurante integra um complexo recreativo bem equipado, com área lúdica para crianças. Ostenta cardápio de cozinha tradicional bem preparada.

SALACGRĪVA: Zvejnieku Sēta €
Letã Mapa rod. D3
Rīgas 1, LV-4033
Tel *2632 3846*
Esse restaurante antigo no centro da cidade é decorado com uma parafernália sortida de pesca. Propõe uma ampla variedade de pratos feitos com peixes frescos e ingredientes locais.

STĀMERIENA: Vonadziņi €€
Internacional Mapa rod. E3
Skolas 1, LV-4406
Tel *2922 5805*
Restaurante encantador junto ao lago, no complexo hoteleiro Vonadziņi, que abriga casas de madeira cobertas de palha (p. 303). A boa variedade de pratos em oferta é servida no terraço de verão ou, no inverno, ao pé da lareira.

VALMIERA: Cili Pica €
Italiana Mapa rod. D3
Georga Apiņa 10a, LV-4201
Tel *6422 8558*
Parte de uma rede nacional, essa pizzaria bem decorada tem serviço ágil e pizzas deliciosas. Massas, sopas, saladas e sobremesas também figuram no menu.

VALMIERA: Rātes Vārti €
Internacional Mapa rod. D3
Lāčplēša 1, LV-4201
Tel *6428 1942*
Perto da Igreja de São Simão, esse pequeno restaurante tem piso de madeira, toalhas de mesa brancas e cadeiras confortáveis. A ampla seleção de pratos letões e internacionais inclui várias opções com cuscuz.

Destaque
VALMIERA: Dikļu Pils €€
Letã Mapa rod. D3
Freguesia de Dikļi, LV-4223
Tel *6420 7480*
Instalado no Dikli Palace Hotel, que foi impecavelmente restaurado (p. 303), esse restaurante apresenta atmosfera formal, porém agradável. O cardápio traz especialidades letãs refinadas, preparadas com ingredientes locais. Entre as opções tentadoras estão sopa de truta defumada e coelho assado ao molho de maçã. A abóbora assada com marzipã é uma ótima sobremesa. Serviço excelente.

VECPIEBALGA: Jumurdas Muiža €€
Internacional Mapa rod. D3
Distrito de Ērglu, LV-4844
Tel *6487 1791*
Parte de um complexo hoteleiro com edifícios imponentes, 19km ao sul de Vecpiebalga, esse restaurante isolado junto a um lago tem um terraço encantador no verão. Serve uma mistura sofisticada de cozinha letã e europeia.

Mais informações sobre restaurantes *nas pp. 308-9*

Onde Comer e Beber na Lituânia

Vilna

Briusly €
Asiática **Guia de Ruas** C3
Islandijos 4
Tel *6914 1205*
Seu nome homenageia o lendário lutador Bruce Lee. Informal, esse restaurante com preços razoáveis serve "comida oriental com atitude" e atrai uma clientela jovem.

Cozy €
Internacional **Guia de Ruas** D4
Dominikonų 10
Tel *(5) 261 1137*
Há jazz contemporâneo, salão com iluminação sutil e um DJ na maioria das noites nesse café e restaurante situado na Cidade Velha. O cardápio tem uma boa gama de massas, sopas, pratos substanciosos e sobremesas.

Forto Dvaras €
Lituana **Guia de Ruas** D3
Pilies gatvė 16
Tel *6561 3688*
Parte de uma rede de restaurantes lituanos, o Forto Dvaras é uma opção confiável para comida local. Há pratos como panquecas de batata com vários recheios e outros com carne.

Ltaste €
Lituana **Guia de Ruas** D3
Odminių 3
Tel *6982 6865* **Fecha** *dom*
Esse café, restaurante e loja agradável defronte à Praça da Catedral é especializado em pão caseiro, bolos e versões atualizadas da culinária lituana. As prateleiras em seu interior moderno expõem produtos alimentícios locais.

Pilies Kepyklėlė €
Internacional **Guia de Ruas** C3
Pilies gatvė 19
Tel *(5) 260 8992*
O Pilies Kepyklėlė é um ponto de encontro que oferece uma seleção fantástica de bolos e doces frescos, além de crepes salgados mais substanciosos.

Pinavija €
Internacional **Guia de Ruas** C3
Vilniaus 21
Tel *6764 4422*
Renomado pelos bolos, pelos doces e, principalmente, pelo kibinai (p. 311) assado, esse café e padaria descontraído serve ótimo café da manhã e dispõe de algumas mesas externas.

Prie Katedros €
Internacional **Guia de Ruas** D3
Gedimino prospektas 5
Tel *6057 7555*
Essa microcervejaria consolidada é repleta de tonéis e encanamentos reluzentes. A saborosa cerveja de mel é uma das favoritas, assim como as linguiças de javali e as ameixas envoltas em bacon.

RawRaw €
Vegetariana **Guia de Ruas** D3
Totorių gatvė 3
Tel *6995 2022*
Como o nome indica, esse restaurante tem a proposta ousada de servir quase tudo cru. Há smoothies e sucos vitaminados, além de pratos saudáveis como ravióli de nabo recheado com nozes. A cozinha exposta permite que os clientes acompanhem os preparativos.

Užupio Klasika €
Lituana **Guia de Ruas** E4
Užupio 28
Tel *(5) 215 3677*
Esse pequeno restaurante e café romântico é perfeito para um encontro tranquilo. A comida é deliciosa, mas o serviço pode se mostrar lento. Um músico faz serenatas para a clientela.

Vandens Malūnas €
Lituana
Verkių 100
Tel *(5) 271 1666*
Em um moinho d'água do século XIX restaurado, em um lindo vale abaixo do Palácio Verkiai (p. 249), esse restaurante encantador prepara comida simples. Sente-se no interior com paredes de pedra e lareira crepitante no inverno ou no terraço sombreado no verão.

O tradicional restaurante Forto Dvaras, em um porão em Vilna

Vegafe €
Vegetariana **Guia de Ruas** D4
Augustijonų 2
Tel *6597 7072* **Fecha** *dom*
Uma ótima opção para fugir das carnes, o restaurante vegetariano e vegano Vegafe abriga um centro de ioga no andar de cima. Os clientes podem se sentar em cadeiras ou em almofadões no chão.

Burė Nº 1 €€
Internacional **Guia de Ruas** D1
Lvovo 25
Tel *6717 8676* **Fecha** *sáb, dom*
Após prometer a elaboração de 365 pratos diferentes durante um ano após a inauguração, os donos do Burė Nº 1 se saíram bem com um cardápio variado de cozinha inovadora à base de ingredientes orgânicos locais.

Didžioji Kinija €€
Chinesa **Guia de Ruas** C1
Konstitucijos 12
Tel *6864 0560*
Vilna tem muitos restaurantes chineses, mas esse certamente é um dos melhores. Analise o imenso cardápio para escolher pratos deliciosos, como camarão em chapa quente ou carpa magnificamente apresentada em forma de crisântemo.

Destaque

Druskos Namai €€
Internacional **Guia de Ruas** D4
Savičiaus 6-19
Tel *(5) 215 3004*
Muito elogiado pelo pessoal local e por visitantes, o Druskos Namai prioriza o uso de alimentos frescos de alta qualidade. O cardápio curto muda constantemente de acordo com os ingredientes disponíveis, que são combinados com os melhores produtos descobertos mundo afora pelos donos. O resultado são pratos maravilhosos, como filé equino e bifes marinados macios.

Holy Miko's €€
Internacional **Guia de Ruas** D3
Šv Mykolo 4
Tel *6882 2210*
Restaurante de gestão familiar com serviço cordial e comida bem apresentada. Os pratos são versões modernas de cozinha lituana e internacional, como panquecas de batata, bolinhos de queijo cottage e gazpacho com morango e ruibarbo.

Categorias de Preço *na p. 314;* **Guia de Ruas de Vilna** *nas pp. 250-1;* **Mapa rodoviário** *na guarda da contracapa*

Miyako €€
Japonesa **Guia de Ruas** C1
Konstitucijos 7a
Tel 6185 2112
Esse restaurante e sushi-bar fica no último andar do shopping center Europa. Excelentes, os sushis são preparados por hábeis chefs diante dos clientes.

Rib Room €€
Internacional **Guia de Ruas** D1
Šeimyniškių 1
Tel (5) 210 3012
O restaurante no Holiday Inn é ideal para saborear comida substanciosa. Há costela preparada de diversas maneiras – em sopa, condimentada e grelhada –, além de pratos com peixe.

Saint Germain €€
Francesa **Guia de Ruas** D4
Literatų 9
Tel (5) 262 1210
Frequentado pelo pessoal local e por franceses fora da pátria, esse restaurante chique está entre os melhores da cidade. Comida excelente a preços razoáveis e ótimas opções de vinho.

Senoji Trobelė €€
Lituana **Guia de Ruas** B4
Naugarduko 36
Tel 6099 9002
O cardápio desse restaurante em estilo rústico apresenta uma gama extensa de pratos substanciosos da Lituânia, servidos em bela louça tradicional – é possível comprar as peças como suvenir. Há um terraço externo sombreado.

Sky Bar €€
Internacional **Guia de Ruas** C1
Konstitucijos 20
Tel (5) 231 4823
As vistas que se descortinam desse bar no 22º andar do Radisson Blu Hotel são as mais belas de Vilna. Os clientes podem pedir refeições leves acompanhadas por coquetéis finos.

Sofa de Pancho €€
Mexicana **Guia de Ruas** D4
Visų Šventųjų 5
Tel 6738 9002 **Fecha** *dom, seg*
A equipe competente prepara ótimos tacos, tortillas e chili con carne, assim como coquetéis, nesse restaurante brilhante com decoração eclética.

Sue's Indian Raja €€
Indiana **Guia de Ruas** D3
Odminių 3
Tel (5) 266 1888
Na Cidade Velha, o Sue's é um restaurante confiável, que serve a comida indiana mais autêntica de Vilna. Os pratos, deliciosos, apresentam o grau de ardor indicado, e o serviço está a cargo de garçons competentes.

Böff Steakhouse €€€
Internacional **Guia de Ruas** D2
Olimpiečių 1
Tel (5) 219 9498 **Fecha** *dom*
Após sua abertura, essa churrascaria se consolidou rapidamente como um dos melhores restaurantes da cidade. Provenientes de vários países, as carnes são preparadas com perfeição.

Brasserie de Verres en Vers €€€
Francesa **Guia de Ruas** D4
Didžioji gatvė 35/2
Tel (5) 236 0840
Esse restaurante refinado no luxuoso hotel Radisson Blu Astorija (p. 305), na Cidade Velha, exibe menu curto, porém muito criterioso. Entre as especialidades da casa estão mexilhões ao vinho branco, peito de pato assado e ensopado de frutos do mar.

Da Antonio €€€
Italiana **Guia de Ruas** C3
Vilniaus 23
Tel (5) 262 0109
A entrada com colunas e um pórtico impressiona os clientes desse restaurante italiano consolidado. As pizzas são assadas em forno a lenha, e as massas, preparadas na hora.

Imperial €€€
Internacional **Guia de Ruas** D4
Subačiaus gatvė 2
Tel (5) 238 8388
Influenciado pela culinária gourmet norte-americana, o cardápio desse restaurante no Ramada Hotel (p. 305) apresenta lagosta do Atlântico Norte, vitela e leitão grelhados. O interior, opulento, apresenta lustres cintilantes, lareira de mármore e paredes e teto revestidos com painéis de madeira.

Medininkai €€€
Internacional **Guia de Ruas** D4
Aušros Vartų gatvė 8
Tel 6008 6491
Situado na Cidade Velha, esse restaurante respeitado dispõe de mesas com toalhas brancas impecáveis, instaladas no pátio do século XVI. O serviço é altamente profissional, e o chef premiado mantém inalterado o alto padrão da cozinha.

Narutis €€€
Internacional **Guia de Ruas** D3
Pilies gatvė 24
Tel (5) 212 2894
Servindo cozinha internacional e pratos lituanos tradicionais, tudo com altíssimo padrão de qualidade, o restaurante Narutis apresenta ambientação elegante, com tapetes e móveis de bom gosto, no Narutis Hotel (p. 305). Como era de se esperar, o serviço é excelente.

La Pergola €€€
Internacional **Guia de Ruas** D4
Ligoninės 7
Tel (5) 266 0322 **Fecha** *dom*
Dentro do esplêndido hotel-butique Grotthuss, o La Pergola proporciona uma experiência gastronômica de alta classe com serviço e pratos simplesmente perfeitos. Há opções tentadoras como filé de linguado empanado e vieiras ao forno com molho cremoso.

La Provence €€€
Mediterrânea **Guia de Ruas** D4
Vokiečių 22
Tel (5) 262 0257 **Fecha** *dom, seg*
Esse restaurante exclusivo atrai um fluxo constante de personalidades, diplomatas e celebridades. O interior teatral é um tanto exagerado, ao passo que o menu sortido e caro apresenta versões de fusão criativas de cozinha mediterrânea e lituana.

O interior aconchegante do restaurante mexicano Sofa de Pancho, em Vilna

Mais informações sobre restaurantes *nas pp. 308-9*

Stikliai €€€
Francesa Guia de Ruas D4
Gaono gatvé 7
Tel *(5) 264 9580* **Fecha** *dom, seg*
No luxuoso hotel homônimo, o Stikliai oferece uma experiência francesa gourmet em um salão elegante com teto de vidro. Margaret Thatcher, Ronald Reagan e Mikhail Gorbachev são algumas personalidades internacionais que o frequentaram.

Telegrafas €€€
Internacional Guia de Ruas D3
Universiteto gatvé 14
Tel *(5) 220 1600*
Com cozinha de alta classe e vistas esplêndidas da Praça da Catedral, o excelente restaurante Telegrafas fica no Kempinski Hotel (p. 305). O amplo cardápio internacional e lituano traz como carro-chefe cepelinai (bolinhos de batata).

Centro da Lituânia

ALYTUS: Dzūkų Svetainė €
Lituana Mapa rod. D6
Rotušės aikštė 16
Tel *(315) 73 780*
Em uma cidade com poucas opções de qualidade, o Dzūkų Svetainė se destaca como um lugar confiável para comida lituana bem-feita, pizzas e outros pratos internacionais.

ANYKŠČIAI: Nykščio Namai €
Internacional Mapa rod. D5
Liudiškių 18
Tel *6503 1881*
Esse restaurante localiza-se em um complexo recreativo perto da rodovia Molėtai, no sudeste de Anykščiai. A boa seleção de pratos internacionais com visual caprichado é acompanhada por vinhos e conhaques da região.

ANYKŠČIAI: Romuvos Parkas €
Internacional Mapa rod. D5
Vilarejo de Žaliosios, 20km a leste de Anykščiai
Tel *6867 7858*
No complexo de lazer do Romuva Park Hotel, esse restaurante intimista oferece vistas panorâmicas dos pinheirais ao redor. O cardápio variado enfoca cozinha local e internacional.

BIRŠTONAS: Birštono Seklytėlė €
Lituana Mapa rod. D6
Prienų 10
Tel *(319) 65 800*
Projetado sobre o rio Nemunas, o Birštono Seklytėlė tem como chamariz um terraço com vistas estupendas. As mesas na beirada são as mais disputadas, mas as situadas junto às janelas no salão também proporcionam lindas vistas. O cardápio é de boa comida lituana.

BIRŠTONAS: Sonata €
Lituana Mapa rod. D6
Algirdo 34
Tel *(319) 65 825*
No isolado Sonata Hotel, às margens do rio Nemunas, esse restaurante apresenta elegante interior de alvenaria em tons de vermelho. Oferece vistas da floresta e ampla seleção de cozinha regional e internacional.

BIRŽAI: 19-tas Kilometras €
Lituana Mapa rod. D4
Vilarejo de Rauboniy, região de Pasvalio
Tel *(451) 39 676*
Em um desvio da Via Báltica, rodovia que leva a Riga, essa casa simples em estilo de cantina serve costeletas, panquecas e saladas, e abriga também um pequeno zoológico. É mais um ponto de parada conveniente durante a viagem entre as capitais do que um destino gastronômico.

BIRŽAI: Biržų Duona €
Lituana Mapa rod. D4
Vytauto 26
Tel *65031993* **Fecha** *sáb jantar, dom*
Esse café e padaria agradável serve café bem-feito e uma gama deliciosa de pães e doces lituanos tradicionais, além de sanduíches, fatias de pizza e outros lanches leves. Aproveite para provar o bolo local šakotis, feito mediante a aplicação de camadas de massa em um espeto giratório sobre brasas.

DRUSKININKAI: Kolonada €
Lituana Mapa rod. D6
V Kudirkos gatvė 22
Tel *(313) 53 409*
Em um edifício com colunatas do início do século XX dentro de um parque, o Kolonada atrai o pessoal artístico local. Oferece uma boa seleção de pratos lituanos, mas o serviço é lento. Há jazz, blues e música clássica ao vivo.

DRUSKININKAI: Sicilia €
Italiana Mapa rod. D6
Taikos 9
Tel *(313) 51 865*
Pizzaria muito frequentada no centro de Druskininkai, a Sicilia mantém um alto padrão na cozinha e no serviço. O menu variado tem pizza, panquecas doces e salgadas, torta de batata e vários pratos com frango e carnes de porco e bovina.

Decoração minimalista do Uoksas, um dos melhores restaurantes de Kaunas

DRUSKININKAI: Keturi Vėjai €€
Internacional Mapa rod. D6
V Kudirkos gatvė 45
Tel *6180 0966*
O Grand Spa Lietuva Hotel (p. 305) abriga dois restaurantes excelentes: o elegante Druskininkai, no térreo, e o interessante Keturi Vėjai, que serve cozinha regional e internacional com bela apresentação; está localizado no oitavo andar, de onde se descortinam vistas panorâmicas da cidade.

KAUNAS: Žalias Ratas €
Lituana Mapa rod. D5
Laisvės 36b
Tel *6747 3815*
Com boa relação custo-benefício e serviço cortês, esse restaurante rústico apresenta uma lareira central e um terraço sombreado no verão. É indicado para saborear cozinha local autêntica a preços razoáveis.

KAUNAS: Bernelių Užeiga €€
Lituana Mapa rod. D5
M Valančiaus 9
Tel *6140 5236*
Esse restaurante em estilo de taverna fica em um edifício do século XVIII e oferece porções fartas de cozinha tradicional: entre as opções mais apetitosas estão bolinhos de batata, carneiro cozido em cerveja, ensopado de coelho e panquecas de batata.

KAUNAS: Buon Giorno €€
Italiana Mapa rod. D5
Daukanto 14
Tel *6106 3777*
O Buon Giorno honra a tradição italiana servindo pizzas, massas e bruschettas ótimas. Essa filial é uma *trattoria* que prepara refeições completas. Para drinques e petiscos também de qualidade, vá à taverna homônima na Vilniaus 34.

Categorias de Preço na p. 314; Guia de Ruas de Vilna nas pp. 250-1; Mapa rodoviário na guarda da contracapa

KAUNAS: Moksha €€
Indiana Mapa rod. D5
Vasario 16-osios 6
Tel *6767 1649*
Com boa comida indiana e tailandesa, o Moksha é um lugar intimista na Cidade Velha com paredes caiadas de branco e móveis simples. Os pratos são temperados de acordo com o paladar europeu, e a equipe é eficiente.

KAUNAS: Pompėja €€
Mediterrânea Mapa rod. D5
V Putvinskio 38
Tel *(37) 422 055*
O Pompėja tem boa reputação pela comida mediterrânea fina. Imitações de afrescos clássicos e lajotas de barro evocam o espírito da Roma antiga.

Destaque
KAUNAS: Uoksas €€
Internacional Mapa rod. D5
Maironio 28
Tel *6863 8881* **Fecha** dom
Um dos melhores restaurantes locais, o Uoksas tem cozinha exposta para que os clientes vejam os chefs preparando pratos inventivos com nitrogênio líquido e outros métodos culinários avançados. A comida é servida em chapas de ardósia, pedra e madeira, em vez de pratos, e os cestos rústicos de pão são feitos de lã.

KĖDAINIAI: Grėjaus Namas €
Lituana Mapa rod. D5
Didžioji gatvė 36
Tel *(347) 51 500*
No porão abobadado do hotel homônimo (p. 306) na Cidade Velha, o Grėjaus Namas é um dos restaurantes mais agradáveis na região central da Lituânia. Sua cozinha de alta classe é apresentada em um ambiente elegante.

KERNAVĖ: Pušynėlis €
Lituana Mapa rod. D5
Verkšionys, perto de Dūkštai
Tel *6991 4103*
Acima de uma curva do rio Neris em meio a matas, o Pušynėlis oferece uma vista paradisíaca. Sua comida simples não pode competir com a paisagem, mas o playground para crianças o torna um destino atraente para famílias. Para ir até lá, pegue a estrada Vilna-Suderve-Kernavė, vire à esquerda rumo a Vievis, continue por 2km e veja o restaurante à esquerda.

MARIJAMPOLĖ: Sudavija €
Lituana Mapa rod. C6
Sodo 1a
Tel *(343) 52 995*
Garçons atenciosos levam comida caseira às mesas com toalhas brancas desse salão aconchegante no Sudavija Hotel, que abriga ainda uma lareira e um piano.

PANEVĖŽYS: Hesburger Panevėžys Babilonas II €
Internacional Mapa rod. D5
Klaipėdos 143
Tel *6730 2758*
Parte de uma conhecida rede báltica de fast-food, o Hesburger tem hambúrgueres, fritas, wraps, bolos e saladas. Com serviço eficiente, é indicado para refeições rápidas.

PANEVĖŽYS: Déjà Vu €€
Internacional Mapa rod. D5
Kranto gatvė 24
Tel *(45) 584 859*
O restaurante mais refinado de Panevėžys fica no Romantic Hotel (p. 306) e apresenta interior elegante com pinturas e móveis bem escolhidos. Há pratos criativos, como peito de pato caramelizado, risoto de polvo e salada de pera.

PARQUE NAC. AUKŠTAITIJA: Žuvėdra €
Lituana Mapa rod. E5
Mokyklos gatvė 11, Ignalina
Tel *6860 9069*
Instalado no Žuvėdra Hotel (p. 305), esse restaurante agradável é cercado por belos jardins e tem um terraço de verão com vistas encantadoras do lago. Prepara deliciosa cozinha lituana e pratos regionais com ingredientes locais.

RODOVIA VILNA-KLAIPĖDA: Tvirtovė prie Didžiulio €
Lituana Mapa rod. D5
Vilarejo de Dėdeliškių, 20km a oeste de Vilna
Tel *(5) 243 2389*
Em um castelo moderno de três andares próximo à rodovia A1, esse restaurante com decoração kitsch serve comida simples e cerveja. Proporciona também lindas vistas dos campos.

RODOVIA VILNA-MOLĖTAI: Žaldokynė €
Lituana Mapa rod. D5
Molėtų plentas, 17km ao norte de Vilna
Tel *(5) 250 2289*
Em um desvio da A14 para Molėtai, essa mansão com teto de palha tem vários salões charmosos e opções saborosas, como bolinhos cozidos e pastelões de batata.

RODOVIA VILNA-PANEVĖŽYS: Le Paysage €€€
Francesa Mapa rod. D5
Rodovia A2, 19km ao norte de Vilna
Tel *(5) 273 9700*
Parte do vasto Le Meridien Villon Resort, junto ao lago, o sofisticado restaurante Le Paysage oferece serviço impecável e comida refinada. Do terraço de verão se descortinam vistas fabulosas.

TRAKAI: Kybynlar €
Karaim Mapa rod. D6
Karaimų 29
Tel *6980 6320*
À margem do rio, o Kybynlar tem terraço agradável de verão e interior com decoração tradicional. Serve uma variedade apetitosa de cozinha karaim, inclusive peixe ao forno com massa e outros pratos no mesmo estilo.

TRAKAI: Senoji Kibininė €
Karaim Mapa rod. D6
Karaimų 65
Tel *(528) 55 865*
Em um celeiro charmoso, o Senoji Kibininė é especializado em čenakai (repolho cozido) e kibinai tradicionais, além de pastelões karaim com vários recheios, como carneiro e legumes. Há chocolate e nozes de sobremesa.

Mesas sob tendas do Kybynlar, tradicional restaurante karaim em Trakai

Mais informações sobre restaurantes *nas pp. 308-9*

TRAKAI: Bona €€
Internacional Mapa rod. D6
Karaimų 53a
Tel *(528) 55 595*
A refinada pizzaria Bona conta com localização invejável junto ao lago e vistas maravilhosas do castelo. Além de pizzas, serve pratos internacionais bem preparados.

TRAKAI: Remus €€
Internacional Mapa rod. D6
Karaimų 93a
Tel *6981 3777*
Com uma cozinha europeia e lituana de alta classe, essa casa luxuosa é inspirada em um clube inglês de remo. Apresenta muita madeira lustrosa, peças antigas e até um pequeno museu que enfoca esse esporte.

TRAKAI: Akmeninė Rezidencija €€€
Caucasiana Mapa rod. D6
Bražuolės village
Tel *6983 0544*
Nesse hotel isolado (p. 306) em um cenário pitoresco na orla do lago Akmena, há um restaurante rústico, mas elegante, que serve pratos como fígado de coelho assado, enguia defumada e shashlik (kebab) com carne e peixe.

TRAKAI: Apvalaus Stalo Klubas €€€
Francesa/Lituana Mapa rod. D6
Karaimų 53a
Tel *(528) 55 595*
Com janelões do teto ao chão, esse restaurante fino próximo ao lago oferece vistas esplêndidas do castelo. A comida francesa gourmet e as especialidades lituanas primam pela apresentação requintada.

VISAGINAS: Prospektas €
Lituana Mapa rod. E5
Taikos 10
Tel *6206 0056*
Há pratos principais substanciosos, saladas e sobremesas nesse restaurante bonito, que sedia muitos casamentos e banquetes.

Oeste da Lituânia

DELTA DO NEMUNAS: Ventainė €
Lituana Mapa rod. B5
Marių gatvė 7, Ventė village
Tel *6867 0490*
Parte de um complexo isolado com hotel, camping e parque aquático junto à laguna da Curlândia (p. 307), esse restaurante simples abriga um terraço de verão com lindas vistas. Serve peixes frescos e pratos regionais preparados com ingredientes locais.

KLAIPĖDA: Čili Pica €
Italiana Mapa rod. B5
Liepų 2
Tel *(46) 210 201*
A filial mais central dessa rede de pizzarias nacional em Klaipėda é bem agradável e conta com uma brigada de garçons jovens para servir as pizzas, massas e saladas saborosas.

KLAIPĖDA: Herkus Kantas €
Internacional Mapa rod. B5
Kepėjų 17
Tel *6858 7338* **Fecha** *dom, seg*
Esse bar vibrante na Cidade Velha ocupa o porão apertado de um edifício histórico. Serve cervejas de pequenas cervejarias lituanas e uma seleção de pratos internacionais. Seu terraço, diante das águas, abre no verão.

KLAIPĖDA: Senoji Hansa €
Lituana Mapa rod. B5
Kurpių 1
Tel *(46) 400 056*
Muito frequentado de dia para café ou refeições leves e, à noite, pela cozinha lituana a preços razoáveis, esse restaurante conta com boa localização na Cidade Velha. Dispõe de mesas externas, que são ideais para observar o movimento.

KLAIPĖDA: Anikės Teatras €€
Lituana Mapa rod. B5
Sukilėlių 8
Tel *6135 3333*
Com um salão grande e moderno, o bem conceituado Anikės Teatras, na Cidade Velha, apresenta ótimas opções internacionais e de cozinha lituana à base de carne.

Degraus que levam ao restaurante russo Stora Antis, em Klaipėda

Destaque
KLAIPĖDA: Ararat €€
Armênia Mapa rod. B5
Liepų 48a
Tel *(46) 410 001*
Para uma experiência mais exótica, vá a esse restaurante no Ararat Hotel, cuja decoração moderna é mesclada com as cores vivas de criações têxteis da Armênia. O cardápio sugere pratos substanciosos e bem apresentados, entre eles opções sublimes com cordeiro.

KLAIPĖDA: Momo Grill €€
Internacional Mapa rod. B5
Liepų 20
Tel *6931 2355* **Fecha** *dom, seg*
Um dos melhores lugares para comer carne na cidade, esse pequeno restaurante costuma lotar devido ao serviço excelente e ao menu, que muda a cada semana conforme os ingredientes mais frescos do mercado.

KLAIPĖDA: Stora Antis €€
Russa Mapa rod. B5
Tiltų gatvė 6
Tel *(46) 493 910* **Fecha** *dom, seg*
Esse restaurante à luz de velas ocupa um porão abobadado na Cidade Velha. Tem clássicos como borsch (sopa de beterraba) e pelmeni (bolinhos recheados).

KLAIPĖDA: Viva la Vita €€€
Internacional Mapa rod. B5
Naujojo Sodo 1
Tel *(46) 404 372*
Mais do que pelos coquetéis exóticos e pela cozinha internacional refinada, as pessoas vão a esse restaurante no 20º andar do Amberton Hotel para apreciar as vistas.

KRETINGA: Pas Grafą €
Lituana Mapa rod. B5
Vilniaus 20
Tel *(445) 51 366*
Nos jardins de inverno envidraçados do palácio do conde Tyskiewicz, do século XIX, essa casa elegante serve doces e café, além de refeições mais substanciosas.

PALANGA: 1925 €
Internacional Mapa rod. B5
J Basanavičiaus 4
Tel *(460) 52 526*
Pub e restaurante aconchegante, com lareira, tem comida ótima e serviço impecável. Há pratos internacionais e lituanos, como orelhas de porco defumadas.

PALANGA: Vila Žvaigždė €
Ucraniana Mapa rod. B5
S Daukanto 6
Tel *6565 9691*

Esse restaurante antigo serve delícias como panquecas de batata e bolinhos caseiros. O papel de parede antiquado e as fotografias em preto e branco conferem um charme especial ao local.

PALANGA: De Cuba €€
Internacional Mapa rod. B5
J Basanavičiaus 28
Tel *(460) 51 011*
O longo cardápio desse bar e restaurante animado revela panquecas de batata, cepelinai (bolinhos de batata) e opções internacionais. Há muitas mesas em torno de um lago ornamental.

PALANGA: Žuvinė €€
Internacional Mapa rod. B5
J Basanavičiaus 37a
Tel *(460) 48 070*
Diante da praia, tem uma gama notável de peixes e frutos do mar, de arenque a ostras e caviar negro. O serviço é eficiente.

PARQUE NAC. DO ISTMO DA CURLÂNDIA: Baras Po Vyšniom €
Lituana Mapa rod. B5
Nagliu 10, Nida
Tel *6125 2822*
Embora tenha menu curto, esse café e restaurante em uma bela casa de madeira cercada por jardins idílicos lota rapidamente na alta temporada. Faça reserva.

PARQUE NAC. DO ISTMO DA CURLÂNDIA: Ešerinė €
Internacional Mapa rod. B5
Nagliu 2, Nida
Tel *(469) 52 757*
Em um dos trechos mais belos de Nida, esse restaurante e bar exibe teto de palha e vistas amplas do mar. Além de drinques, serve cozinha local e internacional.

PARQUE NAC. DO ISTMO DA CURLÂNDIA: Lyra €
Lituana Mapa rod. B5
Preilos 15, Preila
Tel *6124 6447*
Situado na pequena aldeia pesqueira de Preila, no istmo da Curlândia, esse restaurante sazonal simples faz porções fartas de comida lituana. O terraço de verão, no jardim nos fundos, proporciona vistas da laguna.

PARQUE NAC. DO ISTMO DA CURLÂNDIA: Tik Pas Joną €
Lituana Mapa rod. B5
Nagliu 6-1, Nida
Tel *6208 2084*
Restaurante ao ar livre que serve peixes locais defumados em pratos de papel com talheres de plástico. A enguia defumada é um dos destaques. Há vistas esplêndidas do mar.

Salão subterrâneo do restaurante lituano Arkos, em Šiauliai

PARQUE NAC. DO ISTMO DA CURLÂNDIA: In Vino €€
Internacional Mapa rod. B5
Taikos gatvė 32, Nida
Tel *6557 7997*
A excelente variedade de pratos bem preparados é acompanhada por uma carta extensa de vinhos nesse descontraído bar e restaurante. O salão e o terraço na cobertura oferecem vistas fantásticas do mar. É aconselhável reservar com boa antecedência.

PARQUE NAC. DO ISTMO DA CURLÂNDIA: Nidos Seklyčia €€
Internacional Mapa rod. B5
Lotmiškio gatvė 1, Nida
Tel *(469) 50 000*
Um dos restaurantes mais finos de Nida é o da pousada Nidos Seklyčia (p. 306), que apresenta decoração elegante e um terraço de verão à sombra de árvores, com vistas que se estendem até o mar. O cardápio propõe cozinha imaginativa de receitas lituanas e internacionais.

PARQUE NAC. DO ISTMO DA CURLÂNDIA: Vela Bianca €€
Italiana Mapa rod. B5
L Rėzos 1a, Juodkrantė
Tel *6900 6544*
Um dos melhores restaurantes da área, o Vela Bianca tem localização invejável junto às águas, com vistas panorâmicas da laguna e do porto. Serve criações fabulosas com frutos do mar e um bolo de cenoura delicioso.

PARQUE NACIONAL ŽEMAITIJA: Linelis €
Internacional Mapa rod. C4
Vilarejo de Paplatelės
Tel *6557 7666*
O aconchegante restaurante do hotel Linelis (p. 307) fica junto ao lago e em meio a belos jardins. O menu apresenta cozinha local e internacional, e há uma boa seleção de vinhos.

RASEINIAI: Karpynė €
Lituana Mapa rod. C5
Karpynės 2, vilarejo de Gabšių
Tel *(428) 70 123*
Tente pescar carpas, trutas ou lúcios no lago ou apenas pare para saborear uma boa refeição com peixe ou carne nesse pequeno complexo de quartos, camping, cervejaria e saunas.

ŠIAULIAI: Juonė Pastuogė €
Lituana Mapa rod. C4
Aušros al. 31a
Tel *(41) 524 926*
O Juonė Pastuogė apresenta uma gama extensa de pratos criativos, música pop e folk ao vivo na maioria das noites e performances ao ar livre nos fins de semana.

ŠIAULIAI: Arkos €€
Lituana Mapa rod. C4
Vilniaus 213
Tel *6503 1330*
Prove cozinha autêntica nesse bar e restaurante em um porão com vigas de madeira no teto. Peixes predominam no verão, e carnes, tanto bovinas quanto de avestruz, no inverno. A carta de vinhos é excelente.

ŠIAULIAI: My Thai €€
Tailandesa Mapa rod. C4
P Višinskio 41b, IIa
Tel *6000 3056*
Para quem busca algo mais exótico em Šiauliai, a escolha ideal é esse restaurante tranquilo de lituanos apaixonados pela culinária tailandesa.

ŠILUTĖ: Rambynas €
Internacional Mapa rod. B5
Lietuvininkų gatvė 68a
Tel *(441) 77 055*
Esse restaurante central também funciona como bar, café e casa noturna. O extenso cardápio oferece pratos lituanos, pizza, hambúrgueres e outras opções.

Mais informações sobre restaurantes *nas pp. 308-9*

COMPRAS NA ESTÔNIA

Por toda a Estônia encontra-se artesanato típico e suvenires para vender. De modo geral, o setor varejista é bastante uniforme além das grandes cidades, como Tallinn, Tartu e Pärnu. Os shopping centers causaram um impacto considerável na vida das cidades menores e todos abrigam as mesmas lojas e marcas. É nas pequenas cidades que estão as especialidades locais, como o artesanato típico, as colchas e os tapetes feitos em tear ou o mel orgânico de alta qualidade, produzido nas fazendas. Todas as cidades têm um mercado no qual o visitante pode comprar comida e artigos domésticos. Os antiquários também oferecem objetos interessantes. Os preços são bem menores fora de Tallinn. Qualquer supermercado vende chocolate, bebidas e cigarros fabricados na Estônia.

Stockmann, uma das melhores lojas de departamentos da Estônia

Horários de Funcionamento

As lojas abrem das 10h às 18h ou 19h durante a semana, e das 10h às 17h aos sábados e domingos. Os shopping centers funcionam das 10h às 20h ou 21h diariamente. Nas pequenas cidades, os horários são mais irregulares nos fins de semana: muitas lojas só abrem meio período ou nem mesmo abrem. Os mercados costumam ficar abertos por mais tempo, e em Tallinn há lojas de conveniência que funcionam 24 horas.

Formas de Pagamento

Em todo o país, as grandes lojas e a maioria das pequenas aceitam cartões de crédito e débito. As lojas de varejo expõem em lugar visível as marcas dos cartões de crédito e débito aceitos. Algumas lojas pedem identificação quando o visitante usa cartão de crédito. Mas as bancas de mercado e os lugares mais afastados só aceitam dinheiro vivo.

Direitos e Restituições

Na Estônia, todos os produtos têm dois anos de garantia conforme a legislação da União Europeia. Após seis meses da data da compra, é comum o cliente ter que provar que o defeito existia quando o produto foi comprado e que não surgiu depois. A garantia só é válida com a apresentação do recibo de compra.

As restituições continuam dependendo do vendedor, mas a maioria das grandes lojas oferece restituição desde que o produto não esteja danificado e o recibo seja apresentado. Há um Centro do Consumidor na Estônia (p. 335) que protege os direitos do consumidor nas fronteiras.

Isenção de Imposto

Todos os bens e serviços estão sujeitos a um imposto, ou VAT, de 20%, já embutido nos preços. Cidadãos de fora da UE podem requerer o reembolso para alguns artigos acima de €127. Peça na loja um cheque de reembolso, que será carimbado pela autoridade aduaneira. Você pode obter o reembolso no aeroporto de Tallinn ou em www.globalrefund.com.

Liquidações

Em toda a Estônia, as liquidações acontecem no meio e no fim das estações, enquanto as maiores quedas de preço estão reservadas para as vendas de Ano-Novo. Fique atento aos anúncios colocados nas vitrines com as palavras *allahindlus* (desconto), *soodusmüük* (liquidação), *lõpumüük* (liquidação final) ou *tühjendusmüük* (queima total).

Mercados

Todas as cidades estonianas têm seu mercado, chamado *turg*, cuja grande maioria vende apenas frutas, legumes, produtos domésticos e objetos do dia a dia. É raro encontrar suvenires ou curiosidades nesses mercados. O mercado de Kuressaare em Saaremaa é uma rara exceção. Ali também são vendidas bugigangas, como objetos de dolomita, ao lado da produção agrícola local.

A grande diversão dos estonianos é comparecer aos festivais locais e folclóricos anuais que acontecem por todo o país. Nesses mercados tempo-

Vitrine de uma loja Kaubamaja com roupas da moda, Tartu

rários as bancas oferecem de tudo, desde as mais variadas iguarias locais a presentes e artesanato, cerâmicas, vitrais e esculturas em madeira.

Lojas de Departamentos e Shopping Centers

As grandes lojas de departamentos, como Stockmann e Kaubamaja *(p. 335)*, ficam em Tallinn, mas a Kaubamaja tem uma enorme filial em Tartu. Os shopping centers se multiplicam nos centros e nos subúrbios das cidades de todo o país a uma velocidade impressionante. Eles são úteis para vender o básico, mas pouco têm a oferecer a consumidores mais exigentes.

Supermercados como Selver e Rimi estão presentes em toda a Estônia. Esses enormes hipermercados vendem absolutamente tudo o que se possa imaginar, desde objetos domésticos do dia a dia a um vasto estoque de bebidas alcoólicas, chocolates, cigarros e CDs.

Especialidades Regionais

Os visitantes podem comprar um grande número de produtos de toda a Estônia. O país oferece inúmeras especialidades regionais que agradam a todos. Em Tallinn, os produtos locais mais comuns são as luvas e as meias de tricô, as rendas, as cerâmicas, o âmbar, os livros com guarda de couro, os objetos de prata e pedra calcária. A ilha Kihnu *(p. 105)* é famosa pelos elaborados e coloridos tapetes bordados à mão, bem como os grossos macacões de lã dos pescadores, feitos pelos moradores da ilha.

No sudeste da Estônia, onde vivem os setus *(p. 124)*, encontram-se os autênticos xales bordados e as bijuterias, que são exclusivos da cultura. Os setus foram o único povo da Estônia que usava utensílios de cerâmica, que hoje só são vendidos em lojas especializadas. Mas há mercados de cerâmica nas principais cidades setu que oferecem esses objetos para vender. A dolomita é exclusividade da ilha Saaremaa *(pp. 96-9)*. Ela é usada em uma grande variedade de objetos, como cinzeiros e pilões. A ilha Muhu produz chinelos bordados à mão e coloridas malhas laranja. Pärnu *(pp. 102-3)* contribui com as roupas de cama; os suvenires mais populares no balneário de Haapsalu *(pp. 92-3)* são os xales brancos tecidos à mão com belas estampas.

Visitantes admiram as cestas de vime em um mercado local

Compras em Tallinn

Tallinn está vendo novos e sofisticados shopping centers surgirem nos últimos anos. Grandes marcas internacionais disputam espaço com marcas populares escandinavas. A Cidade Velha de Tallinn, onde estão as butiques de moda mais exclusivas e as lojas de arte, é também um dos melhores lugares da capital para comprar presentes e encontrar um bom suvenir. Em todas as ruas há sempre uma loja interessante de artesanato tradicional, cerâmica, objetos de vidro, roupas de cama, utensílios de madeira e brinquedos. Muitas lojas e bancas de feira são especializadas em obras de arte, antiguidades, bijuterias, âmbar, tricôs, patchwork e objetos interessantes. A Feira de Natal na Praça da Prefeitura é bastante conhecida e reúne todos os produtos estonianos que se possa imaginar.

Cerâmicas coloridas do estiloso estúdio Bogapott

Bonecas russas e bijuteria de âmbar em uma banca de suvenires em Tallinn

Mercados

O principal mercado de Tallinn, o Mercado Central a céu aberto, é uma mostra do dia a dia local. As bancas de frutas e verduras talvez não ofereçam muita coisa para quem procura suvenires, mas a animação geral compensa a visita. Quem quer comprar pode até tentar pechinchar. O setor que vende peças de tricô na esquina da Viru com Müürivahe ocupa um bom trecho do muro da Cidade Velha e é um bom lugar para encontrar um presente. A banca mais popular do mercado, a Uus Käsitööturg, tem uma grande variedade de artesanatos tradicionais e suvenires. O Mercado de Natal na Praça da Prefeitura *(pp. 62-3)*, durante todo o mês de dezembro, vende desde tricôs e objetos de decoração até marzipã.

Cestos de palha, tricô e tecidos no mercado da Praça da Prefeitura

Artesanato

Muito mais que meros suvenires feitos para turistas, o artesanato estoniano traduz um estilo de vida tradicional que persiste até hoje. Tallinn tem um artesanato muito variado. Bonecas e utensílios de madeira são os mais comuns, bem como a grande oferta de cerâmicas, entre elas os candelabros no formato dos edifícios da Cidade Velha. Os tradicionais tapetes de tear são confeccionados até hoje; alguns são verdadeiras obras de arte com elaborados desenhos coloridos.

A exclusiva oficina de cerâmica **Bogapott** e a **Galerii Kaks** de tecidos merecem ser visitadas. Na **Nukupood** tem brinquedos artesanais e bonecas com trajes folclóricos da Estônia. Na **Katariina Gild**, os artesãos criam objetos, bijuterias e cerâmicas. E a **A-Galerii** abriga uma belíssima coleção de bijuterias feitas à mão.

Arte e Antiguidades

A arte contemporânea de Tallinn conta com muitas galerias e pequenas lojas para exibir suas pinturas, artes gráficas, tecelagem, esculturas e cerâmicas especiais.

Os inúmeros antiquários locais vendem desde objetos da era soviética a ícones russos a preços exorbitantes. Esses antiquários surgiram nos anos 1990 e rapidamente se tornaram um fascinante e lucrativo nicho de varejo. É preciso ter permissão especial para tirar certos objetos do país. Antes de fazer a compra, confira com o gerente da loja. Com variedade e estoque de objetos de bronze, prata e cristais, **Reval Antiik** e **Shifara Art & Antiques** são apenas algumas das excelentes lojas instaladas em Tallinn.

Livros e Música

A melhor livraria de Tallinn para livros em inglês é a **Apollo**. Nessa loja há uma coleção de livros ilustrados sobre a cultura e a história da Estônia e também romances estonianos traduzidos para o inglês. Procure por *The Czar's Madman* e *Treading Air*, de Jaan Kross (1920-2007), um famoso escritor local.

Os corais e a música clássica da Estônia também são ótimos presentes. Os CDs de compositores renomados, como Heino Eller (1887-1970), Eduard Tubin (1905-82) e Arvo Pärt *(p. 27)*, podem ser encontrados em toda parte, bem como as compilações de música folclórica e música coral. A **Lasering**, uma das principais lojas de música de Tallinn, tem uma impressionante variedade de músicas e uma seção separada só para música clássica.

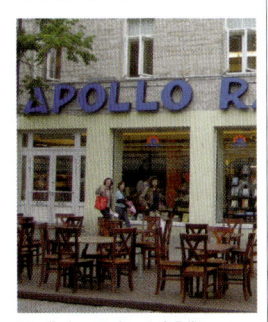

Logo da Kalev chocolate

A Apollo é a maior livraria de Tallinn e vende livros ilustrados

Comida e Bebida

Os produtos alimentícios estonianos estão por toda parte e são vendidos nos supermercados. O pão de centeio é um produto básico, ao lado do arenque, do peixe defumado e dos queijos, e do *halvah* e do chouriço na época do Natal. Visite a seção gourmet do **Kaubamaja** pela variedade. Para os chocólatras, o Kalev, o maior e mais antigo fabricante de chocolates e confeitaria da Estônia, oferece muitas opções de chocolates finos com belas imagens de Tallinn na embalagem. Eles também são vendidos em lojas de produtos alimentícios. Os mais exigentes devem experimentar os chocolates artesanais da **Anneli Viik**. Há também muitas confeitarias que fazem tortas e bolos deliciosos. A **Stockmann**, uma das maiores lojas de departamentos, também vende bolos, bagels e outras delícias.

O Vana Tallinn *(p. 312)*, um licor escuro e doce, é considerado a bebida nacional da Estônia. Quem não gosta tanto de doce pode misturá-lo ao café, e alguns até o misturam ao leite. No entanto, considerando o consumo de bebidas, a cerveja é de longe a mais popular na Estônia. Saku Originaal é a marca mais vendida, mas Tartu Alexander e A Le Coq também são muito apreciadas. Há muita vodca produzida localmente, e também importada, que é bem mais barata que em outros países europeus. O Saare Džinn, gim aromatizado com cerejas das ilhas estonianas, é muito bom. **Liviko**, um dos principais produtores de bebidas alcoólicas do país, tem lojas em Tallinn.

A loja Kaubamaja é uma das maiores de Tallinn

AGENDA

Artesanato

A-Galerii
Hobusepea 2. **Tel** 646 4101.

Bogapott
Pikk jalg 9. **Tel** 631 3181.
W bogapott.ee

Galerii Kaks
Lühike jalg 1. **Tel** 641 8308.

Katariina Gild
Vene 12. **Tel** 644 5365.

Nukupood
Raekoja plats 18. **Tel** 644 3058.

Arte e Antiguidades

Reval Antiik
Harju 13. **Tel** 644 0747.
W reval-antique.ee

Shifara Art & Antiques
Vana-posti 7. **Tel** 644 3536.
W shifara-antique.ee

Livros e Música

Apollo
Estonia pst 9. **Tel** 633 6000.
W apollo.ee
Uma das filiais.

Lasering
Pärnu mnt 38. **Tel** 627 9279.
W lasering.ee
Uma das filiais.

Comida e Bebida

Anneli Viik
Pikk 30. **Tel** 644 4530.
W anneliviik.ee

Kaubamaja
Gonsiori 2. **Tel** 667 3100.
W kaubamaja.ee

Liviko
Mere pst 6. **Tel** 683 7745.
W liviko.ee
Uma das filiais.

Stockmann
Liivalaia 53. **Tel** 633 9539.
W stockmann.ee

Direitos e Restituições

Centro do Consumidor da Estônia
Rahukohtu 2. **Tel** 620 1708.
W consumer.ee

COMPRAS NA LETÔNIA

Muitos supermercados e shoppings surgiram nas principais cidades do país desde 1991. Riga concentra a maior quantidade e variedade de compras, principalmente os itens com maior probabilidade de interessar aos visitantes, ainda que fora da capital também é possível encontrar artesanato típico, como bijuterias de âmbar e malhas bordadas. As lojas de presentes dos museus costumam ser um bom lugar para comprar lembranças, se a cidade ou o vilarejo não tiver um comércio de suvenires. Muitas oficinas em todo o país permitem que os visitantes assistam ao trabalho dos artesãos e até confeccionem a própria cerâmica, façam trabalhos em madeira e outros, para levar para casa. Embora os mercados letões atraiam mais os próprios moradores, sempre merecem ser visitados. Mel, chocolate, cerveja e o tradicional licor de ervas Black Balsam são ótimos presentes.

Horários de Funcionamento

As lojas na Letônia abrem às 10h. As menores fecham entre 18h e 19h, e os shopping centers ficam abertos até 22h. Muitas lojas não abrem as portas aos domingos.

Formas de Pagamento

Grandes ou não, todas as cidades aceitam cartões de débito como forma de pagamento, além dos principais cartões de crédito como Mastercard ou Visa. Algumas aceitam American Express e Diners Club. Nos vilarejos, porém, a moeda local, o euro, geralmente é a única opção de pagamento.

Raramente os traveller's cheques são aceitos fora de Riga, a capital, mas os das principais companhias podem ser trocados na maioria dos bancos.

Isenção de Imposto

Visitantes de países não europeus têm direito à restituição do VAT de até 12%, desde que o produto tenha sido comprado em uma loja que exiba o logo Tax Free e que o valor total das compras feitas na loja tenha sido, no mínimo, 50 euros. É preciso mostrar identificação no local da compra e preencher o recibo da Global Refund. Os produtos não podem ser usados até que o recibo seja carimbado por um funcionário da alfândega quando o visitante sair do país. O VAT pode ser solicitado na alfândega do aeroporto ou nas áreas de fronteira com a Rússia, em Terehova e Grebņeva. Se embarcar em outros locais, o recibo deve ser carimbado e enviado ao *Global Blue Latvia (p. 339)* junto com os dados bancários do visitante, num prazo de seis meses.

Liquidações

Mesmo que os produtos locais sejam baratos se comparados aos dos outros países da UE, os importados são muito caros na Letônia, situação que é agravada pela inflação. É possível encontrar boas pechinchas em liquidações de final de estação, quando as lojas reduzem os preços.

Mercados

A maioria das cidades letãs tem mercados frequentes e até diários, mas raramente são voltados aos turistas e se destinam às compras do dia a dia. Mas alguns desses mercados, são bastante interessantes, como o mercado coberto Petertirgus, de Liepāja *(pp. 184-5)*, que é um reminiscente da era soviética. Nos meses de verão, alguns deles, como o de Jūrmala, vendem também suvenires.

Lojas de Departamentos e Shopping Centers

As cidades maiores têm ao menos uma loja de departamentos ou supermercado. Vários shopping centers estão sendo construídos em cidades importantes como Riga, Ventspils, Liepāja e Daugavpils. Alguns estão localizados nas periferias das cidades, mas há outros mais centrais e com acesso mais fácil. As maiores lojas de varejo são a Rimi, a Maxima e a Mego.

Artesanato

Os artesanatos tradicionais da Letônia são, entre outros, as

Variedade de produtos frescos à venda no Mercado Central de Riga

Peças de artesanato expostas no Centro de Artesanato de Ludza, leste da Letônia

roupas de cama feitas à mão, as bijuterias de âmbar e as malhas de tricô bordadas com símbolos folclóricos do país. Os motivos da natureza comumente integram o repertório de desenhos geométricos que são encontrados também em muitos produtos de fábrica. Um bom exemplo é a *Lielvārdes josta*, uma longa faixa vermelha e branca, com desenhos simbólicos, que faz parte dos trajes de casamento. Essas faixas são vendidas em lojas de suvenires de Riga, estão expostas no Museu Pumpurs em Lielvārde ou podem ser feitas sob encomenda.

Os visitantes podem ver os artesãos trabalhando em vários lugares, como na Casa do Artesão de Liepāja. No Centro de Artesanato de Ludza, os visitantes podem usar as oficinas para criar os próprios objetos. A Oficina de Instrumentos Musicais em Gaigalava, além de expor, também vende instrumentos musicais.

A Forja de Joias Antigas no Castelo Novo, em Cēsis, que se autodenomina oficina de arqueologia, é onde o mestre artesão Daumants Kalniņš faz suas réplicas de peças antigas. Outro lugar que também vende peças interessantes de artesanato é a filial da Tornism, situada na torre do Castelo Turaida, próximo de Sigulda.

Comida e Bebida

Oferecido em muitas versões, o chocolate Laima *(p. 339)* é fabricado na Letônia há décadas e é um dos mais vendidos em todo o país. Outro sucesso que também pode ser dado de presente é o licor de ervas de Riga, o Black Balsam, que dizem ter propriedades medicinais e é vendido em bonitas garrafas de cerâmica. Os visitantes preferem bebê-lo em coquetéis ou misturado com suco de cassis em vez de puro.

Uma barra de Laima, o chocolate da Letônia

As cervejas também são bons presentes. Os letões adoram cerveja e por isso há de vários tipos. As mais vendidas pertencem a companhias internacionais; entre as mais raras está a espumosa Užavas, que é feita perto de Ventspils, e a Valmiermuiža de Valmiera.

Arte e Antiguidades

As antiguidades letãs mais valiosas são raras, não só porque muitas foram destruídas no século XX, mas porque se perderam em guerras e ocupações. Mesmo assim, os antiquários devem ser visitados porque muitos têm objetos interessantes em estoque. O melhor lugar para comprar arte é nas galerias comerciais. Costuma-se exigir uma licença, que é fornecida por muitas lojas, para tirar do país as peças antigas. As lojas podem ajudar no preenchimento de formulários e outras burocracias.

Âmbar

As bijuterias de âmbar da Letônia são suvenires muito apreciados, embora seja mais fácil encontrar a resina autêntica na Lituânia que na Letônia. Ela é mais presente nas áreas turísticas, como Jūrmala, e em algumas lojas de museu.

Nem todo âmbar é genuíno e há muitas imitações de plástico. Os visitantes que pretendem gastar muito dinheiro em objetos de âmbar devem exigir certificado de autenticidade, e é mais seguro comprar nas lojas que com vendedores ambulantes.

Bancas de Rua

No interior, especialmente na zona rural de Latgália, é comum ver bancas nas calçadas vendendo frutas e legumes. O mel letão é delicioso e costuma ser um presente muito apreciado.

Compras em Riga

Antigo membro da poderosa Liga Hanseática *(p. 36)*, a capital da Letônia tem uma história mercantil distinta. Embora o porto não fosse muito importante, o comércio se desenvolveu desde a restauração da independência, com butiques e lojas de departamentos surgindo por toda a cidade. Nas ruas da Cidade Velha e em shopping centers podem ser encontradas lojas especializadas, enquanto as grifes mais sofisticadas se concentram nos centros. As lojas de suvenir, principalmente na Cidade Velha, vendem artesanato de qualidade variável, como roupas de cama, bijuterias de âmbar e malhas de tricô. Chocolates e o famoso Black Balsam de Riga, a bebida local, são muito apreciados para presentear.

Lojas de Departamentos e Shopping Centers

Desde a independência, o país já ganhou shopping centers e lojas de departamentos, além da restauração e renovação da antiga **Galerija Centrs**, da década de 1920.

As butiques e galerias mais sofisticadas podem ser encontradas no **Berga Bazārs**, um conjunto de lojas, salas de escritório, restaurantes e apartamentos do século XIX. O shopping center **Galleria Riga** concentra grifes de estilistas, enquanto no **mc²** ficam as lojas especializadas em produtos gourmet e acessórios para casa. Uma loja mais básica é a **Stockmann**, nos limites da Cidade Velha.

Mercados

Espalhado por cinco antigos galpões de zepelim, o Mercado Central de Riga dedica a maior parte do espaço interno aos alimentos, enquanto bancas e quiosques de CDs, roupas e aparelhos elétricos ficam do lado de fora. Igualmente interessante é o mercado de produtos orgânicos e antiguidades do Berga Bazārs, no segundo e quarto domingos do mês. Como os letões adoram presentear com flores, o Mercado de Flores funciona 24 horas.

Música

Apesar do importante papel da música folclórica para o Movimento do Despertar Nacional (1856), desde a independência tem sido difícil encontrar uma boa clientela para gravações desse tipo. A melhor loja de discos de Riga é a **Upe**, que pertence ao antigo líder da banda folk-rock Jauns Mēness. A Upe vende música folclórica da Letônia e de outras partes e serve vinhos. A **Randoms** talvez seja a maior loja do gênero nos países bálticos. O Mercado Central vende CDs baratos, mas há muitas versões piratas.

Roupas e Bijuterias

Roupas tecidas à mão, rendas e malhas de tricô estão por toda parte. As roupas de grife estão em lojas sofisticadas, e as roupas de lã tradicionais, em pequenas lojas. A Tines vende peças de design tradicional, feitas em lã e linho, enquanto novidades da moda e estilos modernos podem ser encontrados na Latvijas Modes Klase, na Berga Bazaars.

Além dos muitos lugares que vendem colares e pulseiras de âmbar, há várias lojas que oferecem joias mais finas. A elegante **Putti**, além de apresentar joias de designers locais, organiza exposições.

Artesanato

Muitas lojas de suvenir da Cidade Velha vendem roupas de cama e brinquedos de madeira. Muitos deles, porém, já são produzidos em série. Itens originais e úteis podem ser encontrados na **Riija**, que oferece produtos ecológicos e utensílios domésticos. A **Pienene** conta com diversos suvenires, que também são oferecidos em grande variedade no mercado Egle. Algumas lojas vendem objetos russos, como as *matrioskas*, bonecas de madeira de vários tamanhos que se encaixam umas nas outras.

Arte e Antiguidades

Existem muitas galerias de arte comerciais em Riga, e o centro de informação turística sempre distribui listas atualizadas. A **Māksla XO** é uma das mais respeitadas. A **Art Nouveau Riga**, a

Luminária de parede

Uma compradora escolhe suvenires na Art Nouveau Riga

Joias de âmbar expostas na vitrine de uma loja

melhor loja de suvenires, oferece reproduções encantadoras, além de lenços de pescoço, canecas e outros objetos inspirados no design do início do século XX. Essa loja fica no final da Alberta iela, a rua que concentra as melhores construções Art Nouveau.

Em Riga há bons antiquários, a maioria ao redor da Brīvības iela. Um dos empórios finos é o **Doma Antikvariāts**, enquanto o **Art Embassy** é especializado em obras de arte variadas produzidas na Letônia durante o século XX. Imagens religiosas e instrumentos musicais podem ser encontrados na **Volmar**.

Âmbar

Em Riga existem dezenas de joalherias que vendem peças feitas de âmbar. Não deixe de conferir a **Amber Line**, que tem várias filiais espalhadas pela cidade. A **IG Romuls**, embaixo da prefeitura, vende joias com âmbar nos estilos tradicional e moderno, desenhadas por duas gerações da família Romuls. Peças do gênero também podem ser encontradas em bancas de rua e, inclusive, no Mercado Central, mas fique atento para falsificações, que abundam.

Comida e Bebida

Laima não é apenas uma das principais marcas desde 1870, mas também uma conhecida fabricante de chocolates, com muitas lojas em Riga. Nos últimos anos, porém, sua hegemonia vem sendo ameaçada pela marca mais fina **Emils Gustavs Chocolate**, que também tem lojas por toda Riga, inclusive uma na livraria Valters un Rapa. Um presente tradicional são os muitos tipos de mel, disponíveis para degustação no Salão do Mel da **Jāņa Bišu**, junto de outros produtos apiários. A **Desa & Co** (Linguiça e Cia.) é um dos poucos lugares da cidade em que se pode provar carne de veado, javali e bisão (todos os animais são criados na fazenda dos donos, no interior da Letônia), assim como outros itens de produção sustentável. O famoso Black Balsam de Riga é também um presente muito apreciado, talvez mais pelas garrafas de cerâmica que o embalam que pela própria bebida. É facilmente encontrado por toda a cidade.

Black Balsam de Riga

AGENDA

Lojas de Departamentos e Shopping Centers

Berga Bazārs
Dzirnavu iela 84.
w bergabazars.lv

Galerija Centrs
Audēju iela 16.
Tel 6701 8018.
w galerijacentrs.lv

Galleria Rīga
Dzirnavu iela 67. **Tel** 6750 8000. w galleriariga.lv

mc²
Krasta iela 68a.
Tel 6700 6868. w mc2.lv

Stockmann
13 Janvāra iela 8.
w stockmann.lv

Música

Randoms
Kaļķu iela 4. **Tel** 6722 5212. w randoms.lv

Upe
Vaļņu iela 26. **Tel** 6720 5509. w upeveikals.lv

Roupas e Bijuterias

Latvijas Modes Klase
Elizabetes iela 85a.
Tel 2779 1635.
w modesklase.eu

Putti
Mārstaļu iela 16.
Tel 6721 4229.
w putti.lv

Tines
Vāgnera iela 5.
Tel 2542 4477. w tines.lv

Artesanato

Egle
Kaļķu iela 1a. **Tel** 2550 5268. w spogulegle.lv

Pienene
Kungu iela 7/9.
Tel 6721 0400.

Riija
Tērbatas iela 6/8.
Tel 6728 4828. w riija.lv

Arte e Antiguidades

Art Embassy
Ausekla iela 6A.
Tel 2918 5957.

Art Nouveau Rīga
Strēlnieku 9.
Tel 6733 3030.

Doma Antikvariāts
Smilšu iela 8.
Tel 2916 6504.

Māksla XO
Elizabetes iela 14.
Tel 2948 2098.

Volmar
Krāmu iela 4. **Tel** 6721 4278.

Âmbar

Amber Line
Torņa iela 4. **Tel** 6732 5058. w amberline.lv

IG Romuls
Ratslaukums 1. **Tel** 2655 5363. w romuls.lv

Comida e Bebida

Desa & Co
Maskavas iela 4. **Tel** 6721 6186. w zemitani.lv

Emils Gustavs Chocolate
Aspazijas bulvāris 24.
Tel 6722 8333.
w emilsgustavs.com

Jāņa Bišu
Pēterbaznīcas iela 17.
Tel 6722 4355.
w daugmalesmedus.lv

Laima
Audēju iela 16. **Tel** 6710 4431. w laima.lv

Isenção de Imposto

Global Blue Latvia
w global-blue.com

COMPRAS NA LITUÂNIA

Os suvenires e presentes da Lituânia consistem dos tradicionais trabalhos de arte e artesanatos feitos com materiais locais, como âmbar, cerâmica e madeira. As toalhas de mesa, os lençóis de linho, as roupas e os brinquedos são ótimas lembranças e não custam caro. As lojas e bancas que vendem esses produtos invadiram os bairros antigos das grandes cidades e também os inúmeros balneários. Outros artefatos de melhor qualidade e mais variados podem ser encontrados em lojas especializadas, que em geral ficam próximo às principais atrações turísticas. A comida e a bebida lituanas têm sabores especiais. Os queijos locais e as carnes defumadas são variados e muito saborosos. As bebidas alcoólicas lituanas, como o *trauktinės*, também chamado de conhaque amargo, a vodca e a cerveja, são boas opções para comprar e dar de presente.

Horários de Funcionamento

Na Lituânia, as lojas abrem das 9h ou 10h às 18h durante a semana. Lojas de presentes e suvenires abrem às 10h. Lojas de comida e grandes supermercados abrem as portas às 8h e fecham tarde da noite.

O hábito da era soviética de fechar por uma hora durante o almoço aos poucos está mudando, e alguns supermercados funcionam 24 horas por dia. Muitas lojas abrem aos sábados até as 16h, e algumas em áreas turísticas e nas grandes cidades funcionam também aos domingos. Nos vilarejos, o comércio fecha cedo, impossibilitando os visitantes de fazer compras à noite.

Formas de Pagamento

Como nos demais países bálticos, quase todas as lojas da Lituânia aceitam os principais cartões internacionais de débito e crédito. As lojas menores só aceitam pagamento em dinheiro vivo. Raramente é praticada a pechincha, exceto em alguns mercados e bancas, mas nada impede o visitante de tentar.

Isenção de Imposto

O imposto sobre vendas na Lituânia, chamado *pridėtinės vertės mokestis* (PVM), é aplicado na maioria dos produtos a uma taxa fixa de 21%. Por lei, os visitantes de países não europeus podem pedir restituição do imposto quando saem do país, contanto que tenham preenchido o cheque de compras isentas de impostos disponível nas lojas em que a placa "Tax-Free Shopping" é exibida. O comprador deve apresentar o passaporte na hora da compra. O VAT só pode ser restituído se a viagem de volta for de avião, de carro ou de navio; os trens estão excluídos. O visitante precisa gastar no mínimo 50 euros, incluindo o VAT, na mesma loja em um dia para pedir restituição.

Lojas de Departamentos e Shopping Centers

Para atender à grande demanda de consumo, estão sendo construídos em Vilna e nas principais cidades da Lituânia modernos complexos de compras. Os shopping centers substituíram as antigas lojas de departamentos da era soviética que foram adaptadas na década de 1990 para atender às necessidades dos pequenos comerciantes.

Os shopping centers têm uma loja-âncora, que em geral pertence a uma das grandes redes de supermercados nacionais. Por isso os produtos encontrados são praticamente os mesmos do resto da Europa. As lojas mais autênticas estão na Cidade Velha das grandes cidades.

Âmbar

Os artesãos da Lituânia são muito criativos na confecção de objetos de âmbar, que são parte indiscutível da herança cultural do país. Eles transformam o âmbar em joias, abajures – nos mais variados objetos.

O âmbar existe nas cores marrom, verde e outras, além do amarelo mais comum. Também existem as pedras polidas originais, das quais as mais valiosas

Europa (p. 342), um sofisticado shopping center, Vilna

COMPRAS NA LITUÂNIA | **341**

Banca de suvenir na Praça do Teatro, Cidade Velha, Klaipėda

são as que têm insetos, plantas e penas preservados na resina fossilizada.

Artesanatos e Especialidades Regionais

Os artesãos lituanos fazem muitos objetos de madeira, como espátulas e colheres entalhadas, e estranhas máscaras de demônios e bruxas, assustadoras e distorcidas, exibidas tradicionalmente no Shrovetide. Uma lembrança de madeira mais convencional é o *rūpintojėlis*, a imagem de Cristo sentado e pensador, apoiando o queixo na mão. Outro objeto tradicional com tema religioso que é feito de madeira é o crucifixo.

Para quem gosta de música, instrumentos feitos à mão, como a fascinante cítara lituana, ou *kanklės*, é um presente perfeito. As bonecas russas *matrioska* são vendidas nos mercados locais.

As peças de roupa mais originais vendidas na Lituânia são as de fibra de linho. Camisas e blusas, vestidos e chapéus de crochê são vistos por toda parte, principalmente nas lojas de presentes da capital. A *juosta*, faixa ou cinta usada nos trajes de casamento, que também é utilizada como uma maneira tradicional de ler a sorte, é vendida em toda parte e é um bom suvenir para levar para casa.

A natureza agrária da Lituânia ajudou a preservar muitos costumes e tradições locais. Cerâmicas pretas, em forma de potes, jarras, copos e figuras, são algumas das especialidades da região sul de Dzūkija. Mais ao norte, Aukštaitija tem uma rica tradição de música e instrumentos musicais, especialmente cornetas e flautas. No oeste, o povo de Žemaitija valoriza as imagens religiosas, miniaturas e santuários, que em geral incorporam símbolos pagãos tradicionais.

Comida e Bebida

As lojas lituanas vendem as variadas comidas tradicionais como *blynai* (uma panqueca fina de batata similar ao crepe, com deliciosos recheios doces e salgados), *spurgos* (bolinhos), queijos defumados e cozidos no vapor e vários produtos feitos de coalhada e leite azedo.

As carnes defumadas são como longas e grossas salsichas ou, as mais autênticas, embutidas em bolas. O melhor peixe desse lugar é o arenque, normalmente marinado e vendido em pacotes selados. Alguns supermercados têm cafés, nos quais são servidas as tradicionais comidas lituanas, como *cepelinai* (bolinhos de batata), *kugelis* (tipo de torta de batata assada) e *vėdarai* (salsicha de batata). O pão de centeio lituano, assim como o pão preto, que é muito consumido, ou os *palangos*, que são mais cinzentos, são encontrados por toda parte, bem como os tradicionais *šakotis* (bolo árvore) e *tinginys* (bolos caseiros). Cogumelos e frutas silvestres também são apreciados, e o visitante precisa de uma licença da alfândega para levá-los para casa. As favoritas locais como a *starka* (vodca envelhecida cor de caramelo) e a *trejos devynerios* (de ervas variadas) são imperdíveis. A melhor das muitas variedades de *degtinė* é a excelente vodca lituana com tampa dourada, enquanto a empresa Alita produz uma marca homônima popular de conhaque. *Švyturys Premium Pils* e *Švyturys Ekstra Draught* são boas cervejas engarrafadas. Há mais informação sobre comidas e bebidas nas páginas 310-3.

Garrafas de conhaque

Bonecas *matrioska* à venda em uma banca de suvenir da Lituânia

Compras em Vilna

As principais ruas da Cidade Velha exibem várias lojas de suvenir e inúmeras bancas e galerias especializadas em produtos nacionais de âmbar, linho, madeira e cerâmica. Há também muitas lojas de artesanato mais fino e galerias de arte que se escondem no labirinto de ruelas estreitas da Cidade Velha, por isso vale a pena também se afastar das ruas principais. Saindo da Cidade Velha, na avenida Gedimino prospektas estão as lojas de roupas, as livrarias e os shopping centers, mas os grandes shoppings com amplos espaços para roupas de grife ficam mais distantes. Com tantas opções, Vilna transformou-se em um paraíso de consumo.

Mercados

O maior mercado da Lituânia é **Gariūnai**, que fica ao lado da central de aquecimento de água de Vilna, uns 5km a sudoeste do centro. Ali é possível encontrar roupas, calçados, brinquedos, artigos de perfumaria e cosméticos, comida, quinquilharias e até carros – tudo mais barato. Os comerciantes de toda parte vêm até esse local para vender seus produtos e, diferentemente de outros mercados do país, a pechincha é uma prática comum em Gariūnai. O mercado funciona desde que o sol nasce até a hora do almoço, durante toda a semana, menos segunda. Melhor visitá-lo durante a semana.

Ao sul da Cidade Velha, perto das paradas de ônibus e bonde, fica o **Mercado Halès**, que oferece grande variedade de frutas e verduras, queijos, carnes e bolos.

Quadro à venda na Pilies gatvé

Moda e Roupas

A Gedimino prospektas é o melhor lugar para comprar roupas e calçados. O **Gedimino 9**, um dos muitos mini-shoppings que estão surgindo na avenida, trouxe as primeiras lojas Marks & Spencer e Lindex da região báltica. Mas as lojas das marcas mais caras concentram-se nas ruas Vokiečių e Didžioji gatvé, na Cidade Velha. Em Vilna estão também designers renomados e altamente solicitados com suas butiques, como **Ramunė Piekautaitė**. Talvez o shopping center mais impressionante da Lituânia seja o **Europa**, que se autointitula um centro de moda e estilo.

Artes Tradicionais e Artesanato

As lojas e bancas que vendem arte e artesanato lituanos tradicionais ficam todas nas ruas Pilies, Didžioji e Aušros vartų. Os preços variam muito, por isso é melhor percorrer as bancas antes de comprar qualquer coisa. As lojas mais diferentes de produtos artesanais e baratos se escondem nas ruelas estreitas que saem da principal via da Cidade Velha.

Linen & Amber Studio, uma grande rede de lojas de presentes, é um dos melhores lugares para encontrar peças de âmbar e linho. Suas lojas se distribuem em toda a extensão da Pilies gatvé e mais além; a que fica na Stiklių

As tradicionais bijuterias de âmbar expostas em uma banca na Cidade Velha, Vilna

COMPRAS NA LITUÂNIA | 343

gatvé é uma das maiores. Para quem se interessa por presentes e acessórios feitos por tecelões locais, o destino é **Aukso Avis**. Chapéus de feltro, bolsas e bijuterias, camisas estampadas, peças de vestuário e camisetas com desenho de silk-screen podem ser compradas nessa loja. Além disso, os visitantes podem confeccionar o próprio suvenir. A **Sauluva** é uma ótima loja e das mais confiáveis, com variedade de peças de vidro, madeira, cerâmica, âmbar e flores secas, todas feitas artesanalmente.

Galerias de Arte

Vilna tem uma oferta fantástica de presentes originais que estão expostos em suas muitas galerias de arte como a **Galeria R&A**. Quadros, pratos coloridos decorados com fotos antigas, vasos e objetos diferentes para decorar estantes e lareiras, por exemplo, preenchem todo o espaço dessa galeria. Na **e.k.art**, na Cidade Velha, há obras de arte originais e antiguidades dos últimos séculos, da Lituânia e de outros países, expostas ecleticamente em uma só sala. As galerias mais sofisticadas de Vilna expõem trabalhos de pintores e escultores famosos da Lituânia e os colocam à venda regularmente.

Interior da livraria Littera, na Universidade de Vilna

Quadro de uma galeria de arte

No bairro boêmio de Užupis concentram-se as melhores galerias e lojas de presentes. Entre elas, a **Užupio Galerija**, que vende peças de metal esmaltadas e é uma das mais interessantes.

Livros e Músicas

Em Vilna há um grande número de livrarias pequenas, mas muito bem sortidas. A maioria vende livros de referência da língua inglesa publicados localmente, livros ilustrados, ficção nacional e estrangeira original ou traduzida, além de mapas e cartões-postais. A **Vaga** tem no andar superior uma boa coleção de livros em inglês.

A **Littera** (p. 226), livraria que faz parte do complexo da Universidade de Vilna, é muito atrativa e um lugar bastante vibrante. Merece ser visitada não só pela excelente coleção de livros, mas pelos belos afrescos em suas paredes e seus tetos.

No entanto, falta em Vilna uma loja de discos que ofereça todos os gêneros de música. A Muzikos Bomba, no shopping Europa, tem um bom acervo de música lituana e internacional, além de gravações com selo próprio. Fãs de jazz, blues e rock não podem deixar de visitar a **Thelonious**, instalada em um porão da Cidade Velha abarrotado de discos, CDs e toca-discos antigos de alta fidelidade. A livraria **Humanitas** tem livros de arte em inglês e alguns CDs de música local.

AGENDA

Mercados

Mercado Gariūnai
Vilna – rodovia para Kaunas.

Halės Market
Esquina da Pylimo com a Bazilijonų.

Moda e Roupas

Europa
Konstitucijos 7a. **Tel** 204 7109. w pceuropa.lt

Gedimino 9
Gedimino 9. **Tel** 262 9812.
w gedimino9.lt

Ramunė Piekautaitė
Didžioji 20.
Tel 231 2270.

Artes Tradicionais e Artesanato

Aukso Avis
Pilies 38.
Tel 261 0421.

Linen & Amber Studio
Didžioji 5.
Tel 262 4986.
w lgstudija.lt
Uma das filiais.

Sauluva
Literatų 3 & Pilies 21.
Tel 212 1227.
w sauluva.lt

Galerias de Arte

e.k.art
Didžioji 27. **Tel** 6052 2222.
w ek-art.lt

Galerija R&A
Pranciškonų 8. **Tel** 6858 0080. w galerijara.lt

Užupio Galerija
Užupio 3 – l. **Tel** 231 2318.
w uzupiogalerija.lt

Livros e Músicas

Humanitas
Dominikonų 5.
Tel 249 8392.
w humanitas.lt

Littera
Vilna University, Universiteto 5.
Tel 212 7786.

Thelonious
Stiklių 12.
Tel 212 1076.

Vaga
Gedimino 50. **Tel** 249 8392. w vaga.lt

DIVERSÃO NA ESTÔNIA

A esfera da diversão na Estônia é eclética e dinâmica. Nas grandes cidades, como Tartu e Pärnu, não só o calendário cultural é agitado, mas também a vida noturna. Quem gosta de música erudita tem o privilégio de escolher durante todo o ano os inúmeros concertos que acontecem em nível nacional e local, oferecidos por um seleto grupo de músicos nacionais e internacionais. Na ilha Saaremaa acontecem diversos festivais de música erudita no verão. Sair de casa para passear ou comer faz parte da vida social do estoniano. Em todas as cidades, grandes ou pequenas, há bares populares, nos quais se come bem num ambiente divertido, embalado pela música popular vibrante e animada. Cidades como Haapsalu, Narva e Kuressaare abrigam muitos bares e casas noturnas. Grande parte da vida cultural da Estônia gira em torno dos festivais folclóricos, quando a grande maioria das cidades oferece algum tipo de celebração. Para diversão em Tallinn consulte as pp. 346-7.

Uma *jam session* no Festival de Música Antiga de Viljandil

Informação

O ponto de partida para informar-se sobre os locais de concerto e eventos é no centro de informação turística mais próximo. O jornal The Baltic Times tem uma seção sobre arte e diversão. Todas as cidades da Estônia têm seu site para informar o que está acontecendo. A revista In Your Pocket cobre o que acontece em Tallinn, Tartu, Pärnu e outras cidades.

Reservas e Preços

As reservas para os eventos culturais são feitas no próprio local ou por agências especializadas. A **Piletilevi** é a maior delas, que faz tanto reservas on-line quanto vende ingressos. Por todo o país há estabelecimentos que oferecem o mesmo serviço, como os supermercados Selver e os postos de combustível Statoil.

Música Erudita, Teatro e Balé

A Estônia tem forte tradição de música erudita e sempre há um recital acontecendo em algum lugar. A principal casa de concertos de Tartu, a **Vanemuine**, apresenta drama, comédia, músicos eruditos, balé, musicais e peças infantis. A Sala de Concertos de Pärnu *(p. 102)* também apresenta concertos e outros eventos musicais.

Festivais de Música

Os muitos festivais que acontecem pela Estônia têm o objetivo de promover a música moderna e tradicional. O Festival de Música de Suure-Jaani, em Vilandi, homenageia os compositores populares Mart Saar e Villem Kapp, e o Festival de Música Juu Jääb da ilha Muhu, em junho, explora as relações entre música tradicional e world music. Há outros eventos que reúnem músicos internacionais e locais, como o Festival da Música Antiga de Viljandi e Saaremaa Opera Days.

Para fãs de música independente, o ponto alto é o festival anual Plink Plonk, realizado em Tartu. O **Eesti Muusikafestivalid** traz a relação on-line dos festivais que acontecem em todo o país.

Logo de um clube, Tartu

Vida Noturna

Em Tartu há uma quantidade incrível de pubs, casas noturnas e bares. Um dos clubes mais famosos é o **Atlantis**, e o mais exclusivo é o **Illusioon**. Outro favorito é o **Eduard Vilde Lokaal**, que está sempre lotado. Para algo mais

A fachada iluminada do Atlantis, a maior casa noturna de Tartu

DIVERSÃO NA ESTÔNIA | 345

Dançarinos se apresentam em um festival folclórico da Estônia

descontraído, vá ao Möku, que conta com um ambiente casual e boêmio.

Pärnu também tem uma vida noturna animada. **Lime Lounge** é o lugar para um drinque mais formal, e o **Postipoiss** é um pub-restaurante com música ao vivo. O clube mais fino é o **Bravo**, e o **Mirage**, outra casa noturna, é o que mais lota.

Em Narva, vá ao **German Pub** para beber em ambiente agradável. O **Africa** é o maior e mais frequentado pub de Haapsalu e nos fins de semana é também um bom lugar para dançar. Em Kuressaare há bons restaurantes, pubs e bares. Com um agradável deque externo, o **John Bull Pub** é o mais divertido.

Festivais Folclóricos

Alguns dos festivais mais importantes acontecem no mês de julho. O maior deles é o Viljandi Folk Festival, que reúne um grande número de dançarinos, músicos e cantores. Outro é o Hiiu Folk Festival, em Hiiumaa (pp. 94-5), no qual o ambiente rústico contribui para a autenticidade do evento.

Agosto é outro mês bastante agitado. O maravilhoso Festival Histórico de Narva exibe uma representação da Grande Guerra Nórdica (p. 37) em Narva. Em Obinitsa, vários festivais celebram a cultura setu (p. 124). Nos Dias da Dama Branca, na lua cheia de agosto, a folia é ao redor do Castelo de Haapsalu (p. 92).

Cinema

Os filmes são exibidos no idioma original com legendas em russo, mas a oferta fora de Tallinn é precária. Boa parte das cidades maiores tem pequenos cinemas que exibem os últimos sucessos de bilheteria algumas semanas depois da capital. No pequeno **Apollo Kino**, em Pärnu, passa regularmente filmes de Hollywood. O moderno **Kino Ekraan**, em Tartu, fica dentro de um shopping center e pertence à rede de cinemas **Forum Cinemas Astri**.

O Festival de Cinema Noites Escuras (p. 53), em novembro e dezembro, viaja por Tartu, Viljandi, Narva, Jöhvi e Kärdla. Pärnu tem um festival de cinema próprio durante o mês de julho.

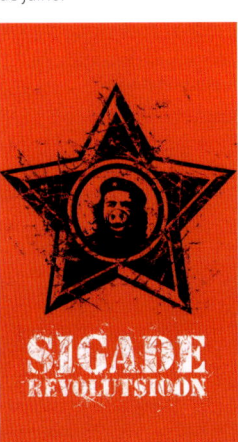

Cartaz do filme estoniano *Sigade Revolutsioon*

AGENDA

Reservas e Preços

Piletilevi
w piletilevi.ee

Música Erudita e Balé

Vanemuine
Vanemuise 6, Tartu. **Tel** 744 0100.
w vanemuine.ee

Festivais de Música

Eesti Muusikafestivalid
w festivals.ee

Vida Noturna

Africa
Tallinna mnt 1, Haapsalu. **Tel** 473 3969. w africa.ee

Atlantis
Narva mnt 2, Tartu. **Tel** 738 5485.
w atlantis.ee

Bravo
Hommiku 3, Pärnu. **Tel** 5344 3887. w bravoclub.ee

Eduard Vilde Lokaal
Vallikraavi 4, Tartu.
Tel 734 3400. w vilde.ee

German Pub
Puškina 10, Narva. **Tel** 359 1548.
w germanpub.ee

Illusioon
Raatuse 97, Tartu. **Tel** 742 4341.
w illusion.ee

John Bull Pub
Pärgi tänav, Kuressaare. **Tel** 505 6216.

Lime Lounge
Hommiku 17, Pärnu. **Tel** 449 2190.

Mirage
Rüütli 40, Pärnu. **Tel** 447 2404.
w mirage.ee

Möku
Rüütli 18, Tartu. **Tel** 2527 1030.

Postipoiss
Vee 12, Pärnu. **Tel** 446 4864.
w trahterpostipoiss.ee

Cinema

Apollo Kino
Lai 5, Pärnu. **Tel** 633 6000.
w apollokino.ee

Forum Cinemas Astri
Tallinna 41, Narva.
w superkinod.ee

Kino Ekraan
Riia 14, Tartu. **Tel** 740 4020.
w superkinod.ee

Diversão em Tallinn

Tallinn é uma cidade vibrante no que diz respeito à diversão. Sua música erudita e as montagens de óperas são famosas no mundo todo e atraem muitos fãs. Em anos recentes, a cidade passou a atrair também artistas pop internacionais, mas vale a pena lembrar que a música ao vivo local é agradável. Há diversos espaços em Tallinn que exibem com frequência concertos de rock, jazz, blues e música alternativa de bandas locais. Sua animada cena noturna abraça diferentes gêneros musicais, das paradas de sucessos à música underground. A cidade oferece muitos lugares para se tomar uma drinque. Eles costumam funcionar até tarde da noite, e tanto pode ser um bar-lounge ultrachique ou um boteco popular. O teatro em Tallinn é de boa qualidade, mas sempre em idioma estoniano, exceto nos festivais internacionais.

Uma cena de *Carlo Gozzi Il Corvo* no palco do Tallinn Linnateater

Informação

Tudo o que acontece na cidade está no *Tallinn In Your Pocket*, *The Baltic Times* e no site de reservas Piletilevi (p. 345).

Teatro

Tallinn tem forte tradição teatral, e o Teatro de Drama Estoniano (p. 76) faz um bom trabalho na preservação do repertório nacional. O **Tallinn Linnateater** apresenta montagens contemporâneas. Para os fãs do teatro de vanguarda, o melhor lugar é o **Teatro Von Krahl**, embora sejam raras as peças em inglês, o espaço costuma apresentar produções multimídia com forte apelo visual. Quem fala russo deve visitar o **Teatro de Drama Russo**, no qual são exibidas peças russas, clássicas e contemporâneas.

Música Erudita, Ópera e Dança

Os ingressos para os concertos da Orquestra Sinfônica Nacional Estoniana, apresentados na Sala de Concertos Estoniana (pp. 76-7), e a Ópera Nacional Estoniana se esgotam rapidamente graças às apresentações e às produções de excelente qualidade. Semanalmente, também há muita música de câmara e concertos de coral em igrejas e outros locais intimistas da Cidade Velha, como a Igreja Niguliste (pp. 68-9), a Casa dos Cabeças Pretas (p. 70) e a **Academia de Música Estoniana**. Tudo o que existe de melhor em dança contemporânea estoniana ou internacional geralmente é apresentado na **Kanuti Gildi Saal**.

Logo do pub Molly Malone

Rock, Pop, Jazz e Blues

Para quem gosta de música ao vivo, Tallinn é um ótimo destino. No **Café Amigo**, todas as noites acontecem apresentações das melhores bandas locais de rock, pop e blues. O **Von Krahl Baar** talvez seja o melhor lugar para conhecer a música alternativa local, enquanto o ambiente industrial do **Rock Café** abriga uma diversidade musical que vai do blues ao funk. Os artistas pop internacionais que vão para Tallinn se apresentam ao ar livre na Área do Festival da Canção (p. 82). No **No99** podem ser vistos shows de jazz às sextas e aos sábados, e as bandas de jazz enriquecem o festival de Jazzkaar (p. 52).

Pubs e Bares

Na Cidade Velha de Tallinn existem pubs e bares de todos os tamanhos e gêneros. Os pubs em estilo irlandês e inglês, como **Mad Murphy's** e **Scotland Yard**, são muitos e bem reputados entre os expatriados e os turistas estrangeiros. Os elegantes e exclusivos lounge-bars são bastante populares entre os mais abonados. Entre eles está o chic **Déjà Vu** e o extravagante **Lounge 24**, que, do alto do 24º andar do Radisson Blu Sky Hotel (p. 297), oferece uma vista espetacular. Existem também muitos outros pubs menores e confortáveis espalhados pela

O ambiente elegante do lounge-bar Déjà Vu

DIVERSÃO NA ESTÔNIA | 347

O Parlament, uma das casas noturnas mais populares de Tallinn

Cidade Velha, que geralmente são ignorados pelos visitantes mais ruidosos. Bares intimistas, como o **Hell Hunt**, primeira taberna autêntica de Tallinn, e o **Drink Bar**, que às vezes têm bandas ao vivo, são ambientes tranquilos para um bate-papo agradável entre um drinque e outro.

Vida Noturna

As muitas e variadas opções de casas noturnas em Tallinn atraem pessoas de diferentes regiões. Os melhores clubes da cidade estão na Cidade Velha ou próximo dela. Muitos, como o Café Amigo, o Déjà Vu e o **Parlament**, são bons, simples e divertidos e agradam a moradores locais e estrangeiros. Quem procura algo mais exclusivo deve ir ao **Club Privé** ou ao **BonBon** e admirar a elegância do público. Para ver bartenders malabaristas, rume para o Venus Club.

Nem todas as casas noturnas de Tallinn agradam ao público geral – algumas talvez devam ser evitadas. Em vez de entrar no primeiro clube que aparecer em seu caminho, pesquise antes e escolha com cuidado um bom local para curtir a noite.

Cinema

Em Tallinn, os filmes são passados no idioma original com legendas. As opções multiplicaram com a chegada dos complexos **Coca-Cola Plaza** e **Solaris**, que exibem os últimos sucessos de Hollywood e filmes nacionais. Os filmes independentes e de arte são exibidos no impressionante **Sõprus** e no **Kino Artis**. O Festival de Cinema Noites Escuras *(p. 53)* é um presente para os cinéfilos e é quando o melhor do cinema mundial ganha espaço nas pequenas salas.

Cartazes dos filmes exibidos no Coca-Cola Plaza

AGENDA

Teatro

Teatro de Drama Russo
Vabaduse väljak 5.
Tel 641 8246.
w veneteater.ee

Tallinn Linnateater
Lai 23.
Tel 665 0800.
w linnateater.ee

Teatro Von Krahl
Rataskaevu 10.
Tel 626 9090.
w vonkrahl.ee

Música Erudita, Ópera e Dança

Academia de Música Estoniana
Rävala 16.
Tel 667 5700.
w ema.edu.ee

Kanuti Gildi Saal
Pikk 20.
Tel 646 4704. **w** saal.ee

Rock, Pop, Jazz e Blues

Café Amigo
Hotel Viru, Viru väljak 4.
Tel 680 9380.
w amigo.ee

No99
Sakala 3. **Tel** 668 8798.

Rock Café
Tartu mnt 80d. **Tel** 681 0878. **w** rockcafe.ee

Von Krahl Baar
Rataskaevu 10/12.
Tel 626 9090.
w vonkrahl.ee

Pubs e Bares

Déjà Vu
Vana Viru 8.
Tel 5688 4455.
w dejavu.ee

Drink Bar
Väike-Karja 8.
Tel 644 9433.

Hell Hunt
Pikk 39. **Tel** 681 8333.
w hellhunt.ee

Lounge 24
Radisson Blu Sky Hotel, Rävala pst 3.
Tel 682 3424.

Mad Murphy's
Mündi 2.
Tel 601 1070.
w madmurphys.ee

Scotland Yard
Mere pst 6e.
Tel 653 5190.
w scotlandyard.ee

Vida Noturna

BonBon
Mere pst 6e.
Tel 5400 5411.
w bonbon.ee

Club Privé
Harju 6.
Tel 631 0580.
w clubprive.ee

Parlament
Ahtri 10.
Tel 611 6145.
w clubparlament.com

Venus Club
Vana-Viru 14.
Tel 551 9999.

Cinema

Coca-Cola Plaza
Hobujaama 5.
Tel 680 0684.
w superkinod.ee

Solaris, Kino Artis
Estonia Pst 9.
Tel 630 4111.

Sõprus
Vana-Posti 8.
Tel 644 1919.
w kinosoprus.ee

DIVERSÃO NA LETÔNIA

Os maiores eventos culturais da Letônia estão concentrados em Riga, embora a dinâmica programação cultural dê motivos de sobra para explorar o país além da capital. Ao longo dos meses estão agendados alguns concertos e eventos, mas é preciso consultar um site ou um centro de informação turística porque eles não são regulares, com exceção de Liepāja, onde a atividade cultural é vibrante e tem sua própria orquestra sinfônica. A cidade também é considerada a casa das bandas de rock letãs, com DJs se apresentando em casas noturnas todas as noites. Além de algumas boas casas de rock, há vários bares com música ao vivo. O balneário à beira-mar de Jūrmala é outro lugar agitado no verão. Nesse local, os bares e clubes só funcionam na alta temporada, e a Sala de Concerto Dzintari recebe do clássico ao pop. Valmiera, a capital cultural da região de Vidzeme, também é uma cidade animada. Mais diversão em Riga nas páginas 350-1.

Um dos centros de informação turística de Riga

Informação

Os centros de informação turística de Riga fornecem detalhes da programação na capital e no resto do país, e os centros regionais se concentram nas respectivas áreas. O **Latvian Culture Portal** é um recurso on-line que oferece um calendário nacional, enquanto o **Latvijas Koncerti** oferece a programação de eventos de música erudita.

Reservas e Preços

De um modo geral, os ingressos para eventos culturais custam pouco na Letônia, e as reservas podem ser feitas no próprio local ou por uma agência de ingressos. **Biļešu Paradīze** tem quiosques nos shoppings de Riga, nas principais casas e salas de concerto e nos centros culturais de todo o país. Os ingressos são entregues em outros países por uma taxa extra. O **Ticket Service** tem uma rede ainda maior de pontos de venda que inclui postos de correio, lojas Narvesen e postos de combustível Statoil. Os ingressos podem ser reservados on-line e retirados no guichê ou entregues em domicílio dentro do país. Agências e sites têm instruções em inglês, mas a descrição do evento é em letão.

Teatro

As montagens teatrais são em letão ou russo. O **Teatro Liepāja** produz tanto drama intimista como peças expansivas. O interior Art Nouveau e neoclássico do prédio restaurado também merece ser visto. No **Palco ao Ar Livre de Saulkrasti** apresentam-se ocasionalmente trabalhos itinerantes, bem como no palco a céu aberto dos Jardins Reņķa, em Ventspils.

Música Erudita e Ópera

O **Centro de Informação da Música Letã** é uma boa fonte de referência para apresentações musicais em todo o país. Os melhores concertos de música erudita surgem em eventos anuais, como o Festival Internacional de Música Antiga, com concertos ao ar livre no Palácio Rundāle *(pp. 172-3)* e no Castelo de Bauska *(pp. 170-1)*.

Em Jūrmala, a Sala de Concertos Dzintari *(p. 175)* exibe eventos de qualidade aos sábados, de junho a agosto. Na Igreja da Santíssima Trindade de Liepāja *(p. 184)* acontecem recitais de órgão. A **Orquestra Sinfônica de Liepāja** toca música romântica e apresenta-se em grandes cidades como Riga, Valmiera e Cēsis.

Com exceção dos eventos especiais, como o anual Festival de Ópera de Sigulda, é difícil assistir a uma ópera fora de Riga.

Cena de *Tio Vânia*, de Anton Tchekhov, exibida no Liepāja Theatre

DIVERSÃO NA LETÔNIA | 349

Vista do teatro ao ar livre perto do Palácio Rundāle

A companhia da Ópera Nacional Letã se apresenta por todo o país, mas só de vez em quando. Ela se exibe nos centros culturais e no **Palco ao Ar Livre de Krustpils**, perto de Jēkabpils.

Rock, Pop e Música Alternativa

O maior polo musical fora da capital é Liepāja, onde há alguns bons lugares para ouvir música ao vivo. O **Fire Bar** apresenta sobretudo grupos de jazz, mas às vezes também toca rock. O lugar é pequeno e pode ficar bastante enfumaçado. Se preferir, vá ao **Fontaine Palace**, que mescla bandas e DJs, tem um bar descontraído no andar de baixo e um quiosque de comida ao lado. No verão, Liepāja monta um palco ao ar livre em **Pūt Vējiņi** e hospeda o Festival Summer Sound *(p. 136)*, em julho.

É em Jūrmala que mais se ouve música ao vivo no verão. A programação da Sala de Concertos Dzintari recebe músicos populares letões e russos. O principal concurso pop em idioma russo, o New Wave, também em julho, atrai multidões. O maior festival de música, o **Positivus**, acontece próximo a Salacgrīva e conta com bandas de todo o mundo *(p.137)*.

No palco a céu aberto de Ogre, no caminho para Daugavpils, apresentam se artistas de pop e rock, enquanto a vida noturna de Jelgava é animada por **Jelgavas Baltie Krekli**. Da mesma maneira que no Četri Balti Krekli, em Riga, nesse lugar só se ouve música letã.

Jazz

Não há uma agenda regular de jazz fora de Riga, mas os centros de turismo local podem informar melhor. O **Saulkrasti Jazz Festival** é um evento tão grande quanto o **Sigulda Jazz Festival** em Liepāja.

Bares e Clubes

A maioria das cidades da Letônia tem alguns bares que abrem suas pistas de dança nos fins de semana. Os melhores são o Fire Bar e o Fontaine Palace, em Liepāja.

Cinema

A verba federal para o cinema letão se esgotou, e muitos ci-

O Castelo de Cēsis, que sedia o festival de filmes históricos, em agosto

nemas fecharam as portas depois da independência. Os que restam passam filmes de Hollywood com legendas em letão e russo. Curtas internacionais são exibidos no **Karaliskais Ķēķis**, em Liepāja. O castelo Cēsis sedia o anual festival de filmes históricos de Cēsis, em agosto.

AGENDA

Informação

Latvian Culture Portal
w culture.lv

Latvijas Koncerti
w latvijaskoncerti.lv

Reservas e Preços

Biļešu Paradīze
w ticketparadise.lv

Ticket Service
w ticketservice.lv

Teatro

Teatro Liepāja
Teātra iela 4. **Tel** 6340 7811.
w liepajasteatris.lv

Palco ao Ar Livre de Saulkrasti
Ainažu iela 42a.

Música Erudita e Ópera

Palco ao Ar Livre de Krustpils
Tel 6522 1051.

Centro de Informação da Música Letã
Tel 6722 6797. w lmic.lv

Orquestra Sinfônica de Liepāja
Tel 6348 9272. w lso.lv

Rock, Pop e Música Alternativa

Fire Bar
Stūrmaņu 1, Liepāja. **Tel** 6348 9777. w firebar.lv

Fontaine Palace
Dzirnavu iela 4, Liepāja. **Tel** 6348 8510. w fontainepalace.lv

Jelgavas Baltie Krekli
Lielajā ielā 19a. **Tel** 6302 2259.
w tamitami.lv

Positivus
w positivus.lv

Pūt Vējiņi
Peldu iela 57, Liepāja.

Jazz

Saulkrasti Jazz Festival
w saulkrastijazz.lv

Sigulda Jazz Festival
w jazzfest.lv

Cinema

Festival de Filmes Históricos de Cēsis
w filmuskate.cesis.lv

Diversão em Riga

Desde a independência, Riga tem se esforçado para recuperar a reputação de capital cultural da região báltica. Além das montagens de ópera de padrão internacional, balé e música erudita, a cidade tem um próspero cenário de música ao vivo. Suas bandas tocam de tudo, do jazz ao rock, sempre acompanhando astros internacionais. No verão, há alguns festivais de música, e no inverno há um evento musical que acontece regularmente. A cidade tem uma vida noturna animada. Nas noites de sexta e sábado, os bares da Cidade Velha lotam de visitantes estrangeiros, mas não é difícil encontrar um lugar tranquilo para tomar um drinque com os moradores. Os clubes, que podem ser pequenos e sofisticados ou enormes e contemporâneos, funcionam durante toda a noite.

Informação

Na maioria dos hotéis de Riga há revistas de programação e outras informações, das quais a melhor é a *RīgaNOW!*. Mais completa e mais barata, a bimestral *Rīga In Your Pocket* está disponível para navegação e download em PDF no site da empresa. O site do Latvian Culture Portal *(p. 349)* também é bastante útil.

Teatro

As montagens teatrais são principalmente em letão e russo, portanto, para a maioria dos visitantes acabam não sendo tão úteis. O **Teatro Nacional Letão**, que ocupa um prédio neoclássico, tem lugar importante na história da Letônia porque nesse local foi declarada a independência em 18 de novembro de 1918. O **Teatro Dailes**, dirigido por Eduards Smiļģis (1886-1966) por 40 anos, aposta em produções variadas, das tradicionais às experimentais. Outras opções são o **Teatro Nova Riga** e o **Teatro de Drama Russo**. O festival de teatro mais importante é o Homo Novus, que acontece no mês de setembro em anos alternados. Exibe peças experimentais e danças.

Ópera e Balé

Desde o século XVIII, Riga mantém uma forte tradição de ópera e de balé. A **Ópera Nacional Letã** ocupa um imponente prédio neoclássico com interior barroco. Nesse lugar são exibidas as montagens mais importantes que geralmente são no idioma original com legendas em letão e inglês. O mesmo prédio da Ópera Nacional também abriga o Balé de Riga. A forte tradição do balé consolidada no período soviético continua até hoje. Embora a Ópera Nacional feche as portas no verão, ela reabre em agosto para apresentações especiais. São permitidas visitas ao prédio para grupos de no mínimo dez pessoas.

Música Erudita

Existem inúmeras salas de concerto em Riga, entre elas a Catedral do Domo *(p. 146)*, que exibe recitais frequentes. **Ave Sol** abriga apresentações de música de câmara e coral. A Orquestra Filarmônia da Letônia se apresenta na Grande Guilda *(p. 149)*, enquanto a música de câmara é tocada na Pequena Guilda do outro lado da rua. O **Spiķeri Concert Hall**, localizado nos galpões próximo do mercado central de Riga, tornou-se um centro da música erudita. Lá se apresenta a orquestra de câmara Sinfonietta Rīga.

Rock, Pop e Música Alternativa

Grandes nomes internacionais se apresentam na **Arēna Riga**, enquanto bandas locais tocam nos muitos palcos menores da cidade. A **Kaļķu Vārti** é famosa por receber os melhores artistas do país. A **Depo** toca música alternativa, de ska a metal, e a **Sapņu Fabrika** oferece gêneros variados, de world music a rock. Na **Četri Balti Krekli** toca música letã.

Jazz e Blues

A melhor casa de blues da cidade é o **Bites Blūza Klubs**, que tem música ao vivo nos fins de semana. Além disso, serve uma ótima comida, e as fotos nas paredes mostram os músicos internacionais que passaram pela casa nos últimos anos. No pequeno clube **Hamlets** acontecem apresentações de jazz. O **Rīgas Ritmi** (Rīga's Rhythms) organiza concertos de jazz nacional e internacional, blues e world music, em diversos locais durante todo o ano.

O luxuoso hall no Teatro Nacional Letão

Bares e Clubes

Com um imenso leque de bares e clubes, a noite de Riga promete animação. O **Balzambārs** é um lugar popular para experimentar diferentes coquetéis. O **Skyline Bar** no Radisson Blu Hotel Latvija *(p. 301)* é um dos favoritos da cidade. **I Love You** é o reduto da juventude local, e o pub irlandês **Paddy Whelan's** é ponto de encontro de turistas. As famosas casas noturnas **Pulkvedim Neviens Neraksta** e **Studio 69** contam com DJs nos fins de semana, enquanto a **Folkklubs Ala** mistura bandas de música folk com um repertório mais tradicional e oferece saborosa comida tradicional.

O mundo gay de Riga ainda é discreto. O **XXL** é o único clube gay bem divulgado, com shows na sexta e no sábado. O **Golden** é um bar gay que toca house music.

Vista panorâmica de Riga do Skyline Bar, no Radisson Blu Hotel Latvija

Cassinos

Embora existam muitos estabelecimentos que são considerados cassinos, a maioria só tem máquinas caça-níqueis. As mesas de jogos estão no Olympic Voodoo Casino do Radisson Blu Hotel Latvija *(p. 301)*, e no **Royal Casino**. É obrigatório registrar-se nos cassinos, portanto tenha sempre um documento com foto.

Cinema

Há muitos cinemas com várias salas em Riga, a maioria passando filmes de Hollywood. O maior é o **Coca-Cola Forum**, com catorze salas e vários cafés. O **Splendid Palace**, primeiro cinema da cidade, foi reformado e também passa filmes de outros países. A **K Suns** é a melhor sala para quem busca filmes de arte.

AGENDA

Teatro

Teatro Dailes
Brīvības iela 75.
Tel 6727 0463.
w dailesteatris.lv

Teatro Nacional Letão
Kronvalda bulvāris 2.
Tel 6700 6337.
w teatris.lv

Teatro Nova Riga
Lāčplēša iela 25.
Tel 6728 0765. w jrt.lv

Teatro de Drama Russo
Kaļķu iela 16.
Tel 6722 4660.
w trd.lv

Ópera e Balé

Ópera Nacional Letã
Aspāzijas bulvāris 3.
Tel 6707 3777.
w opera.lv

Música Erudita

Ave Sol
Citadeles iela 7.
Tel 6718 1637.
w avesol.riga.lv

Spīķeri Concert Hall
Maskavas iela 4/1.
Tel 6721 5018.
w sinfoniettariga.lv

Rock, Pop e Alternativa

Arēna Rīga
Skanstes iela 21. **Tel** 6738 8200. w arenariga.com

Četri Balti Krekli
Vecpilsētas iela 12. **Tel** 6721 3885. w krekli.lv

Depo
Vaļņu iela 32.
Tel 6721 1374.
w klubsdepo.lv

Kaļķu Vārti
Kaļķu iela 11a.
Tel 6722 4576.
w kalkuvarti.lv

Sapņu Fabrika
Lāčplēša 101.
Tel 2201 1811.
w sapnufabrika.lv

Jazz e Blues

Bites Blūza Klubs
Dzirnavu iela 34a.
Tel 6733 3123.
w bluesclub.lv

Hamlets
Jāņa sēta 5. **Tel** 6722 9938. w hamlets.lv

Rīgas Ritmi
w rigasritmi.lv

Bares e Clubes

Balzambārs
Torņa iela 4.
Tel 6721 4494.

Folkklubs Ala
Peldu iela 19. **Tel** 2779 6914. w folkklubs.lv

Golden
Ģertrūdes iela 33 – 35.
Tel 2550 5050.
w mygoldenclub.com

I Love You
Aldaru iela 9. **Tel** 6722 5304. w iloveyou.lv

Paddy Whelan's
Grēcinieku iela 4.
Tel 6721 0150.

Pulkvedim Neviens Neraksta
Peldu iela 26 – 28.
Tel 6721 3886.
w pulkvedis.lv

Skyline Bar
Radisson Blu Hotel Latvija,
Elizabetes iela 55.
Tel 6777 2222.

Studio 69
Terbatas 73.
Tel 6750 6030.
w info.studio69.lv

XXL
Kalniņa iela 4.
Tel 6728 2276.
w xxl.lv

Cassinos

Olympic Voodoo Casino
Radisson Blu Hotel Latvija, Elizabetes iela 55.
Tel 6782 8777.

Royal Casino
Tērbatas iela 73.
Tel 6709 2299.

Cinema

Coca-Cola Forum
Janvara iela 8.
w forumcinemas.lv

K Suns
Elizabetes iela 83 – 85.
w kinogalerija.lv

Splendid Palace
Elizabetes iela 61.
w splendidpalace.lv

DIVERSÃO NA LITUÂNIA

A Lituânia oferece ao visitante ampla variedade de diversão, satisfazendo a todos os gostos. As cidades em geral têm forte tradição cultural. Panevėžys tem um teatro de drama popular; e quem mora em Klaipėda é mais inspirado pela música e aprecia tanto o jazz improvisado quanto o tradicional, blues e operetas. Trakai e Kernavė envolvem em belas paisagens os eventos de verão, como os festivais de arco e flecha, e duelos de espada medievais e celebrações místicas do solstício de verão. Os festivais de música pop animam os balneários de veraneio, como Palanga e Juodkrantė. Fora de Vilna, as ofertas de diversão são mais limitadas, mas Klaipėda oferece ótimos locais para música ao vivo. Há concertos de música barroca e de câmara o ano todo nas igrejas lituanas. Outras opções de diversão em Vilna nas páginas 354-5.

Informação

Os guias em inglês *In Your Pocket*, encontrados em hotéis, bancas de revistas e on-line, apresentam listas de restaurantes, hotéis, lojas, bares e casas noturnas das cidades mais animadas. Os sites oficiais de turismo na Lituânia e em Vilna também são fontes úteis.

A Lituânia conta com muitos centros de informação, com atendimento e folhetos em inglês e informação atualizada. Grandes ou pequenas, todas as cidades mantêm os próprios sites, que normalmente trazem a programação e as informações sobre cultura e eventos.

Reservas e Preços

O serviço de reservas **Bilietai** tem quiosques no local dos concertos e nos shopping centers das grandes cidades e só aceita cartões de crédito ou dinheiro. Os ingressos também podem ser reservados por telefone ou pelo site, retirados nas bilheterias ou entregues em um endereço na Lituânia. Os preços oscilam entre 10 e 50 euros por pessoa.

Teatro

O teatro lituano evoluiu no período de independência entre as duas guerras mundiais, quando surgiram autores jovens e talentosos como Balys Sruoga e Kazys Binkis. Vilna, em particular, tem uma forte cultura teatral, embora a paixão por artes cênicas também exista fora das grandes cidades.

O **Teatro de Drama do Estado de Klaipėda**, que data do ano 1819, é uma das mais antigas casas de teatro da Lituânia e o mais conhecido fora de Vilna. Em Panevėžys, o **Teatro de Drama Juozo Miltinio** tem o nome do legendário ator e diretor Juozas Miltinis (1907-94), que ensinou os atores a rejeitar o conservadorismo e trazer para o palco suas próprias experiências de vida.

Música Erudita

Kaunas tem muitas salas de concerto com apresentações regulares. O **Teatro Musical do Estado de Kaunas** e o **Grande Hall** da Universidade Vytauto Didžiojoy são as melhores, mas a Orquestra Sinfônica da Cidade de Kaunas e o Coro do Estado de Kaunas também se apresentam em locais menos formais, como a Galeria de Arte Mykolas Žilinskas (*p. 264*). Algumas igrejas oferecem recitais de música erudita sem cobrar nada. A Igreja Zapyškis (*p. 265*), fora de Kaunas, é um espaço etéreo na zona rural.

Na costa, o **Teatro de Música do Estado de Klaipėda** abriga concertos de música erudita de vários tipos, óperas e outros. A Galeria de Arte Cívica de Panevėžys (*p. 268*) e o Centro Multicultural de Kėdainiai (*p. 265*) também apresentam concertos regularmente.

A fachada imponente do Teatro de Drama do Estado de Klaipėda

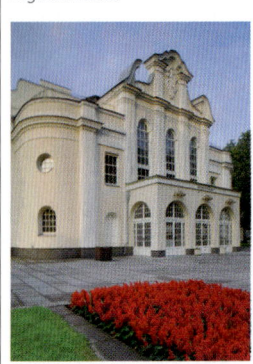

Fachada do Teatro Musical do Estado de Kaunas

Festivais de Música

Com o passar dos anos, os festivais de música ganharam popularidade. O complexo barroco do Mosteiro de Pažaislis *(p. 265)*, perto de Kaunas, é o cenário do **Festival de Música de Pažaislis**, que acontece anualmente. O **Festival Edvard Grieg e M. K. Čiurlionis**, em Kaunas, na primavera, exibe concertos de música erudita. O festival **Muzikinis Pajūris** de ópera e sinfônicas acontece todo verão, em Klaipėda.

Vida Noturna

Os clubes não se limitam às capitais. Klaipėda também tem uma vida noturna variada e muito agitada. A casa mais popular é o **Pabo Latino**, filial do bem-sucedido clube homônimo em Vilna. Novas casas aos poucos vêm tomando o lugar de bares e danceterias mais caídos que ficam dentro e ao redor da Cidade Velha. Elas oferecem cassinos, restaurantes e shows, além de pistas de dança. Na rua Kanto, em Klaipėda, também há alguns bares animados.

Kaunas mistura bares discretos como o **BO** na Cidade Velha e o moderno **Nautilus Centre**, um clube frequentado pela juventude. Outra cidade festiva é o balneário litorâneo de Palanga, onde no verão o entorno da (rua) Basanavičiaus gatvė transforma-se em uma pista de dança desde que anoitece até o dia clarear.

A iluminação colorida de um clube da rua Basanavičiaus, Palanga

Jazz, Blues e Música Folclórica

O jazz se destaca no cenário cultural do país. Um bom festival do gênero é o Kaunas Jazz *(p. 212)*. Em Klaipėda, o **Kurpiai** apresenta bandas de jazz e blues. A música folclórica domina durante os Dias da Arqueologia Viva, nas colinas fortificadas de Kernavė *(p. 258)*, no mês de julho.

Cinema

Os filmes passados na Lituânia são exibidos no idioma original, portanto podem ser assistidos por moradores e por visitantes. Há um único e moderno multiplex, o **Forum Cinemas**, em Vilna e em Kaunas. Há bons cinemas também em outras cidades, como o **Cinamon**, em Klaipėda.

AGENDA

Informação

Turismo na Lituânia
W lithuania.travel

Turismo em Vilna
W vilnius-tourism.lt

Reservas e Preços

Bilietai W bilietai.lt

Teatro

Teatro de Drama Juozo Miltinio
Laisvės 5, Panevėžys.
Tel (45) 584 614.
W miltinio-teatras.lt

Teatro de Drama do Estado de Klaipėda
H Manto 45. **Tel** (46) 314 453. W kldteatras.lt

Música Erudita

Grande Hall
S Daukanto 28, Kaunas.
Tel (37) 327 869.

Teatro Musical do Estado de Kaunas
Laisvės alėja 91, Kaunas.
Tel (37) 227 113.

Teatro de Música do Estado de Klaipėda
Danės 19. **Tel** (46) 397 404.

Festivais de Música

Festival Edvard Grieg e M. K. Čiurlionis
W kaunofilharmonija.lt

Muzikinis Pajūris
W muzikinis-teatras.lt

Festival de Música de Pažaislis
W pazaislis.lt

Vida Noturna

BO
Muitinės 9-1, Kaunas.

Nautilus Centre
Savanorių 124, Kaunas.
Tel (37) 338 228.

Pabo Latino
Žvejų 4, Klaipėda.
Tel (46) 403 040.

Jazz, Blues e Música Folclórica

Kurpiai
Kurpių 1a, Klaipėda.
Tel (46) 410 555.

Cinema

Cinamon
W cinema.lt

Forum Cinemas
W forumcinemas.lt

Diversão em Vilna

O tipo de diversão oferecida em Vilna passou por uma rápida mudança nos últimos anos. Surgiram os clubes e bares-lounge, e, ao mesmo tempo, houve um renascimento da dança e do canto folclórico. *Sutartinės*, a música com raízes rurais, ajudou a sustentar a identidade nacional na época da ocupação e hoje retorna aos restaurantes com temas folclóricos. A música erudita ganhou força no período soviético e teve grande importância na revitalização nacionalista do século XX. A música erudita, a ópera e o balé são excelentes em Vilna. Em vários lugares toca-se música ao vivo para uma plateia fiel e entusiasmada. Os centros de informação turística dão dicas sobre os eventos culturais.

Uma cena da peça *As três irmãs* no Pequeno Teatro do Estado de Vilna

Informação

A *Vilnius In Your Pocket*, que cobre as áreas de gastronomia, diversão, compras e eventos em Vilna, está disponível em inúmeras lojas e quiosques, assim como na maioria dos hotéis da cidade. Os centros de informação turística oferecem folhetos que divulgam eventos culturais. Os cartazes também são outra fonte de informação.

Os ingressos para concertos, óperas, balés e peças são vendidos no local da apresentação ou em quiosques. Os ingressos para os principais eventos do país podem ser comprados on-line no site da **Bilietai**.

Teatro

Os moradores de Vilna são apaixonados por teatro. As montagens dos dois diretores mais respeitados do país, Oskaras Koršunovas e Eimuntas Nekrošius, são muito bem recomendadas. O **Teatro de Drama Nacional da Lituânia** e o vanguardista **Pequeno Teatro do Estado de Vilna** oferecem traduções gravadas em inglês que podem ser ouvidas em fones de ouvido.

Música Erudita, Ópera e Balé

A música erudita tem muito espaço em Vilna. Tanto a **Filarmônica Nacional** quanto o contemporâneo **Palácio do Congresso** apresentam ótimos concertos. Os concertos de música de câmara acontecem na mística Igreja de Santa Catarina *(p. 241)* e, ocasionalmente, na Igreja de São Casimiro *(p. 236)*. Em dias úteis durante o ano letivo, alunos e professores da Academia de Música Lituana oferecem recitais gratuitos em vários locais da cidade.

A ópera e o balé são de alto padrão em Vilna, mas em geral com um repertório bastante conservador. Além das apresentações clássicas, as inovadoras coreografias do **Teatro de Dança Anželika Cholina** atraem grandes plateias e são muito apreciadas, tanto por moradores quanto por visitantes. O famoso **Teatro de Ópera e Balé Nacional** é financiado pelo Ministério da Cultura da Lituânia. Os ingressos para suas montagens se esgotam rapidamente. Compre com muita antecedência.

Música Folclórica

A música folclórica da Lituânia é tocada nos restaurantes temáticos, que são muito apreciados por moradores e visitantes. Para uma experiência autêntica, ouça a música comendo um tradicional prato lituano de carne e batatas, acompanhado de uma cerveja lituana, em casas como a rústica **Fort Dvaras** *(p. 336)* ou a **Marceliukės Klėtis**. Os festivais acontecem nos pátios e nos salões da Universidade de Vilna *(pp. 224-5)* ou em outros locais centrais, como no **Teachers' House**.

Rock, Blues e Pop

Alguns dos artistas mais populares do rock e do pop lituanos se apresentam com frequência em locais como **Tamsta Club**,

Concerto de música erudita no Palácio do Congresso

Banda ao vivo no Tamsta Club, Cidade Velha

Brodvėjus e **Forum Palace**. Os nomes que valem a pena procurar são os do cantor e compositor Andrius Mamontovas e o do mais romântico Jurga. Os artistas internacionais em turnê em geral se apresentam na moderna **Siemens Arena** ou no menos pretensioso **Centro de Diversão Utenos**, que também é pista de patinação no gelo.

Jazz

Com poucos seguidores, mas dos mais fanáticos, o jazz está intimamente ligado ao estilo de vida lituano. No período soviético, era associado à liberdade. O estopim da moderna cena jazzística lituana foi um recital em 1961 do pianista de dezessete anos de idade Vyacheslav Ganelin na Academia de Música. Ganelin ainda faz algumas apresentações em Vilna, em geral com o saxofonista Petras Vyšniauskas. Outro grande nome é o do cantor flautista Neda Malūnavičiūtė.

O melhor jazz da cidade está no Vilnius Jazz Festival, que acontece em outubro (p. 213).

Vida Noturna

Embora seja um pouco mais tranquila que outras capitais europeias, Vilna tem muitos bares e clubes com gêneros musicais variados e DJs locais e internacionais. O feérico **Bix** é para fãs de heavy metal, e o **Mojo Lounge** abriga festas de todos os tipos na Cidade Velha – atrai os melhores DJs. Um pouco mais centrais são o **Paparazzi**, popular pelo ambiente amigável e a grande oferta de coquetéis, e o **Pabo Latino**, que toca ritmos latinos. Há apresentações ao vivo de bandas no **Ala**.

Cinema

Vilna tem dois modernos cinemas multiplex, ambos administrados pela Forum Cinemas (p. 353). Um deles está no Coca-Cola Plaza, e o outro, no shopping center Akropolis. Os filmes estrangeiros costumam ser exibidos no idioma original com legendas em lituano. Os filmes nacionais não são legendados em inglês. Os cinemas de arte desapareceram. Um raro sobrevivente é o cine **Skalvija**.

AGENDA

Informação

Bilietai LT
w bilietai.lt

Teatro

Teatro de Drama da Lituânia
Gedimino 4.
Tel 262 1593.
w teatras.lt

Pequeno Teatro do Estado de Vilna
Gedimino 22.
Tel 249 9869.
w vmt.lt

Música Erudita, Ópera e Balé

Teatro de Dança Anželika Cholina
Šimulionio 4 – 103.
Tel 6883 4181.
w ach.lt

Palácio do Congresso
Vilniaus 6 – 14.
Tel 261 8828.
w lvso.lt

Teatro de Ópera e Balé Nacional
Vienuolio 1.
Tel 262 0727.
w opera.lt

Filarmônica Nacional
Aušros vartų 5.
Tel 266 5216.
w filharmonija.lt

Música Folclórica

Marceliukės Klėtis
Tuskulėnų gatvė 35.
Tel 5272 5087.

Teachers' House
Vilniaus 39.
Tel 262 3514.
w kultura.lt

Rock, Blues e Pop

Brodvėjus
Vokiečių 4.
Tel 210 7208.
w brodvejus.lt

Forum Palace
Konstitucijos 26.
Tel 263 6666.
w forumpalace.lt

Siemens Arena
Ozo 14.
Tel 247 7576.
w siemens-arena.lt

Tamsta Club
A Strazdelio 1.
Tel 212 4498.
w tamstaclub.lt

Centro de Diversão Utenos
Ažuolyno 9.
Tel 242 4444.

Jazz

Vilnius Jazz Festival
w vilniusjazz.lt

Vida Noturna

Ala
Pilies 11. **Tel** 268 7173.

Bix
Etmonų 6. **Tel** 262 7791.

Mojo Lounge
Vokiečių 2.
Tel 6576 6500.

Pablo Latino
Trakų 3. **Tel** 6576 6500.

Paparazzi
Totorių 3. **Tel** 212 0135.

Cinema

Skalvija
A Goštauto 2 – 15.
w skalvija.lt

ATIVIDADES AO AR LIVRE E INTERESSES ESPECIAIS

Na ausência de altas montanhas e rios caudalosos, os três países bálticos esbanjam encantos sutis que ajudaram a desenvolver o turismo rural. Explorar lagos e rios permite que a natureza seja admirada num ritmo tranquilo. Já em terra as matas se abrem para longas caminhadas. Pescar, colher frutas silvestres e cogumelos e observar pássaros são algumas das atividades mais apreciadas e são organizadas por agências de turismo com excelente reputação. As oportunidades para quem prefere desbravar a região a cavalo são diversas, e há passeios organizados tanto para cavaleiros novatos quanto experientes. No inverno, a paisagem muda e a diversão passa a ser esquiar, patinar no gelo, praticar snowboard e snowmobile. Para quem prefere só relaxar, há na região spas sofisticados com décadas de tradição. As cervejarias atraem quem não dispensa uma boa cerveja. A infraestrutura, porém, varia conforme a região e, por isso, aconselha-se procurar uma boa agência de turismo.

Informação

Nos três países bálticos, os centros de informação fornecem as listas das agências de turismo oficiais e particulares, que organizam inúmeras atividades conforme a época do ano. A maioria delas divulga as informações em sites *(p. 361)*.

Turismo Rural

O turismo rural como atividade organizada começou a ser desenvolvido em meados dos anos 1990, com o apoio do Ministério da Agricultura e de outras organizações. Hoje, é uma das principais atrações turísticas da região báltica, por isso não deixe de reservar acomodação com muita antecedência. As reservas podem ser feitas pelas várias associações de turismo rural *(p. 295)*, como Turismo Rural Estoniano, Férias no Campo na Letônia (Lauku ceļotājs) e Associação de Turismo Rural da Lituânia.

Observação de Aves

Localizados em importantes rotas de migração, com áreas alagadas repletas de peixes e pouca agricultura intensiva, os países bálticos são o destino ideal para observadores de aves. Patos, gansos, cisnes, cordonizes, alcaravões, aves pernaltas e cegonhas-brancas são vistos com frequência.

Estima-se que 50 milhões de aves aquáticas, inclusive cisnes de tundra e gansos-marisco, chegam às áreas alagadas do litoral da Estônia na primavera. A melhor época para ver aves é o início de maio, em locais como o Parque Nacional de Matsalu *(p. 93)*. A migração de outono tem seu ponto alto em outubro, no cabo Põõsaspea, perto de Haapsalu. Várias agências de turismo, como **Turismo Rural Estoniano**, organizam passeios de observação de aves. Há outras informações na **Sociedade Ornitológica Estoniana**.

Dois dos melhores locais para observar aves na Letônia são o Parque Nacional Gauja *(pp. 190-3)* e o lago Lubans *(p. 202)*. O **Centro Ornitológico Engure**, no lago Engure *(p. 176)*, monitora e protege as populações de aves desde 1958. O site **Latvian Birding** mantém listas atualizadas dos pontos de observação no país.

Mais de 330 espécies de aves são vistas na Lituânia, como grandes maçaricões, águias-de-rabo-branco, zarro-castanho, cordonizes e felosas-aquáticas, entre os quais há espécies ameaçadas que se re-

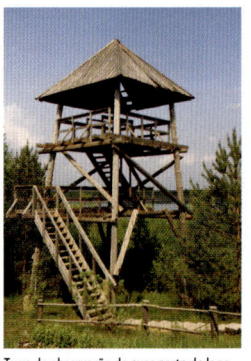

Torre de observação de aves perto do lago Lubans, Letônia

O Parque Nacional de Ķemeri, na Letônia, abriga muitas aves

ATIVIDADES AO AR LIVRE E INTERESSES ESPECIAIS | 357

Ciclistas passeiam pelo Parque Nacional Gauja, Letônia

produzem no país. A principal rota de migração segue pela costa e atravessa o istmo da Curlândia, e um ótimo ponto é o cabo Vente na ponta do Parque Nacional do Delta do Nemunas (p. 287). As melhores migrações são na primavera e no outono, entre setembro e outubro. A primavera é uma boa época para observar aves marinhas, corujas, pica-paus e tetrazes, e o período de reprodução entre maio e junho. A **Sociedade Lituana de Ornitologia** também organiza viagens de observação de aves.

Caminhada e Trekking

Apesar do terreno plano, os países bálticos atraem caminhantes graças às florestas, aos rios, aos lagos e à calma rural. As boas chances de avistar animais como gamos, javalis, alces e lobos também encantam os naturistas. Os três países têm um bom número de trilhas sinalizadas, com áreas de camping e pousadas pelo caminho e centros de turismo que sugerem roteiros e fornecem guias.

Na Estônia, o Parque Nacional Lahemaa (pp. 110-1) tem trilhas de várias extensões por terrenos variados. Também há trilhas agradáveis ao redor de Tartu (pp. 118-9) e nas ilhas Saaremaa (pp. 96-7) e Hiiumaa (pp. 94-5). Uma atividade menos comum é o bog-walking (caminhar sobre passarela) do Parque Nacional de Soomaa (pp. 104-5).

O Parque Nacional Gauja, na Letônia, oferece boas caminhadas, em particular pela Trilha Natural de Līgatne (p. 193). Há inúmeras trilhas curtas no Parque Natural de Tērvete (p. 171); quem prefere montanhas deve ir para o Planalto da Latgália (p. 202). Agências de turismo, como a **Eži**, organizam caminhadas em Valmiera (p. 194).

A Lituânia tem quase 300 trilhas, das quais 170 são em parques regionais e nacionais. O Parque Nacional Dzūkija (p. 260) é um dos favoritos e tem algumas trilhas e instalações adaptadas para portadores de deficiência. Entre as trilhas curtas e bem sinalizadas estão os 5km da Trilha Natural de Šeirė e o caminho que começa na sede do parque e cruza o pântano Čepkelių. Das agências lituanas que oferecem caminhadas

O terreno ondulado do Parque Nacional Dzukija, na Lituânia

e trekking, a **Nemunas Tour** é a mais procurada.

Bicicleta

O terreno relativamente plano e a bonita paisagem dos países bálticos elegeram a bicicleta o mais agradável meio de transporte para circular pela região. Quem prefere mountain bike encontrará pouca coisa que desafie suas habilidades. Mas nem sempre o passeio é tranquilo, porque as estradas são malconservadas. Uma ciclovia muito popular é a EuroVelo route 10, que atravessa o norte da Estônia passando por Tallinn, pelas ilhas Hiiumaa e Saaremaa com o ferryboat, entrando em Riga e seguindo até Klaipėda, ao sul. Na Estônia e na Letônia é fácil alugar bicicletas, já na Lituânia só há locadoras nas grandes e médias cidades. Nos três países há a **BaltiCCycle**, uma organização sem fins lucrativos que dá detalhes sobre passeios organizados, aluguel de bicicleta e ciclismo solitário. É possível alugar bicicleta em um país e devolver em outro.

Placa para ciclista em Valde

Na Estônia, as áreas preferidas para circular de bicicleta são o Parque Nacional Lahemaa e as ilhas Muhu (p. 95), Saaremaa e Hiiumaa. **City Bike** é uma conhecida organização que faz passeios ciclísticos e aluga bicicletas na Estônia.

Uma boa rota pela Letônia pode ser na estrada entre Riga e Jūrmala (pp. 174-5), e o melhor lugar para praticar mountain biking é no vale do Gauja perto de Sigulda (p. 192). Há trilhas sinalizadas em Kuldīga (p. 183) e entre Cēsis (p. 192-3) e Valmiera. A Eži organiza passeios nessa última.

A parte lituana da estrada internacional da costa báltica tem um belo trecho entre Palanga (p. 286) e Klaipėda (pp. 284-5). E tem também uma trilha sinalizada que contorna a lagoa da Curlândia e vai para o Parque Nacional do Delta do Nemunas.

Cavaleiros praticam suas habilidades equestres em Pärnu, Estônia

Passeio a Cavalo

Os cavalos são muito comuns nas áreas rurais dos países bálticos, especialmente na região da Latgália, na Letônia, onde métodos tradicionais de cultivo persistem ao lado da agricultura mecânica. É possível alugar cavalos na maioria das fazendas de criação; algumas delas também fornecem instrutores. Também é fácil alugar carruagens e, no inverno, até trenós puxados a cavalo.

As pistas de areia do Parque Nacional Lahemaa são muito procuradas para cavalgar. Uma opção menos comum é a **Fazenda de Equitação Tihuse**, na ilha Muhu, onde o visitante também participa do cultivo dos campos com a ajuda dos cavalos. Os visitantes da Haras Tori *(p. 105)*, na Estônia, podem passear pela fazenda em carruagens puxadas por cavalos. Na Letônia, uma das atrações é o passeio a cavalo pela Trilha Natural de Līgatne. Portadores de deficiência talvez se interessem por equinoterapia em **Kavalkāde**, Jūrmala. Uma das mais renomadas fazendas criadoras da Lituânia é a **Haras Zagarė**, 34km ao norte de Šiauliai, onde os estábulos são construídos com materiais ingleses do final do século XIX.

Pesca

A pesca é uma atividade para o ano todo nos países bálticos. No inverno, os mais intrépidos entram nos lagos congelados e fazem buracos no gelo para pescar. Os peixes mais comuns são perca, truta-marrom, lúcio, brema, tenca e timalo. Para pescar na região é preciso obter uma licença, e algumas áreas exigem licenças adicionais. As principais agências de turismo providenciam ou ajudam o visitante a tirar as licenças necessárias.

Na extensa costa da Estônia, em muitos lugares se pesca com anzol. Várias agências do interior organizam pescarias no lago Peipsi *(p. 127)* e no Parque Nacional Lahemaa. Um bom lugar para começar é o **Clube de Pesca de Tallinn**, que concede licenças muitas vezes difíceis de obter. Os funcionários dão toda a assistência, mesmo que alguns não falem uma só palavra em inglês.

Na Letônia, o lago Engure e o lago Kaņieris no Parque Nacional Ķemeri *(p. 174)* são bons para pegar lúcios. Há muitos outros lagos repletos de peixes nas regiões da Latgália e Vidzeme, e há fazendas criadoras por todo o país. A **Associação Letã de Pesca** informa sobre os locais para pescar e não tem dificuldade para conseguir licenças.

A melhor pescaria na Lituânia é no leste do país, perto de Ignalina, no Parque Nacional Aukštaitija *(pp. 270-1)*, e nos lagos Molėtai *(p. 269)*, ao sul. No rio Nemunas também há muito peixe nas redondezas da cidade de Rusnė e no istmo da Curlândia *(pp. 288-9)*. A maioria das lojas vende equipamento de pesca e os escritórios do parque vendem licenças; caso contrário, elas podem ser obtidas no **Departamento de Recursos Hídricos**.

Pescadores jogam o anzol na margem do rio Lielupe, Jelgava, Letônia

ATIVIDADES AO AR LIVRE E INTERESSES ESPECIAIS | 359

Colher Cogumelos e Frutas Silvestres

Colher frutas silvestres na primavera e cogumelos no outono são atividades muito apreciadas nos países bálticos. Os cogumelos são até fontes de renda nas áreas rurais.

A melhor maneira de participar de uma colheita de cogumelos e frutas silvestres é pedir que seu hotel ou sua pousada organize uma saída com esse fim. Leve um morador para indicar onde procurar e os tipos de cogumelo que são comestíveis e saborosos. O site do Turismo Rural Estoniano oferece detalhes das fazendas que oferecem colheita de cogumelos e frutas silvestres. Os parques nacionais Džukija e Aukštaitija são os melhores para colheitas. O visitante precisa saber que é ilegal apanhar os cranberries que nascem em turfeiras. E o visitante que colhe frutas silvestres com a **Vaskna Turismitalu** perto de Võru aprende a fazer as tradicionais bebidas alcoólicas de Natal. O site do Turismo Rural da Lituânia também tem informações sobre colheita de cogumelos e frutas silvestres. E o **Žervynos Hostel** organiza colheitas.

Esportes de Inverno

Com longos invernos e meses de neve, não espanta que o esqui cross-country seja tão popular no país. Talvez o que mais surpreenda seja a quantidade de pistas de esqui em encostas em uma região onde a montanha mais alta tem apenas 318m. Mesmo que os países bálticos não atraiam esquiadores e snowboarders mais radicais, há muitas possibilidades de praticar o esporte.

Na Estônia, as melhores áreas para esquiar, praticar snowboard, snowmobile, snowtube e saltos de esqui ficam em Otepää (p. 122), como o **Resort Kuutsemäe**. O esqui cross-country também é praticado no Parque Nacional Soomaa. Há mais detalhes sobre atividades de inverno no site do Turismo Rural Estoniano

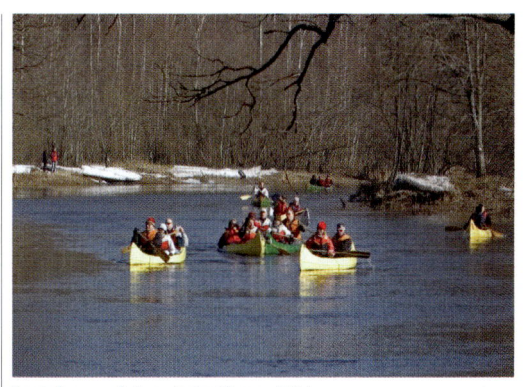

Passeio de canoa pelo Parque Nacional Soomaa, Estônia

(p. 295). As melhores montanhas para esquiar na Letônia estão em **Žagarkalns**, perto de Cēsis, mas há outras opções no site Country Holidays (p. 295). Quem gosta de aventura deve tentar uma corrida de bobsleigh em Sigulda, operada por **Taxi Bob**. Na Lituânia, Ignalina é o destino preferido dos esquiadores. O **Centro Lituano de Esportes de Inverno** oferece quatro pistas de esqui em encostas, esqui cross-country e uma pista de patinação. Para patinar em lagos congelados, como em Trakai, entre em contato com **Kempingas Slėnyje**. O **Camping Villa Ventainė** organiza snowmobiling e pesca no gelo na lagoa da Curlândia.

Entusiastas do esqui se divertem no Kuutsemäe, Otepää, Estônia

Atividades Aquáticas

Com tantos rios e lagos e uma costa tão extensa, os países bálticos oferecem amplas oportunidades para canoagem, caiaque, windsurfe e rafting. A ausência de fortes corredeiras talvez desanime os fãs do esporte, mas não as tranquilas excursões de lazer pelo rio.

Sair de canoa talvez seja a melhor maneira de explorar o Parque Nacional Soomaa, na Estônia, onde o visitante também aprende a construir uma *haabjas* (canoa). Várias atividades aquáticas são oferecidas por **Vesipapp**, **Surf Paradise** e **Reimann Retked**. Dos três países bálticos, a Letônia tem o turismo aquático mais desenvolvido, e o rio Gauje é o mais popular. A agência especializada é a **Campo**, que oferece passeios pelo rio, e a **Marina Pāvilosta** ensina a navegar em um catamarã. Na Lituânia, a região de Aukštaitija, com quase 300 lagos ligados por canais, permite que as empresas de turismo ofereçam viagens de barco por vários dias. Em outros lugares, o **Centro de Esportes e Condicionamento Físico de Trakai** tem caiaque, canoagem, iatismo e mergulho. O **Centro de Esportes Aquáticos de Zarasai** tem esqui aquático e windsurfe. O centro de mergulho **Oktopusas**, em Klaipėda, organiza mergulhos em lagos e no mar Báltico.

Jogador letão de hóquei disputa o Campeonato Mundial IIHF

Esportes Coletivos

Os países bálticos estão entre os poucos países europeus em que o futebol não é o esporte dominante. Os que mais gostam de futebol são os estonianos, que têm um bom time nacional. Mas, na Estônia, o esporte do país é o basquete e as principais disputas acontecem no **Kalev Stadium**.

Na Letônia, o esporte com maior torcida é o hóquei no gelo desde que o time nacional venceu a Rússia no campeonato de 2000. Seus melhores jogadores estão em times do exterior, o que tira um pouco do brilho da competição, mas as torcidas vibram nos jogos internacionais disputados na **Arena Riga**. Quem visitar Daugavpils encontrará uma cidade totalmente voltada para as corridas de carro. Os fãs não devem deixar de visitar o **Lokomotive Stadium**.

O esporte coletivo mais popular na Lituânia também é o basquete. O time nacional já conquistou três medalhas de bronze em Jogos Olímpicos e foi campeão europeu em 2003. Žalgiris Kaunas e Lietuvos Rytas Vilnius são os principais times da casa. Para assistir ao treino dos jogadores, visite a **Siemens Arena**.

Golfe

Os soviéticos não eram muito ligados em golfe, por isso é um esporte relativamente novo na região e também por isso há poucos campos bons. Na Estônia, os clubes de golfe pertencem à **Associação Estoniana de Golfe**. O **Golf & Country Club Estoniano** está reivindicando sua participação no PGA Tour. Há campos com dezoito buracos em Otepää, Saaremaa e Tallinn, sendo esse último o mais bem conservado.

O principal campo da Letônia é o **Ozo Golf Club**, na periferia de Riga; há outro campo com dezoito buracos no país, o **Saliena**, localizado entre Riga e Jūrmala. Na Lituânia, os clubes de golfe com dezoito buracos são o **Sostinių** e **Europos Centro**. Há planos de construir um complexo de golfe perto de Klaipėda, com um hotel spa adicional.

Spas

Existem balneários medicinais nos países bálticos desde o século XIX, embora as evidências indiquem o uso de lama e água mineral na medicina popular desde muito antes. Os balneários eram imensamente populares na era soviética, atraindo visitantes em busca de repouso e tratamentos médicos. A indústria de spa entrou em declínio após a independência. Contudo, desde então, novos hotéis spa foram inaugurados, e os mais antigos, reformados. Os tratamentos são mais baratos que na Europa Ocidental e há ofertas especiais no inverno.

Existem vários hotéis-spa nas ilhas estonianas e clínicas dentro e próximo da capital, como o **Kalev Spa**, grande instalação ao lado da Cidade Velha, e a **Meriton Spa**. A **Associação Estoniana de Spa** representa vários spas do país.

O melhor lugar para aproveitar um spa na Letônia é em Jūrmala, uma sequência de cidadezinhas à beira-mar que oferecem bares animados e praias protegidas. Outra boa escolha é o Spa Hotel Ezeri (p. 303).

Na Lituânia, os melhores spas estão em Druskininkai (p. 259), sendo um deles o **Spa Vilnius**. Palanga também é um destino muito popular para quem procura um spa.

Cervejarias

A fabricação de cerveja fez história nos países bálticos, e há vários passeios pelas cervejarias da região. Experimente as instalações d'**A Le Coq Brewery** na Estônia ou da **Užavas** e da **Valmiermuižas** na Letônia. A Lituânia abre suas melhores cervejarias ao público, como **Utenos**, **Švyturys**, **Volfas Engelman**, **Kalnapilis** e **Rinkuškiai**.

Entrada do Spa Vilnius, um dos melhores em Druskininkai, Lituânia

AGENDA

Observação de Aves

Centro Ornitológico Engure
Tel 742 2195.
w eedp.lv

Estonian Nature Tours
Linnuse tee 1, Läänemaa.
Tel 477 8214.
w naturetours.ee

Sociedade Ornitológica Estoniana
Veski 4, Tartu.
Tel 742 2195.
w eoy.ee

Lituânian Birding
w putni.lv

Sociedade Lituana de Ornitologia
Naugarduko 47-33, Vilna.
Tel 8521 30498.
w birdlife.lt

Caminhada e Trekking

Eži
Beātes iela 30a, Valmiera, Lituânia. Tel 6420 7263.
w ezi.lv

Nemunas Tour
Gėlių 50, Ringaudai, Lituânia. Tel 3756 3766.
w nemunastour.com

Bicicleta

BaltiCCycle
Tel 6995 6009.
w bicycle.lt

City Bike
Uus 33, Estônia.
Tel 683 6383.
w citybike.ee

Passeio a Cavalo

Kavalkāde
Skautu iela 2, Jūrmala, Lituânia. Tel 2940 6955.

Fazenda de Equitação Tihuse
Hellamaa, Muhu, Estônia.
Tel 514 8667.
w tihuse.ee

Haras Žagarė
Žagariškų k, Žagarė, Lituânia.
Tel 4266 0860.

Pesca

Departamento de Recursos Hídricos
Juozapavičiaus 9, Vilna.
Tel 5272 3786.

Associação Letã de Pesca
Stabu iela, Rīga.
Tel 6731 6943.

Clube de Pesca de Tallinn
Pärnu mnt 42. Tel 525 4488.

Cogumelos e Frutas Silvestres

Vaskna Turismitalu
Haanja vald, Võrumaa, Estônia. Tel 782 9173.

Žervynos Hostel
Tel 3103 9583.

Esportes de Inverno

Camping Villa Ventainė
Ventės k, Lituânia. Tel 4416 8525. w ventaine.lt

Kempingas Slėnyje
Slėnio 1, Trakai, Lituânia.
Tel 5285 3880.
w camptrakai.lt

Resort Kuutsemäe
Tel 766 9007.
w kuutsemae.ee

Centro Lituano de Esportes de Inverno
Sporto 3. Tel 3865 4193.
w lzsc.lt.

Taxi Bob
Peldu iela 2, Sigulda, Lituânia. Tel 2924 4948.
w taxibob.lv

Žagarkalns
Tel 2626 6266.
w zagarkalns.lv

Atividades Aquáticas

Campo
Kronu 23d, Rīga. Tel 2922 2339. w campo.laivas.lv

Oktopusas
Šilutės 79, Klaipėda, Lituânia. Tel 4638 1850.
w godive.lt

Marina Pāvilosta
Ostmalas 4, Pāvilosta, Lituânia. Tel 6349 8581.
w pavilostamarina.lv

Reimann Retked
Tel 511 4099.
w retked.ee

Surf Paradise
Ristna, Hiiumaa, Estônia.
w paap.ee

Centro de Esportes e Condicionamento Físico de Trakai
Karaimų 73, Lituânia.
Tel 5285 5501.

Vesipapp
Tel 511 9117.
w vesipapp.ee

Centro de Esportes Aquáticos de Zarasai
Laukesos village, Zarasai, Lituânia. Tel 3855 3426.
w poilsiobaze.lt

Esportes Coletivos

Arena Rīga
Skanstes iela 21.
Tel 6738 8200.
w arenariga.lv

Kalev Stadium
Juhkentali tänav 12, Tallinn. Tel 644 5171.

Lokomotive Stadium
Jelgavas iela 54, Daugavpils, Lituânia.
w lokomotive.lv

Siemens Arena
Ozo 14a, Lituânia.
Tel 5247 7576.
w siemensarena.lt

Golfe

Associação Estoniana de Golfe
Tel 504 1792.
w golf.ee

Golf & Country Club Estoniano
Manniva küla, Jõelähtme, Harjumaa. Tel 602 5290.
w egcc.ee

Europos Centro
Girijos village, Lituânia.
Tel 6162 6366.
w golflub.lt

Ozo Golf Club
Milgravja 16, Rīga. Tel 739 4399. w ozogolf.lv

Saliena
Egluciems, Babītes Pagasts, Lituânia. Tel 716 0300. w salienagolf.lv

Sostinių
Pipiriškių k, Pastrėvio sen, Lituânia. Tel 6199 9999.

Spas

Associação Estoniana de Spa
Sadama 9 – 11, Haapsalu.
w estonianspas.eu

Kalev Spa
Aia 18, Tallinn. Tel 649 3300. w kalevspa.ee

Meriton Spa
Toompuiestee 27, Estônia.
Tel 667 7111.
w meritonhotels.com

Spa Vilnius
Dineikos k 1, Druskininkai.
Tel 3135 3811.
w spa-vilnius.lt

Cervejarias

A Le Coq Brewery
Tähtvere 56 – 62, Tartu, Estônia. Tel 744 9711.
w alecoq.ee

Kalnapilis
Taikos avenue 1, Panevėžys, Lituânia.
Tel 4550 5219.
w kalnapilis.lt

Rinkuškiai
Alyvų 8, Biржі, Lituânia.
Tel 4503 5293.
w rinkuskiai.lt

Švyturys
Kūlių vartų 7, Klaipėda, Lituânia.
Tel 4648 4000.
w svyturys.lt

Utenos
Pramonės 12, Utena, Lituânia.
w utenosalus.lt

Užavas
Užavas pagasts, Ventspils, Lituânia.
Tel 2921 9145.
w uzavas-alus.lv

Valmiermuižas
Dzirnavu iela 2, Valmiera, Lituânia.
Tel 2026 4269.
w valmiermuiza.lv

Volfas Engelman
Kaunakiemio 2, Kaunas, Lituânia.
Tel 8007 2427.
w volfasengelman.lt

Elion | emt

Õhus on WiFi
Saada SMS või helista 13443

24h 5kr

Soodushind kehtib kuni 31.08.06. Tavahind 22 kr. Levialad www.elion.ee

MANUAL DE SOBREVIVÊNCIA

Informações Úteis   364-375
Informação de Viagem   376-393

INFORMAÇÕES ÚTEIS

Após tantos anos excluídos do mapa da Europa, os países bálticos, Estônia, Letônia e Lituânia, hoje atraem um grande número de visitantes ávidos por descobrir os tesouros ocultos da região. São destinos extremamente receptivos aos estrangeiros, com muitas atrações históricas, atividades culturais e belezas naturais, boa comida e fascinantes exemplos do complexo passado da região. Cada um dos países conta com uma rede de centros de informação turística bem desenvolvida, que se estende às pequenas cidades e oferece uma literatura útil para proporcionar ao visitante uma viagem agradável e proveitosa. Além disso, com as capitais a uma distância relativamente curta umas das outras, é fácil explorar os países bálticos individualmente ou conjuntamente. Há cada vez mais agências de turismo oferecendo bons pacotes. As informações abaixo e nas pp. 366-7 referem-se aos três países da região báltica.

Quando Ir

A melhor época para visitar os países bálticos é de maio a outubro, quando a temperatura é amena e raramente faz muito frio. É uma época ideal para explorar as belezas naturais da região, visitar os vários parques nacionais ou fazer longas caminhadas nas áreas rurais, acampar, tomar banhos de mar ou em alguns de seus muitos lagos. Além disso, os melhores festivais também acontecem no verão, enquanto alguns museus e as atrações históricas só abrem entre maio e setembro.

As cidades velhas de Tallinn e Riga ficam lotadas no pico do verão porque são pequenas. A maior cidade velha é a de Vilna, por isso menos congestionada. Nos países bálticos, o outono é uma linda estação, mas o tempo muda bruscamente e pode esfriar já no começo de outubro.

Prédio da Embaixada da França, Riga, Letônia

No inverno, as capitais ficam lindas cobertas de neve, mas a temperatura pode despencar a qualquer momento. O mês mais frio é janeiro, e o mais chuvoso, abril, quando a neve derrete e se transforma em uma camada de lama.

Vistos e Passaportes

Cidadãos brasileiros só precisam de passaporte válido para entrar na Estônia, na Letônia e na Lituânia por um período de até 90 dias no prazo de seis meses. Quem pretende ficar além dos 90 dias permitidos precisa pedir um visto de longa permanência ou de residência nacional. Visitantes de outros países devem buscar informações na embaixada ou consulados sobre as exigências do visto antes de viajar. O site oficial do Ministério das Relações Exteriores de cada país traz informações sobre as regras do visto. Consulte os sites dos consulados no Brasil.

Alfândega

Cidadãos da UE não estão sujeitos às normas alfandegárias, desde que aceitem as orientações da UE. Todos os visitantes devem inteirar-se das taxas e permissões especiais exigidas para exportar um objeto cultural, antes de comprá-lo. Para informações detalhadas sobre essas normas, de entrada e preço de visto, visite o site oficial da Comissão Europeia de Turismo.

Informação Turística

Estônia, Letônia e Lituânia têm uma rede organizada de cen-

Café na calçada perto da Catedral de Vilna, Lituânia

Velotáxi na Praça da Prefeitura de Tallinn

INFORMAÇÕES ÚTEIS | 365

Visitantes no centro de informação turística em Tallinn, Estônia

tros de informação turística, amparada por uma estrutura igualmente avançada de sites. Todas as capitais e cidades maiores têm centros de informação turística, geralmente localizado dentro ou perto da praça central. Nas cidades pequenas, os escritórios ficam dentro de museus ou em prédios históricos. O horário de funcionamento dos centros de turismo é das 9h às 18h durante a semana. Eles funcionam por algumas horas aos sábados e geralmente ficam também abertos aos domingos. Nos locais mais distantes, os horários de funcionamento são mais variáveis, portanto, informe-se com antecedência.

Os centros turísticos são atendidos por funcionários que falam inglês e estão dispostos a promover a região em que vivem; eles informam sobre acomodação, museus, atrações históricas, trilhas naturais, diversão e restaurantes. Os centros também distribuem livretos gratuitos sobre atrações locais, nacionais e eventos e vendem mapas mais detalhados e guias a preços de capa.

Para uma lista completa dos centros de informação turística dos três países, acesse os respectivos sites.

Letônia e Lituânia mantêm centros de informação turística em Londres, na Finlândia, na Alemanha, na Suécia e na Rússia.

Logo da Lithuanian Tourism

Horários de Funcionamento

Nos três países, os bancos e as instituições estaduais abrem das 9h às 17h ou às 18h. Empresas privadas estão estendendo cada vez mais os horários de funcionamento, abrindo das 9h às 18h ou às 20h. Os horários das lojas estão nas pp. 332, 336 e 340.

Fachada imponente do Banco Hipoteku em Limbaži, Letônia

AGENDA
Vistos e Passaportes

Estônia
w vm.ee

Letônia
w am.gov.lv

Lituânia
w urm.lt

Alfândega

w ec.europa.eu

Informação Turística

w visitestonia.com
w latvia.travel
w lithuania.travel

Consulados da Lituânia

Consulado da Lituânia em São Paulo
Av. Dr. Yojiro Takaoka, 4384, cj. 1016, Santana do Parnaíba, SP.
Tel 11 4153-3592.
w consuladodalituania.com.br

Consulados da Letônia

Consulado da Letônia em São Paulo
Rua Jacques Felix, 586, ap. 12, São Paulo, SP.
Tel 11 3848-3990.

Consulado da Letônia em Brasília
SHIS QI. 05, cj. 9, casa 10, Brasília, DF.
Tel 61 3248-3938.

Consulados da Estônia

Consulado da Estônia em Santos
Rua General Rondon, 07/131, Santos, SP.
Tel 13 3231-4886.

Consulado da Estônia em São Paulo
Av. Morumbi, 6901, 6º andar, São Paulo, SP.
Tel 11 4667-1529.

Exposição sobre os resistentes lituanos no Museu da KGB *(p. 242)*, Vilna, Lituânia

Museus, Igrejas e Locais Históricos

Como os horários de funcionamento dos museus nos países bálticos são muito instáveis, é aconselhável certificar-se antes da visita. Em geral, eles abrem das 10h às 17h ou 18h no verão; alguns só abrem às 11h ou meio-dia. Em geral, os museus fecham segunda-feira e alguns também na terça. Todos eles abrem aos sábados e muitos também aos domingos. Mas as agências de turismo conseguem dar um jeito para que funcionem em outros horários para grupos.

Outras atrações, como castelos e igrejas, têm horários de funcionamento regulares no verão, entre 9h ou 10h e 16h ou 17h, de terça a sábado. No inverno, muitos museus abrem por menos tempo ou permanecem fechados. Alguns locais históricos só podem ser vistos em visitas guiadas. Os organizadores acomodam visitantes sozinhos em grupos já formados.

Cartão de Desconto

Uma maneira bem mais em conta de explorar Tallinn, Vilna e Riga é comprar um City Card. O Tallinn Card custa €31 por 24 horas, €39 por 48 horas e €49 por 72 horas. O cartão dá direito a entrada grátis em 40 grandes museus e atrações turísticas, passeios turísticos, transporte público e entrada em vários locais de diversão, inclusive centros de boliche, parque aquático e a uma grande casa noturna. Também dá desconto em vários restaurantes e lojas. O Tallinn Card é vendido em centros de informação turística, hotéis, agências de viagem, no aeroporto de Tallinn, no Porto de Tallinn e pela internet. O Riga Card custa €16 por 24 horas, €20 por 48 horas e €26 por 72 horas. Dá direito a entrada grátis em vários museus, uma caminhada turística pela Cidade Velha e descontos em diversos hotéis. Há dois tipos de City Card em Vilna, de 24 e de 72 horas. Ambos garantem transporte público gratuito (em ônibus e trólebus), entrada franca em museus e descontos em passeios, hospedagem e restaurantes.

Ingresso para igreja de São Pedro, em Riga

Ingressos

Nos três países bálticos, o preço dos ingressos varia significativamente, dependendo do tipo de museu e onde ele está localizado. Os museus mais afastados das capitais são os mais baratos. O preço dos ingressos em Tallinn, Riga e Vilna é mais caro, mas não muito mais. Estudantes e idosos conseguem bons descontos. Os museus estaduais da Estônia não cobram ingresso no último sábado de cada mês. Na Letônia, os museus estaduais permitem livre ingresso na última quarta-feira do mês, e na Lituânia muitos museus não cobram ingressos às quartas-feiras.

O que Usar

Os invernos rigorosos dos países bálticos exigem camadas de roupas quentes, luvas, chapéu e sapatos impermeáveis de sola grossa. No verão é possível usar roupas mais leves, mas não deixe de levar um casaco para a noite. Na primavera, leve um guarda-chuva. Use

Catedral Ortodoxa de São Nicolau *(p. 185)* em Liepāja, Letônia

sapatos confortáveis para caminhar pelas ruas de pedra de Riga e Tallinn.

Crianças

Os países bálticos recebem muito bem as crianças. Todos os parques possuem áreas para brincar e alguns deles têm brinquedos como castelos divertidos e cama elástica. Muitas tavernas em estilo tradicional e museus etnográficos também oferecem adoráveis brinquedos antigos para as crianças. Alguns hotéis têm serviço de babá. Outras informações sobre comer fora com crianças na p. 308-9.

Crianças brincam no Museu à Beira-Mar *(p. 181)*, Ventspils, Letônia

Necessidades Especiais

Embora já se note uma melhora significativa nos últimos anos, Estônia, Letônia e Lituânia não estão bem equipadas no que se refere às instalações para pessoas com necessidades especiais. No entanto, os hotéis e os restaurantes mais novos e modernos se preocuparam com isso, mas são uma minoria. Pela própria estrutura histórica, as cidades velhas das três capitais são muito difíceis para a locomoção dos portadores de deficiência. Em Tallinn as ruas de pedra são íngremes e cheias de curvas, e as ruas da Cidade Velha de Riga são quase todas de pedra. Em Vilna, embora poucas ruas da Cidade Velha sejam de pedra, é difícil chegar a muitos lugares porque as ruas e calçadas são muito estreitas.

O transporte público é outro obstáculo. Em Tallinn e Riga, bondes, trólebus e trens não têm acesso para cadeira de rodas – só alguns poucos ônibus têm. A situação é melhor em Vilna, onde um número maior de ônibus e trólebus está adaptado para cadeira de rodas. Há outras informações sobre o acesso para portadores de necessidades especiais em hotéis na p. 295.

Sinalização em Limbaži, Letônia

Idioma

Tanto a Letônia quanto a Lituânia pertencem à família báltica de idiomas. Os estonianos falam o dialeto fino-úgrico, que se aproxima do finlandês. O alemão é comumente usado como uma segunda língua nos três países bálticos, e praticamente todo mundo é fluente em russo. Por outro lado, se comunicar em inglês nas capitais não é problema – quase todo mundo fala e entende um pouco. O inglês é menos difundido nas áreas rurais. As palavras mais comuns e as frases mais usadas nos três idiomas estão em Frases nas pp. 411-6.

Medidas e Aparelhos Elétricos

O sistema métrico é usado nos três países bálticos. A voltagem é de 230 volts na Estônia e na Lituânia e 220 volts na Letônia. As tomadas são as de dois pinos, padrão na Europa continental. Embora existam adaptadores para outros tipos de tomada, não são fáceis de encontrar. Leve consigo um adaptador universal.

Horário Local

Os relógios nos países bálticos estão ajustados no horário padrão da Europa oriental, duas horas à frente do horário médio de Greenwich (GMT+2) e quatro horas à frente do horário de Brasília. Os relógios adiantam uma hora no último domingo de março e atrasam uma hora no último domingo de outubro.

Vista da rua Viru com calçamento de pedra, na Cidade Velha de Tallinn

Segurança e Saúde

Estônia, Letônia e Lituânia são países seguros, com poucos registros de furto e roubo. Mesmo assim o visitante deve ficar atento nas capitais, principalmente dentro e nas imediações das cidades velhas. Tallinn, Riga e Vilna são mais seguras que outras capitais ocidentais, mas as precauções tomadas nas grandes cidades do planeta também cabem nelas. A qualidade do atendimento médico está melhorando e é a mesma dos padrões europeus. Nas grandes cidades, as farmácias abrem o dia todo e nos três países o atendimento de emergência é gratuito.

Um trecho movimentado da rua Basanavičiaus, Palanga, Lituânia

Polícia

A *politsei* (polícia) estoniana usa calças e jaqueta azuis, botas pretas e boné de aba larga. Ela dirige carros brancos com uma faixa azul e a palavra *politsei* escrita nas laterais e na capota. Em Tallinn, a polícia tem presença ostensiva na rua, especialmente na Cidade Velha, durante o verão. A força policial municipal usa uma farda verde-escura e tem poderes limitados. Portanto, qualquer denúncia deve ser feita junto à polícia estadual.

Na Letônia, a *policija* (polícia) usa uma farda azul-escura que consiste de um tipo de paletó com dragonas e gravata castanha, mas, quando está patrulhando, costuma usar um macacão azul-escuro com colete amarelo forte e quepe grande. A polícia letã dirige carros brancos com uma faixa cinza nas laterais. A polícia municipal de Riga usa uniforme preto e patrulha a Cidade Velha, mas não tem poder para prender.

Numa emergência, é melhor chamar a polícia estadual.

Na Lituânia, o uniforme da *policija* (polícia) consiste de calças e jaqueta verdes-escuras, botas pretas e quepe. Os carros são brancos com uma faixa verde nas laterais e escrito "polícia" em letras grandes na capota.

Precauções Gerais

Embora a grande maioria dos visitantes dos países bálticos não tenha problemas com roubo, é sempre bom tomar algumas precauções básicas. O roubo de carros ainda persiste nos três países bálticos, por isso estacione em locais centrais e bem iluminados e mantenha os objetos caros fora da vista. Usar um estacionamento vigiado é ainda mais seguro. Não há muitos batedores de carteira, mesmo assim, tome cuidado com bolsas e carteiras.

Em Riga, evite usar os túneis próximo da estação central à noite; prefira atravessar nos cruzamentos com semáforo. Também evite usar caixas eletrônicos (ATMs) à noite, em locais ermos. E nunca leve grandes quantias em dinheiro nos destinos turísticos mais populares.

Segurança Pessoal

Em qualquer lugar, o bom senso é a melhor garantia de segurança pessoal. Jamais aceite bebidas de estranhos, por mais simpáticos que sejam, e não aceite convites de desconhecidos para ir a outro bar ou casa noturna. Fique ligado e desconfie de clubes que pareçam mal-afamados, porque nesses lugares acontecem vários tipos de golpes. Tenha sempre os números de emergência gravados.

Evite beber muito. Nas capitais dos países bálticos também há espertalhões sempre dispostos a ajudar estrangeiros embriagados que saem dos bares nos fins de noite para voltar ao hotel, embora eles prefiram atacar pessoas sozinhas. E também evite parecer ostensivo, por exemplo, andando nas ruas portando objetos de luxo.

Carro de polícia da Estônia

Carro de polícia da Letônia

Atendimento Médico

Os padrões de atendimento médico nos países bálticos hoje são iguais aos de outras nações europeias. Cidadãos europeus são atendidos gratuitamente se estiverem com o Health Insurance Card (EHIC) e algum outro documento com identificação fotográfica.

Queixas menores podem ser resolvidas nas farmácias – a maioria tem uma grande variedade de remédios estrangeiros. Em caso de problemas sérios de saúde, vá ao hospital mais próximo.

Há clínicas particulares nas grandes cidades, que são a melhor opção para quem não precisa de atendimento de emergência. Tallinn, Vilna e Riga têm várias opções de clínicas com padrão europeu ocidental que são bem mais baratas que as clínicas particulares do Ocidente. Certifique-se de que a sua apólice de seguro cobre todas as emergências. Se não, contrate um seguro viagem abrangente.

Como não existem riscos importantes à saúde nesses países, a vacinação preventiva não é obrigatória. Porém, é possível contrair encefalite viral em áreas de florestas e, se você tem planos de passar um tempo em um lugar assim no verão, deve se vacinar contra a doença. Em Tallinn, Riga e Vilna, a água da torneira pode ser bebida, mas a água mineral engarrafada é uma opção melhor.

Farmácias

Acidentes e indisposições menos graves podem ser atendidos na farmácia local (*apteek* em estoniano, *aptieka* em letão e *vaistinė* em lituano). As farmácias costumam ter uma variedade de drogas internacionais e remédios naturais produzidos localmente. Elas funcionam das 8h às 19h ou 20h nos dias de semana e até 15h ou 16h aos sábados. Existem algumas farmácias abertas 24 horas em Tallinn, Riga e Vilna.

Um balcão da Farmácia da Prefeitura *(p. 64)*, na Cidade Velha de Tallinn

O Centro de Diagnóstico Médico, em Vilna

AGENDA

Emergências na Estônia

Ambulância
Tel 112.

Bombeiros
Tel 112.

Polícia
Tel 112.

Assistência Rodoviária
Tel 1888.

Auxílio Médico em Tallinn

Farmácia 24 horas
Tõnismägi 5.
Tel 644 2282.

Centro Médico Sueco--Estoniano Qvalitas
Parnu mnt 102c.
Tel 605 1500.
w qvalitas.ee

Hospital Central de Tallinn
Ravi 18.
Tel 622 7070.
w itk.ee

Hospital Mustamäe de Tallinn
J Sütiste 19.
Tel 617 1300.
w regionaalhaigla.ee

Emergências na Letônia

Ambulância
Tel 03, 112.

Bombeiros
Tel 01, 112.

Polícia
Tel 02, 112.

Assistência Rodoviária
Tel 1888.

Auxílio Médico em Riga

Farmácia 24 horas
Audēju 20.
Tel 6721 3340.

ARS
Skolas 5. Tel 6720 1007.
w ars-med.lv

Hospital das Clínicas Universitário Paul Stradiņš
Pilsoņu 13.
Tel 6706 9600.
w stradini.lv

Hospital Número Um de Riga
Bruņinieku 5. Tel 6727 0491. w 1slimnica.lv

Emergências na Lituânia

Ambulância
Tel 03, 112.

Bombeiros
Tel 01, 112.

Polícia
Tel 02, 112.

Assistência Rodoviária
Tel 1888.

Auxílio Médico em Vilna

Farmácia 24 horas
Gedimino pr 27.
Tel 261 0135.

Centro de Medicina Diagnóstica e Tratamento
V. Grybo 32A.
Tel 233 3000 ou 698 00000.
w medcentras.lt

Pronto-Socorro da Universidade de Vilna
Šiltnamių 29.
Tel 216 9140.

Bancos e Moedas na Estônia, na Letônia e na Lituânia

Os países bálticos têm um setor bancário dinâmico e, por terem aderido à Eurozona, compartilham a moeda comum, o euro. A maneira mais conveniente de obter euros durante sua viagem pelos países bálticos é debitá-los da conta corrente por meio dos caixas eletrônicos dos principais bancos. Casas de câmbio oferecem serviços de conversão de moeda, assim como hotéis, mas as taxas são desfavoráveis. Verifique as taxas de comissão cobradas antes de efetuar qualquer transação de troca monetária e pesquise bastante, pois cada local cobra um valor diferente.

Horários Bancários

Na Estônia e na Letônia os bancos abrem de segunda a sexta entre 9h e 18h. Os principais bancos das grandes cidades abrem também aos sábados das 9h às 14h na Estônia e das 10h às 15h na Letônia. Na Lituânia, os horários de funcionamento variam, e algumas agências operam das 8h às 17h durante a semana. Nas cidades maiores, os bancos abrem aos sábados das 8h às 15h ou das 10h às 17h e, raramente, por algumas horas aos domingos.

Sinalização típica de uma casa de câmbio, Letônia

Caixas Eletrônicos (ATMs)

Os países bálticos contam com uma ampla rede de ATMs espalhados nas capitais e principais cidades. Eles estão em alguns postos de combustível, e nas pequenas cidades há pelo menos duas ou três. A maior parte das ATMs tem opções em inglês e aceita os principais cartões de crédito e débito, como MasterCard, Visa Electron, Visa-Plus e Cirrus/Maestro, para fazer saques em dinheiro sem custos adicionais. Porém, a maioria desses caixas eletrônicos emite notas com valores altos.

Bancos e Casas de Câmbio

Estônia, Letônia e Lituânia têm uma quantidade espantosa de bancos. O maior é o sueco-báltico **Swedbank**. Suas agências estão presentes em quase todas as pequenas cidades, além de muitas agências e terminais ATMs nas grandes cidades. O Sampo Bank e o **SEB** são os maiores bancos da Estônia. Na Letônia, **Latvijas Banka**, SEB, Citadele e Nordea são os mais fortes. Na Lituânia, o Vilniaus Bankas (SEB) e o **Lietuvos Bankas** têm as maiores redes. Os bancos costumam cobrar uma comissão de 2% a 3% para trocar dinheiro.

Há uma infinidade de casas de câmbio nas três capitais, frequentemente com horários de funcionamento estendidos, sete dias por semana. Elas oferecem taxas que se comparam às dos bancos, exceto na Estônia, onde a comissão pode chegar a 25%. Trocar dinheiro em hotéis, independentemente do país, sempre deve ser evitado, em virtude das altas comissões.

Cartões de Crédito e Traveller's Cheques

Deve-se evitar os traveller's cheques – eles não são aceitos em lojas e podem ser trocados em pouquíssimos bancos. Como há ampla rede de caixas eletrônicos nos três países, o melhor é recorrer a dinheiro vivo ou cartões de crédito.

Os principais cartões são aceitos em quase todos os estabelecimentos, exceto em lojas e cafés menores. Alguns museus fora das capitais também exigem pagamento em dinheiro. Tarifas de ônibus e trem normalmente devem ser pagas em dinheiro, tanto nas estações quanto a bordo.

Um dos ATMs 24 horas do Snoras, em um banco, Lituânia

AGENDA

Bancos e Casas de Câmbio

Latvijas Banka (Letônia)
Jana dalina iela 15, Riga.
w bank.lv

Lietuvos Bankas (Lituânia)
Totorių 4, Vilna.
w lb.lt

SEB (Estônia)
Tornimäe 2, Tallinn.
w seb.ee

Swedbank
w swedbank.ee

Cartões de Crédito

MasterCard
w mastercard.com

Visa Electron
w visa.com

O Euro

O euro (€) é a moeda comum da União Europeia. Ele entrou em circulação em 1º de janeiro de 2002, no início em apenas doze dos países participantes da UE. A Estônia se juntou em janeiro de 2011, ano ao longo do qual a coroa estoniana saiu de circulação; o lats letão foi substituído em janeiro de 2014, e o litas lituano, um ano depois.

A área que compreende os Estados membros da UE que adotaram o euro é conhecida como Zona do Euro.

As notas de euro são iguais em todos os países da Zona do Euro; todas têm desenhos de estruturas arquitetônicas fictícias. Já as moedas têm um lado idêntico (o do valor) e, no verso, uma imagem única para cada país. As notas e moedas valem em todos os países que adotaram a moeda.

Cédulas

As notas de euro são de sete tipos. A de 5 euros (cinza) é a menor, seguida pela de 10 euros (rosa), 20 euros (azul), 50 euros (laranja), 100 euros (verde), 200 euros (amarela) e 500 euros (roxa). Todas as notas mostram as estrelas da União Europeia.

5 euros

10 euros

20 euros

50 euros

100 euros

200 euros

500 euros

2 euros

1 euro

50 centavos

20 centavos

10 centavos

Moedas

As moedas de euro são oito: 1 euro e 2 euros; 50 centavos, 20 centavos, 10 centavos, 5 centavos, 2 centavos e 1 centavo. As moedas de 2 euros e 1 euro são bicolores, prateadas e douradas. As de 50, 20 e 10 centavos são douradas. E as de 5, 2 e 1 cent são de bronze.

5 centavos

2 centavos

1 centavos

Comunicação e Mídia

Os países bálticos contam com uma rede de comunicações tão boa quanto as da Europa Ocidental. O uso de telefonia celular e o acesso a Wi-Fi são disseminados. É aconselhável viajar com um aparelho celular, pois não há mais telefones públicos na Letônia e na Estônia – na Lituânia, restam poucos. O terreno plano da região báltica proporciona boa cobertura de telefonia móvel, embora possa haver pontos sem acesso em áreas mais remotas. É fácil encontrar cartões telefônicos para chamadas internacionais. Os serviços postais nacionais geralmente são confiáveis, e empresas de courier internacionais atuam nos três países.

Celulares

Telefones móveis contam com cobertura total nos países bálticos, já que as principais redes têm parcerias com operadoras da Europa Ocidental, a exemplo da Orange e da Vodafone.

A nova legislação reguladora do serviço de roaming da União Europeia diminuiu muito o custo de fazer e receber ligações para quem tem um aparelho registrado nessa região. Desde 2014, em todos os países membros do bloco foram impostos limites de tarifas para ligações efetuadas (€0,19 por minuto) ou recebidas (€0,05 por minuto), mensagens de texto (€0,06) e download (€0,20 por megabyte de dados baixados). Porém, se você levar na viagem o celular que usa no Brasil, estará sujeito às regras da operadora brasileira, o que implica em cobranças altas por roaming. Por isso, antes de viajar, consulte a empresa responsável e pergunte sobre as tarifas vigentes.

Outra opção é comprar um cartão SIM pré-pago de uma operadora local e inseri-lo em seu aparelho para ligações e SMS com tarifas relativamente baixas.

Internet

Quase todos os hotéis oferecem acesso à internet, e muitos cafés e restaurantes fornecem Wi-Fi grátis. O número de cibercafés diminuiu muito – os existentes em cidades menores são indicados pelo sinal gráfico "@". Alguns hotéis disponibilizam computadores ou centros de negócios para uso público, mas a maioria presume que os hóspedes tragam os próprios equipamentos.

Serviços Postais

Os serviços postais nos países bálticos são eficientes e confiáveis. Agências de correio oferecem diversos serviços com tarifas competitivas e vendem cartões-postais a preços mais baixos. Para retirar correspondência na *poste restante* de qualquer agência na região do Báltico é preciso apresentar o passaporte.

Jornais e Revistas

The Baltic Times é o único jornal em inglês na região do Báltico. Ele é distribuído uma vez por mês e cobre notícias, negócios, artes e entretenimento referentes à Estônia, à Letônia e à Lituânia, o que inclui listas semanais de entretenimento e informações sobre shows, exposições e filmes. *In Your Pocket* (cerca de €1) publica resenhas abrangentes e bem fundamentadas sobre tudo, de restaurantes e bares a casas noturnas e compras, além de informações atualizadas sobre horários de funcionamento de museus. Ambas as publicações estão amplamente disponíveis em bancas e determinadas lojas. Revistas grátis com programação, que surgem e são extintas rapidamente nas três capitais, podem ser encontradas nos balcões de recepção dos hotéis.

Edições internacionais de jornais e revistas da Grã-Bretanha e dos EUA, como *The New York Times*, *International Herald Tribune* e *The Economist*, estão à venda em algumas bancas no centro de Tallinn, Riga e Vilna.

Televisão e Rádio

É fácil sintonizar a BBC Radio nos três países bálticos. A maioria das outras emissoras de rádio internacionais pode ser acessada pela internet. Hotéis de todos os tipos oferecem televisão nos quartos, com acesso às principais emissoras de TV internacionais, como a BBC, a CNN e a Euronews, assim como a canais de esportes e música. Alguns hotéis cinco estrelas estão começando a introduzir Smart TVs, que integram entretenimento e fluxos de dados transmitidos sem fio por smartphones.

Clientes em uma banca de jornais em Ventspils, Letônia

INFORMAÇÕES ÚTEIS | 373

Comunicação na Estônia

A infraestrutura da área de comunicações na Estônia é excelente. Todas as linhas telefônicas são digitais, as conexões têm alta qualidade e é fácil fazer ligações internacionais. O uso da internet e da telefonia móvel é disseminado. Diversos serviços, inclusive estacionamento, podem ser pagos por meio de aparelhos celulares. A cobertura Wi-Fi no país é quase total e, em geral, grátis, inclusive nas ilhas e em algumas praias. As agências de correios oferecem opções de entrega expressa, entre elas uma especial para o Báltico.

O acesso grátis a Wi-Fi é disponível em toda a Estônia

Como Telefonar

A Estônia tem uma rede de telefonia digital extremamente simples e eficiente. Em 2004, o país eliminou os códigos de cidades, e todos os números fixos agora têm sete dígitos. Em geral, ligações para telefones fixos custam menos do que as feitas para celulares. O sistema de telefones públicos foi desativado – hoje esses aparelhos não são mais encontrados no país.

Celulares

Na Estônia, os números de celular começam com 5 ou 8 e geralmente têm sete ou oito dígitos. As principais operadoras são a **EMT**, a **Elisa** e a **Tele2**, para toda a região do Báltico. A EMT Simpel e a Tele2 vendem cartões SIM pré-pagos, que são úteis para quem ficará na Estônia por mais tempo.

Internet

Há acesso à internet sem fio em praticamente qualquer área pública de Tallinn e do restante da Estônia. Quase todos os cafés, restaurantes, hotéis e edifícios públicos oferecem Wi-Fi grátis, o que levou ao fechamento dos cibercafés, exceto por um ou dois que continuam funcionando.

Serviços Postais

Na Estônia, os correios (postkontor) são estatais e se chamam **Omniva**. Com gestão eficiente, suas 500 agências, espalhadas por todo o país, abrem das 9h às 18h ou 19h em dias de semana e entre 9h e 15h aos sábados. A **agência central** dos correios em Tallinn abre das 8h às 20h em dias úteis e das 10h às 16h aos sábados e domingos.

O custo para enviar uma carta de até 50g (cerca de quatro páginas) na Europa é de €1,20. Cartas registradas custam por volta de €3. É possível mandar cartas e pacotes e efetuar o pagamento pelo serviço on-line do Omniva.

Empresas internacionais de courier, como **DHL** e **DPD**, também atuam na Estônia.

Caixa de coleta diante da agência central dos correios em Tallinn, Estônia

---

AGENDA
Números Úteis

Chamadas a Cobrar
Tel 16116.

Consulta à Lista Telefônica
Tel 1182.

Operadora
Tel 165.

Celulares

Elisa
w elisa.ee

EMT
w emt.ee

Tele2
w tele2.com

Serviços Postais

Cargobus
w cargobus.ee

DHL
w dhl.ee

DPD
w dpd.ee

Omniva
w omniva.ee

Correio Central de Tallinn
Narva mnt 1. Tel 661 6616.
w post.ee

A **Cargobus** é uma empresa de entrega estoniana confiável. O meio mais barato de enviar um pacote para seu país é por meio de qualquer agência do Omniva. Elas destinam correspondência para o endereço especificado, para outra agência dos correios ou por courier.

Códigos de Discagem

- Os números de celular se iniciam com 5 ou 8; em geral, as demais linhas começam com outros números.
- O prefixo de números grátis é 80; o de números com tarifa especial é 70.
- Para ligar da Estônia para o Brasil, tecle 00, 55, o código da cidade e depois o número.
- Para ligar do Brasil para a Estônia, tecle 00, o código da operadora, o código do país (372) e o número.

Comunicação na Letônia

As redes postal e de telefonia na Letônia são eficientes e confiáveis. Há agências dos correios na maioria das cidades e vilarejos, embora algumas careçam de modernização. Com a disseminação dos aparelhos celulares, os telefones públicos foram eliminados de todo o país. O acesso à internet é excelente em Riga e em outras cidades importantes. Há pontos de Wi-Fi em muitos cafés e hotéis, e esse serviço está em expansão por toda a Letônia.

Banca da Plus Punkts, que vende cartões SIM e faz recarga de crédito em Riga

Como Telefonar

Todos os números de telefone na Letônia têm oito dígitos, exceto os referentes a serviços públicos especiais. Os números de celular começam com 2, e linhas fixas se iniciam com 6 ou 5.

Como os telefones públicos foram desativados, a maneira mais simples de fazer ligações internacionais é com o próprio aparelho celular, após se registrar em uma das três operadoras de telefonia celular do país, a LMT, a Tele2 ou a Bite. A União Europeia tem leis que regulam o serviço de roaming para aparelhos da região, de maneira que as taxas não sejam exorbitantes.

Uma alternativa é comprar um cartão telefônico pré-pago, que faz a conexão por meio de um número grátis e fornece instruções em vários idiomas.

Celulares

As três operadoras de telefonia móvel na Letônia, a **LMT**, a **Tele2** e a **Bite**, vendem cartões SIM pré-pagos, que só funcionam em aparelhos celulares desbloqueados. Quem pretende passar períodos mais longos na Letônia tem a opção de comprar um telefone barato em lojas ou bancas de shopping centers e se inscrever em um plano com preços módicos.

Internet

Wi-Fi veloz grátis está disponível em praticamente todos os restaurantes, hotéis e cafés de Riga, assim como em grande parte do território da Letônia. A rápida disseminação dessa tecnologia levou ao fechamento da maioria dos cibercafés. Um dos poucos que restam é o **Planēta**, que fica aberto 24 horas por dia.

Serviços Postais

Estatal, o **Latvijas Pasts**, o correio da Letônia, mantém agências por todo o país. Em Riga, a agência central fica na Brivibas iela 32 (entrada pela Merkela iela), mas há postos menores no centro da cidade. Enviar uma carta de até 50g sai por €0,90; cartas registradas custam €1,70.

A movimentada agência da Brivibas funciona das 7h30 às 19h em dias de semana e das 9h às 15h aos sábados, mas fecha aos domingos. A agência na estação de trem central tem expediente mais longo: das 7h às 21h em dias de semana, das 9h às 20h aos sábados e das 10h às 20h aos domingos.

Empresas internacionais de courier, como **DHL** e **DPD**, atuam na Letônia, mas a maneira mais barata de enviar um pacote para seu país é pelo correio mesmo, que destina a correspondência para o endereço especificado, para outra agência postal ou por courier.

AGENDA

Números Úteis

Consulta à Lista Telefônica
Tel 1188.

Celulares

Bite
w bite.lv

LMT
w lmt.lv

Tele2
w tele2.lv

Internet

Planēta
Valnu iela 41, Riga.

Serviços Postais

DHL
w dhl.lv

DPD
w dpd.lv

Latvijas Pasts
Brīvības bulvāris 32, Riga.
Tel 6750 2815.
w pasts.lv

Códigos de Discagem

- O número inicial de telefones celulares é 2; em geral, linhas fixas começam com 6.
- O prefixo de números grátis é 80; o de números com tarifa especial é 8 ou 9.
- Para ligar da Letônia para o Brasil, tecle 00, 55, o código da cidade e depois o número.
- Para ligar do Brasil para a Letônia, tecle 00, o código da operadora, o código do país (371) e o número.

Comunicação na Lituânia

As amplas redes postal e de telefonia da Lituânia são muito eficientes. A popularização dos celulares fez com que os poucos telefones públicos ainda existentes sejam pouco utilizados. Há agências dos correios em todas as cidades e vilarejos principais. O uso da internet é praticamente universal, e raramente não se encontra um ponto de acesso.

Cartão telefônico vendido pela operadora Teo LT

Como Telefonar

Telefones públicos estão quase em extinção na Lituânia, porém ainda restam alguns. Todos os números de telefone no país têm oito dígitos (incluindo o código de área), exceto os que pertencem a serviços públicos especiais, como os de empresas de táxi, compostos por quatro dígitos. Os números de celulares começam com 6.

Códigos de área têm de um a três dígitos, mas não precisam ser discados para fazer uma ligação local. O código de área de Vilna é 5. Se estiver em uma região com código de área diferente e desejar telefonar para a capital, disque 8 e, depois, o número de oito dígitos, incluindo o código de área. Ao utilizar o celular para fazer qualquer ligação, disque o número completo com oito dígitos, incluindo o código de área.

Com a desativação dos telefones públicos, a maneira mais simples de efetuar chamadas internacionais é usar o próprio aparelho celular, após se registrar em uma das três operadoras atuantes no país, a Omnitel, a Tele2 e a Bitė. A legislação que controla o serviço de roaming na UE assegura que as taxas cobradas não sejam exorbitantes. Uma alternativa, porém, é comprar um cartão pré-pago para ligações internacionais, que faz a conexão por meio de um número grátis e dá instruções em vários idiomas.

Celulares

Há três operadoras de telefonia móvel na Lituânia, a **Omnitel**, a **Tele2** e a **Bitė**. Elas vendem cartões SIM pré-pagos, muito úteis para turistas na UE que preferem evitar as taxas de roaming cobradas pelas operadoras brasileiras. Fique ciente, porém, de que esse cartão só funciona em aparelhos desbloqueados. No caso de estadas mais longas na Lituânia, uma boa opção é comprar um telefone barato que permita recarga de crédito com tarifas locais baixas. Lojas e bancas em shopping centers vendem celulares em várias faixas de preço.

Internet

Wi-Fi veloz está disponível gratuitamente em restaurantes, hotéis e cafés de Vilna, assim como em grande parte do país. Hoje, cibercafés são cada vez mais raros. Caso esteja em áreas mais remotas e não consiga encontrar um ponto de internet, um morador local pode informá-lo a respeito.

Serviços Postais

Os **Lietuvos Paštas**, empresa estatal de serviços postais da Lituânia, mantêm agências de correio em todo o país. Em cidades grandes ou de porte médio, geralmente elas estão situadas em shopping centers e têm expedientes longos, abrindo inclusive aos domingos. A maior agência de Vilna fica na rua principal, a Gedimino, no nº 7; funciona das 8h30 às 19h em dias úteis e das 9h às 14h aos sábados, porém fecha aos domingos. O posto na estação de trem central tem horário de funcionamento estendido: das 7h às 21h em dias de semana, das 9h às 20h aos sábados e das 10h às 20h aos domingos.

Enviar uma carta de até 20g custa €0,75; cartas registradas saem por €2,84.

Empresas internacionais de courier, como **DHL** e **DPD**, atuam na Lituânia, mas a maneira mais barata de enviar um pacote para seu país é pelos Lietuvos Paštas, seja para o endereço especificado, para uma agência postal ou por courier.

AGENDA

Números Úteis

Consulta à Lista Telefônica
Tel 118.

Celulares

Bitė
w bite.lt

Omnitel
w omnitel.lt

Tele2
w tele2.lt

Serviços Postais

DHL
w dhl.lv

DPD
w dpd.lv

Lietuvos Paštas
Gedimino 7, Vilna. Tel 261 6759.
w post.lt

Discagem

- Números de celulares começam com 6.
- Alguns códigos de cidades na Lituânia são: 5 para Vilna, 37 para Kaunas, 46 para Klaipėda, 313 para Druskininkai, 460 para Palanga e 469 para Nida.
- Números grátis começam com 8; números com tarifas especiais, com 9.
- Para ligar da Letônia para o Brasil, tecle 00, 55, o código da cidade e depois o número.
- Para ligar do Brasil para a Lituânia, tecle 00, o código da operadora, o código do país (370) e o número.

COMO CHEGAR À ESTÔNIA

É fácil chegar à Estônia pelo ar, pois aviões que partem de muitas cidades europeias fazem conexão em Tallinn, capital do país. A Estônia também é servida por ferryboats regulares para Tallinn e para a ilha Saaremaa. Em Tallinn, o porto de ferryboat e a principal estação de trem ficam próximo da Cidade Velha e do centro, enquanto o aeroporto e o terminal de ônibus estão a um curto percurso de táxi ou ônibus. Tallinn tem conexões de ônibus com o resto da Europa, mas a viagem é demorada. Chegar à Estônia por trem da Europa Ocidental é quase impossível, porque a única linha internacional vem da Rússia. Uma linha pan-báltica, a RailBaltica, está em construção, mas trata-se de um projeto complexo e caro, com conclusão prevista para 2024.

Corredor do aeroporto Lennart Meri, Tallinn

De Avião

O eficiente aeroporto **Lennart Meri de Tallinn** é o único da Estônia com programação de voos regulares. Nos últimos anos, tornou-se um eixo regional usado por cerca de doze companhias aéreas, entre elas algumas grandes como **Finnair** e **Lufthansa**. A empresa letã **airBaltic** opera voos regulares para Tallinn, com rápida conexão em Riga.

A companhia aérea nacional é a **Estonian Air**, fundada em 1991. Com sede em Tallinn, oferece bons serviços tanto na classe turística quanto na executiva. A companhia faz voos diretos para os principais destinos europeus e para outras cidades e ilhas da Estônia. Lufthansa, **TAM** e Continental oferecem voos do Brasil para a Estônia, com conexões em cidades europeias.

Algumas companhias de baixo custo como **easyJet** também fazem voos diários para Tallinn, decolando do Reino Unido: a **Ryanair** sai de Londres (Stansted) e Manchester; a **easyJet** também parte de Londres, mas do Gatwick.

Do Aeroporto para o Centro de Tallinn

O aeroporto Lennart Meri Tallinn fica cerca de 3km do centro da cidade. Há táxis do lado de fora e a viagem até o centro custa cerca de €10. O ônibus nº 2 chega ao centro em quinze minutos e custa cerca de €1,50; parte a cada vinte minutos de segunda a sábado, e a cada 30 minutos aos domingos.

Táxis aguardam passageiros no aeroporto

Outros Aeroportos

Há outros aeroportos na Estônia, situados em Pärnu, Kuressaare e Kärdla. São servidos por linhas aéreas regionais que oferecem conexões para Tallinn. No verão, chegam voos especiais da Suécia para a ilha Saaremaa e da Finlândia para o aeroporto de Tartu, recentemente reformado.

Por Mar

A Estônia é bem servida por ferryboats; pelo **Porto de Passageiros** (*reisisadam*) de Tallinn transitam 7 milhões de pessoas por ano. A principal linha, **Tallink**, tem rota para Helsinque (Finlândia), Rostock (Alemanha) e Estocolmo (Suécia), e outras linhas regulares como **Viking Line** e Eckerö Line partem de Helsinque e Estocolmo. A Linda Line liga Tallinn a Helsinque.

Os viajantes de Helsinque são privilegiados, afinal podem usar catamarãs e ferryboats para fazer a travessia. A Cidade Velha de Tallinn está a uma curta caminhada do porto de passageiros, e a viagem de táxi custa entre €3 e €5. O ônibus local nº 2 faz a ligação entre o porto e o centro da cidade, a estação rodoviária e o aeroporto. Tallinn também está incluída nos cruzeiros pelo mar Báltico, opção que aumenta a cada dia.

As ilhas Pärnu e Saaremaa também estão nos itinerários dos navios.

INFORMAÇÃO DE VIAGEM | 377

Barco da Tallink a caminho de Riga, vindo de Helsinque

De Ônibus

As rotas internacionais de ônibus-leito são feitas pelas empresas **Lux Express** e **Ecolines** e conectam Tallinn a Berlim, Munique, Kaliningrado, Varsóvia, São Petersburgo, entre outras. Todos os ônibus-leito chegam à **Estação Rodoviária de Tallinn** (*bussijaam*), que está a uma rápida viagem de táxi do centro da cidade. Ou, então, tome os bondes nºs 2 e 4 ou os ônibus nºs 17, 17a ou 23 para chegar ao centro. Os passageiros que chegam de ônibus-leito a Tallinn vindos de Riga ou Vilna podem saltar em um ponto mais central na Viru väljak. Há poucas conexões de ônibus-leito para Pärnu, Narva e Tartu. Os ônibus são eficientes e baratos. Os serviços ficam expostos claramente dentro dos ônibus e nas estações.

De Trem

A estação ferroviária de Tallinn, Balti Jaam, fica próximo da Cidade Velha. A única conexão internacional é um trem noturno que vai para Moscou. Aceita reserva de bilhetes, mas as especificações do visto russo detalham as datas de entrada e saída. Em 2010, a linha Tartu-Volga foi reaberta, possibilitando o trânsito entre Tallinn e Riga. Há planos para construir a rota Rail Baltica até Varsóvia, na Polônia.

De Carro

Desde 2007, quando os países bálticos assinaram o Acordo Schengen (sob o qual o controle sistemático das fronteiras foi abolido), não há restrições para quem tem o visto Schengen. E quem tem passaporte da UE também cruza a fronteira facilmente. Cruzar a fronteira da Rússia é mais lento e é provável que os guardas examinem os seus documentos. Para entrar de carro na Estônia, é obrigatório ter o registro do veículo, uma licença internacional para dirigir e uma apólice de seguro green card válida.

De Helicóptero

A viagem de helicóptero para doze passageiros da **Copterline** entre Helsinque e Tallinn leva dezoito minutos. São pelo menos treze voos de hora em hora, entre 7h e 20h, de segunda a domingo. O heliporto de Tallinn fica a cinco minutos de carro do centro. Há um serviço de micro-ônibus.

Ônibus da Lux Express, que conecta Tallinn à Alemanha, à Polônia e à Rússia

---

AGENDA

Companhias Aéreas

airBaltic
airbaltic.com

easyJet
easyjet.com

Estonian Air
estonian-air.ee

Finnair
finnair.com

Lufthansa
lufthansa.com

Ryanair
ryanair.com

Aeroportos

Aeroporto de Kärdla
kardla-airport.ee

Aeroporto de Kuressaare
kuressaare-airport.ee

Aeroporto Lennart Meri Tallinn
Lennujaama 1.
Tel 605 8888.
tallinn-airport.ee

Aeroporto de Pärnu
parnu-airport.ee

Aeroporto de Tartu
tartu-airport.ee

Empresas de Ferryboat

Tallink
tallink.ee

Viking Line
vikingline.fi

Porto de Ferryboat

Porto de Passageiros
Sadama 25. **Tel** 631 8550.
portoftallinn.com

Empresas de Ônibus

Ecolines
ecolines.ee

Lux Express
luxexpress.eu

Terminal de Ônibus

Estação de Tallinn
Lastekodu 46. **Tel** 680 0900.
bussireisid.ee

Helicóptero

Copterline
copterline.com

Como Circular pela Estônia

A melhor maneira de circular pela Estônia é de carro, porque as principais atrações estão a poucas horas de distância uma das outras. Viajar de trem é barato, mas os trens são muito lentos e a malha ferroviária não vai longe. Uma opção de transporte melhor é o sistema de ônibus, bem desenvolvido, que interliga as principais cidades e também as partes mais remotas do país. Entretanto, os ônibus rurais são esporádicos e lentos e seguem a não mais que 30km/h. Por outro lado, há muitos ferryboats circulando entre as ilhas, embora não funcionem no inverno, quando o mar congela. Existem alguns voos domésticos regulares entre as principais cidades do interior da Estônia, além de conexões regulares para muitas ilhas.

Trem local aproxima-se de uma estação de Tallinn

De Trem

Viajar de trem é a maneira menos eficiente de conhecer o país. Os serviços foram tão reduzidos que os destinos são limitados. Existem estradas de ferro entre Tallinn e Narva, Tartu, Pärnu e Viljandi, e um trem elétrico circula entre Tallinn e Paldiski dez vezes por dia. É mais seguro tomar um *kiirrong* (trem rápido), e mesmo assim eles ainda são relativamente lentos se comparados aos da Europa Ocidental. Ao menos hoje já existem trens expressos, com vagões de primeira-classe, entre Tallinn e Tartu. O **Edelaraudtee** é um serviço de passageiros intercidades, e o **Elektriraudtee**, que pertence à mesma empresa, administra os trens elétricos.

É melhor comprar *pilet* (bilhetes) a bordo, mas também pode ser on-line ou nas bilheterias de Tallinn. Não há passes para viagens de trem. As tabelas de horários raramente são impressas ou atualizadas e os serviços são fixados em grandes quadros expostos nas estações.

De Ônibus

Os serviços de ônibus na Estônia funcionam, são baratos e eficientes. Os ônibus intercidades circulam regularmente e em geral são confortáveis. Algumas empresas, como a **SEBE** e a **Taisto**, fazem rotas expressas, o que evita longas paradas em cidades e vilarejos. A linha Tartu-Tallinn é a mais conveniente, com partidas a cada hora até tarde da noite. Os bilhetes são vendidos nas paradas de ônibus ou a bordo, pelo motorista. Nos trajetos mais movimentados, é melhor comprar com antecedência. Os preços dos bilhetes variam conforme a empresa, mas em geral são baratos, embora custem um pouco mais que as viagens de trem. Os ônibus que servem as ilhas são um pouco mais caros, porque embutem o preço da travessia do ferryboat. Para checar os horários, visite o site da **Bussireisid**.

A bagagem é levada dentro do ônibus e o passageiro precisa pagar um adicional para guardar volumes maiores no bagageiro.

De Ferryboat

Os ferryboats transportam carros e passageiros para as ilhas estonianas. Há serviços regulares também entre o porto de Rohuküla (perto de Haapsalu), Heltermaa (na ilha Hiiumaa) e Vormsi. Do porto de Virtsu (norte de Pärnu) saem ferryboats de hora em hora para a ilha Muhu, que é ligada por uma estrada à vizinha ilha Saaremaa. Saaremaa e Hiiumaa são interligadas a partir do porto de Triigia a nordeste. Saaremaa tem um serviço de ferryboat especial no verão para Ventspils, na Letônia. Para outros detalhes,

Ônibus expresso intercidades da Bussireisid

Ferryboat de Virtsu a caminho da ilha Saaremaa

consulte o site oficial da **Saaremaa Shipping Company Limited**. A **Veeteed** controla ferryboat entre Pärnu e a ilha Kihnu e Vormsi, mas o serviço é menos regular. No verão, os ferryboats lotam rápido e os passageiros podem enfrentar longas filas de espera se não tiverem reservado bilhete. Quem está de carro deve chegar ao porto uns 20 minutos antes do horário da partida do ferryboat.

No inverno, quando o mar congela, os serviços de ferryboat podem ser cancelados, embora sejam criadas rotas de gelo oficiais caso ele esteja firme o suficiente.

De Avião

A companhia aérea do país, Estonian Air *(p. 392)*, dispõe de voos domésticos entre as principais cidades do país. A **Avies** também oferece alguns voos diários entre Tallinn, Kuressaare e Kärdla. Não deixe de fazer sua reserva com muita antecedência, pois os aviões comportam até sete passageiros. Há também alguns voos do aeroporto de Pärnu para Kuressaare e Kihnu, que são mais baratos, além de ser a alternativa no inverno quando o mar está congelado. O aeroporto de Tartu oferece conexões para Riga e Estocolmo. Kärdla funciona mais como escala para voos fretados na Europa. Do aeroporto de Kärdla sai um único voo doméstico regular, que vai para Tallinn.

Carro

Viajar de carro é de longe a melhor maneira de circular pela Estônia. As estradas principais são bem cuidadas, e as distâncias, relativamente curtas. Contudo, no interior as estradas são esburacadas e é comum circular por estradas de terra na área rural do país. Não existem rodovias e a regra é ultrapassar. A lei exige que se dirija com os faróis acesos durante todo o dia. E também que motorista e passageiros usem cinto de segurança. O limite de velocidade é 50km/h em áreas construídas e 90km/h nas estradas principais. É contra a lei beber álcool e dirigir. E é exigido por lei que entre dezembro e março sejam usados pneus de inverno.

São raros os postos de combustível nas áreas mais remotas; não deixe de completar o tanque antes de sair de uma cidade.

Aluguel de Carro

Há muitas locadoras de carros, como as redes internacionais, como **Avis**, **Budget**, **Europcar**, **Hertz** e **National**, e a empresa local **Easy Car Rent**. Todas exigem um cartão de crédito e uma licença de motorista internacional válida. As taxas de locação são comparáveis às da Europa Ocidental. Fora de Tallinn e das cidades maiores há poucas opções de locadoras. Por isso, algumas sediadas em Tallinn negociam o aluguel de carros em outras partes do país.

AGENDA

De Trem

Edelaraudtee
w edel.ee

Elektriraudtee
w elektriraudtee.ee

De Ônibus

Bussireisid
w bussireisid.ee

SEBE
w sebe.ee

Taisto
w taisto.ee

De Ferryboat

Saaremaa Shipping Company Limited
w tuulelaevad.ee

Veeteed
w veeteed.com

De Avião

Avies
w avies.ee

Aluguel de Carro

Avis
w avis.com

Budget
w budget.com

Easy Car Rent
w easycarrent.eu

Europcar
w europcar.com

Hertz
w hertz.com

National
w nationalcar.com

Autorent Terminal da Avis, locadora de carros internacional

Como Circular por Tallinn

As principais atrações turísticas de Tallinn ficam próximas umas das outras. A Cidade Velha é tão compacta que pode facilmente ser percorrida a pé. O transporte público em Tallinn é barato e eficiente. Ele consiste de uma rede integrada de trólebus, ônibus e bondes que transitam nas áreas afastadas do centro. A bicicleta é outra boa maneira de circular pela cidade. Em geral, a oferta de transporte em Tallinn é boa e não há necessidade de carro, a menos que você queira explorar além da cidade.

De Ônibus, Trólebus e Bonde

O sistema de transporte público funciona das 6h às 24h. A melhor maneira de chegar ao aeroporto e a outras áreas periféricas é de ônibus. Muitos percursos têm seu terminal no shopping Viru Keskus. As nove linhas de trólebus servem áreas residenciais perto do centro. Os principais pontos são em Vabaduse väljak e Balti Jaam. Os bondes percorrem as principais avenidas da cidade. As quatro linhas de bonde que cruzam a cidade convergem na parada Hobujaama na Narva maanti (estrada).

Os mesmos bilhetes podem ser usados nos três sistemas e as instruções em inglês estão no site da **Companhia de Ônibus de Tallinn**. Como os motoristas só vendem bilhetes individuais com tarifa cheia, é melhor comprá-los ou individuais ou um carnê. O Tallinn Card *(p. 366)* dá direito a viagens ilimitadas em todos os transportes públicos.

De Micro-Ônibus

Os micro-ônibus, ou *route-taxis* como são chamados, são a opção mais veloz. Eles circulam entre o centro da cidade e as áreas residenciais periféricas. Essas vans brancas, controladas por pequenas empresas privadas, têm roteiros fixos, pegando e deixando os passageiros onde eles quiserem ao longo do trajeto. Os micro-ônibus saem de um ponto no Estônia *puiestee* (bulevar), do outro lado do Teatro do Drama Estoniano. Os destinos são afixados no para-brisa. O bilhete custa de 1 a 2 euros, dependendo da distância, e só pode ser comprado diretamente com o motorista.

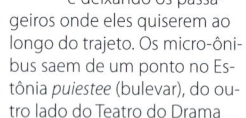

De Carro

Dirigir em Tallinn pode ser um pouco confuso para os visitantes. Existem vários sistemas de mão única e os congestionamentos são comuns nos horários de maior movimento. Além disso, os trilhos dos bondes ficam no meio da rua. Os motoristas precisam esperar quando um bonde para no ponto para que os passageiros desçam com segurança. É especialmente difícil dirigir à noite em razão do péssimo hábito de ultrapassar em ruas estreitas. O limite da alta velocidade em Tallinn é 50km/h, exceto em ruas mais largas, onde o limite é de 70km/h.

Estacionamento

Há bastante lugar para estacionar em Tallinn, mas é difícil encontrar uma boa vaga no centro da cidade durante a semana. Lá, os estacionamentos pagos funcionam das 7h às 19h durante a semana e das 8h às 15h aos sábados, e os 15 minutos iniciais são grátis. Os cartões podem ser comprados em

Ponto de ônibus, Tallinn

O bonde é um eficiente meio de transporte para curtas distâncias ao redor de Tallinn

INFORMAÇÃO DE VIAGEM | **381**

Táxi estacionado em uma rua de pedra na Cidade Velha, Tallinn

máquinas de rua, em quiosques ou, em algumas áreas, por telefone celular, seguindo instruções nas placas. As tarifas vão de cerca de €1 por 15 minutos a €4,60 por uma hora. Na Cidade Velha funciona um estacionamento 24 horas pago, cujos preços começam em €0,75 por 15 minutos. Uma opção mais conveniente é deixar o carro em um dos muitos estacionamentos cobertos localizados no centro. Neles, os preços vão de €0,75 a €1,90 por hora. No verão, há estacionamento pago também no bairro Pirita.

De Táxi

Em Tallinn há um número muito grande de táxis, mas é melhor tomar o que estiver no ponto ou solicitá-lo antes em uma empresa confiável como **Tulika Takso**, **Tallink Takso** ou **Reval Takso**. Os pontos de táxi ficam nas proximidades dos grandes hotéis, nos principais cruzamentos e perto do Teatro do Drama Estoniano. É arriscado pegar um táxi na rua, pois há muitos motoristas desonestos que cobram a mais dos estrangeiros. Todavia, uma legislação foi introduzida para melhorar essa situação. Todos os taxistas são obrigados a exibir os preços em inglês, no vidro da janela atrás do motorista, e dar um recibo quando solicitado. Se eles não derem, o passageiro tem o direito de não pagar a corrida.

As tarifas iniciais começam normalmente entre €2,25 e €4,50, e o quilômetro rodado por volta de €0,50, mas esses preços variam muito. Peça um valor aproximado ao motorista antes de começar a viagem e certifique-se de que o taxímetro esteja ligado.

De Bicicleta

É uma excelente opção circular por Tallinn de bicicleta, embora não seja tão prático nas ruas com calçamento de pedras da Cidade Velha. Há muitas empresas que alugam bicicletas pela cidade, como a **CityBike**, que também oferece passeios organizados acompanhados por um guia. Mas você pode alugar a sua bicicleta e sair pedalando por onde quiser. Como são raras as ciclovias em Tallinn, tome cuidado ao andar pelas ruas congestionadas.

A Pé

Sair andando é a melhor maneira de sentir as ruas movimentadas da Cidade Velha de Tallinn e do centro. Em geral, Tallinn não é uma cidade difícil para o pedestre, mas ter um mapa ajuda a não se perder em suas ruas labirínticas. Há muitos passeios a pé que partem dos hotéis e dos centros de informação turística.

De Velotáxi

O velotáxi, ou bicicleta-táxi, é uma nova maneira de circular pela cidade. Funciona de março a outubro e custa €2,25 por adulto e €0,95 por criança, e é pedido pelo site **Velotaxi**.

AGENDA

De Ônibus, Trólebus e Bonde

Tallinn Bus Company
w tak.ee

Táxis

Reval Takso
Tel 601 4600.
w reval-takso.ee

Tallink Takso
Tel 640 8921.
w tallinktakso.ee

Tulika Takso
Tel 612 0001.
w tulika.ee

Bicicleta

CityBike
Tel 5111 819.
w citybike.ee

Velotáxi
Tel 5811 6051.
w velotakso.ee

Uma divertida novidade, o velotáxi pode ser alugado em Tallinn

COMO CHEGAR À LETÔNIA

A maioria dos visitantes chega à Letônia de avião, no Aeroporto Internacional de Riga. Desde a independência houve um rápido crescimento no número de cidades europeias com conexão direta para Riga, graças às companhias de aviação de baixo custo que elevaram o perfil da capital como um destino de fim de semana. Por outro lado, os aeroportos regionais do país quase não recebem voos internacionais de passageiros. Se você tem mais tempo e quer evitar uma viagem aérea, use as rotas marítimas que partem da Alemanha e da Escandinávia ou os trens e ônibus que chegam de outras partes do continente. Chegar de carro também é possível, desde que o motorista tenha os documentos em ordem e queira enfrentar uma malha viária instável.

De Avião

A maioria dos passageiros chega pelo **aeroporto internacional de Riga**, o mais movimentado dos países bálticos. A partir de lá há conexões com a maioria das cidades da Europa Ocidental e também com Praga, Moscou, Kiev, Tallinn, Vilna e Varsóvia. No aeroporto, os serviços de câmbio e caixas eletrônicos funcionam até a chegada do último voo.

A empresa aérea nacional, **airBaltic**, foi fundada em 1995 e oferece voos mais em conta. Riga também é servida por outras grandes empresas aéreas, como **LOT**, **SAS**, **Lufthansa** e **Finnair**. Diversas companhias de baixo custo como a **Wizz Air** e a **Ryanair** também atuam em Riga a partir de várias cidades europeias.

As empresas aéreas que oferecem voos do Brasil para o Aeroporto Internacional de Riga são: **United Airlines**, **Lufthansa**, **Air France**, **British Airways**, **American Airlines** e **Alitalia**. Não há voos diretos. As viagens com duas escalas levam um pouco mais de um dia para chegar, e as com uma escala, de 18 a 20 horas.

Entrada do aeroporto internacional de Riga

Do Aeroporto para o Centro

O aeroporto de Riga está localizado a 8km do centro da cidade. A maneira mais barata de fazer o trajeto é pegar um ônibus no terminal do aeroporto. O ônibus nº 22 passa a cada 10 a 20 minutos das 5h45 às 24h, e leva 30 minutos para chegar à (rua) Abrenes iela, parando na 11 Novembra krastmala e na Estação Ferroviária Central. A airBaltic opera o serviço Airport Express, que circula a cada 30 minutos, das 5h30 às 12h30, e custa €5.

Já os táxis levam 15 minutos para chegar do aeroporto até o centro da cidade.

Outros Aeroportos do País

Há outros aeroportos internacionais, em Ventspils e Liepāja, mas eles raramente entram no itinerário dos passageiros.

De Ferryboat

Os ferryboats de passageiros levam mais tempo que as viagens aéreas, mas cruzar o mar Báltico tem seus encantos. Os ferryboats operados pelo Tallink ligam Riga a Estocolmo (Suécia). O **Stena Lines** conecta Liepāja a Lübeck (Alemanha), e Ventspils a Nynäshamn (Suécia) e a Lübeck. Os bondes nº 5, 7 ou 9 que saem do terminal de ônibus ou da Ópera Nacional levam ao **Terminal de Ferryboat** de Riga. Para quem chega de barco, há marinas em Riga, Jūrmala, Liepāja, Pāvilosta, Salacgrīva e Ventspils. O site da costa da Letônia divulga todas as informações.

De Ônibus

Os ônibus são a melhor maneira de viajar entre as três capitais bálticas. As empresas internacionais **Ecolines**, **Lux Express**

Ônibus expresso estacionado no aeroporto internacional de Riga

INFORMAÇÃO DE VIAGEM | 383

e **Nordeka** controlam os serviços entre Riga e várias cidades europeias e russas. O principal terminal de ônibus de Riga, Autoosta *(p. 385)*, está cinco minutos ao sul da Cidade Velha.

Viajar de ônibus é mais barato que de avião. A diferença de preço, porém, é desprezível na baixa temporada. Os ônibus internacionais têm ar-condicionado e poltronas reclináveis, e alguns, como os da Lux Express, contam com bancos amplos, espaço extra para as pernas e terminais com tela sensível ao toque em cada assento.

Passageiros esperam na fila da bilheteria do terminal de ônibus

De Trem

Principal estação ferroviária de Riga, a Estação Central *(p. 385)* está ao sul da Cidade Velha. Uma ferrovia liga a cidade a Tallinn, mas é preciso trocar de trem na fronteira. Não existem serviços ferroviários entre Riga e Vilna. Há linhas internacionais que vão para o leste na direção de Moscou, Vitebsk, Odessa e São Petersburgo. A viagem mais confortável em todos os trajetos é em um *kupeja* (compartimento com quatro lugares). Há outros mais luxuosos de dois lugares nos trens que vêm de Moscou.

De Carro

Desde o Acordo Schengen *(p. 377)*, não há mais controle de fronteira entre Estônia, Letônia e Lituânia. Entrar pela Rússia ou por Belarus pode demorar muitas horas.

É essencial ter consigo o documento de registro do veículo, uma apólice de seguro contra terceiros válida e uma carteira internacional de motorista. Os veículos devem estar em boas condições mecânicas, e é obrigatório ter kit de primeiros socorros, extintor de incêndio e triângulo. De setembro a abril é preciso usar pneus de inverno ou para neve.

De Bicicleta

Desde que a Letônia aderiu ao Acordo Schengen, é fácil entrar de bicicleta no país a partir da Estônia ou da Lituânia. O terreno plano torna essa opção ainda mais agradável no verão. Leve peças de reposição e um blusão impermeável.

Há duas rotas de ciclovias EuroVelo que passam pela Letônia, mas alguns trechos não são bem demarcados, e muitos acompanham estradas rurais. A EV10 percorre a costa do Báltico, e a EV11 cruza a fronteira com a Estônia em Valka e atravessa o leste da Letônia até Daugavpils.

Trem de passageiros cruza a floresta de pinheiros no interior da Letônia

---

AGENDA

Aeroportos

Aeroporto de Liepāja
w liepaja-airport.lv

Aeroporto Internacional de Riga
10/1 Mārupes civil parish.
Tel 1187.
w riga-airport.com

Aeroporto de Ventspils
w airport.ventspils.lv

Companhias Aéreas

airBaltic
w airbaltic.com

Finnair
w finnair.com

LOT
w lot.com

Lufthansa
w lufthansa.com

Ryanair
w ryanair.com

SAS
w flysas.com

Wizz Air
w wizzair.com

Ferryboat

Stena Line
w stenaline.com

Tallink
w tallink.lv

Terminal de Ferryboat
Eksporta iela 3A, Riga.
Tel 6732 6200. w rigapt.lv

Porto de Ventspils
Tel 636 22586.
w portofventspils.lv

Companhias de Ônibus

Ecolines
w ecolines.ee

Lux Express
w luxexpress.eu

Nordeka
w nordeka.lv

Como Circular pela Letônia

A rede de transporte público na Letônia é extensa e barata. Viajar de ônibus é sempre mais rápido que de trem, mas os ônibus são velhos e muitas vezes desconfortáveis. As principais áreas urbanas e os locais de interesse são bem servidos por ônibus. Já nas áreas rurais, há apenas um ônibus ou trem diário em ambas as direções. Isso significa que o visitante que quiser se afastar das áreas de maior movimento não pode contar com transporte público. Alugar carro é uma opção mais comum, apesar da variação nas condições das estradas do país. A combinação de terreno plano e distâncias mais curtas é ideal para deslocar-se de bicicleta, principalmente com tempo bom.

Passageiros entrando na Estação Ferroviária Central, Riga

De Trem

A **Companhia Letã de Trens** opera todas as ferrovias do país. Os trens demoram um pouco mais que os ônibus para chegar ao destino, porém a viagem é mais confortável, especialmente se o viajante usar uma almofada sobre os bancos duros. Os vagões são quentes no verão, pois são poucas as janelas que abrem. E o aquecimento nem sempre funciona no inverno.

Os melhores trajetos são de Riga à praia de Jūrmala, Jelgava e destinos no Parque Nacional Gauja. Os trens vão ainda mais longe, a Valmiera, Daugavpils e Rēzekne. Quem gosta de trens deve experimentar a linha de bitola estreita entre Alūksne e Gulbene.

De Ônibus

Há ônibus regulares entre as grandes e pequenas cidades. Outros lugares são servidos com menos frequência, daí a importância de planejar a visita a várias cidades no mesmo dia. Viajar de ônibus é mais caro que de trem, mas compensa. Em viagens noturnas, não deixe de levar o próprio cobertor ou um saco de dormir.

Do **Autoosta** (Terminal de Ônibus Central de Riga) saem ônibus para Bauska, Cēsis, Sigulda, Daugavpils, Liepāja, Valmiera e Ventspils. Se a viagem começar em um terminal grande, é melhor comprar a passagem antes de embarcar. Caso contrário, pode ser comprada com o motorista. Se a bagagem for grande, você terá de pagar para colocá-la no bagageiro; se não, ela pode ir dentro do ônibus.

Quadros de Horário

Fora de Riga não é fácil encontrar funcionários que falem inglês. Os horários estão afixados em quadros nas estações e também são fornecidos por telefone e internet. Os detalhes dos vários percursos mais comuns também são publicados no *Rīga in Your Pocket* (p. 387). Para obter mais informações, visite o site da **Companhia Letã de Trens**.

Os quadros de horários das estações de trem ou de ônibus raramente trazem o horário de retorno dos vários destinos. Os ônibus expressos são indicados pela letra "E", e o equivalente para trens é indicado pelos percursos enumerados com três dígitos. *Pietur* indica que o trem ou o ônibus para em determinado destino, e *nepietur* significa que não para. Os ônibus e trens classificados como *darbdienās* rodam durante a semana. Os dias da semana são indicados pelas iniciais. As *perons* (plataformas) e os *ceļš* (trilhos) são numerados separadamente nas estações.

Ônibus público longo, típico de Daugavpils

INFORMAÇÃO DE VIAGEM | 385

Placa de locadora de carros no aeroporto doméstico, Riga

De Carro e Motocicleta

Alugar um carro é a melhor maneira de ver a Letônia para quem vai ficar por pouco tempo ou circular pelas áreas mais distantes do país. Mas saiba que não é barato alugar nem abastecer um carro, e que as condições das estradas são sofríveis. As estradas principais estão em um estado aceitável, mas são muito diferentes das estradas menores. Muitas delas são de terra ou cascalho. E no inverno tornam-se intransitáveis sem um resistente 4x4.

Os letões dirigem agressivamente e ultrapassagens perigosas são comuns. Fora da capital, congestionamentos são raros. O limite de álcool legal é de 0,05%; acima disso, a pena é prisão de dez dias. O cinto de segurança é obrigatório tanto nos bancos da frente quanto nos de trás, se houver, e os motociclistas têm de usar capacete. É obrigatório dirigir com os faróis acesos o tempo todo. O limite de velocidade é 50km/h em áreas construídas e 90km/h nas demais. A polícia de trânsito nem sempre é encontrada fora das cidades, mas é rígida quanto à velocidade e cobra multa no local. Lembre-se de pedir recibo caso seja multado.

Nas áreas rurais, as mudanças nos limites de velocidade nem sempre estão sinalizadas, e o motorista deve ficar atento às placas que indicam as áreas construídas. São retangulares e brancas, com o nome da cidade.

Como a sinalização no interior é precária, não deixe de comprar um bom mapa rodoviário. Se o veículo quebrar e precisar de guincho, entre em contado com **SOS Motor Club**. Nas estradas principais, os *deg-*

vielas stacija (postos de serviço) funcionam 24 horas, mas nas áreas rurais é difícil encontrar onde abastecer.

É fácil encontrar estacionamento em Riga, mas em cidades como Daugavpils e Liepāja só há parquímetros em alguns lugares. A taxa de €2, que é cobrada para entrar em Jūrmala, é recolhida em uma cabine na estrada.

Aluguel de Carros

É mais fácil encontrar carros para alugar em Riga, mas em outras cidades também é possível. Os representantes das empresas internacionais têm lojas na capital e também no aeroporto. Existem ainda outras empresas menores. Antes de qualquer coisa, cheque as condições do veículo e a cobertura oferecida. A **Budget Rent a Car** é uma das locadoras. Todas as companhias estipulam uma idade mínima para dirigir. Uma exigência é que o motorista tenha licença para dirigir há pelo menos um ano. Outra é que o motorista deixe os dados do cartão de crédito ou um grande depósito em dinheiro.

Placa de estrada irregular, Krāslava

AGENDA

De Trem

Companhia Letã de Trens
Gogoļa iela 3, Riga. **Tel** 6723 1181.
w ldz.lv

De Ônibus

Autoosta
Prāgas iela 1, Riga. **Tel** 9000 0009.
w autoosta.lv

De Carro

SOS Motor Club
Tel 6733 3333.
w sos.lv

Aluguel de Carros

Budget Rent a Car
Tel 6720 7327.
w budget.lv

De Bicicleta

Viajar de bicicleta é uma boa maneira de se deslocar pelos terrenos planos da Letônia. Em quase todas as cidades é possível alugar bicicletas. O centro de informação turística fornece os detalhes das ciclovias, como a popular e fácil trilha entre Riga e Jūrmala, além de rotas no Parque Nacional Gauja e no vale ao redor.

Há duas estradas com ciclovias na Letônia, entre elas uma que faz parte da EuroVelo 10 e percorre todo o litoral.

Pode-se levar bicicletas nos trens, mas é preciso comprar uma passagem extra. Há áreas designadas no final de cada vagão, marcadas com um símbolo de bicicleta.

Ciclistas atravessam um campo florido no Parque Nacional Gauja

Como Circular por Riga

A agradável e concentrada Cidade Velha de Riga pode ser explorada a pé. Suas ruas de pedras, porém, talvez sejam difíceis para pessoas com problemas de locomoção. Vários hotéis estão dentro da Cidade Velha e há muitos outros a uma curta distância. O imperdível bairro Art Nouveau também fica a poucos passos do centro da cidade. As atrações mais distantes, como o Museu Etnográfico ao Ar Livre da Letônia, são conectadas por ônibus, micro-ônibus, trólebus e bondes. As passagens podem ser compradas a bordo, e os passes válidos por diferentes períodos de tempo, nos quiosques de jornal. É muito fácil tomar um táxi do lado de fora da Cidade Velha.

Passageiros embarcam no Terminal de Ônibus de Riga

De Ônibus, Trólebus e Bondes

Com tantas linhas de ônibus, trólebus e bondes, o transporte público de Riga é um meio barato e eficiente de circular além da Cidade Velha. Ele oferece acesso a muitos museus, albergues e hotéis próximo do centro da cidade, além de levar ao zoológico, ao local do Festival da Canção e a diversos parques grandes.

Há quadros de horário afixados nos pontos, mas não há mapas de percurso, por isso é recomendável levar um quando sair. A maioria das linhas do sistema de transporte público funciona entre 5h30 e 23h30, com algumas delas passando de hora em hora durante toda a noite. Autoosta *(p. 385)* fica próximo tanto da Estação Ferroviária Central quanto do Mercado Central. Há outro eixo de transporte na frente da Catedral Ortodoxa.

Várias organizações se juntaram em 2005 para formar uma empresa única responsável pelo transporte público, a **SIA Rīgas Satiksme**. Até 2009, havia sistemas de pagamento diferentes para ônibus, bondes e trólebus, mas hoje eles estão integrados. Paga-se uma tarifa única de €1,20 ao motorista na hora do embarque (não há taxa extra para bagagens), mas é melhor comprar o bilhete antes, em algum quiosque, por €0,60. O cartão *etalon* cobre 5, 10 ou 15 viagens com desconto. O transporte público é gratuito para quem tem um **Rīga Card** *(p. 366)*.

De Micro-Ônibus

Os *mikroautobuss* (micro-ônibus) de Riga circulam nas principais avenidas e nos subúrbios e, em geral, são muito confortáveis e rápidos. As principais paradas são na frente da Estação Ferroviária Central e a Catedral Ortodoxa. O bilhete é um pouco mais caro que o de outros tipos de transporte público.

De Carro

Dirigir em Riga não é uma experiência agradável, pelo tráfego pesado nos horários de pico e pelos motoristas agressivos. Por outro lado, postos de gasolina são fáceis de encontrar, e as ruas em geral apresentam pavimento em boas condições, com poucos buracos.

Nunca ultrapasse um bonde que esteja com as portas abertas, pois pode colocar os passageiros em risco; também não bloqueie os trilhos.

Estacionamento

Não é fácil conseguir vaga para estacionar no centro. E também é caro. Custa €2 na primeira hora e €3 por hora nas ruas da Cidade Velha. Para quem precisa realmente de carro, é melhor escolher um hotel que tenha vaga para estacionar.

De Táxi

Os táxis em Riga são muitos e confortáveis, embora representem uma opção relativamente cara. Os carros não têm uma cor-padrão, mas os táxis oficiais portam placa amarela.

Táxi no aeroporto internacional de Riga

INFORMAÇÃO DE VIAGEM | 387

As tarifas variam de €0,35 a €0,70 por quilômetro percorrido, dependendo da empresa. Os preços aumentam cerca de 50% depois da meia-noite. É melhor pedir o táxi com antecedência que tentar pegar um na rua, e empresas renomadas, como a **Rīga Taxi** ou a **Rīgas Taxometru Park**, costumam oferecer preços melhores. Táxis estacionados na frente dos hotéis de luxo são mais caros.

Os passageiros devem se lembrar de que os taxistas recusam percursos de menos de €5 e tentam cobrar pelo menos isso para levar passageiros do terminal de ônibus ou da estação de trens até o hotel mais próximo. Fique atento se o taxímetro foi acionado ou negocie o preço antes. Não é difícil pegar um táxi durante o dia, e à noite eles se concentram nos dois extremos da Kaļķu iela.

Pedestres atravessam a Aspazijas Bulvāris

A bicicleta é o meio mais rápido e fácil de circular por Riga

De Bicicleta

É uma excelente opção circular por Riga de bicicleta, apesar das ruas de pedras da Cidade Velha e do trânsito pesado da cidade. Um dos lugares mais agradáveis para passear é o subúrbio de Mežaparks *(p. 160)*. O **Eat Rīga** oferece ajuda na locação de bicicletas na cidade.

A Pé

A Cidade Velha pequena e cheia de pontos de referência oferece caminhadas tranquilas e prazerosas, apesar das ruas com calçamento de pedras. Esses passeios são especialmente agradáveis no verão, quando bares e cafés espalham suas mesas pelas muitas ruas e praças da cidade, e o tempo se torna mais propício para caminhar. A área imediatamente ao norte da Cidade Velha abriga construções Art Nouveau muito bonitas e lojas e restaurantes interessantes. A rua principal do bairro Art Nouveau de Riga é a Elizabetes iela, que cruza com a Brīvības bulvāris (avenida). Além dela, a Alberta e a Strēlnieku iela também são ruas cheias de estilo.

O Rīga Card *(p. 366)* dá direito a entrar em museus, a um passeio turístico gratuito pela Cidade Velha e a usar o transporte público entre Riga e Jūrmala. Como o transporte público é muito barato, verifique se vale a pena comprar o cartão se você só estiver interessado no passeio turístico ou na visita aos vários museus em um único dia. O cartão é vendido nos hotéis, no aeroporto de Riga e nos centros de informação turística.

Mapa

O mapa mais completo da cidade é publicado pela Jāņa Sēta, em escala de 1:20.000, com o centro em destaque a 1:7.000. Uma versão menor desse mapa vem encartada no popular guia *Rīga in Your Pocket*. Embora o centro seja bem detalhado, só serve se você não for se afastar muito. Esse guia também traz os percursos do transporte público.

AGENDA

De Ônibus, Trólebus e Bonde

SIA Rīgas Satiksme
Tel 8000 1919.
w rigassatiksme.lv

Táxis

Rīga Taxi
Tel 8000 1010. w taxi.lv

Rīgas Taksometru Parks
Tel 8383. w rtp.lv

Bicicleta

Eat Rīga
Tel 2246 9888.
w eatriga.lv

Rīga Card

Tel 6721 7217.
w rigacard.lv

Mapas

Rīga in Your Pocket
Laipu iela 8-9a.
Tel 6722 0580.
w inyourpocket.com

COMO CHEGAR À LITUÂNIA

A maneira mais fácil e rápida de chegar à Lituânia é de avião. Muitas companhias aéreas que voam para Vilna têm conexões diretas com várias cidades europeias. Alguns voos internacionais pousam nos aeroportos de Kaunas e Palanga. A Lituânia tem só um porto marítimo em Klaipėda e um número pequeno de ferryboats de passageiros que cruzam o mar Báltico para a Escandinávia e a Alemanha. Por terra, os ônibus são a melhor opção. Há linhas regulares que partem de Londres, Paris e de outras cidades europeias. Viajar de carro é mais demorado e arriscado devido às péssimas estradas da Polônia. Um trem diário liga Varsóvia a Kaunas e a Vilna, com uma parada em Sestokai, na fronteira da Polônia com a Lituânia. A Lituânia não é servida pela Eurail ou InterRail, e viajar de trem da Europa Ocidental é muito caro.

De Avião

A Lituânia tem várias conexões com a Europa e, por intermédio dos grandes eixos de transporte, como Londres, Copenhague e Amsterdã, com o resto do mundo. As conexões melhoraram muito e os voos que chegam e saem de Vilna estão sincronizados com os intercontinentais. Desde março de 2008, foi abolido o controle das fronteiras internas entre os países Schengen, entre eles Estônia, Letônia e Lituânia.

Inaugurado em 1944, o **aeroporto de Vilna** tem sido destino de muitos voos, inclusive os que chegam do Brasil. É o único aeroporto das capitais bálticas que conserva a aparência original de um combalido terminal da era soviética.

Entre os serviços fornecidos pelo aeroporto de Vilna estão locadoras de carros, casas de câmbio e cafés, além de quiosques de jornais que também vendem passagens de ônibus.

A **airBaltic** oferece linhas entre Riga e Vilna, além de voos diretos entre Vilna e diversas cidades europeias, como Amsterdã, Copenhague, Dublin e Londres. A British Airways cancelou os voos para Vilna em virtude da concorrência das empresas de baixo custo.

Os aeroportos lituanos hoje recebem voos de grandes companhias internacionais e também de empresas de baixo custo a partir de 40 cidades, entre elas

Saguão de check-in internacional do aeroporto de Vilna

todas as capitais da Europa Ocidental e mais Praga, Moscou, Minsk, Gomel, Kiev, São Petersburgo, Tbilisi, Kaliningrado, Baku, Tel Aviv e outras cidades do leste. Entre as outras companhias aéreas europeias que servem Vilna estão **Austrian Airlines**, **Norwegian**, **Estonian Air**, **Finnair**, **Lufthansa**, **RyanAir** e **SAS**.

A airBaltic implementou o sistema de passagens *one-way*, o preço ficou atrelado à demanda. A famosa "regra do domingo", quando os preços sobem durante a semana e caem nos fins de semana, não vale mais. A maioria das passagens é comprada pela internet, e, por acordos internacionais, as companhias adotam um sistema de tarifa reduzida para crianças, estudantes, aposentados e grupos pré-agendados.

Traslado do Aeroporto para o Centro

O aeroporto de Vilna fica 5km ao sul do centro da cidade. Há um trem até a estação ferroviária principal, em viagens de sete minutos, além de ônibus. As passagens são mais baratas nos quiosques do aeroporto.

Os pontos de ônibus e de táxi ficam fora do terminal de desembarque. A tarifa oficial dos táxis para a cidade é de cerca de €8, mas os turistas não costumam pagar menos que €15. Os táxis levam aproximadamente 20 minutos até o centro.

Outros Aeroportos

Os aeroportos de Kaunas e Palanga recebem voos internacionais, mas são poucos se comparados ao aeroporto de Vilna. Novos terminais estão sendo construídos nos dois aeroportos para equipá-los melhor. Do aeroporto de Kaunas, o ônibus circular nº 120 vai para a avenida Savanorių prospektas e para a Cidade Velha, e o nº 29 vai para o terminal de ônibus. Um micro-ônibus circula duas vezes ao dia entre os aeroportos de Kaunas e Vilna em conexão com os voos da Ryanair, que é a única companhia aérea operando em Kaunas no momento. Para outras informações sobre os ônibus do aeroporto, consulte o site da **Ollex**. Tem ônibus de hora em hora do **aeroporto de Palanga** para a cidade e muitos ônibus circulam entre Palanga e Klaipėda. A airBaltic fornece um micro-ônibus grátis para os seus passageiros viajarem do aeroporto para Klaipėda. Do aeroporto, eles seguem para o norte, para Liepāja, na Letônia.

De Carro

Por fazer parte da zona Schengen, a Lituânia não tem restrições de fronteira para quem chega de países Schengen. Para entrar de carro no país, não precisa ter licença internacional, mas sim documentos de registro do carro, papéis de seguro, passaporte e licença do próprio país. O carro tem que ter kit de primeiros socorros e extintor de incêndio.

Navio internacional de carga e de passageiros saindo do porto de Klaipėda

Por Mar

O único porto marítimo comercial da Lituânia é o **Porto Marítimo do Estado de Klaipėda**, ligado por ferryboat aos portos da Alemanha, Suécia e Dinamarca. As conexões são em Kiel e Mukran, na Alemanha; Copenhague-Fredericia e Aabenraa-Aarhus, na Dinamarca; e Karlshamn, na Suécia.

De Ônibus

A Lituânia tem uma malha de estradas que a interliga aos países vizinhos. É fácil chegar à Lituânia de ônibus da Estônia ou da Letônia, porque são muitos os pontos de travessia nas fronteiras. Há ônibus expressos de passageiros de Vilna para Riga, Tallinn e outras cidades como Varsóvia, Berlim, Praga, Viena, Kaliningrado e Moscou. Por outro lado, a viagem para países como Alemanha ou Inglaterra é bastante longa e tem uma série de inconveniências que podem ser evitadas.

Prédio do terminal do aeroporto de Palanga, oeste da Lituânia

AGENDA

Companhias Aéreas

airBaltic
w airbaltic.com

Austrian Airlines
w austrian.lt

Estonian Air
w estonian-air.ee

Finnair
w finnair.com

LOT
w lot.com

Lufthansa
w lufthansa.com

Norwegian
w norwegian.com

Ryanair
w ryanair.com

SAS
w flysas.com

Aeroportos

Aeroporto de Kaunas
Karmėlava.
Tel (37) 399 396.
w kaunas-airport.lt

Aeroporto de Palanga
Liepojos pl 1.
Tel (460) 52 020.
w palanga-airport.lt

Aeroporto de Vilna
Rodūnios kelias 10a.
Tel 273 9305.
w vilnius-airport.lt

Ônibus do Aeroporto

Ollex
w ollex.lt

Ferryboat

Porto Marítimo do Estado da Klaipėda
w portofklaipeda.lt

Como Circular pela Lituânia

As ótimas estradas da Lituânia facilitam muito a circulação pelo país. Os ônibus são o meio de transporte público mais rápido e conveniente. Os ônibus expressos interligam todas as cidades da Lituânia e permitem conhecer o interior. Os trens são mais baratos, menos frequentes e com muito menos linhas. As estradas lituanas são as mais bem conservadas do centro e do leste da Europa, e alugar um carro é uma excelente forma de viajar por lá. A paisagem plana do país, pontilhada de colinas, é ideal para se deslocar de bicicleta.

Ônibus de luxo internacional no terminal de Panevėžys

De Ônibus

O principal transporte público da Lituânia é o ônibus. A empresa privada **Toks** tem ônibus confortáveis que servem mais de 50 destinos no interior do país e 11 rotas internacionais para a **Eurolines**. Embora seja um pouco mais caro viajar de ônibus do que de trem, é mais rápido e passa por mais lugares.

Os horários são identificados pelas placas no alto de cada parada e no interior do prédio do terminal. Alguns ônibus expressos identificados por um "E" nas tabelas de horário fazem percursos que passam por cidadezinhas e vilarejos. As linhas de ônibus para o litoral, por exemplo, para Palanga ou Nida, só circulam no verão. Há outras informações sobre a frequência dos serviços no site oficial da Toks.

O **Terminal de Ônibus de Vilna** é o maior eixo de transporte do país, mas o **Terminal de Ônibus de Kaunas** também tem conexões com várias cidades europeias.

As passagens podem ser compradas nas bilheterias dos terminais em grandes cidades e também com o motorista a bordo, especialmente nos trajetos mais curtos. No verão, ou nos fins de semana, quando os serviços são mais solicitados, vale a pena comprar os bilhetes antes de embarcar. Eles só podem ser pagos em dinheiro e não podem ser reservados por telefone ou via internet. Portadores de necessidades especiais, pessoas com mais de 70 anos e crianças com menos de 10 têm 50% de desconto. Crianças pequenas viajam de graça. Grupos de dez ou mais passageiros têm descontos se a compra for feita com antecedência.

De Trem

A rede ferroviária nacional é administrada pela **Lietuvos Geležinkeliai** (Ferrovias Lituanas). As principais linhas são de Vilna para Šiauliai e Klaipėda, de Vilna para Visaginas, passando por Ignalina e pelo Parque Nacional de Aukštaitija, de Šiauliai para Panevėžys e Rokiškis, e uma um pouco mais rápida, de Vilna para Kaunas. A linha Vilna-Varėna passa pelo Parque Nacional de Dzūkija antes de entrar na Belarus. Uma das viagens de trem mais agradáveis e bonitas na Lituânia é pela Ferrovia de Bitola-Estreita, que sai de Panevėžys e vai para o lago Rubikiai.

Os bilhetes de trem só são vendidos nas bilheterias das estações. Há descontos para crianças, aposentados e portadores de deficiência.

Os *autobusų stotis* (terminais de ônibus) e *traukinių stotis* (estações de trem) da Lituânia ficam próximos entre si e nunca estão distantes do centro da cidade. Embora os furtos sejam raros, é bom ficar de olho em seus pertences. Os riscos à segurança pessoal não são frequentes em viagens pelo país, embora nos terminais de ônibus de Vilna seja difícil encontrar um guarda.

Por outro lado, as estações de trens e ônibus dão pouca importância à limpeza e à higiene, embora as estações de Vilna e Kaunas tenham sido modernizadas. Nas estações de trem maiores é possível

A viagem pela Ferrovia de Bitola Estreita é uma das mais belas

INFORMAÇÃO DE VIAGEM | 391

A organizada bilheteria da estação de trem de Vilna

deixar as malas em uma sala de bagagem pagando uma pequena taxa ou usar um armário com chave.

De Carro

Para os padrões pós-soviéticos, as estradas da Lituânia são ótimas e não oferecem grandes problemas para dirigir. Há diferentes tipos de estrada com diferentes limites de velocidade. A categoria mais alta são as rodovias, mas só existem duas, de Kaunas para Klaipėda (A1) e de Vilna para Panevėžys (A2). Embora as estradas Vilna-Kaunas e Kaunas-Klaipėda pareçam iguais, a primeira não é considerada "rodovia" por causa do terreno montanhoso. A única estrada da Lituânia que cobra pedágio é a que atravessa o Parque Nacional do istmo da Curlândia.

Pela regulamentação, é obrigatório ter extintor de incêndio, kit de primeiros socorros, triângulo reflexivo e colete de segurança reflexivo. Também é obrigatório que o motorista e os passageiros usem cinto de segurança. O motorista deve acender os faróis o tempo todo, de dia ou de noite. A polícia de trânsito não fala bem inglês e é rígida quanto ao cumprimento das regras, cobrando a multa no local da infração.

O limite máximo de velocidade permitido nas rodovias é de 130km/h de maio a outubro e 110km/h o resto do ano, menos na rodovia Vilna-Kaunas, onde o limite de velocidade se mantém em 110km/h. O limite de velocidade em áreas construídas é de 50km/h, mas os motoristas só são parados por excesso de velocidade se estiverem acima de 60km/h.

Dirigir embriagado é uma falta grave e as autoridades fazem blitz e usam bafômetros para inibir os abusos.

Aluguel de Carros

Há um grande número de empresas locais além das internacionais mais conhecidas que alugam variados tipos de veículos na Lituânia. Algumas têm lojas no aeroporto de Vilna e nos hotéis mais caros. Há muitas outras no centro da cidade. Empresas locais, como a **Aunela**, têm muitos carros ocidentais, dos mais antigos aos mais modernos. O período mínimo de locação é de 24 horas. O pagamento é feito em dinheiro ou cartão de crédito.

AGENDA
De Ônibus

Eurolines
w eurolines.lt

Terminal de Ônibus de Kaunas
Vytauto 24. **Tel** (37) 409 060.

Toks
w toks.lt

Terminal de Ônibus de Vilna
Sodų 22. **Tel** 8900 01661.
w toks.lt/en/schedule

De Trem

Lietuvos Geležinkeliai
w litrail.lt

Aluguel e Carros

Aunela
w aunela.lt

Sinais de Trânsito

A sinalização nas rodovias, estradas secundárias ou vicinais é a mesma. Ao entrar em uma cidade, o nome do lugar aparece numa placa com letras pretas sobre fundo branco, indicando que é preciso diminuir a velocidade para o limite em áreas construídas. Pequenas placas azuis perto dos cruzamentos no centro de Vilna indicam a direção das ruas, das atrações turísticas e dos marcos históricos. As sinalizações de estrada mais importantes são as que controlam a velocidade, paradas nos acostamentos e proíbem entrar à direita ou à esquerda. Elas são monitoradas pela polícia de tráfego.

Parte da malha viária recentemente modernizada de Klaipėda

Como Circular por Vilna

Como as principais atrações de Vilna, igrejas, museus, restaurantes e cafés, ficam próximas umas da outras, a melhor maneira de explorá-las é caminhando. A distância entre a avenida Gedimino e as atrações turísticas é facilmente percorrida a pé. A Cidade Velha de Vilna é uma das maiores da Europa, e seus limites são contornados pelas vias de maior movimento da cidade. As atrações e os restaurantes fora do centro são servidos por ônibus e trólebus. Os táxis também são confiáveis. No entanto, todas essas ruas podem ser evitadas nos horários de pico.

que dificultam ainda mais a vida do motorista. Com o aumento do número de veículos, a direção agressiva tornou-se a norma. O centro de Vilna tem um extenso sistema de mão única, que é bastante difícil entender sem a ajuda de um mapa.

Estacionamento

Como ainda são poucos os estacionamentos de vários andares em Vilna, os motoristas estacionam mesmo nas ruas. No centro, podem usar os estacionamentos pagos controlados por parquímetros, das 8h às 18h. É muito mais caro estacionar na Cidade Velha.

Os objetos, inclusive bolsas e peças de roupas, deixados nos carros estacionados devem ser colocados no porta-malas para que não fiquem à vista.

Esse moderno trólebus faz parte do transporte público de Vilna

De Ônibus e Trólebus

Vilna tem um sistema de trólebus e ônibus que serve a cidade toda. Os veículos mais antigos estão sendo substituídos por outros mais modernos. Mas o transporte público deve ser evitado nos horários de pico por excesso de lotação.

Um mapa detalhado dos itinerários de ônibus na cidade pode ser consultado no site da **Vilnius Transport**. Para saber os horários das *stotelė* (chegadas) basta clicar "*autobusų*" para ônibus e "*troleibusų*" para trólebus. Poucos carros circulam entre 23h e 5h.

Há um *bilietas* (bilhete) padrão que é válido tanto nos ônibus quanto nos trólebus. Ele precisa ser comprado com antecedência nos quiosques ou com o motorista ao embarcar e depois validado em uma das máquinas. Os passes são para um, três e dez dias. A multa por viajar sem bilhete validado é alta.

Dirigir em Vilna

A quantidade de veículos em circulação em Vilna aumentou muito nos últimos anos, provocando congestionamentos nos horários de pico, de manhã e à tarde. O problema é agravado pelo antiquado planejamento urbano. A falta de ruas é um problema sério que a administração da cidade está tentando resolver com financiamento da Comunidade Europeia. A construção de novas ruas provoca bloqueios

De Táxi

Há muitos táxis em Vilna, mas nas horas de maior movimento e nos fins de semana à noite é preciso ligar para várias empresas até encontrar um livre. Pedir um táxi por telefone é mais barato que parar o carro na rua. A tarifa média é de €0,50 por quilômetro, mas os preços são mais altos à noite. Empresas como a **Romerta** e a **Ekipažas**

Tráfego pesado em avenida de Vilna no horário de pico

INFORMAÇÃO DE VIAGEM | 393

Martono Taksi, uma opção cara, mas confiável

costumam ser confiáveis. Os táxis precisam ter um bom taxímetro, por isso cheque o valor inicial quando embarcar.

De Bicicleta

As condições para o ciclista variam muito em toda a cidade. As ciclovias estão claramente marcadas nos calçamentos da Cidade Velha, em avenidas como a Gedimino e Konstitucijos, no bairro de Žvėrynas e no Parque Vingis. A EuroVelo 11 é uma ciclovia da Europa Oriental que atravessa o leste da região báltica, passando por Vilna e Tartu. Ela foi ampliada até Vilna, do sudoeste para o nordeste, em direção a Verkiai. Não é recomendado andar de bicicleta em estradas que não tenham ciclovias; as bicicletas podem ser alugadas na **BalticCycle**.

A Pé

As atrações são todas muito próximas, o que permite ao visitante conhecer a magnífica arquitetura da Cidade Velha em poucas quadras. Há muitas ruas só para pedestres e, apesar de um ou outro motorista mais impaciente, o trânsito não atrapalha.

Atravessar uma rua em Vilna às vezes pode ser perigoso. Em boa parte dos cruzamentos, há sinalização para pedestres (homenzinho verde ou vermelho). E muitos semáforos de trânsito são só para os carros. Quando um pedestre atravessa fora do semáforo, os carros deveriam parar, mas nem sempre isso acontece. A avenida Gedimino é a principal da cidade, onde estão as lojas, acontecem os festivais e desfiles, além de ela própria ser uma atração. Estendendo-se da Praça da Catedral a leste até Žvėrynas a oeste, no final do dia ela é exclusiva para pedestres. Os luxuosos bairros de Žvėrynas e Užupis ficam em ambos os lados da Cidade Velha. O primeiro leva à esplêndida vista do rio Neris e do Parque Vingis, onde se chega por uma ponte para pedestres. Já uma caminhada por Užupis pode culminar em um calmo passeio pelo Cemitério Bernadinų ou com uma visita ao complexo de Belmontas e à Igreja de São Pedro e São Paulo.

Visitantes seguem pela rua Pilies para o castelo de cima

Passeios Turísticos

Os guias turísticos de Vilna são profissionais e falam inglês fluente. O passeio turístico organizado por **Senamiesčio Gidas** inclui visitas à Cidade Velha, a Užupis e à Igreja de São Pedro e São Paulo. Há também passeios personalizados. As agências de viagem como a **Visit Lithuania** oferecem passeios guiados, acomodação e transporte. A **West Express** organiza excursões especiais, como à Vilna judaica. Passeios de balão com o **Ballooning Centre** são inesquecíveis.

Aluguel de Carro

A outra possibilidade de circular pela cidade e fazer passeios de um dia a atrações próximas como Trakai é alugar um carro. As locadoras internacionais, como **Europcar**, **Avis** e **Hertz**, e locais como Aunela oferecem veículos seguros.

AGENDA

De Ônibus e Trólebus

Vilnius Transport
Sodų 22. **Tel** 216 0054.
w vilniustransport.lt

De Táxis

Ekipažas
Šv Stepono 33a. **Tel** 233 7958.
w ekipazastaksi.lt

Romerta
Garsioji 9. **Tel** 275 6969.
w romerta.lt

De Bicicleta

Baltic Cycle
Vytenio 6 – 110. **Tel** 6995 6009.
w bicycle.lt

Passeios Turísticos

Ballooning Centre
Upės 5. **Tel** 6520 0510.
w ballooning.lt

Senamiesčio Gidas
Aušros vartų 7. **Tel** 6995 4064.
w vilniuscitytour.com

Visit Lithuania
L Stuokos-Gucevičiaus 1.
Tel 262 5241.
w visitlithuania.net

West Express
A Stulginskio 5. **Tel** 255 3255.
w westexpress.lt

Aluguel de Carro

Avis
w avis.com

Europcar
w europcar.com

Hertz
w hertz.com

Índice Geral

Os números de páginas em **negrito** referem-se às entradas principais

A

Academia de Artes de Vilna 279
Academia de Ciências (Riga) 158
Adamkus, Valdas 211
Adamson, Amandus 82
Adamson-Eric 70, 75
Aéreas, viagens
   Estônia 376-7, 379
   Letônia 382-3
   Lituânia 388-9
Aeroportos
   Kärdla 377
   Kaunas 389
   Kuressaare 377
   Liepāja 383
   Palanga 389
   Pärnu 377
   Riga 382, 383
   Tallinn 376-7
   Tartu 377
   Ventspils 383
   Vilna 388-9
A-Galerii (Tallinn) 335
Aglona 15, 131, 171, 187, **199**
   hotéis 302
   restaurantes 324
Ainaži **194**
   Museu do Colégio Naval 194
   Museu dos Bombeiros 194
Airbnb 292, 295
Alberta iela (Riga) 21, 157
Alberto II Radvila 216
Aldaris Zelta 313
Aldaru, rua (Riga) 148
Alekna, Virgilijus 27, 211
Alexandre I, tsar 38
Alexandre II, tsar 232
Alexandre III, tsar 74
Algirdas, grão-duque 227, 231, 238
Alita Sampanas 312
Altja 13, 111, **113**
Aluguel de carro 379, 385, 391, 393
Alūksne **203**
   Museu da Bíblia Ernst Glück 203
Alunāns, Juris 195
Alytus 253, **260-1**
   hotéis 305
   Igreja do Anjo da Guarda 260
   Museu do Saber Local 260
   restaurantes 328
Âmbar báltico **30-1**
   coletores de âmbar 30
   compras 337, 339, 340-1, 342
   Rota do Âmbar 31
Amber Line (loja) (Riga) **339**
Ambulâncias 369
Amenda, Karl 182
Ammende, vila (Pärnu) **103**
André, Edouard 286
Animismo 24
Anjo erguendo uma cruz ortodoxa (Memorial Russalka, Tallinn) 82
Ännchen de Tharau (Klaipėda) **284**
Anneli Viik (Tallinn) 335
Antiguidades
   Letônia 337
   Riga 338-9
   Tallinn 334-5
Anykščiai **269**
   Ferrovia Lituana de Bitola Estreita 269
   hotéis 305
   Museu Ferroviário de Anykščiai 269
   restaurantes 328
Apartamentos e casas particulares 293, 295
   Eldorado Apartments 293, 295

Apartamentos e casas particulares (cont.)
   Erel Apartments & Residences 293, 295
   Eugenijus Apartments 293, 295
   Goodson & Red 293, 295
   Lilija Plus Real Estate Agency 293, 295
Apicultura 270, **271**
Apollo (Tallinn) 335
Armazém do Sal (Tallinn) **77**
Arquitetura **20-1**
   art nouveau 20, 21, **156-7**
   barroca 20, **237**
   clássica 21
   contemporânea 21
   gótica 20
   historicista 21
   medieval **65**
   modernista 21
   neobarroca 21
   neoclássica 21
   renascentista 20
   românica 20
   simbolista 21
Arsenal Museu de Arte (Riga) **148**
Art Embassy, antiquário (Riga) 339
Artes visuais 26
Artesanato
   Letônia 33
   Lituânia 341
   Riga 338
   Tallinn 334
   Vilna 342-3
Aspazija *ver* Rozenberga, Elza
Asveja, lago 269
Atividades ao ar livre **356-61**
Augusto II, rei 268
Aukso Avis (Vilna) 343
Aukštaitija 253
Aukštaitija, Parque Nacional 11, 17, 212, 255, **270-1**
   Caminho dos Barcos Valčių Pervežimas 270
   hotéis 305
   Moinho d'água Gaveikėnai 271
   Morro Ladakalnis 270
   Museu da Apicultura 270, 271
   Reserva Cultural Salos II 270
   restaurantes 328
   Taurapilis 270
   Traniškis 271
Aunela 391
Aušra 218, 248
Aušra, palácio da avenida (Šiauliai) 276
Autoosta, terminal de ônibus 384, 385
Avies 379
Avis 379, 393

B

Babrungėnai 282
Bach, J. S. 184
Baer, Karl Ernst von **119**
Balé 344, 346, 350, 354
Ballooning Centre, passeios de balão (Vilna) 393
Baltic Country Holidays (pousadas) 293
Baltic Cycle (bicicletas) 393
Baltieji, lago 269
Baluošas, lago 271
Balzukevičius, Juozas
   Pelos campos de centeio 227
Bancos 370-7
Bandeira da Letônia **193**
Barons, Krišjānis **155**, 192, 195
Baryshnikov, Mikhail 27
Basanavičius, dr. Jonas 218, 248
Basílica Aglona 199
Basquete 360

Bastejkalns (Riga) **154**
Bastião de Artilharia (Vilna) **239**
Batalha de Grünwald (Matejko) 216-7
Batalha de Narva 83
Batalha de Poltava (Lomonosov) 37
Batalha do Sol 214, 231, 276, 277
Bathory, Stefan 215, 217, 279
Bauļins, Leonīds 200
Baumanis, Kārlis 195
Bauska 170-1
   Bauska Alus 171
   Castelo de Bauska 169, **170-1**
   hotéis 301
Bebidas **312-3**
Beethoven, Ludwig van 182
Beijo dos Estudantes, fonte (Tartu) 118
Beit Bella, sinagoga (Tallinn) 41
Beit midrash (Kalvarija) 261
Berg, conde Friedrich von 124
Berga Bazārs (Riga) 339
Berlitz, J. G. 170
Beržoras 282
   Igreja de São Estanislau 282
Bėrzu sula 313
Biblioteca Nacional da Letônia (Riga) 159
Biblioteca Nacional Estoniana (Tallinn) 21, 75
Bica com cabeça de dragão (Tallinn) 65
Bicicletas 357, 361, 381, 393
   Letônia 383
   Riga 387
Biron, duque Ernst Johann 170, 172, **173**
Birštonas **261**
   hotéis 305
   restaurantes 328
Biržai **268**
   Castelo 268
   Museu Sėla 268
   restaurantes 328
Bite/Bitė (telefonia móvel) 374, 375
Blaumanis, Rūdolfs 27
Blūmentāls, Arvīds 176
Bobelinė 313
Bogapott (Tallinn) 335
Bogdanas, Konstantinas 242
Bombeiros 369
Bonaparte, Napoleão 38, 218, 225, 236, 262
Brazauskas, Algirdas 219
Brest, pavilhão (Solar Palmse) 112
Brezhnev, Leonid 162
Brigadere, Anna 171
Brīvzemnieks, Fricis 195
Budget Rent a Car 379, 385
Bunka, Jacob 281
Burbiškis, solar 278
Bussijaam 377
Bussireisid 378, 379
Buxhoevden, bispo Albert von 146

C

Cachoeira de Venta 183
Caixas eletrônicos 370
Čakste, Jānis 161
Caminhadas 357, 361
Caminho do Sol (Druskininkai) 259
Camping 294, 295
   RMK 294, 295
Canção Folclórica, parque da (Reserva e Museu de Turaida) 192
Cargobus (serviços postais) 373
Carlos XI, rei da Suécia 37
Carlos XII, rei da Suécia 37, 55
Cartões de crédito 370
Carvalho do Trovão (Plungė) 281
Casa Čiurlionis (Vilna) **236**
Casa de Campo Morbergs (Jūrmala) 175

ÍNDICE GERAL | 395

Casa do Gato (Riga) 149
  estátua do Gato Preto 149
Casa dos Artesãos (Liepāja) **184**
Casa dos Cabeças Pretas
  Riga **152**
  Tallinn 20, **70**
Casa dos Cavaleiros (Tallinn) 73, 75
Casa dos Signatários (Vilna) **227**
Casa Mentzendorff (Riga) 14, 151, **152-3**
Casas de câmbio 370
Cassinos (Riga) 351
Castello, Matteo 247
Castelo de Baixo (Vilna) 224, **230**
Castelo de Cima (Vilna) 16, 224, **230**
Castelo de Riga **147**
  Museu de Arte Estrangeira 147
  Museu de História da Letônia 147
Castelo de Trakai 11, 16, 41, 207, 256-7, 266-7
  Karaim de Trakai **257**
  Lago Galvė 257
  Museu de História 257
  Palácio Ducal 256
  passeio pelo lago 256
Castelo do Bispo (Saaremaa) 12, 97, **98**
  dependências residenciais do bispo 98
Castor de Oandu, trilha (Parque Nacional Lahemaa) 113
Catarina I, tsarina **83**
Catarina II, tsarina (Catarina, a Grande) 38, 170, 173, 279
Catedral de Vilna 16, 207, 224, **228-9**, 238
  campanário 230
  Capela de São Casimiro 229
  Capela Valevičius 228
  estátua de Lucas, o Evangelista 228
Catolicismo 24, **25**
Cavaleiros Teutônicos 36, 54, 138, 214, 253, 260, 262, 279, 281
Cavalo, passeio a 358, 361
Caverna de Pedro (Sigulda) 192
Caverna do Diabo (Mazsalaca) 195
Cavernas de Mara (Sabile) 182
Cavernas Sacrificiais dos Livonianos (Salacgrīva) 194
Cemitérios
  Antakalnis **244-5**
  dos Irmãos (Riga) 161
  Florestal (Riga) 161
Central de Energia **77**
  Centro de Ciência e Tecnologia de Tallinn 77
Centro Cultural (Põlva) 126
Centro da Lituânia **252-71**
  como explorar 254
  hotéis 305-6
  restaurantes 328-30
Centro de Arte Alternativa (Užupis) 244
Centro de Arte Contemporânea (Vilna) 234, **236**
Centro de Artesanato (Ludza) 203
Centro de Etnocosmologia (Molėtai) 269
Centro de Medicina Diagnóstica e Tratamento (Vilna) 369
Centro do Consumidor da Estônia (Tallinn) 335
Centro Multicultural (Kėdainiai) 265
Centro Náutico de Pirita 57
Centro Silencioso de Riga 11, 14, 144, **156-7**
Cepelinai 311
Cerveja 312
Cervejarias, passeios 360, 361
Cēsis 14, 138, 187, 191, **192-3**
  Museu de Arte e História 193
Chagin, Nikolai 227, 232
Cinema 345, 347, 351, 353, 355

City Card, em Vilna 366
CityBike 381
Čiurlionis, Mikalojus Konstantinas 26, 27, 211, 236, 248, 259, **265**
  A oferenda 26
  Museu de Arte Čiurlionis (Kaunas) **264**
  Sinfonia fúnebre 265
  Sonata de primavera 265
Čiurlionis, museu memorial (Druskininkai) 259
Clima 32-3
Códigos telefônicos 373-5
Cogumelos, colheita de 311, **359**, 361
Colégio Naval de Ainaži 195
Coletivos, esportes 360, 361
Comida e bebida
  lojas 335, 337, 339, 341
  o que beber **312-3**
  Sabores da Estônia, da Letônia e da Lituânia **310-1**
Companhias aéreas
  airBaltic 376-7, 382-3, 388-9
  Austrian Airlines 388-9
  easyJet 376-7
  Estonian Air 376-7, 388-9
  Finnair 376-7, 382-3, 388-9
  LOT 382, 383, 388-9
  Lufthansa 376-7, 382-3, 388-9
  Norwegian 388, 389
  Ryanair 376-7, 382-3, 388-9
  SAS 382, 383, 388-9
  Wizz Air 382-3
Compras
  como pagar 332, 336, 340
  direitos e reembolsos 332
  especialidades regionais 332, 337, 341
  Estônia **332-5**
  horário de funcionamento 332, 336, 340
  isenção do imposto sobre valor agregado (VAT) 332, 336, 340
  Letônia **336-9**
  Lituânia **340-3**
  liquidações 332, 336
  lojas de departamentos e shopping centers 333, 336, 340
  mercados 332-3, 334, 336, 338, 342
  Riga **338-9**
  Tallinn **334-5**
  Vilna **342-3**
Comunicações 372-5
Comunidade sueca na Estônia 92
Contius, H. A. 184
Copterline 377
Corrente Báltica 43, 230
Corridas automobilísticas 360
Costa Livoniana **177**
  Cabo Kolka 177
  Duna Branca Pūrciems 177
  Farol Slitere 177
  Košrags 177
  Mazirbe 177
  Vaide 177
Countryside Tourism (associação) 294
Cova da Donzela (Encosta de Arenito Taevaskoja) 126
Cracóvia 215
Crianças
  hotéis 295
  restaurantes 309
  viagens com 367
Cristianismo 217
  ortodoxo 24-5
Crocodilo Dundee (filme) 176
Cruzada Báltica 35
Curlândia, laguna da **288-9**
Czechowicz, Szymon
  A exaltação de Santa Teresa 238

D

Dach, Simon 284
  Ännchen de Tharau **284**
Daliņš, Jānis 27
Dança 27, 344, 346, 350, 354
Dança macabra (Notke) 69
Danish Brewery Group 313
Dargis, Alfonsas 280
Darius, Steponas 264
Darwin, Charles 119
Dārziņš, Emīls 203
Dauderi (Riga) 14, **160**
Daugavpils 15, 187, **200-1**
  Catedral de São Bóris e São Glebe **200**
  clima 33
  Fortaleza Daugavpils 15, **201**
  hotéis 302
  Igreja Católica da Virgem Maria **201**
  Igreja de Santa Maria 200
  Igreja Martinho Lutero **201**
  Museu de Estudos e Artes Regionais **200**
  restaurantes 324
  Sinagoga **200**
Delaroche, Hippolyte
  Retrato de Pedro, o Grande 83
Desa & Co (Riga) 339
Descontos e formas de pagamento 366
Destino, divindade (Laima) 24
DHL 373, 374, 375
Dievs (Deus do Céu) 24
Dievturība 24
Dinheiro 370-1
Dirigir
  Estônia 377, 379, 380
  Letônia 383, 385, 386
  Lituânia 389, 391, 392-3
Diversão
  Estônia 344-7
  informações 344, 346, 348, 350, 352, 354
  Letônia 348-51
  Lituânia 352-5
  reservas e preços 344, 348, 352
  Riga 350-1
  Tallinn 346-7
  Vilna 354-5
Dobele **171**
  Estação Experimental de Horticultura e Reprodução de Plantas 171
  Floresta Pokaiņi 171
  Museu de História 171
Dolorosa Mãe de Deus 263
Doma Antikvariāts (Riga) 339
Domšaitis, Pranas 285
DPD (serviços postais) 373, 374, 375
Dringis, lago 271
Drobiazko, Margarita 211
Drubazas (Sabile) 182
Druskininkai 11, 17, 253, **259**
  hotéis 305
  Museu Jacques Lipchitz 259
  Museu Memorial Čiurlionis 259
  restaurantes 328
Duna Branca Pūrciems 177
Duna Parnidis (istmo da Curlândia) 17, 206, **288**, 289
Dunas Mortas (istmo da Curlândia) 289
Dunas, movimentação **289**
Dundaga **176**
  hotéis 301
  restaurantes 322
Dunte **196**
Durbes Pils (Tukums) 175
Dviragis, lago 268
Dyck, Anthony Van
  Retrato de Thomas Chaloner 80

396 | ÍNDICE GERAL

Dzintari, praia de (Jūrmala) 175
Džiugas 280
Dzūkija 253
Dzūkija, Parque Nacional 258-9, **260**
  Liškiava 260
  Marcinkonys 260
  Merkinė 260
  Reserva Čepkeliai 260
  Zervynos 260

E

e.k.art (Vilna) 343
Easy Car Rent 379
Eat Riga (bicicletas) 387
Ecolines (companhia de ônibus) 377, 383
Economia
  Estônia 50
  Lituânia 211
Edelaraudtee 378-9
Eduard Vilde Lokaal (Tartu) 120
Egle (Riga) 339
Eglė, rainha das serpentes 286
Eisenstein, Mikhail 11, 156, 157
Eisenstein, Sergei 26
  O encouraçado Potemkin 26
  Strike! 26
Ekesperre, hotel-butique (Kuressaare) 88
Ekipažas 393
Elektriraudtee 378-9
Elelson, Zalman 155
Eletricidade 367
Elizabetes iela (Riga) 156-7
Elizabeth II, rainha 71
Eller, Heino 66
Embaixadas e consulados 365
Emergências 369
Emils Gustavs Chocolate (Riga) 339
EMT (telefonia móvel) 373
Encouraçado Potemkin, O 26
Endla, reserva natural **117**
  Monte Emumägi 117
  Trilha Männikjärve 117
Engels, Friedrich 259
Engure, lago **176**
  Centro Ornitológico 176
  hotéis 301
  restaurantes 322
Escola da Natureza (Solar Sagadi) 113
Esportes 27
  aquáticos 359, 361
  atividades ao ar livre **356-61**
  coletivos 360, 361
  de inverno 123, 359, 361
  Lituânia 211
Esqui e snowboard na Estônia **123**
Estacionamento 380-1, 386, 392
Estado Polonês-Lituano 214-5, 221, 279
Estátua da Independência 279
Estônia **48-127**
  14 dias na Estônia 10, **12-3**
  como chegar 376-7
  como circular 378-9
  compras 332-5
  comunicações 373
  diversão 344-7
  hotéis 296-9
  interesses especiais **356-61**
  Leste da Estônia **106-27**
  Oeste da Estônia **88-105**
  restaurantes 314-9
  Tallinn **58-87**
Estonian Air 376-7
Estonian Rural Tourism (associação) 293
Eurolines 390, 391
Europa (Vilna) 343
Europcar 379, 393
EuroVelo (EV), rotas de bicicleta 383, 385
Ežezers, lago 15, **202**

F

Farmácias 369
  Farmácia da Prefeitura (Tallinn) 54, 62, **64**
Fauna e flora **22-3**
  Parque Nacional Dzūkija 260
  Parque Nacional Lahemaa 110-1
  Reserva Estadual de Kamanos 280
Fazenda Selian (Jēkabpils) 198
Feldbergs, Ojars 182
Feriados públicos
  Estônia 53
  Letônia 137
  Lituânia 213
Ferrovia da Letônia 384, 385
Ferrovia de Bitola Estreita Lituana 269
Ferryboats 376-7, 383, 389
  Estônia 376-7
  Letônia 382-3
  Lituânia 389
  Stena Line 382, 383
  Tallink 382, 383
  terminal de Riga 382, 383
Festivais
  Aniversário de Andrejs Pumpurs (Lielvārde) 197
  Ano-Novo 213
  Assunção da Virgem Maria (Liepāja) 137
  Astros do Piano (Liepāja) 136, 185
  Birgitta (Tallinn) 53
  Birštonas 261
  Birštonas Jazz 261
  Corrida de Cavalos no Lago Sartai (Rakiškis) 268
  Credo de Música Sacra Internacional (Tallinn) 53
  Dia da Cidade de Kaunas 212
  Dia da Cidade de Tartu 119
  Dia da Dama Branca (Haapsalu) 92
  Dia da Erva (Letônia) 136
  Dia de Lāčplēšis (Letônia) 137
  Dia do Estado Nacional (Lituânia) 212
  Dias da Arqueologia Viva (Kernavė) 258
  Dias da Cidade de Šiauliai 277
  Dias da Cidade Velha de Tallinn 52
  Dias de Arte e Noites de Museu (Letônia) 136
  Dias de Fazenda da Primavera (Estônia) 52
  Dias de Música Contemporânea em Pärnu 53
  Dias de Narva 116
  Epifania 213
  Estônia **52-3**
  Feira de Artesanato de Kaziuko (Vilna) 212, 236
  Feira de Mercado de Artesanato de Maras (Talsi) 182
  Feira Medieval de São Simeão (Valmiera) 194
  Festa da Assunção 23, 131
  Festa da Capital (Vilna) 213
  Festas da Cidade (Pōlva) 126
  Festas da Cidade (Valmiera) 194
  Festivais Samogicianos (Lago Plateliai) 283
  Festival Báltico 28-9
  Festival da Arena da Nova Música (Riga) 137
  Festival da Canção Estoniana 39, 50, 107
  Festival da Cidade (Saulkrasti) 196
  Festival da Cidade de Riga 137
  Festival da Ferrovia (Ferrovia de Bitola Estreita Gulbene-Alūksne) 137, 203
  Festival da Tulipa de Burbiškis 278
  Festival da Vaca Nadadora (Parque Nacional Aukštaitija) 212
  Festival de Cinema de Pärnu 103

Festivais (cont.)
  Festival de Cinema Noites Escuras (Tallinn) 53
  Festival de Coros Femininos e Coros Masculinos (Tukums) 175
  Festival de Dança de Agosto (Tallinn) 53
  Festival de Dança e da Canção Letã (Riga) 136
  Festival de Esculturas de Fogo (Lituânia) 213
  Festival de Filmes sobre a Natureza de Matsalu (Estônia) 53
  Festival de Folclore Báltico 52, 136
  Festival de Jazz de Natal (Estônia) 53
  Festival de Literatura de Tallinn 52
  Festival de Música Antiga (Haapsalu) 92
  Festival de Música Barroca (Tallinn) 53
  Festival de Música Country de Visagino 269
  Festival de Música de Haapsalu 52
  Festival de Música de Inverno (Valmiera) 194
  Festival de Música de Órgão (Saulkrasti) 196
  Festival de Música de Pažaislis (Kaunas) 212
  Festival de Música Estoniana 52
  Festival de Música Juu Jääb Muhu (Ilha Muhu) 52
  Festival de Oistrakh (Pärnu) 103
  Festival de Ópera de Riga 136
  Festival de Teatro de Sirenos (Vilna) 213
  Festival de Verão Christopher (Vilna) 212
  Festival do Cogumelo (Varėna) 213, 258
  Festival do Mar (Klaipėda) 212, 285
  Festival do Mar (Letônia) 136
  Festival do Mar (Pāvilosta) 183
  Festival do Pepino (Kėdainiai) 265
  Festival do Sorvete (Kėdainiai) 265
  Festival do Vinho (Sabile) 182
  Festival dos Artesãos (Valmiera) 194
  Festival dos Estudantes de Tartu 52
  Festival e Feira dos Artesãos (Riga) 136
  Festival Folclórico de Saulės Žiedas (Šiauliai) 277
  Festival Folclórico de Viljandi 53
  Festival Hanseático de Pärnu 52
  Festival Histórico de Narva 116
  Festival Internacional da Escultura no Gelo (Jelgava) 137, 170
  Festival Internacional de Corais (Tallinn) 52
  Festival Internacional de Dança Moderna (Kaunas) 213
  Festival Internacional de Jazz (Kaunas) 263
  Festival Internacional de Jazz (Saulkrasti) 196
  Festival Internacional de Música Country (Bauska) 170
  Festival Internacional de Música de Órgão (Liepāja) 185
  Festival Internacional de Música Folclórica (Koknese) 197
  Festival Internacional de Música Sacra Sinos de Prata (Daugavpils) 137
  Festival Internacional do Balé Báltico (Riga) 136
  Festival Klaipėda Jazz 285
  Festival Livoniano (Cēsis) 136
  Festival Medieval (Trakai) 212
  Festival Mėnuo Juodaragis (Lituânia) 213
  Festival Mundial da Canção Lituana (Vilna) 245

Festivais (cont.)
 Festival Nova Dança Báltica (Vilna e Klaipėda) 212
 Festival Regional (Lielvārde) 197
 Garso Galerija (Vilna) 212
 Guitarras de Christopher (Vilna) 213
 Jazzkaar (Estônia) 52
 Joninės (Dia de São João) 212
 Kaunas Jazz 212
 Letônia **136-7**
 Lituânia **212-3**
 Maratona de Esqui de Tartu 53
 Mārtiņdiena (Riga) 137
 Mercado de Natal na Cidade Velha (Riga) 137
 Mercado de Natal na Cidade Velha (Tallinn) 53
 Mercado Medieval na Cidade Velha (Tallinn) 53
 Natal 137, 213
 Noites de Blues no Lago Lukštas 212
 NYYD (Tallinn) 53
 Õllesummer (Tallinn) 52
 Positivus (Mazsalaca) 137
 Positivus (Salacgrīva) 194
 Primavera da Poesia (Vilna) 212
 Primavera no Cinema (Vilna) 212
 Proclamação da República da Letônia 137
 Purim 40
 Rīgas Ritmi 136
 Romaria à Šilinės (Šiluva) 278
 Scanorama (Vilna) 213
 Som do Verão Summer Sound (Liepāja) 136, 185
 Terça-Feira de Carnaval (Plateliai) 281
 Užgavėnės (Lituânia) 213
 Véspera de São João 52, 136
 Vilnius Jazz 213
Festival da Canção, área do (Tallinn) **82**
 Anfiteatro do Festival da Canção 82
Filhas do pescador 286
FIS, Campeonatos Mundiais Nórdicos 123
Floresta Rumbula **162**
Fluxus 236
Folclóricos, festivais 345
Fortaleza do lago Āraiši **193**
Frank Zappa, estátua (Vilna) **242**
Frases
 em estoniano 411-2
 em letão 413-4
 em lituniano 415-6
Freixo da Bruxa (Plateliai) 281
Frutas silvestres, colheita 359, 361
Fumantes
 em hotéis 294-5
 em restaurantes 309
Futebol 360

G

Gaišais ver Bebidas
Galeria de Pintura de Vilna **227**
Galeria de Pintura e Parque de Escultura (Klaipėda) **285**
Galeria Riga 339
Galeria-Moinho (Babrungėnai) 282
Galerii Kaks (Tallinn) 335
Galerija Centrs (Riga) 339
Galerija R&A (Vilna) 343
Galli, Giovanni Maria 247
Galvė, lago 257
Gandinga, monte 281
Ganelin Trio 27
Gaon de Vilna 40
Gardie, Pontus de la 74
Gariūnai, mercado (Vilna) 343
Gauja, Parque Nacional 11, 14, 133, 186, **190-3**, 385
 Āraiši, fortaleza do lago 191, **193**
 Castelo Novo em Sigulda 190
 Centro de Educação e Recreação de Līgatne 191, **193**

Gauja, Parque Nacional (cont.)
 Cēsis 191, **192-3**
 hotéis 302-3
 Krimulda **192**
 lago Āraiši 191
 Pedra Zvārte 191
 pista de bobsleigh (trenó de neve) 190
 Reserva e Museu de Turaida 191, **192**
 restaurantes 324
 Rosa de Turaida **191**
 Sigulda **192**
Gauja, vale 131, 190-3
Gaveikėnai, moinho de água 271
Gavelis, Ričardas 26
Gebhardt, Eduard von, Sermão da Montanha 80
Gediminas, grão-duque 40, 213-7, 214, 216, 221, 230
Gedimino 9 (Vilna) 343
Gedimino, avenida (Vilna) 213
Gelgaudas, Antanas 279
Gelgaudiškis 280
Gielgud, sir John 280
Giotto, Daniele 232
Gira ver Refrigerantes
Girėnas, Stasys 264
Glasnost 43
Glaubitz, Krzysztofe Jan 226, 233, **237**, 238, 241
Glehn, castelo do barão von (Tallinn) 85
Global Blue Latvia (Riga) 339
Glögg, vinho quente 312
Glück, Ernst 25, 203
Godeliai 282
Godunov, Alexander 27
Golfe 360, 361
Gomanovics, Vladimirs 154
Gorbachev, Mikhail 43, 57, 141, 219
Gorjetas
 em hotéis 292
 em restaurantes 309
Graff, Johann Michael 173
Grande Duna 209
Grande Guerra Nórdica 37, 139, 192, 197, 268
Grande Guilda (Riga) **149**
Grande Pátio (Universidade de Vilna) 226
Grande Sinagoga (Vilna) 237, 243
Grande Sinogoga Coral (Riga) 40
Grão-ducado da Lituânia 40, 214, **216-7**, 218, 256-7, 260, 273, 279
Grauzdini 310
Grażyna (Mickiewicz) 233
Grünwald, batalha de 36, 209, 214, 256, 262, 265
Grybas, Vincas, Estátua da Independência 279
Guerra, museu de (Riga) **149**
Guerras Livonianas 37, 55, 95, 120, 138, 198, 215
Gueto de Vilna 243
Gulbene, restaurantes 324
Gulbene-Alūksne, Ferrovia de Bitola Estreita **203**
 Museu do Moinho Ates 203
Gustavo Adolfo, rei da Suécia 102, 118, 138, 139, 160
Gutmana, cavernas 191

H

Haanja 125
Haapsalu 12, 89, **92-3**
 Castelo do Bispo 92
 Catedral do Domo 92
 hotéis 297
 Kuursaal 93
 Museu da Ferrovia 92
 Museu do Castelo 92
 Museu dos Suecos da Costa 93
 praia Paralepa 92
 restaurantes 316
 Tchaikovsky em **93**

Haapsalu, castelo 91
Halės, mercado (Vilna) 343
Hannibal, major-general Abram Petrovich 227
Haras Tori 105
Harilaid, península 99
Helein ver Bebidas
Henrique IV, rei da Inglaterra 258
Hertz 379, 393
Hirte, Valters 195
História
 Estônia 54-7
 Estônia, Letônia e Lituânia 34-43
 grão-ducado da Lituânia **216-7**
 história judaica **40-1**
 Letônia 138-41
 Lituânia 214-9
Hitler, Adolf 219, 284
Hoogveun ver Bebidas
Hóquei no gelo 360
Horário de funcionamento 365
 bancos 370
 lojas 332, 336, 340
 monumentos, Igrejas e lugares históricos 366
Horário local 367
Hospedagem **292-307**
 albergues 293
 apartamentos e casas particulares 293
 camping 294
 Estônia 296-9
 hotéis 292, 294-5, 296-307
 Letônia 300-3
 Lituânia 304-7
 portadores de deficiência 295
 pousadas 293
 reservas 292
Hospitais 369
Hostelling International (albergues) 293
Hotéis 292-307
 Centro da Lituânia 305-6
 crianças 294
 de luxo 292
 Estônia 296-9
 Leste da Estônia 298-9
 Leste da Letônia 302-3
 Letônia 300-3
 Lituânia 304-7
 modernos 292
 Oeste da Estônia 297-8
 Oeste da Letônia 301-2
 Oeste da Lituânia 306-7
 portadores de deficiência 295
 reserva 292-5
 Riga 300-1
 Tallinn 296-7
 taxas ocultas 294
 Vilna 304-5
Hullo 92, 93
 Igreja de São Olavo 92, 93
Humanitas (Vilna) 343
Hüpassaare, trilha (Parque Nacional Soomaa) 105
Hurt, Jakob 119

I

Idioma **367**
 estoniano 411-2
 letão 413-4
 lituano 415-6
IG Romuls (Riga) 339
Ig, Prêmio Nobel da Paz 259
Ignalina 17, 271
 Usina Nuclear de 211, 269
Igrejas, catedrais, capelas e mosteiros
 Basílica Aglona 15, **199**
 Basílica de Santa Ana (Liepāja) **184**
 Capela das Santas Rainhas (Vilna) 246
 Capela de Santa Úrsula (Vilna) 247
 Capela de São Casimiro (Catedral de Vilna) 207, **229**, 237, 238, 241, 247

ÍNDICE GERAL

Igrejas, catedrais, capelas e mosteiros (cont.)
Capela do Sofrimento de Rainiai 280
Capela dos Santos Degraus (Mosteiro da Abençoada Virgem Maria, Tytuvėnai) 278
Catedral Alexander Nevsky (Tallinn) 12, 24, 58, 72, **74**
Catedral de Cristo Rei (Panevėžys) 268
Catedral de Santa Maria Virgem (Tallinn) 73, **74-5**
Catedral de Santo Antônio de Pádua (Telšiai) 280
Catedral de São Bóris e São Glebe (Daugavpils) 15, **200**
Catedral de São Jacó (Riga) **147**
Catedral de São José (Liepāja) **185**
Catedral de São Pedro e São Paulo (Kaunas) **263**
Catedral de São Pedro e São Paulo (Šiauliai) **276-7**
Catedral de Vilna 16, 207, 224, **228-9**, 238
Catedral do Domo (Haapsalu) 12, **92**
Catedral do Domo (Riga) 14, **146**
Catedral Ortodoxa (Riga) 24, **155**
Catedral Ortodoxa de São Nicolau (Karosta) 185
Catedral Ortodoxa de São Nicolau (Liepāja) 366
Catedral Ortodoxa de São Simeão e Santa Ana (Jelgava) 15, **170**
Convento de São Miguel (Tallinn) 70
Convento Pühtitsa (Kuremäe) 116
Igreja Bernardina (Vilna) **232**
Igreja Católica da Virgem Maria (Daugavpils) **201**
Igreja Católica do Espírito Santo (Vilna) 25
Igreja Católica Romana (Preiļi) 199
Igreja Católica Romana de Skaistkalne **171**
Igreja da Abençoada Virgem Maria (Kalvarija) 261
Igreja da Anunciação (Kretinga) 286
Igreja da Aparição da Abençoada Virgem Maria (Šiluva) 279
Igreja da Ascenção (Raseiniai) 279
Igreja da Cruz Sagrada (Šeduva) 278
Igreja da Natividade da Abençoada Virgem Maria (Šiluva) 278-9
Igreja da Ressurreição (Kaunas) **264**
Igreja da Santa Mãe de Deus (Vilna) **232**, 245
Igreja da Santíssima Trindade (Liepāja) 15, **184**
Igreja da Santíssima Trindade (Liškiava) 260
Igreja da Transfiguração de Nosso Senhor (Tallinn) **70**
Igreja de Jesus (Riga) 158
Igreja de Santa Ana (Vilna) 20, 225, **232-3**, 263
Igreja de Santa Catarina (Pärnu) **102**
Igreja de Santa Catarina (Tallinn) 67
Igreja de Santa Catarina (Vilna) 237, **241**
Igreja de Santa Maria (Daugavpils) **200**
Igreja de Santa Maria (Põlva) **126**
Igreja de Santa Teresa (Vilna) 235, 237, **238**, 247
Igreja de São Casimiro (Vilna) 16, 234, **236**
Igreja de São Estanislau (Beržovas) 282
Igreja de São João (Riga) 151, **153**
Igreja de São João (Tartu) 13, **118**
Igreja de São João (Vilna) 16, **226**, 237
Igreja de São Jorge (Kaunas) **262**
Igreja de São Jorge (Riga) 153

Igrejas, catedrais, capelas e mosteiros (cont.)
Igreja de São Miguel (Kaunas) 264
Igreja de São Miguel (Marijampolė) 261
Igreja de São Miguel (Vilna) **233**
Igreja de São Nicolau (Põltsamaa) 117
Igreja de São Nicolau (Vilna) **240**
Igreja de São Olavo (Tallinn) **71**
Igreja de São Paraskeva (Vilna) 16, **227**, **232**
Igreja de São Pedro (Riga) 14, 151, **153**
Igreja de São Pedro e São Paulo (Vilna) **246-7**
Igreja de São Simeão (Valmiera) 194
Igreja da Santíssima Trindade (Kaunas) **262**
Igreja da Santíssima Trindade (Vilna) 238
Igreja de Vytautas (Kaunas) **263**
Igreja do Domo (Tallinn) ver Catedral da Virgem Santa Maria
Igreja do Espírito Santo (Tallinn) 62, **64**
Igreja do Espírito Santo (Vilna) **238**
Igreja do Mosteiro da Abençoada Virgem Maria (Tytuvėnai) 278
Igreja do Santo Salvador (Riga) **147**
Igreja Dominicana (Vilna) **240-1**
Igreja dos Anjos da Guarda (Alytus) 260
Igreja dos Velhos-Crentes (Lago Peipsi) 25
Igreja Elizabeth (Pärnu) **102**
Igreja Evangélica Luterana (Šilutė) 287
Igreja Franciscana (Vilna) **240**
Igreja Kaarma (Saaremaa) 97, **99**
Igreja Karja (Saaremaa) 12, 97, **99**
Igreja Kihelkonna (Saaremaa) 97, **99**
Igreja Luterana da Virgem Maria (Otepää) 25
Igreja Luterana de São Nicolau (Ventspils) **181**
Igreja Martinho Lutero (Daugavpils) **201**
Igreja Niguliste (Tallinn) 12, 63, **68-9**
Igreja Ortodoxa de São Nicolau (Vilna) **233**
Igreja Ortodoxa Russa (Druskininkai) 252, 259
Igreja Ortodoxa Russa da Anunciação (Riga) **151**
Igreja Ortodoxa Russa de São Nicolau (Ventspils) **180**
Igreja Santa Cruz do Calvário (Vilna) **249**
Igreja Trinapolis (Vilna) **249**
Igreja Turaida 192
Igreja Usma (Museu Etnográfico ao Ar Livre Letão) 163
Igreja Zapyškis (Kaunas) **265**
Mosteiro Basiliano (Vilna) 235, 237
Mosteiro Dominicano (Tallinn) 63, **67**
Mosteiro Pažaislis (Kaunas) 16, **265**
Ikšķile **196**
hotéis 303
Igreja de Santa Maria 196
restaurantes 324
Ilgi 29
Ilha Aegna (Tallinn) **85**
Ilha das Cobras ver Vormsi Island
Ilha Hiiumaa 10, 12, 89, **94-5**
Farol Kõpu **95**
hotéis 297
Kärdla **94**
Kassari **95**
Morro das Cruzes 94
Museu do Hiiumaa 95
restaurantes 316
Solar Suuremõisa **94-5**

Ilha Kihnu **105**
hotéis 297
Linaküla 105
restaurantes 316
Ilha Muhu 89, **95**
hotéis 297
Koguva 95
restaurantes 316-7
Ilhas
Aegna (Tallinn) **85**
Hiiumaa 89, **94-5**
Kihnu **105**
Mohni **113**
Muhu 89, **95**
Piirissaar (Lago Peipsi) **127**
Saaremaa 89, **96-9**
Vilsandi 89, 99
Vormsi **93**
Imposto sobre o valor agregado 332, 336, 340
Imsrė, rio 280
In Your Pocket (guia) 344, 352, 372
Riga In Your Pocket 350, 384, 387
Tallinn In Your Pocket 346
Vilnius In Your Pocket 354
Informações turísticas 365
Ingatsi, trilha do pântano (Parque Nacional de Soomaa) 104
Ingressos 366
Inocente III, papa 25, 35
Intas, dr. Vaclovas 281
Interesses especiais **356-61**
International Herald Tribune 372
Internet e e-mail 372-5
Irmandade da Espada 36, 54, 192, 195
Irmãos da Floresta 43, 117, **122**, 242
Istmo da Curlândia, Parque Nacional 11, 17, 209, 273, **288-9**
Duna Parnidis 288, 289
Duna Vecekrug 288
Dunas Mortas 289
hotéis 306
istmo da Curlândia 273, 274, 288-9
Morro das Bruxas 289
Nida 288
Praia Báltica 288
restaurantes 330
Trilhas na Floresta 289
Itinerários **10-7**
14 Dias na Estônia 10, **12-3**
14 Dias na Letônia 11, **14-5**
14 Dias na Lituânia 11, **16-7**
Ivan, o Terrível 37, 84
Ivanauskaitė, Jurga 26, 211
Ivangorod, castelo 108

J

Jadwiga 214
Jakobson, Carl Robert 122
Jāņa Bišu (Riga) 339
Jāņa Sēta (Riga) 151
Janis Rozentāls, Museu de História e Artes (Saldus) 183
Jannsen, Johann Valdemar 103
Jardim Botânico (Riga) **159**
Jardim de inverno (Kretinga) 286
Jasinskis, Jokūbas 215
Jaunmoku Pils (Tukums) 175
Jaunpils, castelo 15, **174**
hotéis 301
Jazz e blues 346, 349, 350, 353, 354, 355
Jeckeln, Friedrich 148
Jēkaba, praça (Riga) 148
Jēkabpils 15, **198**
Castelo Krustpils 198
Fazenda Selian 198
Galeria Mans's 198
hotéis 303
Igreja Ortodoxa de São Nicolau 198
restaurantes 324-5

ÍNDICE GERAL | **399**

Jelgava 15, 167, **170**
  Catedral Ortodoxa de São Simeão e de Santa Ana 170
  Cemitério Nikolai 170
  hotéis 301
  Museu de História e Arte 170
  Museu Ferroviário da Letônia 170
  Palácio 15, 170, 178-9
  restaurantes 322
João Paulo II, papa 199, 239, 277, 279
Jogaila, grão-duque 24, 36, 214, 249
Jõgeveste 122
Joias, lojas 338, 342-3
Jõnn, Kihnu 105
Jornais e revistas
  Aušra 218, 248
  The Baltic Times 372
  The Economist 372
  In Your Pocket 372
  International Herald Tribune 372
  Jerusalem of Luthuania 242
  New York Times 372
  Postimees 55
  Sakala 122
  Varpas 218
Judeus na 38, **40-1**
  Letônia **141**, 155, 161
  Lituânia 219, 221, 260, 261, 281
Jugla, lago 163
Juodieji Lakajai, lago 269
Juozapavičius, Antanas 260
Jurbarkas 280
Jūrmala **174-5**
  Casa Aspazija 174
  Casa de Campo Morbergs 175
  hotéis 301
  Jomas, rua 174
  Museu da Cidade de Jūrmala 174
  praia de Dzintari 175
  restaurantes 322
  Sala de Concerto de Dzintari 175
  Sanatório de Marienbäde 174

K

Kaali, cratera meteórica de (Saaremaa) 10, 13, **98**
Kadriorg, parque (Tallinn) 12, **78-81**
  estátua de Friedrich Reinhold Kreutzwald 78
  Lago dos Cisnes 78
  Memorial Russalka 79, **82**
  Museu Anton Hansen Tammsaare 78, **81**
  Museu Casa de Pedro, o Grande 79, **81**
  Museu de Arte de Kumu 79, **80-1**
  Museu e Memorial Eduard Vilde 78, **81**
  Museu Mikkel 79, **80**
  Palácio Kadriorg 79, 80, 81, 83
Kafejnīca 308
Kaiserwald *ver* Mežaparks
Kalanta, Romas 264
Kalēju iela (Riga) 157
Kalev 74
Kali ver Refrigerantes
Kaliningrado 280, 284
Kalnapilis Grand (cerveja) 313
Kalvarija 261
  Igreja da Abençoada Virgem Maria 261
Kamanos, reserva estadual 280
Kandava, hotéis 301
Kanklės 29
Kannel 29
Kaplinski, Jaan 26
Karaim 245, **257**
  cemitério (Trakai) 257
Kärdla 12, **94**
Karosas, Gintaras 258
  LNK Infotree 258
  Parque Europa 258

Karosta **185**
  Igreja Ortodoxa de São Nicolau 185
  Prisão Militar 185
Karp, Raine, Biblioteca Nacional (Riga) 21
Karšuva, floresta de 280
Kartupeļu pankūkas 311
Karuskose, fazenda (Parque Nacional Soomaa) 104
Kasepää 127
Käsmu 13, 110-1, **112**, 114
  Museu Marítimo 112
Käsmu, passeio pelas rochas 13, 112, **114**
  península 114
  rochas erráticas 22, 114
  Saartneem 114
  vilarejo de 114
Käsmu, península 22, **114**
Kassari **95**
  Museu de Hiiumaa 95
Kastaldi, Philippo 198
Kataríina Guild, loja de artesanato (Tallinn) 335
Kaubamaja (Tallinn) 335
Kaudzīte, Matīss e Reinis 203
Kaunas 16-7, 253, **262-5**
  Antiga Prefeitura 21, **262**
  avenida Laisvės 264
  Casa Perkūnas 20, **263**
  Castelo de **262**
  Catedral de São Pedro e São Paulo 263
  clima 32
  festivais 212
  Galeria de Arte Mykolas Zilinskas 264
  história 42, 218, 221
  hotéis 306
  Igreja da Ressurreição 264
  Igreja da Santíssima Trindade **262**
  Igreja de São Jorge **262**
  Igreja de Vytautas **263**
  Igreja Zapyškis **265**
  Mosteiro Pažaislis 20, **265**
  Museu a Céu Aberto Rumšiškės **265**
  Museu da Farmácia **262-3**
  Museu da Guerra Vytautas, o Grande **264**
  Museu de Arte M. K. Čiurlionis **264**
  Museu de Música Folclórica **263**
  Museu do Diabo **264**
  Nono Forte **264**
  Raudondvaris **265**
  restaurantes 328-9
Kaunas, terminal de ônibus 390, 391
Kaušėnai 281
Kavinė 308
Kazaks, Jēkabs 155
Kėdainiai **265**
  Centro Multicultural 265
  hotéis 306
  restaurantes 329
Kefir 311, 313
Ķemeri
  Parque Nacional **174**
Kenesa, sinagoga (Trakai) 41, **257**
Kepta duona 310
Kernavė 35, 204-5, 207, 253, **258**
  restaurantes 329
Kettler, duque Gotthard 167, 183
Kettler, duque Jakob 37, 139, 167, 184, 198
KGB
  Museu Celas da (Tartu) **119**
  Museu da (Vilna) **242**, 366
Kibinai 311
Kiek-in-de-Kök (Tallinn) 65, 72-3, **75**
Kiidjärve, moinho de água 13, **126**
  Formigueiros Akste 126
Kiipsaare, farol (Saaremaa) 100-1
Kistler-Ritso 75
Kits, Elmar 119

Klaipėda 17, 35, 42, 272, 273, **284-5**
  Ännchen de Tharau **284**
  clima 32
  festivais 213
  Galeria de Pintura e Parque de Escultura **285**
  história 218, 219
  hotéis 307
  Museu de História da Lituânia Menor **284**
  Museu do Castelo **284**
  Museu do Relógio **284-5**
  Museu dos Ferreiros **284**
  porto marítimo 389
  Praça do Teatro 284
  restaurantes 330-1
Kmieliauskas, Antanas 221, 226, 240
Knackfus, Marcin 249
Koguva (ilha Muhu) 95
Kohtla, Museu Subterrâneo da Mina de 10, 13, **115**
Kohtla-Järve 107, 115
Kohvik 308
Koidula, Lydia 39, **103**
  Meu país é meu amor 103
Kokle 29
Koknese **197**
  hotéis 303
Kolbe, H. 102
Kolka, cabo 177
  hotéis 301
  restaurantes 322
Kolkja 127
Kononenko, Sergejs 154
Konventa Sēta 150-1
Kõpu, farol (ilha Hiiumaa) 10, **95**
Körts 308
Košrags 177
Krāslava **198-9**
  castelo 198
  hotéis 303
  museu 198-9
  restaurantes 325
Kretinga 273, **286**
  Igreja da Anunciação 286
  Jardim de Inverno 286
  Museu 286
  restaurantes 331
Kreutzwald, Friedrich 26, 78, **125**
  Kalevipoeg 78, 85, 125
Kriaunos 268
Krimulda 191, **192**
Krogs 308
Kross, Jaan 26
Krustpilm, castelo (Jēkabpils) 198
Kugelis 310
Kuldīga 138, 167, **183**
  Cachoeira de Venta 183
  grutas de arenito de Rižupe 183
  hotéis 301
  Igreja de Santa Catarina 183
  restaurantes 322
  Santíssima Trindade 183
Kuldīga, Museu do Distrito de 183
Kulnev, Jakov 203
Kuremäe 116
  Catedral da Dormição 116
  Convento Pühtitsa 116
  hotéis 298
  restaurantes 318
Kuressaare 12, 36, 96, **98**
  Casa de Pesagem 98
  castelo 20
  Igreja de São Nicolau 98
  Vaekoja 98
Kurzeme 135, 154, 163, 167, 177, 182-3, 185
  Vila de Pescadores (Museu Etnográfico ao Ar Livre Letão) 163
Kuuraniidu, trilha de estudo (Parque Nacional Soomaa) 105

Kuutsemäe, estação de esqui 123
Kvass 313

L

Laar, Mart 57
Labanoras, parque regional 269
Lāčplēsis 154, **197**
Ladakalnis, morro 17, **270**
Lago dos Cisnes
  Solar Palmse 112
  Tallinn 78
Lahemaa, Parque Nacional 13, 47, 107, 109, **110-4**
  Altja 111, **113**
  fauna e flora 110
  hotéis 298
  Käsmu **112**
  passeio pelas rochas de Käsmu **114**
  península Käsmu 110
  restaurantes 318
  Solar Palmse 111, **112**
  Solar Sagadi 111, **113**
  Trilha do Castor de Oandu 113
  Trilha na Mata de Oandu 111, 113
  Viinistu 110, **113**
  Võsu 111, **112**
Laima (Riga) 339
Lais, B. 66
Laisvės, avenida (Kaunas) **264**
Lasering, loja (Tallinn) 335
Lasnamäe (Tallinn) **85**
Latgália 154, 163, 187, 198-9, 202
  Centro de Arte e Artesanato (Līvāni) 198
Latgália, lagos da 11, 15, 128-9, 131, **202**
  Gaiglava 202
  lago Ežezers 202
  lago Lubāns 202
  lago Rāzna 202
  Lielais Liepukalns 202
  Mākoņkalns 202
  Planato da Latgália 202
  Rēzekne 202
  Teirumnīki 202
Latvijas Modes Klase (Riga) 339
Latvijas Pasts (serviços postais) 374
Laukasoo, reserva (Parque Nacional Lahemaa) 110
Laumas, Parque Natural de 182
Lean, Mae 285
Lemmjõgi, trilha na mata do rio (Parque Nacional Soomaa) 105
Lendas folclóricas, lago Plateliai **283**
Lenin, Vladimir Ilyich 259
Leste da Estônia **106-27**
  como explorar 109
  hotéis 298-9
  restaurantes 318-9
Leste da Letônia **186-203**
  como explorar 189
  hotéis 302-3
  restaurantes 324-5
Letônia **128-203**
  14 Dias na Letônia 11, **14-5**
  bandeira **193**
  como circular 384-5
  como explorar 382-3
  compras 336-9
  comunicações 374
  diversão 348-51
  hotéis 300-3
  interesses especiais **356-61**
  Leste da Letônia **186-203**
  Oeste da Letônia **166-85**
  restaurantes 320-5
Liberdade, Monumento à (Riga) 142, **154**
Lielvārde **197**
  Castelo Uldevena 197
  Museu Andrejs Pumpurs 197
  restaurantes 325

Liepāja 15, 135, 167, **184-5**
  Basílica de Santa Ana **184**
  Casa dos Artesãos **184**
  Catedral de São José **185**
  clima 32
  hotéis 302
  Igreja da Santíssima Trindade **184**
  Karosta **185**
  Museu da Ocupação **184-5**
  Museu de Liepāja **185**
  Parque à Beira-Mar 185
  praia **185**
  restaurantes 322-3
Lietuvos Geležinkeliai 390, 391
Lietuvos Paõtas 375
Lieven, Charlotte von 170
Liežuvis 310
Liga Hanseática 36, 138, 192, 194, 195, 263
Līgatne, Centro de Educação e Recreação de (Parque Nacional Gauja) 14, 191, **193**
Lihula 95
  Museu **95**
Lilienfeld, Paul 183
Limbaži **195**
  hotéis 303
  Igreja Ortodoxa 195
  Museu de Estudos Regionais 195
  restaurantes 325
Linakūla 105
Linen & Amber Studio (Vilna) 343
Linkmenas, lago 270
Lipke, Žanis 158
Liquidações 332, 336
Liškiava 260
Literatura 26
Littera, livraria (Vilna) 225, 226, 343
Lituânia **204-89**
  14 Dias na Lituânia 11, **16-7**
  Centro da Lituânia **252-71**
  como circular 390-1
  como explorar 388-9
  compras 340-3
  comunicações 375
  diversão 352-5
  hotéis 304-7
  interesses especiais **356-61**
  Oeste da Lituânia **272-89**
  restaurantes 326-31
Līvāni **198**
  Centro de Arte e Artesanato da Latgália 198
  Museu do Vidro 198
Liviko (Tallinn) 335
Livônia 36, 37, 215
Livonianos 24, 153, 167, **176**, 182, 192, 196
Livrarias
  Tallinn 335
  Vilna 343
LMT (operadora de telefonia) 374
Lobisomem, floresta do (Mazsalaca) 195
Lojas de arte
  Letônia 337
  Riga 338-9
  Tallinn 334
  Vilna 343
Lojas de departamentos 333, 336, 340
Lomonosov, M.
  Batalha de Poltava 37
Lubāns, lago 15, **202**
Ludza 15, **203**
  Centro de Artesanato 203
  hotéis 303
  Museu de Estudos Locais 203
Lühike jalg (Tallinn) 65
Lükstas, lago 280
Lux Express 377, 383
Luxuosos, hotéis 292

M

M16, aeronave 160
Maarjamäe, palácio (Tallinn) **82**
  Museu de História Estoniano 82
Macikiai 287
Mačiulis, Jonas 26
Maciunas, George 236
Madona da Misericórdia (Vilna) 239
Madona em lua crescente 146
Mãe Chorosa 161
Mãe de Deus, A (imagem) 232
Mäetamm, Marko 119
Magnus, duque, rei da Livônia 117
Makkabi, Associação Esportiva 41
Māksla XO (Riga) 339
Malinauskas, Viliumas 259
Manitsky, Jaan 113
Männikjärve, trilha (Reserva Natural Endla) 117
Mapas
  Arquitetura art nouveau 156-7
  Centro da Lituânia 254-5
  Costa Livoniana 177
  Daugavpils 201
  Estônia, Letônia e Lituânia dentro do mapa 18-9
  grão-ducado da Lituânia 216
  Hiiumaa, ilha 94
  ilha Saaremaa 96-7
  Jūrmala 174-5
  Käsmu, passeio pelas rochas 114
  Kaunas 262-3
  Klaipėda 285
  lago Peipsi 127
  lagos da Latgália 202
  Leste da Estônia 108-9
  Leste da Letônia 188-9
  Liepāja 184
  Oeste da Estônia 90-1
  Oeste da Letônia 168-9
  Oeste da Lituânia 274-5
  Pärnu 103
  Parque Nacional Aukštaitija 270-1
  Parque Nacional do Istmo da Curlândia 288-9
  Parque Nacional Gauja 190-1
  Parque Nacional Lahemaa 110-1
  Parque Nacional Soomaa 104-5
  Parque Nacional Žemaitija 282-3
  Retrato da Estônia 46-7
  Retrato da Letônia 130-1
  Retrato da Lituânia 206-7
  Riga 144-5
  Riga: Fora do Centro 158
  Riga: Guia de Ruas 164-5
  Riga: Praça da Prefeitura (Rua a Rua) **150-1**
  Rota do Âmbar 31
  Šiauliai 276
  Tallinn 60-1
  Tallinn: arredores da Praça da Prefeitura (Rua a Rua) **62-3**
  Tallinn: Fora do Centro 76
  Tallinn: Guia de Ruas 86-7
  Tallinn: Toompea (Rua a Rua) **72-3**
  Tartu 118
  Tartu: Toomemägi (Rua a Rua) **120-1**
  Ventspils 180-1
  Vilna 222-3
  Vilna: da Praça da Prefeitura aos Portões da Alvorada (Rua a Rua) **234-5**
  Vilna: Fora do Centro 244
  Vilna: Guia de Ruas 250-1
  Vilna: Rua Pilies e Universidade de Vilna (Rua a Rua) **224-5**
Maratona de Esqui de Tartu 53, 123
Marcinkonys 258, 260
Margem esquerda (Riga) 158, **159**
  Castelo da Luz 159
  Museu da Ferrovia 159
  Parque Vitória 159

ÍNDICE GERAL | **401**

Marijampolė 253, **261**
  hotéis 306
  Igreja de São Miguel 261
  Museu da Deportação e dos Resistentes do Distrito de Tauras 261
  restaurantes 329
Marx, Karl 259
Mastis, lago 280
Matejko, Jan 214
  A cristianização da Lituânia 217
  Batalha de Grünwald 34, 216-7
Matsalu, baía de **93**
Matsalu, Parque Nacional 89, 93, 95
  Centro da Natureza Matsalu 93
  hotéis 297
  restaurantes 316
Matulaitis, bispo Jurgis 261
Mazā pils, rua (Riga) 147
Mažeikiai 211, **280**
  museu 280
Mazirbe 176, 177
  Monumento à Cultura Livoniana 176
Mazsalaca **195**
  Cavernas do Diabo 195
  Floresta do Lobisomem 195
  Museu Regional de Mazsalaca 195
  Skaņaiskaln 195
Mažvydas, Martynas 285
  Catecismo 217
mc² (Riga) 339
Médicos 369
Medidas e aparelhos elétricos 367
Medieval, arquitetura **65**
Meiekose, trilha de caminhada (Parque Nacional Soomaa) 105
Memel 42, 284
Memorial de Guerra Soviético (Tallinn) **84**
Memorial do Holocausto (Floresta Biķernieki) 161
Mēness 24
Menschikov, príncipe Aleksandr 83
Mercado Central (Riga) **159**
Mercados
  Estônia 332-3
  Letônia 336
  Riga 338
  Tallinn 334
  Vilna 342
Meri, Lennart 57
Meriküla 116
Merkinė 260
Mērsrags 176
Mežaparks (Riga) 14, 158, **160-1**
  Estádio da Canção 161
  Zoológico de Riga Zoo 160-1
Mežotne, palácio **170**
  hotéis 302
  restaurantes 323
Michetti, Nicola 80
Mickevičius-Kapsukas, Vincas 259
Mickiewicz, Adam 232, **233**, 235, 238
  Grażyna 233
  Konrad Wallenrod 233
  Pan Tadeusz 233
Micro-ônibus 381, 386
Mídia 372
Mikkel, Johannes 80
Mikytai, monte 253
Miłosz, Czesław 26
  Mente cativa 26
Mindaugas, duque 36, 214, 230, 253
Minija 287
Mirante Patkuli (Tallinn) 12, **73**
Mohni, ilha 113
Moinho Holandês (Museu Etnográfico ao Ar Livre Letão) 163
Moinhos de Angla (Saaremaa) 12, 48, 97, **98-9**
Molėtai, lagos de **269**
  Centro de Etnocosmologia 269
  hotéis 306

Molotov-Ribbentrop, pacto 42, 56, 140, 219
Mõniste, museu ao ar livre **124**
Moniuszko, Stanislaw 241
Montanha do Ovo Grande *ver* Süür Munamägi
Monumento à Cultura Livoniana (Mazirbe) 176
Monumento à Liberdade (Tukums) 175
Moodysson, Lukas 92
Morro da Catedral (Tartu) *ver* Toomemägi
Morro das Bruxas (istmo da Curlândia) 17, **289**
Morro das Cruzes (Hiiumaa) 17, **277**
Morro das Três Cruzes (Vilna) **231**
Morro dos Artistas (Sigulda) 192
Morros Azuis (Zilie kalni) 177
Mosėdis 281
Mosteiro da Abençoada Virgem Maria (Tytuvėnai) 278
Mosteiro Dominicano (Tallinn) 62
Motor, museu do (Riga) **162**
Movimento do Despertar Nacional 139, 195
Mozart, Wolfgang Amadeus 182
Munch, Edvard 285
Münchhausen, Karl Friedrich Hieronymus von 196
Muravyov, Mikhail 233
Museu à Beira-Mar ao Ar Livre (Ventspils) 15, **181**, 367
Museu ao Ar Livre Estoniano (Tallinn) 10, 12, **85**
Museu da Aviação (Riga) **160**
Museu de História de Tērvete 171
Museu do Holocausto (Vilna) **242**
Museu Etnográfico ao Ar Livre Letão 14, **163**
  Casa de Fazenda em Kurzeme 163
  Casa dos Velhos-Crentes 163
  Igreja Usma 163
  Moinho Holandês 163
Museu Ferroviário da Letônia (Jelgava) 170
Museu Judaico do Estado (Vilna) 242
Museu Marítimo Estoniano (Tallinn) 71
Museu Rokiškis 268
Museus e galerias
  Arsenal Museu de Arte (Riga) **148**
  Campo de Concentração de Macikai 287
  Casa Čiurlionis (Vilna) **236**
  Castelo da Luz (Riga) 159
  Castelo de Riga **147**
  Central de Energia (Tallinn) **77**
  Centro de Arte Contemporânea (Vilna) 234, **236**
  Centro de Arte e Artesanato da Latgália (Līvāni) 198
  Centro de Arte Mark Rothko (Daugavpils) 15, **201**
  Dauderi (Riga) 14, **160**
  Galeria de Arte Cívica (Panevėžys) 268
  Galeria de Arte Mykolas Žilinskas (Kaunas) **264**
  Galeria de Pintura de Vilna **227**
  Galeria de Pintura e Parque de Escultura (Klaipėda) 17, **285**
  Galeria Mans's (Jēkabpils) 198
  Galeria-Moinho (Babrungėnai) 282
  Glasremis (Panevėžys) 268
  Memorial do Holocausto Paneriai (Vilna) **248-9**
  Memorial e Museu Eduard Vilde (Tallinn) 78, **81**
  Museu à Beira-Mar ao Ar Livre (Ventspils) 15, **181**, 367
  Museu Adamson-Eric (Tallinn) **75**
  Museu Andrejs Pumpurs (Lielvārde) 197

Museus e galerias (cont.)
  Museu Anna Brigadere (Parque Natural de Tērvete) 171
  Museu ao Ar Livre (Tallinn) 10, 12, **85**
  Museu ao Ar Livre de Pedvāle **182**
  Museu às Vítimas do Fascismo (Kaunas) 264
  Museu Aušra (Šiauliai) **276**
  Museu Casa de Šlapelis (Vilna) **227**
  Museu Celas da KGB (Tartu) 13, **119**
  Museu da Aldeia Setu (Värska) 127
  Museu da Apicultura (Parque Nacional Aukštaitija) 270, 271
  Museu da Arquitetura Estoniana (Tallinn) 77
  Museu da Aviação (Riga) **160**
  Museu da Bandeira (Otepää) 122
  Museu da Bíblia Ernst Glück (Alūksne) 203
  Museu da Bicicleta (Saulkrasti) 196
  Museu da Bicicleta (Šiauliai) 276
  Museu da Casa de Pedro, o Grande (Tallinn) 12, **81**
  Museu da Cidade de Jūrmala 174
  Museu da Cidade de Tallinn 12, 65, **67**
  Museu da Deportação e dos Resistentes do Distrito de Tauras (Marijampolė) 261
  Museu da Estrada Letão (Tukums) 175
  Museu da Farmácia (Kaunas) **262-3**
  Museu da Farmácia (Viekšniai) 280
  Museu da Fazenda Mihkli (Saaremaa) 97, **99**
  Museu da Fotografia (Riga) **154**
  Museu da Fotografia (Šiauliai) 276
  Museu da Fotografia Estoniana (Tallinn) 63, **66**
  Museu da Guerra Vytautas, o Grande (Kaunas) **264**
  Museu da História da Medicina Pauls Stradiņš (Riga) **156**
  Museu da KGB (Vilna) 16, **242**
  Museu da Ocupação (Liepāja) **184-5**
  Museu da Ocupação (Vilna) **75**
  Museu da Ocupação da Letônia (Riga) 14, 150, **152**
  Museu da Pesca Marinha (Roja) 176
  Museu da Porcelana (Riga) **153**
  Museu da Torre da Fortaleza Vao (Väike-Maarja) 117
  Museu da Torre da Pólvora *ver* Museu de Guerra Letão
  Museu das Barricadas de 1991 (Riga) 14, **146**
  Museu das Rochas Raras (Mosėdis) 281
  Museu das Vítimas do Genocídio *ver* Museu da KGB
  Museu de Arquitetura (Riga) 147
  Museu de Art Nouveau (Riga) 156
  Museu de Arte de Tartu 13, **119**
  Museu de Arte de Tukums 175
  Museu de Arte de Viinistu 113
  Museu de Arte e História (Cēsis) 193
  Museu de Arte e História (Jelgava) 170
  Museu de Arte Estoniana (Tallinn) 80
  Museu de Arte Estrangeira (Riga) 147
  Museu de Arte Kumu (Tallinn) 12, 75, **80-1**
  Museu de Arte M. K. Čiurlionis (Kaunas) **264**
  Museu de Arte Nacional da Letônia (Riga) **155**
  Museu de Arte da Bolsa de Riga 147
  Museu de Arte Samogiciano (Plungė) 281
  Museu de Artes Aplicadas (Vilna) 224, **231**
  Museu de Cultura e História da Latgália (Rēzekne) 199

Museus e galerias (cont.)
Museu de Desenho e Artes Decorativas (Riga) **153**
Museu de Estudos Locais (Ludza) 203
Museu de Estudos Locais (Valmiera) 194
Museu de Estudos Regionais (Limbaži) 195
Museu de Estudos Regionais (Pāvilosta) 183
Museu de Estudos Regionais e Artes (Daugavpils) **200**
Museu de Guerra Letão (Riga) **149**
Museu de História (Trakai) 257
Museu de História da Letônia (Riga) 147
Museu de História da Lituânia Menor (Klaipėda) 284
Museu de História de Dobele 171
Museu de História de Tērvete 171
Museu de História e Arte Janis Rozentāls (Saldus) 183
Museu de História e Artes Aplicadas (Preiļi) 199
Museu de História e Navegação de Riga 14, **146**
Museu de História Estoniana (Tallinn) 20, 64, 82
Museu de História Local (Tukums) 175
Museu de Liepāja 185
Museu de Música Folclórica (Kaunas) **263**
Museu de Narva 116
Museu de Šilutė 287
Museu do Âmbar (Palanga) 286
Museu do Castelo (Haapsalu) 12, **92**
Museu do Castelo (Klaipėda) **284**
Museu do Cavalo (Niūronys) 269
Museu do Colégio Naval (Ainaži) 194
Museu do Diabo (Kaunas) **264**
Museu do Distrito de Kuldīga 183
Museu do Gato (Šiauliai) **277**
Museu do Gueto de Riga 158
Museu do Holocausto (Vilna) 16, **242**
Museu do Mar (Smiltynė) 286-7
Museu do Memorial Kreutzwald (Võru) 125
Museu do Moinho Ates (Umernieki) 203
Museu do Mosteiro Dominicano (Tallinn) 67
Museu do Motor (Riga) 161, **162**
Museu do Relógio (Klaipėda) 17, **284-5**
Museu do Saber Local (Alytus) 260
Museu do Teatro e da Música (Tallinn) **66**
Museu do Teatro, Música e Cinema (Vilna) **241**
Museu do Vidro (Līvāni) 198
Museu dos Bombeiros (Ainaži) 194
Museu dos Ferreiros (Klaipėda) **284**
Museu dos Judeus na Letônia (Riga) 41, **155**
Museu dos Suecos da Costa (Haapsalu) 93
Museu Estoniano de Desenho e Arte Aplicada (Tallinn) **70**
Museu Etnográfico ao Ar Livre Letão (Riga) 14, 134, **163**
Museu Ferroviário (Riga) 159
Museu Ferroviário da Estônia (Haapsalu) 12, **92**
Museu Ferroviário da Letônia (Jelgava) 170
Museu Ferroviário do Norte de Anykščiai 269
Museu Florestal (Parque Nacional Lahemaa) 111
Museu Florestal (Sagadi Manor) 113
Museu do Patrimônio da Igreja (Vilna) 233

Museus e galerias (cont.)
Museu Histórico (Kriaunos) 268
Museu Jacques Lipchitz (Druskininkai) 259
Museu Janskola (Vecpiebalga) 203
Museu Järvamaa (Paide) 117
Museu Judaico do Estado (Vilna) **242**
Museu Karaim (Trakai) 257
Museu Kārlis Skalbe (Vecpiebalga) 203
Museu Kazys Varnelis (Vilna) **239**
Museu Kretinga 286
Museu Kristjan Raud (Tallinn) 85
Museu Lihula 95
Museu Lydia Koidula (Pärnu) **103**
Museu Marítimo de Käsmu 112
Museu Marítimo Estoniano (Tallinn) 71
Museu Mažeikiai 280
Museu Memorial A. H. Tammsaare (Tallinn) 78, **81**
Museu Memorial Andrejs Upīts (Skrīveri) 197
Museu Memorial Čiurlionis (Druskininkai) 259
Museu Memorial Irmãos Kaudzīte (Vecpiebalga) 203
Museu Memorial Krišjānis Barons (Riga) **154-5**
Museu Mickiewicz (Vilna) **233**
Museu Mikkel (Tallinn) 79, **80**
Museu Mõniste ao Ar Livre **124**
Museu Münchausen (Dunte) 196
Museu Nacional Estoniano (Tartu) 119
Museu Nacional Lituano (Vilna) 16, **230-1**
Museu Põltsamaa 117
Museu Pushkin (Vilna) **248**
Museu Regional de Mazsalaca 195
Museu Regional de Saaremaa 98
Museu Regional de Talsi 182
Museu Rokiškis 268
Museu Rumšiškės a Céu Aberto 16-7, **265**
Museu Sēla (Biržai) 268
Museu Subterrâneo da Mina de Kohtla 10, 13, **115**
Museu Väike-Maarja 117
Museu-Oficina de Cerâmica P. Čerņavskis (Preiļi) 199
Música **27**
clássica 344, 346, 348-9, 350-1, 352, 354
festivais 344, 353
folclórica **28-9**, 353, 354
lojas 335, 338, 343
ver também Jazz e blues; Rock e pop
Música e canções folclóricas **28-9**, 353, 354
dainos 28
Festival Báltico 28-9
runo 28
saltério báltico 29
Mustvee 13, **127**

N

Narva 13, 47, 107, **116**
castelo 116
história 37, 55
museu 116
restaurantes 318
Narva-Jõesuu **116**
hotéis 298
National (aluguel de carros) 379
Nattier, Jean-Marc, retrato de Catarina I 83
Natureza e vida selvagem **22-3**
abelhas 22, 271
alces 23
andorinha-de-bando **23**
cegonhas-brancas 22
cegonhas-negras 22

Natureza e vida selvagem (cont.)
cogumelos 23
foca-anelada 23
líquen do Ártico 23
lobos 22
orquídeas 23
ursos-pardos 23
Nekrošius, Eimuntas 27, 211
Nemunas, delta do 273, **287**
hotéis 307
Minija 287
restaurantes 331
Rusnė 287
Ventė 287
Nevsky, Alexander 74
Nīca
hotéis 302
restaurantes 323
Nida 17, 273, 288
Niguliste, igreja (Tallinn) 12, 63, **68-9**
Câmara de Prata 69
Dança macabra, de Bernt Notke 69
retábulo representando São Nicolau 68
Nikolai, cemitério (Jelgava) 170
Nikon, patriarca 24, 126
Niūronys 269
Nõmme (Tallinn) **85**
Castelo do barão von Glehn 85
Museu Kristjan Raud 85
Nono Forte (Kaunas) **264**
Nool, Erki 27
Nordeka 383
Normas alfandegárias 364
Notke, Berndt 69
  A vinda do Espírito Santo 64
  Dança macabra 69
Nukša, Mārtiņš 157
Nukupood (Tallinn) 335
Nyländer, N. 66

O

Oandu, trilha na mata de (Parque Nacional Lahemaa) 111, 113
Obinitsa 124, 125
Observação de pássaros 356-7, 361
Observatório da Universidade (Tartu) 120
Oeste da Estônia **88-105**
como explorar 91
hotéis 297-8
restaurantes 316-8
Oeste da Letônia **166-85**
como explorar 168-9
hotéis 301-2
restaurantes 322-4
Oeste da Lituânia **272-89**
como explorar 275
hotéis 306-7
restaurantes 330-1
Oferenda, A (Čiurlionis) 26
Oginskis, Mykolas 281
Olavo II, rei da Noruega 71
Ollex 389
Õlu 313
Olvi 312
Omnitel 375
Omniva 373
Ônibus 377, 382-3
Ecolines 377
elétricos e bondes 380-1, 386-7, 392-3
Estônia 377
Letônia 383
Lituânia 383
Lux Express 377, 383
Nordeka 383
terminal de Vilna 390, 391
Ontika, Costa de 13, 107, **115**
hotéis 298
Parque Oru (Toila) 115
restaurantes 318
Valaste 115

Öördi, trilha de caminhada
  (Parque Nacional Soomaa) 105
Ópera 346, 348-9, 354
Ópera Nacional Estoniana (Tallinn) **76-7**
Ópera Nacional Letã 136
Oppenheim, Dennis
  Chair/Pool 258
  Drinking Structure with Exposed Kidney Pool 258
Ordem Livoniana 167, 187
  Castelo Jaunpils 174
  Castelo de Ventspils 14, **180**
  Cēsis 136, 192
  Daugavpils 200
  Dobele 171
  Dundaga 176
  Klaipėda 284
  Koknese 197
  Kuldīga 183
  Parque Natural de Tērvete 171
  Riga 147, 152, 153
  Sigulda 190, 192
  Talsi 182
  Tukums 175
  Valmiera 194
Orija, lago 261
Orlov-Davydov, conde 82
Orvidas, jardim **281**
Orvidas, Vilius 281
Ostas, rua (Ventspils) 180
Otan 43, 49, 57, 141, 210, 219
Otepää 107, **122**
  esportes de inverno 123
  hotéis 299
  lago Pühajärv 122
  Museu da Bandeira 122
  restaurantes 318
Õun, Ülo
  Estátua de Pai e Filho (Tartu) 119

P

Paberžė 265
Pac, Michał Kazimierz 246
Paganismo 24
Pai e Filho, estátua (Tartu) **119**
Paide 117
  Museu Järvamaa 117
  restaurantes 318
Pakri 92
Pakruojis 268
Paksas, Rolandas 210
Palácio Presidencial (Vilna) 224, **226**
Palácio Real (Vilna) 16, 217, 224, **230**
Palanga 17, 206, 273, **286**
  hotéis 307
  Monte Birutės 286
  Museu do Âmbar 286
  restaurantes 331
Paldiski **92**
  hotéis 297
  restaurantes 317
Palloni, Michelangelo 247, 265
Palusalu, Kristjan 27
Palūšė 270
Panemunė 277
Paneriai 242, 248-9
  Memorial do Holocausto (Vilna) 41, **248-9**
Panevėžys 254, **268**
  Catedral do Cristo Rei 268
  Galeria de Arte Cívica 268
  Glasremis 268
  hotéis 306
  restaurantes 329
Pankoks, Mikelis 185
Pannkoogid 311
Panso, Voldemar 27
Pape, reserva natural do lago **185**
  Vitolnieki 185
Paralepa, praia (Haapsalu) 92
Parlamento
  Riga **148**
  Vilna **245**

Pärn, Priit 26
Pärnu 13, 46, 89, 90, **102-3**
  clima 32
  festivais 52, 53
  história 54, 55
  hotéis 298
  Igreja de Santa Catarina **102**
  Igreja Elizabeth **102**
  Museu Lydia Koidula **103**
  Portão de Tallinn **102**
  Prefeitura **102**
  restaurantes 317
  Sala de Concertos **102**
  Villa Ammende **103**
Parque à Beira-Mar (Liepāja) 15, **185**
Parque Aquático (Ventspils) **181**
Parque Europa 253, **258**
  Chair/Pool 258
  Double Negative Pyramid 258
  Drinking Structure with Exposed Kidney 258
Parque Grūtas **259**
  Rusų Karys 259
Parque Oru (Toila) 115
Parque Vitória (Riga) 159
Parques, florestas e reservas
  Bastejkalns (Riga) **154**
  Floresta Biķernieki 161
  Floresta de Karšuva 280
  Floresta Pokaiņi 171
  Floresta Rumbula **162**
  Galeria de Pintura e Parque de Escultura (Klaipėda) **285**
  Jardim Botânico (Riga) **159**
  Jardim Botânico de Tallinn 12, **84-5**
  Jardim de Inverno (Kretinga) 286
  Jardim Orvidas **281**
  Mežaparks (Riga) 158, **160**
  Parque à Beira-Mar (Liepāja) 15, **185**
  Parque Europa 253, **258**
  Parque Grūtas **259**
  Parque Kadriorg (Tallinn) 12, **78-81**
  Parque Nacional Aukštaitija 255, **270-1**
  Parque Nacional de Ķemeri 174
  Parque Nacional do Istmo da Curlândia 273, **288-9**
  Parque Nacional Dzūkija 258-9, **260**
  Parque Nacional Gauja **190-3**
  Parque Nacional Lahemaa **110-4**
  Parque Nacional Matsalu **93**, 95
  Parque Nacional Soomaa 90, **104-5**
  Parque Nacional Žemaitija 274, **282-3**
  Parque Natural de Laumas 182
  Parque Natural de Tērvete **171**
  Parque Oru (Toila) 115
  Parque Regional Labanoras 269
  Parque Vingis e Žvėrynas (Vilna) **245**
  Parque Vitória (Riga) 159
  Reserva Čepkeliai 260
  Reserva Estadual de Kamanos 280
  Reserva Natural de Endla **117**
  Reserva Natural do Lago Pape **185**
  Zervynos 260
Pärt, Arvo 27, 117
Passagem de Santa Catarina (Tallinn) **67**
Pássaros, observação de 356-7, 361
Passeios a pé
  Riga 387
  Tallinn 381
  Vilna 383
Passeios guiados 393
Pátio do Observatório (Universidade de Vilna) 226
Patrimônios da Humanidade pela Unesco
  artesanato tradicional de cruzes da Lituânia 284
  istmo da Curlândia 274, 288-9
  Kernavė 258
  Tallinn 59
  Vilna 221

Päts, Konstantin 56
Pāvilosta 15, **183**
  hotéis 302
  Marina Pāvilosta 183
  Museu de Estudos Regionais 183
  restaurantes 323
Pažaislis, mosteiro (Kaunas) 16, 20, **265**
Pedra Pegada do Diabo (Parque Nacional Žemaitija) 282
Pedro, o Grande 37, 38, 55, 59, 70, 78, 80, **83**, 89, 92, 227, 231, 268
Pedvāle
  Museu ao Ar Livre 182
  Solar **182**
Peipsi, lago 13, 23, 25, 47, 107, **127**
  Kasepää 127
  Kolkja 127
  Mustvee 127
  Piirissaar 127
  Raja 127
  Värska 127
Pekšēns, Konstantīns 156
Pelēkie ziņ̧i 310
Pelmeni 310
Pequena Guilda (Riga) **149**
Perestroika 43
Perkūnas, Casa (Kaunas) 20, **263**
Perti, Pietro 247
Pesca 358
Pesca Marinha, museu (Roja) 176
Pienene (Riga) 339
Piiri, taverna (Vasteliina) 125
Piirissaar (lago Peipsi) 127
Pikk Hermann, Torre de (Tallinn) 74
Pikk Jalg, Torre do Portão (Tallinn) 73
Pikk, rua (Tallinn) 71
Pilies, rua (Vilna) 16, 222
  Rua a Rua **224-5**
Piłsudski, Józef 218, 248
Pirita, convento (Tallinn) **84**
Planēta 374
Plateliai **281**, 282
  ilha do castelo 281
Plateliai, lago 273, 274, 281, 282-3
  lendas folclóricas **283**
Pliekšāns, Jānis 161
Plokštinė, Antiga Base de Mísseis Soviética 283
Plungė **281**
  hotéis 307
  Museu de Arte Samogiciano 281
Plungė, solar 281
Polícia 368, 369
Política
  Estônia 50
  Letônia 134-5
  Lituânia 210-1
Poltava, batalha de 37
Põltsamaa **117**
  castelo 117
  hotéis 299
  Igreja de São Nicolau 117
  museu 117
  restaurantes 318
Põltsamaa Kuldne, vinho frutado 312
Põlva **126**
  hotéis 299
  Igreja de Santa Maria 126
  restaurantes 318
Põlva, lago 126
Ponte do Anjo (Tartu) 120
Ponte do Diabo (Tartu) 120
Ponte Verde (Vilna) **245**
Porta Basiliana (Vilna) 237, **238**
Porta Sueca (Riga) **148**
Portadores de deficiência 367
  hotéis 295
  restaurantes 309
Portão de Gustavo *ver* Portão de Tallinn
Portão de Tallinn (Pärnu) **102**

Portão de Viru (Tallinn) 60, **66**
Porto de Passageiros (Tallinn) 376
Portões da Alvorada (Vilna) 16, 217, 234-5, **239**
Poste restante 372
Pousadas 293
    Baltic Country Holidays 293, 295
    Countryside Tourism 293, 295
    Estonian Rural Tourism 293, 295
Povilionienė, Veronika 29
Praça da Catedral (Riga) 143
Praça da Catedral (Vilna) **230**
    Campanário 230
Praça da Prefeitura
    Riga 14, 145, 150-1
    Tallinn 262-3
    Vilna 234-5, **236**
Praça do Relógio de Sol (Šiauliai) **277**
Praça do Teatro (Klaipėda) 284
Pradarias de Randu (Salacgrīva) 194
Praia Báltica (istmo da Curlândia) 288
Precauções gerais 368
Preços e pagamentos
    hotéis 292
    restaurantes 309
Prefeituras
    Kaunas **262**
    Pärnu **102**
    Riga 14, **150-1**
    Tallinn 12, **64**
    Tartu 21, 118, **121**
    Vilna 234, **236**
Preiļi **199**
    hotéis 303
    Igreja Católica Romana 199
    Museu de História e Artes Aplicadas 199
    Museu e Oficina de Cerâmica P. Čerņavskys 199
    restaurantes 325
Primeira Guerra Mundial 39, 55, 139, 146, 149, 155, 159, 162, 170, 180, 200-1, 218, 236, 239, 244, 265, 276
Prisão militar (Karosta) 185
Protestantismo 24, **25**
Pubs 308
Pühajärv, lago 122
Pühtitsa, convento (Kuremäe) 116
Pumpurs, Andrejs 26, **197**
Punia 261
Purim 40
Pushkin, Alexander 227, 248
Pushkin, Grigorij 248
Pushkin, Varvara 248
Putra 310
Putti (Riga) 339
Puttini, Pietro 249

Q

Quarenghi, Giacomo 170
Quartel de São Jacó (Riga) **148**

R

Rádio 372
Radiotelescópio (Ventspils) 181
Radisson Blu (Tallinn) 51
Radvila, palácio (Vilna) **241**
Radvilaitė, Barbara 265
Ragutis 313
Rainiai 280
    Capela do Sofrimento de Rainiai 280
Rainis, cemitério (Riga) 161
Raja 13, **127**
Rakvere **116-7**
    castelo 116
    hotéis 299
    monte Vallimägi 117
    restaurantes 319
Rambynas, monte 280
Ramunė Piekautaitė (Vilna) 343
Randoms, loja (Riga) 339

Raseiniai **279**
    Estátua da Independência 279
    Igreja da Ascensão 279
    restaurantes 331
Rastrelli, Francesco Bartolomeo 130, 170, 172
Rasų, cemitério (Vilna) **248**
Ratnyčia, vale 259
Raudondvaris (Kaunas) **265**
Raudondvaris (Šeduva) 278
Raudonė **279**
Räzna, hotéis 303
Räzna, lago 202
Recke, von der 174
Refrigerantes 313
Regata das Olimpíadas 57
Rehemaa, Rutt 123
Reinbergs, Augusts 21
Religião **24-5**
    animismo 24
    catolicismo 24, 25
    cristianismo ortodoxo 24-5
    paganismo 24
    protestantismo 24, **25**
Reserva Čepkeliai 260
Reserva Cultural Salos II 17, **270**
Restaurantes 308-31
    cardápios 309
    Centro da Lituânia 328-30
    crianças 309
    Estônia 314-9
    fumo 309
    gorjeta 309
    horário de funcionamento 308
    Leste da Estônia 318-9
    Leste da Letônia 324-5
    Letônia 320-5
    Lituânia 326-31
    o que beber **312-3**
    Oeste da Estônia 316-8
    Oeste da Letônia 322-4
    Oeste da Lituânia 330-1
    pagamento 309
    portadores de deficiência 309
    reservas 309
    Riga 320-2
    Sabores da Estônia, da Letônia e da Lituânia **310-1**
    Tallinn 314-6
    tipos de 308
    vegetarianos 309
    Vilna 326-8
Retrato de Pedro, o Grande (Delaroche) 83
Retrato de Thomas Chaloner (van Dyck) 80
Reval Antiik (Tallinn) 335
Reval Takso 381
Revolução Cantada 209
Revolução Russa 39, 55, 139
Revolução Socialista 139
Rēzekne 15, **199**, 202
    hotéis 303
    Museu de Cultura e História da Latgália 199
    restaurantes 325
Riekstiņš, Edijs 154
Riežupe, grutas de arenito de 183
Riga 130, 132, 133, **142-65**
    arquitetura art nouveau 11, **156-7**
    Arsenal Museu de Arte **148**
    Bastejkalns **154**
    Casa dos Cabeças Pretas **152**
    Casa dos Gatos **149**
    Casa Mentzendorff **152-3**
    Catedral de São Jacó **147**
    Catedral do Domo **146**
    Catedral Ortodoxa **155**
    cemitérios **161**
    clima 32
    como circular 386-7
    como explorar 144-5
    compras 338-9

Riga (cont.)
    diversão 350-1
    Fora do Centro **158-63**
    Grande Guilda **149**
    Guia de Ruas 164-5
    história 36-9, 42, 138, 140, 143
    hotéis 300-1
    Igreja de São João **153**
    Igreja de São Pedro 151, **153**
    Igreja de São Salvador **147**
    itinerários 11, 14
    Monumento à Liberdade **154**
    Monumento ao Atirador Letão **152**
    Museu da Fotografia **154**
    Museu da História da Medicina Pauls Stradiņš **156**
    Museu da Ocupação da Letônia 151, **152**
    Museu da Porcelana **153**
    Museu das Barricadas de 1991 **146**
    Museu de Art Nouveau **156**
    Museu de Arte Nacional da Letônia **155**
    Museu de Desenho e Artes Decorativas **153**
    Museu de História e Navegação de Riga **146**
    Museu do Judeus na Letônia **155**
    Museu Memorial Krišjānis Barons **154-5**
    Parlamento **148**
    Pequena Guilda **149**
    Porta Sueca **148**
    Praça da Prefeitura 150
    Quartel de São Jacó **148**
    restaurantes 320-2
    terminal de ferryboat 382, 383
    Torre da Pólvora/Museu de Guerra Letão **149**
    Três Irmãos **147**
Riga Art Nouveau, loja **339**
Riga Black Balsam (drinque) 312, 336
Riga Card 366, 386, 387
Riga Šampanietis 312
Riga Taxi 387
Rigas Taksometru Parks (táxis) 387
Riija (Riga) 339
Riisa, trilha do pântano (Parque Nacional Soomaa) 104
Rios
    Abava 182
    Ahja 126
    Alekšupīte 183
    Alytupis 260
    Bērze 171
    Daugava 138, 145, 158, 162, 194, 198, 200, 201
    Gauja 190, 194
    Imsrė 280
    Lielupe 167, 170
    Mēmele 170
    Merkys 260
    Mūsa 170
    Nemunas 35, 259, 260, 261, 262, 265, 273, 279, 280, 287
    Neris 204-5, 207, 245, 262
    Pärnu 102, 103
    Pirita 84
    Salaca 188, 194
    Šventoji 269
    Svētupe 194
    Ūla 259
    Vėjupīte 192
    Venta 180
    Vēršupīte 174
    Vilnia 231
Ristna, farol (ilha Hiiumaa) 95
Rock e pop 346, 349, 350, 354
Rode, Hermen 68
Roja 176
    hotéis 302
    restaurantes 323

ÍNDICE GERAL | 405

Rokiškis **268**
  museu 268
Roland, estátua de (Riga) 150
Romantismo nacional 156, 157
Romeris, Alfredas
  Estudo das mãos de uma moça 227
Romerta 393
Ropp, barão Otto von 278
Rosa de Turaida **190**, 192
Rosenberg, Alfred 56
Roskiskis, solar 208
Rosolje 311
Rotermann, Charles Abraham 77
Rotermanni, bairro (Tallinn) **77**
Rothko, Mark 26, **200**
  Centro de Arte (Daugavpils) 201
Rõuge **124-5**
  hotéis 299
  Igreja de Santa Maria 124
Rõuge, lago 124
Roupas
  compras 338, 342
  o que vestir 366
Rozenberga, Elza 161, 174
Rozentāls, Janis 26, 161, 176, 183
  Krustā Sistais 153
  Retrato de Malvīne Vīgnere-Grīnberga 155
  Saindo do cemitério 155
Rubens, Peter Paul
  A crucificação 264
Rubikiai, lago 269
Rumšiškės, Museu a Céu Aberto (Kaunas) **265**
Rundāle, palácio 11, 15, 130, 166, 167, **172-3**
  hotéis 302
  restaurantes 323
Rūpintojėlis 231
Ruseckas, Kanutas
  Moça lituana com ramos 227
Rusnė 273, 287
Russalka, memorial (Tallinn) 79, **82**
  anjo erguendo uma cruz ortodoxa 82
Rusų Karys 259

S

Saaremaa Shipping Company Limited (ferryboats) 378, 379
Saaremaa, ilha 10, 12-3, 89, **96-9**
  Castelo do Bispo 88, 97, **98**
  cratera meteórica de Kaali **98**
  hotéis 298
  Igreja Kaarma **99**
  Igreja Karja 97, **99**
  Igreja Kihelkonna 97, **99**
  Kuressare 96, **98**
  Moinhos de Angla 96, **98-9**
  Museu da Fazenda Mihkli **99**
  Parque Nacional de Vilsandi 96, **99**
  península Sõrve 96
  restaurantes 317-8
Sabile **182**, 312
  Cavernas de Mara 182
  Drubazas 182
  hotéis 302
  restaurantes 323
  Vīna Kalns 182, 312
Sabonis, Arvydas 27
Sakala 122
Saku Originaal 313
Saku, cervejaria 312, 313
Salacgrīva **194**
  Cavernas Sacrificiais dos Livonianos 194
  hotéis 303
  Pradarias de Randu 194
  restaurantes 325
Salão da Grande Guilda (Tallinn) **64**
  Museu de História Estoniana 64
Salão do Domo (Solar Sangaste) 124
Salaspils **162**

Saldus **183**
  Museu de História e Arte Janis Rozentāls 183
  Vācu Karavīru Kapi 183
Salos 268-9
Šaltibarščiai 311
Sandkrug 286
Santa Cruz do Calvário, igreja (Vilna) **249**
São Bernadino de Siena 232
São Nicolau 68
Sapiega, Leonas 233
Šarnelė 283
Šarnelė, monte de 283
Šatrija, monte 280
Saule *ver* Sol (divindade)
Saulkrasti 196
  hotéis 303
  Museu da Bicicleta **196**
Sauluva (Vilna) 343
Šaulys 277
Scala Santa (Mosteiro da Abençoada Virgem Maria, Tytuvėnai) 278
Scanorama (Vilna) 213
Schwab, Casa (Riga) 152
Sdeija 236
SEB, prédios do banco (Tallinn) 51
SEBE 378, 379
Šeduva **278**
  Raudondvaris 278
  Solar Burbiškis 278
Sefrens, Nicolas 184
Segunda Guerra Mundial 41, 42-3, 56, 140, 146, 148, 152, 158, 160, 162, 167, 170, 185, 199, 219, 221, 242, 243, 260, 261, 262, 264, 279, 280, 284, 287
Segurança pessoal 368-9
Seljanka 311
Semjonova, Uljana 27
Senamiesčio Gidas 393
Šepka, Lionginas 268
Serviços postais 372-5
Setu 24, **124**, 127
  Museu da Aldeia (Värska) 127
Shifara Art & Antiques (Tallinn) 335
SIA Rigas Satiksme 386, 387
Šiauliai 17, 273, **276-7**
  Catedral de São Pedro e São Paulo **276-7**
  hotéis 307
  Museu Aušra **276**
  Museu do Gato **277**
  Praça do Relógio de Sol **277**
  restaurantes 331
Sigismundo Augusto, rei 215, 229, 265
Sigulda 14, 133, 190, 191, **192**
Sillamäe 13, **115**
  hotéis 299
  restaurantes 319
Šilutė 273, **287**
  Campo de Concentração de Macikai 287
  restaurantes 331
Šilutė, museu de 287
Šiluva 278-9
  Igreja da Aparição da Abençoada Virgem Maria 279
  Igreja da Natividade da Abençoada Virgem Maria **278-9**
Simpson, John 285
Sinagoga Coral (Vilna) 243
Sinagoga Coral, ruínas (Riga) 158
Sinagoga de pedra (Kalvarija) 261
Širvėna, lago 268
Sittow, Michael 26
Skaistkalne, Igreja Católica Romana de **171**
Skalbe, Kārlis 203
Skrīveri **197**
  Museu Memorial Andrejs Upīts 197
  Parque da Árvore 197
Sky God 24
Šlapelis, Jurgis 227, 248

Šlapelis, Marija 227, 248
Slapiņš, Andris 154
Slītere, farol 177
Slītere, Parque Nacional 177
Šližikai 311
Smetona, Antanas 218
Šmigun, Anatoli **123**
Šmigun-Vähi, Kristina 123
Smiltynė **286-7**
  Museu do Mar 286-7
Smuglevičius, Pranciškus 246
Sociedade e cultura
  Estônia 49-50
  Letônia 134
  Lituânia 210, 211
Sokk, Tiit 27
Sol, divindade 24
Solar Palmse (Parque Nacional Lahemaa) 13, 111, **112**
  Lago dos Cisnes 112
  Pavilhão Brest 112
Solar Rokiškis 268
Solar Sagadi (Parque Nacional Lahemaa) 111, **113**
Solar Salos 269
Solar Sangaste **124**
  hotéis 299
Solar Suuremõisa (ilha Hiiumaa) 12, **94-5**
Solomon, Elijah Ben 243
Son de Kalev *ver* Kalevipog
Soomaa, Parque Nacional 89, 90, **104-5**
  hotéis 298
  Fazenda Karuskose 104
  Hüpassaare, trilha **105**
  Ingatsi, trilha no pântano de 104
  Kuresoo, pântano 105
  Kuuraniidu, trilha de estudo 105
  Lemmjõgi, trilha na mata do rio 105
  Meiekose, trilha 105
  Öördi, trilha 105
  Riisa, trilha no pântano de 104
  Tõramaa, trilha do prado de 104
Sooster, Ülo 119
Sõrve, península 12, **96**
SOS Motor Club 385
Spas 360, 361
Stalin 56, 162, **242**, 245, 259
Stāmeriena 203
  hotéis 303
  restaurantes 325
Stanislovas, pai 265
Stasov, Vasily 226
Stenbock, Ebba Margaretha 94
Stockmann (Riga) 339
Stockmann (Tallinn) 335
Stradiņš, dr. Pauls 156
Strēlnieku iela (Riga) 156
Stripeikiai 270
Stuoka-Gucevičius, Laurynas 228, 234, 236, 249, 258
Subúrbio Moscou (Riga) **158**
Sūda, Peeter 66
Sudervė 258
Sudrabkalns, Janis 203
Sūduva 253
Suta, Romāns 155
Sutkus, Antanas 26
Suur Munamägi 22, 107, 123, **125**
  hotéis 299
  restaurantes 319
Suvalkija 253
Šventoji 273, 286
  Filhas do pescador 286
Šventoji, rio 269
Svirskis, Vincas 231
Švyturys 312
Švyturys Gintarinis 313

T

Taevaskoja, encosta de arenito 13, **126**
  Cova da Donzela 126
  Grande e Pequeno Taevaskoja 126
  hotéis 299

ÍNDICE GERAL

Taisto 378, 379
Taks 390, 391
Tallink 376-7
Tallink Takso 381
Tallinn 44-5, 46, 49, **58-87**, 290-1
  arquitetura 20-1
  arquitetura medieval **65**
  Casa dos Cabeças Pretas **70**
  Casa dos Cavaleiros 73, **75**
  Castelo de Toompea 72-3, **74**
  Catedral Alexander Nevsky 72, **74**
  Catedral de Santa Maria Virgem 73, **74-5**
  Centro de Ciência e Tecnologia 77
  clima 33
  como circular 380-1
  como explorar 60-1
  como explorar além da Cidade Velha **76-85**
  Companhia de Ônibus de Tallinn 380, 381
  compras 334-5
  Correio Central de Tallinn 373
  diversão 346-7
  Farmácia da Prefeitura 62, **64**
  festivais 52, 53
  Guia de Ruas 86-7
  história 37, 39, 54, 56-7
  hotéis 296-7
  Igreja da Transfiguração de Nosso Senhor **70**
  Igreja de São Olavo **71**
  Igreja do Espírito Santo 62, **64**
  Igreja Niguliste 63, **68-9**
  itinerários 10, 12
  Jardim Botânico de Tallinn 12, **84-5**
  Kiek-in-de-Kök 65, 72, **75**
  Mosteiro Dominicano 63, **67**
  Museu Adamson-Eric **75**
  Museu da Cidade 12, 62, 65, **67**
  Museu da Fotografia Estoniana 63, **66**
  Museu das Ocupações **75**
  Museu de Teatro e Música **66**
  Museu Estoniano de Desenho e Arte Aplicada **70**
  Passagem de Santa Catarina **67**
  Portão de Viru 60, **66**
  Prefeitura 12, **64**, 65
  restaurantes 314-6
  Salão da Grande Guilda **64**
  Teatro da Cidade 27
  Teatro do Drama de Tallinn ver Teatro do Drama Estoniano
  Terminal de ônibus de Tallin 377
  Torre Margarete Gorda 61, 65, **71**
  Três Irmãs **71**
Tallinn Card 366, 380
Talsi 167, **182**
  hotéis 302
  Morro da Igreja 182
  Morro do Moinho d'água 182
  Museu Regional de Talsi 18
  Parque Natural de Laumas 182
  restaurantes 323
Talšos, lago 277
Tammsaare, Anton Hansen 26, 81
Tamsus ver Bebidas
Tamula, lago 125
Tartu 13, 47, 107, **118-21**
  clima 33
  estátua de Pai e Filho **119**
  festivais 52, 53
  história 39, 54, 55
  hotéis 299
  Igreja de São João **118**
  Museu Celas da KGB **119**
  Museu Nacional Estoniano **119**
  Praça da Prefeitura **118**
  restaurantes 319
  Rua a Rua: Toomemagi **120-1**
Tartu Limonaad (refrigerante) 313
Tartu, Museu de Arte **119**

Tauragnas, lago 270
Taurapilis 270
Táxis 381, 386-7, 392-3
Tchaikovsky, Pyotr Ilyich **93**
Teatro **27**, 346, 348, 353, 354
  Teatro da Juventude Estoniana 27
  Teatro de Música (Kaunas) 264
  Teatro do Drama Estoniano (Tallinn) **76**
  Teatro Nacional Letão (Riga) 21
Tele2 373, 374, 375
Telefones
  celulares 372-5
  públicos 372-5
Televisão 372
Telšiai **280**
  Catedral de Santo Antônio de Pádua 280
Tencalla, Constante 247
Terra dos Lagos Azuis ver Lagos da Latgália
Tērvete 167
  hotéis 302
Tērvete, parque natural de **171**
  Museu Anna Brigadere 171
  Museu de História 171
Thelonious (Vilna) 343
Tiidermann, H. 66
Tines (Riga) 339
Tolly, marechal de campo Barclay de 119, 122
Tomašickis, Leons 199
  Latgālijas Māra 199
Toom, Artur 99
Toomemägi (Tartu) 13, 118
  Rua a Rua **120-1**
Toompea (Tallinn) 12, **72-4**
  castelo (Tallinn) 54, **74**
  monte (Tallinn) 59
  Rua a Rua **72-3**
Tormis, Veljo 27, 29
Torņa, rua (Riga) 148
Tornis (Riga) 339
Torre da Pólvora (Riga) **149**
Torre de Incêndio (Võsu) 112
Torre de Tallinn ver Torre de TV
Torre de TV
  Riga 146
  Tallinn 12, **84**
  Vilna 16, 219, 244, **245**
Torre Europa 21
Torre Margarete Gorda (Tallinn) 61, 65, **71**
Trainiškis 271
Trakai 253, **256-7**
  hotéis 306
  restaurantes 329-30
Traveller's cheques 370
Trens
  Estônia 377, 378
  Letônia 383
  Lituânia 390-1
  Três Irmãs (Riga) **147**
    Museu de Arquitetura 147
  Três Irmãs (Tallinn) **71**
Trilha do Prado de Tõramaa (Parque Nacional Soomaa) **105**
Trinapolis, igreja (Vilna) **249**
Tuganov, Elbert 26
Tukums **175**
  Durbes Pils 175
  hotéis 302
  Jaunmoku Pils 175
  Museu de História Local 175
  Museu Rodoviário Letão 175
  restaurantes 323
Tulika Takso 381
Turne ver Bebidas
Turnšais ver Bebidas
Turaida
  castelo 186
  igreja 192
  reserva e museu 14, 190, 191, **192**

Turismo
  Estônia 50
  Letônia 135
  rural 356
Tüür, Erkki-Sven 27
Tyszkiewicz, conde Josef 286
Tytuvėnai 275, **278**
  Mosteiro da Abençoada Virgem Maria 278

U

Ūdens, rua 182
Uldevena, castelo (Lielvārde) 197
Ulianskas, Kazimieras 278
Ulmanis, Guntis 140
Ulmanis, Kārlis 140-1, 160
Última Ceia, A (Igreja Kihelkonna, Saaremaa) 99
Umernieki 203
União de Lublin 214, 215
União Europeia (UE) 43, 49, 57, 141, 209, 210, 219
Universidade Agrícola da Letônia (Jelgava) 170
Universidade da Letônia (Riga) 159
Universidade de Tartu 13, 37, 55, 106, **118**, 121, 125
Universidade de Vilna 16, 38-9, 215, 217, 218, 220, 221, **226**, 227, 240, 343
  Littera 226
  Rua a Rua **224-5**
Upe (Riga) 339
Upītis, Pēteris 171
Užavas 313
Užupio Galerija (Vilna) 343
Užupis (Vilna) 11, 16, 239, **244**

V

Vācu Karavīru Kapi 183
Vaga (Vilna) 343
Vaide 177
Väike Munamägi 123
Väike-Maarja 117
  Museu **117**
Valaste 115
Valčių Pervežimas 271
Valdemar II, da Dinamarca 54
Valdemārs, Krišjānis 39, 146, 176, **195**
Valga 122
Vallimägi, monte (Rakvere) 117
Valmiera 138, 194
  hotéis 303
  Igreja de São Simão 194
  Museu de Estudos Locais **194**
  restaurantes 325
Vana Tallinn 312
Vandens Malūnas (Vilna) 249
Varėna **258-9**
  hotéis 306
Varnelis, Kazys 239
Varpas 218
Värska 127
  restaurantes 319
Vasteliina **125**
  Taverna Piiri 125
Vecāķi **162**
Vecpiebalga **203**
  Museu Memorial Irmãos Kaudzīte 203
  restaurantes 325
Vēdarai 310
Veerpalu, Andrus 123
Veeteed 379
Vegetarianos 309
Velhos-Crentes 24-5, 107, **126**, 127, 198, 200, 210
  Casa dos Velhos-Crentes (Museu Etnográfico ao Ar Livre Letão) 163
Veliuona 279
Velotáxi 381
Ventė 287

ÍNDICE GERAL | 407

Ventspils 14-5, 138, 167, **180-1**
  castelo 15, **180**
  hotéis 302
  Igreja Luterana de São Nicolau 181
  Igreja Ortodoxa Russa de São Nicolau **180**
  Museu à Beira-Mar ao Ar Livre **181**, 367
  Parque Aquático **181**
  porto 383
  praia **181**
  restaurantes 323-4
Verevoorst 310
Verkiai, palácio (Vilna) **249**
Verleib 310
Veselība 313
Vestermanis, Margers 155
Vēveris, Eižens 162
Viagem
  aérea 376-7, 379, 382-3, 388-9
  bicicleta 381, 383, 385, 387, 393
  carro 377, 379, 380-1, 383, 385, 386, 389, 391, 392-3
  Centro da Lituânia 455
  Estônia 376-81
  ferryboat 376-7, 378-9, 382-3, 389
  helicóptero 377
  Leste da Estônia 109
  Leste da Letônia 189
  Letônia 382-7
  Lituânia 388-93
  motocicleta 385
  Oeste da Estônia 91
  Oeste da Letônia 168-9
  Oeste da Lituânia 275
  ônibus 378-9, 380, 386, 390-1
  ônibus interestadual 377, 382-3, 384-5, 389
  Riga 396-7
  Tallinn 380-1
  trem 377, 378-9, 383, 384-5, 390-1
  Vilna 392-3
Vida noturna 344-5, 346-7, 349, 351, 353, 355
Vidzeme 22, 154, 163, 187, 188, 194
Vidzgiris, floresta 260
Viekšniai 280
Vietinghdef, barão 203
Viinistu 110, **113**
  Museu de Arte 113
Viitna 112
Viķe-Freiberga, Vaira 141
Viki 99
Viking Line (companhia de ferryboats) 376-7
Vila Chaim Frenkel (Šiauliai) 276
Vilna 209, **220-51**, 253
  arquitetura barroca 234, **237**
  Bastião de Artilharia **239**
  Casa Čiurlionis **236**
  Casa dos Signatários **227**
  Castelo de Baixo **230**
  Castelo de Cima 224, **230**
  Centro de Arte Contemporânea 234, **236**
  clima 33
  como explorar 222-3
  compras 342-3

Vilna (cont.)
  da Praça da Prefeitura aos Portões da Alvorada (Rua a Rua) **234-5**
  diversão 354-5
  estátua de Frank Zappa **242**
  Fora do Centro **244-9**
  Guia de Ruas 250-1
  história 38, 42, 215-9, 221
  hotéis 304-5
  Igreja Bernardina **232**
  Igreja de Santa Ana 225, **232-3**
  Igreja de Santa Catarina 237, **241**
  Igreja de Santa Teresa 235, 237, **238**
  Igreja de São Casimiro 234, **236**
  Igreja de São João **226**, 237
  Igreja de São Miguel **233**
  Igreja de São Nicolau **240**
  Igreja de São Paraskeva **227**
  Igreja do Espírito Santo **238**
  Igreja Dominicana **240-1**
  Igreja Franciscana **240**
  Igreja Ortodoxa de São Nicolau **233**
  Igreja Santa Mãe de Deus **232**
  itinerários 11, 16
  Morro das Três Cruzes **231**
  Mosteiro Basiliano 235
  Museu Casa de Šlapelis **227**
  Museu do KGB **242**
  Museu de Artes Aplicadas **231**
  Museu do Holocausto **242**
  Museu do Teatro, Música e Cinema **241**
  Museu Judaico do Estado **242**
  Museu Kazys Varnelis **239**
  Museu Mickiewicz **233**
  Museu Nacional Lituano **230-1**
  Palácio Presidencial 224, **226**
  Palácio Radvila **241**
  Palácio Real 224
  Portão Basiliano 237, **238**
  Portões da Alvorada 235, **239**
  Praça da Catedral **230**
  Praça da Prefeitura **236**
  restaurantes 326-8
  Vilna Judaica **243**
Vilna Judaica **243**
  a Grande Sinagoga 243
  Elijah Ben Solomon 243
  Gueto de Vilna 243
  Sinagoga Coral de Vilna 243
Vilsandi, Parque Nacional 12, 96, **99**
Vina Kalns (Sabile) 182, 312
Vingis (parque) e Žvėrynas (Vilna) **245**
Vinhos 312-3
VIRAC (Centro Internacional de Radioastronomia de Venspils) **181**
Viru, rua (Tallinn) 63
Visaginas 253, **269**
  hotéis 306
  restaurantes 330
  Usina Nuclear de Ignalina 269
Visit Lithuania (passeios) 393
Vistos e passaportes 364
Vitolnieki (Reserva Natural do Lago Pape) 185
Vītols, Jāzeps 27
Vogels-Vogelstein, Christiana
  Tentação de Cristo 194
Vokiečių, rua (Vilna) 234
Volmar (Riga) 339
Vormsi, ilha **93**
  hotéis 298
  Hullo 92, 93
  Igreja de São Olavo 92, 93
  restaurantes 318
Võrtsjärv, lago 10, 13, **122**
  Jõgeveste 122

Võru **125**
  hotéis 299
  Museu do Memorial Kreutzwald 125
  Obinitsa 125
  restaurantes 319
Võru-Setu 124
Võsu 13, 111, **112**
Vytautas, grão-duque da Lituânia 36, 215, 256-7, 263
  estátua (Birštonas) 261
  montanha do Castelo (Birštonas) 261
  Museu da Guerra Vytautas, o Grande (Kaunas) **264**

W

Walter, J. H. B. 21
Watteau, Antoine 153
West Express (passeios turísticos) 393
Wi-Fi 372-5
Wiiralt, Eduard 26
Wit, Sol Le 258
Wulbern, Johann Heinrich 102

Y

Yeltsin, Boris 43

Z

Zāle, Kārlis
  Dois irmãos 161
  Mãe Letônia 161
  Monumento à Liberdade 154
  O cavaleiro ferido 161
Žalgiris Yacht Club (passeios de barco) (Trakai) 256-7
Žalgiris, batalha de *ver* Grünwald, batalha de
Zapp, Walter 154
Zappa, Frank 242
Zarudny, Ivan 70
Zatlers, Valdis 141
Želva, lago 269
Žemaičiu Kalvarija 283
Žemaitija, Parque Nacional 273, 274, 280, 281, **282-3**
  Antiga Base de Mísseis Soviéticos Plokštinė 283
  Galeria-Moinho 282
  Godeliai 282
  hotéis 307
  Igreja de São Estanislau 282
  Monte Mikytai e Pedra Pegada do Diabo 282
  Plateliai 282
  restaurantes 331
  Túmulo de Šarnelė 283
  Žemaičių Kalvarija 283
Zemgale 163, 167
Zervynos 259, 260
Žilinskas, Mykolas 264
Žmuidzinavičius, Antanas 264
Zola, Émile 81
Zoológico de Riga 160-1
Zrazai 311
Zubov, Platon 279
Zvaigzne, Gvido 154
Zvārte, Pedra 191
Žvėrynas (Vilna) 16, **245**

Agradecimentos

A Dorling Kindersley agradece a todas as pessoas que colaboraram na preparação deste guia.

Colaboradores

Howard Jarvis é editor-chefe de várias publicações, como *The Baltic Times*, *VilniusNOW!* e *Baltic Stand By*. É colaborador do *Jane's Information Group* desde 2000.

John Oates, vencedor do prêmio concedido pelo jornal *The Guardian*, Young Travel Writer of the Year, colabora com vários jornais, revistas e guias.

Tim Ochser mora em Riga desde 2001, onde trabalha como jornalista freelance. Colabora com vários jornais da Letônia e é autor de peças em letão.

Neil Taylor é escritor, agente e consultor de de viagens. Ele escreve para jornais britânicos nos Bálcãs e já publicou vários guias da região.

Conferência de Dados

Eat Latvia, Nicholas Archdeacon, Joel Dullroy, Irja Luks, Brigita Pantelejeva, Nat Singer

Revisão

Deepthi Talwar, Debra Wolter

Índice

Ajay Lal Das, Helen Peters

Projeto e Editorial

Gerência Editorial Douglas Amrine
Edição de Arte Jane Ewart
Editora Sênior Michelle Crane
Controle de Produção Lousie Daly
Pesquisa de Imagem Ellen Root
Diagramadora Natasha Lu

Fotos Adicionais

Peter Dennis, Rose Horridge, Rajnish Kashyap, Ian O'Leary.

Ilustrações Adicionais

Chapel Design & Marketing Ltd

Cartografia

Casper Morris, Stuart James

Pesquisa Cartográfica

Netmaps

Participação Especial

Sonata Šiaučiulytė no Centro de Informação Turística de Vilna

Atualização

Emma Anacootee, Claire Baranowski, Marta Bescos, Imogen Corke, Joel Dullroy, Anna Freiberger, Howard Jarvis, Kathryn Lane, Maite Lantaron, Carly Madden, Alison McGill, George Nimmo, Vikki Nousiainen, Susie Peachey, Rada Radojicic, Lucy Richards, Ellen Root, Sands Publishing Solutions, Susana Smith, Neil Taylor, Richa Verma, Matt Willis

Autorizações de Fotos

Dorling Kindersley agradece aos seguintes estabelecimentos e instituições pela permissão para fotografar em suas dependências:

Museu da Escola Naval de Ainaži, Museu Andrejs Pumpurs, Museu Anton Hansen Tammsaare, Aqua Park, Museu de Arte Arsenal, Art Nouveau em Rīga, Museu da Aviação, Museu da Apicultura, Museu da Bicicleta, Igreja do Calvário da Santa Cruz, Catedral de Cristo-Rei, Catedral de Santo Antônio de Pádua, Catedral da Santa Virgem Maria (Toomkirik), Catedral de São Bóris e São Glebe, Casa dos Gatos, Igreja de São Casimiro, Igreja de Santa Teresa, Igreja de São Pedro e São Paulo, Coca Cola Plaza, Tallinn, Centro de Arte Contemporânea, Dauderi, Déjà Vu Lounge Bar, Tallinn, Catedral do Domo, Igreja Dominicana, Mosteiro Dominicano, Cidade Velha, Dundaga, Europa Mall, Vilna, Folk House of the Livs, Igreja Fraciscana, Mosteiro da Virgem Maria, Tytuvenai, Casa dos Cabeças Pretas, Museu da KGB, Vilna, Museu da Mineração de Kohtla, Kiek in de Kök, Tallinn, Museu de Arte de Kumu, Museu Latgale de Cultura e História, Museu Etnográfico Letão Ao Ar Livre, Museu Letão de Fotografia, Rēzekne, Museu Liepāja, Museu Nacional Lituano, Livraria Littera, Universidade de Vilna, Casa Mentzendorff, Museu da fazenda Mihkli, Museu Nacional de Arte Mikalojus Konstantinas, Museu do Motor, Museu das Barricadas de 1991, Museu de Arte Decorativa e Design, Museu de História e Artes Aplicadas, Preiļi, Museu dos Chifres, Museu da História e da Navegação de Rīga, Igreja Niguliste, Tallinn, Mansão Palmse, Museu ao Ar Livre Pedvāle, Museu Pedro, o Grande, Museu Palanga do Âmbar, Museu da Fotografia, Tallinn, Museu da Porcelana, Torre do Pó/Museu Letão da Guerra, Estação de Trem de Vilna, Palácio Rundāle, Letônia, Museu Marítimo e Aquário de Smiltynė, Museu do Vilarejo de Setu (Lago Peipsi), Shakespeare Boutique Hotel, Igreja Católica Romana Skaistkalne, Skyline Bar (Reval Hotel, Latvija), Basílica de Santa Ana, Igreja de São João, Aeroporto Internacional de Tallinn, Tamsta Club, parque Natural Tērvete, Museu do Teatro, Música e Cinema, Farmácia da Prefeitura em Tallinn, Castelo da ilha Trakai, Tukums, Catedral de Vilna, Galeria de Fotografia de Vilna, Universidade de Vilna, Restaurante Vincents, Rīga, Museu da Guerra Vytautas, o Grande, Parque Nacional Žemaitija

Créditos das Fotos

O editor agradece às seguintes pessoas, companhias e bancos de imagens pela permissão para a reprodução das fotografias:

AGRADECIMENTOS | 409

Legenda: a-acima; b-abaixo; c-centro; f-afastado; l-esquerda; r-direita; t-topo.

4Corners: Cozzi Guido 253b; Giovanni Simeone/SIME 178-179.
akg-images: 36ce, 38bd, 40td, 40-41c, 54cdb, 55te, 139bc, 140tc, 219te; Erich Lessing 34, 216-217c; RIA Nowosti 43t, 43c, 216ce.
Akmenine Rezidencija: 295bc, 306td.
Alamy Images: A.P. 167b, 185bd; Urmas Ääro 49b, Stuart Abraham 46bd, Ace Stock Limited 21bd, 97cdb; age fotostock 332cea; AllOver photography 210b; Arco Images 237cb; Arco Images GmbH 10cea; Andrew Barnes 30bc; Caro 206be, 210td; China Span/Keren Su 187b; Content Mine International 133b, 135td, Gary Cook 191te; Danita Delimont 28bd, 135bd, 357te, 385bd; Ilja Dubovskis 288ce, Cody Duncan 23cd; epa european pressphoto agency b.v. 123cdb; Sindre Ellingsen 257te; Maciej Figiel 31te, 31cea; Johan Furusjö 137be; Goddard New Era 325td; Christopher Griffin 73cd; Andrew Harrington 89b; Simon Hathaway 310ce; Pete Hill 374cea; Ula Holigrad 22cd; Imagebroker 23ce, 84td, 97te; INSADCO Photography 373bc; Jevgenija 191bd; Stanislovas Kairys 243be; Christian Klein 349te; Stan Kujawa 311c; Yadid Levy 41cd, 247te; Robin Mckelvie 114cdb, 176be; Natural Visions 30bd; The Natural History Museum 31tc; Kari Niemeläinen 381bd; Jaak Nilson 13td; Indrek Parli 52be, PCL 137te; Pictorial Press Ltd 26ce; Les polders 62bd; Recognition 346c; Robert Harding World Imagery 17te,134t; Joeri de Rocker 348cea; Jonathan Smith 28cea; Kitt Cooper-Smith 31ca; David Soulsby 378ce; Sylvia Cordaiy Photo Library Ltd 362tc; Vario images GmbH & Co.KG/Stefan Kiefer 379bd, / Jesper Dijohn 57c; Tiit Veermae 21td, 22td, 51t, 110ceb, 114cda, 121bd; Martyn Vickery 24bd, 72ceb, 247cd, 342b; Visual&Written SL 74te; World Pictures 51bd; Sven Zacek 96cea, 107b; Imagebroker/Michael Zegers 382cda.
Apollo Raamatud: 335be.
Arquivo da Agencia de Desenvolvimento do Turismo da Letônia: 145td, 202ce, 202bc.
Arkos: 331td.
Aukstaitijos siauraris gelezinkelis: 390bd.
AWL Images: Walter Bibikow 48, 88, 166; Danita Delimont Stock 186; Ian Trower 2-3, 220.
Bank of Lithuania: 43be.
Bibliotēka No.1: 321td.
Bogapott: 334td.
Bridgeman Images: *Vista de Tallinn com torre Hattorpe*, Schlater, Alexander Georg (1834-1879) © Museu de Arte da Estônia, Tallinn, Estonia/Bridgeman Images 8-9; *Rei Carlos XII (1682-1718) da Suécia a cavalo*, 1702 37bd; *Catarina, a Grande*, 1793 38be; *Brasão de armas da Liga Hanseática* 138bc; *Desembarque em um porto do Báltico*139cdb.
Bussi Reisid: 378bd.
Cêsis Historical Film Festival: 349cb.
Club Illusion: 344c.
Corbis: Niall Benvie 356be; Christophe Boisvieux 61bd; Franz-Marc Frei 206ce; Jon Hicks 236t; Robert Harding World Imagery/Yadid Levy 25td; Hans Georg Roth 350be; Sygma/Gérard Rancinan 26be; Peter Turnley 219cdb; Zefa/Goebel 20ce, 207bd.
Corbis: epa/Kay Nietfeld 123bc; epa/Toms Kalnins 211bd; Sven Zacek/Nature Picture Library 123cda.
Cortesia do Museu da Cidade de Tallin: 77c.
Danita Delimont Stock Photography: Keren Su 221b.
La Dolce Vita: 318tc.
Vydas Dolinskas: 217te, 217tc.
Dome Hotel & Spa: 300bc.
Domni Canes: 309te.
Dorling Kindersley: Ian O'Leary 310-311.
Dreamstime.com: Aistija 204-205; Alisbalb 16be; Valery Bareta 58; Milda Basinskiene 288ceb; Coplandj 272; Dennis Dolkens 16td; Gadagj 12bd; Gorshkov13 132, 290-291; Kaspars Grinvalds 11tc; Helen Kattai 100-101; Konstik 12tc; Kristina Kuodiene 208; Alexey Kuznetsov 15td; Lindawelsa 128-129; Aliaksandr Mazurkevich 17bc; Antony Mcaulay 142; Rihards Plivch 15be; Dmitry Rukhlenko 14td; Tatiana Savvateeva 61cda; Scanrail 44-45; Alexander Tolstykh 14be; Vikau 11bd.
Museu Etonográfico ao Ar-Livre da Letônia: 163cda; Uldis Veisbuks 163cea, 163ceb.
Fellin: Renee Altrov 319td.
Focus: Kaido Haagen 28ceb; Tiit Hunt 94te; Jarek Jõepera 23cda, 50te, 127td; Didzis Kadaks 30cdb, 175bd, 190bc; Mati Kose 53cd; Arnold Kristjuhan 23ca; Heinrich Lukk 33bd; Kalju Suur 27tc, 27cda, 29te, 57te; Tiina Tammet 79te; Andres Teiss 345te, 347te, 359td; Toomas Tuul 50bd, 52cda, 78ce, 93b, 96be, 97be, 98ce, 105bd, 109cd, 110cea, 111cda, 117bd, 313td, 344bd, 358te, 359bc, 379te.
Forto Dvaras: 326bc.
Getty Images: AFP/Ilmars Znotins 134bd; AFP/Petras Malukas/Stringer 211te; AFP/Stringer 41bd; AFP/Tim Sloan 141bc; Jeff Gross 360te; Arnd Hemmersbach/NordicFocus 123bd; Hulton Archive/Austrian Archives/Imagno 216bd; Hulton Archive/Stringer 40bd, 140ceb, 218c; Janek Skarzynski/Staff 123ce; Stu Forster 27be; Time & Life Pictures/Ben Martin 200be; Time & Life Pictures/David Rubinger 141te.
The Granger Collection, New York: Ullstein Bild 141cdb.
Hapsal Dietrich: 316td.
Ilgi: Ilgi 29td.
Howard Jarvis: 224ce.
Jon Smith: 311te.
Jonathan Smith Photography: 28-29c, 212bc, 213te, 273b, 352cda.
Didzis Kadaks: 157be.
Kalev Chocolates: 335c.
Rajnish Kashyap: 20bd, 21cea, 35bc, 60td, 69cb, 69bd, 224be, 224bd, 225cdb, 228bd, 235bd, 256td, 257cd, 262be, 263cdb, 333te.
Kaubamaja Store: 335tc.
KGB Cells Museum: 119cb.
Klaipeda Clock Museum: 284cdb.
Kohvik Supelsaksad: 317bd.
Kolonna Hotel: 292bd.
Kupfernams: 303bc.
Kybynlar: 329bd.
Lacu Miga: 302td.
LIDO Altus Sēta: 320bc.

Liepaja Theatre: 348bd.
Departamento de Turismo da Lituânia: 365c.
Litinterp Vilnius: 304bc.
Lonely Planet Images: Jonathan Smith 212ce.
Boutique Hotel & Restaurant MaMa: 322td.
Mary Evans Picture Library: 38te, 56c, 138be.
Merekalda Guesthouse: 299bd.
Mikalojus Konstantinas Čiurlionis: Mikalojus Konstantinas Čiurlionis Museum 26cda.
Molly Malone's: 360c.
National Geographic Stock: Klaus Nigge 22be.
naturepl.com: Niall Benvie 23cdb; William Osborn 23ceb; Igor Shpilenok 23bc; Artur Tabor 22bd.
Neiburgs Hotel: 293bd, 308be.
NHPA/Photoshot: Lee Dalton 22cb.
Land Nomad: 20ca.
North Wind Picture Archives: 30ce.
Pädaste Manor: 293te.
Palangos TIC: Tomas Smilingis 31bd.
Joan Parenti: 279bd.
Pastnieka Māja: 323bd.
Patricia Tourist Office Riga - www.RigaLatvia.net: 386bd.
Photolibrary: JTB Photo 333b; Roland Marske/Voller Ernst 209b.
Private Collection: 26td, 28td, 37te, 37cdb, 38cb, 39ca, 39bc, 40ce, 40be, 42te, 54ca, 55cd, 56te, 81td, 83ce, 83cd, 83be, 103cd, 139tc, 202cda, 214c, 214cdb, 214bc, 215tc, 215cdb, 216be, 217td, 217be, 217bd, 218bd, 243ce, 243cd.
Radisso Blue Royal Astorija Hotel: 294bd.
Rannahotell, Parnu: 298td.
Elmar Reich: Flickr 377be.
Riga Opera Festival: 136be.
Hotel Rinno: 305td.
Robert Harding Picture Library: Piotr Ciesla 357bc; Peter Erik Forsberg 13ceb; Jaak Nilson 362-363.
Aivar Ruukel: 104cea, 104ce, 104bd, 105ce.
Salacgrvas Novada TIC: 194cd.
Scanpix Baltics: 137cd, F64 27cdb, 136cd; LT 29cd; Postimees/Henn Soodla 23cea; Postimees/Lauri Kulpsoo 23tc.
Schlössle Hotel: 297td, 314bc.
SemaraH Hotel Metropole: 295te.

Sigade Revolutsioon LLC: 345bc.
Sofa de Pancho: 327td.
Villa Sofia: 307bd.
Hotel St. Petersbourg: 308cda.
Starover.ee: Piirissaare 126bc.
State Small Theatre: Dmitrij Matvejev 354cea.
Stora Antis: 330bc.
Superstock: age fotostock 152te, 252; fge fotostock/Wojtek Buss 261ce; MIVA Stock 266-267; Yoshio Tomii 53be.
Tallinn City Theatre: Siim Vahur 346ce.
Three Sisters Boutique Hotel: 296bc; Bordoo Restaurant 315td.
Toomalõuka Tourist Farm: 292cea.
TopFoto.co.uk: The British Library/HIP 218te.
Travel-Images.com: 247cdb; A. Dnieprowsky 47bd, 169td, 188be.
Uoksas: 328td.
Vanagupė Hotel: 294te.
Vilhelmines Dzirnavas: 324bc.
Vilnius Congress Concert Hall: 354bd.
Vilnius Jazz Festival: Vytautas Suslavicius 213be.
Visit Estonia: Marin Sild 373cea.
Wandering Spirit Travel Images: Louise Batalla Duran/Photographersdirect.com 59b.
Jonathan Wasserstein: 76cdb.
Wellton Centrum Hotel & Spa: 301td.
Wikipedia: 24ce, 26cdb, 27ce, 30be, 35bd, 39cb, 41te, 42bc, 55cdb, 55bc, 56bd, 57be, 215bc, 378tc; National Archives & Records Administration, nara.gov 42cb; U.S. Department of Defense 57bc.

Capa e lombada: AWL Images: Peter Adams.

Guardas da frente: AWL Images: Walter Bibikow Ete, Dcd; Danita Delimont Stock Dbd; Ian Trower Rbc; **Dreamstime.com**: Valery Bareta Lce; Coplandj Lbe; Antony Mcaulay Dtd; Vapsik662 Etc; **SuperStock**: age fotostock Lbc.

Todas as outras imagens © Dorling Kindersley.
Para maiores informações, www.DKimages.com

Frases em Estoniano

Em Emergências

Português	Estoniano	Pronúncia
Socorro!	Appi!	*Ap-pi*
Pare!	Peatuge!	*Pea-tu-ge*
Chame o médico!	Kutsuge arst!	*Kut-su-gue arst*
Chame a ambulância!	Kutsuge kiirabi!	*Kut-su-gue kiir-abi*
Chame a polícia!	Kutsuge politsei!	*Kut-su-gue po-lit-si*
Chame os bombeiros!	Kutsuge tuletõrje!	*Kut-su-gue tu-le-tôrie*
Onde fica o telefone?	Kus on lähim telefon?	*Kus on lé-him te-le-fon*
Onde fica o hospital mais próximo?	Kus on lähim haigla?	*Kus on lé-him haig-la*

Comunicação Essencial

Português	Estoniano	Pronúncia
Sim	Jah	*Ia*
Não	Ei	*Ei*
Por favor	Palun	*Pa-lun*
Obrigado	Aitäh	*Ai-téh*
Com licença	Vabandage	*Va-ban-da-gue*
Olá	Tere	*Te-re*
Até logo	Head aega	*Head ae-ga*
Boa noite	Head õhtut	*Head ôh-tut*
manhã	hommik	*hom-mik*
tarde	pärastlõuna	*pé-rast-lôu-na*
noite	õhtu	*ôh-tu*
ontem	eile	*ei-le*
hoje	täna	*té-na*
amanhã	homme	*hom-me*
O quê?	Mida?	*Mi-da*
Quando?	Millal?	*Mi-da*
Por quê?	Miks?	*Miks*
Onde?	Kus?	*Kus*

Guia de Pronúncia

O alfabeto estoniano consiste das seguintes letras: a, b, d, e, f, g, h, i, j, k, l, m, n, o, p, r, s, š, z, ž, t, u, v, õ, ä, ö, ü. As letras c, q, x, y, z são usadas só em nomes próprios (de lugares e pessoas) e em palavras emprestadas de línguas estrangeiras. Em estoniano, todas as letras são pronunciadas. Estoniano é uma língua fonética, ou seja, as palavras são pronunciadas da maneira que são escritas. As palavras em sua maioria são curtas e a sílaba tônica é geralmente a primeira sílaba.

Algumas letras soam como:
- b   similar ao som de "p"
- g   similar ao som de "k"
- j   como "i"
- r   como "r" enrolado
- õ   como "ô"
- ä   como "é"
- ö   como "iu"

Alguns sons de letras combinadas:
- ai   soa como "a" mais "i"
- ei   soa como "e" mais "i"
- oo   soa como "oo" longo
- uu   soa como "uu" longo
- öö   soa como "iu" longo

Lembre-se:
- A primeira sílaba da palavra é alongada. Mas algumas palavras de origem estrangeira e algumas estonianas nativas, como *aitäh*, não seguem essa regra.
- Vogais e consoantes podem ser breves (escritas com uma só letra), longas ou extralongas (escritas com duas letras).

Frases Úteis

Português	Estoniano	Pronúncia
Como vai?	Kuidas läheb?	*Kui-das lé-heb*
Bem, obrigado.	Aitäh, väga hästi.	*Ai-téh, vé-ga hés-ti*
Muito prazer.	Meeldiv tuttavaks saada.	*Meel-div tut-ta-vaks saa-da*
Até logo!	Varsti näeme!	*Vars-ti née-me*
Tem... aqui?	Kas siin on... ?	*Kas siin on*
Como vou a...?	Kust ma saaksin... ?	*Kust ma saa-ksin*
Como se chega em... ?	Kuidas minna... ?	*Kui-das min-na*
É longe?	Kui kaugel on... ?	*Kui kau-guel on*
Fala inglês?	Kas te räägite inglise keelt?	*Kas te réé-gi-te in-gli-se keelt*
Eu não falo estoniano.	Ma ei oska eesti keelt.	*Ma ei os-ka ees-ti eesti keelt*
Não entendi.	Ma ei saa aru.	*Ma ei saa a-ru*
Pode me ajudar?	Kas saate mind aidata?	*Kas saa-te mind ai-da-ta*
Fale devagar, por favor.	Palun rääkige aeglaselt.	*Pa-lun ree-ki-gue aegue-la-selt*
Me desculpe!	Vabandust!	*Va-ban-dust*

Palavras Úteis

Português	Estoniano	Pronúncia
grande	suur	*suur*
pequeno	väike	*vei-que*
quente	kuum	*kuum*
frio	külm	*kiulm*
bom	hea	*hea*
ruim	halb	*halb*
basta	küllalt	*kïl-lalt*
bom (suficiente)	hästi	*hés-ti*
aberto	avatud	*a-va-tud*
fechado	suletud	*su-le-tud*
esquerda	vasak	*va-sak*
direita	parem	*pa-rem*
em frente	otse	*ot-se*
perto	lähedal	*le-he-dal*
longe	kaugel	*kau-ghell*
em cima	ülal	*iu-lal*
embaixo	all	*all*
cedo	vara	*va-ra*
tarde	hilja	*hi-li-a*
entrada	sissepääs	*sis-se-péés*
saída	väljapääs	*val-yaw-pa-es*
toalete	tualett	*tua-iett*
livre/desocupado	vaba	*va-ba*
livre/de graça	tasuta	*ta-su-ta*

Ao Telefone

Português	Estoniano	Pronúncia
Posso ligar daqui para o exterior?	Kas ma saan siit välismaale helistada?	*Kas ma saan siit vé-lis-maa-le he-lis-ta-da*
Quero ligar a cobrar.	Tahaksin helistada vastaja kulul.	*Ta-hak-sin he-lis-tada vas-taia ku-lul*
Chamada local	kohalik kõne	*ko-ha-lik kô-ne*
Vou tentar mais tarde.	Helistan hiljem tagasi.	*He-lis-tan hi-liem ta-ga-si*
Posso deixar recado?	Kas ma saaksin teate jätta?	*Kas ma saak-sin tea-te*
Fale mais devagar, por favor.	Kas saate natuke valjemini rääkida.	*Kas saa-te na-tu-que va-lie-mi-ni réé-ki-da*

Nas Compras

Português	Estoniano	Pronúncia
Quanto custa?	Kui palju see maksab?	*Kui pa-liu see mak-sab*
Eu quero...	Tahaksin...	*Ta-hak-sin*
Tem... ?	Kas teil on... ?	*Kas teil on*
Estou só olhando.	Vaatan lihtsalt.	*Vaa-tan liht-salt*
Aceita cartão de crédito?	Kas krediitkaardiga saab maksta?	*Kas kre-diit-kaar-di-ga saab maks-ta*
A que horas abre?	Mis kell teil avatakse?	*Mis kell teil a-va-tak-se*
A que horas fecha?	Mis kell teil suletakse?	*Mis kell teil su-le-tak-se*
esse	see	*see*
aquele	too	*too*
caro	kallis	*kal-lis*
barato	odav	*o-dav*
tamanho	suurus	*suu-rus*
antiquário	antiigipood	*an-tii-gui-pood*
loja de souvenir	suveniiripood	*su-venii-ri-pood*
livraria	raamatupood	*raa-matu-pood*
café	kohvik	*koh-vik*
farmacêutico	apteek	*ap-teek*

jornaleiro	ajalehekiosk	a*ia-le-he-*kiosk
loja de departamento	kaubamaja	k*au-ba-*maia
mercado	turg	turgue

Em Hotéis

Tem quarto disponível?	Kas teil on vaba tuba?	Kas teil on va-ba tu-ba
quarto com cama de casal	kahene tuba laia voodiga	ka-he-ne tu-ba la-ia voo-di-ga
quarto com duas camas	kahe voodiga tuba	ka-he voo-di-ga tu-ba
quarto de solteiro	ühene tuba	iu-he-ne tu-ba
não fumante	mittesuitsetatele tuba	mit-te-suit-se-ta*ia-te-le tu-ba*
quarto com banheira/ducha	vanniga/dušiga	van-ni-ga/dus-si-ga
porteiro	portjee	por-t*ee*
chave	võti	võ-ti
Tenho uma reserva.	Mul on reserveeritud.	Mul on re-ser-vee-ri-tud

Passeios Turísticos

ônibus	buss	buss
bonde	tramm	trawm
ônibus elétrico	troll	troll
trem	rong	ro-ng
parada de ônibus	bussipeatus	bus-si-pea-tus
parada de bonde	trammipeatus	tra-mmi-pea-tus
galeria de arte	kunstigalerii	kuns-ti-ga-le-rii
palácio	palee	pa-lee
castelo	loss	loss
catedral	katedraal	ka-te-draal
igreja	kirik	ki-rik
jardim	aed	aed
biblioteca	raamatukogu	raa-ma-tu-ko-gu
museu	muuseum	muu-se-um
informação turística	turismiinfo	tu-ris-mi-in-fo
fechado para o público	külastajatele suletud	kiu-las-ta*ia-te-le su-le-tud*
feriado	puhkepäev	puh-ke-péev
agente de viagem	reisibüroo	rei-si-biu-roo

Em Restaurantes

Tem mesa para...	Palun üks laud... inimesele	Pa-lun iuks laud i-ni-me-sele
Quero reservar mesa	Tahaksin reserveerida lauda	Ta-hak-sin re-ser-vee-rida lau-da
A conta, por favor	Palun arve	Pa-lun ar-ve
Sou vegetariano	Olen taimetoitlane	O-len tai-me-toit-la-ne
Quero...	Tahaksin...	Ta-hak-sin
garçom/garçonete	kelner/ettekandja	kel-ner/et-te-kan-dia
cardápio	menüü	me-n-oo
carta de vinho	veinimenüü	vei-ni-me-niu
especial do chef	firmaroog	fír-ma-roog
gorjeta	jootraha	ioot-ra-ha
copo	klaas	klaas
garrafa	pudel	pu-del
faca	nuga	nu-ga
garfo	kahvel	kah-vel
colher	lusikas	iu-si-kas
café da manhã	hommikusöök	hom-miku-seek
almoço	lõuna	lõu-na
jantar	õhtusöök	õh-tu-seek
prato principal	praed	praed
entradas	eelroad	eel-road
legumes	köögiviljad	kee-gi-vili-ad
sobremesas	magustoidud	ma-gus-toi-dud
excelente	pooltoores	pool-too-res
bem-feito	küps	kiups

Interpretando o Cardápio

äädikas	*éé-di-kas*	vinagre
aurutatud	*au-ru-ta-tud*	no vapor
friikartul	*frii-kar-tul*	fritas
grillitud	*grili-tud*	grelhado
jäätis	*iéé-tis*	sorvete
juust	*iuust*	queijo
kala	*ka-la*	peixe
kana	*ka-na*	frango
kartul	*kar-tul*	batatas
kaste	*kas-te*	molho
keedetud	*kee-de-tud*	fervido
klimbid	*klim-bid*	bolinhos
kohv	*kohv*	café
kook, saiad	*kook, saiad*	bolo, torta
koor	*koor*	creme
küüslauk	*kius-lauk*	alho
lambaliha	*lam-ba-li-ha*	carneiro
leib/sai	*leib/sai*	pão
liha	*li-ha*	carne
loomaliha	*loo-ma-li-ha*	filé
mereannid	*me-re-an-nid*	frutos do mar
mineraalvesi	*mi-ne-raal-ve-si*	água mineral
muna	*mu-na*	ovo
õli	*õ-li*	azeite
õlu	*õ-lu*	cerveja
pannkook	*pann-kook*	panqueca
peekon	*pee-kon*	bacon
piim	*piim*	leite
pipar	*pi-par*	pimenta
pirukas	*pi-ru-kas*	torta
praeliha	*prae-li-ha*	bife
praetud	*prae-tud*	frito
punane vein	*pu-na-ne vein*	vinho tinto
puuvili	*puu-vi-li*	fruta
puuviljamahl	*puu-vi-lia-mahl*	suco de fruta
riis	*riis*	arroz
rull	*rull*	enrolado
salat	*sa-lat*	salada
sealiha	*sea-li-ha*	porco
seened	*see-ned*	cogumelos
sink	*sink*	presunto
šokolaad	*sho-ko-laad*	chocolate
sool	*sool*	sal
suhkur	*suh-kur*	açúcar
suitsukala	*suit-su-ka-la*	peixe defumado
supp	*supp*	sopa
tee	*tee*	chá
täidetud	*téi-de-tud*	recheado
valge vein	*val-gue vein*	vinho branco
vorst	*vorst*	salsicha/linguiça
võileib	*või-leib*	sanduíche

Números

0	**null**	*null*
1	**üks**	*iuks*
2	**kaks**	*kaks*
3	**kolm**	*kolm*
4	**neli**	*ne-li*
5	**viis**	*viis*
6	**kuus**	*kuus*
7	**seitse**	*seit-se*
8	**kaheksa**	*ka-hek-sa*
9	**üheksa**	*iu-hek-sa*
10	**kümme**	*kium-me*
11	**üksteist**	*iuks-teist*
12	**kaksteist**	*kaks-teist*
13	**kolmteist**	*kolm-teist*
14	**neliteist**	*ne-li-teist*
15	**viisteist**	*viis-teist*
16	**kuusteist**	*kuus-teist*
17	**seitseteist**	*seit-se-teist*
18	**kaheksateist**	*ka-hek-sa-teist*
19	**üheksateist**	*iu-hek-sa-teist*
20	**kakskümmend**	*kaks-kium-mend*
30	**kolmkümmend**	*kolm-kium-mend*
40	**nelikümmend**	*ne-li-kuim-mend*
50	**viiskümmend**	*viis-kium-mend*
60	**kuuskümmend**	*kuus-kium-mend*
70	**seitsekümmend**	*seit-se-kium-mend*
80	**kaheksakümmend**	*ka-hek-sa-kium-mend*
90	**üheksakümmend**	*iu-hek-sa-kium-mend*
100	**sada**	*sa-da*
1000	**tuhat**	*tuu-hat*

Tempo

um minuto	**üks minut**	*iuks minut*
hora	**tund**	*tund*
meia hora	**pool tundi**	*pool tundi*
domingo	**pühapäev**	*piu-ha-pév*
segunda-feira	**esmaspäev**	*es-mas-pév*
terça-feira	**teisipäev**	*tei-si-pév*
quarta-feira	**kolmapäev**	*kol-ma-pév*
quinta-feira	**neljapäev**	*ne-lia-pév*
sexta-feira	**reede**	*ree-de*
sábado	**laupäev**	*lau-pév*

Frases em Letão

Em Emergências

Socorro!	**Palīgā!**	Palīgā
Pare!	**Apstāties!**	Apstātiēs
Chame o médico!	**Izsauciet ārstu!**	Izsautsiet arstu
Chame uma ambulância!	**Izsauciet ātro palīdzību!**	Izsautsiet atruo paliidzīb
Chame a polícia!	**Izsauciet policiju!**	Izsautsiet politsiiu
Chame os bombeiros!	**Izsauciet ugunsdzēsējus!**	Izsautsiet ugunsdzēseius
Onde fica o telefone?	**Kur ir tuvākais telefons?**	kur ir tuvacais telefons
Onde fica o hospital mais próximo?	**Kur ir tuvākā slimnīca?**	kur ir tuvacá slimniitsa

Comunicação Essencial

Sim	**Jā**	iá
Não	**Nē**	né
Por favor	**Lūdzu**	luudzu
Obrigado	**Paldies**	paldies
Com licença	**Atvainojiet**	atvainuóiet
Olá	**Sveiki / Labdien**	sveiki-labdien
Até logo	**Uz redzēšanos**	us redzéchanuos
Boa noite	**Ar labu nakti**	ar labu nakti
manhã	**rīts**	riits
tarde	**pēcpusdiena**	pétspusdiena
noite	**vakars**	vakars
ontem	**vakar**	vakar
hoje	**šodien**	chuódien
amanhã	**rīt**	riit
O quê?	**Ko?**	kuó
Quando?	**Kad?**	kad
Por quê?	**Kāpēc?**	kápéts
Onde?	**Kur?**	kur

Guia de Pronúncia

O letão é um idioma marcado pela fonética, e o acento recai quase sempre na primeira sílaba:

Vogais

Breves ou longas:
ā soa como "á" aberto
e soa como "ê" ou "é"
ē soa como "éi" ou "é"
ī soa como "ii" longo
o soa como "uô" ou "uó"
u soa como "u"
ū soa como "uu" longo

Consoantes

c como tsa, tse, tsi, tso, tsu
č como tcha, tche, tchi, tcho, tchu
dz como dza, dze, dzi, dzo, dzu
dž como dja, dje, dji, djo, dju
ģ como djia, djie, djii, djio, djiu
j como "i"
ķ como em Kibon
ļ sempre palatal, nunca como "u"
ļ como lha, lhe, lhi, lho, lhu
ņ como nha, nhe, nhi, nho, nhu
r como em "rato"
s como em "sapato"
š como cha, che, chi, cho, chu
ž como ja, je, ji, jo, ju

Frases Úteis

Como vai você?	**Kā jums klājas?**	ka iums klaias
Bem, obrigado.	**Ļoti labi.**	lhoti labi paldies
Muito prazer.	**Prieks iepazīties.**	Prieks iepaziities
Até logo!	**Uz drīz redzēšanos!**	Us driis redzéchanuos
Tem... aqui?	**Vai šeit ir... ?**	Vai cheit ir
Onde posso encontrar... ?	**Kur es varu dabūt... ?**	Kur és varu dabuut
Como vou para... ?	**Kā es varu tikt līdz... ?**	ka és varu tict liids
É longe... ?	**Cik tālu atrodas... ?**	Tcik tálu atruodds
Fala inglês?	**Vai jūs runājat angliski?**	Vai iuus runaiat angliski
Eu não falo letão.	**Es nerunāju latviski.**	És nerunáiu latviski
Não entendo.	**Es nesaprotu.**	És nesaprotu
Pode me ajudar?	**Vai varat man palīdzēt?**	vai varat man paliidzét
Fale devagar, por favor.	**Lūdzu, runājiet lēnām.**	luudzu runaiet lenam
Me desculpe!	**Atvainojiet!**	Atvainuoiet

Palavras Úteis

grande	**liels**	liels
pequeno	**mazs**	mas
quente	**karsts**	karsts
frio	**auksts**	auksts
bom	**labs**	labs
mau	**slikts**	slikts
suficiente	**pietiekami**	pietiekami
bom (suficiente)	**vesels**	vésels
aberto	**atvērts**	atverts
fechado	**slēgts**	slécts
esquerda	**kreisi**	pa kreisi
direita	**labi**	pa labi
em frente	**taisni**	taisni
perto	**tuvu**	tuvu
longe	**tālu**	tálu
para cima	**augšā**	augchá
para baixo	**lejā**	léiá
aqui	**šeit**	cheit
lá	**tur**	tur
cedo	**agri**	agri
tarde	**vēlu**	vélu
entrada	**ieeja**	iêêia
saída	**izeja**	izéia
toalete	**tualete**	tualete
livre/desocupado	**brīvs**	briivs
livre/de graça	**bezmaksas**	bezmaksas

Ao Telefone

Posso ligar daqui para o exterior?	**Vai no šejienes var zvanīt uz ārzemēm?**	Vai nuo chéiienes var svaniit uz arzémém
Quero ligar a cobrar.	**Es gribu, lai maksā zvana saņēmējs.**	es gribu lai maksá sväna sanhémêis
Chamada local	**vietējā saruna**	vieteiá saruna
Vou tentar mais tarde.	**Es atzvanīšu vēlāk.**	És atzvaniichu vélák
Posso deixar um recado?	**Vai es varu atstāt ziņu?**	Vai és varu atstát zinhu
Fale mais devagar, por favor.	**Lūdzu, runājiet mazliet skaļāk.**	Luudzu, runáiêt masliet skalhác

Nas Compras

Quanto custa?	**Cik tas maksā?**	Tsik tas maksá
Eu quero...	**Es vēlētos...**	és vélétuos
Tem... ?	**Vai Jums ir... ?**	Vai iums ir
Estou só olhando.	**Es tikai skatos.**	És tikai skatuos
Aceita cartão de crédito?	**Vai es varu maksāt ar kredītkarti?**	Vai és varu maksát ar kreditkarti
A que horas abre?	**Cikos tiek atvērts veikals?**	Tsikuôs tiek atvérts veikals
A que horas fecha?	**Cikos tiek slēgts veikals?**	tsikuôs tiek slékts veikals
esse	**šo**	chuô
aquele	**to**	tuo
caro	**dārgs**	dárgs
barato	**lēts**	léts
tamanho	**izmērs**	izmérs
antiquário	**antikvariāts**	antikvariáts

loja de suvenir	**suvenīru veikals**	*suveniiru veikals*		jēra gaļa	**jēra gaļa**	*iera galha*	carneiro
livraria	**grāmatu veikals**	*grámatu veikals*		jūras veltes	**jūras veltes**	*iuuras véltes*	frutos do mar
café	**kafējnīca**	*kaféiniitsa*		kafija	**kafija**	*kafia*	café
farmácia	**aptieka**	*aptieka*		kartupeļi	**kartupeļi**	*kartupélhi*	batatas
jornaleiro	**avīžu kiosks**	*avizu kiiosks*		kūpinātas zivis	**kūpinātas zivis**	*kuupinátas zivis*	peixe defumado
loja de departamentos	**universālveikals**	*universálveikals*		krējums	**krējums**	*kréiums*	creme
mercado	**tirgus**	*tirgus*		liellopa gaļa	**liellopa gaļa**	*lieluopa galha*	filé
				maize	**maize**	*maize*	pão
Em Hotéis				mērce	**mērce**	*mértsé*	molho
Tem quarto disponível?	**Vai jums ir brīvas istabas?**	*Vai iums ir briivas ístabas*		minerālūdens	**minerālūdens**	*minerálluudens*	água mineral
quarto com cama de casal	**istaba ar divvietīgu gultu**	*istaba ar divietiigu gultu*		ola	**ola**	*uóla*	ovo
com duas camas	**divvietīga istaba**	*divietiiga istaba*		pankūka	**pankūka**	*pânkuuca*	panqueca
quarto de solteiro	**vienvietīga istaba**	*vienvietiiga istaba*		piens	**piens**	*piens*	leite
não fumante	**nesmēķētāju**	*nesmékietdiu istaba*		pildīts	**pildīts**	*pildiits*	recheado
quarto com um...	**istaba ar vannu/dušu...**	*ar vanu duchu*		pipars	**pipars**	*pipars*	pimenta
				rīsi	**rīsi**	*riisi*	arroz
porteiro	**portjē**	*portié*		saldējums	**saldējums**	*saldeiums*	sorvete
chave	**atslēga**	*atsléga*		sāls	**sāls**	*sals*	sal
Tenho uma reserva	**Man ir pasūtīts**	*Man ir pasuutiits*		salāti	**salāti**	*saláti*	salada
				sarkanvīns	**sarkanvīns**	*sarkanvins*	vinho tinto
Passeios Turísticos				siers	**siers**	*siers*	queijo
ônibus	**autobuss**	*autobus*		šķiņķis	**šķiņķis**	*chkinktis*	presunto
bonde	**tramvajs**	*tramvais*		smalkmaizīte	**smalkmaizīte**	*smalkmaiziite*	torta
ônibus elétrico	**trolejbuss**	*troleibus*		šokolāde	**šokolāde**	*chokoláde*	chocolate
trem	**vilciens**	*viltsiens*		steiks	**steiks**	*steiks*	bife
parada de ônibus	**autobusa pietura**	*autobusa pietura*		tēja	**tēja**	*téia*	chá
parada de bonde	**tramvaja pietura**	*tramvaia pietura*		tvaicēts	**tvaicēts**	*tvaitséts*	no vapor
galeria de arte	**mākslas galerija**	*mákslas galeriia*		vārīts	**vārīts**	*váriits*	fervido
palácio/castelo	**pils**	*pils*		vista	**vista**	*vista*	frango
catedral	**katedrāle**	*katedrále*		zivis	**zivis**	*zivis*	peixe
igreja	**baznīca**	*basniitsa*		zupa	**zupa**	*zupa*	sopa
jardim	**dārzs**	*dárzs*					
biblioteca	**biblioteka**	*biblioteka*		**Números**			
museu	**muzejs**	*muzeis*		0	**nulle**	*nule*	
informação turística	**tūristu informācija**	*tuuristu informátsiia*		1	**viens**	*viens*	
fechado	**slēgts**	*slégts*		2	**divi**	*divi*	
feriado	**brīvdiena**	*briivdiena*		3	**trīs**	*triis*	
agente de viagem	**ceļojumu aģentūra**	*tselhoiumu adjentuura*		4	**četri**	*tchétri*	
				5	**pieci**	*piétsi*	
No Restaurante				6	**seši**	*séchi*	
Mesa para... , por favor.	**Galdiņu... personām, lūdzu.**	*Galdinhu... personám, luudzu*		7	**septiņi**	*séptinhi*	
A conta...	**Rēķinu...**	*Rétjinu*		8	**astoņi**	*ástuonhi*	
Sou vegetariano.	**Es esmu veģetārietis.**	*És esmu vedietarietis*		9	**deviņi**	*dévinhi*	
Quero...	**Es vēlos...**	*És véluos*		10	**desmit**	*désmit*	
garçom/garçonete	**oficiants/oficiante**	*ofitsiants/ofitsiante*		11	**vienpadsmit**	*vienpádsmit*	
cardápio	**ēdienkarte**	*édienkarte*		12	**divpadsmit**	*divpádsmit*	
carta de vinhos	**vīnu karte**	*viinu karte*		13	**trīspadsmit**	*triispádsmit*	
especial do chef	**īpašais šefpavāra ieteikums**	*iipachais chefpavára ieteikums*		14	**četrpadsmit**	*tchétrpádsmit*	
gorjeta	**dzeramnauda**	*dzeramnauda*		15	**piecpadsmit**	*piétspádsmit*	
garrafa	**pudele**	*pudele*		16	**sešpadsmit**	*séchpádsmit*	
faca	**nazis**	*nazis*		17	**septiņpadsmit**	*séptinhdésmit*	
garfo	**dakša**	*dakcha*		18	**astoņpadsmit**	*ástonhpádsmit*	
colher	**karote**	*karuote*		19	**deviņpadsmit**	*dévinhpádsmit*	
café da manhã	**brokastis**	*bruokastis*		20	**divdesmit**	*dívdesmit*	
almoço	**pusdienas**	*pusdienas*		30	**trīsdesmit**	*triisdesmit*	
jantar	**vakariņas**	*vakarinhas*		40	**četrdesmit**	*tchétrdesmit*	
pratos principais	**galvenie ēdieni**	*galvenie édieni*		50	**piecdesmit**	*piétsdesmit*	
entradas	**uzkodas**	*uzkuodas*		60	**sešdesmit**	*séchdesmit*	
legumes	**dārzeņi**	*dárzenhi*		70	**septiņdesmit**	*séptinhdesmit*	
sobremesas	**saldie ēdieni/deserti**	*saldie édieni/deserti*		80	**astoņdesmit**	*ástuonhdesmit*	
excelente	**lielisks**	*lielisks*		90	**deviņdesmit**	*dévinhdesmit*	
malpassado	**asiņains**	*asinhâins*		100	**simts**	*simts*	
				1000	**tūkstotis**	*tuukstuótis*	
Interpretando o Cardápio							
alus	*alus*	cerveja		**Tempo**			
augļu sula	*auglhu sula*	suco de fruta		um minuto	**viena minūte**	*viena minuute*	
baltvīns	*baltviins*	vinho branco		hora	**stunda**	*stunda*	
bekons	*békons*	bacon		meia hora	**pus stunda**	*pus stunda*	
cepts	*tsépts*	fritura		domingo	**svētdiena**	*svétdiena*	
cūkgaļa	*tsuukgalha*	porco		segunda-feira	**pirmdiena**	*pirmdiena*	
cukurs	*tsukurs*	açúcar		terça-feira	**otrdiena**	*uôtrdiena*	
desa	*désa*	salsicha/linguiça		quarta-feira	**trešdiena**	*tréchdiena*	
etiķis	*étitis*	vinagre		quinta-feira	**ceturtdiena**	*tséturdiena*	
fri kartupeļi	*frii kartupelhi*	fritas		sexta-feira	**piektdiena**	*piekdiena*	
grilēts	*griléts*	grelhado		sábado	**sestdiena**	*sesdiena*	

Frases em Lituano

Em Emergências

Socorro!	**Gelbėk!**	*Guelbêk*
Pare!	**Sustok!**	*Suustok*
Cuidado!	**Atsargiai!**	*Atsarguiai*
Chame um médico!	**Kviesk gydytoją!**	*Kviesk guiidiitoia*
Chame uma ambulância!	**Kviesk greitąją!**	*Kviesk greitaia*
Chame a polícia!	**Kviesk policiją!**	*Kviesk politsia*
Chame os bombeiros!	**Kviesk gaisrinę!**	*Kviesk gaisrinia*
Onde fica o telefone?	**Kur (yra artimiausias) telefonas?**	*Kur (iira artimiausias) telefonas*
Onde fica o hospital mais próximo?	**Kur yra artimiausia ligoninė?**	*Kur iira artimiausias ligoninê*

Comunicação Essencial

Sim	**Taip**	*Taip*
Não	**Ne**	*Ne*
Por favor	**Prašom**	*Praxom*
Obrigado	**Ačiū**	*Atchiuu*
Com licença	**Atsiprašau**	*Atsipraxau*
Olá	**Sveiki**	*Sveiki*
Tudo de bom	**Viso gero**	*Viso guero*
Boa noite (ao sair)	**Labanakt**	*Labanakt*
manhã	**rytas**	*riitas*
tarde	**popietė**	*popietê*
noite	**vakaras**	*vakaras*
ontem	**vakar**	*vakar*
hoje	**šiandien**	*xiandien*
amanhã	**rytoj**	*riitoi*
O quê?	**Kas?**	*Kas*
Quando?	**Kada?**	*Kada*
Como?	**Kodėl?**	*Kodêl*
Onde?	**Kur?**	*Kur*

Frases Úteis

Como vai você?	**Kaip sekasi?**	*Kaip sekasi*
Vou bem, obrigado.	**Ačiū, labai gerai.**	*Atxiuu, labai guerai*
Foi um prazer encontrar você.	**Malonu susipažinti.**	*Malonu susipajinti*
Até logo!	**Iki greito pasimatymo!**	*Iki greito pasimatiimo*
Tem... aqui?	**Ar čia yra...?**	*Ar tchia iira*
Como vou para...?	**Kaip nueti iki...?**	*Kaip nueiti iki*
Como se chega a...?	**Kaip nuvykti iki...?**	*Kaip nuviikti iki*
A que distância está...?	**Koks atstumas iki...?**	*Koks atstumas iki*
Você fala inglês?	**Ar kalbate angliškai?**	*Ar kalbate angliixkai*
Eu não falo lituano.	**Aš nekalbu lietuviškai.**	*Ax nekalbu lietuvixkai*
Não compreendo.	**Aš nesuprantu.**	*Ax nesuprantu*
Pode me ajudar?	**Ar galite man padėti?**	*Ar galite man padêti*
Fale mais devagar, por favor.	**Prašau kalbėkite lėčiau.**	*Praxau kalbêti lêtchiau*
Me desculpe!	**Atsiprašau!**	*Atsipraxau*

Palavras Úteis

grande	**didelis**	*didelis*
pequeno	**mažas**	*majas*
quente	**karštas**	*karxtas*
frio	**šaltas**	*xaltas*
bom	**geras**	*gueras*
mau	**blogas**	*blogas*
suficiente	**gana**	*gana*
bom (satisfatório)	**gerai**	*guerai*
aberto	**atidarytas**	*atidariitas*
fechado	**uždarytas**	*ujdariitas*
esquerda	**kairė**	*kairê*
direita	**dešinė**	*dexinê*
em frente	**tiesiai**	*tiesiai*
ao lado	**šalia**	*xalia*
longe/perto	**toli/arti**	*toli/arti*
para cima	**aukštyn**	*aukxtiin*
para baixo	**žemyn**	*jemiin*
cedo	**anksti**	*anksti*
tarde	**vėlai**	*vêlai*
entrada	**įėjimas**	*iêimas*
saída	**išėjimas**	*ixeimas*
toalete	**tualetas**	*tualetas*
livre/desocupado	**laisva/neužimta**	*laisva/neujimta*
livre/de graça	**nemokamai**	*nemokamai*

Ao Telefone

Posso ligar daqui para o exterior?	**Ar galiu iš čia paskambinti į užsienį?**	*Ar galiu ix tchia paskambinti i ujsienj*
Quero ligar a cobrar.	**Aš norėčiau paskambinti abonentui jo sąskaita**	*Ax norêtchiau paskambinti abonentui io saskaita*
Chamada local	**vietinis pokalbis**	*vietinis pokalbis*
Vou tentar mais tarde.	**Aš vėliau pabandisiu**	*Ax veiliau pabandiisiu*
Posso deixar recado?	**Ar galiu palikti žinutę?**	*Ar galiu polikti jinute*
Fale mais alto, por favor.	**Ar galite kalbėti šiek tiek garsiau.**	*Ar galite kalbêti xiek tiek garsiau*

Nas Compras

Quanto custa?	**Kiek tai kainuoja?**	*Kiek tai kainuoia*
Eu quero...	**Aš norėčiau...**	*Ax norêtchiau*
Tem...?	**Ar turite...?**	*Ar turite*
Só estou olhando	**Aš tik žiūriu**	*Ax tik jiuuriu*
Aceita cartão de crédito?	**Ar priimate kreditines korteles?**	*Ar priimate kreditines korteles*
A que horas abre?	**Kada pradedate darbą?**	*Kada pradedate darba*
A que horas fecha?	**Kada baigiate darbą?**	*Kada baiguiate darba*
esse	**šitas**	*xitas*
aquele	**anas**	*anas*
antiquário	**antikvariatas**	*antikvariatas*

Guia de Pronúncia

As sílabas em negrito são tônicas. Porém, observe que, se a sílaba que a precede ou sucede for acompanhada de "ê", "ii" ou "uu", essa sílaba também ganha tonicidade. Como em *guelbêkit, guidiitoia, pietuus*. Em lituano é comum as palavras terem mais de uma sílaba tônica.

Consoantes:

c como tsa, tse, tsi, tso, tsu
č como tcha, tche, tchi, tcho, tchu
g como ga, gue, gui, go, gu
j como ia, ie, ii, io, iu
k como em Kibon
l sempre palatal, nunca como "u"
m sempre bilabial, como em "macaco"
r sempre palatal não vibrante, como em "para" e "cara".
s sempre sibilante, como em "sapato", "passar".
š xa, xe, xi, xo, xu, como em "xarope"
ž ja, je, ji, jo, ju

Vogais:

a sempre aberto, como em "bala"
e como "ea"
ė como "ê" fechado
y como "ii" longo
o sempre fechado como em "bolo"
ū como "uu" longo
ą, ę, į, ų, usadas nas declinações, alongam as vogais e são mais importantes na escrita

FRASES

livraria	knygynas	kni*guii*nas
loja de departamentos	universalinė parduotuvė	univer*salinė* parduo*tuvė*
mercado	turgus	*tur*gus
jornaleiro	spaudos kioskas	spau*dos kios*kas
loja de suvenir	suvenyrų parduotuvė	suvêni*ru* pardu*tuvê*

Em Hotéis

Tem quarto disponível?	Ar turite laisvų kambarių?	Ar *turite laisvu kambariu*
quarto com cama de casal	dvivietis kambarys dvigule lova	dvivietis kamba*riis* dvigu*le lova*
quarto com duas camas	kambarys su dviem lovom	kamba*riis* su dvi*em lovom*
quarto de solteiro	vienvietis kambarys	vienvie*tis* kamba*riis*
não fumante	nerūkantiems	ne*ruu*kantiems
quarto com banheira/ducha	kambarys su vonia/dušu	kamba*riis* su vonhia/d*uxu*
porteiro	nešikas	ne*xikas*
chave	raktas	*rak*tas
Tenho uma reserva.	Mano vardu rezervuotas.	Mano var*du* rezer*vuo*tas

Passeios Turísticos

ônibus	autobusas	*auto*busas
bonde	tramvajus	tram*vaius*
ônibus elétrico	troleibusas	tro*leibusas*
trem	traukinys	trau*kiniis*
parada de ônibus	autobusų stotelė	auto*busu stotelė*
parada de bonde	tramvajaus stotelė	tram*vaiaus stotelė*
galeria de arte	meno galerija	*meno galeria*
palácio	rūmai	*ruu*mai
castelo	pilis	*pilis*
catedral	katedra	*ka*tedra
igreja	bažnyčia	ba*jniltchia*
jardim	sodas	*so*das
biblioteca	biblioteka	bi*blio*teka
museu	muziejus	mu*zieius*
informação turística	turizmo informacija	tu*rizmo* informa*tsia*
fecha no feriado	nedirbamame – valstybinės šventęs	ne*dirbama* – valsti*ibinės xventês*

Em Restaurantes

Mesa para..., por favor	Ar yra stalas...	Ar *iira stalas*
Quero reservar uma mesa.	Norėčiau rezervuoti stala.	Norê*tchiau rezervuoti* sta*la*
A conta, por favor!	Prašom sąskaitą!	*Praxom sa*skaita
Sou vegetariano.	Aš vegetaras.	*Ax vegue*taras
Quero...	Norėčiau...	Norê*tchiau*
garçom/garçonete	padavėjas/padavėja	pada*vêias*/pada*vêia*
cardápio	meniu	*meniu*
carta de vinhos	vynų sąrašas	*viinu saraxas*
sugestão da casa	rekomenduojama paragauti	rekomen*duoiama paragauti*
gorjeta	arbatpinigiai	*arbat*pinigai
copo	stiklinė	stikli*nė*
garrafa	butelis	*bute*lis
faca	peilis	*pel*lis
garfo	šakutė	*xa*kutė
colher	šaukštas	*xauk*xtas
café da manhã	pusryčiai	pus*riit*chiai
almoço	pietūs	pié*tuus*
jantar	vakarienė	vaka*rienė*
pratos principais	pagrindiniai patiekalai	pagrin*diniai* patieka*lai*
entradas	pirmieji patiekalai	pir*miei* patieka*lai*
sobremesas	desertai	desert*ai*
excelente	pušžalis	pus*jalis*
bem-feito	gerai išvirtas	*guerai ixvirtas*

Interpretando o Cardápio

actas	atstas	*atstas*
alus	alus	*alus*
arbata	arbata	*arbata*
baltas vynas	baltas vynas	*baltas viinas*	vinho branco
bekonas	bekonas	be*kônas*	bacon
bifšteksas	bifšteksas	bi*fxteksas*	bisteca
blynas	blynas	*bliinas*	panqueca
cukrus	cukrus	*tsukrus*	açúcar
dešra	dešra	*dexra*	salsicha/linguiça
duona	duona	*duona*	pão
druska	druska	*druska*	sal
ėriena	ėriena	*ėriena*	carneiro
grietinėlė	grietinėlė	grieti*nėlė*	creme de leite
įdarytas	įdarytas	*idariitas*	recheado
jautiena	jautiena	*iautiena*	filé
jūros gėrybės	jūros gėrybės	i*uuros guêriibês*	frutos do mar
kava	kava	*kava*	café
kepenėlės	kepenėlės	kepe*nêlês*	rim
keptas ant grotelių	keptas ant grotelių	*keptas* ant *groteliu*	grelhado
keptas keptuvėje/orkaitėje	keptas keptuvėje/orkaitėje	*kêptas* kep*tuvêie/orkaitêie*	frito/na frigideira assado no forno
kiauliena	kiauliena	kiau*liena*	porco
kiaušinis	kiaušinis	kiau*xinis*	ovo
košė	košė	ko*xê*	mingau
kumpis	kumpis	*kumpis*	presunto
ledai	ledai	*ledai*	sorvete
mėsa	mėsa	*mêsa*	carne
mineralinis vanduo	mineralinis vanduo	mine*ralinis* van*duo*	água mineral
padažas	padažas	*pa*dajas	molho
pienas	pienas	*pie*nas	leite
pipirai	pipirai	pi*pirai*	pimenta
pyragas	pyragas	*piiragas*	torta/bolo
raudonas vynas	raudonas vynas	*raudonas viinas*	vinho tinto
rūkyta žuvis	rūkyta žuvis	*ruukiita juvis*	peixe defumado
ryžiai	ryžiai	*riijiai*	arroz
salotos	salotos	*salotos*	salada
šokoladas	šokoladas	*xokoladas*	chocolate
sumuštinis	sumuštinis	sumux*tinis*	sanduíche
sūris	sūris	*suuris*	queijo
sriuba	sriuba	*sriuba*	sopa
vaisių sultys	vaisių sultys	*vaisiu sultiis*	suco de fruta
virtas	virtas	*virtas*	cozido
virtas garuose	virtas garuose	*virtas garuose*	no vapor
virtiniai	virtiniai	vir*tinhiai*	bolinhos
vištiena	vištiena	vix*tiena*	frango
žuvis	žuvis	*juvis*	peixe

Números

0	nulis	*nulis*
1	vienas	*vienas*
2	du	*du*
3	trys	*triis*
4	keturi	ketu*ri*
5	penki	*penki*
6	šeši	*xexi*
7	septyni	sep*tiini*
8	aštuoni	ax*tuoni*
9	devyni	de*viini*
10	dešimt	*dexi*mt
11	vienuolika	vie*nuo*lika
12	dvylika	*dviilika*
13	trylika	*triilika*
14	keturiolika	ketu*riolika*
15	penkiolika	penk*iolika*
16	šešiolika	xexi*olika*
17	septyniolika	septiin*hiolika*
18	aštuoniolika	axtuon*hiolika*
19	devyniolika	deviin*hiolika*
20	dvidešimt	*dvi*deximt
30	trisdešimt	*tris*deximt
40	keturiasdešimt	keturias*deximt*
50	penkiasdešimt	*penkias*deximt
60	šešiasdešimt	*xexias*deximt
70	septyniasdešimt	sep*tiinhias*deximt
80	aštuoniasdešimt	ax*tuonias*deximt
90	devyniasdešimt	de*viinias*deximt
100	šimtas	*ximtas*
1000	tūkstantis	*tuu*kstantis

Tempo

um minuto	minutė	*minutė*
hora	valanda	va*landa*
meia hora	pusvalandis	*pus*valandis
domingo	sekmadienis	sek*ma*dienis
segunda-feira	pirmadienis	pir*madienis*
terça-feira	antradienis	an*tradienis*
quarta-feira	trečiadienis	tret*chia*dienis
quinta-feira	ketvirtadienis	ketvirta*dienis*
sexta-feira	penktadienis	penk*tadienis*
sábado	šeštadienis	*xexta*dienis

Tudo para uma viagem perfeita.
Conheça todos os títulos da série Guias Visuais.

Guias Visuais
Os guias que mostram o que os outros só contam

África do Sul • Alemanha • Amsterdã • Argentina • Austrália • Áustria • Barcelona e Catalunha
Bélgica e Luxemburgo • Berlim • Brasil • Califórnia • Canadá • Caribe • Chile e Ilha de Páscoa • China
Costa Rica • Croácia • Cuba • Egito • Espanha • Estados Unidos • Estônia, Letônia e Lituânia • Europa
Flórida • França • Holanda • Ilhas Gregas e Atenas • Índia • Inglaterra, Escócia e País de Gales • Irlanda
Istambul • Itália • Japão • Jerusalém e a Terra Santa • Las Vegas • Lisboa • Londres • Madri • México
Moscou • Nova York • Nova Zelândia • Paris • Peru • Portugal, Madeira e Açores • Praga • Roma
São Francisco e Norte da Califórnia • Suíça • Turquia • Vietnã e Angkor Wat
Walt Disney World® Resort & Orlando

Guias Visuais de Bolso
Guia e mapa: a cidade na palma da mão

Amsterdã • Barcelona • Berlim • Boston • Bruxelas, Bruges, Antuérpia e Gent • Budapeste
Edimburgo • Las Vegas • Lisboa • Londres • Madri • Melbourne • Milão • Nova York • Paris • Praga
Roma • São Francisco • São Petersburgo • Sevilha • Sydney • Toronto • Vancouver • Veneza

Top 10
O guia que indica os programas nota 10

Barcelona • Berlim • Bruxelas, Bruges, Gent e Antuérpia • Budapeste • Buenos Aires
Cancún e Yucatán • Cidade do México • Florença e Toscana • Israel, Sinai e Petra
Istambul • Las Vegas • Londres • Los Angeles • Miami e Keys • Nova York • Orlando
Paris • Praga • Rio de Janeiro • Roma • São Petersburgo • Toronto

Estradas
Viagens inesquecíveis

Alemanha • Califórnia • Espanha • França • Inglaterra, Escócia e País de Gales • Itália

Férias em Família
Onde ficar, o que ver e como se divertir

Flórida • Itália • Londres • Nova York • Paris

Guias de Conversação para Viagens
Manual prático para você se comunicar

Alemão • Árabe • Chinês • Espanhol • Europa • Francês • Grego • Holandês
Inglês • Italiano • Japonês • Portuguese • Russo • Tailandês • Tcheco • Turco

Guias de Conversação Ilustrados
Essencial para a comunicação – livro e CD

Alemão • Chinês • Espanhol • Francês • Inglês • Italiano

15 Minutos
Aprenda o idioma com apenas 15 minutos de prática diária

Alemão • Árabe • Chinês • Espanhol • Francês • Inglês • Italiano • Japonês

Confira a lista completa no site da Publifolha
www.publifolha.com.br

Mapa Rodoviário da Estônia, da Letônia e da Lituânia

Tabela de Distâncias

10 = Distância em quilômetros

Tallinn										
207	Narva									
193	179	Tartu								
127	289	184	Pärnu							
500	619	440	374	Ventspils						
308	427	248	182	196	Riga					
522	641	462	395	117	218	Liepāja				
519	504	342	392	427	243	514	Daugavpils			
437	566	377	310	243	133	186	271	Šiauliai		
609	728	549	483	220	306	109	415	172	Klaipėda	
595	712	535	469	293	208	313	178	214		Kaunas
600	717	540	474	518	298	406	213	216	307	100	Vilna

Estônia / Letônia / Lituânia